# 现代投资银行学

XIANDAI TOUZI YINHANG XUE

（第二版）

胡海峰　编著

首都经济贸易大学出版社
Capital University of Economics and Business Press
·北 京·

**图书在版编目(CIP)数据**

现代投资银行学/胡海峰编著. --2 版 . --北京:首都经济贸易大学出版社,2022. 1

ISBN 978-7-5638-3304-7

Ⅰ. ①现… Ⅱ. ①胡… Ⅲ. ①投资银行 Ⅳ. ①F830. 33

中国版本图书馆 CIP 数据核字(2021)第 235709 号

**现代投资银行学(第二版)**

**胡海峰　编著**

---

**责任编辑**　晓　红

**封面设计**　风得信 · 阿东 FondesyDesign

**出版发行**　首都经济贸易大学出版社

**地　　址**　北京市朝阳区红庙(邮编 100026)

**电　　话**　(010)65976483　65065761　65071505(传真)

**网　　址**　http://www. sjmcb. com

**E-mail**　publish@ cueb. edu. cn

**经　　销**　全国新华书店

**照　　排**　北京砚祥志远激光照排技术有限公司

**印　　刷**　北京九州迅驰传媒文化有限公司

**成品尺寸**　185 毫米×260 毫米　1/16

**字　　数**　586 千字

**印　　张**　24. 75

**版　　次**　2010 年 9 月第 1 版　**2022 年 1 月第 2 版**

2023 年 8 月总第 3 次印刷

**书　　号**　ISBN 978-7-5638-3304-7

**定　　价**　55. 00 元

---

# 第二版前言

为了适应中国资本市场的发展,推动投资银行学相关知识的普及,我们组织编写了本书。自本书第一版出版以来,承蒙社会各界人士的欢迎和厚爱,国内先后有十几所高等院校的财经类、管理类专业学生使用本书作为教材。其间,有一些任课教师向出版社和编者反映了教材的使用情况,并提出了很好的建议,为我们了解课程的知识深度,把握难点和侧重点的取舍,进而为本书的修订提供了有益的帮助,借此书再版之机会我向各位任课老师表示诚挚的谢意。

近年来,证券行业和资本市场都已发出了巨大变化。本书第二版仍然力图从投资银行相关最新理念以及投资银行实务出发,全方位地介绍最新的投资银行知识,涵盖投资银行主要业务,体现前沿性、实务操作性和创新之特点,使学生掌握基本的投资银行知识,理解最新的发展趋势,为学生日后进入投资银行工作或从事相关业务打下坚实的基础。

本书第二版根据行业最新政策和变化进行了修订,替换了一部分章后案例,删减了一些过时的内容。修订过程中参阅了国内外大量的文献资料,在此对相关作者表示衷心感谢！限于编者的水平和能力有限,书中错误和不当之处在所难免,真诚地欢迎各位读者批评指正,使本书以后能进一步修改和完善。

# 第一版前言

投资银行和商业银行都是现代金融体系中的重要组成部分,商业银行主要提供间接融资,而投资银行则是直接的金融媒介,是直接经营资本的金融企业。现代金融体系强调间接融资市场与直接融资市场相辅相成,共同推进市场资源的有效配置以及社会财富的有效管理。随着我国经济的不断快速发展,以商业银行为主的传统金融体系已不能适应经济社会发展的要求;发展资本市场,提高直接融资比例,建立现代金融体系,已成为我国未来金融体制改革的主要目标。

投资银行是资本市场最重要的媒介,是在资本市场上从事证券发行、承销、交易及相关的金融创新和开发等活动,为长期资金盈余者和短缺者双方提供资金融通服务的中介性金融机构。投资银行的主要资产是金融智慧,主要产品是金融建议和金融职能。它通过建立资金使用者和资金提供者之间的便捷通道,节省了交易环节和交易成本,实现了资本的高效配置,在现代市场经济和金融体系中发挥着不可替代的作用。并且,在经济全球化的浪潮中,投资银行也发挥着越来越重要的作用,日益成为推动全球经济融合的重要力量。

投资银行起源于欧洲,于 19 世纪传入美国,在西方发达国家已经经历了几百年的发展历程,并在美国达到了空前的繁荣。投资银行业不断出现新领域、新产品、新机构,特别是 20 世纪 90 年代,世界范围内投资银行业务和商业银行业务出现了融合的发展新趋势,使投资银行成为现代资本市场上最具活力的因素。

就我国而言,我国的资本市场仍处于新兴加转轨的初级阶段,国民经济对于资本市场提供的服务还有巨大的需求,同时,我国经济的转型和自主创新经济体系的构建也需要资本市场提供有效的支持。从金融产品的角度来看,我们也处在发展的早期,与美国的情况有很大的不同。因此,我们不能因为美国金融市场的危机而停止我们发展的步伐。加快我国资本市场改革和发展的步伐,推动资本市场的健康和可持续发展,投资银行业任重道远,形成完善和成熟的投资银行学体系也远非一日之功。

2008 年爆发的美国次贷危机,使投资银行的发展陷入了巨大的危机,尤其是曾经如此强大的美国五大投行顷刻之间土崩瓦解,不得不让人唏嘘不已。美林(Merrill Lynch)、雷曼兄弟(Lehman Brother)、贝尔斯登(Bear Sterns)被收购或破产,业已不存在;仅存的两家投资银行高盛(Goldman Sachs)、摩根士丹利(Morgan Stanley)也已转型为银行控股公司。至此,曾经叱咤世界金融界的华尔街五大投行巨头遭遇全面崩溃,昔日的华尔街投行神话彻底破灭,美国独立的投资银行时代宣告结束。

究竟是什么原因造成美国投资银行损失惨重,这不得不说到次贷危机。次贷是次级贷款的简称,是向那些信用评分达不到合格的消费者提供的房屋抵押贷款,在低利率、高房价的情况下,这种贷款风险很小,但是在高利率、房价下降的情况下,次贷的风险就充分显露出来,危及贷款的安全。随着 2004 年 5 月开始的美国基准利率的提高和房价的逐步下降,次贷风险开始逐渐累积。但是,如果只是次级贷款的话,有可能这次危机发生不了,或者造成的影响较小。正是由于其背后基于次贷设计的大量金融衍生品直接导致了次贷危机的发生,也导致了美国五大投行的覆灭。

美国的投资银行在次级贷款证券化中发挥了重要作用。一般而言,投资银行从银行手中购买次级贷款,再设立特殊目的机构(SPV),将贷款转移至SPV,再由其来发售次级债券。最主要的次级债券是次贷抵押债券(MBS)和担保债务凭证(CDO)。2004年前,在低利率、高房价的经济环境下,次级贷款质量安全,次级债券市场非常火爆,给投资银行带来了巨大的利润。但在随后的高利率、低房价的情况下,由于次级贷款的不安全,直接导致拥有大量次级债券的投资银行损失惨重。这是次贷危机影响投资银行的风险传导机制。

具体而言,华尔街五大投行崩溃的原因主要有以下几个方面:

第一,美国投资银行经营体制发生了改变。投资银行的主营业务有证券承销、发行等传统的投行业务,资产管理业务,自营业务以及股权投资业务。传统的投行业务以及资产管理业务不需要太多的自有资金,主要收取佣金,风险较低。但是近几年来,由于金融衍生品的不断发展膨胀,自营业务和股权投资业务所占的比例越来越高。例如,2007年高盛80%的利润来自自营与股权投资,其他投行同样也押宝于资产证券化以及金融衍生品的发行交易。从这个意义上讲,美国的五大投行已逐渐将自己变为一个对冲基金。

当然,这种经营体制的改变也有其客观原因,主要是因为美国资本市场高度发展,传统的投行业务竞争激烈,IPO数量较少。面临着僧多粥少的局面,在房地产抵押贷款债券市场巨大利润的驱动下,投资银行纷纷投入巨额资金进入市场。在房地产市场繁荣的时候,这些投资银行获得了巨大的利润,2003—2007年,仅雷曼兄弟的利润总额就高达160亿美元;但是,当房地产市场萧条来临的时候,投资银行便损失惨重,美国五大投行甚至全军覆没。

第二,美国投资银行的高杠杆运行。2004年美国投行自营放开之后,各大投行不断提高杠杆比例来操纵资本。以往的比例是15倍,但在放开之后,杠杆比例迅速上升到30倍、40倍。如果投行的杠杆比例为30倍,在资产价格上涨的情况下,只要赚1%,就相当于赚到股本金30%的收益;而一旦价格下跌导致亏损3.3%,即意味着破产。正是这种高杠杆的经营模式,积累了巨大的风险敞口,它们在危机爆发后迅速将投行吞噬。

第三,金融创新的泛滥。金融创新就像一把双刃剑,使美国独立投行走过了繁荣的几十年,并为美国金融市场在全球的领先地位作出了贡献。然而,美国独立投行最终又倒在了自己不计风险和缺乏监管的金融创新中。无节制的产品创新没有与风险控制制度创新相结合,结果导致金融机构非理性的逐利本能高度膨胀。

第四,过度的高管薪酬激励。华尔街五大投行在上市之前都是合伙制企业,在上市之后,合伙制时的薪酬制度保留了下来。2007年底,多家投行已面临巨额亏损,可是它们在年终奖金的计算中仍然以赢利创纪录的2006年年终奖金为标准。摩根士丹利2007年全年薪水支出总额为165.5亿美元,高盛更高达201亿美元。美林集团、雷曼兄弟、贝尔斯登的年终奖数额也与2006年相差无几。这些巨额奖金导致各投行的流动资金大大减少,随着2008年次贷风暴的升级,其流动性便陷入了枯竭。

由于上述几方面的原因，美国的投资银行没有躲过这场次贷危机，百年老店顷刻之间倒下，让人感叹不已。但这也是资本市场的魅力，有竞争就有淘汰，有风险就有收益，没有哪一个投行能超越这种亘古不变的道理——贪婪是要付出代价的。

尽管在这次危机中，投资银行遭到了重创，但是投资银行业务并没有消失，尤其是中国资本市场仍然需要投资银行，投资银行在中国仍将会有大发展。

中国资本市场与美国资本存在很大的差距，这首先体现在发展阶段不同。美国资本市场已处于高度发展阶段，金融产品完善，金融创新层出不穷，企业获得融资的渠道丰富，投行传统的证券承销发行业务逐渐减少。但中国资本市场才刚刚起步，资本融资体系尚不完善，企业融资急需投资银行的服务，实体经济对于资本市场服务的需求比较巨大；同时，近年来所提倡的经济转型以及建立自主创新体系，也需要资本市场提供强有力的资金支持；尤其是创业板的推出，使得中小企业在资本市场获得融资成为可能，它激发了更多的企业上市融资，也推动了投资银行在中国的发展。

其次，中国与美国的发展模式不一样。美国资本市场的发展模式是自下而上，崇尚金融自由化，相信市场的力量，监管力度不强。而中国资本市场的发展模式是自上而下，由政府和市场力量共同推动资本市场发展，监管力度较大，对于风险的掌控力较强。但是，市场化是一个发展必然的趋势，这需要把握一个恰当的度，监管与放任都有一个过犹不及的问题。

因此，投资银行在中国巨大的融资需求以及有力的监管体制下，必将有一个很好的发展机会。次贷危机不会使投资银行在中国市场消灭，反而会使投资银行在中国经济的发展中找到自己准确的位置，为中国经济发展作出应有的贡献。次贷危机以及美国投行的覆灭，给中国投资银行的发展敲响了警钟，提供了经验与教训，有利于中国投资银行少走弯路，并致力于寻找到适合自己发展的光明大道。

具体而言，这次美国投资银行全军覆灭带给我们的教训体现在以下几个方面：

第一，要建立完善的金融监管体系。很多学者认为，美国次贷危机的根源在于金融自由化。美国金融监管机构对于金融市场的监管不到位，尤其是对于对冲基金。在1998年美国长期资本出事之后，市场就要求监管对冲基金，但是一直没有实现；而这次次贷危机，就是由对冲基金、投资银行等通过不断创造、交易次贷金融衍生产品，将仅仅几千亿的次贷市场发展到几万亿以次贷为标的的衍生市场，使风险放大了很多倍。在市场火热的时候，一窝蜂地买卖交易；而在市场萧条时候，又大量同时出售，造成价格直线下滑，损失越来越大。由此来看，中国资本市场需要建立完善的监管体系，避免出现监管不到位的情况，以保障资本市场能够健康有效地发展。

第二，要建立完善的内部风险控制机制。美国投资银行招致重创的一个主要原因，在于采取了激进的经营方式，放弃了传统的投行业务，主攻自营与股权投资。在市场繁荣的时候，其获得了巨大的利润，由此降低了对风险的监控力度。但是，贪婪最终是要付出代价的，在市场萧条时，风险给投行带来了巨大的损失。因此，对于中国的投资银行而言，需要建立完善的内部风险控制机制，不能冒大险、追大利，而要在风险可控的条件下去追逐更高的利润，要积极完善以净资本为核心的风险监控机制。另外，对于中国目前的资本市场而言，中国的投资银行应该回归到传统的投行业务和资产管理业务上，积极为企业上市融资提供专业化的服务，收取佣金与咨询费，为资金提供方与资金需求方建立起一个有效的平台，为中国经济发展提供强有力的支持。

第三，要建立完善的内部激励约束机制。内部激励机制不能过于泛滥，应着眼于投资银行的长远发展。内部激励是现代投行发展的一个必然的趋势，但是应该适度。对于高管人员以及从业人员，要建立起严格的奖罚制度，而不仅仅是奖励制度；对于犯错误的高管人员以及从业人员，应进行有效的惩戒。同时，要加强投行从业人员的专业水平以及风险意识的教育，培养大批有专业素养的投行从业人员。发展还是要靠人才，要抓住这次良好的发展机会，建立高水平的投行管理团队，培养一批有竞争力的投行，逐步提高中国投资银行的国际竞争力。

中国投资银行的发展靠人才，人才的培养问题已成为中国投行发展的一大瓶颈。投资银行学是一门研究资本市场全部业务和发展规律的学科，是随着中国资本市场的出现和投资银行业的不断发展而兴起的。它非常年轻，才十几年的历史，但它是适应我国资本市场发展而设置的一门实务性、操作性极强的应用类课程。理论研究和市场操作的充分结合，学术讨论和案例分析的充分结合，课堂讲授和课外实践的充分结合，为投资银行知识在中国的传播起了相当大的作用，极大地推动了投资银行专业人才的培养。

目前国内的一些相关教材主要从投资银行的概述、发展历程、投行业务以及相关监管等出发，介绍了投资银行的相关知识。然而，由于投资银行发展速度十分迅猛，投资银行相关理论更新也较快，尤其是 2008 年次贷危机之后，投资银行的相关知识体系发生了一些重大改变，现有的教材已不能跟上时代发展的脚步。正是基于以上考虑，我们结合次贷危机对投资银行的影响，同时参考国内外有关文献资料，编写了这本《现代投资银行学》。

本书力图从投资银行的相关最新发展理论以及投资银行的实务出发，全方位地介绍最新的投资银行知识，使学生掌握基本的投资银行学知识，理解最新的发展趋势，为学生日后进入投资银行工作或从事相关业务打下坚实的基础。具体而言，本书主要有以下几个特点：

第一，理论上具有前沿性。本书重点介绍了国内外理论界、学术界对投资银行研究的最新成果，如投行组织结构，有关 IPO 的决策、定价，收购兼并的风险防范等。本书并不是孤立地介绍最新的理论，而是遵循投资银行发展的历程以及投行业务流程等，为学生提供最新的理论成果，使学生能够了解投资银行学发展的前景，更好地消化和吸收投资银行学的相关知识。

第二，实务操作性强，全面系统地讲解了各种业务的实际规则、条件、要求和操作流程、规范，并列举了大量案例。本书作者有十几年的投资银行工作经验，对于投资银行实务操作非常熟悉。全书根据作者的工作经验以及其他文献资料，着重介绍投资银行的实务操作规则、条件、要求与流程等，并辅以许多案例，为学生提供详尽、完善的投行实务知识，提高学生的思考能力，为学生日后参加投行工作打下良好的基础。

第三，系统性强，涵盖了投行主要业务。本书力图还原投行所有的工作业务，全面介绍了投行的证券发行与承销、证券交易、收购兼并、直接投资、基金管理与集合理财、金融衍生品、财务顾问、创业投资与私人股权投资、项目融资、投资咨询、券商上市与重组和资产证券化等内容，为学生展示了投资银行业务的全景，使学生可以更加深入地了解投行的主要工作,让神秘的投行不再神秘。

第四,时代性强,对最新的业务实践,如券商的上市重组、直投业务、融资融券业务、股指期货业务等都做了全面介绍。中国资本市场经过 20 年的发展,金融创新发展良好,融资融券、股指期货相继推出,为投行带来了相应的业务拓展机会;在资本市场上市重组以及直投的需求都很大,为投行的发展带来了更多的利润增长点。本书紧扣中国资本市场的发展,着力介绍了投行最新的业务实践,以使学生能够更好地了解投行最新的业务知识,了解投行的创新发展历程。

总的来说,本书的主要特点在于新颖与全面,在结构及内容安排上遵循学生的学习习惯以及掌握知识的一般过程,循序渐进,由浅入深,同时辅以“延伸阅读”栏目,以增强内容的可读性,提高学生学习的热情。全书总共分为 17 章,首先,从投资银行的定义、发展历程出发,介绍最新的理论知识,为后面的分析、叙述奠定理论基础;其次,全面分析投资银行的主要业务,为学生了解投行提供实践知识基础;最后,从公司治理、风险防范以及监管制度方面,阐述了如何建立良好、健康的投资银行的理论与实践建议。

本书是编者在自己多年理论研究和教学实践的基础上完成的,在编写过程中,北京师范大学经济与工商管理学院 2007 级硕士研究生李柏峰、田玉波、韦琬、李璟、马芳、王静、张樨樨、平凡、姜春宏、杨盼盼、付蔚、荣静、程娟、孙鑫、王勇、杨川等先后参与了部分章节的资料整理和修改工作,同时,本书也参考了大量的国内外文献资料,在此,编者特向这些学生以及文献资料的作者表示衷心的感谢。当然,限于编者的水平和能力,书中错误、遗漏和不足之处在所难免,在此恳请各位读者不吝赐教,以便本书以后能进一步修改和完善。

编　者

# 目 录

# 第一章

# 投资银行概述

## 第一节　投资银行的内涵

### 一、投资银行的定义

投资银行(Investment Bank)和商业银行都是现代金融体系中的重要组成部分。商业银行主要提供间接融资,而投资银行则是直接的金融媒介,是直接经营资本的金融企业。

投资银行在现代市场经济和金融体系中发挥着不可替代的作用,它建立了资金使用者和资金提供者之间的便捷通道,节省了交易环节和交易成本,实现了资本的高效配置。投资银行的主要资产是金融智慧,主要产品是金融建议和金融职能。投资银行是资本市场最重要的媒介,是资本市场的灵魂。在经济全球化的浪潮中,投资银行在国际经济运行中发挥着越来越重要的作用,日益成为推动全球经济融合的重要力量。

投资银行起源于欧洲,于19世纪传入美国,在西方发达国家已经经历了几百年的发展,并在美国实现了空前的繁荣。投资银行业不断出现新领域、新产品、新机构,特别是20世纪90年代,世界范围内投资银行业务和商业银行业务出现了融合发展的新趋势,使投资银行成为现代资本市场上最具活力的因素。投资银行在各个国家有不同的称谓,在美国被称为投资银行,在以英国为主的英联邦国家被称为商人银行(Merchant Bank),在日本则被称为证券公司(Security Firm)。虽然名称千差万别,但这些金融机构的实质是一样的,都是资本市场的媒介,是为资金需求者进行直接融资的现代金融机构,所以都是现代投资银行。

由于投资银行业是一个日新月异的行业,对于投资银行的界定显得十分困难。《韦伯斯特词典》将投资银行定义为“一种向市场销售新发行的股票、债券等证券的公司,它常常与同类公司联手合作,将一宗发行的证券整体买下,然后再加价出售给投资者”。《大不列颠百科全书》对投资银行的定义是:“投资银行是指发起、认购公司企业和政府机构新发行证券的商号。投资银行以某价格买进一公司全部发行的证券,再以包括其推销费和利润的价格将小额新证券转售给投资大众。在认购和分销发行证券中,大多组织一个投资银行辛迪加。”

美国著名的金融投资专家罗伯特·劳伦斯·库恩(Robert L. Kuhn)[①]针对投资银行的发展状况和趋势,曾经对投资银行下过四个权威的定义[②]。据此,对投资银行定义的把握,可以从最狭义、较狭义、较广义以及最广义四个层次加以理解。

定义之一:最狭义的投资银行。这是最传统意义上的投资银行。它是指在一级市场上承销证券筹集资本和在二级市场上交易证券的金融机构。这种定义排除了投资银行从事的其他重要并具有创新性质的业务,是十分狭窄的定义,不能概括现代的投资银行。

定义之二:较狭义的投资银行。这是指经营资本市场某些业务的金融机构,其主要业务包括证券承销与收购兼并,但不包括基金管理、风险资本运作、风险管理和风险控制工具的创新等。这里,投资银行是指经营一部分或者全部资本市场业务的金融机构。

定义之三:较广义的投资银行。这个定义里的资本市场主要是指为资金需求者提供中长期(1年或1年以上)资金的市场,包括证券发行与承销、公司理财、收购兼并、商人银行业务、基金管理、风险资本运作、私募发行、咨询服务以及风险管理和风险工具的创新等,但不包括证券零售、不动产经纪、抵押、保险以及其他类似的业务。

定义之四:最广义的投资银行。按照这个定义,任何经营华尔街金融业务的银行都被称为投资银行。这是投资银行最广义的定义,既包括从事证券业务的金融机构,也包括保险公司和不动产经营公司。它从事与华尔街金融活动有关的所有经营内容,如国际银团承销、企业证券发行和房地产及保险等。

库恩认为,上述第三种定义最符合美国投资银行的现实情况,因此是投资银行的最佳定义。值得指出的是,他根据"以为公司服务为准则"的原则指出,那些业务范围仅限于帮助客户在二级市场上出售或买进证券的金融机构不能被称为投资银行,只能称作"证券公司"或"证券经纪公司"(Securities Firm or Brokerage Firm)。在我国,能够被称为"投资银行"的,是那些具备证券承销资格的综合类证券经营机构。

结合库恩的观点,我们认为,投资银行是在资本市场上从事证券发行、承销、交易及相关的金融创新和开发等活动,为长期资金盈余者和短缺者双方提供资金融通服务的中介性金融机构。由于投资银行(Investment Bank)是金融市场(特别是资本市场)中最重要的金融机构之一,投资银行业是一个变化和发展较快且勇于创新的行业,对投资银行的定义和内涵的解释应充分体现这一特点。

投资银行之所以称为投资银行,一方面是因为其本身就是金融体系中的重要组成部分,另一方面也在于其历史上从商业银行中分离出来的渊源关系。尽管如此,投资银行只是理论上的称呼,不同国家和地区所谓的投资银行既有不同的称谓,也与这些国家投资银行产生的背景和发展的法律环境等因素密切相关。在现代资本市场中,投资银行有以下几种不同的称谓:

第一,商人银行。投资银行在大多数欧洲国家被称为商人银行(Merchant Bank)。

第二,证券公司。日本、韩国及中国等称之为证券公司(Securities Company)。

---

① 罗伯特·劳伦斯·库恩系美国花旗集团执行董事,是美国著名的科学家、慈善家、国际投资银行家,曾多次到中国访问,出版过《他改变了中国:江泽民传》(上海译文出版社,2005年版)、《中国30年:人类社会的一次伟大变迁》(上海世纪出版集团,2008年版)等著作。

② 详见罗伯特·劳伦斯·库恩:《投资银行学》,北京师范大学出版社,1996年版,第4~5页。

第三,华尔街金融公司。在美国,投资银行被称为华尔街金融公司(Wall Street Firm)。

按照《证券法》对我国证券公司实行分类管理的规定,我国的证券公司分为综合类证券公司和经纪类证券公司,综合类证券公司必须在其名称中标明"证券公司"字样,经纪类证券公司必须在其名称中标明"经纪"字样。

## 二、投资银行的本质

投资银行属于非银行金融机构,是资本市场上的主要金融中介。投资银行是证券和股份公司制度发展到一定阶段的产物,是发达证券市场和成熟金融体系的重要主体之一,它区别于其他相关行业的性质和特点是:

第一,投资银行属于金融服务业。这是区别于一般性的咨询和中介服务业的重要标志。

第二,投资银行主要服务于资本市场。这是区别于商业银行的重要标志。

第三,投资银行业是一个智力密集型行业。投资银行家的智力因素带来的无形资产,是投资银行最重要的资产,是创造超额利润的第一要素。能否拥有一流或超一流的投资银行家,是衡量其是否是一流或超一流投资银行的最重要的标志之一。投资银行常常不惜重金聘请超一流人才。

第四,投资银行业是一个资本密集型行业。现代投资银行涉足大资本的运作,在资本市场上呼风唤雨,业务范围已经远远超出了传统投资银行,其资本实力的强弱直接影响到投资银行的运作能力,同时也体现了其抵御市场风险的能力。

第五,投资银行是一个富于创新性的行业。投资银行的生命力就在于创新,因为投资银行的收益最终来自技术创新、市场创新和金融创新所带来的超额利润。投资银行的创新价值是任何机构都不可替代的。

1929年大危机之前,投资银行和商业银行是混业经营的。它们之间的业务存在交叉和渗透,投资银行可以从事存贷款业务,而商业银行也可以从事证券投资、股票承销和经纪业务等,投资银行和商业银行的业务界限十分模糊,彼此之间的竞争十分激烈。大危机之后,为了控制风险和金融危机给社会带来的冲击,西方国家加强了对金融体系的监管,开始实行投资银行和商业银行的严格分业经营的制度。1933年美国颁布的《格拉斯—斯蒂格尔法案》(Glass Steagall Act),标志着投资银行和商业银行的分野。

投资银行是非银行金融机构,它不能通过发行货币或创造存款增加货币供应量;不能办理商业银行的传统业务,如吸收活期存款、结算业务等;不参与形成一个国际支付体系。投资银行最本源的业务主要是证券承销以及在此基础上形成的证券经纪业务(见前面库恩对投资银行的第一种定义),其他任何投资银行业务都是在此基础上的延伸和发展。

虽然投资银行和商业银行之间的直接竞争减弱了,但是,在争夺资金来源上,二者仍然存在竞争。因此,要充分了解投资银行的本源和实质,有必要将投资银行和商业银行加以对比。

### (一)本源业务不同

商业银行是提供间接融资服务的金融机构,其业务主要包括负债业务、资产业务和由此二者派生出来的表外业务。负债业务是商业银行吸收外来资金的业务,包括存款业务和借款业务(金融债券),其中最主要的是存款业务。资产业务是商业银行运用其所支配的资产的业务,主要包括贷款和投资两部分;其核心是贷款业务,一般占商业银行总资产业务量的一半以上。负债业务和资产业务能够在资产负债表上反映出来,合称表内业务。表外业务是在表内业务的基础上,利用自身的资金、信息、人才、技术等优势发展起来的金融服务项目。可见,资金存贷业务是商业银行业务的本源和实质,其他业务则是在此基础上的延伸和扩展,商业银行在本质上是存贷款银行。

对于投资银行来说,虽然其业务范围十分广泛(一般包括证券一级市场、二级市场、项目融资、资产管理、咨询服务等),但其最核心的业务则是证券承销。没有证券承销业务,证券的发行与交易就不能实现。投资银行是证券市场的主角和关键环节,而证券承销是投资银行业务的轴心。从本质上讲,投资银行就是证券承销商。

(二)融资功能存在明显差异

1.运作方式不同。商业银行和投资银行都是沟通资金提供者和资金需求者的媒介,但二者在运作方式上存在根本的区别。

商业银行是间接融资的媒介,它对于资金供给者来说是资金需求者,从事的是负债业务,而对于资金短缺者来说又是资金供给者,从事的是资产业务;资金盈余者和资金短缺者彼此之间并不享受任何权利和承担任何义务,他们只与商业银行发生关系,彼此没有契约的直接约束,体现的只是其间接信用。债权债务和风险均由商业银行和筹资者承担。

投资银行则是直接融资的媒介。所谓直接融资,是由资金盈余者以最终贷款人身份购入资金筹集者所发行的债权凭证的方式而进行的融资。投资银行可以向投资者推介发行股票或债券的筹资者,也可以为投资者寻找合适的投资机会,是直接融资的中介。投资银行并不介入投资者和筹资者的权利和义务,其利益主要来自佣金。投资者和筹资者相互接触,相互拥有权利并承担相应的义务,体现的是直接信用。

2.融资服务的重点不同。除了中介服务方式的差异,投资银行和商业银行融资服务的重点也不同。

商业银行本身必须使资产保持一定的流动性,因而对贷款的质量和期限具有严格的要求,一般情况下只向客户提供短期的信贷。根据《巴塞尔协议Ⅲ》的精神,商业银行的资本充足率应达到8%,其中,核心资本充足率应达到6%。因为商业银行的资金来源主要是客户的存款,银行要保证随时提取和兑付,所以,保证资产和负债的流动性就成为商业银行的一个主要经营目标。

投资银行则侧重于为长期资金需求者寻找长期资金供给者(见图1-1)。最初的投资银行业务是在商业银行无法提供中长期贷款,而市场对中长期资金又存在巨大需求的情况下发展起来的。股票或债券融资获取的资金具有长期性和稳定性的特点,其发行时间、证券种类以及期限等都可以创新,这些都是商业银行无法满足的。

所以,商业银行侧重于短期资金市场的活动,而投资银行则侧重于长期资金市场的活动。

(三)利润来源和构成不同

商业银行的利润来源包括三个方面:存贷款利差、资金运营收入和表外业务收入。

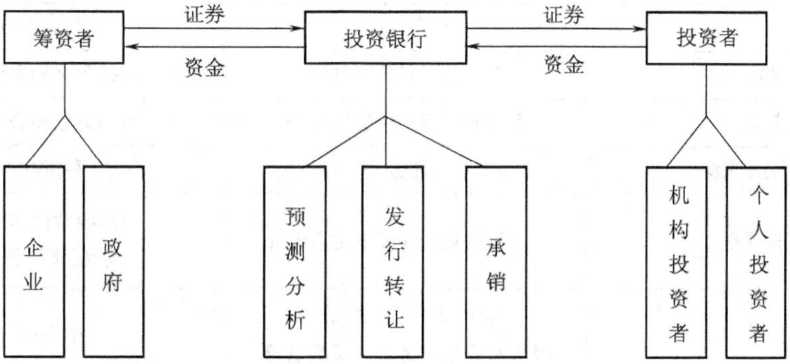


**图 1-1 投资银行作为证券经销商的中介作用**

投资银行的利润来源也包括三个方面：一是佣金，这是投资银行主要的利润来源，包括一级市场上承销证券获取的佣金、二级市场上作为证券交易经纪商收取的佣金，以及金融工具创新中收取的佣金；二是资本运营收入，这是投资银行参与债券、股票、外汇以及衍生金融工具投资和资金对外融通而获取的收入，包括投资收益和其他收入；三是利息收入，包括信用交易中的利息收入和客户存入保证金的存差利息收入。

从收入结构来看，商业银行的核心收入是存贷款利差，它排在商业银行收入的第一位；表外业务的佣金收入则列在次要位置，尽管表外业务的利润有逐渐增长的趋势。而投资银行的核心收入是佣金，它是投资银行最主要的收入来源，主要是证券承销和证券经纪方面的佣金。就资金运营收入而言，商业银行资金运营收入主要来自贷款业务和证券投资，其中证券投资的对象通常是风险较小、收益稳定的国债和基金。投资银行除了参与证券投资以外，许多资金通常被用来参与企业上市、并购等，而这种投资一般不是实质性的股权投资，而是契约式的股权投资。从利息收入来看，商业银行的利差收入具有多样性，因为其存款业务可分为活期、定期两种类型，贷款也分为短期、中期和长期等多种方式。投资银行的利息收入主要来源于保证金存款，类型单一，不能随意支配。

（四）经营管理风格存在差异

由于商业银行资产来源和运用的特殊性，商业银行首先必须保证资金的安全性和流动性，坚持稳健的管理风格，力求避免挤兑现象；而投资银行则要突出稳健和创新并重的策略。一方面，一级市场的承销或者在兼并中的投资都属于高风险业务，而二级市场的经纪业务要随时防范证券市场的价格波动以及由此导致的大量提取、挤兑现金的风险；另一方面，投资银行的主要利润来自佣金，因而必须要有创新精神，对人才具有综合的要求，以便向客户提供优质而专业的服务。

投资银行和商业银行的区别可以概括如表 1-1 所示。

**表 1-1 投资银行和商业银行的区别**

| | 投资银行 | 商业银行 |
|---|---|---|
| 本源业务 | 证券承销 | 存款、贷款 |

续表

| | 投资银行 | 商业银行 |
|---|---|---|
| 功能 | 直接融资和长期融资 | 间接融资和短期融资 |
| 业务概貌 | 不能通过资产负债表反映 | 表内业务和表外业务 |
| 利润主要来源 | 佣金 | 存贷利差 |
| 经营原则 | 在控制风险的前提下更重开拓 | 追求收益性、安全性、流动性,坚持稳健原则 |
| 宏观管理 | 证券监管机构、财政部、中央银行及证券交易所多层次管理 | 中央银行 |
| 保险制度安排 | 投资银行保险制度 | 存款保险制度 |

## 三、投资银行的行业特征

投资银行作为一个十分具有生命力和挑战性的行业,具有与其他行业不同的特点,主要表现在创造性、专业性、道德性、周期性和风险性等方面。

### (一)创造性

随着竞争程度的激烈、金融机构的融合、金融的全球化以及企业并购的加剧,投资银行越来越有必要为客户提供具有创新性的方案,以满足客户多样化的需要。创造性是投资银行生存的决定性因素,未来投资银行的生存主要取决于能否不断根据经济环境和客户需求的变化,开发出新的金融产品和服务内容,以便在竞争中独占鳌头。

投资银行的创造性包括"创造"和"革新"两个方面,创造是指有价值的新事物产生的过程,革新则是指将有价值的新事物转变为商业上可行的产品或服务的过程。创造的实质是从"无"到"有",而革新的实质是把已经存在的事物进行商业化。投资银行的创造和革新包括开发更好的金融产品、提供更为高效的服务以及更节约成本的服务方式等(见图 1-2)。

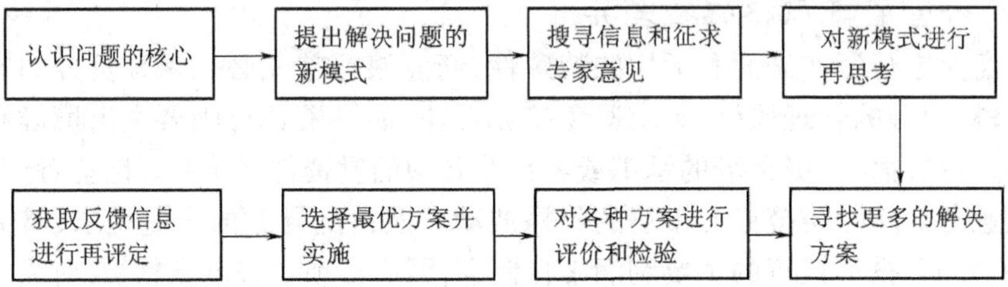


**图 1-2 投资银行创造和革新的流程**

### (二)专业性

投资银行是一个知识密集型的行业,需要专业的知识和专门的技能,特别是在资本市场飞速发展的年代,要做好投资银行业务,对专业性的要求更高。投资银行专业性的特征主要体现在以下几方面:

1.投资理论。投资银行的业务主要与资本市场紧密相连,其从业人员必须对投资理论和金融工程方面的知识十分精通,要熟悉投资理论的最新进展,并掌握金融工程的基本技术和工具,以便在业务开展过程中有雄厚的后盾。对一些常规的理论和技术,如资产组合理论、金融衍生工具、套期保值技术,以及公司的财务分析、成本分析、收益曲线分析等技术,都要能够灵活地运用。许多大型的国际投资银行对投资理论和投资技术都有很高的要求,并且配有专家委员会对业务开展提供支持。虽然具有重要性的投资理论并不能造就成功的投资银行家,但是,如果缺乏必要的投资理论,绝不可能成为一流的投资银行家。

2.融资经验和渠道。投资银行是在资本市场上直接融资的媒介,投资银行的专业性还体现在拥有丰富的融资经验和专门的融资渠道,能够高效地沟通资金供给者和资金需求者上。通过长期从事证券承销和企业并购业务,可以积累融资经验,建立良好的融资渠道,这是投资银行开展业务的结果,也是取得竞争力的重要保障。在投资银行开展业务的过程中,丰富的融资经验和专门的融资渠道可以减少不必要的环节,节省成本,提高效率。当然,丰富的融资经验和专业化的渠道对造就杰出的投资银行家来说也不是充分条件,它只是投资银行专业知识体系中的一个重要组成部分。

3.行业专长和业务能力。投资银行的核心竞争力应体现在高超的业务能力和行业专长上。因为投资银行的资源和人力也是有限的,不可能把精力平均分散到所有的投资银行业务中,最佳的选择是根据一般的业务原则和行业的特殊性,集中资源于某一种或几种业务,重点发展某一行业或几个行业的业务,创造业内最佳和最有竞争力的品牌。因此,对投资银行的从业人员来说,高超的业务能力和行业专长十分关键,有利于投资银行的专业化和分工。

4.市场洞察力。投资银行处于千变万化的市场环境中,虽然技术方面的理性分析非常重要,但对市场的洞察力和感悟力同样不可缺少,有时甚至还发挥着非常重要的作用。它不仅影响到投资银行具体业务的开展,而且对投资银行自身的发展也极为关键,许多国际大型投资银行成功的经验都充分证明了市场洞察力的重要性。优秀的投资银行家善于把握证券承销的最佳时机和制定最合适的发行价格,并善于发现那些极具成长性的行业,察觉那些不利或危险的因素。市场洞察力已经成为投资银行家的一种职业本能,他们甚至会凭着职业直觉来对未来的市场前景作出判断。

5.公关技能。投资银行是一种特殊的金融服务业,在开展业务的过程中,需要和利益相关的多个利益集团或个人打交道,向不同的人或集团推介自己的方案。因此,具有一定的公关技能是非常重要的。例如,在证券承销过程中,投资银行要和筹资方交流,推荐自己的方案,使筹资方成为自己的客户,并积极进行筹资路演,向资金供给方推介筹资方案,吸引资金供给者投资。在这个过程中,投资银行还必须与政府的有关部门、中介机构(会计师事务所、审计师事务所、律师事务所)、法律机构等发生联系。所以,公关技能显得十分重要。

### (三)道德性

道德性是投资银行业一个重要的行业特征。道德性不仅是投资银行重要的无形资产,而且是提高投资银行声誉、扩大业务范围和增加投资银行家个人价值的稳妥方式。道德性构成了投资银行业的内在基础,是客户产生信心的源泉,否则,投资银行将无法生存。证券市场发展越成熟,客户对投资银行家的行为标准越敏感,也就越力求寻找具有高标准和良好道德准则的投资银行作为其代理。可以说,道德性越来越成为投资银行业竞争的新武器。投资银行业对道德性的要求具体表现在以下几方面:

1.保守秘密。保守秘密是投资银行一个很典型的职业道德问题,泄露客户的机密会给证券市场和客户带来巨大的不利影响。在复杂的投资银行业中,完成一项交易需要有关各方密切配合和信息共享,这就给保守秘密带来一定的困难。所以,在投资银行开展业务的过程中,绝不谈论任何有关客户无须透露的情况是一个最基本的规则。许多投资银行还硬性规定一个严格的名单,其中会列出一些与投资银行有业务关系的公司,这些公司及其有关情况都属于保密的范围,任何经纪人员、销售人员、并购合伙人以及其他雇员都不得为客户或自己买卖这一名单上的公司的证券。也就是说,只要公司仍然属于被限制的名单之列,投资银行和投资银行家便不能通过买卖该公司的证券来获益。

2.信息隔离。投资银行在开展业务过程中要采取信息隔离措施,要求有关各部门的人员对其所知晓的信息保持缄默,不对本部门以外的人员传播这一信息。在美国,无论证券监管机构还是投资银行本身,均规定投资银行内部的有关部门要执行隔离政策。美国证券交易委员会规定,同一投资银行的所有其他部门都应与企业并购部隔离,以限制机密信息在内部流通。许多投资银行也规定,严禁高危险区(如企业融资部、企业并购部、证券交易部等)的职员互通信息。这种泾渭分明的隔离政策在华尔街被称作"中国长城(China Wall)"。

3.遵守法律。投资银行在开展业务的过程中,应始终尊重和服从法律,而且绝不能支持客户从事违法或不道德的活动。一旦投资银行帮助客户做违法或不道德的事,就会使投资银行家及其合作伙伴乃至整个投资银行陷入犯罪和破产的深渊,并受到法律的制裁和道德的谴责。20世纪80年代末和90年代初,美国两大知名高成长投资银行——德崇公司和基德·皮博迪公司就是因为从事非法活动导致破产和清算出售。因此,遵守和尊重法律应是投资银行职业道德要求的第一要义。

4.诚信原则。投资银行业是以诚信为基础的中介服务业,致力于长期发展的投资银行必然要立足于诚实信用,为客户提供最优服务。如果投资银行失去诚信,它就将失去客户资源,并最终丧失在资本市场上竞争的能力。投资银行在向客户提出建议时,应尽力说明自己对这一建议的信任程度;如果投资银行自己没有把握,也要向客户诚实相告,以免误导客户。客户一般都欣赏投资银行的诚信态度,同时,诚信也是确立客户与投资银行之间长期关系的基础。

5.公开原则。为了维护证券市场的公平性,投资银行在开展业务过程中必须进行合乎规范的信息披露。投资银行在履行公开原则时要做到两个方面:第一,保证客户作出合适的信息披露。投资银行应尽最大努力使证券发行者将与发行有关的所有重要信息进行完整和正确的公布,避免遗漏重要资料和进行错误的表述。第二,主动将真实情况公布于众。例如,如果投资银行代表交易中所有的各方,就应向所有各方表明这一情况;如果公开上市公司和管理层之间存在关联交易,投资银行就应当加以披露。

### (四)周期性

周期性是由实体经济的运行具有周期性的特点所决定的。在证券市场上市的公司也是实体经济的组成部分,因此,宏观经济的周期性也将对证券市场的收益水平产生影响,投资银行业也因此具有周期性。从较长的一个时间周期来看,投资银行业走势与宏观经济趋势大致相同。但由于预期及偏差等因素,投资银行业的周期往往早于宏观经济的波动,其波动幅度也大于实体经济周期的波动幅度,这也不同程度体现在证券公司利润水平的周期性和波动性上。投资银行业的周期性也是与其下列行业特性密切相关的:

1.投资银行业是具有高风险特征的行业。证券的本质及证券市场运作的复杂性,决定了证券价格的不确定性和较强的波动性,普遍存在的投机行为进一步加剧了行业的不稳定性。证券市场涉及面广、敏感度高,风险控制难度较大,一旦风险溢出市场体系以外,对经济、社会的冲击力、破坏力较大。我国证券市场仍处于初级发展阶段,证券行业的风险更具有复杂性。

2.投资银行业是处于高度监管下的特殊行业。由于在经济体系、金融市场中占有重要地位并发挥着关键作用,投资银行业历来就是各国政府发展和监管的重点。我国证券管理部门对证券行业在市场准入、业务经营和日常管理等方面进行全面的监管,证券公司的设立和业务均实施特许经营。

3.投资银行业是知识密集型的服务行业。高素质人才和优质服务构成了投资银行的核心竞争力。投资银行业必须通过为客户提供优质、安全、便捷的高层次、专业化服务,才能获取收益。这就要求投资银行通过良好的激励机制保持对优秀人才的吸引力,这样才能获得生存和发展。知识、制度、理念和企业文化这些非物质的内容是形成投资银行业竞争力的关键。相比之下,投资银行业对固定资产投入的要求较低。

4.投资银行业是资金密集型的行业。根据规定,投资银行业必须具有规定的资本规模才能从事相应的业务,业务规模与净资本直接挂钩。这种管理模式和资金密集型的特点决定了实力雄厚的投资银行可以通过不断扩大资本规模来控制风险、获得持续稳健的发展,因而,投资银行业在一定意义上也具有规模经济的特征。

### (五)风险性

投资银行的经营风险包括:市场周期性变化造成的赢利风险,经纪、自营、资产管理等业务可能存在的风险,业务与产品创新可能存在的风险,公司开展需经相关监管机构审批的业务存在业务可能不获批准的风险。

投资银行的合规风险包括:①违反法律法规而受到行政处罚,这包括但不限于警告、罚款、没收违法所得、撤销相关业务许可、责令关闭等;②因违反法律法规及监管部门规定而被监管机关采取监管措施,包括但不限于限制业务活动,责令暂停部分业务,停止批准新业务,限制分配红利,限制向董事、监事、高级管理人员支付报酬和提供福利,限制转让财产或者在财产上设定其他权利,责令更换董事、监事、高级管理人员或者限制其权利,责令控股股东转让股权或限制有关股东行使股东权利,责令停业整顿,指定其他机构托管、接管或者撤销等。

投资银行业属于高风险行业,证券公司本质上是经营风险的企业。尽管公司已在各项业务的日常运作中建立了风险控制制度和程序,并针对证券业的行业特性以及公司自身的特点建立了衡量和评估风险、优化风险组合、风险预警和风险防范及化解的系统和措施,以使公司合法、合规经营,但公司风险管理和内部控制制度可能存在不完善的因素,可能因内部治理结构及外界环境的变化、风险管理当事者对某项事务认识不充分或对现有制度执行不严格等原因导致风险,也可能因业务操作差错带来经济损失、法律纠纷和违规风险,从而被监管机构处以上述行政处罚或监管措施,并因此对公司正常的业务经营造成影响或损失。

投资银行业属于国家特许经营行业,我国颁布了《证券法》《证券公司管理办法》等法律、法规和政策对其进行规范。证券公司开展证券经纪、保荐与承销、证券投资、资产管理、咨询以及创新等业务时,要受到证监会等监管机构的监管。同时,国家关于证券行业的有关法律、法规和监管政策可能随着证券市场的发展而调整。如果投资银行在经营中违反有关法律、法规和监管政策,可能会受到证监会等监管机构罚款、暂停或取消业务资格等方面的行政处罚,也可能因业务经营违法、违规等引起民事诉讼并导致承担民事赔偿责任。

另外,如果国家关于证券行业的有关法律、法规和政策如税收政策、业务许可、外汇管理、利率政策、业务收费标准等发生变化,同样可能会引起证券市场的波动和证券行业发展环境的变化,进而可能对投资银行的各项业务产生较大程度的影响。

自 2005 年实施股权分置改革以来,我国证券市场开始进入一个崭新的发展阶段。国内证券市场得到了迅速发展,同时,证券行业内的市场竞争也日益加剧。一方面,部分证券公司利用自身优势,通过收购兼并、增资扩股等方式迅速扩大了经营规模和资本规模,提升了核心竞争能力;另一方面,商业银行、保险公司以及其他非银行金融机构也开始向证券行业渗透,对证券公司构成了一定的竞争压力。同时,在履行完毕加入世界贸易组织我国证券行业有关对外开放的承诺后,国内证券行业对外开放继续呈现进一步加速的态势。国际证券公司已通过在我国境内设立办事处、合资证券公司、收购等方式在我国境内开展业务,参与国内证券市场的竞争。国际证券公司在人力资源、资本规模、产品创新、风险控制、大客户服务等方面具有较强的竞争优势,特别是金融衍生产品等一些创新产品,对证券公司风险管理水平提出了更高的要求,而国际证券公司在风险管理方面的技术和经验等方面具有明显优势,证券市场对外开放的加速,将使国内证券公司在创新业务方面面临更大的竞争压力。再加上国际证券公司具备更加雄厚的资金实力、丰富的管理经验和广泛的国际营销网络,我国证券公司今后将面临更为激烈的竞争。

## 第二节　投资银行的类型

### 一、国外对投资银行的分类

投资银行的业务领域极为广泛,几乎涉足所有的金融市场,提供着一切与证券相关的金融产品,并不断进行着服务领域和服务内容的创新。但并非每一家投资银行都经营所有的投资银行业务,投资银行业也存在着规模差异和专业分工。当前世界各国的投资银行主要有以下六种类别。

（一）超大型投资银行

超大型投资银行在规模、市场实力、客户数目、客户实力、信誉等方面均达到一流的水平。在美国，2007 年开始爆发的金融危机之前，美林证券、摩根士丹利、第一波士顿、所罗门兄弟、高盛及希尔逊·雷曼兄弟公司是世界公认的特大型投资银行。在欧洲，投资银行和商业银行存在不同程度的混业经营，许多投资银行附属于商业银行。欧洲的特大型投资银行有瑞士银行旗下的瑞银华宝、德意志银行麾下的德意志摩根建富。

在日本，投资银行一般被称为证券公司。1997 年亚洲金融危机之前，日本拥有世界一流的投资银行，其中野村、日兴、大和和山一分别居前四位，它们的资本金、职工人数、业务量和业务范围、客户数目和信誉等各项指标均居日本投资银行前列，这四家投资银行不仅是日本证券业的支柱，而且是国际性的特大型投资金融机构。进入 20 世纪 90 年代以后，日本经济泡沫开始破裂，从此日本经济和证券市场进入了长期萧条，再加上 1997 年的亚洲金融危机的爆发，日本投资银行界的“四巨头”已今非昔比。其中，野村创下了巨额亏损的记录；日兴被迫与外资联合；山一证券倒闭，其营业网点被美林证券收购。

（二）大型投资银行

大型投资银行（Major Bracket Firms）从事的是综合性的投资银行业务，但在资本规模、信誉、实力等方面均低于特大型投资银行。在美国，大型投资银行有普惠证券（Paine Webber）和培基证券（Prudential）等。

特大型投资银行和大型投资银行是投资银行业的核心，在一国或世界经济中发挥着十分重要的作用。表 1-2 列示的是 2019 年全球前 15 位投资银行的排名，表 1-3 是 2019 年全球投资银行业具有代表性的上市公司的有关指标。

**表 1-2 2019 年全球投资银行排行**

| 序号 | 中文名称 | 公司名称 | 国家名称 |
|---|---|---|---|
| 1 | 三菱 UFJ 金融集团 | MITSUBISHI UFJ FINANCIAL GROUP, INC. | 日本 |
| 2 | 汇丰控股有限公司 | HSBC HOLDINGS PLC | 英国 |
| 3 | 摩根大通银行 | JPMORGAN CHASE & CO | 美国 |
| 4 | 美国银行 | BANK OF AMERICA CORPORATION | 美国 |
| 5 | 三井住友金融集团 | SUMITOMO MITSUI FINANCIAL GROUP, INC | 日本 |
| 6 | 瑞穗金融集团 | MIZUHO FINANCIAL GROUP | 日本 |
| 7 | 花旗集团 | CITIGROUP INC | 美国 |
| 8 | 富国银行 | WELLS FARGO & COMPANY | 美国 |
| 9 | 巴克莱集团 | BARCLAYS PLC | 英国 |
| 10 | 劳埃德银行集团 | LLOYDS BANKING GROUP PLC | 英国 |
| 11 | 荷兰国际集团 | ING GROEP NV | 荷兰 |
| 12 | 高盛集团 | GOLDMAN SACHS GROUP, INC | 美国 |

续表

| 序号 | 中文名称 | 公司名称 | 国家名称 |
|---|---|---|---|
| 13 | 瑞银集团 | UBS GROUP AG | 瑞士 |
| 14 | 纳威集团 | NATWEST GROUP PLC | 英国 |
| 15 | 摩根·斯坦利 | MORGAN STANLEY | 美国 |

资料来源:MBA 智库百科(http://wiki.mbalib.com/)

**表 1-3　全球投资银行业具有代表性的上市公司财务指标统计**

| 公司名称 | 总资产 | 净资产 | 净利润 | 总市值 | PE | PB | ROA | ROE |
|---|---|---|---|---|---|---|---|---|
| 美国: | | | | | | | | |
| 摩根大通银行 | 2 687 000 | 261 533 | 36 424 | 437 226 | 12 | 1.67 | 0.01 | 0.14 |
| 美国银行 | 2 434 000 | 264 844 | 27 431 | 316 808 | 11.55 | 1.20 | 0.01 | 0.10 |
| 花旗集团 | 1 951 000 | 193 946 | 19 467 | 174 415 | 8.96 | 0.90 | 0.01 | 0.10 |
| 富国银行 | 1 928 000 | 187 984 | 20 041 | 227 540 | 11.35 | 1.21 | 0.01 | 0.11 |
| 高盛集团 | 993 000 | 92 059 | 8 708 | 81 415 | 9.35 | 0.88 | 0.01 | 0.09 |
| 欧洲: | | | | | | | | |
| 汇丰控股有限公司 | 2 715 000 | 192 668 | 8 708 | 157 765 | 18.12 | 0.82 | 0.00 | 0.05 |
| 巴克莱集团 | 1 496 000 | 86 156 | 4 401 | 40 831 | 9.28 | 0.47 | 0.00 | 0.05 |
| 劳埃德银行集团 | 1 094 000 | 62 729 | 3 944 | 57 450 | 14.57 | 0.92 | 0.00 | 0.06 |
| 荷兰国际集团 | 1 002 000 | 61 407 | 5 481 | 46 787 | 8.54 | 0.76 | 0.01 | 0.09 |
| 瑞银集团 | 972 200 | 54 675 | 4 310 | 48 726 | 11.31 | 0.89 | 0.00 | 0.08 |
| 纳威集团 | 948 700 | 57 152 | 4 986 | 38 133 | 7.65 | 0.67 | 0.01 | 0.09 |
| 亚太: | | | | | | | | |
| 三菱 UFJ 金融集团 | 3 096 000 | 155 067 | 5 598 | 50 355 | 9 | 0.32 | 0.00 | 0.04 |
| 三井住友金融集团 | 2 023 000 | 99 217 | 6 633 | 33 136 | 5 | 0.33 | 0.00 | 0.07 |
| 瑞穗金融集团 | 1 975 000 | 79 704 | 4 206 | 28 873 | 6.86 | 0.36 | 0.00 | 0.05 |
| 新韩金融集团 | 477 100 | 36 216 | 3 146 | 17 755 | 5.64 | 0.49 | 0.01 | 0.09 |
| KB 金融集团 | 447 900 | 33 788 | 2 862 | 17 113 | 5.98 | 0.51 | 0.01 | 0.08 |
| 中国华融资产管理有限公司 | 244 000 | 23 397 | 325 | 3 956 | 12.18 | 0.17 | 0.00 | 0.01 |
| 中信证券有限公司 | 113 300 | 23 680 | 1 810 | 35 539 | 19.63 | 1.50 | 0.02 | 0.08 |
| 海通证券有限公司 | 91 140 | 20 197 | 1 509 | 17 905 | 11.87 | 0.89 | 0.02 | 0.07 |
| 华泰证券有限公司公司 | 80 461 | 17 984 | 1 296 | 21 387 | 16.5 | 1.19 | 0.02 | 0.07 |
| 国泰君安证券有限公司 | 80 051 | 20 909 | 1 295 | 19 890 | 15.35 | 0.95 | 0.02 | 0.06 |

注:总资产、净资产、净利润和总市值的单位是百万美元

### （三）次大型投资银行

次大型投资银行（Sub-major Bracket Firms）是指那些以本国金融中心为基地，专门为某些投资者群体或较小的公司提供服务的投资银行。这些投资银行一般规模较小，资本实力和信誉相对较差，在组织上一般采取较为灵活的合伙制。

### （四）地区性投资银行

地区性投资银行（Regional Firms）是指专门为某一地区投资者和中小企业及地方政府机构服务的投资银行。它们一般以某一地区为基地，不在全国及世界金融中心设立总部和分支机构。

### （五）专业性投资银行

专业性投资银行（Specialized Finns）通常被称为投资银行界的“专卖店”，专门从事某一或某些重要领域的业务，发挥竞争优势。重要的例子是那些仅承销或经营某些行业证券（如新材料行业证券、IT 行业证券、网络行业证券、生物制药行业证券等）或进行技术性承销的投资银行。这类投资银行具有很强的专业性和行业特性，在单个行业具有很强的竞争优势，往往能取得出人意料的成绩。那些以高质量投资分析和投资研究著称，而其业务是基于这些分析和研究的投资银行，也应该属于专业性投资银行。

### （六）商人银行

这里的商人银行与英国“商人银行”的概念不同，它是指专门从事并购（Merger & Acquisition）与某些筹资活动的投资银行。这类投资银行有时也用自有资金购买证券。黑石集团（Blackstone Group）、瓦瑟斯坦 · 潘里拉公司（Wasserstein Porella & Co.）为美国著名的商人银行。

## 二、国内投资银行的分类

我国最初于 1999 年 7 月实施的《证券法》把证券公司分为综合类和经纪类两类，国家对证券公司进行分类管理，分为综合类证券公司和经纪类证券公司，由国务院证券监督管理机构按照其分类颁发业务许可证。我国投资银行的规模较小，所有投资银行加起来还抵不上一家国际特大型投资银行的规模。2020 年最新实施的《证券法》取消了综合类证券公司和经纪类证券公司的划分。证券公司可以根据自己的条件，申请从事不同的证券业务。《证券法》（2020）规定，证券公司可以经营以下部分或者全部业务：①证券经纪；②证券投资咨询；③与证券交易、证券投资活动有关的财务顾问；④证券承销与保荐；⑤证券自营；⑥证券资产管理；⑦其他证券业务。

但是《证券法》（2020）第一百二十一条按照不同的证券业务类型，规定了不同的最低注册资本金额。证券公司从事证券经纪业务、证券投资咨询业务和财务顾问业务，注册资本最低限额为人民币 5 000 万元。从事证券承销与保荐业务、证券自营、证券资产管理及其他证券业务之一的，注册资本最低限额为人民币 1 亿元。从事其中两项以上业务，注册资本最低限额为人民币 5 亿元。《证券法》（2020）还授权中国证监会根据审慎原则和各项业务的风险程度，可以调整注册资本最低限额，但是不得少于法定的最低限额。

# 第三节　投资银行的发展历程

投资银行素有“资本的心脏”之称，在西方发达市场经济国家已经有近百年的发展史。投资银行的来源通常有两种：一是由商业银行分拆而来，二是由证券经纪商发展而来，前者如摩根士丹利，后者如美林证券。在美国，在1920年以前，银行就是银行，并未按其功能加以区分。美国投资银行与商业银行的分离发生在1929年的大股灾之后，当时联邦政府认为投资银行业务有较高的风险，因而禁止商业银行利用储户的资金进行投行业务，结果造成大批综合性银行被迫分解为商业银行和投资银行，其中最典型的例子就是摩根银行分解为从事投资银行业务的摩根士丹利以及从事商业银行业务的J.P.摩根。

但在欧洲，各国政府一直没有这样的限制，投资银行业务一般都由商业银行来完成，这就形成了许多所谓的全能银行（Universal Bank）或商人银行（Merchant Bank），最著名的如德意志银行、荷兰银行、瑞士银行等。

## 一、投资银行的起源

追本溯源，投资银行的原始形态产生于大约3 000年前的美索不达米亚平原上的金匠中间。当时各国的货币以贵金属为主，因此，一方面金匠可以利用职务之便向商人们提供货币兑换，并开展一些存贷款业务，这是商业银行的一些职能；另一方面，这些金匠们又为商人们提供票据的兑现、各类证券的抵押放贷、财务顾问和咨询服务，这就是现代投资银行主要业务的基本形态。可以说，这些金匠既是商业银行的鼻祖，又创造了投资银行的原始形态。

此后，随着商品经济的发展和国际贸易的兴盛，一大批商人不仅积累了巨额财富，还积累了商业专业知识，具有一定的商业信誉，并开始为其他商人提供资金的融通。这些商人发现，进行资金融通更加有利可图，于是便逐步放弃原来的贸易活动，开始从事融资中介服务和承兑业务，原先的商人也就变成了“商人银行”。“商人银行”的业务和一般商业银行的业务并无太大的区别，只是其业务不断扩展和专业化。

在中世纪，意大利的商业特别发达。意大利商人在几个世纪中都主宰着东西方的贸易活动，并出现了许多“商人银行”。1397年成立的麦迪西银行（Medici Bank）最为著名。麦迪西银行的总部设在佛罗伦萨，在威尼斯、热那亚、米兰和罗马都设有分行。汇票是13世纪意大利商人银行的一个重大的金融创新，它减少了使用大量金银器皿和硬币进行支付的麻烦。

奥斯曼土耳其帝国的兴起沉重打击了意大利的商业地位，意大利的商业逐渐衰落，从此失去了欧洲经济、贸易、金融中心的地位。此时，世界经济中心由地中海沿岸转移到大西洋沿岸，荷兰的阿姆斯特丹逐渐成为新的贸易和金融中心，形成了北起波罗的海、南至比斯开湾的巨大贸易区。1609年，阿姆斯特丹银行成立，荷兰的商人和银行家们在17世纪到18世纪的大部分时间里从事为贸易融通资金、外汇兑换以及为外国政府提供贷款的业务。

真正的商业银行的崛起发生在英国。18 世纪后期,英国逐渐成为世界霸主,伦敦也逐渐替代阿姆斯特丹,成为新的国际经济和金融中心。在此期间,英国对商人银行的发展起了十分巨大的作用。许多富有的商号开始进入英国,在伦敦设立运营场所。随着商业竞争的加剧,制造商的专业化倾向日益明显,贸易利润日益下降,商人们无力负担贸易中的财务风险。因此,大约从 1925 年开始,英国一批承兑商号迅速崛起,专门承担出口业务中的财务风险。

德国的商人银行是商人银行发展史上不可忽视的力量。18 世纪德国商人银行的兴起,为德国成功的商业冒险行为和德国领土的扩张提供了便利的资金融通。

## 二、1929 年以前的投资银行

根据对投资银行发展雏形的考察,现代意义上的投资银行起源于欧美。美国在国内战争期间及以后出现了兴建铁路的热潮,导致了对资金的巨大需求,政府和民间机构通过投资银行发行了大量的政府债券和铁路债券。同时,美国政府债券通过投资银行还进军欧洲市场,曾成为法兰克福证券交易所最主要的交易对象。相对于美国投资银行的崛起,欧洲投资银行的地位和实力遭到削弱。由于 1890 年经济危机和第一次世界大战的冲击,欧洲经济增长的速度放缓,伦敦国际金融中心的地位也逐渐下降,欧洲投资银行的发展空间受到压缩。同时,由于投资银行的融资功能日益增强,与商业银行的竞争日趋激烈,使得商人银行逐渐失去了融资业务,被迫转向发放短期贷款,专门从事融通票据业务,或者与股份银行合并,逐渐退出投资银行领域。

当时美国著名的投资银行有摩根 · 塞利格曼 · 斯培叶、摩顿 · 罗斯、梅里尔 · 林奇(Merrill Lynch,即美林公司)、雷曼兄弟公司、歌德曼 · 萨克斯公司(Goldman Sachs,即高盛公司)等。在此期间,投资银行与商业银行的区别逐渐体现出来,投资银行不能通过发行货币或存款创造来增加货币供应量,而主要充当资本市场的中介,沟通资金需求者和资金供给者,并逐渐成为投资业务的专家,就最符合市场需要的投资种类及数量向顾客提出建议。投资银行家为了获取更高的利润,愿意通过组成承销辛迪加把公司发行的证券全部买下,然后在金融市场上转售出去。

随着投资银行规模、实力的提高,许多投资银行家开始直接参与客户公司的经营管理,并不断控制商业银行、信托公司和保险公司,扩大自己的实力和影响范围,从而成为金融寡头。摩根公司在整合铁路中所建立的"摩根化体制",即直接投资于产业并依赖于产业的赢利模式,揭开了金融资本进军企业经营的序幕。当时的摩根财团控制了美国钢铁公司、美国电报电话公司、纽约中央铁路公司以及几家大型的保险公司。到 1912 年,摩根在 120 家大公司中占据了 341 个董事席位,控制了 240 亿美元的资产。

第一次世界大战之后,美国经济迅速发展,新兴企业不断崛起,企业债券和股票成为投资热点,债券和股票市场得到快速发展。由于通过资本市场融资的成本较低、期限较长,企业的融资途径发生了很大变化,更多地倾向于通过股票和债券市场融资。在这种条件下,投资银行得到了快速的发展,进入了 20 世纪 20 年代的繁荣时期。

这一时期美国投资银行具有以下特点:第一,投资银行的主营业务是证券承销和分销。尽管所有的承销商都认购新证券,但并不是所有的证券商都要分销证券,而由其他经纪人来完成。不过,承销业务最成功的投资银行在很大程度上还是通过证券销售来扩大其利润。投资银行还为国外公司和政府承销证券，当然它们往往只靠闭门造车的内部研究报告来判断客户的信用状况，而对客户的实际情况了解甚少，从而埋下了自我毁灭的种子。第二，投资银行和商业银行处于混业经营状态。由于《国民银行法》的限制，商业银行不能直接从事证券市场业务，但商业银行可以通过其所控股的证券公司来从事该类业务。于是，在巨额利润的驱动下，商业银行存款人的资金就通过下属证券公司间接流向了高风险的股票和债券市场，主要开展经纪业务和向客户提供保证金贷款。这种贷款给投资者的投资带来了巨大的杠杆效应，平均每个客户只需交纳股价的10%~15%就可以交易。1927年《麦克法登法》的通过，使得商业银行的分支机构纷纷涉足承销领域，并从母银行借入大量资金在股票市场上进行投机或偿还私人债务，从不归还贷款。于是，当时的证券市场上产生了巨大的泡沫。

1929年以前的经济繁荣带来了投资银行业的高涨和繁荣，在证券投机商"永远繁荣"的舆论鼓吹下，西方证券市场的交易变成一种狂热的货币投机活动。受证券市场丰厚利润的吸引，商业银行凭借雄厚的资金涉足证券市场，大银行通常用存款人的钱来承保新股票甚至直接参与证券投机，再加上各国缺乏对证券行业专门的监管机构，这就为1929~1933年的金融和经济危机埋下了祸根。

## 三、"大危机"期间的投资银行（1929—1933年）

20世纪20年代，美国证券投资交易规模达到了空前繁荣的程度，作为虚拟资本的有价证券不断膨胀，形成了巨大的证券泡沫。1929年10月24日，股票市场开始狂跌不止，拉开了20世纪30年代经济大危机的序幕，并产生"多米诺骨牌"效应，波及全世界。

股市的崩溃带来了世界历史上空前持久和深刻的经济危机。美国的工业生产从危机前的最高点降到1932年危机时的最低点，下降了55.6%，退回到了20世纪初的水平。英国生铁产量下降了52.9%，钢铁产量下降了46%，造船业产出下降了91%。无数的银行、工厂倒闭，成千上万的人失业，生产停滞不前。银行业受到的冲击最大，从1929年到1933年末，美国银行由23 695家减少到14 325家，4年之内净减达近万家，出现了世界金融史上最悲惨的局面。投资银行业遭到重创、陷入萧条，其原因主要来自以下几个方面：

首先，混业经营模式增加了金融风险。大危机前，投资银行和商业银行的业务相互交叉和渗透，商业银行的存贷款业务与投资银行的证券承销和交易业务没有严格分开，使得许多短期资金进入证券市场进行风险较大的长期投资。短期借贷资金进行长期投资，必然面临挤兑的风险，导致银行的经营风险越来越大。

其次，银行资本和产业资本彼此渗透造成"连锁效应"。银行资本和产业资本彼此渗透产生了许多金融寡头，使得证券市场的竞争性相对减弱，证券市场人为的波动因素增大，一旦一个环节出现问题，必然导致连锁反应。因此，证券市场的崩溃造成许多投资银行倒闭，也影响到了投资银行所控制的生产经营性公司。

最后，金融监管体系不完善。当时的金融法规和监管体系十分不健全，缺乏必要的有效监管机构和相应的法律体系，许多投资银行和商业银行的业务游离于政府的管辖范围之外，从而偏离了正常的金融轨道。

为了重振投资银行业，1933年美国通过了《1933年银行法》，这个法案对证券投资活动的布局和渠道进行了大规模的调整，制定了证券投资活动的根本原则，引起了美国银行业有史以来最深刻的变革。这些原则通常被称为《格拉斯·斯蒂格尔法案》(Glass Steagall Act),该法案将商业银行和投资银行的业务严格分开,任何以吸收存款业务为主要资金来源的商业银行都不能同时经营证券投资等长期性资产业务,而任何经营证券业务的投资银行也不能经营吸收存款等商业银行的业务。同时,该法案还规定商业银行的人员不能在投资银行兼职,商业银行不得设立从事证券业务的分支银行或附属机构。该法案规定建立联邦存款保险公司,通过经营商业银行的存款保险业务,对银行进行监督和管理,保证存款者的安全和金融业的稳定。

商业银行业务和投资银行业务截然分离,从根本上确立了投资银行的概念和在经济中的地位。该法案标志着现代投资银行和商业银行分业格局的形成,同时也标志着纯粹意义上的商业银行和投资银行的分野。摩根公司将投资银行业务专门转由摩根士丹利公司(Morgan Stanley & Company)经营,商业银行业务则由J.P.摩根公司经营,而雷曼兄弟公司(Lehman Brothers)则选择从事证券业。英国在1933年也将投资银行和商业银行业务分开,并进行分业管理,形成了崭新的、独立的投资银行业。许多既从事商业银行又从事投资银行业务的大银行将两种业务严格分开,成立了专门的投资银行和商业银行。

## 四、"大危机"之后的投资银行(1934—1980年)

从1934年开始,美国以及整个世界的经济开始复苏,以美国为代表的世界证券市场又开始繁荣起来,投资银行也开始走向活跃。随后,由于欧洲和日本陷入战争灾难之中,其证券业和投资银行的发展受到严重影响;而远离第二次世界大战的美国,其证券市场在法律的护航下平稳地发展了数十年。投资银行和商业银行分别活动在自己的领域。在此期间,美国一些大投资银行如摩根士丹利公司、所罗门兄弟公司、美林和高盛等著名的投资银行都得到了充分的发展。

战争期间,整个美国都围绕着战争机器来运转。该阶段的投资银行表现为两大特点:一是融资主要用于战争或发展军事工业,这是战争期间金融市场的基调。国库券开始排挤公司债券,成为证券市场的主导,出现了"排挤效应"(Crowding Out Effect)。二是投资银行当时的承销方式主要有两种,即竞价承销和协议承销。

从第二次世界大战结束到布雷顿森林体系垮台之前,美国金融业格局发生了重大的变化:首先,虽然工业公司是普通股票的重要发起人,但公用事业开始同时作为股票市场和债券市场的主要发起人出现。其次,战后最引人注目的投资公司即互助基金得到快速发展,投资银行可以向互助基金而不必向个人投资者出售公开发行的证券。最后,市政债券也开始以创纪录的数量上市,有时其数量竟接近新公司债券上市的数量。在这种情况下,一种被称作小经纪商号(Boutique)的行业开始发展起来,它一般只帮助新成立的公司首次公开发行证券。一流投资银行的承销能力受到这些小机构的挑战,而后者只专门开发某几个概念,如只为药物、电脑、服务等行业的公司发行证券。20世纪60年代,随着证券市场日趋复杂多变以及交易活动日显重要,投资银行业内部掀起了第一次大规模合并的浪潮。

在这次并购热潮中,一流投资银行开始大量介入企业并购活动,当时,并购被追寻时髦的集团公司化潮流的公司所推崇。风险套利(Risk Arbitrage)变得流行起来,许多交易导向型的公司通过对收购公司及被收购公司的股票进行买入与卖空,以赚取巨额利润。因此,许多交易导向型的投资银行开始向传统牵头经理人施加压力,并利用做市和交易方面的专业技能来赢得客户。这期间市场波动和交易业务的日益重要导致了投资银行业的第一次合并浪潮。1959 年成立的多纳逊—卢佛基与詹里特(Donaldson, Lufkin and Jenrette)在相对较短的时间内开始以向机构投资者提供研究产品的方式对投资银行业的排头公司发起了挑战。

在 20 世纪 60 年代突飞猛进的欧洲债券市场上,主要承销机构面临着不同于国内市场的困难和挑战。很多美国一流的投资银行也依靠他们长期的客户关系成为欧洲债券一流的承销商,并将他们在国内的进取风格搬到欧洲市场上,同时也锻炼了二级市场的业务能力,以弥补他们由于缺乏广泛的分销网络而导致的在国际市场上募集能力的不足。美国的商业银行也通过附属公司参加承销辛迪加和推销集团,这些附属公司通常以母银行的名义在伦敦市场上开展业务,包括参与欧洲债券的承销。

从证券交易方面来看,20 世纪 50 年代末美国股价和交易量同步增长;到了 1963 年,美国股票交易量首次超过 1929 年的水平;1968 年又比 1963 年的交易量增长 3 倍。随着证券交易量的日益扩大,人工证券交割制度显得十分落后,这对美国投资银行的发展造成了很大的损害。1968 年 12 月未交割的金额达到 41 亿美元,清算差错率高达 25%~40%,造成了 100 多家投资银行倒闭。这次危机促使电子技术在证券领域广泛运用,新的中介机构如电讯证券公司(Wire House)或大经纪公司的出现,改变了金融业的这种状况。

1970 年美国政府颁布了《证券投资者保护法》,设立了与商业银行保险制度相类似的投资银行保险制度,并在此基础上建立了证券投资者保护协会。1975 年 5 月 1 日,美国取消了固定佣金制,过去盛行的固定佣金制宣告结束。这一变化导致贴现经纪人(Discount Broker)的兴起,他们向客户提供佣金低廉的简单经纪人服务。

从日本的投资银行来看,第二次世界大战以后,随着日本经济的迅猛崛起,日本投资银行成为投资银行界一支十分重要的力量。1948 年,日本颁布了第一部《证券交易法》,对银行业和证券业分业作出了法律上的规定,促成了日本商业银行业务和投资银行业务的正式分离,投资银行开始在证券市场上起主导作用。1949 年,日本恢复和成立了东京、名古屋、京都、神户、大阪等证券交易所,为投资银行业的发展提供了条件。第二次世界大战后,许多国家出现了商业银行和投资银行分业经营的格局。

1965 年以后,由于短期公开市场有了很大发展,投资银行开始从事短期金融中介业务,主要内容是从事股票的委托买卖业务。1965 年,日本政府对《证券交易法》进行了部分修改,投资银行由登记制改为许可制,提高了最低资本额,以加强对证券业的监督和限制。

1945 年以后,英国的商人银行经历了停滞、复苏和高速发展三个时期:

第一,停滞时期。在第二次世界大战之后的几年里,英国的商人银行进入了停滞不前的时期。这一时期英镑无法再实行自由兑换,加上英镑区的建立和国外信贷的限制,致使英国的金融业开始走向衰退,给投资银行带来了十分不利的影响。商人银行从大量的国际承兑业务中退出,许多其他业务也失去了统治地位。这期间投资银行的业务主要集中在国内,它们创造了出口融资的方法,并在战后融资的项目中提高了它们在发行和认购中的地位。

第二,复苏时期。1958 年以后,英镑的自由兑换出现了很大的转变。随着对海外工业部门金融和贸易限制的解除,伦敦成为欧洲美元市场的中心。于是,英国的商人银行又进入了一个在国内和国外两个方面高速发展的时期。1957 年,英国发生了标购英国最大铝业公司的"铝战争",拉开了一系列标购和兼并的序幕,商人银行和商业银行开始分野。

第三,高速发展时期。从 20 世纪 60 年代开始,欧洲美元市场的发展导致商人银行的外币存款迅速增加,使商人银行成为欧洲美元市场的主要经营机构。这期间又兴起了猛烈的兼并浪潮,商人银行在企业兼并和咨询服务中获得了丰厚的收益。商人银行还在投资管理方面不断创新,从事单位信托和投资信托业务,使投资管理得到快速发展。这一时期商人银行开始形成较为明显的业务特色,其主导业务发展分为三个方向——批发银行业务、向公司提供金融服务、投资管理业务。

## 五、20 世纪 80 年代以来的投资银行

20 世纪 80 年代以来,美国颁布了许多重要的金融方面的法律和政策,放松了对金融业的管制,投资银行进入快速发展的新阶段。80 年代,美国为了放松对市场和机构的管制,先后颁布了一系列法律法规,如 1980 年颁布的《存款机构放松管制和货币控制法》(the Depository Institutions Deregulation and Monetary Control Act)、1982 年颁布的《存款机构法》(the Depository Institutions Act)以及 1989 年颁布的《金融机构重组、复兴和强化法》(the Financial Institutions Reconstruction, Recovery and Enforcement Act)。此外,为了削弱欧洲债券对美国本土资本的竞争力,美国于 1983 年实施的《证券交易委员会 415 条款》(SEC Rule 415)改变了公司注册发行新证券意向的程序,要求公司在发行证券之前到证券交易委员会办理被称作暂搁注册(Shelf Registration)①的手续,从而对投资银行及其业务产生了重大影响。暂搁注册改变了承销辛迪加的组成方式,牵头经理人必须单独或同其他经理人一道尽快承诺全部交易,然后再进行分销。这种包销(Sought Deal)方式的产生,标志着投资银行业竞争性质的变化。80 年代初的经济衰退结束后,美国的利率开始从历史最高水平回落,大量新发行的股票与债券充斥市场,出现了不够投资级的垃圾债券(Junk Bond)。垃圾债券的大量发行给投资银行提供了巨大的商机,并在此后 10 年影响了美国投资银行的历程。

20 世纪 80 年代以来,金融创新和金融工程(Financial Engineering)逐渐兴起。为了获得竞争优势,投资银行不断通过金融创新来吸引顾客,从而创造了杠杆收购(Leveraged Buyout,LBO)、期货、期权、互换等金融工具,投资银行业也因此变成富有挑战性和创新性的行业之一。随着金融创新的深化,投资银行、商业银行、储贷机构、保险公司、信托公司等绕过传统的严格的企业管理体制,彼此相互侵犯经营领域,金融竞争日趋激烈。这时保值技术作为一种规避承销风险的方式开始流行起来,投资银行已经与过去那种更闲散地组成承销辛迪加的时代有了本质上的不同。20 世纪 80 年代中期欧洲股票市场开始出现,它在许多方面与欧洲债券市场相似,实际上是主要的一流承销商将国内的股票在国际市场上进行分销的场所,国际承销辛迪加开始出现。

1987 年 10 月美国股市的暴跌,沉重地打击了美国投资者对市场的热情,同时也降

① 暂搁注册是指公司将其在近期内发行证券的意向登记注册,向证券交易委员会提供相关的并可以在需要筹资时迅速更新的财务数据。

低了投资银行的利润。在市场指数平均下降20%之后,很多证券发行表现不佳,还有很多证券发行被迫取消。例如,大规模的英国石油公司(British Petroleum)股票的分销活动陷入了1987年的股市惨跌之中,使承销商蒙受了巨大的损失。这次股市崩溃之后,华尔街开始了普遍的费用缩减行动。除了经纪人的佣金损失之外,承销新股的收入也降低了,直到18个月之后才开始回升。并购业务的收入也有惊人的下降,特别是涉及垃圾债券融资的业务。市场活动的萎缩直到1991年中期最严重的衰退阶段过去之后才有所改善。

20世纪90年代,信息技术的迅速发展极大地推动了美国证券市场的繁荣和投资银行的发展,美国成为全球经济发展最稳定、最健康的国家,美国投资银行也因此变得更加引人注目,并成为美国经济发展中十分活跃的金融中介机构。投资银行承销了许多高科技公司的股票,取得了很好的效果。1999年《金融现代化法案》的通过,意味着美国投资银行、商业银行、保险公司、信托机构的业务界限已不复存在,美国开始进入混业经营的时代,投资银行面临着激烈的竞争。但随着2000年IT行业进入衰退阶段,众多网络神话逐渐破裂;加上"9·11事件"给美国的社会心理和经济带来的深远影响,美国股市不断走低。当然,投资银行也难逃经济衰退和社会不安定的影响。

20世纪80年代,日本投资银行进入了快速发展时期,业务创新的速度和资产规模不断扩大,证券公司不断分化重组,出现了野村、大和、山一、日兴四大投资银行巨头。80年代末期,日本证券市场市价总值上升到世界第一,野村等投资银行也在规模上达到空前的水平。

从20世纪90年代开始,日本泡沫经济逐渐崩溃。从此,日本陷入了长期衰退。特别是亚洲金融危机爆发后,1997年和1998年,日本投资银行出现行业性亏损,甚至出现了多家证券公司倒闭的事件。1996年11月,日本公布了号称"大爆炸"(Big Bang)的金融改革方案,以"国际化、公平化、自由化"为原则,允许各金融机构业务相互渗透,股票交易手续费自由化。该法案自1998年开始实施。日本第七大投资银行三洋证券因其债主拒绝把200亿日元的债务还款期推迟而被迫向法院申请保票令,成为日本金融史上第一家申请破产清盘的投资银行;第四大投资银行——山一证券在成立100周年之际宣布破产,其负债高达3.2万亿日元,是日本战后规模最大、负债金额最多、影响最大的倒闭事件。

2007年美国爆发次贷危机,此后,其负面影响不断扩大,美国投资银行逐步陷入危机。2008年3月,美国第五大投资银行贝尔斯登因濒临破产而被摩根大通收购。9月15日,美国第四大投资银行雷曼兄弟公司宣布破产,而第三大投资银行美林公司则被美国银行收购。9月21日,美联储批准高盛和摩根士丹利从投资银行转型为银行控股公司。至此,华尔街五大投资银行全军覆没,并由此宣告了主导世界金融业数十年之久的华尔街独立投资银行模式的终结。

关于华尔街独立投资银行模式覆灭的原因,本书前言已展开叙述,这里从略。

2008年9月21日,美联储批准高盛和摩根士丹利转型为银行控股公司。根据美联储的决定,高盛和摩根士丹利以后将混业经营。变身后的高盛和摩根士丹利不仅可设立商业银行分支机构,以吸收储蓄存款、拓宽融资渠道,还可享受与其他商业银行同等的待遇,获得申请美联储紧急贷款的永久权利。但为符合商业银行标准,两家机构需要大幅降低杠杆比率以满足新的资本要求,同时要面临包括美联储和美国联邦保险存款公司(FDIC)更严格的金融监管。因此,转型为银行控股公司后,两大机构将更多地依赖于个人存款而不是向银行贷款这一杠杆工具,从而杠杆比率会逐渐降低,这意味着更小的风险和更高的稳定性。

尽管五大投行全军覆没并不是此次危机的终局,但是,人们从中获得的教训却弥足珍贵。在金融创新频繁、经济全球化的时代,独立投行模式的覆灭以及两大机构经营模式转型进一步凸显出现代金融市场中风险管理和监管体制的重要性。

## 六、我国投资银行发展概况

前面讲述的主要是西方发达国家投资银行发展的历程,这里再简要叙述一下新中国成立后我国投资银行发展的概况。

1987 年,我国第一家证券公司深圳特区证券公司成立,标志着我国证券公司开始兴起。在我国证券市场发展初期,证券经营机构大多是银行或信托投资公司下设的证券业务部门,资产规模相对较小。随着我国证券市场的发展和《证券法》的颁布实施,一批实力雄厚的大型综合类证券公司迅速崛起,证券公司数量迅速增加,资产规模急剧扩张,证券公司得到了较为迅速的发展,已经具有一定规模。但我国证券市场仍是一个不够成熟、有待完善的市场,相当数量的证券公司粗放经营,业务品种单一,同质化竞争现象比较突出。在这样的市场环境中,我国证券公司之间的竞争相当激烈。

2001—2005 年,我国证券市场进入长期调整阶段,部分证券公司出现了经营困难的情况。2003 年以来,监管部门实施证券公司综合治理,对高危证券公司进行风险处置,鼓励通过兼并重组化解证券行业风险、解决历史遗留问题。2004 年以来,证券行业开始实施分类监管,根据风险差异和管理水平,将证券公司分为创新试点类、规范类、风险类和处置类。其中,创新试点类证券公司应具备良好的公司治理结构、完备的风险管理制度和内部控制体系,资本水平和相关指标也应有良好的表现。实际运作中,只有创新试点类的证券公司才能在风险可测、可控和可承受的前提下,进行业务创新、经营方式创新和组织创新。监管部门对于创新试点类证券公司实施倾斜政策,鼓励优质证券公司的发展,并限制风险类证券公司的经营活动。2007 年 7 月,中国证监会发布了《证券公司分类监管工作指引(试行)》,对证券公司实行 5 类 11 级的新的分类监管标准和措施,它标志着“以证券公司风险管理能力为基础,结合公司市场影响力”的全新的分类监管思路进入落实阶段。

数据显示,2018 年至 2020 年,中国证券行业总资产规模持续扩大,其中同一年度的不同季度间有小幅的波动状况。截至 2020 年 6 月 30 日,中国 134 家证券公司实现营业收入 8.03 万亿元,受托管理资金本金总额到达 11.83 万亿元。

截至 2020 年上半年,总资产规模排名前十的券商中,中信证券排名第一,总资产达 7.2 亿元。见图 1-3。

2021 年 2 月 23 日,中国证券业协会发布了证券公司 2020 年度未审计经营数据 。

(1)证券行业积极发挥投资银行功能,服务实体经济能力持续提升。2020 年度,证券行业服务实体经济通过股票 IPO、再融资分别募集 5 260.31 亿元、7 315.02 亿元,同比增加 74.69%、41.67%;通过债券融资 13.54 万亿元,同比增加 28.02%,服务实体经济取得显著成效。2020 年新冠疫情暴发后,证券公司发挥投资银行功能优势,积极促成疫情防控领域企业发行公司债券进行融资。2020 年共 65 家证券公司承销完成“疫

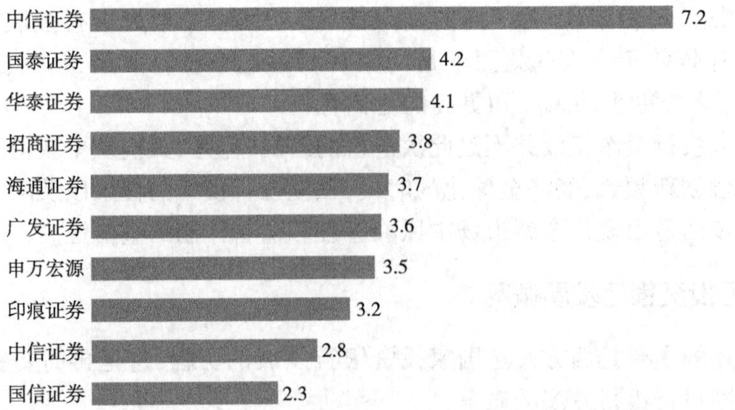


图 1-3　2020 年上半年中国券商总资产 Top10(单位:亿元)

情防控债”170 只,助力 22 个省份的 142 家发行人完成融资 1 651. 06 亿元。证券行业 2020 年实现投资银行业务净收入 672. 11 亿元,同比大幅增加 39. 26%。

(2)证券行业加快财富管理业务转型,服务市场投资理财需求。2020 年,证券行业实现代理买卖证券业务净收入(含交易单元席位租赁)1 161. 10 亿元,同比增长 47. 42%;实现代理销售金融产品净收入 134. 38 亿元,同比增长 148. 76%;实现投资咨询业务净收入 48. 03 亿元,同比增长 26. 93%;实现资产管理业务净收入 299. 60 亿元,同比增长 8. 88%。证券行业服务居民财富管理能力进一步提升,财富管理转型初见成效。

(3)证券行业业绩保持增长,资产规模稳步提升。证券行业 2020 年度实现营业收入 4 484. 79 亿元,同比增长 24. 41%;实现净利润 1 575. 34 亿元,同比增长 27. 98%,127 家证券公司实现赢利。截至 2020 年 12 月 31 日,证券行业总资产为 8. 90 万亿元,净资产为 2. 31 万亿元,分别同比增加 22. 50%、14. 10%。客户交易结算资金余额(含信用交易资金)1. 66 万亿元,受托管理资金本金总额 10. 51 万亿元。

(4)证券行业有效防范金融风险,合规风控水平整体稳定。2020 年末,证券行业净资本 1. 82 万亿元,其中核心净资本 1. 60 万亿元。截至 2020 年末,行业平均风险覆盖率 252. 34%(监管标准≥100%),平均资本杠杆率 23. 59%(监管标准≥8%),平均流动性风险覆盖率 235. 89%(监管标准≥100%),平均净稳定资金率 153. 66%(监管标准≥100%),行业整体风控指标优于监管标准,合规风控水平健康稳定。

从发展趋势看,证券行业正处于由分散经营、低水平竞争逐渐走向集中的演进阶段。来自行业内外的压力将促进国内证券公司转变经营理念和模式,提高经营水平和能力,提升服务质量和手段,最终形成少数几家具有综合竞争力的大型证券公司和在某些细分市场具有竞争优势的中小证券公司并存的行业格局。

# 第四节　投资银行的发展趋势

在经济全球化的大背景下,全球投资银行的形成和互联网(Internet)对投资银行产生的革命性影响,不仅极大地改变了投资银行及其业务,而且对世界经济和金融体系产生了深远的影响，使投资银行在放松管制和金融动荡的过程中呈现出新的发展趋势——混业化、国际化、网络化、业务的多样化和专业化。这些趋势，标志着投资银行进入了一个新的发展阶段。

## 一、投资银行的混业经营趋势

随着金融证券化、电子化、信息化和一体化的发展，20 世纪七八十年代以来，国际金融业又开始出现混业经营的新动向，金融机构开始向着“金融百货公司”的方向前进。首先是 1986 年英国允许银行兼并证券公司，形成经营多种金融业务的集团；接着是日本于 1998 年 4 月实施“金融体系改革一揽子法”，放宽了对银行、证券、保险等的业务限制，废除了银行不能直接经营证券、保险业务的禁令，允许各金融机构跨行业经营各种金融业务。1999 年 11 月，美国通过了《金融改革现代化法案》，废除了禁止银行从事证券业务的 1933 年的颁布《格拉斯·斯蒂格尔法案》，这标志着美国在世纪之交放弃分业经营模式，开始进入混业经营的新纪元。混业经营已成为全球金融发展的大趋势。

### （一）混业经营的原因

国际金融业由分业经营向混业经营的转变并非凭空而生，这一发展趋势有着深刻的经济原因，大致有以下几个方面：

1.许多国家具备了较完善的金融风险防范体系。20 世纪 30 年代“大危机”产生的一个重要因素是由于当时的政府和中央银行缺乏有效的经济手段来控制危机，而现在财政政策和货币政策已经成为重要和有效的反危机工具，大危机的可能性很小。现代各国都建立了严密的金融监管体系，并实施了商业银行和投资银行的保险制度，发生连锁风险的可能性不会太大。同时，20 世纪 70 年代末风险控制理论和风险控制工具得到充分的发展，使金融机构的风险大大降低，商业银行和投资银行的结合和渗透带来风险的可能性很小。各国纷纷放松了金融管制，特别是在海外市场上，金融监管鞭长莫及，客观上为投资银行和商业银行的混业发展创造了条件。同时，投资银行和商业银行在国际市场上面临全能银行的挑战，主观上也有混业发展的倾向。传统的投资银行和商业银行的区别日渐模糊，在许多金融市场上，投资银行和商业银行已经站在同一起跑线上。

2.金融创新和金融自由化推动了混业经营的发展。20 世纪 50 年代以后，金融创新工具和创新组织形式得到了极大的发展。这种发展使得许多原有的分业监管措施部分地失去了意义，商业银行与投资银行业务范围的划分越来越模糊。这些新的创新工具既可以由商业银行来经营，也可以为投资银行所使用。随着经济的繁荣与稳定，市场越来越结为一个整体，20 世纪上半叶实行的分业经营制度已不利于金融市场的高效发展。无论是商业银行还是投资银行，都不断通过金融创新绕过法律的约束，侵入对方的业务领域，形成了“你中有我，我中有你”的现实局面。因此，各国不断放松金融管制，实行金融自由化的政策，以适应市场环境的变化和要求。在金融自由化的政策下，投资银行和商业银行之间的界限逐渐模糊。

3.金融业的激烈竞争促进了混业经营。分业经营模式的实施是为了稳定市场，降低金融风险，以利于金融企业的健康发展。但它同时也使得商业银行小而分散，业务单调，不利于其进行业务拓展，实现规模效应。通过近几十年的发展，非银行的金融业务如证券、保险、信托以及期货、期权等衍生金融产品得到巨大发展，如美国非银行金融业所控制的金融资产在全美金融体系中的比重由20世纪30年代的不足40%上升到目前的75%以上。非银行金融机构通过拓展业务向银行业渗透,使银行业面临的压力越来越大,它们不得不进行兼并收购,以扩大自身规模和提高竞争力。商业银行与投资银行之间的相互控股与兼并收购,促使混业经营局面出现。

4.混业经营可以降低金融业的成本。混业经营使金融企业可以充分利用现有的银行机构网点为客户提供全方位的金融服务,从而分散金融风险,降低信息搜集成本与金融交易成本。银行业的发展已进入了微利时代,它们必须努力降低成本以获取利润,而混业经营则提供了这样一个途径,使得它们的利润增加,同时又降低了经营风险,有利于银行制度的运行以及银行内部不良资产的盘活。

(二)混业经营的发展状况

混业经营趋势在欧洲、美国和日本都得到了一定程度的发展。

20世纪80年代,英国为了加快金融自由化的进程,于1986年10月27日在伦敦证券交易所实施了所谓"大爆炸"(Big Bang)的重大金融改革。这次改革改变了传统的限制非交易所会员参股会员行号的做法,允许非会员取得会员行号100%的所有权,从而使得许多商业银行取得了伦敦交易所某些会员的全部股权,直接参与证券业务。"大爆炸"的金融自由化改革使投资银行开始经营存贷业务,商业银行开始经营证券业务,传统的投资银行和商业银行业务界限不复存在。1989年12月,欧共体发布《第2号银行业务指令》(Proposal Second Bank Directive),明确要求各成员国从1993年1月开始,原则上采用内部通用的综合银行制度(即全能银行制度),成员国银行之间可以相互自由设立分行和进行各类金融服务活动。欧盟国家目前实行的基本上都是综合型的全能银行模式。

日本的投资银行也开始实行混业经营。第二次世界大战后,日本将金融机构分为证券公司、普通银行、信托银行和长期信用银行四个主要层次,对金融机构和金融体系进行严格的管制,实行严格的分业经营模式。20世纪70年代末,日本开始实行金融自由化政策,金融机构不断进行业务的渗透。1992年日本颁布了《金融制度改正法》,允许商业银行通过设立证券子公司(最低资本金为100亿日元)的形式进入证券业务。1994年,日本大藏省允许第一劝业银行、富士银行、三和银行、樱花银行和三菱银行分别设立专门从事投资银行业务的分支机构。1996年底,日本开始推行"大爆炸"式的金融改革,于1998年推出了《证券交易法》《投资信托法》《银行法》《保险法》等24个"金融体系改革一揽子法",这些法律和《外汇法》《日本银行法》共同构成了日本金融法律法规的新体系,扫清了银证混业经营的障碍。"金融体系改革一揽子法"放宽了对银行、证券、保险等行业的限制,向银行和保险公司开放了信托投资业务,使它们可以直接经营交易代理、投资基金等业务。

投资银行最发达的美国同样存在银证混业经营的趋势。1977年,美国放宽了对《证券法》的解释,商业银行和商业控股公司开始从事证券经纪业务,1978年,又放宽了银行承销商业汇票和公司债券的限制,商业银行可以通过子公司或控股公司承销不超过营业收入10%的商业票据和公司债券。20世纪80年代以后,美国对于放松金融管制和废除《格拉斯·斯蒂格尔法案》的浪潮不断高涨,直到1999年11月4日《金融服务现代化法案》得以通过,从而废除了《格拉斯·斯蒂格尔法案》及其所代表的金融业分业管理的教条。美国金融界出现了新的兼并浪潮,诞生了集商业银行、证券、保险、信托业务于一身的超级全能银行。

从全球来看,投资银行和商业银行的混业发展趋势已经成为金融领域不可抗拒的潮流。在金融领域内,投资银行和商业银行之间的竞争将更加激烈,投资银行将面临商业银行的挑战。

## 二、投资银行的国际化趋势

20 世纪 60 年代以后特别是 80 年代以来,随着经济全球化进程的不断强化和加速,金融和贸易的自由化日益成为各国经济国际化和自由化的先导,在这种背景下,投资银行也不断走向国际化,在全球范围内广泛开展业务。

### (一)投资银行国际化的背景

1.金融和贸易国际化的加速发展。20 世纪下半叶,随着国际贸易的迅速增长和生产的国际化,资本流动的规模越来越大,客观上要求实现金融的国际化和自由化。特别是从 70 年代末开始,许多国家相继拆除了金融壁垒,使投资银行的进出相对十分便利。1979 年,英国和瑞典放弃了外汇管制。1981 年,德国取消了对非本国居民购买本国债券的限制。1975 年,美国向国外投资银行开放纽约证券交易所;1984 年,美国又废除了对非本国居民投资本国政府和公司债券征收的利息预提税,增强了美国金融市场对国外投资者的吸引力。1986 年,英国"大爆炸"式的金融改革从根本上改变了伦敦金融市场僵化的体制,从而促进了英国金融市场的国际化。日本从 1996 年也逐步推行金融自由化、公平化和国际化,为国际投资银行提供了良好的进入机会。许多美国大型投资银行开始瞄准日本市场,收购日本的证券公司。各国金融管制的放松,对金融机构跨国经营的限制减少,促进了国际资本的流动和金融市场的国际化,作为金融中介的投资银行自然也开始走向国际化。

2.经济的全球化和不平衡发展。在经济全球化浪潮的推动下,国际贸易往来和国际投资、国际借贷市场迅速发展。金融市场的日益融合,为投资银行和商业银行提供了源源不断的商机。同时,世界经济发展质量和发展速度十分不平衡,出现了日、美、欧三大经济发达区域轮流带动世界经济发展的态势。先是日本经济在 20 世纪 80 年代高速膨胀,直到 80 年代末,其金融市场规模和投资银行称霸世界;接着是日本泡沫经济破灭,美国进入长期的繁荣阶段,实现了"两高一低"的持续增长;同时,欧盟推出统一的欧洲货币——欧元,将金融国际化又推向了一个新的高潮。1997 年,亚洲金融危机给亚洲新兴国家的经济、金融、贸易等带来了沉重的打击,使之开始了痛苦而漫长的调整历程。

一方面,世界经济发展的极不平衡导致国际资本的流动,资本必然不断从萧条地区向经济繁荣地区流动;而金融市场发展的不平衡性和差异性又促进了投资银行的国际化发展,投资银行不断寻找获利的机会和发展空间。另一方面,全球经济的不平衡发展必然带来投资收益的不平衡,也带来巨大的贸易和投资机会;作为资本市场上最活跃的服务机构,投资银行必定会寻找获利的机会。投资银行开展国际业务,可以从一国经济下滑中获得收益,因为各国经济周期和政策偏好不同,各国货币金融政策存在很大差异,造成各国汇率和利率波动的特征不同,这就为投资银行提供了套利的机会。

3.国际证券市场的迅速发展。20 世纪 80 年代,国际上出现了筹资证券化的倾向,国际直接融资成为国际筹资的主要手段。从 1993 年到 1998 年,国际银行信贷融资净额从 2 000 亿美元降至 1 150 亿美元,国际证券融资净额则从 1 949 亿美元猛增到 6 703 亿美元。资产证券化在许多国家受到欢迎,并逐渐走出国界,成为一项国际性的业务。世界各国证券一级市场一体化的倾向明显增强,各国证券市场基本上融为一体。各国清算制度的统一和清算机构之间合作关系的建立和加强以及发达的通信技术,使得投资银行国际化发展的技术障碍不复存在。而海外上市、国际存托凭证等业务创新又进一步加强了不同国家证券市场之间的联系。另外,欧洲债券和欧洲股票市场也进一步快速发展,成为投资银行活动的重要场所。

4.企业具有全方位的需求。现代企业越来越需要投资银行为其提供全方位、一体化、多功能的服务,只有规模庞大、实力雄厚的全球投资银行才能满足它们的需求。一些大型的跨国企业需要投资银行参与它们的并购战略,帮助其设计和实施巨额融资方案,为企业提供资金。因此,只有全球性的大型投资银行才能为企业提供多方面的服务。如美国一些投资银行由于具有广阔的全球销售网络、巨额的资本和经验丰富的专业人员,从而成为国际性的全球投资银行。

在国际化经营中,投资银行可以突破狭小的国内市场的限制,获得更广泛的市场空间,从而获得更多的利益。通过各地的分支机构网络,投资银行可以方便地获得更准确、及时、廉价的信息,提高投资银行的服务质量和竞争能力。同时,国际化经营可以进行不同的投资组合,这些组合的资产具有比国内资产相对较低的相关性,也相应降低了投资银行的经营风险。

### (二)投资银行国际化的表现

1.投资银行机构的全球化。20 世纪六七十年代,投资银行业务迅速发展。为了参与全球经济的竞争和参与国际业务,投资银行纷纷在海外设立分支机构。到了 80 年代,主要投资银行在世界上所有的国际金融中心都设立了分支机构。同时,投资银行还通过国际并购的方式在短期内迅速增加海外业务机构。美林、第一波士顿、所罗门兄弟、雷曼兄弟、高盛、野村等大型投资银行都是通过并购实现规模的国际扩张的。其中,美林证券通过收购英国的兆富公司,从而成为全球最大的证券经纪公司。东亚金融危机为投资银行的国际并购提供了良好的契机,其中,法国巴黎国家银行收购了香港最大的投资银行百富勤公司,美林证券收购了日本山一证券 30 多家分公司。

随着投资银行国际并购的开展,世界著名的跨国投资银行的全球业务网络基本形成。美林证券在全球 45 个国家设立了办事处,在世界上 32 个证券交易所拥有会员资格,业务范围覆盖全球。摩根士丹利拥有职工上万人,分支机构遍及 20 多个国家和地区,成为资产近 2 000 亿美元的大型跨国投资银行。

2.投资银行业务内容的全球化。20 世纪 70 年代以来,投资银行不断进行业务创新,国际投资及咨询服务、国际资产组合管理以及风险控制、国际承销、跨国兼并和转让、海外存托凭证、境外上市、海外基金的设立和运作、外国债券、欧洲债券和全球债券等新兴具有国际性质的业务不断涌现,投资银行的业务和金融工具日益国际化。其中,外国债券是指发行者在外国的金融市场上通过该国的金融机构发行的以该国货币为面值并为该国居民购买的债券,在美国市场上发行的外国债券统称为扬基债券(Yankee Bond),在日本市场上发行的外国债券称为武士债券(Samurai Bond),在英国证券市场上发行的外国债券称为猛犬债券(Bull Dog Bond)。欧洲债券是指借款人在本国以外的资本市场上发行的以第三国货币为面值货币的国际债券。20 世纪 60 年代,伦敦市场上首次出现以美元为面值的欧洲债券。1983 年,英国在伦敦交易所首次发行欧洲美元股票。

与此同时,证券发行和证券交易日趋国际化。证券发行的国际化,使投资者可以在国际范围内选择投资对象,最大限度地分散投资风险和获得最大的收益,并降低筹资成本。传统的以国际银行为主的间接信贷市场已经让位于证券的直接买卖和发行。证券市场国际化主要体现在两个方面:一是一些重要的证券市场纷纷向国外的公司开放,允许国外公司的证券到其国家的交易所上市交易,如伦敦、法兰克福、纽约等都是对国外上市开放的市场;二是一些国家既允许本国投资者参与买卖证券,也允许本国投资者买卖国外市场交易的证券。欧洲债券和欧洲股票的发行一般在多个国家同时进行,由国际性投资银行组成的承销团进行承销。在伦敦、纽约、巴黎、法兰克福、东京等地的证券交易所上市交易的证券,很大部分是国外政府、金融机构和企业发行的债券或股票。一些发展中国家的证券也纷纷流向西方金融市场,参与交易活动。

从投资银行的本源业务来看,投资银行的国际业务是国内业务的扩展和延伸(见图 1-4)。在国际业务中,投资银行可以为国外筹资者承销证券,将其销售给国内投资者;也可以为国内筹资者承销证券,在国外销售;还可以以做市商、经纪商和交易商的身份,介入国外证券市场;等等。20 世纪 90 年代以后,许多大型投资银行已经成为全球投资银行,全球业务网络逐步建立和完善。投资银行不仅经营着证券承销、分销、代理买卖和自营等传统业务,而且还在国际范围内从事兼并收购、资产管理和财务咨询、证券清算、风险控制、资金借贷等活动,成为国际资本市场上的“金融百货公司”。国际资本市场上出现的融资证券化的趋势,为投资银行的发展提供了巨大的可能。

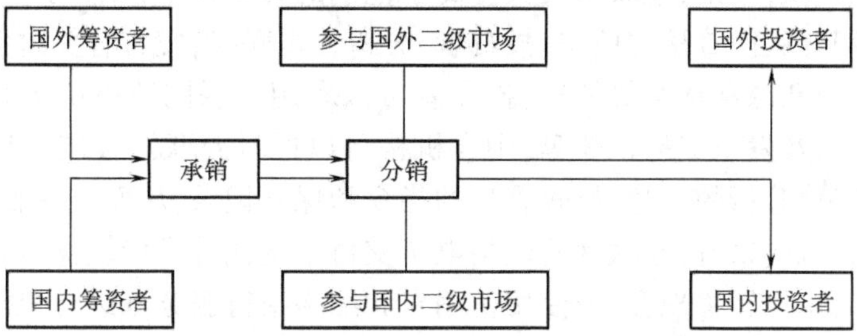


**图 1-4 投资银行国际和国内业务的关系**

3.投资市场全球化。随着金融自由化和金融全球化的深入发展,各国金融市场之间的联系日益紧密。由于各国地理条件、管理制度、机构设置、金融产品和交易程序的差异,国际金融市场越来越形成一个复杂的整体。全球著名的国际金融中心在地理和时间上相互衔接,整个资本市场的运行不受地理和时间的限制,可以全天 24 小时运作。

在国际金融市场中,离岸金融市场的影响和作用十分深远。离岸金融市场(Offshore Financial Market)又称境外市场或离岸市场,是一种新型的国际金融市场。在这个市场上,金融当局取消了某些国内金融制度上的限制并给予税收上的优惠待遇,允许自由地进行资本交易。20 世纪 50 年代,由于“英镑危机”,英国政府加强外汇管制,限制英镑在英镑区以外贷款。当时美国联邦储备法规定的定期及储蓄存款利率的上限,使当时欧洲美元存款利率高于美国的美元存款利率,而欧洲美元贷款利率又略低于美国美元贷款利率。因而,存款人和借款人纷纷转向欧洲货币市场,促成了60年代欧洲市场的繁荣。

离岸金融市场诞生于伦敦,很快在西欧各国及亚太地区、加勒比地区、中东地区等形成了一批新的国际金融中心,如新加坡、中国香港、开曼群岛、东京、巴拿马等,从而形成了一个全球性的金融市场。投资银行可以在国际金融市场上进行充分的运作。

## 三、投资银行的网络化趋势

### (一)网络对证券业的革命

从20世纪80年代初开始,人类掀起了以计算机技术、通信技术、网络技术为代表的信息技术革命,极大地拓展了资本市场的范围和内涵,改变了资本市场的发展与演变格局。越来越多的证券交易所、市场参与者、投资银行、登记清算机构、监管机构和其他中介机构利用互联网来开展业务。

从交易所来看,技术革新的飞速发展使交易系统并不需要场地、交易大厅、会员等传统的外部条件。一方面,各类自动交易系统被开发出来并投入使用,改造了传统的交易所,为机构投资者和专业市场参与者提供了成本低廉且快速的交易服务。特别显著的是,网上经纪系统进一步向虚拟交易所方向发展,其基本功能就是通过互联网将投资者和证券商联系起来,完成两者之间买卖指令和交易结果的传输过程。另一方面,互联网为"另类交易系统"(Alternative Trading Systems, ATSs)提供了广阔的发展空间和潜力,它使机构投资者能够绕开经纪商,直接进行大宗股票的交易,从而大大地降低了交易成本,并能够在交易所正常运营时间以外进行交易,满足国际投资者的买卖需求。

对于市场参与者来说,互联网大大提高了他们的参与效率,降低了费用。证券发行者可以充分利用互联网直接与股东、投资者、分析人员联络,发布有关财务信息、产品信息、资信评估等级和赢利预测等信息;投资者可以利用互联网获得历史和最新的数据、资料、研究报告以及发出交易指令等;中介机构可以通过互联网开展宣传活动,提供市场信息和投资组合分析的信息,接收客户的指令和保管记录,从而提高服务效率。

从登记结算机构来看,互联网使网络电子支付系统代替了传统支付方式,投资者可以通过向经纪商账户转移现金,或使用信用卡和网络银行服务等进行交割,从而使交易和资金运作更为方便。同样,网络技术也改变了各国的监管方式。许多国家的证券监管机构都建立了自己的网站,并通过网站完成市场监管和教育投资者的功能。监管机构一方面可以通过网络传递证券投资的基本知识和风险防范技能,加强对投资者的教育;另一方面可以通过网络对发行人的申报材料加以备案,并发布规章制度、公告和声明,加强自身的监管职能。

### (二)互联网对投资银行的影响

互联网对投资银行的影响突出表现在承销发行和交易两个方面,即网上发行和网上交易的逐步兴起,同时也深刻地影响了投资银行的管理模式。

1.对承销发行的影响。投资银行越来越多地通过互联网开展发行承销、路演、咨询等服务,不但降低了成本,也使业务更加高效,空间进一步拓展。

1999年,网上发行大举兴起,推动证券业进入高度竞争状态。投资银行无论是"公发”还是“私募”业务都进一步网络化,并产生深远的影响。首先,互联网深刻改变了发行承销的传统方式。证券发行过程中的价格制定、编制招股说明书、路演和出售股票等环节都可以利用网络,这使得程序变得更为简化,提高了投资银行的效率。在网络经济时代,公开发行的渠道绝不仅仅限于狭义的交易所的网络,还会进一步过渡到利用互联网进行真正的“网络发行”。其次,互联网降低了发行承销的成本和投资银行的收益。在传统的承销方式下,发行者要为投资银行的专业化服务支付高额的发行费用,投资银行收取承销费用的比例一般高达7%;而利用互联网进行承销发行,可以大幅度降低成本。一般认为,网络时代的承销发行费用应该降到发行金额的3%~5%。最后,网络为投资银行的发展带来了机遇和挑战。一方面,网络为中小型投资银行的发展提供了机遇,一些中小型投资银行在网络发行领域领先一步,业务规模扩张很快,对大型和特大型投资银行构成了挑战和威胁;另一方面,大型和特大型投资银行也运用网络技术改造传统业务,它们不仅自行创办网上发行业务,直接与从事网上发行的新兴投资银行竞争,而且对新兴网上投资银行进行控股或参股,从而达到对新兴投资银行的控制。

2.对证券交易的影响。网络交易是互联网对证券交易影响的具体体现,它是指证券商通过互联网把投资者的订单输入证券交易所的电脑撮合主机进行撮合成交。网上交易已经成为一种十分重要的交易方式。网上交易发达的美国,1996年底网上经纪账户已经达到150万个,涉及资金1 000亿美元;到1999年4月,网上交易账户已达到640万个。

3.业务运作和管理将进一步网络化。网络时代的投资银行将是一个开放式的网络化公司。无论是公司内部的业务运作和管理还是与公司外部的联系与合作,都实现了网络化。就公司内部而言,投资银行业务运作和日常管理将更加依赖于网络。投资银行的承销业务和并购业务的特点是,业务人员必须走出办公室,游离于公司外部,在企业与客户之间穿梭。这一特点决定了投资银行对业务人员的日常管理较为困难。由于无法实行面对面监控,投资银行不易了解和掌握业务人员的工作状态和努力程度,难以排除员工“偷懒”和“机会主义”行为的发生。也就是说,投资银行对业务人员无法进行“过程监控”,只能接受其行为结果。而在网络时代,这个问题将迎刃而解。公司可以利用发达的网络进行即时监控,随时了解每一个异地员工的工作情况,便于进行科学管理,提高员工工作的积极性和整个公司的运作效率。

就公司外部而言,由于与客户之间建立了广泛的网络联系,使得目前许多需要有人面对面办理的业务可以方便地通过网络直接沟通,无须派出员工现场处理,减少了出差的次数。因此,网络化极大地降低了投资银行的管理费用,提高了公司效益。

## 四、投资银行的业务多样化和专业化趋势

投资银行的业务逐渐向多样化和专业化方向发展,其业务的多样化和专业化并不矛盾。多样化是就业务种类而言的,表明业务种类的繁多和覆盖范围的广泛;专业化是就从事业务的精通程度而言的,表明投资银行对某些业务特别精通和擅长,在某些业务领域具有比较优势。

### (一)投资银行业务的多样化

投资银行的业务不断根据市场环境的变化和客户需求的差异进行创新,推动了其业务向多样化方向发展。多样化既包括同一个投资银行业务的多样化,也包括在证券市场

中投资银行与其他金融机构的多样化,以及它们业务交叉混合的多样化。现代投资银行既经营传统的代理证券发行业务和经纪业务,还对业务不断创新,经营着包括金融衍生产品业务、资产管理、风险投资、资产证券化等业务。可见,投资银行的业务日益多样化。

(二)投资银行业务的专业化

投资银行业务的专业化体现在投资银行业务内容的专业化和投资银行从业人员的专业化。

一方面,投资银行的业务逐渐向专业化方向发展。受企业规模和资源等各方面的限制,单个投资银行不可能在广泛的业务领域取得充分的发展和竞争优势,这就使其必须寻求自己的专业特长,在某一领域或某些领域创造出自己的品牌和竞争优势。例如,美林证券擅长于组织项目融资和产权交易,摩根士丹利擅长于包销大公司的证券,第一波士顿公司擅长于组织辛迪加包销证券、进行私募安排和公司并购,所罗门公司擅长于商业票据发行和政府债券交易等。业务的竞争使得各家投资银行根据自身独特的优势向各具所长的方向发展,集中于某些业务领域或某些行业的业务。

另一方面,投资银行的人力资本也不断专业化。投资银行可谓金融业的工程师,其业务具有很强的创造性和挑战性,是金融人才高度密集的行业。投资银行业本身就是专业性很强的行业,对人才素质尤其是专业能力的要求非常高。一个合格的投资银行家首先是一个具备各方面素质的通才,既要熟悉世界和国家宏观经济的发展状况和趋势,还要通晓法律知识和现代科学技术,尤其是电脑的运用等。在通才的基础上,他又应该是一个专才,熟悉金融市场结构及其变化。所以,他们能够向企业提供全面的业务服务,包括金融、经济咨询以及管理经营方面的服务等。

## 课外阅读网站

1.http://www.csrc.gov.cn/pub/newsite/,中国证券监督管理委员会。

2.http://www.cbirc.gov.cn/view/pages/index/index. html,中国银行保险监督管理委员会。

3.http://www.pbc.gov.cn/,中国人民银行。

## 思考题

1.什么是投资银行?罗伯特·劳伦斯·库恩对投资银行的定义有哪几种?

2.投资银行与商业银行之间有哪些区别?

3.投资银行作为一个行业有什么特征?这些特征对投资银行的发展有什么意义?

4.20 世纪 30 年代的大危机对银行业带来了什么影响?

5.《格拉斯·斯蒂格尔法案》对投资银行的发展产生了什么深远影响?

6.投资银行国际化的动因和表现是什么?

7.互联网给证券业和投资银行带来了什么影响?

## 延伸阅读

### 华尔街投资银行神话是如何破灭的?

2008年9月15日至21日,是华尔街历史上最黑暗的一周。雷曼兄弟申请破产保护,美林被美洲银行收购,摩根士丹利与高盛宣布转为银行控股公司。再加上2008年3月被摩根大通收购的贝尔斯登,曾经风光无限的华尔街五大投行集体消失。我们不禁要问,华尔街投资银行神话是如何破灭的?

福兮祸所伏。导致投资银行在次贷危机中陷入深渊的因素,恰好是使这些银行在过去一二十年间赚得盆满钵溢的因素。简言之,投资银行之所以在天堂与地狱之间摇摆,有三个典型经营特征扮演了至关重要的角色。

第一个特征是,投资银行过度依赖短期货币市场进行融资。和商业银行能够获得稳定的居民存款作为融资来源不一样,投资银行要募集资金,传统上只能依靠发行股票、发行债券、银行贷款等途径。然而过去10余年来,投资银行越来越依赖短期货币市场进行融资。一方面,投资银行可以通过发行期限为3个月至9个月不等的商业票据(Commercial Papers)进行融资;另一方面,投资银行也可以通过到期日更短(通常为隔夜)的债券回购市场(Repo)融通资金。

通过短期货币市场进行融资的优点是显而易见的,发行商业票据或债券回购的成本要明显低于发行债券或银行贷款的成本。而且,过去10年来,随着中国等持有高外汇储备的新兴市场国家进入全球金融体系,短期货币市场充满了流动性,融资成本不断降低。然而,过分依赖短期货币市场,使得投资银行的资产负债结构出现严重的期限错配,一旦短期货币市场出现流动性短缺,投资银行的融资成本就将显著上升,甚至不能获得新的资金。而为了偿付当期的商业票据,投资银行将不得不通过抛售到期日更长的资产来获得资金。这种集体抛售资产的行为无疑会造成账面亏损,进一步加剧投资银行在短期货币市场的融资难度。这正是次贷危机爆发以来金融市场反复上演的事实。

第二个特征是,投资银行普遍实施了在险价值(Value At Risk,VAR)的资产负债管理模式,而这种模式将财务杠杆的变动内生化。在险价值管理的核心思路是,投资银行的财务杠杆比率与投资银行对自身资产风险水平的评估反向变动。如果投资银行认为当前每单位金融资产承担的风险水平较低,则投资银行就放大财务杠杆,反之亦然。在市场繁荣时期,由于账面资产市场价格上涨,投资银行倾向于低估每股资产承担的风险,从而不断提高杠杆比率。在2007年次贷危机全面爆发前,华尔街五大投行的平均财务杠杆高达30多倍。而一旦危机爆发,由于账面资产市场价格下滑,投资银行将会重新评估每股资产承担风险,从而不得不启动去杠杆化(Deleveraging)过程,即通过出售风险资产来偿还负债,降低杠杆比率。如果所有的投资银行同时出售风险资产,则资产的市场价格将被显著压低,在导致投资银行出现大幅账面亏损的同时,新一轮的去杠杆化进程将被启动。

财务杠杆的内生变动将在市场繁荣时期急剧放大投资银行的资产规模与账面利润,在市场衰退时期则急剧放大投资银行的资产减记与账面亏损。可谓成也萧何,败也萧何。

第三个特征是,投资银行全面实施了市值定价(Mark to Market)的会计制度。市值定价意味着投资银行将定期根据公允价值(市场价值)重新核定账面资产价值,并导致相应的赢利与亏损。与传统的历史成本定价法相比,市值定价有利于更加准确地反映投资银行账面资产的市场价值。然而,这种会计制度最大的一个问题在于,它在市场繁荣时期将放大所有投资银行的资产负债表,人为制造繁荣景象;在市场衰退时期将显著收缩所有投资银行的资产负债表,人为加剧衰退景象。次贷危机爆发以来,由于资产价格下跌,在市值定价会计制度下,投资银行不得不根据资产市场价值来减记资产并披露相关亏损。

从上述分析中不难看出,以上三个因素在危机时是交互作用的。一旦危机引起某类资产价格下跌(次贷危机中最先是以次贷为基础的 MBS 与 CDO),在市值定价制度下,投资银行不得不减记资产、披露亏损。由于实施在险价值管理模式,投资银行不得不启动去杠杆化进程,抛售资产来偿还负债,而这将导致资产价值进一步下跌,引发新一轮的减记资产与去杠杆化。而金融资产价格持续大幅下跌自然会影响短期货币市场的信心,加剧投资银行进行短期融资的成本与难度。为偿还到期负债,投资银行又不得不出售风险资产。这个恶性循环将不断持续下去,直至整个系统最终崩溃。

(摘自张明:《华尔街投资银行神话是如何破灭的》,转引自 http://www.iwep.org.cn/info/content.asp? infoId=3519。)

## 美国次贷危机历程

1987 年:尚未倒闭的华尔街大证券商德崇证券(Drexel Burnham Lambert Inc)为 Imperial Savings Association 发行了历史上第一款 CDO(担保债务权证资产证券化家族中重要的组成部分,它的标的资产通常是信贷资产或债券)产品。

1997 年:CDO 已经成为资产抵押综合类证券市场中成长最迅速的产品种类。

2001 年:数理分析师兼保险精算师 David X.Li 发明了 Gaussian Copula 模型,使得 CDO 能够快速定价。这是 CDO 历史上一个重要的发展。

2003—2006 年:新发行的资产担保债券和抵押贷款担保债券中,次级债权比重逐年增加。2004 年:全球 CDO 发行量达到 1 570 亿美元。

2005 年:全球 CDO 发行量达到 2 720 亿美元。

2006 年:全球 CDO 发行量达到 5 520 亿美元。有分析人士认为,全球 CDO 市场在 2006 年底接近 2 万亿美元。市场新发价值 2 000 亿美元的 mezzanine ABS CDO,其中 70%的债券都涉及次级债券。mezzanine ABS CDO 主要由 3B 评级的抵押债券组成。

2007 年:全球 CDO 发行量达到 5 030 亿美元。

2007 年 4 月 2 日:全美第二大次级抵押贷款机构——新世纪金融申请破产保护,成为美国地产业低迷时期最大的一宗抵押贷款机构破产案。

2007 年 4 月 27 日:纽约证券交易所对新世纪金融公司股票实行摘牌处理。

2007 年 6 月:美国第五大投资银行贝尔斯登公司旗下两只基金,传出因涉足次级抵押贷款债券市场出现亏损的消息。

2007 年 6 月 15 日:房贷美发布首次季度亏损 2.11 亿美元净亏损。这个结果令人惊讶。究其原因是不断上升的利率损害了其抵押组合的价值。这一亏损与2006年第一季度20亿美元的净利润形成鲜明对比。

2007年6月22日：贝尔斯登筹集32亿抵押贷款，力求拯救旗下基金——高等级结构信贷基金（High-Grade Structured Credit Fund）；与此同时，与其他银行就贷款拯救另外一家麻烦基金——高等级结构信贷加强杠杆基金（High-Grade Structured Credit Enhanced Leveraged Fund）进行谈判。美林只能出资1亿美元。

这一事件表明贝尔斯登很可能被迫清算其CDO产品，降低其他投资组合中相似资产的价格。两只基金的高级负责人Richard A.Marin被竞争对手雷曼兄弟前任副总裁Jeffrey B.Lane取代。投资者们开始批评标准普尔、惠誉国际以及穆迪的投资者服务，认为它们对信誉度有限的美国抵押债券的评级不能准确地反映违约率。

2007年7月：标普和穆迪两家信用评级机构分别下调了612种和399种抵押贷款债券的信用等级。

2007年7月16日：贝尔斯登两只次级债对冲基金倒闭。

2007年下半年：CDO产品大幅减少。第四季度全球CDO发行仅为475亿美元，与上年同期相比下跌了近74%。

2007年8月6日：美国第十大抵押贷款机构美国住房抵押贷款投资公司正式向法院申请破产保护。

2007年8月9日：法国巴黎银行宣布暂停旗下三只涉及美国房贷业务的基金交易；欧洲中央银行宣布向相关银行提供948亿欧元资金——次贷危机波及其他西方市场。

2007年8月10日，为了防止美国次级抵押贷款市场危机引发严重的金融市场动荡，美联储、欧洲央行、日本央行和澳大利亚央行等向市场注入资金，以平复紧张的市场情绪。美联储在先期注资240亿美元的基础上，再次注资380亿美元。

2007年8月18日：美联储贴现窗口利率由6.25%降至5.75%，并鼓励银行到贴现窗口寻求帮助。

2007年8月20~22日：日本央行再向银行系统注资1万亿日元；美联储再向金融系统注资37.5亿美元；欧洲央行追加400亿欧元再融资操作。

2007年8月22日：雷曼兄弟——次级抵押贷款打包证券化的领军人物——表示将关闭其中一个房贷机构，并裁员1 200人。

2007年8月23日：英央行向商业银行贷出3.14亿英镑以应对危机；美联储再向金融系统注资70亿美元。

2007年8月30日：自8月9日至30日，美联储已累计向金融系统注资1 472.5亿美元，以防次贷危机恶化。

2007年8月31日：布什在白宫发表讲话表示，将尽力通过降低支付门槛，提高贷款上限以及在价格上提供更多的弹性等方式，改进美国联邦住宅管理局。

2007年9月：英国第五大抵押贷款机构诺森罗克银行，因美国次级住房抵押贷款危机出现融资困难，该银行遭遇挤兑风潮。

2007年9月18日：摇摇欲坠的北岩银行遭遇挤兑。惊恐的消费者们在很短时间提款达40亿美元。为应对愈演愈烈的次贷危机以及可能的经济衰退后果，美联储决定降息0.5个百分点。从此，美联储进入“降息周期”。

2007年10月17日：标准普尔下调了今年发行的1 700只与次级债相关的债券的评级，包括超过36只几个月前获得该机构最高评级的债券。

2007年10月24日，美林公布第3季度财报，其中79亿美元损失来自CDO。这是近6年以来该公司的首次季度损失。事隔6天，斯坦·奥尼尔引咎辞职。

2007年10月30日：美林证券财报称，第3季度由于在次贷相关领域遭受约80亿美元损失。美林证券CEO斯坦·奥尼尔随后辞职。全球最大券商美林证券公司首席执行官斯坦·奥尼尔成为华尔街第一位直接受次贷危机影响丢掉饭碗的CEO。

2007年11月：阿联酋主权基金阿布扎比投资管理局将投资75亿美元购入花旗集团4.9%的股份，花旗因次贷事件受到重创。

2007年11月1日：美联储再降息0.25个百分点。

2007年11月4日，花旗集团主席兼CEO查理·普林斯辞职。他说："我对造成损失的相关业务行为负责。对CDO的投入规模基于我的判断，我唯一能够做的就是辞去CEO一职。"

2007年12月6日：英国央行降息25个基点，布什宣布次级房贷解困计划。

2007年12月：美国财政部表示，美国政府已经与抵押贷款机构就冻结部分抵押贷款利率达成协议，超过200多万的借款人的"初始"利率有望被冻结5年。

2007年12月：美、欧、英、加、瑞士央行宣布，将联手向短期拆借市场注资，以缓解全球性信贷紧缩问题。

2007年11月21日：房贷美公布第三季度损失达到20亿美元，并警告说该机构已经不具备足够的资本以满足抵押贷款承诺。

2007年12月11日：瑞银在遭遇进一步减记100亿美元后，将10%的股票出售给新加坡和中东投资者。

2007年12月18日：欧洲央行向金融系统注资3 480亿欧元，以缓解由美国住房市场下滑所引发的全球信贷紧缩以及传统的年底对现金需求的增多所带来的紧张情绪。

2007年12月19日：摩根士丹利公布了72年历史上首次季度损失。第四季度该公司与次级债相关损失达94亿美元，累计达108亿美元。

2008年第一季度：CDO发行量跌至117亿美元，与上年同期相比下跌了近94%。不仅如此，几乎所有2008年第一季度的CDO都改由中间市场贷款或杠杆银行贷款，而非房屋抵押。

2008年1月：花旗集团、摩根大通、美林、瑞银相继公布第四财季季报，损失增加。

2008年1月22日：美联储宣布将联邦基金利率下调75基点。

2008年1月24日：美国公布减税方案细节。

2008年1月30日：瑞士银行宣布，受高达140亿美元次贷资产冲减拖累，上年第4季度预计出现约114亿美元亏损。

2008年1月31日：美联储将联邦基金利率下调50个基点，至3.0%，将贴现率下调0.5%，至3.5%。

2008年2月1日：评级巨头标准普尔公司再度下调大量次级债和担保债务凭证的信用评级。

2008年2月7日：美联储宣布，美国消费者的信用卡借款数额出现了不同寻常的下跌,折射出美国信用卡债务危机对美国消费增长的打击。

2008 年 2 月 12 日:为避免房贷违约引发更严重的社会和经济问题,美国政府和六大房贷商提出“救生索计划”,以帮助那些因还不起房贷而即将失去房屋的房主。

2008 年 2 月 13 日:美国总统布什签署了一项为期两年、总额达 1 680 亿美元的刺激经济方案。

贝尔斯登:2008 年 2 月底至 3 月 10 日, 贝尔斯登的股价在 10 天里下跌了 20%。投资者纷纷撤出资产,市场对该公司的信任几乎见底。贝尔斯登用 111 亿有形资本支撑 3 950 亿美元资产,杠杆率超过 35。资产流动性也差于其竞争对手。

2008 年 3 月 6 日:瑞士银行传出“很可能”已经向全球最大的固定收益类资产管理公司——太平洋投资管理公司 PIMCO 出售了 241 亿美元的 ALT-A(评级介于优级贷款和次级贷款之间)的抵押债券资产的消息。

2008 年 3 月 10 日,一家大银行拒绝了贝尔斯登 20 亿美元短期贷款的请求。贝尔斯登高层不得不寻求其他途径,然而迹象已经很明显:该公司信用全无。

2008 年 3 月 11 日:美联储宣布一项 2 000 亿美元的项目,旨在允许金融机构,包括美国主要投资银行用其风险最高的债券换取回报率非常有保障的国库券。

2008 年 3 月 12 日,高盛内部邮件的内容传出,投资者和对冲基金仿佛山洪暴发一般将投资撤出贝尔斯登。而此时贝尔斯登 CEO 艾伦·施瓦兹匆匆赶回纽约总部并接受 CNBC 采访,坚称流动性无任何压力,更何况流动性危机。

2008 年 3 月 13 日:施瓦兹回到纽约召集高层会议,不得不正视流动性丧失的问题。施瓦兹在绝望中于当晚联系摩根大通 CEO 杰米·戴蒙。

2008 年 3 月 13 日:美联储以短期贷款拍卖方式注入 2000 亿美元资金;英国央行继续提供近 100 亿美元的 3 个月贷款;欧洲央行以及瑞士央行和加拿大央行等也都跟进,分别注资数十亿乃至逾百亿美元。

2008 年 3 月 14 日:上午 9 点,贝尔斯登宣布获得摩根大通 300 亿美元的注资,并最终获得美国政府支持。

2008 年 3 月 17 日:摩根大通提出以每股 2 美元、总价 2.36 亿美元的价格购买贝尔斯登。

2008 年 3 月 19 日:美国联邦储备委员会(Fed)周二将关键利率大幅调低 75 个基点,至 3 年来的最低水平。

2008 年 3 月 24 日:为平复股东的愤怒情绪,摩根大通将出价提高到每股 10 美元,总价 11 亿美元。该收购于 5 月 30 日完成。

2008 年 4 月:瑞士和德国最大的银行账面减记达到 230 亿美元,与此同时来自美国的银行损失继续加剧。

2008 年 4 月 29 日:美国众议院金融服务委员会为帮助陷入困境的房屋拥有者,通过立法补贴 3 000 亿美元,为濒于失去房屋的人们提供再融资渠道。

2008 年 5 月 17 日:财政部长鲍尔森表示经济已经开始回升。然而这个乐观的表态后来被证明言之过早。

2008 年 6 月 14 日:失去房屋的美国人逐渐增多。被拍卖的房屋数量与一年前相比上升了近 50%。

2008 年 7 月:危机波及房利美和房地美。两方股价暴跌,这反映了投资者关于房地产市场将会进一步恶化的市场预测在某种程度上达成共识。

2008 年 7 月:自从贝尔斯登遭遇麻烦后,围绕雷曼兄弟的传言愈演愈烈。美国证券交易委员会向数家对冲基金发出传票,旨在打击流言。2008 年 7 月 9 日:美联储认为危机很可能持续到明年,并且在未来一段时间进一步恶化。

2008 年 7 月 13 日:美国财政部和联邦储备委员会宣布救助两大住房抵押贷款融资机构房利美和房地美,提高"两房"信用额度,并承诺必要情况下购入两公司股份。

2008 年 7 月 14 日:布什宣布拯救房利美和房地美的相关方案。

2008 年 7 月 16 日:美国证券交易委员会计划发布紧急禁令,限制对主要金融公司,包括房利美和房地美股票的卖空行为。

2008 年 7 月 18 日:美国证券交易委员会发布为期 30 天的卖空禁令,范围包括房利美、房地美和雷曼兄弟在内的 19 只金融股。2008 年 7 月 28 日,金融股颓势依旧,房利美和房地美等股再探次贷危机来的低点。市场担心房利美(Fannie Mae)和房地美(Freddie Mac)无法维持本季度股息,两家公司股票因此双双下跌。房利美下跌 1.24 美元,至 10.31 美元,跌幅 11%;房地美跌幅 6.7%,至 7.72 美元。

2008 年 7 月 26 日:美国参议院批准总额 3 000 亿美元的住房援助议案,授权财政部无限度提高"两房"贷款信用额度,必要时可不定量收购"两房"股票。

2008 年 7 月 30 日:美国总统布什签署总额达 3 000 亿美元的住房市场援助法案。该法案旨在帮助美国两大住房抵押贷款融资机构房利美和房地美摆脱困境,并对美国购房者提供帮助。

2008 年 8 月 4 日:越来越多的高信用房屋拥有者无法偿还房贷。

2008 年 8 月 6 日:负责监管房利美和房地美(下称"双美")的美国联邦住房金融局(下称 FHFA)称,正考虑为抵押贷款机构设置新的资本金标准,并表示将从速推进该计划。"双美"处于破产边缘后,虽然得到了政府的担保,但其恢复正常运作、得到市场的信任需要有一个新的资本金的标准。这是个棘手的问题,需要股东的大量注资。FHFA 的前身原联邦住房管理局花了 9 年才确定了原来的标准。

2008 年 9 月 7 日:美国联邦政府宣布接管房利美和房地美,以避免更大范围的金融危机发生。

2008 年 9 月 10 日:美国证券巨头雷曼兄弟决定出售旗下资产管理部门 55%的股权,并分拆价值 300 亿美元处境艰难的房地产资产。

2008 年 9 月 15 日:雷曼兄弟宣布将依据以重建为前提的美国联邦破产法第 11 章申请破产保护。美国银行已与另一家证券巨头美林证券公司达成协议,将以 440 亿美元收购美林公司。

# 第二章

# 证券发行与承销

证券承销是投资银行最早期、最基本的业务，无论过去还是现在，都是投资银行最主要的利润来源之一。而且，承销能力的大小也是判断投资银行整体实力的一个重要指标。承销业务的出现是证券发行市场产生和发展的结果。在我国，目前证券的发行与承销主要是股票和债券的发行与承销。因此，本章主要讲述这两种证券的发行和承销情况。

## 第一节　股票发行与承销

### 一、股票发行与承销的类型和条件

#### （一）股票发行的类型

股份公司公开发行股票分为两种情况：

1.首次公开发行，简称 IPO。所谓首次公开发行，就是指以募集方式设立股份有限公司时公开募集股份，或已设立公司首次公开发行股票。首次公开发行应当向中国证监会递交募股申请，经批准后方可发行。

根据《首次公开发行股票并上市管理办法》（2020 修订）的有关规定，首次公开发行股票并上市的有关条件与具体要求如下：

第八条：发行人应当是依法设立且合法存续的股份有限公司。经国务院批准，有限责任公司在依法变更为股份有限公司时，可以采取募集设立方式公开发行股票。

第九条：发行人自股份有限公司成立后，持续经营时间应当在 3 年以上，但经国务院批准的除外。有限责任公司按原账面净资产值折股整体变更为股份有限公司的，持续经营时间可以从有限责任公司成立之日起计算。

第十条：发行人的注册资本已足额缴纳，发起人或者股东用作出资的资产的财产权转移手续已办理完毕，发行人的主要资产不存在重大权属纠纷。

第十一条：发行人的生产经营符合法律、行政法规和公司章程的规定，符合国家产业政策。

第十二条：发行人最近 3 年内主营业务和董事、高级管理人员没有发生重大变化，实际控制人没有发生变更。

第十三条：发行人的股权清晰，控股股东和受控股股东、实际控制人支配的股东持有的发行人股份不存在重大权属纠纷。

第十四条:发行人已经依法建立健全股东大会、董事会、监事会、独立董事、董事会秘书制度,相关机构和人员能够依法履行职责。

第十五条:发行人的董事、监事和高级管理人员已经了解与股票发行上市有关的法律法规,知悉上市公司及其董事、监事和高级管理人员的法定义务和责任。

第十六条:发行人的董事、监事和高级管理人员符合法律、行政法规和规章规定的任职资格,且不得有下列情形:

(一)被中国证监会采取证券市场禁入措施且尚在禁入期的;

(二)最近36个月内受到中国证监会行政处罚,或者最近12个月内受到证券交易所公开谴责;

(三)因涉嫌犯罪被司法机关立案侦查或者涉嫌违法违规被中国证监会立案调查,尚未有明确结论意见。

第十七条:发行人的内部控制制度健全且被有效执行,能够合理保证财务报告的可靠性、生产经营的合法性、营运的效率与效果。

第十八条:发行人不得有下列情形:

(一)最近36个月内未经法定机关核准,擅自公开或者变相公开发行过证券;或者有关违法行为虽然发生在36个月前,但目前仍处于持续状态;

(二)最近36个月内违反工商、税收、土地、环保、海关以及其他法律、行政法规,受到行政处罚,且情节严重;

(三)最近36个月内曾向中国证监会提出发行申请,但报送的发行申请文件有虚假记载、误导性陈述或重大遗漏;或者不符合发行条件以欺骗手段骗取发行核准;或者以不正当手段干扰中国证监会及其发行审核委员会审核工作;或者伪造、变造发行人或其董事、监事、高级管理人员的签字、盖章;

(四)本次报送的发行申请文件有虚假记载、误导性陈述或者重大遗漏;

(五)涉嫌犯罪被司法机关立案侦查,尚未有明确结论意见;

(六)严重损害投资者合法权益和社会公共利益的其他情形。

第十九条:发行人的公司章程中已明确对外担保的审批权限和审议程序,不存在为控股股东、实际控制人及其控制的其他企业进行违规担保的情形。

第二十条:发行人有严格的资金管理制度,不得有资金被控股股东、实际控制人及其控制的其他企业以借款、代偿债务、代垫款项或者其他方式占用的情形。

第二十一条:发行人资产质量良好,资产负债结构合理,赢利能力较强,现金流量正常。

第二十二条:发行人的内部控制在所有重大方面是有效的,并由注册会计师出具了无保留结论的内部控制鉴证报告。

第二十三条:发行人会计基础工作规范,财务报表的编制符合企业会计准则和相关会计制度的规定,在所有重大方面公允地反映了发行人的财务状况、经营成果和现金流量,并由注册会计师出具了无保留意见的审计报告。

第二十四条:发行人编制财务报表应以实际发生的交易或者事项为依据;在进行会计确认、计量和报告时应当保持应有的谨慎;对相同或者相似的经济业务,应选用一致的会计政策，不得随意变更。

第二十五条：发行人应完整披露关联方关系并按重要性原则恰当披露关联交易。关联交易价格公允，不存在通过关联交易操纵利润的情形。

第二十六条：发行人应当符合下列条件：

（一）最近3个会计年度净利润均为正数且累计超过人民币3 000万元，净利润以扣除非经常性损益前后较低者为计算依据；

（二）最近3个会计年度经营活动产生的现金流量净额累计超过人民币5 000万元，或者最近3个会计年度营业收入累计超过人民币3亿元；

（三）发行前股本总额不少于人民币3 000万元；

（四）最近一期末无形资产（扣除土地使用权、水面养殖权和采矿权等后）占净资产的比例不高于20%；

（五）最近一期末不存在未弥补亏损。

中国证监会根据《关于开展创新企业境内发行股票或存托凭证试点的若干意见》等规定认定的试点企业（以下简称试点企业），可不适用前款第（一）项、第（五）项规定。

第二十七条：发行人依法纳税，各项税收优惠符合相关法律法规的规定。发行人的经营成果对税收优惠不存在严重依赖。

第二十八条：发行人不存在重大偿债风险，不存在影响持续经营的担保、诉讼以及仲裁等重大或有事项。

第二十九条：发行人申报文件中不得有下列情形：

（一）故意遗漏或虚构交易、事项或者其他重要信息；

（二）滥用会计政策或者会计估计；

（三）操纵、伪造或篡改编制财务报表所依据的会计记录或者相关凭证。

第三十条：发行人不得有下列影响持续赢利能力的情形：

（一）发行人的经营模式、产品或服务的品种结构已经或者将发生重大变化，并对发行人的持续赢利能力构成重大不利影响；

（二）发行人的行业地位或发行人所处行业的经营环境已经或者将发生重大变化，并对发行人的持续赢利能力构成重大不利影响；

（三）发行人最近1个会计年度的营业收入或净利润对关联方或者存在重大不确定性的客户存在重大依赖；

（四）发行人最近1个会计年度的净利润主要来自合并财务报表范围以外的投资收益；

（五）发行人在用的商标、专利、专有技术以及特许经营权等重要资产或技术的取得或者使用存在重大不利变化的风险；

（六）其他可能对发行人持续赢利能力构成重大不利影响的情形。

2.上市公司再次公开发行（Seasoned Equity Offer，SEO）。这是公司增资扩股的一种基本方法，是指上市公司向社会公开发行新股，包括向原股东配售股票（简称“配股”）和上市公司增发新股（简称“增发”）。上市公司增发新股，既可以面向全体投资者公开发行，也可以面向特定投资者非公开发行，前者称为公开增发，后者称为定向增发。三种不同方式的发行要求见表2-1。

表 2-1 三种融资方式的融资条件比较

| | 公开增发 | 定向增发 | 配　股 |
|---|---|---|---|
| | 公开发行 | 非公开发行 | |
| 赢利要求 | 3 年连续赢利且最近 3 个会计年度扣除非经常损益后的资产收益率平均不低于 6% | | 最近 3 个会计年度扣除非经常性损益后的净资产收益率平均不低于 6% |
| 分红要求 | 最近 3 年以现金或股票方式累计分配的利润不少于最近 3 年实现的年均可分配利润的 20% | | 最近 3 年以现金或股票方式累计分配的利润不少于最近 3 年实现的年均可分配利润的 20% |
| 发行对象 | 原有股东和新增投资者 | 发行对象不超过 10 名 | 原有股东 |
| 发行价格 | 不低于公告招股意向书前 20 个交易日公司股票均价或前 1 个交易日的均价 | 不低于定价基准日前 20 个交易日公司股票均价的 90% | 高于每股净资产而低于二级市场价格,原则上不低于二级市场价格的 70%,并与主承销商协商确定 |
| 发行数量 | 根据募集资金数额和发行价格调整 | | 拟配售股份数量不超过本次配售股份前股本总额的 30% |
| 发行方式 | 网上和网下同时投标询价 | 自行销售或代销方式 | 采用证券法规定的代销方式发行 |
| 其他要求 | 股份自发行结束之日起,12 个月内不得转让;控股股东、实际控制人及其控制的企业认购的股份,36 个月内不得转让 | | 控股股东应当在股东大会召开前公开承诺认配股份的数量 |

### (二)证券发行与承销的业务流程

证券发行与承销的业务流程如图 2-1 所示。

根据《中华人民共和国公司法》、《中华人民共和国证券法》、中国证监会和证券交易所颁布的规章等有关规定,企业公开发行股票并上市应该遵循如图 2-2 所示程序。

由于股票发行与承销涉及多个利益体,所以,股票发行必须依照一定的法律法规和一定的程序进行。证券公司 IPO 承销业务的流程如图 2-3所示。

上市公司新股发行(包括配股、公开增发、非公募增发)和可转换公司债券(包括可分离交易的可转换债券)承销业务流程见图 2-4。

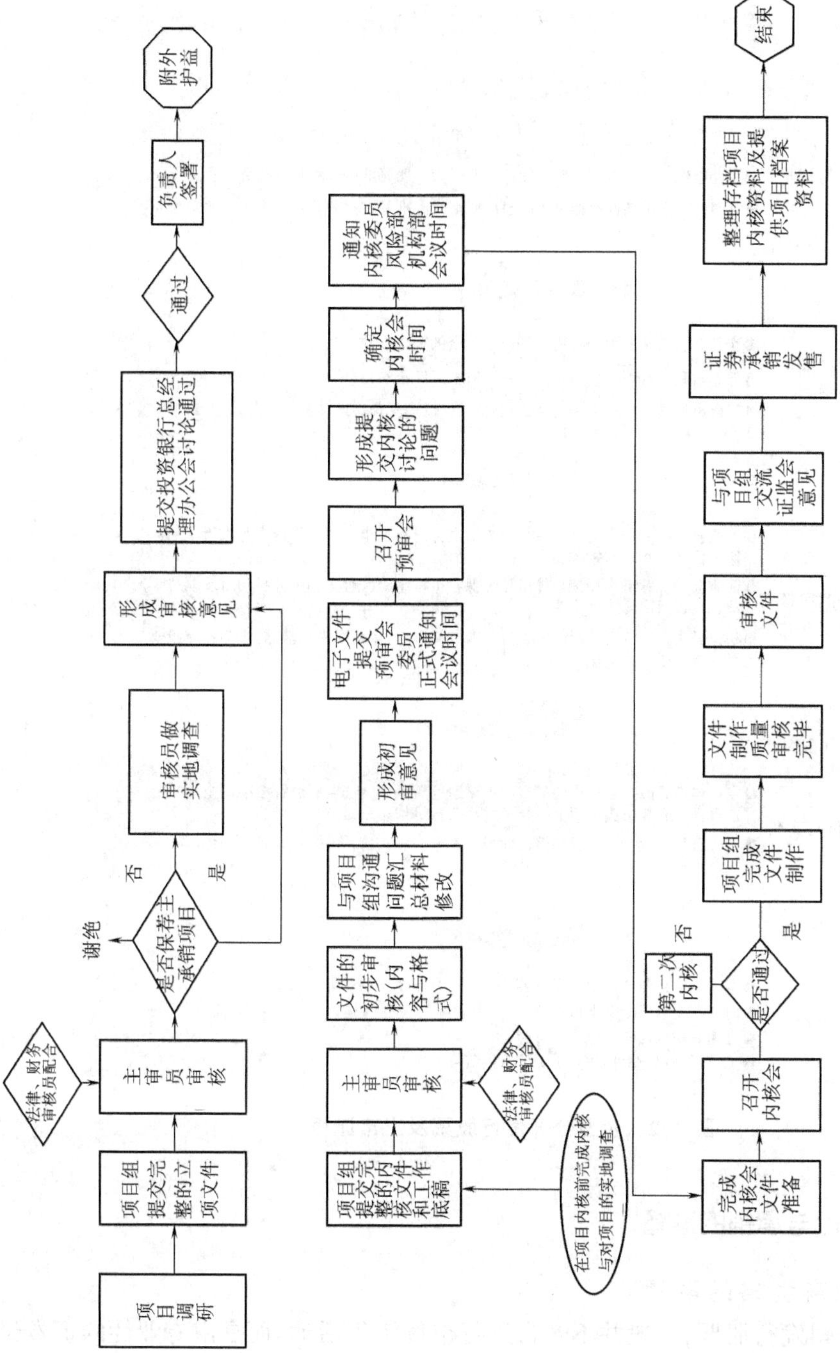


图 2-1 证券承销业务流程

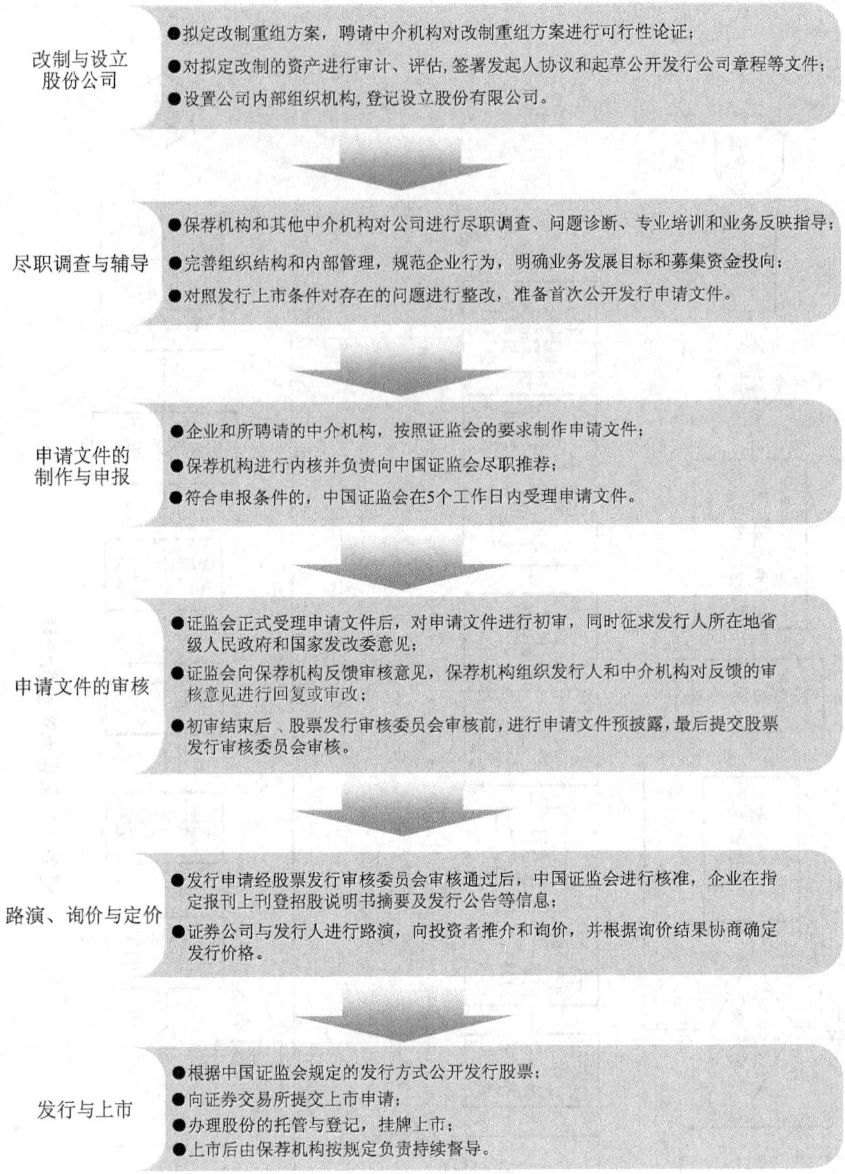


**图 2-2　企业公开发行股票及上市流程**

## 二、股票发行与承销的准备

### （一）承销商资格的取得

股份有限公司发行股票，一般并不亲自进行市场销售活动，而是由专业性的证券经营机构承销（包销或代销）。承销商是指与发行人签订协议，以包销或代销的方式为发行人销售股票的证券经营机构。根据我国现行法律法规，承销股票须由取得承销资格的证券经营机构担任，注册资本最低限额为 5 亿元人民币。该证券经营机构包括在中国境内注册，依法获准可经营证券业务，具有独立法人资格的证券公司，以及在中国境

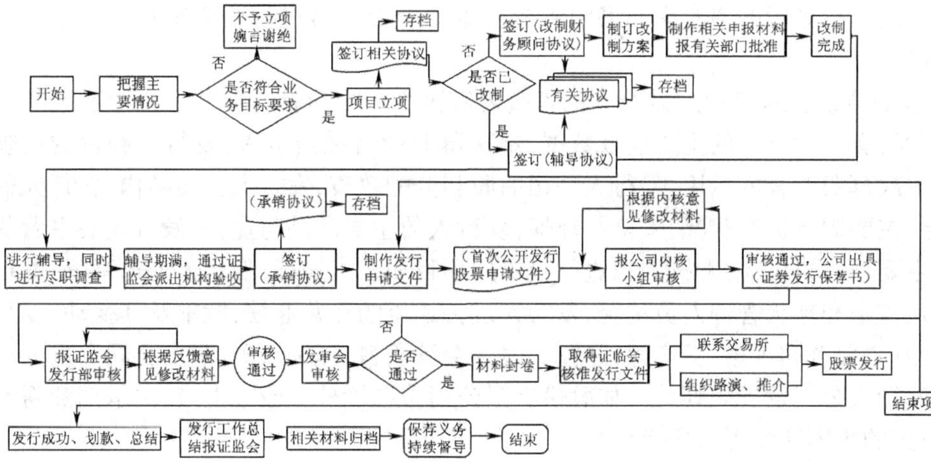


**图 2-3 首次公开发行股票承销业务流程**

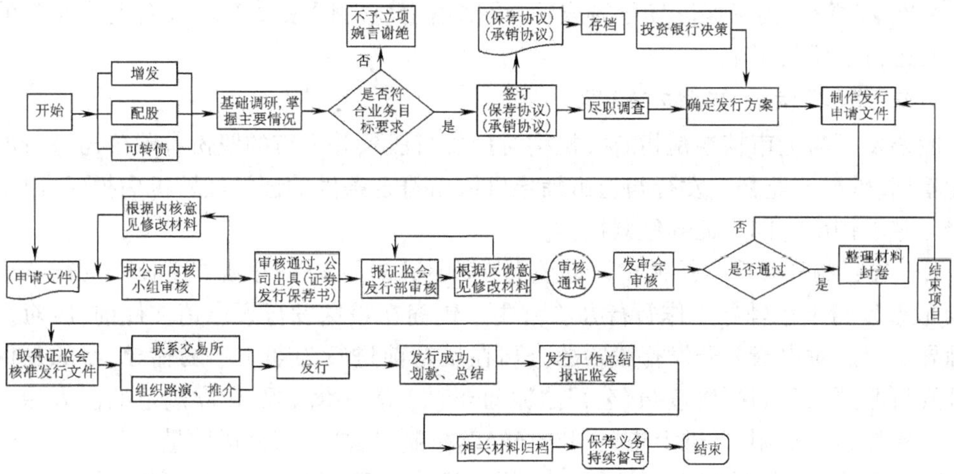


**图 2-4 上市公司新股发行和可转换公司债券承销业务流程**

外注册，依照注册地法律可经营证券业务，具有独立法人资格的投资银行、证券公司或者其他金融机构。

### （二）证券公司的尽职调查

尽职调查又称细节调查。承销商的尽职调查是指承销商在股票承销时，以本行业公认的业务标准和道德规范，对股票发行人及市场的有关情况、有关文件的真实性、准确性、完整性进行的核查、验证等专业调查。

从法律上讲，公司通过资本市场向社会公众发行股票时，如果出现虚假陈述、重大遗漏等欺诈公众的事件，除了发行公司以外，包括承销商在内的所有中介机构都必须承担法律责任。但是，如果中介机构能够证明自己已经以行业的业务标准和道德规范、以应有的勤勉和注意对发行人及有关文件进行了审查，仍无法发现欺诈行为，自己也是欺诈的受害者的，则可以免责。因此，承销商的尽职调查一方面直接关系到其承销风险和承销利益，另一方面也直接关系到承销商对招股说明书的保证责任。

股票承销的尽职调查主要由主承销商担任，主承销商应当准备一份详尽的调查提纲，对本次发行募股的招股说明书中将要披露的全部内容进行全面审查。其主要的调查范围有：

1.发行人。主承销商对发行人的审查内容至少应当包括：发行人的一般情况，本次发行情况，有关发行人的主要会计数据，本次募股的有关当事人，发行人经营的风险与对策，本次募股资金的运用，发行人公司的股利分配政策，发行人公司结构，发行人的经营业务，主要固定资产状况，安全与环保，发行人的主要产品与业务，发行人的主营收入构成，主要原材料供应，发行人拟进行投资的项目和技术情况，发行人公司章程，发行人的董事、监事和高级管理人员情况，发行人过去 3 年的经营业绩，股本及其变动，发行人的负债及主要合同承诺，资产评估情况，财务会计资料，赢利预测，重要合同及重大诉讼事项，发行人公司发展规划等。如股份有限公司拟在境外募股或上市，主承销商需要调查和审查的内容还将更为广泛详尽。

2.市场。为了维护自己的利益，保证发行成功，降低承销风险，同时也为了维护投资者利益，主承销商应当对股票一级市场和二级市场的情况进行必要的调查。

3.产业政策。为了保证发行的成功，承销商也应对国家关于发行人主营业务的产业政策进行必要的了解。

### （三）股票发行与上市辅导

股票发行与上市辅导是指有关机构对拟发行股票并上市的股份有限公司进行的规范化培训、辅导与监督。发行与上市辅导机构由符合条件的证券经营机构担任，原则上应当与主承销商为同一证券经营机构。

1.辅导目的和要求。按照中国证监会 2000 年 3 月 17 日发布的《股票发行核准程序》《股票发行上市辅导工作暂行办法》，主承销商在报送发行人申请文件前，应对发行人辅导 1 年。对申请公开发行股票的公司在发行前进行为期 1 年的辅导，目的是保证公开发行股票的公司严格按照《公司法》《证券法》等法律法规，建立规范的法人治理结构和完善的运行机制、促进上市公司转换经营机制，提高上市公司质量。

2.辅导时间。辅导期自拟发行人公司与证券经营机构签订辅导协议起满 1 年为止。辅导应在提出发行申请前完成。

3.辅导内容。辅导内容主要包括以下几个方面：

（1）股份公司设立及其历次演变的合法性、有效性。

（2）股份公司人事、财务、资产及供产销系统的独立完整性。

（3）对公司董事、监事、高级管理人员及持有 5%股份以上的股东（或其法人代表）进行《公司法》《证券法》等有关法律法规的培训。

（4）建立健全股东大会、董事会、监事会等组织机构，并实现规范运行。

（5）依照股份公司会计制度建立健全公司财务会计制度。

（6）建立健全公司决策制度和内部控制制度，实现有效运作。

（7）建立健全符合上市公司要求的信息披露制度。

（8）规范股份公司和控股股东及其他关联方的关系。

（9）公司董事、监事、高级管理人员及持有 5%股份以上的股东持股变动是否合规。

辅导可以通过编写材料组织学习、集中讲授、个别指导、考试等多种方式进行。根据辅导协议，辅导机构可以适当收取辅导费用。

4.辅导验收。从辅导开始之日起,辅导机构每两个月向派出机构报送一次《股票发行上市辅导报告》,对公司存在的问题应会同拟发行公司董事、监事、高级管理人员认真研究并制定整改方案,督促整改,并在下一次报告时说明整改情况。辅导机构报送的《股票发行上市辅导报告》由派出机构存档备查。派出机构可根据情况对辅导工作的效果进行评估和抽查。辅导期满后15个工作日内,辅导机构向派出机构报送《股票发行上市辅导汇总报告》,派出机构对辅导机构报送的材料进行审查,并对拟发行公司就辅导内容、辅导效果进行评估和调查,出具调查验收报告。

(四)募股文件的准备及报批

股票发行准备阶段的实质性工作是指由发行参与人准备招股说明书以及作为其根据和附件的专业人员的结论性审查意见。这些文件统称为募股文件。募股文件主要包括以下8种:

1.招股(配股、增发)说明书(意向书)。招股(配股、增发)说明书(意向书)是股份有限公司发行股票时就发行中的有关事项向机构投资者、公众投资者作出的详细披露,并向特定或非特定投资人提出购买或销售其股票的要约或要约邀请的法律文件。招股(配股、增发)说明书(意向书)是发行人向中国证监会申请公开发行申报材料的必备部分。公司发售新股必须制作招股说明书,这是发行准备阶段的基本任务。

招股(配股、增发)说明书(意向书)必须对法律、法规、上市规则要求的各项内容进行披露。招股(配股、增发)说明书(意向书)由发行人在主承销商等中介机构的辅助下完成,由拟发行公司董事会审核并表决通过,审核通过的公开募股文件应当依法在指定媒体(报刊、网站)上向社会公众披露。招股(配股、增发)说明书(意向书)的有效期为6个月,自文件签署之日起计算。在公开募股文件上签字的全体人员必须保证文件的内容真实、准确、完整,并承担连带责任。

招股(配股、增发)说明书(意向书)应当依照有关法律、法规的规定,按照特定的格式和必要的记载事项的要求编制。根据规定,招股(配股、增发)说明书(意向书)应当包括封面、目录、正文、附录和备查文件几个方面的内容。

2.招股说明书概要。招股说明书概要是对招股说明书内容的概括,一般为1万字左右。它是由发行人编制,随招股说明书一起报送批准后,在承销期开始前2至5个工作日在至少一种由中国证监会指定的全国性报刊和交易所指定的网站以及发行人选择的其他报刊上刊登,供公众投资者参考的关于发行事项的信息披露的法律文件。招股说明书概要应简要提供招股说明书的主要内容,但不得误导投资者。

《招股说明书概要》必须记载(但不限于)以下内容:

(1)招股说明书概要编制所依据的法规,发行人董事会是否已通过该招股说明书概要,是否确信所摘内容与招股说明书正文一致且无重大误导、虚假及遗漏。

(2)发售新股有关当事人。载明有关当事人的机构名称、所在地、电话、传真以及负责本次发行销售有关事项的联系人姓名。有关当事人包括发行人及其法定代表人、承销商、推荐人、发行人的律师事务所和经办律师、主承销商的律师事务所和经办律师、会计师事务所和经办注册会计师、资产评估机构和经办评估人员(如有)、资产评估确认机构、收款银行、股票登记机构及其他与发售新股有密切联系的机构和个人。

(3)发行情况。说明本次发行的股票类型、发行日期、发行地区、发行对象、承销期起止日、预计上市日期及上市交易所名称、发行方式、每股发行价、每股面值、发行量、发行总市值等。

(4)风险因素与对策。应注明“投资者在评价本发行人此次发售的股票时,应特别认真地考虑下述各项风险因素”字样,并全文摘录招股说明书中所述可能对发行人产生不利影响的各种风险情况。

(5)募集资金的运用。应当依据招股说明书列明募集资金的计划用途、项目介绍、资金运用时间表、缺口资金的来源及落实等内容。

(6)股利分配政策。载明发行人关于股利分配的一般政策,预计首次分派股利时间,新股东是否享有本次股票发行完成前滚存利润,有外资股时的分配原则等。

(7)发行人及发行人主要成员的情况。其中,发行人情况应包括发行人成立日期、注册地、总部地址、历史沿革、改制情况、组织结构及内部管理结构、经营范围、主要业务、主要产品品种、生产能力、主要市场、市场占有情况、业务收入构成、主要原材料的供应、关联交易、董事及高级管理人员及其在其他企业任职情况等内容。

(8)经营业绩。介绍发行人过去至少3年的经营业绩,包括(但不限于)生产经营一般情况、年销售额和利润总额、发行人业务收入的主要构成、完成的主要工作、产品或服务的市场情况、产品性能和质量、筹资与投资、生产经营设备和主要固定资产改进、职工数量与业务水平变化等。

(9)股本。简要介绍发行人的股权变动情况、发行后的股权结构等。

(10)主要会计资料。按招股说明书内容介绍审计报告、完整的财务报表、主要会计政策及报表主要项目注释等。

(11)资产评估的主要情况。简要介绍有证券从业资格的评估机构对发行人资产进行有效评估的情况,包括各类资产评估前账面价值及固定资产净值、各类资产评估后净值、各类资产增减值幅度及原因等。

(12)赢利预测。至少应当载明赢利预测表主要数据、相关背景及分析资料等。

(13)公司发展规划。简要介绍发行人的生产经营发展战略、市场发展计划、销售计划、生产经营计划、固定资产投资计划及设备更新计划、人员扩充计划、资金筹措和运用计划等。

(14)重要合同及重大诉讼事项。应当披露发行人签订的对发行人生产经营、未来发展或者财务状况具有重要影响的合同,以及发行人作为一方当事人的尚未作出判决的重大诉讼事项。

(15)其他重要事项。简要披露发行人认为对投资者作出投资判断有重大影响的其他事项。

(16)招股说明书及备查文件查阅地点。

3.资产评估报告。资产评估报告是评估机构完成评估工作后出具的具有公正性的结论报告。该报告经国有资产管理部门确认后生效。从法律上讲,资产评估报告仅为投资人以净资产认股或者以净资产从事交易的实施依据,因此,如果股份公司发起人以净资产投资折股的行为距本次股票发行的时间过长,则该资产评估报告的内容可能已不能适当地反映评估范围内的净资产数值。在此情况下,招股说明书对于发行人本次募股前资产负债状况的反映通常以经过审计的资产负债表为准。

根据国家国有资产管理部门颁发的《关于资产评估报告书的规范意见》，境内募股前的资产评估报告应当满足以下必要内容的要求：

(1)正文。包括评估机构与委托单位的名称、评估目的与评估范围、资产状况与产权归属、评估基准日期、评估原则、评估依据、评估方法和计价标准、资产评估说明、资产评估结论(评估报告应当明确评估价值结果，该评估价值结果应当包括资产原值、资产净值、重置价值、评估价值、评估价值对净值的增减值和增减率等内容，评估报告对评估价值结果的表述可以采取文字方式，也可采取列表方式)、评估附件名称、评估日期、评估人员签章(两名以上)12 项内容。

(2)资产评估附件。包括评估资产的汇总表与明细表、评估方法说明和计算过程、与评估基准日有关的会计报表、被评估单位占有不动产的产权证明文件复印件、评估机构和评估人员资格证明文件复印件 5 项。

此外，必要时还需要附上与评估有关的会计凭证、调查报告、技术鉴定书、各类经济合同复印件等附件。

4.审计报告。审计报告是审计人员向发行人及利害关系人报告其审计结论的书面文件，也是审计人员在股票发行准备中作尽责调查的结论性文件。审计人员出具的审计报告应当作为招股说明书的附录文件，由审计人员对其内容的真实性、准确性和完整性负责任。公开发行股票公司的申报材料中，审计报告的内容包括以下几个部分：

(1)审计概况。审计概况是对审计基本情况的说明，应当说明的事项包括被审计单位的名称、审计期间、审计对象和范围、审计所依据的会计准则、审计方法与程序、审计人员与委托人各自应当承担的责任。

(2)审计发现问题的情况说明。审计人员对于在审计中发现的问题，应当根据问题的性质对其加以说明，对于发行人财务报表中每一项目的重要变动，应当加以附注说明；如未发现重大问题，也应当加以说明。

(3)审计意见。审计意见是审计人员对审计结论的意见。审计人员在出具审计意见时，根据对企业全面、公正、客观地进行审计的结果，就不同的情况，出具无保留意见审计报告、保留意见审计报告、否定意见审计报告或拒绝表示意见的审计报告。

(4)审计人员的签章。审计报告应当由具有证券业从业资格的注册会计师及其所在的事务所签字盖章。

(5)审计报告日期。审计报告应当载明报告出具的日期。

(6)附表和其他资料。审计报告应当附有经过审计的委托人的财务报表、相关附件、审计人员资格证书和审计机构的资格证明文件等。

5.赢利预测的审核函。招股说明书及其附件中的赢利预测报告应切合实际，并须由具有证券业从业资格的会计师事务所和注册会计师出具审核报告。赢利预测审核函就是经注册会计师对发行人的赢利预测进行审核后出具的审核确认函。

赢利预测由发行人在主承销商、从事审计工作的注册会计师的参与下编制。预测的期间不应当少于 12 个月，预测的编制应当采用与招股说明书载明的财务报表一致的会计准则和会计制度。赢利预测应当对一般的经济条件、营业环境、市场情况、发行人生产经营条件及财务状况进行合理的假设，并对各项假设加以说明。赢利预测文件中的数据至少应当包括发行人预测期间的售后利润总额、每股赢利及市盈率。赢利预测文件中的预测数据通常包括销售收入、产品生产成本、期间费用、期间毛利、营业外收支、税金、税前利润和税后利润以及每股赢利、市盈率等。注册会计师对上述数据审核后出具审核函,内容主要包括以下几项:

(1)审核方法。本项目应注明注册会计师从事赢利预测审核的依据、审核方法和审核范围。

(2)基准与假设。本项目主要是对赢利预测的基准与假设进行表述,明确审核意见的假设条件。

(3)审核意见。审核意见与审计意见具有不同的性质和法律意义。从事审核的注册会计师通常仅对赢利预测是否符合发行人一贯采用的会计政策与准则、其基准与假设是否适当、其计算方法是否正确等事项发表审核意见,而不对赢利预测的准确性或其实现的可能性发表意见。

(4)审核人员签章。根据我国证券法规的要求,发行人赢利预测审核函应当由具有证券业务资格的注册会计师及其所在事务所签字、盖章。

(5)审核函签署日期。赢利预测审核函应当载明出具日期。

6.法律意见书和律师工作报告。具体内容如下:

(1)法律意见书。法律意见书是律师对股份公司发行准备阶段审查工作依法作出的结论性意见。发行人聘请的律师(发行人律师)参与企业股份制改组工作,独立审核公司各种法律行为、法律文件的合法性。在企业完成发行准备工作后,律师应当就其审核工作作出结论性意见,根据中国证监会《公开发行股票公司信息披露的内容与格式准则第6号——法律意见书和律师工作报告的内容与格式》的要求出具法律意见书。法律意见书主要涉及以下内容:出具法律意见书的根据,出具法律意见书的范围,律师应当声明的事项,发行人发行股票的主体资格,对发行人章程的意见,本次发行、上市的授权和批准,本次发行、上市的实质条件,对发行人招股说明书的意见,发行人所有权或者授权使用,对发行人重大债权、债务关系的说明,发行人的环境保护和产品技术标准,发行人涉及的诉讼、仲裁或行政处罚,发行人的税务问题,发行人募集资金的运用,本次发行所涉及的其他中介机构,律师认为需要说明的其他问题,结论意见,日期,签章,正副本数量。

(2)律师工作报告。律师工作报告是对公司发行准备阶段律师的工作过程、法律意见书所涉及的事实及其发展过程、每一法律意见所依据的事实和有关法律规定作出的详尽、完整的阐述,并要就疑难问题展开讨论和说明。如果法律意见书包含了律师根据实际情况对《公开发行股票公司信息披露的内容与格式准则第6号——法律意见书和律师工作报告的内容与格式》的修改或增加,律师工作报告应当对修改和增加内容的原因作出特别说明。发行人上报申请材料后,如有任何改动,必须立即通知律师,并经过律师的书面确认。如有必要,律师应当对法律意见书作出相应的修改或者补充,并将其反映在工作报告中。

律师工作报告应当在发行准备过程中同时进行,于法律意见书完成时定稿,并随申报材料一起上报中国证监会备案。

7.验证笔录。验证笔录是发行人向中国证监会申请公开发行人民币普通股所必须具备的法定文件之一,是主承销商律师对招股说明书所述内容进行验证的记录。制作验证笔录的目的在于保证招股说明书的真实性、准确性。

验证笔录的结构由重要信息、依据或确认、确认人三部分构成。重要信息是指对投资者作出投资决策有重大影响的信息。确认人为发行人的董事,主承销商及其他与发行、上市有关的中介机构。

律师有责任对确认人提供的资料的真实性、准确性及招股说明书中所载全部重要信息的真实性、准确性进行验证,若有疏忽,应承担相应的法律责任。

发行人申请材料上报后,若对招股说明书有任何改动,必须立即通知律师,律师需要对改动的内容进行重新验证,并将其如实反映在验证笔录中。

8.辅导报告。《发行上市辅导汇总报告》是证券经营机构对拟发行公司辅导工作结束以后就辅导内容、辅导方式、辅导效果及意见等向有关主管单位报送的书面报告。

在辅导工作中,辅导机构应当将有关资料及重要情况汇总,建立辅导工作底稿。每两个月出具一次辅导工作报告,向中国证监会派出机构书面报送。若有妨碍股票发行上市的事由,应及时报告。辅导结束后,辅导机构应出具辅导汇总报告,其内容必须翔实具体、简明易懂,不得有虚假隐匿。辅导报告除了应详细阐明辅导事项和辅导效果外,还应载明以下内容:公司名称、辅导起止日期、必须进一步改进和辅导的事项、总结意见。辅导报告作为拟发行公司股票发行上市申请文件的必备材料,与申报材料一并报送中国证监会。

募股文件除了上述几种之外,还包括公司章程、发行方案及定价分析报告、资金运用可行性分析报告及项目批文等,有兼并收购行为的还应提供被收购兼并公司或项目情况、收购兼并可行性报告、收购兼并协议、收购兼并配套政策落实情况及被购并企业的资产评估报告、被收购兼并企业前一年和最近一期的会计报表、审计报告。

## 三、我国股票发行的审核

### (一)股票发行审核制度

股票发行审核制度是指发行人在申请发行股票时必须遵循的一系列程序化的规范。我国经历了1990年开始的审批制,2001年开始的核准制,从2020年开始全面推行注册制在内的股票发行制度。

1.审批制(1990—2001年)。审批制指用行政和计划的办法分配股票发行的指标和额度,由地方政府或行业主管部门根据指标推荐企业发行股票的一种发行制度。公司发行股票的首要条件是取得指标和额度。虽然有资料显示我国从1990年就开始了审批制,但那时新股发行和上市的审批权归属于不同的政府部门,直到1993年4月22日国务院颁发《股票发行与交易管理暂行条例》,才确定由1992年成立的证监会统一审批股票的发行。

审批制包含了两个阶段。首先是1990—1995年的额度管理阶段,即将额度指标下达至省级政府或行业主管部门,由其在指标限度内推荐企业,后统一由中国证监会审批企业发行股票。其次是1996—2000年的指标管理阶段。1996年8月,《关于1996年全国证券期货工作安排意见》发布,新股发行计划改为“总量控制,限报家数”的管理办法,即由国家计委、证券委共同制定股票发行总规模,证监会在确定的总规模内,根据市场情况向各地区、各部门下达发行企业个数,并对企业进行审核。

显而易见的，审批制具有较重的计划经济色彩，其弊端如企业选择行政化、企业规模小导致二级市场被操纵等。此外，一些非经济部门也能拿到发行额度，导致了一些买卖额度现象，行政化的审批导致在制度上存在较大的寻租行为。

2.通道制（2001—2004年）。2000年3月16日，中国证监会发布《股票发行核准程序》，标志着我国股票发行体制开始从审批制转变为核准制。2001年3月17日，股票发行核准制正式启动。相对于审批制，核准制下的行政审批权力弱化，发行过程的透明程度也大幅提高。

2001年，中国证券业协会发布《关于证券公司推荐发行申请有关工作方案的通知》，提出证券公司推荐企业发行股票实行“证券公司自行排队，限报家数”的方案，俗称“通道制”。每家证券公司所推荐企业每核准一家才能再报一家，即“过会一家，递增一家”，具有主承销资格的证券公司拥有的通道数量最多8条，最少2条。通道制于保荐制实施初期继续运行，于2005年1月废止时，共有83家证券公司拥有通道318个。

3.保荐制（2004—2019年）。2003年12月28日，中国证监会发布《证券发行上市保荐制度暂行办法》，决定从2004年2月1日起在股票发行中正式实行保荐制度。保荐制度指的是由保荐人对发行人发行证券进行推荐和辅导，并核实公司发行文件中所载资料是否真实、准确、完整，协助发行人建立严格的信息披露制度，承担风险防范责任，并在公司上市后的规定时间内继续协助发行人建立规范的法人治理结构，督促公司遵守上市规定，完成招股计划书中的承诺，同时对上市公司的信息披露负有连带责任。与“通道制”相比，保荐制度增加了由保荐人承担发行上市过程中连带责任的内容。

4.注册制（2020年至今）。证券发行注册制是指证券发行申请人依法将与证券发行有关的一切信息和资料公开，制成法律文件，送交主管机构审查，主管机构只负责审查发行申请人提供的信息和资料是否履行了信息披露义务的一种制度。其最重要的特征是：在注册制下证券发行审核机构只对注册文件进行形式审查，不进行实质判断，投资者依据披露信息自行做出投资决策。美国和日本等资本市场比较发达的国家是注册制的代表。

2019年12月28日，第十三届全国人大常委会第十五次会议审议通过了修订后的《中华人民共和国证券法》，于2020年3月1日起施行。本次证券法修订最引人注目的一点是全面推行证券发行注册制度。由此，我国股票发行制度从审批制到注册制的演变也就告一段落。需要注意的是，新证券法本身是2020年3月份开始实施，为注册制的执行扫平了道路，但是具体什么时候实行注册制或者准注册，还要待具体细则文件落地。

### （二）上市公司发行新股审核

1.报送备案材料及初审。上市公司发行新股，应首先向中国证监会报送有主承销商出具推荐意见的备案材料，并报派出机构备案。中国证监会在受理备案材料后进行初审，如果在20日内未提出异议，上市公司可以召开董事会和股东大会，提出和讨论通过有关发行新股的议案。股东大会通过增发或配股的决议后，须聘请中介机构，按中国证监会的要求制作申报材料；若为配股，应报公司所在地中国证监会派出机构初审。中国证监会派出机构依据有关法规、政策进行审核并出具初审意见后，报送中国证监会。增发申请材料由主承销商推荐直接报送中国证监会。

2.中国证监会受理申报材料。中国证监会上市公司部对符合上市公司发行新股的规定,且申报材料齐备、制作符合要求的上市公司,受理其申报材料。

3.中国证监会复审。中国证监会上市公司部根据《证券法》《公司法》等有关法律、法规和文件对申报材料进行复审,并在正式受理申报材料后10个工作日内,向申请发行新股的公司和主承销商反馈意见。上市公司按要求对申报材料作出修改或补充后,由中国证监会上市部对公司发行新股的资格提出审核意见。扣除公司修改材料和中国证监会对公司违规嫌疑进行调查的时间,上市部的审核工作应在30个工作日内完成。

4.股票发行审核委员会审核。公司申报材料经中国证监会上市部审核合格后,提交股票发行审核委员会审核。股票发行审核委员会在充分讨论后,以无记名方式表决。表决通过的,可批准配股或增发;有疑问的,股票发行审核委员会将作出暂不表决的决定,由中国证监会上市部将股票发行审核委员会的意见反馈给上市公司及主承销商,要求公司继续修改、补充材料或履行有关的法律程序;表决未获通过的,由中国证监会上市部以正式文件的方式通知上市公司和主承销商。上市公司可以申请复议一次,复议通不过的,不批准其配股(增发)申请。

5.中国证监会核发批文。股票发行审核委员会审议通过后,中国证监会将根据市场情况,按程序核发准予实施配股(增发)的批文。

## 四、股票发行与承销的实施

发行股票的最后一个环节就是如何把股票推销给投资者。发行人推销股票的方法有两大类:一种是自己销售,称为自销;另一种是委托他人代为销售,称为承销。一般来说,股票发行以承销为多。

### (一)承销方式

所谓承销,就是将股票销售业务委托给专门的股票承销机构代理。股票承销机构是指那些专门从事股票代理发行业务的金融中介机构。按照发行风险的承担、所筹资金的划拨及手续费高低等因素划分,承销方式有包销和代销两种。

1.包销。股票发行的包销是指证券公司将发行人的证券按照协议全部购入或者在承销期结束时将售后剩余的证券全部自行购入的承销方式。采用该种方式,当实际招募额达不到预定发行额时,剩余部分由承销商全部承购下来,并由承销商承担股票发行风险。包销一般可以分为全额包销和余额包销两种:

(1)全额包销。全额包销是指由承销商(承销团)先全额购买发行人该次发行的股票,然后再向投资者发售。全额包销的承销商承担全部发行风险,因此手续费很高。这种承销方式可以保证发行人及时得到所需的资金。

(2)余额包销。余额包销又称助销,是指承销商(承销团)按照规定的发行额和发行条件,在约定期限内向投资者发售股票,到销售截止日,如投资者实际认购总额低于预定发行总额,未售出的股票由承销商负责认购,并按约定时间向发行人支付全部证券款项。余额包销的承销商要承担部分发行风险,因此手续费也较高。

2.代销。代销是指证券公司代发行人发售证券,在承销期结束时,将未售出的证券全部退还给发行人的承销方式。在代销条件下,在承销协议规定的承销期结束后,当投资人实际认购总额低于发行人的预定发行总额时,承销人(承销团)将未售出的股票全部退还给发行人或包销商。

采用代销方式时,股票发行的风险由发行人自行承担。证券的代销,包销期最长不得超过90日。

### (二)承销协议与承销团协议

1.承销协议的内容。承销协议是股票发行人就其所发行的股票的承销事宜与股票承销商签订的具有法律效力的文件。根据《证券法》规定,承销协议应包括如下内容:

(1)当事人的名称,住所及法定代表人姓名。

(2)代销、包销证券的种类、数量、金额及发行价格。

(3)代销、包销的期限及起止日期。

(4)代销、包销的付款方式及日期。

(5)代销、包销的费用及结算方式。

(6)违约责任。

(7)国务院证券监督管理机构规定的其他事项。

承销协议书原则上由协议双方代表人签字并由双方单位加盖公章后生效,但当事人双方可以协议确定生效条件。

2.承销团协议。拟公开发行或配售的股票面值超过人民币5 000万元或预期销售总金额超过人民币5 000万元的,证券经营机构应当按照《股票发行与交易管理暂行条例》的规定组织承销团。承销团有3家(含3家)以上承销商的,可设1家副主承销商,协助主承销商组织承销活动;承销团中除主承销商、副主承销商以外的证券经营机构为分销商。

承销团协议是组织承销团的主承销商与其他承销团成员就承销事项明确各自权利义务关系的合同文件,又称分销协议。承销团协议应当载明以下内容:

(1)当事人的名称、住所及法定代表人的姓名。

(2)承销股票的种类、数量、金额及发行价格。

(3)包销的具体方式,包销过程中剩余股票的认购方法,或代销过程中剩余股票的退还方法。

(4)承销份额。

(5)承销组织工作的分工。

(6)承销起止日期。

(7)承销付款的日期及方式。

(8)承销缴款的程序和日期。

(9)承销费用的计算、支付方式和日期。

(10)违约责任等。

### (三)发行方式

按购买人划分,证券发行方式有公募和私募两种。目前我国人民币普通股发行采用公募、核准制,同时,对1990年前采用私募发行的部分股票进行不同处理。

从我国的有关规定和实践看,公募发行方式主要有网上发行和网下发行,具体包括以下四种。

1.认购证方式。认购证方式又称为认购证抽签发行方式,其具体的做法是:

(1)承销商于招募时向社会公众投资人公开发售股票认购申请表(即认购证),每一单位的认购证代表一定数量的认股权利,并标注号码。

(2)投资人申请并购买认购证。

(3)承销商根据“公开、公平和公正”的原则,在规定的日期,在公证机关监督下,按照规定的程序,对所有股票认购申请表进行公开抽签。

(4)确认中签号并按照规定程序公告,投资人持中签申请认购表在指定地点认股缴款。

从发售认购证到最后缴款,整个过程为1个月左右。由于该方式发行环节多,工作量大,认购成本过高,发行时间较长,现已不采用。

2.储蓄存单方式。储蓄存单方式是通过发行储蓄存单抽签决定认股者的发行方式。其具体做法是:

(1)承销商在招募期内通过指定的银行机构无限量地向社会投资人发售专项定期定额存单,由社会投资者认购。

(2)承销商根据存单的发售数量,批准发行股票数量及每张存单可认购股份数量确定中签率,通过公开摇号抽签方式决定中签者。

(3)中签者按规定要求办理缴款手续。

采取与储蓄存款挂钩发行方式,其存款期不得超过3个月,每股费用不得超过0.1元,发行收费总额不得超过500万元。

储蓄存单方式虽可避免认购证带来的额外费用,但是由于采用实际缴存的方式,实际上往往伴随着巨额现金流动的负担,现已很少采用。

3.上网定价、竞价方式。所谓上网发行,是指主承销商利用证券交易所的交易系统,由主承销商作为唯一“卖方”,投资者在指定的时间内,按现行委托买入股票的方式进行股票申购的股票发行方式。

上网定价发行的具体做法是:

(1)主承销商在证券交易所设立股票发行专户和申购资金专户。

(2)投资者在申购委托前把申购款全额存入与办理该次发行的证券交易所联网的证券营业部指定的交易保证金账户。

(3)上网申购当日(T+0),投资者按委托买入股票的方式,以发行价格填写委托单申报认购。证券交易所在申购日起3个工作日内冻结所有投资者申购资金。

(4)申购后第一天(T+1),由证券交易所的登记结算公司将申购资金冻结在申购专户中。

(5)申购后第二天(T+2),证券交易所的登记结算公司配合主承销商和会计师事务所对申购资金进行验资,由会计师事务所出具验资报告,以实际到位资金作为有效申购进行连续配号,由证券交易所将配号传送至各证券营业部,并公布中签率。

(6)申购后第三天(T+3),由主承销商负责组织摇号抽签,并于当日公布中签结果。证券交易所根据抽签结果进行清算交割和股东登记。

(7)申购日后第四个工作日,证券交易所将认购款项划入主承销商指定账户,主承销商次日将此款项划入发行公司指定账户,对未中签部分的申购款予以解冻。

采用上网定价发行具有成本低和发行速度快的特点,近年来为多数发行人和承销商采用。

上网竞价发行的具体做法是:

(1)在规定的发行期间,由投资者以不低于发行底价的价格竞价购买,然后由交易系统主机根据投资者的申购价格,按照价格优先、同价位时间优先的顺序从高价位到低价位依次排队。承销商根据实际认购总额应当等于拟发行总量(且不低于底价)的原则累计计算,当认购数量恰好等于发行数量时的价格,即为发行价格。凡高于或等于该价格的有效申报均可按发行价认购,由交易系统自动成交。

(2)承销商将股票发行价和竞价发行结果以规定程序公告。如果发行底价之上的有效认购低于发行数量,则发行价格等于发行底价,认购不足的剩余部分按承销协议处置。

4.全额预缴款、比例配售方式。全额预缴款、比例配售方式是指投资者在规定申购时间内,将全额申购款存入主承销商在收款银行设立的专户中,申购结束后全部冻结,在对到账资金进行验资和确定有效申购后,根据股票发行量和申购总量计算配售比例,进行股票配售的发行方式。全额预缴款、比例配售方式包括“全额预缴款、比例配售、余款即退”和“全额预缴款、比例配售、余款转存”两种方式。

### (四)股款缴纳与股份交收

目前,我国公募发行股票采用的是预缴款方式。如果申购资金不足,则不足部分对应的申购为无效申购。中签部分的申购,由银行将申购款划转到发行人账户;没有中签部分的申购资金,则退还或转存入申购人账户。投资者申购的股票将通过证券登记结算系统自动登记入其股东账户。

### (五)股东登记与承销报告

1.股东登记。股东名册上登记的股东资料是证明股东身份和股东权利的有效法律文件,同时也是保证股东所持股票顺利上市交易的重要依据。

按照我国现行的股票发行与交易规则,投资者如要认购公开发行的股票,须首先在证券登记(结算)公司办理上海证券交易所或深圳证券交易所的股东账户卡,然后凭股东账户卡申购股票和办理缴款手续。

股东资料登记的具体操作方法因股票发行方式和股票配售办法的不同而有所差异。“上网发行”方式的股东资料登记都是由证券交易所的交易系统根据投资者申购情况自动记录并完成的;而“网下发行”方式则是由承销商汇总各发行收款网点的登记资料,并经公证机关审核确认而完成。

2.承销报告。根据中国证监会1996年6月发布的《证券经营机构股票承销业务管理办法》和12月发布的《关于股票发行与认购方式的暂行规定》的要求,承销机构应当在发行申购后规定的时间内向中国证监会提交承销情况的书面报告,即承销报告书。承销报告书的主要内容是向中国证监会汇报本次股票发行的基本情况,内容应力求简明扼要。

### (六)股票发行中的禁止行为

股票承销中的禁止行为,是指国家有关法律、法规或承销商道德行为准则禁止承销商在股票承销中出现的行为。因此,违反国家法律、行政法规及承销商道德准则的行为都是禁止的行为。规定股票承销中禁止行为的意义在于保证股票发行与承销中公开、公平与公正原则的实现,禁止证券欺诈行为。

具体而言,下列行为均为禁止行为:

1.不具备承销商主体资格。

2.不正当招揽承销业务。

3.不公正信息披露。

4.虚假承销行为。虚假承销行为是指证券经营机构名义上是承销团成员,实际上并没有从事承销股票活动及承担承销股票应尽的责任的行为。虚假承销商除应依合同法承担违约责任以外,还应视情节轻重单处或并处警告、罚款、暂停股票承销资格等行政处罚。

5.非法截留承销股票。证券经营机构以包销方式承销股票,不得为取得股票而以下列行为故意使股票在承销期结束时有剩余:故意囤积或截留,缩短承销期,减少销售网点,限制认购申请表发放数量。

6.中国证监会认定的其他行为。比如,证券经营机构以包销方式承销股票,在承销期结束后,如有按发行价而未售出的股票的,除按国家关于金融机构投资的有关规定可以持有的以外,自该股票上市之日起,应当将该股票逐步卖出,并不得买入,直到符合国家关于公司对外投资比例及证券经营机构自营业务管理规定的要求;如果违反该规定,也构成非法截留承销股票行为。

7.以不正当手段诱使他人认购股票。证券经营机构在承销过程中,不得以提供透支、回扣或其他不正当手段诱使他人认购股票。

8.其他禁止行为。其他禁止行为包括证券经营机构在承销过程中和在承销结束后股票上市前,以任何身份参与所承销股票及其认购证的私下交易,并为这些交易提供任何便利;证券经营机构不接受、不配合证监会的检查、稽核的行为;不按规定标准收取佣金等行为;证券经营机构与发行人相互持股7%以上股份,或者互为前5名股东而担任该发行人的主承销商或副主承销商;证券经营机构同时承销4只或4只以上的股票等。

证券经营机构有上述行为的,中国证监会将依情节单处或并处警告、没收非法所得、罚款、暂停承销业务资格、取消承销业务资格直至撤销该证券经营机构等处罚。

### (七)股票承销的风险防范

股票承销是证券经营机构投资银行业务的重点。虽然股票承销能给承销商带来相当可观的收益,但其中的风险也不容忽视。

股票承销的风险因素很多,既有因承销决策不当、技术操作的失误等主观因素造成的风险,也有因政治、经济形势和股票市场状况发生变化等客观原因而导致的风险。因此,在承销过程中,发行人与承销商都应当充分认识到这些风险的存在,对整个经济形势和证券市场的变化趋势进行全面、客观、准确的分析和预测,并采取有效的风险防范措施,努力把承销风险降到最低程度。

1.确定合理的股票发行价格。股票发行价格是影响股票承销能否成功的关键因素。合理的发行价格应根据市场的承受能力、发行人的经营业绩及未来发展潜力、同类型上市公司的交易价格等因素来确定。一般说来,新股发行价格的市盈率应低于股票市场上同类型股票的市盈率,过高的发行溢价会使投资者不愿购买,导致股票发售不出去。这不仅严重影响发行人筹集资金的目标和企业的公众形象,而且会给承销商带来沉重的包销负担和风险。而太低的股票发行价格又会使发行人不能筹集到尽可能多的低成本资金,会削弱股票发行的筹资功能。

2.组织承销团分散承销。在公开发行股票的规模和募集资金额很大的情况下,一家机构可能无法将全部股票包销下来,需要组织承销团共同承销,将过大的风险分散给多个承销商承担。这种承销团在国际投资界又称为"承销辛迪加",即一种以契约为基础的临时联合组织。各成员按照承销协议规定的数额、价格、期限和发行方式进行承销,并分享承销收益,同时,仅以其在承销协议中约定承销的股票份额为限承担责任。

3.确定适当的承销方式。目前我国对公开发行的股票普遍采用余额包销方式。但由于我国严格限制国有股、法人股的上市交易,影响了承销商包销股票余额的变现能力,因而许多承销商往往采取灵活的承销方式,以减轻股票承销的负担和风险。

4.选择适当的发行时机。在"牛市"中,股票交易活跃,股票发行会比较顺利,并且发行价格也可以适当提高,股票承销风险较小;而在"熊市"中,由于股市行情低迷,交易清淡,股票承销风险就会增加。

5.采用适当的发行方式。股票发行的具体方式和渠道有多种选择,我国采取的发行方式有认购证、上网竞价、全额预缴比例配售及上网定价、市值配售几种。不同的发行方式有不同的特点,发行的工作量和费用也有一定的区别。由于网上发行便捷、安全、费用低廉,我国目前的股票发行均采取网上定价发行方式。

## 五、股票发行价格

股票发行价格是指股份有限公司将股票公开发售给特定或非特定投资者所采用的价格。根据发行价与票面金额的不同差异,股票发行可以分为面值发行与溢价发行。面值发行是指股票发行价格等于股票面值,溢价发行则是指股票发行价格超过股票面值。我国有关法规规定股票不得以低于股票票面金额的价格发行。股票发行采取溢价发行的,其发行价格由发行人与承销的证券公司协商确定,报国务院证券监督管理机构核准。

确定股票的发行价格是一件重要也很复杂的工作。公司在首次公开发行股票时,必须认真进行测算,找出合适的发行价格。这就要求主承销商具有丰富的定价经验,对发行者及其所属的行业有相当的了解,对一级市场和二级市场上各类投资者都有深刻的洞察。为了定价准确,投资银行一般在证券主管机关批准股票发行后,会在全国范围内组织"路演"(Road Show),收集证券出售价格的信息,吸引潜在的投资者。

### (一)影响发行价格的因素

1.公司赢利水平。公司税后的利润水平反映了一个公司的经营能力和上市时的市值,税后利润的高低直接关系着股票发行价格。这里所说的公司赢利水平,主要是指发行人公司募股当年的预测赢利水平,包括每股赢利水平,尤其是税后利润总额水平,它实际上决定着发行人公司全部股份的最大市值。从理论上说,在总股本和市盈率已定的前提下.税后利润越高,发行价格也越高。

2.公司潜力。公司经营的增长率(特别是赢利的增长率)和赢利预测是关系股票发行价格的又一重要因素。在总股本和税后利润量确定的前提下,公司的潜力越大,未来赢利趋势越确定，市场所接受的发行市盈率也就越高，发行价格也就越高。

3.发行数量。不考虑资金需求量，单从发行数量上考虑，若本次股票发行的数量较大，为了能保证销售期内顺利地将股票全部出售，取得预定金额的资金，价格应适当定得低一些；若发行量小，考虑到供求关系，价格可定得高一些。

4.行业特点。发行公司所处行业的发展前景会影响到公众对本公司发展前景的预期，同行业已经上市企业的股票价格水平剔除不可比因素以后，也可以客观地反映本公司与其他公司相比的优劣程度。如果本公司各方面均优于已经上市的同行业公司，则发行价格可定高一些；反之，则应低一些。此外，不同行业的不同特点也是决定股票发行价格的因素。

5.股市状态。二级市场的股票价格水平直接关系到一级市场的发行价格。在制定发行价格时。要考虑到二级市场股票价格水平在发行期内的变动情况。若股市处于“熊市”，定价太高则无人问津，使股票销售困难，因此，要定得低一些；若股市处于“牛市”，价格太低会使发行公司受损，股票发行后易出现投机现象，因此，可以定得高一些。同时，发行价格的确定要给二级市场的运作留有适当的余地，以免股票上市后在二级市场上的定位发生困难，影响公司的声誉。

### （二）确定发行价格的方法

1.协商定价法。根据市场的行情，协商确定股票的发行价格。

2.市盈率法。市盈率是指市场价格与赢利的比率。计算公式为：

市盈率=股票市价÷每股收益

通过市盈率法确定股票发行价格，首先应根据注册会计师审核后的赢利预测计算出发行人的每股收益，然后可根据二级市场的平均市盈率、发行人的行业情况（同类行业公司股票的市盈率）、发行人的经营状况及其成长性等拟定发行市盈率，最后依发行市盈率与每股收益之乘积决定发行价。

按市盈率法确定发行价格的计算公式为：

发行价=每股收益×发行市盈率

确定每股收益或每股税后利润有两种方法：一种为完全摊薄法，即用发行当年预测的税后利润总额除以发行后的总股本，直接得出每股税后利润；另一种是加权平均法，即用发行当年预测的税后利润总额除以发行当年公司股本的加权平均数。采用不同的每股收益计算方法将得到不同的发行价格。

完全摊薄法的计算公式为：

每股税后利润=发行当年预测税后利润÷发行后的总股本数

加权平均法的计算公式为：

每股税后利润=发行当年预测税后利润÷[发行前总股本数+
本次公开发行股本数×(12－发行月份)/12]

3.竞价确定法。竞价确定法是投资者在指定时间内，通过证券交易场所的交易网络，以不低于发行底价的价格并按限购比例或数量进行认购委托，申购期满后，由交易场所的交易系统将所有有效申购按照“价格优先、同价位申报时间优先”的原则，将投资者的认购委托由高价位向低价位排队，并由高价位到低价位累计有效认购数量，当累计数量恰好达到或超过本次的发行数量时，即为本次发行的价格。

如果在发行底价上仍不能满足本次发行股票的数量，则底价为发行价。发行底价由发行人和承销商根据发行人的经营业绩、赢利预测、项目投资的规模、市盈率、发行市场与股票交易市场上同类股票的价格及影响发行价格的其他因素共同研究协商确定。由于在此种方法下,机构大户易于操纵发行价格,因此,经试验后,我国已停止使用。

4.净资产倍率法。净资产倍率法又称为资产净值法(Net Value of Assets),是指通过资产评估(物业评估)和相关会计手段确定发行人拟募股资产的每股净资产值,然后根据证券市场的状况将每股净资产值乘以一定的倍率,以此确定股票发行价格的方法。其公式是:

$$发行价格=每股净资产值\times 溢价倍率$$

净资产倍率法在国外常用于房地产公司或资产现值要重于商业利益的公司的股票发行,但在国内一直未采用。以此种方式确定每股发行价格不仅应考虑公平市值,还须考虑市场所能接受的溢价倍数。

5.现金流量折现法。现金流量折现法(Discount of Cash Flow)通过预测公司未来赢利能力来计算出公司净现值,并按一定的折扣率折算、确定股票发行价格。该方法首先是用市场接受的会计手段预测公司每个项目未来若干年内每年的净现金流量,再按照市场公允的折现率分别计算出每个项目未来的净现金流量的净现值。公司的净现值除以公司股份数,即为每股净现值。由于未来收益存在不确定性,发行价格通常要对上述每股净现值折让20%~30%。

国际主要股票市场对新上市公路、港口、桥梁、电厂等基建公司的估值和发行定价一般采用现金流量折现法。这类公司的特点是前期投资大,初期回报不高,上市时的利润一般偏低。如果采用市盈率法定价,会低估其真实价值;而对公司未来收益(现金流量)的分析和预测能比较准确地反映公司的整体和长远价值。用现金流量折现法定价的公司,其市盈率往往远高于市场平均水平。这类公司发行上市时套算出来的市盈率与一般公司发行的市盈率之间不具可比性。

### (三)发行费用

发行费用是指发行公司在筹备和发行股票过程中发生的费用,该费用可在股票发行溢价收入中扣除,主要包括以下内容:

1.中介机构费。支付给中介机构的费用包括承销费用、注册会计师费用(审计、验资、赢利预测审核等费用)、资产评估费用、律师费用等。

承销费用一般根据发行人股票发行的规模确定,发行的规模越大,承销费用总额越高。股票发行过程中文件制作、印刷、散发、刊登发行公告和招股说明书等的费用,应由股票承销机构在承销费用中列支,发行人不得将上述费用在承销费之外计入发行费用。但在发行外资股时,境外的承销商往往会在承销费用以外收取一笔文件制作费。根据中国证监会的规定,目前承销费用的收费标准是:以包销方式承销股票,收取的佣金为包销股票总金额的1.5%~3%;以代销方式承销时,佣金为0.5%~1.5%。

2.上网费。采用网上发行方式发行股票时,由于使用了证券交易所的交易系统,发行人须向证券交易所缴纳上网发行手续费。目前,证券交易所对上网发行的收费标准为发行总金额的0.35%。

3.其他费用。

# 第二节 债券发行与承销

## 一、债券发行

所谓债券,是指债务人为筹措资金,依照合法手续向社会发行,承诺按照约定的利率和日期支付利息,并在特定的日期偿还本金的书面债权凭证。按发行主体划分,债券的种类有政府债券、金融债券和公司债券三种基本类型。

### (一)发行条件

债券发行条件是指债券发行人在债券发行文件中承诺的实质性条款,它表明了特定债券发行的实质要素。债券发行条件主要包括发行金额、债券面值、债券期限、偿还方式、票面利率、付息方式、发行价格、发行方式、收益率、税收效应、是否记名、债券选择权、发行费用以及有无担保等内容。

### (二)发行方式

债券的发行方式有两种:一种是私募发行,又称定向发行或私下发行,即面向少数特定投资者发行;另一种是公募发行,又称公开发行,是由承销商组织承销团将债券向广泛的不特定投资者发行。

私募发行有时不需要承销商参与,由债券发行人与某些机构投资者如人寿保险公司、养老基金、退休基金等直接接触,洽谈发行条件和其他具体事务,属直接发行。有时候承销商也参与私募发行的操作,为债券发行人寻找投资者。私募发行手续简便,发行时间短、效率高,投资者往往已事先确定,不必担心发行失败,因而对债券发行者比较有利,但私募发行的债券流动性比较差,所以,投资者一般要求其提供比公募债券更高的收益率。

公募发行面对公众投资者,发行面广,投资者众多,筹集的资金量大,债权分散,不易被少数大债权人控制,发行后上市交易也很方便,流动性强,但公募发行的要求较高,手续复杂,需要承销商参与,发行时间慢,费用较私募发行低。

### (三)信用评级

债券的信用评级是指专业化的信用评级机构对发债人所发行的债券到期还本付息能力和信用程度的综合评价。信用评级源于美国,通过拥有大量债券分析、会计、统计财务专家的专业评级机构进行。信用评级主要从以下几个方面进行分析:

1.公司的发展前景。这包括分析判断债券发行公司所处行业的状况、发展前景、竞争能力、资源供应的可靠性等。

2.公司的财务状况。这包括分析评价公司的债务状况、偿债能力、赢利能力、周转能力和财务弹性及其持续的稳定性和发展变化趋势。

3.公司债券的约定条件。这包括分析评价公司发行债券有无担保及其他限制条件、债券期限、还本付息方式等。

表 2-2 是两家著名评级公司的债券评级。

表 2-2　两家著名评级公司的债券评级

| 标准—普尔公司 | | 穆迪公司 | |
|---|---|---|---|
| AAA | 最高级 | Aaa | 最高质量 |
| AA | 高级 | Aa | 高质量 |
| A | 上中级 | A | 上中质量 |
| BBB | 中级 | Baa | 下中质量 |
| BB | 中下级 | Ba | 具有投机因素 |
| B | 投机级 | B | 通常不值得正式投资 |
| CCC | 完全投机级 | Caa | 可能违约 |
| CC | 最大投机级 | Ca | 高度投机性，经常违约 |
| C | 规定赢利付息但未能赢利付息 | C | 最低级 |

## 二、我国商业债券的发行

### （一）金融债券的发行

1.发行人。金融债券是由国有商业银行、政策性银行以及其他金融机构发行的债券。发行金融债券所筹集的资金用于发放特种贷款、政策性贷款或其他专门用途。

2.发行资格。具有发行金融债券资格的是国有商业银行、政策性银行以及其他金融机构。

3.发行审核。准备发行金融债券的各银行与非银行金融机构根据实际需要，按照规定的要求和程序向人民银行总行报送本单位发行金融债券的计划，其主要内容包括：

（1）金融债券的发行额度。

（2）金融债券的面额。

（3）金融债券的发行条件。

（4）金融债券的转让、抵押等规定。

（5）金融债券的发售时间与发售方式。

（6）所筹资金的运用。

同时，中国人民银行总行根据信贷资金的平衡情况确定金融债券的年度发行额，并向各银行与非银行金融机构下达发行金融债券的指标。省级非银行金融机构如果需要发行金融债券，要向同级人民银行申报，由人民银行分行在人民银行总行下达的控制额度内进行审批，在申报的同时，也要报送类似前面所述的有关发行金融债券的计划。

4.发行方式及其程序。金融债券的发行方式有自办发行和代理发行两种。由于金融债券的发行主体是金融机构，其业务网络广泛，因此，完全可以由金融机构自己发行，自己承销。这时，发行主体与承销主体为同一主体。

金融债券的发行程序一般如下：

（1）银行或金融机构在拟发行的规模被批准之后，首先应发布发行债券的通告，在其中详细说明发行的目的、发行数额、发行办法、债券期限、债券利率、认购对象、认购和缴款的地址等事项。

(2)发行金融债券的银行或金融机构同其分支机构或其他单位签订金融债券的分销或代理协议,分担一定数量的金融债券的发行任务。

(3)发行金融债券的银行或金融机构同其分支机构或相关单位利用业务关系和推销网络,将金融债券卖给企事业单位和社会公众。

(4)在规定的期限内,各分销和代理机构将款项划入发债主体的账户,发债主体再将手续费划到各承销单位的账户上。

### (二)企业债券的发行

根据1993年8月国务院颁布的《企业债券管理条例》规定,我国目前企业债券的发行受以下基本规则的规范。

1.发行人。《企业债券管理条例》规定企业债券的发行主体是在中华人民共和国境内具有法人资格的企业。

2.发行资格。《企业债券管理条例》要求发行企业债券的企业必须符合下列条件:

(1)企业规模达到国家规定的要求。

(2)企业财务会计制度符合国家规定。

(3)具有偿债能力。

(4)企业经济效益良好,发行企业债券前连续3年赢利。

(5)所筹资金的用途符合国家产业政策。

3.发行审核。按照《企业债券管理条例》的规定,国家发展和改革委员会同中国人民银行、财政部、国务院证券委拟定全国企业债券发行年度规模内的各项指标,报国务院批准后,下达各省、自治区、直辖市、计划单列市人民政府和国务院有关部门执行。因此,企业发行企业债券必须受到国家计划发行规模的限制。中国人民银行及其分支机构和国家证券管理部门依照规定的职责,负责对企业债券的发行和交易活动进行监督检查。

企业发行企业债券时,要经过配额与发行的双重审核。

配额审核程序如下:

(1)发行人在发行债券前,须向其行业主管部门提出申请,只有在行业主管部门正式批准并且推荐的条件下,才能申请发行债券。

(2)该企业主管部门向省、自治区、直辖市或计划单列市的人民银行分行、发展与改革委员会申报发行配额。

(3)省、自治区、直辖市或计划单列市人民银行分行、发展和改革委员会共同编制当地企业的年度债券发行计划,并报人民银行总行和国家发展与改革委员会审核。

(4)人民银行总行、国家发展和改革委员会综合各地申报的发行计划,共同编制企业的年度债券发行计划,并报国务院办公会议批准。

(5)全国企业债券年度发行计划被批准之后,由人民银行总行、国家发展和改革委员会联合将发行配额分给各省、自治区、直辖市和计划单列市。

(6)省、自治区、直辖市、计划单列市的人民银行分行与国家发展和改革委员会共同将发行配额分给企业或企业主管部门,企业获得发行配额,需得到省、自治区、直辖市、计划单列市人民银行分行发放的《发放企业债券申请表》。

(7)发行债券所筹的资金如果用于固定资产投资,还必须被列入我国的"固定资产投资规模"之中,按照国家有关规定需要经有关部门审批的,还应当向审批机关报送有关部门的审批文件。

关于发行审核程序，根据《企业债券管理条例》规定，中央企业发行企业债券，由中国人民银行会同国家发展和改革委员会审批；地方企业发行企业债券，由中国人民银行省、自治区、直辖市、计划单列市分行会同同级计划主管部门审批。主管部门在对发行申请进行审核时，主要考虑四个方面的问题，即发行人的资格、发行条件、禁止发行事由和债券募集办法中所列的各项条件，在对这几个方面进行审查之后，作出批准发行或不予批准的决定。

4.发行方式和程序。根据《企业债券管理条例》规定，企业发行企业债券，应当由证券经营机构承销。我国企业债券的发行采用包销和代销两种方式，即先由某家证券经营机构同发行债券的企业签订承销协议，企业拟发行的债券由该机构承销，未销完部分按协议规定处理。此外，对于一些数额较大的企业债券，多采用组织区域性承销团承销的方式。具体程序如下：

(1)证券承销商审查发行债券的企业的发行章程和其他有关文件的真实性、准确性和完整性后，与企业签订承销协议，明确双方的权责。

(2)主承销商与分承销商签订分销协议，协议中应对承销团成员在承销过程中的权利与义务等作出详细规定。

(3)主承销商与其他证券经营机构签订代销协议，未销出的部分可退还给主承销商。

(4)开展广泛的宣传活动。

(5)承销团各成员利用自己的销售网络，向金融机构、企事业单位及个人投资者销售。

(6)在规定时间内，承销商将所筹款项转到企业的账户上。

### (三)公司债券的发行

根据我国《公司法》和《证券法》的规定，我国公司债券的发行受以下基本规则的规范：

1.发行人。《公司法》中规定，股份有限公司、国有独资公司和两个以上的国有企业或者其他两个以上的国有投资主体投资设立的有限责任公司，为筹集生产经营资金，可以发行公司债券。

2.发行资格。根据《公司法》第161条规定，发行公司债券必须符合下列条件：

(1)股份有限公司的净资产额不低于人民币3 000万元，有限责任公司的净资产额不低于人民币6 000万元。

(2)累计债券额不超过公司净资产额的40%。

(3)最近3年平均可分配利润足以支付公司债券1年的利息。

(4)筹集的资金用途符合国家产业政策。

(5)债券的利率不得超过国务院限定的利率水平。

(6)国务院规定的其他条件。

发行公司债券筹集的资金必须用于审批机关批准的用途，不得用于弥补亏损和非生产性支出，不得用于股票、房地产和期货买卖等与本企业生产经营无关的风险性投资。若用于固定资产投资，还须经有关部门批准。

3.发行审核。公司债券的发行规模由国务院确定。发行公司债券，必须依照《公司法》规定的条件，报经国务院授权的部门审批。发行人必须向国务院授权的部门提交《公司法》规定的申请文件和国务院授权的部门规定的有关文件。

股份有限公司、有限责任公司发行公司债券，由董事会制订方案，股东会作出决议。国有独资公司发行公司债券，应由国家授权投资的机构或者国家授权的部门作出决定。上述决定或决议应报主管部门批准。主管部门审批公司债券的发行，不得超过国务院确定的规模。

公司债券的发行审核包括配额审核与资格审核两部分，其主要内容类似于企业债券的发行审核。

4.发行方式及程序。公司债券由证券经营机构负责承销。证券承销采取代销或者包销方式。发行人应与承销的证券公司签订代销或包销协议。向社会公开发行的公司债券，票面总值超过人民币 5 000 万元的，应由承销团承销。

公司债券的发行程序一般如下：

(1)公司发行债券应向国务院证券管理部门申请批准，在得到批准后，应当公告公司债券募集办法，其中应载明公司名称、债券总额、债券的票面金额、债券利率、还本付息的期限和方式、债券发行的起止日期、公司净资产额、承销机构等内容。

(2)证券承销商审查发行债券的公司的发行章程和其他有关文件的真实性、准确性和完整性后，与公司签订承销协议，明确双方权责。

(3)主承销商与分承销商签订分销协议，协议中应对承销团成员在承销过程中的权利与义务等作出详细规定。

(4)主承销商与其他证券经营机构签订代销协议，未销出的部分可退还给主承销商。

(5)开展广泛的宣传活动。

(6)承销团各成员利用自己的销售网络，向金融机构、企事业单位及个人投资者销售。

(7)在规定时间内，承销商将所筹款项转到公司账户上，发行主体再将手续费划到各承销单位的账户。

### (四)可转换公司债券的发行与上市

1.发行人。可转换公司债券是公司债券的一种，是指发行人依照法定程序发行，在一定时期内依据约定的条件可以转换成股份的公司债券。根据国务院证券委员会 1997 年 3 月发布的《可转换公司债券管理暂行办法》规定，我国股份有限公司经批准可以在中华人民共和国境内发行以人民币认购的可转换公司债券。可转换公司债券采取记名式无纸化发行方式，期限最短为 3 年，最长为 5 年。可转换公司债券可以依法转让、质押和继承。

2.发行资格。公司发行可转换公司债券，应当符合下列条件：

(1)最近 3 年连续赢利，且最近 3 年净资产利润率平均在 10%以上；属于能源、原材料、基础设施类的公司可以略低，但不得低于 7%。

(2)可转换公司债券发行后，资产负债率不高于 70%。

(3)累计债券余额不超过公司净资产额的 40%。

(4)筹集资金的投向符合国家产业政策。

(5)可转换公司债券的利率不超过银行同期存款利率水平。

(6)可转换公司债券的发行额不少于人民币1亿元。

(7)有具有代为清偿债务能力的保证人的担保。

3.发行审核。公司发行可转换公司债券,应当经省级人民政府或者国务院有关企业主管部门推荐,报中国证监会审批。申报发行可转换公司债券,应当向中国证监会报送下列文件:

(1)发行人申请报告。

(2)股东大会作出的发行可转换公司债券的决议。包括可转换公司债券的发行总额、票面金额、可转换公司债券利率、转股价格确定方式、转换期、募集资金用途、可转换公司债券还本付息的期限和方式、赎回条款及回售条款、股东大会决定的其他事项。

(3)省级人民政府或者国务院有关企业主管部门的推荐文件。

(4)公司章程。

(5)可转换公司债券募集说明书。

(6)募集资金的运用计划和项目可行性研究报告。

(7)偿债措施、担保合同。

(8)经会计师事务所审计的公司最近3年的财务报告。

(9)律师事务所出具的法律意见书。

(10)与承销商签订的承销协议。

(11)中国证监会要求报送的其他文件。

4.发行方式及程序。可转换公司债券采取记名式无纸化发行方式。

发行可转换公司债券,发行人必须公布可转换公司债券募集说明书。募集说明书应包括发行人名称,批准发行可转换公司债券的文件及其文号,发行人的基本情况介绍,最近3年财务状况,发行的起止日期,可转换公司债券票面金额及发行总额,可转换公司债券利率和付息日期,募集资金的用途,可转换公司债券的承销和担保事项,可转换公司债券偿还方法,申报转股的程序,转股价格的确定和调整方法,转换期,转换年度,有关利息及股利的归属,赎回条款及回售条款,转股时不足1股金额的处理,中国证监会规定的其他事项。

发行人应当在承销期前2至5个工作日内,将可转换公司债券募集说明书刊登在中国证监会指定的至少1种全国性报刊上。

可转换公司债券的发行应由证券经营机构承销,证券经营机构需具有股票承销资格。承销方式有代销或包销,具体采用哪种方式,可由发行人与证券经营机构在承销协议中约定。

可转换公司债券发行的一般程序如下:

(1)发行可转换公司债券首先报请国务院证券管理部门批准。在得到批准后,公司应发布发行可转换公司债券的募集说明书。

(2)证券承销商审查发行可转换公司债券的公司的发行章程和其他有关文件的真实性、准确性和完整性后,与公司签订承销协议,明确双方的权责。

(3)主承销商与分销商签订分销协议,协议中应对承销团成员在承销过程的权利和义务等作出详细规定。

(4)主承销商与其他证券经营机构签订代销协议,未销出的部分可退还给主承销商。

(5)开展广泛的宣传活动。

(6)承销团各成员利用自己的销售网络,向金融机构、企事业单位及个人投资者销售。

(7)在规定时间内,承销商将所筹款项转到公司的账户上。

5.可转换公司债券的上市。可转换公司债券可在发行人股票上市或者拟上市的证券交易场所上市交易。

向国务院证券监督管理机构提出上市交易申请时,应提交下列文件:

(1)上市报告书。

(2)申请上市的董事会决议。

(3)公司章程。

(4)公司营业执照。

(5)债券募集办法。

(6)债券的实际发行数额。

可转换公司债券上市交易申请经国务院证券监督管理机构核准后,其发行人应当向证券交易所提交核准文件和上述规定的有关文件。证券交易所应当自接到该债券发行人提交的规定的文件之日起 3 个月内,安排该债券上市交易。上市交易申请经证券交易所同意后,发行人应当在可转换公司债券上市前 5 个工作日内,将上市公告书刊登在中国证监会指定的至少 1 种全国性报刊上,并将上市公告书置备于发行人所在地、拟上市的证券交易所,证券经营机构的营业场所、供公众查阅,同时报中国证监会备案。

可转换公司债券上市交易期间,公司发布有关股份变动涉及调整转股价格的信息,应当暂停交易 1 天;未转换的可转换公司债券数量少于3 000万元时,证券交易所应当立即公告,并在 3 个交易日后停止交易。

6.转换股份及债券偿还。公司发行的可转换公司债券,在发行结束 6 个月后,持有人可以依据约定的条件随时转换股份。

可转换公司债券在转换为股份前,其持有人不具有股东的权利和义务。可转换公司债券转换为股份后,发行人股票上市的证券交易所应当安排股票上市流通。

发行人应当在每一季度结束后的 2 个工作日内,向社会公布因可转换公司债券转换为股份所引起的股份变动情况。转换为股份累计达到公司发行在外普通股的 10%时,发行人应当及时将有关情况予以公告。可转换公司债券转换为股份引起股份变动的,发行人应当根据有关法律、行政法规的规定,于每年年检期间向工商行政管理部门申请办理注册资本变更登记。可转换公司债券发行后,因发行新股、送股及其他原因引起公司股份发生变动的,发行人应当及时调整转股价格,并向社会公布。

可转换公司债券持有人要求转换股份时,所持债券面额不足 1 股的部分,发行人应当以现金偿还。法人因可转换公司债券转换为股份,直接或间接持有上市公司发行在外的普通股达到 5%时,应当在 3 个工作日内,向中国证监会、证券交易所及上市公司作出书面报告,并向社会公告。

可转换公司债券到期未转换的,发行人应当按照可转换公司债券募集说明书的约定,于期满后5个工作日内偿还本息。

可转换公司债券转换期结束前的10个工作日停止交易。停止交易到转换期结束之前不影响持有人依据约定的条件转换股份的权利。

### (五)分离交易可转换债券

分离交易可转换债券的全称是"认股权和债券分离交易的可转换公司债券",简称可分离债,它是债券和股票的混合融资品种。分离交易可换转债券由两大部分组成,一是可转换债券,二是股票权证。可转换债券是上市公司发行的一种特殊的债券,债券在发行的时候规定了到期转换的价格,债权人可以根据市场行情把债券转换成股票,也可以把债券持有到期归还本金并获得利息。股票权证是指在未来规定的期限内,按照规定的协议价买卖股票的选择权证明,根据买或卖的不同权利,可分为认购权证和认沽权证。因此,对于分离交易可转换债券,可以简单地理解成"买债券送权证"的创新品种。

例如,马钢股份(600808)每张(面值100元)可分离债的认购人,可以无偿获得不超过23份认股权证;新钢钒(000629)每张(面值100元)可分离债的认购人,可以无偿获得不超过25份认股权证。发行的债券和认股权证可以分别单独上市交易,满足不同投资者不同的需求。

1.分离交易可转换债券与普通可转换债券的区别。分离交易可转换债券与普通可转换债券的本质区别在于债券与期权可分离交易。也就是说,分离交易可转换债券的投资者在行使了认股权利后,其债权依然存在,仍可持有,到期归还本金并获得利息;而普通可转换债券的投资者一旦行使了认股权利,其债权就不复存在了。

此外,分离交易可转换债券不设重设和赎回条款,有利于发挥发行公司通过业绩增长来促成转股的正面作用,避免了普通可转换债券发行人往往不是通过提高公司经营业绩,而是以不断向下修正转股价或强制赎回方式促成转股而带给投资人的损害。同时,分离交易可转换债券持有人与普通可转换债券持有人同样被赋予一次回售的权利,从而极大地保护了投资人的利益。

还有,普通可转换债券中的认股权一般是与债券同步到期的,分离交易可转换债券则并非如此。《上市公司证券发行管理办法》中规定,分离交易可转债"认股权证的存续期间不超过公司债券的期限,自发行结束之日起不少于6个月",因为认股权证分离交易导致市场风险加大,缩短权证存续期有助于减少投机。

2.发行资格。中国证监会2006年5月公布的《上市公司证券发行管理办法》规定,上市公司可以公开发行认股权和债券分离交易的可转换公司债券。该办法对可分离债券的发行规定了四个特殊要求:

(1)公司最近1期末经审计的净资产不低于人民币15亿元;

(2)最近3个会计年度实现的年均可分配利润不少于公司债券1年的利息;

(3)最近3个会计年度经营活动产生的现金流量净额平均不少于公司债券1年的利息,但最近3个会计年度加权平均净资产收益率平均不低于6%的公司除外;

(4)本次发行后累计公司债券余额不超过最近1期末净资产额的40%,预计所附认股权全部行权后募集的资金总量不超过拟发行公司债券金额。

该办法还规定,分离交易的可转换公司债券应当申请在上市公司股票上市的证券交易所上市交易。分离交易的可转换公司债券中的公司债券和认股权分别符合证券交易所上市条件的，应当分别上市交易。

分离交易可转换债券的推出，对于拓宽上市公司的融资渠道，促进债券市场品种创新均具有重要意义；对于投资者而言，分离交易可转换债券也提供了全新的交易品种和投资机会，具有相当的短期投资和投机价值。

## 课外阅读网站

1.http://www.sse.com.cn/，上海证券交易所。

2.http://www.szse.cn/，深圳证券交易所。

3.http://www.cs.com.cn/，中证网。

4.http://www.cninfo.com.cn/new/index，巨潮财讯网。

5.http://finance.sina.com.cn/，新浪财经网。

## 思考题

1.在我国，首次公开发行股票需具备什么条件？

2.试述我国股票发行审核制度的演变。

3.比较股票发行的定价方法。

4.简述可转换债券的发行条件和程序。

## 延伸阅读

### 海普瑞造富神话的背后

2010年5月6日，中国新首富诞生，这曾是中国资本市场上最大的造富神话。就在这一天，一家称作海普瑞的公司登陆深圳交易所中小板。在73倍的市盈率完成发行后，这只股票在开盘后还继续保持了上涨态势，市值高达700.86亿元，位居A股市场总市值排行第44位。其创始人李锂及其妻子李坦合法财富高达504亿元，一举成为中国新首富。

如果投资者知道在上市之前，海普瑞的总资产不过15亿，净资产也只有13亿，恐怕更会感慨，资本市场上的这一个神话究竟是怎样诞生的？

**又见南山税务局**

尽管是神话，但海普瑞的上市并非毫无瑕疵。

在海普瑞的招股书中，提到了其自2000年至2007年，享受到深圳市企业所得税的优惠政策，但该优惠政策并没有国家法律、行政法规或国务院有关规定作为依据，因此，公司存在因前述税收优惠被税务机关撤销而产生额外税项和费用的可能。此外，又是根据深圳市地方税务局的相关规定，海普瑞以实际缴纳的增值税和营业税为计税依据，未包括增值税免抵税额，此举与财政部和国家税务总局2005年25号文件的规定存在差异,有被追缴税款的风险。

平心而论,企业存在这样的情况并不奇怪,发行上市实际上是利益博弈,企业出于利益考虑而没有在上市前对存在的瑕疵进行修正也很正常。在A股这两年的发行中,像海普瑞这样的企业并不少见。但有意思的是,为了这个问题,深圳市南山区国税局和地税局分别于2009年5月21日和2009年5月28日出具了无税收违法证明。

理论上说,证监会是不愿意让存在瑕疵的企业发行上市的,否则,作为中国资本市场的守门人,它很有可能因此承担责任。但是,如果有责任方愿意主动承担责任,那就没什么可担心的了。

"如果某一重大问题难以通过企业自身整改解决,那么我们就会向相关部委或省政府申请确认没有重大责任。"某资深投行人士表示,"证监会属部级单位,如果有另一部级单位愿意承担责任,证监会就可能因此放行。"

但是,现在出具"无违法证明"的只是区级税务部门,足够吗?而且,经常阅读招股书的投资者或许还记得,就在一年前发行的雅致股份,同样是中小板企业,同样也是中投证券作为保荐机构,深圳市南山税务局还出具了另外一份豁免责任证明。

2007年12月10日,南山区国税局确认雅致股份自2004年至2006年存在以下税务违法事实:2004年度至2006年度期间,销售废料未申报纳税;2005年6月至2006年度期间,采取分期收款方式销售货物,没有在货物发出时确认销售收入并纳税申报;2004年度至2006年度期间,非应税项目用料未从进项税额中转出。基于以上事实,税务局追补了雅致股份少缴增值税361万元,并对公司处以少缴税款50%的罚款,也就是180万元。这样的行为已明显违反了《首次公开发行并上市管理办法》第25条第2款"公司最近36个月不存在违反工商、税收、土地、环保、海关以及其他法律、行政法规,受到行政处罚,并且情节严重"的规定,理论上已不可能上市。但是,因南山区税务局出具了没有重大违法事件的文件,雅致股份也因此顺利完成发行。

这次,又是托了南山税务局的福,海普瑞得以顺利过关。

既然税收问题都无法阻挡海普瑞上市,那么其他疑难杂症也不在话下。通常,同业竞争可以说是A股上市最棘手的问题。"民营企业发展成规模以后,常常会形成同业竞争与历史沿革相互矛盾的情形。"一位从事投行业务超过15年的保荐代表人对本刊记者说,"不少拟上市公司是由国有和集体企业改制而来,他们在出资方面可能存在各式各样的瑕疵,因此很可能剥离一些优质资产筹备上市,但这样又可能引发同业竞争。"

但同业竞争可难不倒海普瑞。

李锂、李坦夫妇除了经营海普瑞药业,还拥有另外两家生产肝素钠的企业——多普乐实业(尚处于建设阶段)和天道医药。从公开文件来看,这两家企业从事的主要业务为肝素制剂的研究、生产和销售。

理论上说,这毫无疑问就是同业竞争,但李锂、李坦夫妇及其上市团队却不这么认为。他们在招股书中表示,虽然多普乐实业和天道医药同样生产和销售肝素类产品,但在工艺和客户方面,存在着较大差异。

按照海普瑞的逻辑,以后的A股上市企业,只要能够证明非上市部分与上市公司在细分市场上存在差异,就可以逾越这一实质性障碍了。

再来看海普瑞的保荐机构中投证券。海普瑞上市之后,中投证券顿时名声大噪。

这家名字和中投公司非常相像的证券公司(后来确实划拨给中投公司,可谓机缘巧合),由昔日国内投行巨头南方证券破产重组而来,在过去几年里,它在发行承销方面的业绩乏善可陈,但是,雅致股份却让企业对其产生了极大的好感。

“这家券商既然能让雅致股份扭转乾坤,也很可能帮助我们解决一些疑难问题。”在浙江,一位企业的财务负责人对本刊记者谈到,“有实力的证券公司是能够在中国资本市场中创造奇迹的。”

不错,海普瑞就是一个奇迹,资本市场的造富奇迹。

**股权集中的董事会**

自成立以来,创业板一直都被冠以“造富机器”的称号。因此,在海普瑞发行后,曾经有媒体同行问道:“首富为何不是出自创业板,而是来自相对传统的中小板?”

总体来看,相对同在深圳交易所挂牌的中小板,创业板企业规模还是相对偏小。据内部人士透露,证监会已经对此表示了不满,希望未来调整创业板申请企业的规模。“我们得到的消息是,以后年度净利润低于3 000万的企业,证监会基本上不愿意接受。”某证券公司投行主管对本刊记者说。

除此之外,更主要的原因在于,创业板的股权相对比较分散。截至2010年5月4日,创业板78家上市公司共计创造了313名亿万富翁,平均每家上市公司创造4名身家过亿的富豪。也正是由于股权分散,即使创业板企业发行市盈率较海普瑞毫不逊色,但却无法像海普瑞一样书写创富奇迹。

反观海普瑞,其董事会在整个A股市场中最为简单,总共只有7名成员组成。而这7名成员,不仅有3名独立董事(满足证监会独立董事不少于董事总数1/3的要求),还有1名来自高盛的非执行董事许明茵。

因此,在董事会里,除实际控制人李锂、李坦夫妇之外,就只有总经理单宇算是公司内部人士,单宇应该只是李锂、李坦夫妇的追随者,同时不具备独立话语权,因为他的股票也比照实际控制人,被锁定了36个月。

“为什么我们的股票要锁定36个月,而接受股权激励的高管却只需锁定12个月,如果他们卖了股票就离职怎么办?”之前,在与本刊记者谈论上市法规时,一位拟上市公司大股东曾这样抱怨道。海普瑞的李锂、李坦夫妇应该也有类似的担心,因为从招股书来看,单宇持有的股票也被锁定了36个月。

**高盛成大赢家**

海普瑞的董事会如此简单,注定了公司的财富实际上也就掌握在这几个人手中,李锂、李坦夫妇掌握着绝大多数股权。海普瑞以73倍的市盈率完成发行所创造的巨额财富,除了创业伙伴单宇之外,就只有高盛分到了一杯羹。

根据相关文件,海普瑞第三大股东(2007年投资491万美元入股,平均持股成本约为每股1.57元)为高盛旗下全资子公司,占比12.5%。按今日收盘价计算,其持股面值达87.5亿元人民币,狂赚200倍。

金融界迷信大牌已是不争的事实,高盛更是国际投行中的金字招牌。但是在中国的发行市场上,像高盛这样的国际巨头却没能取得与其声望相匹配的成功。

2008年3月5日,高盛和还未破产的雷曼兄弟,一起随同渣打共同投资了位于河南新乡的金龙精密铜管,并高调宣布要推动金龙2008年内在国内A股市场上市。遗憾的是，尽管三大巨头竭尽全力，绞尽脑汁推动金龙上市，并且在A股市场遭遇麻烦后（企业在历史沿革方面存在瑕疵）还试图转战H股市场，但最终还是功败垂成。

"外资基金在中国资本市场的能量有限，即使他们雇用了一大批内地和香港人士，还是无法准确地把握内地资本市场运作的关键所在，相反还是那些内资基金更有优势，比如南海成长基金。"一位资深保荐人对本刊记者说。

根据公开资料，南海成长创业投资的合伙人郑伟鹤早年就职于深交所，后任广东信达律师事务所合伙人，而他的妻子，同时也是其投资搭档的黄荔，则曾经担任联合证券投行部总经理。他们的经验及在业界的人脉，让其在一年多的时间里居然将10多家企业送上了上市之路。可见，外资到了中国，确实有些水土不服。

因此，高盛更应该为海普瑞的投资成功而感到骄傲，因为海普瑞是他们迄今为止取得的最大成功。甚至在未来，高盛也很难在一单交易中赚足200倍。

在海普瑞担任董事的，是高盛亚洲直接投资部的董事总经理许明茵。除此之外，这位曾经的哈佛商学院的毕业生还在其他5家中国企业担任了董事职务，她还是弘毅投资第3期基金的投资委员会委员。

**天价估值谁买单**

海普瑞真有那么好吗？

"从动物体上提取肝素，实在不能算是什么先进技术。"一位生物技术方面的专家对本刊记者说，"海普瑞市场价值这么高，主要还是因为股市的原因。"

耶鲁大学教授陈志武曾发表过一篇名为《到哪里上市》的文章，指出中国企业最应该到A股市场融资，其理由就是，境内投资者比较了解本土企业，同时也比较容易掌握企业的动态，市场给企业的估值也相对较高。联想到许多几乎无法获得融资的海外上市企业（尤其是在AIM和OTCBB上市的企业），其理论确实很有道理。

对海普瑞来说，其似乎到海外上市更为合适，因为根据招股意向书的说法，其产品99%出口到海外市场，海外机构更容易了解这家企业。但无论何时，相信海普瑞都会义无反顾地选择A股市场作为其上市地点。道理很简单，国际市场根本不可能给它那么高的估值。

"在纳斯达克上市，估计贵公司的股价只能维持在15倍市盈率左右。"在5月份的哈尔滨，一位海外投行经理被某药企董事长问及公司估值能否赶上海普瑞时，其很无奈地回答，"73倍市盈率的神话，是很难在海外市场出现的。"

确实如此。当通胀预期一再走高之时，政府还是出于对企业的保护（避免增加企业的财务成本）而选择了推迟加息，但是这样形成的"负利率"环境就让投资者，尤其是理财渠道非常匮乏的散户投资者变得异常尴尬。股市或许只是散户投资者被动的选择，在2010年，当经济还处于复苏通道之中，中国A股市场却已经沦为全球表现最差的市场之一。

重重压力之下，散户投资者把资产增值的希望都寄托在了打新股上，因此承销商非常得意。"在内地，新股发行是非常安全的，无论定价多高，都从来没有发生过包销。"就在这样的逻辑之下，发行泡沫越吹越大，投资者的盲目追捧成就了一个又一个的造富奇迹，海普瑞也不例外，这家原本只计划募集8.6亿元的公司，居然募集到了59.3亿元的惊人资金。

凡事皆有度，造富神话也是这样。试问一下，发行前总资产不过15亿元人民币的海普瑞，如何能够用好募集到的巨额资金？次贷危机已经向我们证明了一个道理，泡沫总是要破裂的。当前的新股认购已经如同击鼓传花游戏，投资者也还是应当谨慎，避免在泡沫破裂之时成为最后的接棒者。

（资料来源：《融资中国》，作者：王动．http://www.sina.com.cn. 2010年6月7日。）

# 第三章

# 证券交易

## 第一节　证券交易业务概述

### 一、证券交易市场和方式

#### (一)证券交易市场

证券交易市场也称证券流通市场、证券二级市场、次级市场,是指对已经发行的证券进行买卖、转让和流通的市场。证券交易市场主要分为场内证券交易市场和场外证券交易市场两种形式。

1.场内证券交易市场。场内证券交易市场又称证券交易所市场,是指由证券交易所组织的集中交易市场,有固定的交易场所和交易活动时间。证券交易所接受和办理符合有关法令规定的证券上市买卖,投资者则通过证券商在证券交易所进行证券买卖。

从组织形式上来看,证券交易所可分为会员制和公司制两种类型。会员制证券交易所是以会员协会形式成立的不以营利为目的的组织,主要由证券商组成,实行会员自治、自律、自我管理,只有会员及享有特许权的经纪商才有资格在交易所中进行交易。会员制证券交易所的最高权力机构是会员大会,理事会是执行机构,理事会聘请经理人员负责日常事务。目前,大多数国家的证券交易所均实行会员制,我国规定证券交易所必须是会员制的事业法人,所以,我国的上海、深圳证券交易所都是会员制交易所。

公司制证券交易所以营利为目的,它是由各类出资人共同投资入股建立起来的公司法人。公司制证券交易所对在本所内的证券交易负有担保责任,必须设有赔偿基金。公司制证券交易所的证券商及其股东不得担任证券交易所的董事、监事或经理,以保证交易所经营者与交易参与者的分离。美国的纽约证券交易所等就是公司制交易所。

场内证券交易市场是证券交易市场中最重要、最集中的交易市场,它不仅为投资者提供公开交易的场所,也为证券交易双方提供多种服务。一般来说,证券交易所的基本职责包括:提供证券交易的场所和设施,制定证券交易所的业务规则,接受上市申请并安排证券上市,组织并监督证券交易,管理和公布市场信息。

2.场外证券交易市场。场外证券交易市场是指在交易所外由证券买卖双方当面议价成交的市场,它没有固定的场所,也没有正式的组织,实际上是一种通过电信系统直接在交易所外面进行证券买卖的交易网络。场外交易市场的一个共同特点是它们都是在国家法律限定的框架内，由成熟的投资者参与，接受政府管理机构的监管。

场外证券交易市场一般可以分为以下三种类型：

(1)柜台市场(也称店头市场)。在柜台市场交易的证券，主要是按照法律规定公开发行而未能在证券交易所上市的证券。在柜台市场采用议价交易的做法，由买卖双方协商决定价格，一般在柜台市场只进行即期交易。柜台市场一般有固定的场所，通常是证券经营商的营业处，但它不是严格意义上的固定的场所，因此，仍属场外交易市场中的一种。目前，柜台市场最为典型、最为发达的是美国的纳斯达克(NASDAQ)。事实上，美国有 1/3 的普通股、大部分的公司债券和所有的政府债券、市政证券都是在场外交易市场进行买卖活动的。

(2)第三市场(也称店外市场)。它是靠交易所会员直接从事大宗上市股票交易而形成的市场。由于通过证券交易所交易证券需向证券交易所支付佣金，佣金比率按交易额大小有所不同，大笔交易的数量大，因此，其佣金负担自然就高。于是，就出现了交易所会员直接完成交易的情况。这样，证券交易业务的成本低，且成交迅速，其主要客户是机构投资者。

(3)第四市场。它是指投资者不需要投资银行等中介机构的参与，相互之间直接进行证券交易而形成的市场。由于科技的迅速发展，特别是计算机和通信技术日益发达，买卖双方只需利用计算机系统，通过终端设备进行交易，而不需要投资银行的参与。第四市场的主要优势和特点是交易成本低、成交快、保密性好。

### (二)证券交易的方式

所谓证券交易的方式，就是证券交易过程中采取的方法和形式。早期的证券交易主要采取现货交易方式，但随着证券市场的逐步发展和交易品种、数量、规模的日趋扩大，证券交易方式也在不断发展、变化。从有形交易、手工交易演变为无形交易、电脑交易，从单一交易方式发展为复合交易方式。

证券交易方式按照不同的标准，可以划分为以下几种不同的类型：

1.现货交易、远期交易、期货交易和期权交易。按证券交易完成的交割期限的不同，证券交易方式可分为现货交易、远期交易、期货交易和期权交易。

最原始的现货交易是指在证券买卖成交的同时，一手交钱，一手交证券，交易完成时钱货两清。在现代证券交易中，证券的成交与证券的实际清算与交割之间通常存在时差，但只要在成交之后到清算和交割之前证券与资金处于冻结状态，就都称为现货交易。

远期交易是指证券交易双方许诺在将来某一特定时间以协定价格进行证券的交易，买方处于多头地位，卖方处于空头地位。

期货交易与远期交易一样，也是证券交易双方约定未来以某种价格交易某种证券，所不同的是，期货交易是一种标准化的远期交易方式。在期货合约中，交易的品种、规格、数量、期限、交割地点等都已经标准化。

远期交易和期货交易中的交易人承担了到期交割的义务(或提前平仓)，而期权交易则给予交易人一种选择权，而非强制性义务。期权合约大致有两类：看涨期权和看跌期权。

2.做市商交易和竞价交易。根据交易价格形成方式的不同，证券交易方式可以划分为做市商交易和竞价交易。

做市商交易是指证券交易的买卖价格均由做市商给出，证券买卖双方并不直接成交，而是从做市商手中买进或向做市商卖出证券，做市商则以其自有资金或证券进行证券买卖。证券自营商(dealers)是指以营利为目的，运用自有资本进行证券买卖的投资银行。证券自营商并不接受投资者的委托，而是为自己买卖证券并从中获利。

竞价交易是指证券交易双方的订单直接进入或经由经纪商呈交到交易市场，在市场的交易中心以买卖价格为基准按照一定的原则进行撮合。

3.现金交易和保证金交易。按证券交易付款资金的来源，可将证券交易分为现金交易和保证金交易。

现金交易是指在证券买卖过程中投资者支付全部证券价款，买进委托必须全部以现金完成。

保证金交易又称信用交易、垫头交易，是指投资者在缺乏足够的资金以支付购买证券所需的价款或没有足够的证券可供卖出时，可在委托有效期内，只需按规定的保证金比率向经纪商缴纳保证金，其余款项(或证券)由经纪商垫付，而买进或卖出证券的一种证券交易方式。

4.场内交易和场外交易。根据证券交易场所的不同，证券交易可被划分为场内交易和场外交易。

## 二、投资银行在证券交易中的作用

根据在证券交易市场开展的业务性质和功能的不同，投资银行可以充当三种角色来进行证券交易：证券经纪商、证券自营商和证券做市商。现代国际性的投资银行所涉足的证券交易业务通常都很全面，同一家公司往往担任多重角色。

### (一)证券经纪商

证券经纪商是指接受客户委托、代客买卖证券并在成交后收取佣金的投资银行。证券经纪商以代理人的身份从事证券交易，与客户是委托代理关系，它必须遵守客户发出的委托指令进行证券买卖，并尽可能地以最有利的价格使委托指令得以执行，但它并不承担交易中的价格风险。目前的证券经纪商基本上可分为三类：第一类是以现场交易为主的证券经纪商，第二类是以非现场交易为主的网络经纪商，第三类则是既有现场交易也有非现场交易的综合证券商。

证券交易方式的特殊性、交易规则的严密性和操作程序的复杂性，决定了广大证券投资者很难直接进入交易市场进行交易活动，因此，需要通过具备一定条件的证券经纪商来进行交易。证券经纪商的作用主要有二：一是充当证券买卖的媒介，发挥沟通供需、执行指令、代办手续的媒介作用；二是提供咨询服务，投资银行为客户提供大量的行情信息、基本资料和分析建议等，对客户进行交易形成有力的支持。

### (二)证券自营商

证券自营商是指以营利为目的，运用自有资金，进行证券买卖并从买卖价差中获取收益的投资银行。证券自营是投资银行业务收入的重要来源，但同时也是投资银行经营风险的主要成因之一。

证券自营商可以分为三大类：一是从事投资业务的投机商，主要从证券价格的变化中谋取利润;二是从事套利业务的套利商,主要从相关价值错位中套取利润;三是从事风险套利活动的风险套利商,主要从股票市场上的并购活动或公司破产重组等其他形式重组活动中套利。

投资银行担任证券自营商角色具有以下几个特点:第一,投资银行必须有一定量的资金,以满足其资金周转需要;第二,投资银行买卖证券主要不是为了获取股利、利息和红利,而是为了赚取买卖差价;第三,投资银行自己承担自营交易的风险。

(三)证券做市商

证券做市商(Market Makers)是指运用自己的账户从事证券买卖,通过不断地买卖报价维持证券价格的稳定性和市场的流动性,并从买卖报价的差额中获取利润的金融服务机构。具体来说,做市商将它做市的证券不断向公众交易者报出买卖价格,并在所报价格上接受公众买卖要求,买进卖出某一个证券。做市商通过买卖报价的适当差额来补偿其所提供服务的成本费用,并实现利润。

同经纪商相比,做市商不依靠佣金收入,而是靠买卖差价来赚取收入。另外,尽管证券做市商与自营商一样,都是靠买卖差价来赚取收入,但这两者之间也有明显的差别:第一,做市商从事交易的主要动机是创造市场并从中获利,而自营商持有证券头寸并非是做市的需要,而是期望从价格水平变动中获利;第二,做市商通常是在买卖报价所限定的狭窄范围内从事交易,所以赚的差价是有限的,因此,做市商承担的风险小,而自营商则是为了从差价中赚取利润,对自营商来说,差价越大越好,所以,其承担的风险较大。

## 第二节 证券经纪业务

证券经纪业务是指具备经纪业务资格的投资银行通过其业务网点接受客户委托并代理客户买卖证券的业务。由于投资银行在从事证券经纪业务时只是充当交易双方代理人的角色,收取买卖双方的交易佣金,因而投资银行的证券经纪业务不会有任何价格风险。但其中也存在操作风险、运营风险。证券经纪业务包括开设账户、委托买卖、竞价成交三个阶段。此外,还有必要介绍一下大额交易机制和证券结算。

### 一、开设账户

证券经纪业务的第一步就是开设账户,即投资者在证券经纪商处开立证券交易结算资金账户。所谓证券交易结算资金账户,是指投资者用于证券交易资金清算的专用账户。投资者在证券经纪商处开立证券交易结算资金账户并存入证券交易所需资金,就具备了办理证券交易委托的条件,这也就意味着证券经纪商与投资者之间建立了经纪关系。

资金账户主要分为两种:

一是现金账户。开设这一账户的客户最为普遍,在这种账户下,一切都用现金交易,因此,只要能迅速地付款和交付证券,客户就可以在这种账户下委托经纪商进行证券买卖。大部分个人和几乎所有机构投资者,如保险公司、企业或政府的退休基金、互助基金等,开设的都是这种账户。

二是保证金账户。在这种账户下,客户可以用少量的资金买进大量的证券,其余的资金由经纪商给投资者垫付,作为经纪商给投资者的贷款。所有的信用交易(如买空和卖空交易和大部分期权交易),由于交易的性质,一般都在这种保证金账户下进行。

投资银行在担任证券经纪商时,必须了解自己的委托人,其原因是:

第一,由于经纪商和委托人之间的关系属于委托代理关系,经纪商必须把客户的利益放在首位,而要做到这一点,对客户的了解是最基本的。例如,某一交易品种或交易方式对某一特定的客户有利,但不一定对其他客户也适用,这时,只有在对客户了解的基础上,经纪商才能确定什么对他合适,什么对他不合适。

第二,经纪商应注重自己的职业声誉及自身资产的安全性。因此,在接受开户时,应对委托人的情况做一了解。一方面,证券经纪商可以熟悉委托人的情况,避免接受不符合法律规定的客户;另一方面,可以及时了解委托人的实力与信誉,避免在接受委托后才发现委托人的资金、信用等方面的缺陷,防止由于上述情况而造成的损失。

## 二、委托买卖

客户在开设账户之后,就可以通过各种委托指令委托经纪商代其进行证券买卖了。

### (一)委托指令

客户下达给经纪商的委托指令分为以下6个类型:

1.限价委托指令。客户向证券经纪商发出买卖某种股票的指令时,不仅提出买卖的数量,而且对买卖的价格作出限定,即:在买入股票时,限定一个最高价,只允许证券经纪商按其规定的最高价或低于最高价的价格成交;在卖出股票时,限定一个最低价,只允许证券经纪商按其规定的最低价或高于最低价的价格成交。限价委托的一个最大特点是,股票的买卖可以按照投资人希望的价格或者更好的价格成交,有利于投资人实现投资计划,谋求最大利益。

2.市价委托指令。市价委托只指定交易数量而不给出具体的交易价格,但要求该委托进入交易大厅或交易撮合系统时以市场上最好的价格进行交易。市价委托的好处在于它能保证即时成交,相对于其他类别的委托报价方式而言,它消除了因价格限制不能成交时所产生的价格风险。根据各国股市交易的经验,机构投资者基于对市场信息的判断,对交易的即时性要求很高,这类投资者普遍采用市价委托报价方式;从买卖双方的交易比例来看,卖出时使用市价委托的比例要高于买进时的比例,表明投资者在出货时对时机的即时性要求较高,而进货时则更多地使用限价委托。

市价委托与限价委托的使用很普遍,但却拥有截然不同的特性。市价委托不限制价格,客户仅指示买进或卖出特定的数量,因此,当投资者选择使用市价单投资策略时,最大的优势是可保证其委托立即成交,但其成交的价格却是不确定的;而限价委托是指客户以某一价格买进或卖出,市场价格必须比委托价要好或至少价位相同才能成交。当投资者选择使用限价单投资策略时,可限定有利价格来成交,但须承担其委托单可能不能成交的风险;而且,限价单委托者由于其所下的价格是固定的,因此,当市场上有新的信息进入而造成价格波动时,限价单委托者会由于限价单成交于未预期的市场状况下而招致损失。所以,两者的差异使得投资者无法忽略这两类委托类型对投资利润的影响。

3.定价即时交易委托。客户根据市场上现行的价格水平,要求经纪商按照给定的委托价格立即到市场上进行交易;如果委托进入市场时,市场上的价格正好是委托价格或比委托价格更好的价格,则可以马上成交,否则其委托自动取消。这种委托报价方式与限价委托方式的主要区别是,它要求即时交易而不等待。

4.定价全额即时委托。客户根据市场上现行的价格水平,要求经纪商按照给定的委托价格和交易数量立即到市场上进行交易;若委托进入市场时市场上的价格正好是委托价格或比委托价格更好的价格,同时又能全额满足,则可马上成交,否则其委托自动取消。与定价即时交易委托方式相比,定价全额即时委托要求必须是全额交易。

5.止损委托。这种委托要求经纪商在市场价格达到一定水平时,立即以市价或以限价按客户指定的数量买进或卖出,目的在于保护客户已获得的利润。它本质上是限价委托和市价委托的结合应用。例如,客户已按每股 80 美元的价格买进 A 公司股票,而目前该股票的市场价格已达到每股 90 美元,故他在账面上已获得了每股 10 美元的赢利;如果客户担心市场价格下跌,就可以要求经纪商实行止损委托,比如在价格下跌至 85 元时,即行出售股票,这样他仍可保住每股 5 美元的赢利。

6.开市和收市委托。开市和收市委托要求经纪商在开市或闭市时按市价或限价委托方式买卖股票。与前 5 种委托报价方式相比,开市和收市委托的主要特点在于限定成交时间,而对具体的报价方式没有严格要求。

由于历史成因和交易制度的差异,各国股票市场在交易委托方式的选择上各有侧重。纽约证券交易所几乎涵盖了上述各种委托报价类型,而市价委托和限价委托则在世界主要的证券市场上被普遍采用。一般说来,随着电子竞价方式的广泛采用和高科技通信手段的出现,证券交易的委托报价形式已逐步趋于简单化。

证券经纪商对客户负有使委托指令获得最好的足额执行的责任,这就是足额执行委托指令,具体表现为:

第一,经纪商必须不折不扣地执行客户的指令,既不能不经客户同意就改变指令执行的时间、执行的价格和执行的内容,也不能过分劝告客户改变指令,并且在执行指令前的任何时间都保留客户取消指令的权利。

第二,经纪商必须对客户在交易中获得的收益负保密责任。

第三,经纪商不能违反证券交易的法规,而且必须对因其本人的错误而造成的损失负责。

## 三、竞价成交

证券市场的市场属性集中体现在竞价成交环节上,特别是在高度组织化的证券交易所内,会员经纪商代表众多的买方和卖方按照一定规则和程序公开竞价达成交易。

### (一)竞价原则

证券交易按价格优先、时间优先的原则竞价交易。价格优先原则为:价格较高的买进申报优于价格较低的买进申报,价格较低的卖出申报优先于价格较高的卖出申报。时间优先的原则为:同价位申报,依照申报时序决定优先顺序。

(二)竞价方式

目前,我国证券交易采取两种竞价方式:集合竞价方式和连续竞价方式。

1.集合竞价方式。在集合竞价方式下,所有的交易订单不是在收到之后立刻予以竞价撮合,而是由交易中心(如证券交易所的电脑撮合中心)将在不同时点收到的订单积累起来,到一定的时刻再进行集中竞价成交。

集合竞价是这样确定的;首先,系统对所有买入有效委托,按照委托限价由高到低的顺序排列,限价相同者按照进入系统的时间先后排序;对所有卖出有效委托,按照委托限价由低到高的顺序排列,限价相同者按照进入系统的先后顺序排列。其次,系统根据竞价原则,自动确定集合竞价的成交价,所有成交均以此价格成交;集合竞价的成交确定原则是,以此价格成交,能够得到最大的成交量。最后,系统依序逐步将排在前面的买入委托与卖出委托配对成交,即按照"价格优先,同等价格下时间优先"的成交顺序依次成交,直到不能成交时为止,即所有买入委托的限价均低于卖出委托的限价。未成交的委托排队等待成交。

2.连续竞价方式。在连续竞价方式下,证券交易可在交易日的各个时点连续不断地进行。投资者在作出买卖决定后,向其经纪商作出买卖委托,经纪商再将该买卖订单输入交易系统,交易系统即根据市场上已有的订单进行撮合,一旦按照有关竞价规则有了与之相匹配的订单,该订单即刻就可以成交。

连续竞价时,成交价格的决定原则是:最高买进申报与最低卖出申报价位相同;买入申报价格高于市场即时的最低卖出申报价格时,取即时揭示的最低卖出申报价位;卖出申报价格低于市场即时的最高买入申报价格时,取即时揭示的最高买入申报价位。

世界多数证券市场大部分交易时间均采用连续竞价方式交易。

3.竞价结果。竞价的结果有三种可能:全部成交、部分成交、不成交。

(1)全部成交。委托买卖全部成交,经纪商应及时通知委托人按规定的时间办理交割手续。

(2)部分成交。委托人的委托如果未能全部成交,经纪商在委托有效期内可继续执行,直到有效期结束。

(3)不成交。委托人的委托如果未能成交,经纪商在委托有效期内可继续执行,等待机会成交,直到有效期结束。

## 四、大额交易机制

(一)概述

大额交易机制是指由于买卖数量超出市场一般水平(一般为普通交易单位的50~100倍)而采取的异于小额交易的交易机制,主要是指第三、第四市场的交易机制。

第三市场是交易所上市股票的场外交易市场。20世纪70年代前,美国实行的是固定佣金制,从事大额交易的机构投资者(保险基金、投资基金)和个人投资者为了回避固定佣金以降低交易成本,就通过场外交易上市股票(因场外交易商不是证交所的会员而不受交易所规定的最低佣金的限制)。

第四市场是指机构投资者和一些个人投资者完全绕过经纪商和交易商,彼此直接进行交易而形成的市场,即投资双方利用电脑网络,在各自的终端上寻觅对方,找到后直接进行谈判达成交易，从而规避了交易所规定的过高的最低佣金。目前进行大额交易的自动交易系统有 Instinet 系统、POSIT 系统和 Crossing Network 系统。大额交易的交易过程如图 3-1 所示。

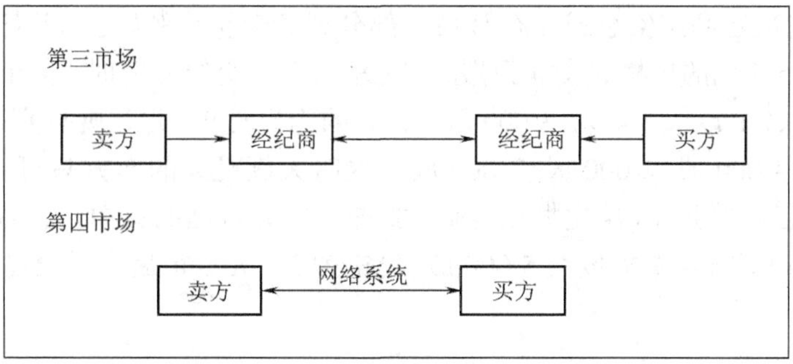


**图 3-1 大额交易机制示意图**

NYSE（纽约证券交易所）的大额交易（1 万股或以上）是在交易大厅以外成交的，大额交易通常由买卖双方的经纪商在场外通过电话系统协商价格，达成协议后再进入交易大厅将交易结果通过专家输入处理系统，由专家进行撮合。专家首先检查在场外达成协议的大额买卖是否符合交易程序，然后在该成交价格上，让所有的限价指令与之匹配，专家也可以决定是否以自己的库存证券或自有资金与大额指令匹配。在优先满足限价指令（加上专家自己的需求）后，大额指令的剩余部分可以在买卖双方之间成交。

由于大额交易的数量巨大，成交所费时间长，因而买卖双方面临的风险大，如果采取与小额交易相同的信息披露方式，则易逆向影响市场价格变化，导致价格的大幅攀升或下跌，从而使买方或卖方遭受损失，进而影响到整个市场的流动性。因此，大额交易信息一般采取推迟披露的方式。例如，伦敦交易所规定，超过普通订单规模 6 倍的订单延迟 60 分钟公告；随着交易额的增长，延迟公布的时间也越长；超过平均每笔交易规模的25 倍以上时，甚至可以延迟 5 天公布。在正常交易时间内自行议价成交的，新加坡允许成交后 10 分钟内公布，香港为 15 分钟。通过推迟公布交易信息，避免了大额交易对市场的巨大冲击，同时有效地保护了投资人的利益。

目前，很多交易所不是对所有股票都一律采用某一种交易机制，而是根据不同股票的特点及市场状况，采取不同的交易机制。例如，伦敦交易所、巴黎交易所等都采用了多种交易机制，在伦敦交易所，对 FT-250 股票中流动性最强的 100 只股票实行的是指令驱动机制，AIM（伦敦交易所二板市场）采用的是混合机制，而对于国际股票及其他国内股票则采取的是报价驱动的机制。就是在我国，也存在两种竞价机制，如普通股票在集合竞价开盘后就转入连续竞价；但对 PT 股票，则采用每周五交易一次的集合竞价机制。

（二）大额交易的价格

大额交易的价格是由买卖双方之间直接协商或者由各自的经纪人受委托洽谈决定的，因此，其价格和数量也主要由买卖双方意愿及商谈所决定。大额交易一般只产生一个交易价格，即双方协商而成的价格或是固定的价格。在很多证券交易所，如 NYSE 和我国台湾地区的交易所等都开办了盘后交易，交易系统自身不具备定价功能，所有交易都以收盘价格作为交易价格。但在有些交易所，大额交易可能会出现多个成交价格。如根据 NYSE 的规定，在正常的交易时间内，即使大额交易的一切条件都已在场外谈妥，但执行也要在交易大厅完成，经纪商应把成交结果报告给负责该股票的专家，专家在检查该交易是否符合手续之后，把优于或等于该执行价格的小额订单与之相匹配，同时，专家也可以决定利用资金或库存替换一部分大额交易。例如，一笔交易的双方在场外达成协议以 5.5 元的价格成交 4 万股，当交易结果呈交给专家时，限价委托簿上已有 3 000 股 5.5 元、2 000 股 5.4 元、3 000 股 5.3 元的卖出订单，此时则分别以 5.5，5.4，5.3 元的价格成交 3 000 股、2 000 股、3 000 股。这时大额交易的卖方只可售出 8 000 股。如专家认为自己存货过多，决定抛出，则可加进一部分自己的订单。例如，他决定加售 5 000 股，则大额买方与专家成交 5 000 股，价格为 5.5 元。最后大手交易的卖方只能出手 13 000 股。

### 五、证券结算

证券结算是证券清算和交割交收两个过程的统称，清算与交割交收是整个证券交易过程中必不可少的两个环节。

#### （一）清算与交割交收的定义

证券清算主要是指在每一个交易日中对每个经纪商成交的证券数量与价款分别予以轧抵，对证券和资金的应收或应付净额进行计算的处理过程。

在证券交易的过程中，当买卖双方达成交易后，应根据证券清算的结果，在事先约定的时间内履行合约。买方需交付一定款项获得所购证券，卖方需交付一定证券获得相应价款。在这一钱货两清的过程中，证券的收付称为交割，资金的收付称为交收。

#### （二）证券结算的主要方式

证券结算主要有两种方式：净额结算和逐笔结算。

净额结算又称差额结算，就是在一个结算期中，对每个经纪商价款的结算只计其各笔应收、应付款项相抵之后的净额，对证券的结算只计每一种证券应收、应付相抵之后的净额。净额结算方式的主要优点是可以简化操作手续，提高结算效率。应该注意的是，在结算价款时，同一结算期内发生的不同种类证券的买卖价款可以合并计算，而不同结算期发生的价款则不能合并计算；在结算证券时，只有在同一清算期内且为同一证券才能合并计算。

有的结算机构也采用逐笔结算的方式，即对每一笔成交的证券及相应价款进行逐笔结算，这主要是为了防止在证券风险特别大的情况下净额结算风险积累情况的发生。

## 第三节　证券自营业务

证券自营业务是指为了从价格变动中或从相对价值差异中获利而持有金融工具或头寸的行为。从价格变动中获利的行为是投机，而从相对价值差异中获利的行为则是套利。大多数投资银行都从事证券自营业务，此时，投资银行扮演的是证券自营商的角色。应当着重指出的是,投资银行的自营业务和经纪业务是由不同部门负责的,并且部门之间设有防火墙,采取绝对分开的原则。

股票自营业务流程如图 3-2 所示。

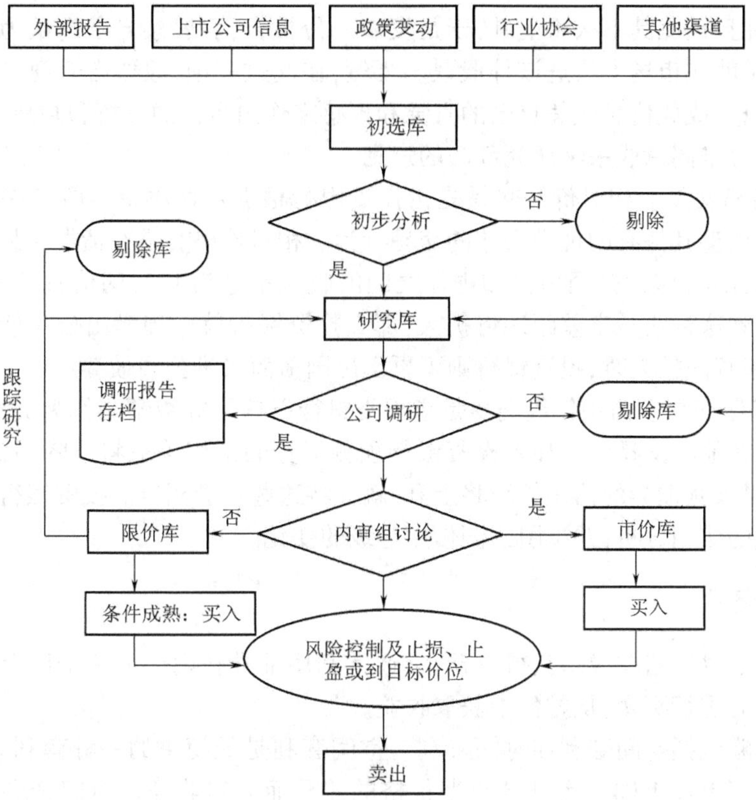


**图 3-2 股票自营业务流程**

投资银行从事的自营业务类型主要是投机交易和套利交易。

## 一、投机交易

### (一)投机的含义

投机是指投资银行期望能够通过预测证券价格的变动方向而获取价差收益。如果投资银行认为价格将上升,就会买入证券,希望将来以一个更高的价格将其出售;如果投资银行认为价格将下降,他就会卖出或卖空证券,待价格回落后再回补。

投机完全不同于赌博。投资银行在进行投机交易时,会进行信息收集和分析,尽量降低风险,因此,投机是建立在理性的分析决策基础上的交易行为。投机也不同于市场操纵。投机本身是依靠正确的判断和预测来获利,并不具有操纵市场的能力;而市场操纵则是通过雄厚的资金实力和技术来控制股价变化,以损害他人利益来牟取利益的行为。投资银行从事投机交易获得的收益主要是风险承担和市场分析所获得的补偿。

投机银行在证券市场从事投机交易至少起到了两个积极作用:一是有助于发挥证券市场的价格发现作用,二是具有活跃证券市场和引导市场资源有效配置的作用。

### (二)投机的策略

1. 绝对价格交易。绝对价格交易是指投资银行根据某种资产的价格与其价值差异的程度的预测来调整其持有的证券头寸的交易行为,同时,对其持有的证券头寸并不进行套期保值。例如,某个投资银行的研究部门通过分析得出某种股票目前的价位是绝对偏低的,并且预测其不久将上升,于是发表一份报告,而股票自营商认为报告分析是正确的,于是就在市场上买进该种股票。当然,在此过程中,股票自营商自己也会同时通过收集信息,或凭信息或凭自己的直觉和预感来作出自己的分析和判断。因此,它们有时也并不总是同意或采纳研究部门的意见。

2. 相对价格交易。相对价格交易是指投资银行根据对两种资产收益率差距的相对变动预测来调整其持有的证券头寸的交易行为。相对价格交易在债券交易操作中最为典型。例如,AAA 级的公司债券和国债之间的收益率差为 0.3,国债收益率低,如果投资银行预测到这种收益率差距还将扩大,那么投资银行就应当卖出公司债券而买进国债;当收益率真的扩大时,投资银行则可再卖出国债而买进公司债券。

3. 信用等级交易。信用等级交易是指投资银行以信用等级预测作为交易的基础,它主要也是用在债券交易中。如果投资银行预测债券的信用等级将下降,就会将这些债券卖空;如果预测债券的信用等级将上升,就会将这些债券买空。投资银行的研究部往往从事大量的信用分析,并试图预测信用等级的变化。

### 二、套利交易

套利是指通过价格差异来获得收益,它通常利用证券在两个或两个以上的市场中的价格差异同时进行买卖,从差价中获取收益。

套利的策略包括空间套利和时间套利。空间套利是最简单的一种套利方式,套利者通过寻找不同市场上同一类证券当期价格的差异而获得收益。时间套利即跨期套利,是指通过对某些资产的现货买进、期货卖出,或现货卖出、期货买进的方法,从寻求现货价格与远期价格的差异中来谋求收益的一种套利方式。

## 第四节　证券做市商业务

证券做市商是指投资银行运用自己的账户从事证券买卖,通过不断地买卖报价维持证券价格的稳定性和市场的流动性,并从买卖报价的差额中获取利润的金融服务机构。由于做市商业务一般都是在实行做市商制度的证券交易场所进行的,所以,我们重点介绍做市商制度的特点、形式和利弊。

所谓做市商制度,是指做市商进行双向报价,投资者可以在做市商所报出的价位上向做市商买进或卖出证券。

### 一、做市商制度的特点

做市商制度有以下几个基本特点:

第一,做市商对某只特定证券做市,就该证券给出买进和卖出报价,且随时准备在该价位上买进或卖出。

第二,投资者的买进订单和卖出订单不直接匹配,相反,所有投资者均与做市商进行交易,做市商充当类似于银行的中介角色。

第三,做市商从其买进价格和卖出价格之间的差额中赚取差价。

第四,如果市场波动过于剧烈,做市商觉得风险过大,也可以退出做市,不进行交易。理论上,由于存在大量的做市商,且做市商之间存在相互竞争,个别做市商的退出不会影响市场的正常运作。

第五,在大多数做市商市场上,做市商的报价和投资者的买卖订单都是通过电子系统进行传送的。

## 二、做市商制度的形式

目前国际上存在着两种形式的做市商制度,一种是多元做市商制,另一种是纽约证券交易所的特许交易商制。

### (一)多元做市商制

伦敦股票交易所和美国的纳斯达克市场实行的是典型的多元做市商制,每一种股票同时由很多个做市商来负责。在纳斯达克市场,活跃的股票通常有30多个做市商,最活跃的股票有时会有60个做市商。做市商之间通过价格竞争来吸引客户的订单。

### (二)特许交易商制

在纽约股票交易所,交易所会指定一家投资银行来负责某一股票的交易,这个投资银行就被称为特许交易商。交易所有100多家特许交易商,而一家特许交易商一般负责几个或十几个股票。

与纳斯达克市场相比,纽约股票交易所的做市商制度有三个特点:

第一,一只股票只能由一家特许交易商做市,因此,特许交易商制可以被看作是垄断做市商制。

第二,客户订单可以不通过特许交易商而在经纪商之间直接进行交易。特许交易商必须和经纪商进行价格竞争,所以,纽约交易所是做市商制和竞价制的混合。

第三,交易所规定特许交易商有责任保持市场的公平和有序,如果不能完成该任务,就会丧失做市商资格。1987年纽约股市发生股灾后,纽约交易所有11家投资银行因为没有履行维护市场公平职责而被取消了做市商资格。

## 三、做市商制度的利弊

### (一)做市商制度的优点

1.成交及时。投资者可按做市商报价立即进行交易,而不用等待交易对手的买卖指令。做市商制度在处理大额买卖指令方面上的及时性,更是竞价制所不可比的。

2.价格具有稳定性。做市商具有缓和价格波动的作用,这是因为:做市商报价受交易所规则约束;能及时处理大额指令,减缓它对价格变化的影响;在买卖不均衡时,做市商插手其间,可平抑价格的波动。

3.可以矫正买卖指令不均衡的现象。买卖指令出现不均衡时,做市商可以插手其间,通过承接买单或卖单来缓和买卖指令的不均衡,并抑制相应的价格波动。

4.抑制股价操纵。做市商对某种股票持仓做市,使得操纵者会有所顾忌。操纵者既不愿意"抬轿",又担心做市商抛压、抑制股价。

(二)做市商制度的缺点

1.缺乏透明度。在报价驱动制度下,买卖方信息集中在做市商手中,交易信息发布到整个市场的时间相对滞后。为抵消大额交易对价格的可能影响,做市商可要求推迟发布或豁免发布大额交易信息。

2.增加投资者负担。做市商聘用专门人员,冒险投入资金,承担做市义务,是有风险的。做市商会对其提供的服务和所承担的风险要求补偿,如交易费用及税收宽减等。这将会增大运行成本,也会增加投资者负担。

3.可能增加监管成本。采取做市商制度,要制定详细的监管制度与做市商运作规则,并动用资源监管做市商活动。这些成本最终也会由投资者来承担。

4.可能滥用特权。做市商经纪角色与做市功能可能存在冲突,另外,做市商之间也可能会合谋串通。这些都需要强有力的监管。

在国外,各大投资银行对做市商业务都高度重视,其原因在于,做市商业务不仅可能增加业务收入,而且还可以通过维护股票价格的稳定,树立公司在市场中的良好形象,巩固公司的业务地位,这会给投资银行开展承销业务带来极大的帮助。

# 第五节　融资融券交易

融资融券交易是海外证券市场普遍实施的一项成熟的交易制度,它有利于充分发挥证券市场的功能,为投资者和券商提供了新的赢利模式。因此,作为市场基础建设的完善之举,融资融券的推出对中国证券市场的发展具有划时代的意义。融资融券业务是我国证券市场的一项重要创新,其交易结算制度、业务操作模式、风险防范和控制等均与目前普通证券交易大不相同。

## 一、融资融券交易的内涵、特点和作用

(一)融资融券交易的概念

融资融券交易又称信用交易,分为融资交易和融券交易。通俗地说,融资交易是投资者以资金或证券作为质押,向券商借入资金用于证券买卖,并在约定的期限内偿还借款本金和利息;融券交易是投资者以资金或证券作为质押,向券商借入证券卖出,在约定的期限内买入相同数量和品种的证券归还券商并支付相应的融券费用。总体来说,融资融券交易的关键在于一个"融"字,这里的"融",指的是投资者必须提供一定的担保和支付一定的费用,并在约定的期限内归还借贷的资金或证券。

(二)融资融券交易与普通证券交易的区别

融资融券交易与普通证券交易有较大的区别。归纳起来,主要有以下几点:

1.保证金要求不同。投资者从事普通证券交易须提交100%的保证金,即买入证券

须事先存入足额的资金，卖出证券须事先持有足额的证券。而融资融券交易则不同，投资者只需交纳一定的保证金，即可进行保证金一定倍数的买卖（买空卖空），在预测证券价格将要上涨而手头没有足够的资金时，可以向证券公司借入资金买入证券，并在高位卖出证券后归还借款；预测证券价格将要下跌而手头没有证券时，则可以向证券公司借入证券卖出，并在低位买入证券归还。

2.法律关系不同。投资者从事普通证券交易时，其与证券公司之间只存在委托买卖的关系；而从事融资融券交易时，其与证券公司之间不仅存在委托买卖的关系，还存在资金或证券的借贷关系，因此还要事先以现金或证券的形式向证券公司交付一定比例的保证金，并将融资买入的证券和融券卖出所得资金交付证券公司一并作为担保物。投资者在偿还借贷的资金、证券及利息、费用并扣除自己的保证金后有剩余的，即为投资收益（赢利）。

3.风险承担和交易权利不同。投资者从事普通证券交易时，风险完全由其自行承担，所以几乎可以买卖所有在证券交易所上市交易的证券品种（对参与交易的投资者有特别要求的少数特殊品种除外）；而从事融资融券交易时，如不能按时、足额偿还资金或证券，还会给证券公司带来风险，所以，投资者只能在证券公司确定的融资融券标的证券范围内买卖证券，而证券公司确定的融资融券标的证券均在证券交易所规定的标的证券范围之内，这些证券一般流动性较强，波动性相对较小，不易被操纵。

### （三）融资融券交易制度的影响和作用

从世界范围来看，融资融券制度是一项基本的信用交易制度。融资融券交易的推出，无论对于投资者、证券公司还是对证券市场，都将产生深远的影响。

1.对投资者的影响。对投资者的影响主要表现在：

（1）有利于为投资者提供多样化的投资机会和风险回避手段。长期以来，我国证券市场属于典型的单边市场，只能做多，不能做空。投资者要想获取价差收益，只有先买进股票然后再高价卖出。一旦市场出现危机，往往又出现连续的“跳水”，使股价下跌失去控制。因此，在没有证券信用交易制度的条件下，投资者在熊市中，除了暂时退出市场外，没有任何风险回避的手段。融资融券交易的推出，可以使投资者既能做多也能做空，不但多了一个投资选择以赢利的机会，而且在遭遇熊市时，可以融券卖出以回避风险。

（2）有利于提高投资者的资金利用率。融资融券交易具有财务杠杆效应，使投资者可以获得超过自有资金一定额度的资金或股票从事交易，人为地扩大投资者的交易能力，从而可以提高投资者的资金利用率。例如，投资者向证券公司融资买进证券被称为“买空”。当投资者预测证券价格将要上涨时，通过提供一定比例的担保金就可以向证券公司借入资金买入证券，到期再偿还本息和一定的手续费。当证券价格符合预期上涨并超过所需支付的利息和手续费时，投资者就可能获得比普通交易高得多的额外收益。但这种收益与风险是对等的，即如果该证券的价格没有像投资者预期的那样出现上涨，而是出现了下跌，则投资者既要承担证券下跌而产生的投资损失，还要承担融资的利息成本，将会加大投资者的总体损失。

（3）有利于增加反映证券价格的信息。信用交易中产生的融资余额（每天融资买进股票额与偿还融资额间的差额）和融券余额（每天融券卖出股票额与偿还融券额间的差额）提供了一个测度投机程度及方向的重要指标：融资余额大，股市将上涨；融券余额大，股票将下跌。融资融券额越大,这种变动趋势的可信度越大。因此,在融资融券交易正式推出以后,公开的融资融券的市场统计数据可以为投资者的投资分析提供新的信息。

2.对证券公司的影响。融资融券交易对证券公司的影响主要表现为:

(1)有利于提高证券公司融资渠道的有效性。从境外的融资融券交易制度看,证券公司的债务融资主要来自银行、证券金融公司和货币市场。尤其是在日本、韩国和我国台湾地区,证券金融公司成为证券公司一个重要的融资渠道,包括为证券公司业务发展所需的流动资金进行融资。我国证券公司目前有效的融资渠道还比较有限,回购市场融资规模比较小,也不能满足证券公司的融资需求,而股票质押贷款、短期融资券、发行债券等融资方式都很难开展起来,使得股权融资仍然是证券公司主要考虑的融资方式。这种融资结构对于金融企业来说显得并不合理。融资融券交易的推出特别是证券金融公司成立以后,可以为证券公司提供一种新的合规融资渠道,有利于改善我国证券公司的资产负债结构。

(2)有利于促进证券公司建立新的赢利模式。目前在我国,证券公司经纪业务的交易手续费收入仍然是证券公司的主要收入来源。发展融资融券交易,无疑可以为证券公司提供一个重要的收入来源。证券公司在融资融券业务中的赢利模式包括但不限于融资融券业务本身的利息和手续费、由于融资融券带来的交易放大而多收取的佣金,以及对融资融券账户收取账户管理费等。在美国,融资融券的业务收入占比在5%~10%。同时,信用交易对交易活跃度的促进也有利于改善证券公司经纪业务的生存状态。融资融券业务的导入将有利于我国证券业成功实现赢利模式的转变。

(3)有利于推动证券公司的产品创新。从证券市场的发展来看,各种创新都需要卖空机制。股指期货期权、股票期货期权等产生的条件之一就是存在卖空套利机制。与股票期货期权相比,证券融资融券交易的杠杆放大作用较小,信用扩张度也较小,证券信用交易的风险介于现货和期货期权之间,它比期货期权更具有普适性。例如,在国际上已广为盛行的130/30投资策略产品,正是基于融资融券制度而产生的。因此,融资融券的推出将有利于激发证券公司的产品创新能力。

融资融券对证券市场也产生了影响。融资融券可以放大证券供求,增加交易量,放大资金的使用效果,这对增加股市的流通性和交易的活跃度有着明显的作用,进而可以有效降低流动性风险。据统计,国外融资融券交易量占证券交易总量的比重都在15%以上,美国为16%~20%,日本为15%,我国台湾地区为20%~40%。同时,融资融券也有助于完善股价形成机制,对市场波动起着市场缓冲器的作用。由于各种证券的供给有确定的数量,其本身没有替代品,如果证券市场仅限于现货交易,那么证券市场将呈现单方向运行,在供求失衡时,股价必然会涨跌不定或暴涨暴跌。但是,随着信用交易和现货交易的互相配合,股票供求的弹性增加,当股价过度上涨时,"卖空者"预期股价会下跌,便提前融券卖出,增加了股票的供应,现货持有者也不致继续抬价,或趁高出手,从而使行情不致过热;当股价真的下跌之后,"卖空者"需要补进,增加了购买需求,从而又将股价拉了回来。同样,"买空"交易也可以发挥市场的缓冲器作用。

## 二、融资融券和股票质押融资的区别

融资融券是指客户提供担保物,证券公司向其出借资金供其买入上市证券或者出借上市证券供其卖出,客户在约定期限偿还所借资金或证券及利息、费用的证券交易活动。融资融券业务对资本市场最主要的影响在于实现了杠杆交易和卖空机制。它在西方国家有着悠久的历史。

股票质押融资则是用股票等有价证券提供质押担保获得融通资金的一种方式。

由两者的定义可以看出,融资融券和股票质押融资的联系在于,二者都是一种融资手段,都需要一定的担保物,在大多数情况下,二者都是用股票作质押,同时,二者都会对证券市场资金流产生显著影响。在以前证券市场尚不成熟时,有的人甚至对融资融券中的"融资"与股票质押中的"融资"不加区分,互相代用。随着国家股票质押融资和融资融券制度的规范,市场才逐步对这两个概念有了明确的区分。

融资融券和股票质押融资的主要区别有以下几点:

第一,融得的标的物不同。融资融券顾名思义,可以融得资金,也可以融得证券,融得的资金再买股票就增强了多方力量,而融券则增强了空方力量。因此,融资融券是一种既可做多也做空的双刃剑。而股票质押融资只能融得资金,无法做空。

第二,融得资金的用途不同。融得资金的用途不同可能是融资融券和股票质押融资的最大区别。融资融券获得的资金通常必须用来购买上市证券,增强了证券市场的流动性,在一定条件下强化了证券市场的价值发现功能。股票质押融资则不同,融得的资金可以不用来购买上市证券。当然,针对具体的融资主体,国家对其融得资金的用途会有一定的要求。例如,证券公司通过股票质押融资取得的资金只能用来弥补流动资金不足,不可移作他用。由此可见,融资融券与资本市场联系更紧密,股票质押融资可能既涉及资本市场,又直接涉及实体经济。另外,与股票质押融资有个相类似的概念是股权质押融资,主要是指以非上市公司股权提供担保以融通资金。

第三,担保物不同。融资融券和股票质押融资都是对融入方的授信,故都需要担保物。融资融券中,担保物既可以是股票,也可以是现金。股票质押融资则不同,它主要是以取得现金为目的,因此,担保物不可能再用现金,它的主要担保物是有价证券,如上市公司股票、证券投资基金以及公司债券等。

第四,资金融出主体不同。融资融券在各国采取了不同的运作模式。例如,在美国市场化分散授信模式和日本专业化模式下,融出资金的中介有证券公司和证券金融公司,但最终的资金融出方通常是银行。我国目前采取的运作模式则规定资金融出的直接主体是证券公司,即证券公司以自有资金、证券向客户融资融券;同时,确立了证券金融公司向证券公司提供转融通的制度。股票质押融资一般由银行、典当行等机构办理,资金融出主体与融资融券有明显区别。

第五,杠杆比例与风险控制不同。一般而言,相对于股票质押融资而言,融资融券风险可控程度更高。融资融券所获得的资金或证券都有专门的账户记录,因此监控其市值变化、测算风险程度和要求追加保证金相对都比较容易。并且,融资融券的杠杆比例可以根据情况调整,在市场整体风险不大时可适当放大杠杆比例,反之则可收紧。股票质押融资的实质是质押贷款,其资金用途虽然可能会有限制,但监控难度显然大得多,当股票市值下跌时,借款债权的风险就随之增加。

第六,产品属性不同。融资融券是一种标准化的产品,在交易规则和合约细节上,都有比较明确具体的安排或规定。例如,融资融券在中国证券登记结算公司和第三方存管银行分别有专门的账户登记相关的股票和资金并可方便地查询,股票和资金的来龙去脉一目了然;融资融券可采用的杠杆比例有统一规定;融资的资金借出成本不得低于同期金融机构的贷款利率;融资用来购买的股票或者融券可获得的股票都在一定范围之内;等等。股票质押融资则不是一种标准化产品,在本质上更体现了一种民事合同关系,在具体的融资细节上由当事人双方合意约定。

第七,对机构投资者的影响不同。就个人投资者而言,如果融资的目的是用于购买股票,融资融券和股票质押融资都可以取得相同的效果,但二者对机构投资者的影响就不一样了。例如,对于证券公司而言,融资融券拓宽了业务收入渠道,是一个基于创新产品的赢利增长点,而股票质押融资对于券商来说赢利能力没有改变,融来的资金只能用于补充流动资金不足。

## 三、如何进行融资融券交易

### (一)客户提交担保物

客户进行融资、融券交易,应当向证券公司提交一定比例的保证金。保证金可以是现金,也可以用交易所及证券公司认可的上市证券(即担保证券)冲抵。客户提交担保物的方式为向证券公司客户信用交易担保资金账户转入资金,或向证券公司客户信用交易担保证券账户转入担保证券。客户提交担保证券的,在计算保证金金额时,应当以证券市值按证券公司规定的折算率进行折算。

具体操作方面,客户可以直接通过证券公司所提供的渠道进行融资融券交易、证券划拨、资金存取及查询等。以国信证券为例,交易渠道包括柜台、通达信网上交易、金太阳手机证券和网上营业厅。

### (二)证券公司评估确定授信额度

授信额度是指证券公司根据客户的资信状况、担保物价值、履约情况、市场变化、证券公司自身财务安排等因素,综合确定的客户可从本公司融入资金或证券的最高限额。

以国信证券为例,客户授信额度总体上受以下条件限制:①不超过客户申请的融资融券金额;②不超过客户托管在本公司普通账户中的总资产;③不超过客户提交的金融资产的1/4;④分别确定融资额度和融券额度,两者不可混用。

应当注意,实际交易过程中,客户可融资、融券金额还受证券公司融资融券业务总体剩余额度以及客户保证金可用余额的限制。其中,保证金可用余额是指客户信用账户中用于冲抵保证金的现金、证券市值及融资融券交易产生的浮赢折算后形成的保证金总额,减去客户未了结的融资融券交易已用保证金及相关利息、费用后的余额。

### (三)客户进行融资买入或融券卖出

1.标的证券。标的证券是指客户可融资买入或融券卖出的证券,以证券公司确定并公布的为准。实际上,标的证券范围受交易所和证券公司双重限制。通常,各证券公司会在交易所公布的标的证券范围内,再根据自身对业务风险控制的要求,进一步筛选各自的标的证券,并通过与客户在合同中约定的方式公布相关信息。

以国信证券为例,公司在交易所公布的标的证券范围内,通过以下三个步骤筛选出本公司的标的证券:①设定净利润、合规经营、流通市值和总市值指标;②用以流动性指标和基本面指标为主的数量模型进行折算率打分;③研究所分析师进行专业甄别,确定折算率在30%以上的证券为标的证券。标的证券范围及其折算率确定后,相关信息会在营业网点公告栏和公司网站融资融券专栏中予以公告。

2.融资买入或融券卖出。客户根据本人信用账户的资产、负债情况,计算出授信额度余额和保证金可用余额,两者之间的较小值为客户可融资(或融券)的最大金额。客户在上述额度内,可进行标的证券的融资买入或融券卖出申报。需要注意的是,按照相关规定,融券卖出的申报价格不得低于该证券的最新成交价;当天还没有产生成交的,其申报价格不得低于前收盘价。交易系统对融资融券交易申报进行前端检查,对买卖证券的种类、融券卖出的价格等违反规定的交易指令予以拒绝。

3.维持担保比例与担保物的补充、替换和提取。维持担保比例是指客户担保物价值与其融资融券债务之间的比例。在交易存续期间,客户必须对维持担保比例加以关注,如果因为证券市值变动或者担保物范围调整,导致维持担保比例低于一定值(目前交易所规定为130%),客户必须及时补充、替换担保物,否则可能会被证券公司强制平仓;当维持担保比例高于300%时,客户可以提取担保物。

4.举例说明。以国信证券为例,假设客户融资、融券授信额度分别为90万元、10万元;客户提交的可充抵保证金证券A市值100万元,折算率为60%,融资、融券保证金比例均为90%;融资(或融券)后市场整体上涨30%。则:

(1)融资交易。根据担保物价值计算的最大融资金额:保证金/融资保证金比例=100×0.6/0.9=66.7(万元),融资授信额度为90万元。客户实际融资66.7万元,此时,保证金余额为100×0.6-66.7×0.9=0,不能新增融资、融券。市值上涨后,维持担保比例:担保物价值/负债=(100+66.7)×130%/66.7=325%,保证金余额=(100×130%+66.7×30%)×0.6-66.7×0.9=30(万元),客户可以新增融资、融券,也可以提取担保物。

(2)融券交易。根据担保物价值计算的最大融券金额:保证金/融券保证金比例=100×0.6/0.9=66.7(万元);融券授信额度为10万元。客户实际融券10万元,此时,保证金余额:100×0.6-10×0.9=51(万元),但融券额度余额为0,客户还可以新增融资,但不能新增融券。

### (四)了结交易

了结交易是指了结因融资融券产生的债权债务关系,即客户向证券公司偿还所借入的资金或证券。了结交易的方式有两种:一是客户通过卖券还款或者直接还款(买券还券或者直接还券)主动了结融资(或融券)交易;二是因触发合同约定的平仓条件而被证券公司强制平仓。

### (五)剩余资金、证券的划转

了结交易后,客户可以将剩余证券转回普通证券账户,将剩余资金转回信用资金第三方存管银行账户。对于买券还券所多还的证券或融券强制平仓后的剩余证券,由证券公司主动划回给客户。

### (六)交易期限和信用账户注销

每笔融资(或融券)的期限不超过6个月,期限顺延的,应符合《证券公司融资融券业务试点管理办法》和证券交易所规定的情形。以国信证券为例,如果证券暂停交易恢复日在该笔交易到期日之后,可以给予期限顺延,但不超过"交易恢复日"与"30个自然日"两者之间的较短期限。

业务合同也有一定期限,到期后,客户有两种选择:一是与证券公司协商一致,续签合同;否则,客户必须了结所有交易,将剩余资金、证券转出后,注销信用账户。以国信证券为例,合同有效期与授信期一致,如果到期双方均无异议,则期限顺延。

## 四、融资融券交易的风险

融资融券交易作为证券市场一项具有重要意义的创新交易机制,一方面为投资者提供新的赢利方式,提升了投资者的交易理念,改变了"单边市"的发展模式;另一方面也蕴含着比以往的普通交易更为复杂的风险。除具有普通交易具有的市场风险外,融资融券交易还蕴含着其特有的杠杆交易风险、强制平仓风险、监管风险以及信用、法律等其他风险。投资者在进行融资融券交易前,必须对相关风险有清醒的认识,只有这样,才能最大限度地避免损失、实现收益。融资融券交易中可能面临的风险主要包括以下几个方面。

### (一)杠杆交易风险

融资融券交易具有杠杆交易特点,投资者在从事融资融券交易时,如同普通交易一样,要面临判断失误、遭受亏损的风险。由于融资融券交易在投资者自有投资规模上提供了一定比例的交易杠杆,无论赢利还是亏损,都将进一步放大。例如,投资者以100万元普通买入一只股票,该股票从10元/股下跌到8元/股,投资者的损失是20万元,亏损20%;如果投资者以100万元作为保证金、以50%的保证金比例融资200万元买入同一只股票,再将100万元现金普通买入该股票,当该股票从10元/股下跌到8元/股时,投资者的损失则是60万元,亏损60%。投资者要清醒地认识到杠杆交易的高收益、高风险特征。

此外,融资融券交易需要支付利息费用。投资者融资买入某只证券后,如果证券价格下跌,则投资者不仅要承担投资损失,还要支付融资利息;投资者融券卖出某只证券后,如果证券的价格上涨,则投资者既要承担证券价格上涨而产生的投资损失,还要支付融券费用。

### (二)强制平仓风险

融资融券交易中,投资者与证券公司间除了普通交易的委托买卖关系外,还存在着较为复杂的债权债务关系,以及由于债权债务而产生的担保关系。证券公司为保护自身债权,对投资者信用账户的资产负债情况进行实时监控,在一定条件下,可以对投资者担保资产执行强制平仓。

投资者应特别注意可能引发强制平仓的几种情况:

1.投资者在从事融资融券交易期间,如果不能按照合同约定的期限清偿债务,证券公司有权按照合同约定执行强制平仓,由此可能给投资者带来损失。

2.投资者在从事融资融券交易期间,如果证券价格波动导致维持担保比例低于最低维持担保比例,证券公司将以合同约定的通知与送达方式,向投资者发送追加担保物通知。投资者如果不能在约定的时间内足额追加担保物,证券公司有权对投资者信用账户内的资产执行强制平仓,投资者可能面临损失。

3.投资者在从事融资融券交易期间,如果因自身原因导致其资产被司法机关采取财产保全或强制执行措施,投资者信用账户内资产可能被证券公司执行强制平仓,提前了结融资融券债务。

（三）监管风险

监管部门和证券公司在融资融券交易出现异常或市场出现系统性风险时，都将对融资融券交易采取监管措施，以维护市场平稳运行，甚至可能暂停融资融券交易。这些监管措施将对从事融资融券交易的投资者产生影响，投资者应留意监管措施可能造成的潜在损失，密切关注市场状况，提前预防。

1.投资者在从事融资融券交易期间，如果发生标的证券暂停交易或终止上市等情况，投资者将可能面临被证券公司提前了结融资融券交易的风险，由此可能会给投资者造成损失。

2.投资者在从事融资融券交易期间，如果证券公司提高追加担保物和强制平仓的条件，造成投资者提前进入追加担保物或强制平仓状态，由此可能会给投资者造成损失。

3.投资者在从事融资融券交易期间，证券公司制定了一系列交易限制的措施，比如单一客户融资规模、融券规模占净资本的比例、单一担保证券占该证券总市值的比例等指标，当这些指标到达阈值时，投资者的交易将受到限制，由此可能会给投资者造成损失。

4.投资者从事融资融券交易的证券公司有可能因融资融券资质出现问题，而造成投资者无法进行融资融券交易，由此可能给投资者带来损失。

（四）其他风险

1.投资者在从事融资融券交易期间，如果中国人民银行规定的同期金融机构贷款基准利率调高，证券公司将相应调高融资利率或融券费率，投资者将面临融资融券成本增加的风险。

2.投资者在从事融资融券交易期间，相关信息的通知送达至关重要。《融资融券合同》中通常会约定通知送达的具体方式、内容和要求。当证券公司按照《融资融券合同》要求履行了通知义务后即视为送达；如果投资者未能关注到通知内容并采取相应措施，就可能因此承担不利后果。

3.投资者在从事融资融券交易期间，如果信用证券账户卡、身份证件和交易密码等保管不善或者将信用账户出借给他人使用，可能遭受意外损失，因为任何通过密码验证后提交的交易申请都将被视为投资者自身的行为或投资者合法授权的行为，所引起的法律后果均由该投资者承担。

4.投资者在从事融资融券交易期间，如果其信用资质状况降低，证券公司会相应降低对投资者的信用额度，从而造成投资者交易受到限制，投资者可能遭受损失。

投资者在参与融资融券交易前，应认真学习融资融券相关法律法规，掌握融资融券业务规则，阅读并理解证券公司融资融券合同和风险揭示条款，充分评估自身的风险承受能力，做好财务安排，合理规避各类风险。

## 五、融资融券业务市场监管

融资融券交易具有价格发现功能、市场稳定功能、增强流动性功能和风险管理功能，对我国证券市场的发展完善有着重要的意义。但是，这些积极因素能否发挥作用，还有赖于市场监管体系的完善。

### （一）融资融券业务市场监管的必要性

1996年以前，内地市场也曾出现过类似于融资融券业务的市场活动，但因为信用体系缺失、市场投机盛行以及监管不完善等原因，带来了较大的市场风险。1996年，中国证监会明令禁止了该项业务。在2010年中国证监会又重启了融资融券交易，2010年03月30日，上交所、深交所分别发布公告，表示将于2010年3月31日起正式开通融资融券交易系统，开始接受试点会员融资融券交易申报，融资融券业务正式启动。总结历史经验教训，可以看到，对融资融券业务进行严格的市场监管非常必要。

1.融资融券交易具有一定的助涨助跌效应，可能加大股市短期波动。从行为金融学的角度看，证券市场存在着越涨越买、越跌越卖的特征。尤其是在股价出现大起大落时，往往有许多融券投资者和融资投资者无法补足维持保证金，此时证券公司只能大量回补证券或处理担保证券，这可能在短期内形成证券市场的较大买压或卖压，产生助涨助跌现象，加剧股市的短期波动。

2.融资融券交易机制如被不法利用，可能助长股市投机气氛，滋生操纵股价行为，扰乱市场秩序。投机是信用交易的天然本性。在逐利动机的驱使下，信用交易使得一些投机者更容易从事内幕交易、操纵市场等违法交易行为，甚至与证券公司或上市公司联手操作，在股市上兴风作浪，损害广大中小投资者的利益。

3.融资融券交易属于信用交易，如监管不到位，可能增加金融风险。融资融券交易能够创造虚拟证券供求，投资者可以通过向证券公司融资，扩大交易筹码，产生信用交易的财务杠杆效应，放大信用规模。虽然业务开展初期只允许证券公司以自有资金、自有证券从事融资融券业务，信用放大的规模有限，但一旦开展转融通，那么所带来的虚拟资本的增长比一般信贷引起的信用扩张的乘数效应更为复杂，会在一定程度上增加中央银行对社会信用总量进行宏观调控的难度。

从海外信用交易的经验来看，由于信用交易在证券市场中占有重要地位，并且信用交易的风险相对较大，因此，各国和地区都制定了十分严格的法律法规，建立起十分细致的业务操作规程和严格的监管体系。其目的就在于维持证券市场交易的有序性与安全性，防止证券市场信用过度扩张以及防止证券市场因证券信用交易而异常波动。

### （二）融资融券市场监管的体系与内容

1.融资融券市场监管的体系。融资融券交易监管体系既包括监管主体及其分工协作体系和由此形成的监管协调机制，也包括由法律、法规、规章和市场业务规则组成的法律规则体系。

我国证券市场已经形成了由中国证监会集中统一监管、交易所及结算公司一线组织和监管、证券业协会行业自律管理及券商内部自律管理共同构成的较为完善的融资融券交易分级监管体系，监管的协调性和整体效率较高。具体来说，中国证监会在融资融券交易监管中居于主导地位，负责制定业务准则、颁发业务资格、查处违法行为等；证券交易所、证券登记结算公司是融资融券交易中的一线监管主体，负责组织交易、结算和进行交易、结算监管；证券业协会是融资融券交易中的行业监管主体，负责制订业务合同必备条款、组织业务方案的专业评价等；有业务资格的券商也是融资融券交易监管体系中的重要环节，负责客户交易行为监控、投资者教育等。

就法律规则而言，融资融券交易已经形成“1+1+3+4”的法律规则体系，即：1部法律——《证券法》(第142条);1部行政法规——《证券公司监督管理条例》(第20,29,30,31条,及第4章第5节“融资融券业务”);3份证监会文件——《证券公司融资融券业务试点管理办法》《证券公司融资融券业务试点内部控制指引》《关于开展证券公司融资融券业务试点工作的指导意见》;4份市场业务规则——交易所《融资融券交易试点实施细则》、结算公司《融资融券试点登记结算业务实施细则》、证券业协会《融资融券合同必备条款》、证券业协会《融资融券交易风险揭示书必备条款》。

2.融资融券市场监管的内容。对融资融券交易的市场监管分为三个部分,即市场准入监管、市场竞争监管和市场活动监管。

市场准入监管是指依法审批有资格的主体参与市场活动。在融资融券业务中,主要是券商业务资格和客户交易资格的监管。由于融资融券交易是信用交易,其风险远远大过普通交易,因此,选择风险控制能力、合规管理能力、信息技术水平、持续赢利能力较好的券商参与业务,是业务顺利开展的重要前提;而选择对业务认知度高、资金实力强、风险承受能力较高的客户是业务顺利开展的重要保障。

市场竞争监管是指依法规范和维护各类市场经营秩序,监督管理市场交易行为及有关服务行为。具体到融资融券业务,主要是对融资融券试点券商之间的竞争进行监管,要求各券商不得从事各种不正当竞争行为。

市场活动监管主要是对证券公司融出资金、融出证券等行为以及对客户进行的融资融券交易行为的监管,主要由交易所实现一线监管,而且集中在以下5个方面:

(1)对一些指标或范围的确定与适时调整。比如,交易所可以调整标的证券条件或范围、可充抵保证金证券折算率、保证金比例和维持担保比例等。

(2)对融资融券交易进行事前控制。比如,证券交易所在交易系统中将对于投资者的融券卖出指令进行提价控制,即投资者融券卖出的价格不得低于当前市场的成交价格,否则交易系统会认定为无效指令并予以拒绝,这可以用来在事前防止利用融券卖空来打压市场。

(3)对融资融券交易进行事中监控。证券交易所针对融资融券交易开发了新的统计分析和预警的指标,进一步完善了原有的监察系统,以确保对最准确的信息进行最及时的反馈和处置,从而实现有效的交易实时监控。

(4)对融资融券交易进行事后监管。根据相关法律法规,对交易异常情况采取暂停交易等监管措施。比如,单支标的证券的融资余额(或融券余量)达到该证券上市可流通市值(或该证券上市可流通量)的25%时,证券交易所可以在下一交易日暂停其融资买入(或融券卖出)。

(5)对信用交易相关信息披露的监管。比如,要求各证券公司每日、每月报送融资融券交易相关信息,要求融资融券投资者合并普通证券账户和信用证券账户来履行相应的信息披露义务。

## 课外阅读网站

1.http://www.sse.com.cn/,上海证券交易所。

2.http://www.szse.cn/,深圳证券交易所。

3.http://www.cs.com.cn/,中证网。

4.http://www.cninfo.com.cn/new/index,巨潮财讯网。

## 思考题

1.什么是场内交易市场和场外交易市场?

2.证券交易所的组织形式有哪些?

3.投资银行在证券交易中的作用是什么?

4.证券委托的指令有哪些?

5.证券成交的结果有几种情况?

6.试比较证券做市商制度的优劣。

7.客户如何进行融资融券交易?

## 延伸阅读

### 德国大众股价两日狂飙4倍,对冲基金做空巨亏380亿

2008年10月下旬,大众汽车(Volkswagen AG)这家欧洲最大的汽车制造商的股价仅两个交易日就狂涨了近4倍,市值一度跃居全球第一。然而,这两天最让机构投资者痛心流泪的股票也非大众汽车莫属。几乎有100多只对冲基金因为集体做空而在这场大众股价盛宴中巨亏近400亿美元。

**股价两天涨4倍**

事情起因来自保时捷公司的一纸增持公告。上周日,保时捷披露称已将其在大众的持股数从31.5%增至42.6%,并还取得了另外31.5%的认购权,这也就意味着保时捷将掌控大众约75%的股权。

此举大大出乎市场预料,显然保时捷对大众的兴趣之大超过了所有人的想象,包括经验老到的对冲基金交易员们。由于全球经济陷入衰退,汽车业已被大多数分析师认为将首当其冲,包括大众在内的汽车股成为做空的首选对象。

然而,"悲剧"发生了。周一,也就是在保时捷发布公告的后一天,大众股价立即从上周末收盘的210欧元飙升至518欧元,涨幅147%。周二,"发了疯"的大众股价再度上扬77%,收于918欧元,而盘中更是摸高1 005欧元,市值一度超过埃克森美孚蹿至全球第一。

**基金两天亏380亿美元**

大众股价飙涨带来的不是喝彩声,相反却是一片恐慌——来自那些"押错注"做空大众、赌其股价跌的投资者。事实上大众股价的"无厘头"飙升,很大程度上正是这些做空者不顾一切地"空头回补"所致。

但是,损失已不可避免,其中尤以对冲基金亏损最为惨重。据业内人士粗略估计,有超过100家对冲基金事前做空大众,由此造成的损失可能高达380亿美元。

一家大型对冲基金的经理表示:“损失将极大。虽然我不认为这会导致一家大基金倒闭,但很可能会让一些小基金破产。”

绿光资本(Greenlight)或是其中的一个典型。据知情人士透露,该基金在周二大众股价飙升后蒙受了巨大损失。值得关注的是,绿光资本的基金经理 David Einhorn 此前正是在做空雷曼兄弟中一举成名,而这次却“老马失蹄”。

据业内人士称,大众是许多对冲基金寻求套利的对象。调研公司 Data Explorers 的数据显示,大众有约 13%的股份被借出做空,这个比例是德国大型公司中最高的。

**市场成最大输家?**

除了对冲基金,一些投资银行也被“大众事件”牵连了进去。由于许多银行被认为在做保时捷的对手盘,因此这次也赔了大钱。受相关传言影响,法兴银行股价周二大跌 17.5%,摩根士丹利和高盛股价同日也分别下跌了 11%和 8%。

然而,已有诸多投资者认为,此次事件最大的输家可能是德国的整个资本市场。

大众的股东之一、德国最大基金公司 DWS 的负责人 Klaus Kaldemorgen 说,大众一天内股价飙升 100%以上意味着整个市场存在系统性风险。

这一事件也是对中国股市的一个很好的警示。国内某知名私募基金人士表示,“大众事件”其实就是一次融券做空失败的典型案例。

大众股价周三大幅回落,截至北京时间周三晚 23:00 报 577.21 欧元,较前日下跌 37%。

(资料来源:第一财经日报,2008 年 10 月 30 日,作者:徐磊。)

# 第四章

# 收购兼并

## 第一节　兼并与收购的内涵

兼并与收购(Mergers and Acquisitions,简称 M&A)往往作为一个固定的词组来使用,简称并购,因为兼并和收购实质上都是一个公司通过产权交易取得其他公司一定程度的控制权(包括资产所有权、经营管理权等),以实现一定经济目标的经济行为。它们产生的动因以及在经济运行中所产生的作用基本上是一致的,而且,在许多企业兼并收购的实际操作过程中,它们的区别很难划分。

### 一、兼并与收购的内涵

兼并通常有狭义和广义之分。狭义的兼并是指企业通过产权交易获得其他企业的产权,使这些企业丧失法人资格,并获得它们的控制权的经济行为,相当于公司法中规定的吸收合并;广义的兼并是指在市场机制的作用下,企业通过产权交易获得其他企业产权并企图获得其控制权的行为。广义的兼并除了包括吸收合并外,还包括新设合并和其他产权交易形式。而所谓收购(Acquisition),则是指对企业的资产和股份的购买行为,即一家企业用现金或者有价证券购买另一家企业的股票或者资产,以获得对该企业的全部资产或者某项资产的所有权,或对该企业的控制权。由于收购和广义的兼并的内涵非常接近,因此,兼并和收购经常被合称为并购。并购实际上包括在市场机制的作用下,企业为了获得其他企业的控制权而进行的所有产权交易活动。

西方公司法把企业合并分成吸收合并、创立合并和购受控股权益三种形式。

吸收合并(Merger)即兼并,是指两个或两个以上的公司合并中,其中一个公司因吸收了其他公司而成为存续公司的合并形式。合并中,存续公司仍然保持原有的公司的名称,有权获得其他被吸收公司的资产和债权,同时承担其债务,被吸收公司从此不再存在。

创立合并又称新设合并或联合,是指两个或两个以上公司通过合并同时消亡,在新的基础上形成一个新设公司。

购受控股权益即收购,是指一家企业购受另一家企业时达到控股百分比股份的合并形式。在理论上,A 公司持有 B 公司 51%的股权即取得绝对控股权,可直接对 B 公司的经营业务具有决策权,而 B 公司的法人地位并不消失。但在股份分散的情况下,A

公司只需取得30%或更少的股份,就可以达到控股的目的。

收购有纯粹意义上的收购(Take Over),公开收购要约或标购(Tender Offer),也有获得特定财产所有权的行为(Acquisition)。Take Over和Acquisition所表现的都是一家公司通过购买另一家公司的资产以取得一定的控制权和经营权的行为,Tender Offer则主要表现为证券市场上的收购,即一家公司直接向另一家公司的股东提出购买所有该公司股份的要约。

并购的实质是在企业控制权运动过程中,各权利主体依据企业产权作出的制度安排而进行的一种权利让渡行为。并购活动是在一定的财产权利制度和企业制度条件下进行的,在并购过程中,某一或某一部分权利主体通过出让所拥有的对企业的控制权而获得相应的收益,另一个部分权利主体则通过付出一定代价而获取这部分控制权。企业并购的过程实质上是企业权利主体不断变换的过程。

## 二、兼并与收购的类型

根据并购的不同功能或并购涉及的产业组织特征,可以将并购分为三种基本类型。

### (一)横向并购

横向并购的基本特征就是企业在国际范围内的横向一体化。近年来,由于全球性的行业重组浪潮,加上我国各行业实际发展需要以及国家政策及法律对横向重组的一定支持,行业横向并购在我国的发展十分迅速。

### (二)纵向并购

纵向并购是发生在同一产业的上下游之间的并购。纵向并购的企业之间不是直接的竞争关系,而是供应商和需求商之间的关系。因此,纵向并购的基本特征是企业在市场整体范围内的纵向一体化。

### (三)混合并购

混合并购是发生在不同行业企业之间的并购。从理论上看,混合并购的基本目的在于分散风险,寻求范围经济。在面临激烈竞争的情况下,我国各行各业的企业都不同程度地想到多元化,混合并购就是多元化的一个重要方式,它为企业进入其他行业提供了有力、便捷、低风险的途径。

上面的三种并购活动在我国发展的情况各不相同。目前,数据显示,横向并购在我国并购活动中的比重始终在50%左右;混合并购也在一定程度上有所发展,主要发生在实力较强的企业中,相当一部分混合并购情况较多的行业都有着比较好的效益,但发展前景不明朗;纵向并购基本上出现在钢铁、石油等能源与基础工业行业,这些行业的原料成本对行业效益有很大影响,因此,纵向并购成为企业扩张的有效途径。

## 三、上市公司收购的基本方式

上市公司收购作为企业资产重组的主要手段之一,在世界各国的证券市场上有愈演愈烈之势,而且,在公司并购的运作中,不断有令人耳目一新的进攻技巧和防御手段出现。但无论收购方式如何变化,收购上市公司的办法无外乎三种:协议收购、要约收购和委托书收购。

所谓协议收购,就是收购者在证券交易所之外以协商的方式与被收购公司的股东签订收购其股份的协议,从而达到控制该上市公司的目的。此种收购方式较为简单,也是目前我国上市公司收购中较多采用的方式。

要约收购中的要约是指收购方向目标公司的所有股东发出的公开通知,要约中标明收购方将以一定的价格在某一有效期之前买入全部或一定比例的目标公司的股票。依据收购者收购目标公司股份的数量,要约收购分为部分要约收购和全面要约收购。依据收购是否出于法律义务,要约收购又可分为自愿要约收购和强制要约收购。要约收购主要发生在目标公司的股权相对分散、公司的控制权与股东相分离的情况下。要约收购最重要的特点是要约对象面向全体股东,市场化程度高、透明度好,是英、美等发达国家的主要收购方式。

除了上述两种收购方式外,取得一家上市公司控制权还可通过向其他投资者征求投票权委托书来获得足够的股东大会表决权,从而达到在股东大会上以足够多的表决权来控制董事会甚至改组董事会的收购目的,我们称这种收购方式为委托书收购。相对于股权收购,这种不以实质控股权占有为基础的收购可以极大地节约收购成本,也能避免股价的波动。但是,理想的运作并不一定带来成功的结果,许多失败的案例表明,这种收购方式并不如要约收购或协议收购在转移控制权方面来得有效。即使委托书收购获得了成功,新控股股东的地位也极不稳定。在一次股东大会成功行使完表决权后,下次若不能继续获得相应股权的支持,收购方有可能马上就会失去对上市公司的控制。因此,这种收购一般只发生在大股东之间对不同方案争议的解决上,而非长久之计。

## 第二节 企业并购的动因

在全球范围内,并购已经成为企业扩大规模、增强核心竞争力、提高运营效率的重要手段。企业作为一个资本组织,必然谋求资本的最大增值。企业并购作为一项重要的资本经营活动,它产生的动力主要源于追求资本最大增值的动机,以及源于竞争压力。因此,所有企业的兼并和收购最直接的目的,无疑是谋求竞争优势,实现股东利益最大化。

就单个企业的并购行为而言,又会有不同的动因。在现实的经济活动中,并购的动因又以各种不同的具体形态表现出来。不同企业根据自己的发展战略,确定并购的目的,并以此为导向寻找并购目标。

### 一、企业并购的动因

#### (一)获得规模效益

企业并购可以获得企业所需要的资产,实行一体化经营,实现规模经济。企业的规模经济是由生产规模经济和管理规模经济两个层次组成的。

生产规模经济主要包括:企业通过并购对生产资本进行补充和调整,达到规模经济的要求;在保持整体产品结构不变的情况下,在各厂中实现单一化生产,达到专业化生产的要求。企业通过纵向并购,可以有效地解决由于专业化引起的各生产流程的分离,降低运输成本,充分利用生产能力。

管理规模经济主要表现在:管理费用可以在更大范围内分摊,使单位产品的管理费用大大减少,从而可以节省管理费用;多厂企业可针对不同的市场层面进行专门化的生产和服务,并共用同一销售渠道,可以节约营销费用;可以集中足够的人力、物力和财力致力于新技术、新产品的开发;大企业往往拥有较好的资信,借贷、筹资相对容易,充足的财力可以使企业较好地适应外部环境的变化。

(二)消除进入新行业和新市场的障碍

当企业面临本行业市场萎缩和寻求不断发展时,都可能将投资转向其他行业或市场,企业可以采取两种方式:一是通过投资新建方式扩大生产能力,二是通过并购的途径来实现。采用投资新建的方式进入新行业或市场时,原有企业往往会有激烈反应,它们拥有专门技术,积累了丰富的经验,拥有获取原料的有利途径以及政府的优惠政策等,这些对新进入者来说,都将成为不利的影响因素;而通过并购方式进入新行业和新市场,其障碍便可以小得多。因为并购并没有给行业和市场增添新的生产能力,短期内行业和市场内部的竞争结构不会改变,所以,引起价格战或报复的可能性小。同时,并购方企业可以获得现成的原材料供应渠道、产品销售渠道,可沿用目标企业的厂房、设备、技术和人员,能在较短的时间内使生产经营走上正轨,获得赢利。

(三)降低企业经营风险

企业通过横向并购和纵向并购,可以增强企业在行业内的竞争力,并通过规模经济、市场占有率和市场控制力的增强而降低经营风险;而通过混合并购,可以实现多角化经营,即当某一行业不景气时,可以由其他行业的生产经营来支撑,从而可以使企业抵御不可预见的突发性环境变化的能力增强,使企业较为稳定地发展。

(四)获得科学技术上的竞争优势

科学技术在当今的经济发展中起着越来越重要的作用,企业间的竞争也从成本、质量上的竞争转化为科学技术的竞争。在这种情况下,企业常常为了获得科学技术上的优势而进行并购活动。

(五)获得经验共享和互补效应

并购可以取得经验曲线效应。在很多行业尤其是对劳动力素质要求较高的行业中,随着企业生产经营经验的积累,单位成本会呈现不断下降的趋势。经验的积累可以大幅度提高工人劳动熟练程度,使经验—成本曲线效果显著,从而具有成本竞争的优势。企业通过并购,不但获得了原有企业的资产,还可以分享原有企业的经验,形成有力的竞争优势。另外,企业通过并购,还可以在技术、市场、产品、管理甚至企业文化方面取长补短,实现互补效应。

(六)实现财务经济

并购可以使企业的闲置资金得到有效利用,提高投资报酬率。另外,税法中的递延税金条款促使赢利水平较高的企业通过合并其他企业冲抵利润,降低纳税基础和适用税率,从而减少税金支付。

(七)进行跨国经营

有些国家为了保护民族工业和国内市场,对外资企业的发展进行种种限制,从税收政策和企业规模等方面控制外资企业的发展。通过并购他国企业,可以避开这些障碍,直接进入国际市场。

（八）满足企业家的内在需求

根据经理理论，在股份公司中，股东目标与经理目标是不一致的。经理的主要目标是谋求公司的快速发展，而非获得最多利润，公司的快速发展可以使经理获得更高的工资和地位；而通过并购可以扩大企业的规模，获得更高的增长率，因此，并购可以提高企业家的效用。

## 二、并购给企业带来的效益

一旦并购成功，会给企业带来丰厚的收益。这表现在以下几个方面。

（一）整合资源，扩大生产经营规模

在市场经济制度下，市场不仅是企业集团生存的命脉，更是无尽的财富源泉。因此，如何加强企业自身的竞争能力，以获取更大的市场份额，就成了企业集团永久的主题和经营管理的基本着眼点。不进行并购而是通过"滚雪球"式的自我积累和自我发展，在今天的环境下，根本无法长成"巨人型企业"。例如，中国移动（香港）公司用800多亿元兼并中国内地8省的市移动网络，将各省市的移动业务集于一身，并在收购后与企业集团原有资源进行了整合，整合的资源包括原材料资源、人力资源、技术资源等。并购后，中国移动（香港）公司强化了核心竞争能力，拓展了市场竞争空间，形成了中国内地最大的手机网络，使公司的业绩大大提高。

（二）确立和巩固企业在行业中的优势地位

一次适时的并购会使不同企业的各类资源优势融合在一起，发挥各自的特长，从而提高运营效率，减少企业成本，扩大经营收入。例如，联想并购IBM全球PC业务，意味着联想的个人电脑年出货量将达到1 190万台，销售额将达到120亿美元，从而使联想的业务规模扩大了4倍，使联想成为全球个人电脑第三大制造商，巩固了它在IT行业的地位。

（三）降低资金成本，改善财务结构，提升企业价值

1.企业内部现金流入更为充足，在时间分布上更为合理。兼并发生后，企业规模得以扩大，资金来源更为多样化。被兼并企业可以从收购企业得到闲置的资金，投向具有良好回报的项目；而良好的投资回报又可以为企业带来更多的资金收益。这种良性循环可以增加企业内部资金的创造机能，使现金流入更为充足。

2.企业内部资金流向更有效益的投资机会。混合兼并使得企业经营所涉及的行业不断增加，经营多样化为企业提供了丰富的投资选择方案，企业可以从中选取最为有利的项目。同时，兼并后的企业相当于拥有一个小型资本市场，把原本属于外部资本市场的资金供给职能内部化了，使企业内部的资金流向更有效益的投资机会。而且，多样化的投资必然会降低投资组合风险。

3.企业资本扩大，破产风险相对降低，偿债能力和取得外部借款的能力也有所提高。企业兼并扩大了自有资本的数量，而自有资本越大，由于企业破产而给债权人带来损失的风险就越小。合并后，企业内部的债务负担能力会从一个企业转移到另一个企业。另外，那些信用等级较低的被兼并企业通过兼并，其信用等级也会提高到收购企业的水平，这就为企业外部融资减少了障碍。无论是偿债能力的相对提高、破产风险的降

低,还是信用等级的整体性提高,都可提升企业的外部形象,从而更容易地从资本市场上取得资金。

4.企业的筹集费用降低。合并后,企业可以根据整个企业的需要发行证券融通资金,避免了各自为战的发行方式,减少了发行次数。整体性发行证券的费用要明显小于各企业单独多次发行证券的费用之和。

作为企业的一项战略性活动,并购具有许多优点。但是,并购不当也可能使企业背上沉重的包袱。美国研究机构通过跟踪并购活动得出结论:1/3 并购获得成功,1/3 没有显著变化,1/3 遭到失败。并购成功与否,关键要看目标公司的选择、收购价格的确定以及并购后能否产生协同效用,能否降低交易费用,最终能否提高运行效率,实现资源的优化配置。

# 第三节　企业并购的程序

在企业并购前,并购方一般要根据并购交易的金额、难度和特点选择投资银行,企业应该选择实力雄厚、信誉良好、经验丰富的投资银行作为合作伙伴。

并购方在选定投资银行后,要与其签订协议,协议通常包括服务内容、费用安排、免责事项和终结条款。费用一般按并购进度收取,包括前期费用、交易佣金和要约执行费用等;免责事项主要明确双方的责任,以减少日后的法律纠纷;终结条款则要确认并购完成后各方的责任。

## 一、并购机会的确定

企业实行并购,首先要明确企业的发展战略。企业要明确其发展战略是集中发展战略,还是横向一体化、纵向一体化、复合一体化战略,要根据采取的战略来选择并购对象。

在明确企业的发展战略的前提下,还要通过对外部环境分析和企业内部条件的具体分析,寻找合适的并购机会。

### (一)企业外部环境分析

企业外部环境分析包括对政治、经济、社会和文化等因素的分析。对企业并购有较大影响的,有国家的经济政策、法律环境的以及重大的机会。

1.国家的经济政策。国家的经济政策对国民经济运行的影响不容忽视,企业应该了解国家在企业并购中的引导、监督、中介及服务功能,及时对国家颁布的各项政策作出反应,以寻求有利政策的支持,避免不利政策的管制。

首先,要对产业政策进行分析。产业政策一般包括产业结构政策、产业组织政策等。产业结构政策对今后产业结构调整、优化及产业发展顺序作出了规定,这种规定实际上给出了资产存量结构调整与变化的目标,因而给出了并购的有效范围。产业组织政策则主要对市场结构、市场行为的调节作出规定,由于企业并购的结果将提高企业集中度,改变市场结构,因此,产业组织政策对企业并购具有重要的引导与制约作用。

其次,要对金融政策进行分析。金融政策通过对不同产业、不同项目、不同类型的企业实行不同的信贷发放准则和利率优惠准则,起到引导或抑制并购在某一领域发生和发展的作用。

再次,要对财政补贴政策进行分析。在国家产业政策鼓励的范围内,并购方可以在一定时期、一定范围内享有财政贴息,从而引导并购的开展。

最后,要分析对特殊行业的限制。对某些关系国计民生的特殊行业或特殊企业的并购,并购方不能忽视获得有关部门批准的可能性及难易程度。

2.并购的法律环境。市场经济是法制经济,并购作为一种市场行为,必然会受到法律的约束。并购方企业了解法律环境,主要是为了避免企业并购中可能遇到的法律障碍。企业并购的法律体系包括兼并法、证券法、反垄断法、公司法、知识产权法、社会保障法等。随着法制的不断健全,法律环境对企业并购的影响会越来越大。

3.对出现的重大机会的分析。当市场出现重大变动时,如某种生产要素的价格突然提高,某种原材料的供应大幅度减少,外汇市场汇率的涨跌等,会使一些企业陷于突发性的困境,处于劣势地位。当然,也有可能会使并购方企业的优势骤然增强,这就为优势企业并购劣势企业提供了重大机会。

#### (二)企业自身的条件分析

企业在作出并购决策前,要对本企业进行透彻的诊断,并对并购行为加以评估,以确认自己是否真正需要通过并购来得到发展,企业是否具有并购的能力。

企业对自身的诊断主要是通过财务结构分析、供销市场分析以及发展的主要障碍来进行的。对并购能力的分析,具体包括:

1.资金运筹能力。企业并购需要较大的资金,因此,要求企业必须有良好的资金运筹能力。企业运用的资金可以是企业的自有资金,也可能是凭借企业和银行良好的关系、较高的资信等级筹借来的资金,还可能是通过发行债券募集来的资金。不管用哪种方式筹集资金,都需要保证资金在需要时及时到位。

2.经营管理能力。企业并购的目的是要使目标企业的资产在并购完成后得到合理有效的运用,与并购企业产生协同效益,服务于本企业的发展战略。只有企业自身具有科学、高效的经营管理系统,才能把目标企业纳入组织系统中,从而在新的企业整体组成后促使生产效率提高。这就要求企业有良好的经营机制、优秀的管理人才以及适合企业发展的企业文化等。惠普公司总裁戴维·帕卡德在《惠普之道》中曾形象地写道:许多公司死于消化不良,而不是饥饿。如果企业不具有良好的经营管理能力,很可能并购企业后,不仅不能达到预期目标,反而会拖累原有企业。

### 二、并购对象的分析与确定

并购对象也称目标企业,确定并购对象即确定目标企业。这个过程可以分为两个阶段。

#### (一)目标企业初选阶段

对目标企业的选择,一般是从并购企业发展战略来考虑的。如为了避开行业发展的局限性而步入另一行业;随着国家宏观战略布局重点的转移而进行资本空间结构的转移;选择业务相近的企业并购以扩大市场占有率;发展多种经营,以减少经营风险;被并购企业的地理位置良好，预测将来在地价上可以获利丰厚；利用并购企业的专业技术，进行优势互补等。

并购方在明确并购目的的同时，也确定了选择目标企业的标准。这些标准包括产业类别、规模、地理位置、市场地位、技术水平等。目标企业的初选就是按照这些标准，寻找那些对自己有价值的目标。

事实上，收购标准的确定没有一定的形式。由于收购公司的动机并不一样，它要寻求的目标公司也不一样。但是，总体来说，具有以下特征的公司最容易被收购公司看中：公司发展前途大，但管理班子比较弱；股东在区域上比较分散；高层管理人员掌握股票不多，大量股票分散在机构投资者手中；公司股票的账面价值高于市场价值；很少或没有发行在外的债券；等等。

企业决策者通常围绕企业发展战略这个中心，通过比较分析，选择几个目标企业作为并购候选对象，这样，一旦外界环境发生变化，还可以有选择的余地。

### （二）具体分析目标企业的内部条件，确定并购对象阶段

确定目标企业是一项难度较大的工作，必须从收集资料信息开始，对资料进行广泛、深入的分析和研究，一般要对候选对象进行专门的调查研究。

投资银行通过分析目标企业的资本结构、市场份额、赢利能力、企业规模、管理能力等，以分析并购企业能否用其优势去弥补目标企业的劣势。对目标企业分析的内容包括：①企业所有制形式、财政隶属关系；②企业资本总体状况；③企业固定资产规模，设备的先进程度，生产工艺情况；④企业总体经营状况，在行业中的位置，竞争水平和公司的竞争实力；⑤企业商誉；⑥企业所处行业未来技术和竞争的发展，以及企业适应这种变化的能力；⑦企业的债务、纳税记录、抵押担保情况、有关诉讼事项；⑧企业地理位置、占地面积；⑨企业人员结构、管理水平、职工素质、企业文化；等等。

对目标企业的调查可以通过多个渠道进行。无论采取哪种方式，都要从公开地收集和整理资料开始。在这一过程中，要广泛涉及可能成为目标企业的对象，在掌握资料的基础上缩小范围。有关企业状况的信息和资料来源有以下方式：①各类报刊、广播、电视等传媒。并购企业可以从定期出版的报刊、广播、电视上收集到有关各类行业和市场的报道和评述，为并购者提供有用的背景资料。②行业协会和行业内的专家。每个行业都有行业协会，行业内的企业都可以成为其成员，行业协会对行业内企业的情况一般都比较了解；并购企业还可以利用行业内的专家来获得有用的信息，经验丰富的顾问可以为并购方带来非常大的帮助。③证券交易所。对于上市公司的了解，可以通过其年度报告、中期报告等来进行。另外，还可以通过咨询服务机构、资信评估机构、市场研究机构收集信息。

### （三）并购风险分析阶段

由于并购是一种高风险与高收益相伴的业务，投资银行应该帮助客户分析并购风险。并购活动中的风险包括以下几项。

1.融资风险。并购一般需要巨额资金的支持，并购方的自由资金通常并不能满足并购的需要。因此，必须通过银行贷款、发行债券、发行新股等方式融资，如果融资方式欠佳或融资失败，提高了融资成本，造成企业并购后沉重的偿债负担，可能使并购计划无法完成，甚至可能使并购方破产。因此，要注意分析未来的财务税收状况。

并购目标公司后，并购公司在未来的资本开支、流动资金需求以及现金流量等方面都将发生较大的变化，如何保证未来财务平衡，是并购中必须考虑的问题。由于股息收入、利息收入、营业收入和资本收益具有不同的税率，因此，并购后可以通过某些财务处理而达到合理避税的目的。以现金支付和购买股票方式购买资产，对交易双方的税负都会有一定的影响；并购赢利公司或亏损公司，都对税收有很大的影响，并购亏损公司可以利用税法中的亏损递延条款达到合理避税的目的。因此，在并购决策中，要充分考虑税收的影响。

2.经营风险。经营风险是指并购后无法形成协同效应，并购方未能达到预期目的而产生的风险。其产生的原因可能是因为并购前期的预测有误，还可能是外部条件发生意外变化。

3.反收购风险。并购方在发动敌意收购时，目标公司可能反对并会采取一系列反收购行动，由此可能造成收购活动的失败。

4.法律风险。国家法律一般对并购都有严格的限制。例如，根据反垄断法，如果并购方被控违反公平竞争，进行行业垄断，就可能受到法律的制约，从而使并购失败。再如，还有一些相关的法律规定，当并购方持有被收购公司一定比例的股份后，必须举牌并向全体股东发出收购要约，这会使并购的成本上升，从而降低了收购成功的可能性。

5.信息风险。在并购活动中，如果投资银行及并购方无法获得目标公司的完全信息，就难以制定科学、周密的行动方案，从而造成并购的失败。尤其是敌意收购，其信息风险会很大。

## 三、目标公司估价

在企业并购中，投资银行要做的一项非常重要的工作，就是帮助并购双方确定交易价格。企业并购交易价格的确定是实施企业并购的关键环节。

### （一）影响企业并购的交易价格的因素

在市场经济条件下，商品的价格总是围绕着其价值上下波动的。作为特殊商品的企业，其资产的整体价值是其交易价格的基础，而并购市场对该企业资产的需求则是交易价格形成和变化的直接条件。

企业并购的交易价格是在对企业价值进行评估的基础上确定的。这里值得注意的是，采用不同的评估标准、评估方法，将可能得到不同的评估结果。因此，对一个目标企业现有的资产采用不同的评估标准和评估方法，极可能导致较大的价值差异。并购企业可以选择对自己最有利的评估方法，这会为并购企业与目标企业对价格的协商、确定带来灵活性。

企业并购的交易价格在很大程度上取决于对所并购企业资产的供需状况，当目标企业资产有众多的买者时，其交易价格就会被抬高；而当目标企业资产或其同类的企业资产在产权交易市场上过剩时，其价格就会下跌。当然，产权市场的供求状况与国家的经济政策、经济周期、产业结构的调整有很大关系。

影响企业并购的交易价格的因素除了其本身的价值和市场供需状况外，还有以下这些方面：

1.供需双方在市场和并购中的地位。在并购活动中,通常并购企业处于优势地位,目标企业处于劣势地位,这种地位上的差异,会影响到交易价格的确定。并购企业凭借其实力,将会要求较低的交易价格,而目标企业则希望凭借自己可被利用的因素如土地、特殊技术等来抬高价格。但是,在目标企业处于经营状况较差的情况下,交易价格通常会受到并购企业的左右。

2.并购双方对资产预期收益的估计。并购是基于目标企业存续经营这一基础,并购企业之所以并购目标企业,是出于并购后目标企业能够带来预期的收益。并购双方对资产预期收益的估计会有不同,这些会影响对交易价格的确定。

3.并购双方对机会成本的比较。当并购企业用一笔资本购买目标企业的资产时,就同时放弃了用该笔资本投资其他领域,如投资新建的机会,这就产生了机会成本。同样,目标企业也由于放弃现有资产经营而可能获得的收益,得到了投资其他领域的机会,这也产生了机会成本。一般来说,只有当各自预期的未来的收益大于各自的机会成本时,二者才可能确定交易价格。

4.未来经营风险的估计。经营风险是由未来经营环境的不确定性所引起的。未来经营环境的不确定性越大,风险就会越大,交易价格就会越低;反之,如果预测未来的经营状况将会得到改善,交易价格则会提高。

另外,目标企业的人员安排、债权和债务状况以及目标企业提出的附加条件等,都会影响交易价格的确定。

### (二)企业价值评估的方法

对目标公司价值进行评估的目的,是为收购人提供一个谈判协商时的参考报价或者公开收购时出价的一个主观标准。如果采用股权交换方式,收购人还须注意自身价值的估算。企业价值评估的方法种类繁多,常见的方法有净值法、市场价值比较法和未来收益还原法。

1.净值法。财务报表上的净值即为公司账面价值,故净值法也可为所有公司评价提供基本依据。经过审查后的报表应反映公司真实财务状况,但若想估算价值,仍须对各项目做必要的调整。实际上,净值法就是买卖双方针对各项资产负债逐一估价,最终确定一个双方满意的交易价格。

净值法适用于有形资产庞大的公司,亏损公司用此法视同计算其清算价值。对有形资产中的流动资产如外汇资产的汇兑损失、应收账款的呆账、存货的折价出售等进行估价时应注意按市价进行调整,而且,由于其价值实现可能遇到风险,因而须打折扣。对固定资产的估价应注意选用适当的折旧方法,以反映真实价值。例如,对建筑物与机器设备,可用重置价格扣除已使用年数的折旧来估价。

对无形资产(如商标)进行估价,买方可依未来自行使用时所能带来的收益来确定其价值,而卖方一般会要求以过去支付的广告费来认定,具体价格如何,则由双方协商。

2.市场价值比较法。市场价值比较法一般是先找出若干家在产品、市场、目前赢利能力以及未来成长方面与目标公司类似的上市公司,以这些公司的经营效果指标为参考来估计目标公司的价值。通常选用的指标有每股税后净利、未扣利息与所得税前的收益(EBIT)、每股净值等。

3.未来收益还原法。如果买方收购目标公司着重于未来的经营效果,即并非目前该公司资产价值的多少,而是利用这些资产后能获利多少,则买方会将收购后预期所获的利润的折现值作为买价。未来收益还原法是美式并购公认的评价方法。未来收益还原法的步骤如下:

(1)预测卖方未来5年或更长时间的净现金流量,即由收购引起的期望的现金流增量。现实中,买方对这一增量的估计可能与目标公司作为一家独立公司时的估计大不相同。这是因为买方可获得卖方独自所不能获得的经济效益,从而使买方与目标公司获得整体性的协同效果,包括生产方式、营销方式调整或互补所增加的销售量与收入,出售部分资产的现金净收入等。这可视为买方取得目标公司控制权的"价值"。另外,收购会引致一些为取得协同效应而必需的投资及相应增加的某一比率的营运(流动)资金,这些投资的初始费用也要体现在估计中。

与现金流量估计相关的问题是预测期的长短与残值的计算。预测期是指计算年限,在这一年限以外的现金流量不再作具体估计,而由收购残值代替。不同行业性质、不同经营态度及买方对目标公司产品与经营实力的信心(如产品所处生命周期阶段、后续产品能否开发出来等)均会影响计算年限的长短。现实中,可以逐期预测现金流,直到其不确定程度使预测难以进一步进行,但更多的是直接定为5~10年。

(2)估计折现率。折现率以投资者投资于别的风险相同的证券可望获得的报酬率为基础。折现率越高,现金流量的现值越低,因而提高折现率可降低风险。折现率可以采用资本成本,资本成本相当于债务成本与股本资本成本的加权平均值;权数为公司预计的未来资本结构中债务与股本各自所占比例。债务成本计算比较较简单,等于扣除所得税率后的负债成本;股本资本成本则相当于投资股票所要求的最低报酬率。

投资最低可接受的报酬率一般是在与政府债券的当期收益率相当的无风险利率的基础上,加上为承担股本风险而应得到的补偿。

实践中对资本成本的选择需要注意的是,如果收购对象的风险被认为与收购者总体的风险相同,即当收购不会影响收购者的风险时,应选用收购者自己的资本成本作为折现率去对目标公司的计划现金流量进行折现,否则应选用目标公司的资本成本作为折现率。此时,买方与卖方对目标公司资本成本的估算仍可能不同,这反映的是不同报酬率的要求以及双方对风险的认知程度不同。买方应尽量提高折现率,以抵消与收购有关的各种投资风险。

### (三)确定交易价格的方法

由于影响交易价格的因素很多,所以,交易价格的确定非常复杂。并购双方应根据并购程序中的不同阶段,确定不同的交易价格。

1.基本价格的确定。基本价格也称交易底价,是企业在资产评估的基础上所确定的价格,也是企业在并购前的基本定价。

对于经营状况较差、微利或亏损这类非连续性经营企业,被并购企业的基价可以由下式得出:

$$被并购企业基价=资产\times清算价格-负债$$

对于经营状况尚好但实力不强的连续经营企业,被并购企业的基价可以由下式得出:

$$被并购企业基价=资产\times重置价格-负债$$

2.谈判价格的确定。谈判价格也称浮动价格。并购双方围绕基本价格进行谈判，根据被并购企业的资产状况、经营情况、稀缺程度、发展潜力以及并购方的需求程度、市场竞争程度确定浮动价格和浮动范围，具体定价方法有市场定价法、招投标定价法等。

市场定价法是以同类或相类似资产在交易市场上的平均价格作为被并购企业资产定价的参考来确定资产价格。利用市场定价法，可以比较准确地反映出企业资产的价值和供求状况，保证收益的合理性。

招投标定价法是通过招投标的方式确定谈判价格的一种方法。招标方既可以是被并购企业，也可以是并购企业。被并购企业作为招标方，可以自行或委托中介机构或产权交易机构发布招标公告，吸引多方投标，根据投标内容和价格进行比较，而后形成价格。并购企业作为并购方发布公告，提出并购项目、并购需求等，投标方竞争投标，并购方择优选取并购对象。招投标必须坚持公开性原则，提高并购交易的透明度，为投标方提供平等竞争的机会。

3.并购价格的确定。并购价格也称成交价格。从基本价格开始，经过浮动价格的谈判，并购双方共同认可的交易价格即为可以成交的并购价格。只有当并购双方完成谈判的一切手续，通过法律手续确认后，并购价格才正式确定。

### 四、融资方案的制订及交易方式的选择

融资是并购中必须考虑的一个重要问题。考虑融资方案时，应该处理好成本、风险及收益的关系，分析采取何种方式融资才能做到成本低、风险小、收益高。由于并购交易的时间具有一定的不确定性，融资方案必须考虑到并购活动的时间要求。同时，还要考虑融资结构问题，融资结构包括融资渠道构成及规模结构，如向金融机构贷款和发行公司债券，它们对公司的财务结构，继而对企业的经营风险都有很大的影响。

并购交易方式的选择是企业并购中的一个至关重要的问题，它直接关系到企业并购的风险和资金使用效率，从而关系到并购的成功与否及交易价格的高低。并购的交易方式通常有：用现金收购，用股票收购，现金与股票混合型收购。并购交易方式的选择除了要符合法律规定外，主要取决于并购方企业的自身条件和目标企业的状况。

### 五、收购后的安排

收购后通常有如下安排：

第一，交易支付，即通过付款，完成股权或资产的转移。买方的付款方式通常包括现金、股票、卖方融资或以上几种方式的组合。在标购方式下，支付方式在收购要约中已列明，一般是现金、股票的组合；其余情况下，支付方式一般是双方协商的结果，尤其是在牵涉到换股比例、卖方融资时。

第二，目标公司的人事安排。除了立即改变经营政策外，收购后，应稳定人事、客户及与供应商的关系。主要工作包括：主管人员派任，稳定人才与激励措施，收购后的沟通。要让员工认识到公司经营方向的变化以及这种变化对其部门、本身工作和利益的影响，从而取得员工对新公司的认同。必要时，还要进行人事整顿，以提高经营效率。

第三，管理与组织制度安排。这主要视收购动机而定，主要包括管理制度（如财务、工资制度）的融合、相应组织制度的融合等。

## 六、投资银行在企业并购中的作用

企业并购是一项十分复杂的交易活动，企业被视为一种“商品”，经过资产、财务、税务、法律等一系列的结构设计，调整重组之后进入资本市场。这其中必然会涉及并购价格的确定、并购方案的设计、条件谈判、协议执行以及配套的融资安排、重组规划等问题。这些操作都很复杂、十分专业。企业必须依靠专业性的中介机构及专家去完成并购的前期调查、项目评估、方案设计、融资计划等工作。而投资银行作为中介机构恰恰能够胜任这些任务，因为它拥有众多的客户资源和信息，能够提供咨询和融资服务，拥有高素质的专业人才等。投资银行作为中间人，在企业并购中扮演着牵线搭桥的角色，极大地提高了并购重组的效率。

### （一）作为收购方代理策划并购

当一家投资银行受聘为并购方的财务顾问后，它所要进行的是完整的重组咨询业务。工作程序是：①寻找目标企业。②对目标企业进行评估。③进行股权结构设计。④提出具体的收购建议，包括收购的策略、收购的价格与非价格条件、收购的时间表和相关的财务安排等。⑤向目标企业发出收购要约并和目标企业的董事或大股东进行谈判。⑥编制有关的并购公告，详述有关并购事宜。⑦签约成交，处理收尾和善后事宜。

### （二）作为被收购方代理选择并购企业或实施反并购措施

有的时候，企业为了改善经营管理、提高生产效率、扩大市场能力等，需要与其他企业并购。投资银行凭借其所掌握的信息，可以帮助卖方企业选择并购伙伴。投资银行知道哪家企业正在寻找并购对象。卖方企业确定目标后，投资银行就收购方提出的收购建议，向公司董事会和股东作出是否“公平、合理”的判断，并就是否接纳并购建议提出意见，然后编制有关的公告等，从而帮助卖方顺利完成与其他企业的并购活动。

而有的时候，目标企业不愿意接受并购条件或因其他原因反对并购，就会采取反收购措施，这种情况出现在敌意并购中。目标公司的反收购同样需要求助于投资银行，投资银行根据具体情况采取适当的反收购措施，常见的有寻求股东支持、股份回购、诉诸法律、皇冠上的珍珠、白衣骑士、毒丸战术、绿色邮件和金色降落伞等。

### （三）参与并购合同谈判，确定并购条件，制定收购价格

并购是否成功的关键在于并购的价格。一般在善意并购中，并购双方都会聘请投资银行作为它们的财务顾问和代理人，就并购的价格、付款方式、并购后目标公司的资产重组等进行谈判，以便最终确定一个公平合理、双方都能接受的并购合同。在恶意并购中，投资银行也会事先帮助并购方确定并购价格，因为恶意并购成功与否的一个重要条件就是并购方的出价。如果出价较低，对目标方就没有吸引力，并购活动往往就会失败；而如果出价太高，会损坏并购方股东的利益。因而，无论在善意并购中还是在敌意收购中，聘请投资银行确定并购价格至关重要。

### （四）提供融资安排

并购活动耗资巨大，动辄数以亿计。公司单靠自身的资金来完成并购活动，是难以实现的。投资银行在作为收购方公司的财务顾问的同时，往往还作为其融资顾问，负责其资金的筹措，主要的融资方式有安排商业银行贷款、发行公司债券（垃圾债券）和过渡性贷款等。

# 第四节　我国上市公司的收购兼并与重组

1990 年上海证券交易所和 1991 年深圳证券交易所的先后成立,标志着我国统一的证券市场开始形成。国有企业股份制改革的深化使我国的股份制企业和上市公司的数量急速增长,证券市场的容量迅速增大。与此同时,西方并购理论在我国日益普及。企业自身资本以及产业整合的需求的增长,推动着我国上市公司的并购不断发展。

长期以来,我国企业通过自身的积累扩大生产规模,企业发展缓慢,规模偏小,竞争能力弱。在体制转换、经济结构调整的过程中,企业面临着结构优化、技术创新和提高竞争力等方面的挑战。随着中国证券市场的发展,越来越多的企业走向资本市场,开始以市场为依托进行产权改革和制度创新,产生了具有现代意义的企业并购。

自全球掀起第五次并购浪潮以来,我国的企业并购也开始异常活跃,并逐渐走向高潮,引起了广泛的关注。2002 年,我国进入了业内人士所称的"并购元年",并购规模之大,范围之广,远远超过了以前。经济全球化以及我国加入世界贸易组织的大背景,也要求我国企业及时调整发展战略,在更大范围内实施合理化生产,降低生产成本,提高产品在国际市场的竞争力和占有率。

## 一、上市公司并购的阶段划分

我国第一起上市公司并购案发生在 1993 年,当时,深宝安收购同为上市公司的延中实业,被称为"宝延风波"。但在随后的 1993 年至 1996 年间,并购处于缓慢成长的自发阶段,4 年一共只发生了 14 起并购。直到 1997 年,上市公司并购活动才走上了快车道。1997—2002 年,上市公司并购数量达到了 577 起,并且已超过新股发行,成为证券市场最重要的资源配置工具之一。以后几年间,外资并购和跨国并购逐渐进入中国并购市场。

根据我国上市公司并购在不同时期的发展特点,我们可以把上市公司并购的历史大致分为三个阶段。

### (一)探索阶段(1993—1998 年)

在探索阶段,统一的证券市场逐渐形成,上市公司的数量较少,国外的并购理论还没有普遍为人们所接受,企业也缺乏把并购作为战略手段的意识。由于国有股和公有性质的法人股的转让牵涉到非常敏感的政治问题,因此,上市公司并购的案例不多。1993 年 4 月 22 日国务院颁布的《股票发行与交易管理暂行条例》,在第四章专门规定了上市公司收购。这个阶段的特点是:①缺乏可操作性的法律制度,使得并购行为很不规范;②并购的支付手段主要是股权无偿划拨、现金支付和以资产换股权;③并购对象从二级市场流通股逐渐过渡到国有股和法人股;④并购的动机主要是获取上市公司的壳资源。

### (二)规范和发展阶段(1999—2005 年)

1999 年 7 月 1 日,我国《证券法》开始实施。针对上市公司并购问题,《证券法》专门在第四章对其进行了集中规定。《证券法》对上市公司并购起了很大的规范作用。2002 年 12 月 1 日,中国证监会发布的《上市公司收购管理办法》和《上市公司股东持股变动信息披露管理办法》开始施行。这两个办法与《证券法》一起,构筑起我国较为完整的并购法律体系,这对优化上市公司资源配置,促进国民经济结构调整,改善上市公司法人治理结构起到了积极的推动作用。

由于有了明确的法律依据,上市公司并购的数量大大增加。这个时期的特征是:①并购动机不再限于获取"壳资源",战略性并购不断涌现;②并购过程由于受到《证券法》等一系列并购法律制度的严格规制,不规范的现象大大减少;③越来越多的绩优公司成为并购的对象;④政府在并购中的地位有所下降,但依旧占据主导地位;⑤新的并购方式不断涌现,通过收购母公司间接并购,司法拍卖,MBO 收购,吸收合并、整体上市,自然人收购上市公司等并购方式纷纷出现。

#### (三)进一步规范及快速发展阶段(2006 年至今)

2006 年 1 月 1 日,新修订的《公司法》《证券法》开始实施,而且,国家制定并完善了《上市公司收购管理办法》等一系列规章制度,解决了并购重组的原则和法律授权的问题,使并购重组有法可依、有章可循,并增强了市场化约束机制,为上市公司的金融创新搭建了更为广阔的平台。在监管架构上,建立了各司其职、沟通互联、三点一线、快速反应的上市公司并购重组监管的辖区监管责任制,各证监局也普遍加强了对重组方的现场检查,收到了良好的效果。并购重组监管工作为并购重组市场的健康发展作出了巨大贡献。

我国证券市场正处于从量的扩张向质的提升转变的关键时期。股权分置改革后,市场环境的新变化和新趋势加大了证券市场监管的难度,对证券市场监管水平提出了更高的要求。在这一背景下,2008 年 4 月 18 日,中国证监会正式发布的《上市公司重大资产重组管理办法》应运而生。

《上市公司重大资产重组管理办法》旨在为上市公司并购重组建立良好的法规和监管环境,通过完善交易决策和批准程序(独立董事把关、并购重组委审核等)、增加股份支付等必要的并购工具、强化中介机构作用和责任等措施,理顺并购重组的利益机制,鼓励与支持并购重组创新,促使交易各方形成正确的并购动机,确立诚信的重组理念,逐步培育以市场化的实质性重组为主、以产业整合为特征的战略性并购重组新格局。

### 二、我国企业并购整合现状分析

#### (一)我国企业并购整合的政策法律环境分析

我国并购的法律法规体系主要包括证券交易市场上市公司并购、产权交易市场并购以及外资并购法律法规。

1.上市公司并购的法律法规框架。我国上市公司并购重组的法律规范主要有法律、行政法规、部门规章三个基本层次。例如,有《公司法》《证券法》《股票发行与交易管理暂行条例》《公开发行股票公司信息披露实施细则(试行)》《关于上市公司重大购买或出售资产行为的通知》《关于上市公司重大购买、出售、转换资产若干问题的通知》《上市公司重大资产重组管理办法》《上市公司收购管理办法》《上市公司股东持股变动信息披露管理办法》等规范性文件。由此可见,我国已初步形成上市公司并购重组的法律框架。从并购重组法律框架的立意来看,是鼓励上市公司进行实质性的并购重组活动。并购重组的法律规范在促进市场化的上市公司并购重组的同时,也将促进形成企业控制权市场,进一步完善上市公司法人治理结构。

2.外资并购的法律体系。加入世界贸易组织以来,中国外资并购法律环境发生了很大的变化。首先,扩大了对外资的开放,主要表现在允许投资的比例增大,开放的领域增多。其次,有关操作依据逐渐增多,外资并购法律法规框架粗具雏形,这表现在一系列专门的外资改组、股权转让、并购规则相继出台,在外资并购准入与审批、外资并购中的外汇管理、外资并购有关财务税收问题、外资并购的具体操作程序等方面都出台了相关的法律法规。最后,法规和部门规章逐渐完善,专门的外资并购规则已具雏形,当然还远未到成熟完善的地步。总体看来,我国外资并购的法律框架虽尚未成熟,许多方面都不明确,但其开放趋势明显,随着外资并购的不断开展,其法律法规体系将越来越健全。

3.产权交易市场并购法律法规。产权交易市场是我国市场经济改革中的特殊产物,其在为国有资产存量提供进退通道和结构优化,促进民营资本和外资参与国有资产重组,提高交易活动的透明度,防止国有资产流失方面发挥着重要作用。但是,目前的产权交易市场仍然存在诸多问题,主要有:①产权交易市场的监管问题;②产权交易市场的结构问题;③产权交易市场的发展与法律冲突问题。在一个深化法制建设的国家里,我国产权交易市场之所以不能取得突破性发展,一个重要的原因是产权交易市场的发展尚不能得到法律的保护与支持。可见,产权交易市场还有待于更进一步的完善与发展。

### (二)我国企业并购整合市场

在市场竞争不断加剧的环境下,我国企业并购正呈现出如下两个特点:第一,从并购主体来看,外资企业与民营企业将成为市场的重要新生力量,这将使并购主体更趋于多元化。第二,从交易行为的角度来看,并购的行业分布较为集中,市场创新迭起,关注的热点主要集中在制造业、邮电通信和交通运输、金融保险、公用事业、批发零售等行业。

## 三、我国上市公司并购的基本特点

### (一)政府在上市公司并购中占绝对主导地位

我国许多上市公司的主要发起人是国有企业,这导致上市公司的第一大股东是国有企业。由于政企职能不分,政府就通过控制作为上市公司第一大股东的国有企业来控制上市公司,从而在上市公司并购中占有绝对主导地位。政府控制上市公司并购,造成许多不利影响:首先,使得上市公司并购带有浓厚的地方保护主义或行业保护主义色彩。上市公司并购不是为了最大限度地实现社会利益,而是为了地方利益或者部门利益。各级政府利益常常成为延缓或阻碍并购的决定因素,使资本市场缺乏应有的公平和效率。其次,政府在上市公司并购中经常采用优势企业并购亏损企业的战略,使得优势企业不仅承担沉重的负债,还要承担沉重的社会包袱。这种行为严重违背了市场规律,削弱了优势企业的竞争力。最后,政府充当上市公司并购活动的主体,不但使得市场机制难以发挥作用,企业的目标和利益无法表达,而且还导致一些政府腐败行为的发生。

（二）上市公司并购的投机性较强

根据经济学的解释，追求规模效应是企业并购重组发生的重要原因之一。企业可以通过兼并，对工厂的资产进行补充和调整，充分利用生产能力，使企业有更大的能力控制它的成本、技术、资金，降低经营风险，提高企业生存和发展的能力。

但在我国，许多上市公司并购重组并不是为了资产正常组合的需要，而是出于短期的投机性目的。有些企业是为了享受国家和地方鼓励并购的信贷和税收优惠政策，或是为了达到配股资格；还有一些企业是为了避免掉入亏损行列，以并购重组获取虚假利润，以此来保住上市公司的壳资源。

此外，在我国，存在着大量盲目并购现象。许多公司并不对目标公司的业务能力、赢利能力加以考察就匆忙实施并购，并购后又不及时对目标公司进行整合重组，使被收购企业不能发挥其对收购公司潜在的贡献，造成了生产力闲置浪费、赢利下降等规模不经济的效果。据不完全统计表明，我国企业实施并购重组之后价值得到提升的比率不足 10%，多数企业在并购重组之后的业绩没有得到明显提高；或者说，并购重组当年会有暂时的改善，但随后几年就会逐渐下滑，长期绩效并无改善。

投机性并购带来了一系列负面影响：其一，严重损害了中小股东的利益；其二，损害了产业整合的功能；其三，耗尽了上市公司的壳资源，使其融资能力每况愈下。

（三）获取壳资源一直是并购的主题

我国公司上市制度存在着一个制度性的缺陷：国有企业通过剥离重组的方式优先上市，不能给所有公司以平等的待遇。因而，非公有制企业只能通过买壳上市的方式实现上市。有的上市公司经营业绩不佳，发展前景堪忧，已经丧失了资本市场融资的功能，但却有着上市资格；许多欲在资本市场上融资却苦于没有渠道的收购公司便开始了运作，以取得上市公司的地位。这就形成了“买壳”“保壳”等中国资本市场特有的现象。据调查，我国 1999 至 2006 年所发生的并购案中，有超过 60%的公司存在着或多或少的“壳动机”。特别是，如果我们观察并购事件在每年度各月份的分布情况，就可以发现，年末的并购重组数量明显要比年内的其他月份多出许多，其原因就是公司为了保住上市公司的资格而进行的资产注入等活动增多了。

（四）协议收购非流通股的方式占主导地位

要约收购流通股是西方证券市场的主要并购方式，而在我国，占主导地位的并购方式是协议收购非流通股。原因是，《证券法》规定每收购流通股的 5%就要公告一次，这无疑会增加市场的投机行为，人为抬高流通股的股价，从而使要约收购流通股的成本增加。

中国上市公司十几年的并购发展获得了许多成就，对中国股票市场的发展、上市公司的发展都作出了很大的贡献。上市公司的并购使并购市场逐步成熟，其已发展成为资源重新配置的重要方式。但是，由于体制、监管、经验等方面的原因，中国上市公司并购带有许多局限和不足，虚假重组和在二级市场上借并购肆意炒作的事件屡有发生。我国上市公司并购行为还有待于进一步完善和规范。

## 四、对我国企业并购重组的建议

（一）重视并购对提高企业核心竞争力的作用，加强并购整合

成功的并购都是以成功的并购战略为基础进行的，收购方在收购前，要通过对目标

公司的仔细调研，充分考虑实施并购对公司核心竞争能力提升的贡献率，然后再进行具体的收购。目前，一些公司收购前未对被收购方进行深入研究，没有充分考虑通过企业核心竞争力的培育提高企业的整体实力，导致并购后企业核心竞争力跟不上企业业务范围的扩张，致使并购失败。

并购后的整合工作在很大程度上决定了整个并购行为的成败。数据表明，相当大比例并购的失败源于并购后整合工作的不理想。我国许多企业在实施收购后，由于没能及时地制定整合战略，产生了诸如收购公司、被收购上市公司主营业务的差异化以及资产地域分布的矛盾，不能进行有效的资产重组，进而导致最后的失败。因此，公司应该在通过外部并购获取建立核心竞争力的要素后，注重对目标公司技术、管理、文化节等要素的整合，使上市公司具有可持续发展的能力，从而在真正意义上提升公司价值。

### （二）发展多层次的资本市场，解决国有股无偿划拨问题

我国的资本市场发育不健全，公司控制权市场发展严重滞后。非流通股的协议转让成为公司控制权转移的主要途径，容易使收购者通过并购进行市场操纵和内幕交易。在经理人市场上，目前我国上市公司尚未建立以市场为基础的公司管理层治理机制，公司管理无序、低效。此外，"一股独大"和不能实现全流通，也使得众多投资者不能对上市公司运作与发展决策产生实质性的影响。

在我国，国有股权由于产权不明晰，导致了所有者缺位，市场上缺乏对国有股价值增值的真正管理者，因而，在国有股无偿划拨后，并没有建立有效的激励机制。相反，由于无偿划拨是一种非市场化行为，不需要经过收购方对目标公司进行价值评估和管理能力评估这一过程，因而可能造成收购方收购后不能胜任，上市公司的赢利状况恶化的情况。

因此，我国必须建立健全多层次资本市场，引入充分的竞争机制，形成有效的价格发现机制，完善公司股东的治理机制，解决国有股无偿划拨的问题，从而保证能够真正改善上市公司业绩，使收购方实现其并购目的。

### （三）改革公司上市制度和再融资制度

造成上市公司壳资源稀缺性的根源在于企业上市的难度，因而相应地提高了壳资源的价值。收购方需付出超过壳资源实际价值的成本，侵害其他股东的利益，而不是把提高企业经营绩效和提升公司价值作为收购的最终目的。因此，应该改革股票发行制度，让符合上市规定的企业都能实现上市这一目的，放松对上市公司再融资的过度管制，由市场决定上市公司的融资规模和融资进度。这样，就可以降低买壳上市的吸引力，增强收购方基于战略性目的并购的动力。

我国可以借鉴国际并购融资中广泛使用的垃圾债券、认股权证、可交换债券、优先股、票据等融资工具，同时，还可以开发 MBO 私募基金的方式进行融资，推动我国并购市场的繁荣和发展。

## 课外阅读网站

http://www.cs.com.cn/，中证网。

## 思考题

1.企业并购的动机是什么?

2.试述影响目标公司估价的因素。

3.怎样理解收购风险?

4.我国上市公司并购有什么特点?

## 延伸阅读

### 中国化工:海外并购“和而不同”

凭借连续三起惊人的海外并购,中国化工集团走到了全球化工新材料主导者的强势位置。这一国际并购赢家的秘诀就是:“买得来,管得了,干得好,拿得进,退得出,卖得高。”

收购方:中国化工集团

被收购方:法国安迪苏、澳大利亚凯诺斯、法国罗地亚

收购时间:2006 年

成交价格:收购总金额近 100 亿元

整合状况:中国化工集团由此走到了全球化工新材料主导者的强势位置

2006 年,中国化工集团一举并购 3 家海外企业,成为中国企业“走出去”战略的经典案例,中国化工集团总经理任建新本人也被外界称为中国化工行业的“并购之王”。

由 1 万元借款的小企业,到今天总资产、销售收入 1 000 多亿元的大集团;由开创中国的“第 361 行”——清洗业,到如今成为中国化工新材料、特种化学品行业的领航者;从支持国有企业脱困,重组搞活国内 70 多家国有企业,到今日跨出国门,成功收购 4 家海外企业,任建新创造了一系列的奇迹。

2007 年 9 月,中国化工集团与美国最大的私募基金达成协议,美国的黑石集团(BlackStone)出资 6 亿美元,持有中国化工重要的子企业——蓝星公司 20%的股份,成为中央企业引进境外投资者的首例。

目前,中国化工拥有 4 家海外企业,全球营销网络完备,共有 15 个生产基地、7 个研发中心,在法国、英国、美国、西班牙、加拿大、巴西、印度、新加坡等 140 个国家和地区有分支机构。

全球性经济危机自然波及了身处产业链上游的化工行业,但另一方面,金融危机也加速了全球化工业的重组进程。

2008 年 9 月中旬和 10 月底,巴斯夫分别宣布了对瑞士特种化学品公司汽巴和比利时瑞克塞尔公司部分聚氨酯业务的收购。而这仅仅是一个开端。任建新预测,2009 年 2 月之后,全球化工业的兼并重组活动会更加活跃。

显然,伴随着海外并购迅速成长起来的中国化工集团,将是这场并购盛宴的参与者之一。

**三次出击**

任建新在2006年主导的连续3起惊人的海外并购，将中国化工集团带到了全球化工新材料主导者的强势位置。

2005年10月19日，任建新率团出访欧洲，签署了蓝星全资收购法国安迪苏(Adisseo)公司100%股权的正式协议。2006年1月17日，在比利时布鲁塞尔，蓝星正式完成对法国安迪苏集团的交割——安迪苏公司是全球唯一一家能够同时生产固体和液体两种蛋氨酸产品的公司，拥有792项技术专利和世界最先进的蛋氨酸生产技术。2004年，它成为蛋氨酸领域全球第二大生产商，市场份额占全球29%。

完成对安迪苏的收购后，任建新马上启动了一个建设计划，利用安迪苏全球领先的生产专利技术，在国内新建一套世界级规模蛋氨酸装置，也就是正在前期设计阶段的天津14万吨/年蛋氨酸项目。

2006年4月，任建新再次出手，收购了澳大利亚凯诺斯(Qenos)公司。作为澳大利亚最大的聚乙烯生产商，凯诺斯年生产能力为乙烯50万吨、聚合物50万吨，产品占澳洲市场的70%以上。

这次并购，让中国化工集团以最短的时间、较低的成本获得了国外乙烯及相关资源，为发展化工新材料奠定了原料基础。更重要的是，通过凯诺斯乙烯工厂的并购，中国化工集团间接而巧妙地利用了澳大利亚的上游油气配套资源。而同样的规模，如果国内建乙烯项目，至少需要500万吨炼油、150万吨石脑油作为原料配套，投资成本较高。

随后的2006年10月，中国化工集团收购了罗地亚(Rhodia)公司的有机硅和硫化物业务。有机硅是罗地亚的重要业务之一，目前年产能22万吨，规模在全球有机硅市场名列第五，拥有6%的全球有机硅产品市场份额，其生产技术在国际上处于领先地位，拥有3 000多个产品、500项专利。

并购罗地亚后，中国化工集团有机硅生产能力迅速进入全球前三名。同时，罗地亚有机硅深加工技术、全球营销网络、强大的研发能力和优秀的管理团队，使中国化工集团在全球保持技术领先和竞争优势。

**文化融合**

诚如中国化工集团总经理任建新在公司内部刊物上所说："国际并购不仅仅是商业行为，而且是人的沟通、文化的融合。"

任建新对国际并购定位为"在经济全球化的背景下，顺应产业转移潮流，分享新兴市场机遇"，他表示，双方整合的成功"主要是靠文化融合，学习、尊重企业所在国的文化。并购不能有占领军的心态，而要站在被并购企业管理人员和职工的角度来考虑问题、安排工作，让他们感到是受尊重的，是相互平等的，从而赢得对方的理解和尊重，确保并购后的人员稳定、业务稳定。"

世界第二大蛋氨酸生产企业法国安迪苏集团就是任建新用"文化融合与协同效应"叩开的国际并购的第一扇大门。

当时中国的市场背景是：蛋氨酸是我国化工领域多年攻关未果的项目，而且之前国内企业花费17亿元引进的蛋氨酸生产设备也因为工程问题无法解决，处于报废状态。而蛋氨酸对中国来说实在太重要了，不仅在于每年至少10万吨的需求量，而且作为家禽饲料必要添加剂的蛋氨酸,还关系到中国农业的发展。

2002年,中国化工集团联系安迪苏,希望引进蛋氨酸生产技术,但安迪苏一直没有明确的态度。消息传到任建新的耳朵里,他没露声色。他琢磨,安迪苏是个优秀的公司,不仅有先进技术,而且有一个优秀的管理团队和一支优秀的员工队伍。如果全面收购,就能使两地企业产生巨大的协同效应。用中国的人力成本、原料成本及辅助成本的优势,把海外企业的成本降下来、赢利升上去,在产业转移到中国的同时,也填补中国的市场空白。于是,他开始尝试用各种办法和安迪苏高层接触。

任建新先是给安迪苏高层写信表明并购意愿,通过各种渠道让他们知道蓝星是一个负责任的公司,并购以后不仅对蓝星的发展有利,对安迪苏未来的发展也有保障。但对方仍然很谨慎,任建新就主动和安迪苏公司的大股东和高管保持频繁接触,并和他们交上了朋友。每次安迪苏的人到北京,任建新都要把他们接到家里,设家宴款待,甚至亲自下厨包饺子给他们品尝。任建新还针对每个人——包括他们的夫人、孩子——的喜好特点事先准备一些纪念品,让人感觉备受尊重。

渐渐地,安迪苏高层感觉到,眼前的这位中国央企老板很有人情味。双方开始了紧锣密鼓的谈判,经过几个艰苦的回合,终于,在安迪苏的一次股东大会上,他们达成了一致:让中国公司并购!被中国公司并购会有更大的市场前景!

任建新表示,文化融合不限于在并购之后,而是贯穿于并购交易的全过程。交易前的文化融合是战略准备的主要内容之一,主要体现在双方核心人物的交流、沟通和相互认同上。"每次收购海外企业签约前后,我都要给海外企业高管和员工写信和发表录像讲话,介绍我们公司的理念、创业历程、发展远景和收购意图,并且及时公布高管人员及员工留用计划,使海外员工增加对新股东的理解与认同。"任建新说,"同时,我们还通过召开职工座谈会、邀请工会代表来中国考察、开通海外员工信箱、寄送英文版企业报纸等多种形式,向海外员工展示中国传统文化的博大精深和我们公司的亲和力。其效果是海外企业员工对我们企业文化的高度认同,增强了企业的凝聚力和向心力。"

**"和而不同"**

通过收购,任建新算了笔账:"收购不仅得到专利技术,扩大了市场,而且得到了人才,这就比单独买技术或者自己开发效应要大得多。"

现在中国化工开始把这些技术转移至国内,例如,我国有机硅深加工方面面临着一些技术方面的挑战,特别是在下游深加工产品方面我们还是空白,蓝星就把罗地亚的技术适时转入国内。目前蓝星集团正在天津兴建15万吨蛋氨酸项目,以及40万吨有机硅项目,这势必给蓝星带来成本优势。

不过,任建新还要给海外员工解释产业转移的原因:"法国那边生产需要4块钱,在我这儿生产才2块钱,中国又有新兴的市场,我在国内建厂,摊薄的是整个有机硅的成本,获得的是新的市场。这个道理好多员工听完后就理解了,老板为什么把产业往中国转移。我想告诉他们这就叫全球化,这就是协同效应。"

当今世界,经济全球化不可逆转。任建新认为:国际化经营不在于走出去还是引进来,关键要在获得海外企业的技术、管理、市场和资源的同时,最大限度地发挥与国内企业的协同效应,实现双赢或多赢。目前,中国企业与国际上其他大型化工企业之间,并非简单的竞争关系,而是在学习基础上合作,在合作基础上创新。

中国化工集团提出,国际并购的原则是"买得来、管得了、干得好、拿得进、退得出、卖得高"。

任建新解释:"买得来"是把握时机,以最低成本成功地实施并购;"管得了"是通过科学预算和规范治理结构,实现对海外企业战略、业务方向和高级管理层的领导力;"干得好"是依靠职业经理人改善运营,持续增长;"拿得进"是发挥产能、市场、技术、管理的协同效应,加快国内的产业升级,降低海外企业成本;"退得出"与"卖得高"不是要把我们优秀的海外企业出售,而是通过海内外的整合与互补,在引进战略投资者与资本市场融资时实现企业价值的提升。

例如,中国化工旗下企业的蓝星公司引进美国黑石。引进国际战略投资者一直是跨国公司的惯例,而蓝星公司用20%的股份引入黑石公司6亿美金,则创下了国有企业不上市引入战略投资者的先例。

任建新对此的理解是,第一,黑石公司资金的注入,有利于蓝星公司改善资本结构,促进在建项目的建设进度。第二,有利于蓝星改善治理结构。从某种意义上来说,这比注入资金意义更为重大。产权结构多元化是国企改革的方向,通过引入黑石公司的资金组建的新公司,将按照国际惯例建立股东会、董事会、监事会、经理层的治理结构,并完全按照国际规则进行治理和运营,有利于科学和规范管理。第三,有利于融入全球化经济,新公司可以充分利用黑石公司的经营平台,吸引国际一流人才进入公司管理层,这有利于促进海外上市,利用国际市场资源,促进企业的快速发展。

任建新说,"我推崇'和而不同'的经营之道。何谓'和而不同',就是要把中国传统的'和'文化与我们的经营之道结合起来。"他表示,"和",对内而言是求同存异的融合,是取长补短的学习,是风雨同舟患难与共,家和万事兴;对外而言是和气生财取之有道,是关注健康与环境的天人合一,是构建和谐企业,为而不争,利而不害,勇于担负社会责任。"不同",就是走通过引进消化吸收再创新,发展化工新材料的差异化道路。

(资料来源:中国新时代,作者:陈益锋。)

## 平安收购富通:冲动的惩罚

一笔让中国平安当初为之兴奋的海外投资,目前看来已经是噩梦一场。

收购方:中国平安

被收购方:富通集团

收购时间:2007年11月

成交价格:累计投资人民币238.7亿元

整合状况:随着富通集团的巨额亏损,双方从交好走向了交恶

面对即将四分五裂的富通集团(Fortis),最大单一股东——中国平安终于打破沉默,以一张高高举起的反对票联合一半股东,在比利时富通集团股东大会上终止了出售富通资产的进程。

2月11日,同属比利时和荷兰两国的金融机构富通集团宣布,公司股东投票否决了将部分银行和保险业务出售给法国巴黎银行的提议。

被否决的议案包括荷兰政府购买富通在本国的资产、比利时政府收购富通银行、法国巴黎银行购买富通集团比利时银行75%的股权及其在比利时保险业务的10%这三

笔交易。这是一次维护平安大股东尊严、强调公司治理原则的胜利。

但这仅仅意味着中国平安争取到了待市场回暖后投资翻本的机会,因为自 2007 年 10 月以来,中国平安已累计向富通集团投资人民币 238.7 亿元(合 27.8 亿美元),由于该集团股价大幅下挫,进而连累中国平安这笔投资的价值缩水逾 95%。

如果上述一系列出售富通银行的业务得以通过,富通将走向解体。当初平安在欧洲再三甄选、投资 238.7 亿元人民币、持有 4.99%股权的富通将不复存在。业内人士评估:"如果比利时政府把富通比利时银行 75%的股权和 10%的国际保险业务出售给巴黎银行,富通剩下的价值只相当于出售前价值的 20%。"

目前,富通的股价已从当初中国平安投资时的均价 19 欧元下跌到不足 1 欧元,如果投资的主体被分解得支离破碎,投资价值无疑被全部抽空。

这一笔让中国平安当初为之兴奋的海外投资,目前看来已经是噩梦一场。根据 2008 年 12 月 2 日富通集团的公报,在拆分后,富通目前仅剩国际保险业务、66%的结构型投资组合权益与汽车融资的资产同负债,且富通将不再涉及任何银行业务。至 2008 年最后一个交易日,富通报价仅为 0.93 欧元。

可以确定的是,在短短一年多时间内,随着双方从交好到交恶的演变,中国平安收购富通案已经宣告失败,这家试图通过海外并购扩张的保险公司,未来的国际化金融公司之路会继续走下去吗?

**平安的战略**

1995 年,中国平安开始着手将产险、寿险在经营上分开,但分业的核心问题——产险、寿险的资产分立及原有的信托、证券的股权安排,涉及多个监管部门和相关法律问题。因此,在符合现行法律法规要求的前提下,选择什么样的分业模式成为对平安公司管理智慧的考验。

中国平安注意到,国际金融业的流行趋势是由昔日的分业走向混业,各国的金融保险业都在降低成本、提高效率和提高国际竞争力的压力下,通过集团控股的组织模式实行分业经营和专业化管理。

全球排名前 20 名的保险企业中有 15 家采用集团控股模式实现分业经营,比如广为中国公众熟知的友邦保险的母公司美国国际集团,中国的合资公司安联大众保险公司的德国安联等等,都采取了这一模式。

经过对各种模式的比较和思考,结合长期以来对国际保险业发展趋势的观察分析,中国平安的掌门人马明哲认为,以保险为核心的综合性金融服务集团才是中国保险业未来组织模式的发展方向。

随后,中国平安向监管部门提交的方案是集团控股模式,即一家集团公司(或控股公司)全资拥有(或控股)产、寿险子公司和投资子公司,由集团公司对业务、财务、投资、人事、计划和风险内控等重大决策进行统一管理的分业模式。

为了迅速和国际保险业接轨,中国平安开始了自己在国际化进程上的摸索。

**艰难的国际化**

在此次投资富通之前,中国平安投资约 11 亿港元参与了香港惠理集团的公开发行,惠理基金是香港一家主要投资于高增长大中华股市的基金,目前管理的资产规模超过 50 亿美元,旗下共有 5 只基金,主要投资于 A 股、B 股和 H 股。

中国平安购买了该公司 1.44 亿股，占惠理集团发行后 9%的股份。平安在此笔投资的浮盈为 8 900 万港元。这也让中国平安尝到了甜头，并把富通银行列入收购名单。

富通是一家以经营银行及保险业务为主的国际金融服务提供商，在欧洲公司中排第 20 名，其股票在布鲁塞尔和阿姆斯特丹的泛欧交易所上市。这家从 2000 年开始迅速崛起的银行在鼎盛时期拥有 900 多亿欧元的总资产、486 亿欧元的市值。

但自 2007 年 4 月 10 日富通创出 29.58 欧元的新高以来，因次级债问题，富通已连续四个月下跌，这也为中国平安提供了并购的绝佳机会。

2007 年 11 月，中国平安即宣布，以 18.1 亿欧元（约 196 亿元人民币）购入了荷兰/比利时富通集团的 9 501 万股股份（占富通集团总股本的 4.18%），成为富通集团单一的第一大股东。随后，中国平安将股权增持至 4.99%以及在次年同比例参与富通增发，累计投资资金高达 238 亿元。

然而，在强行并购荷兰银行和金融危机蔓延的双重打击下，富通集团轰然倒塌。2008 年 10 月 3 日，荷兰政府斥资 168 亿欧元收购包括原荷兰银行在内的原富通全部在荷业务；10 月 5 日，比利时政府也与巴黎银行达成一项股权互换协议，使得富通在比利时和卢森堡的业务也被完全剥离。这种情况下，平安不得不宣布 157 亿元亏损计提，并放弃了成立合资资产管理公司的初衷。

专家认为，比利时政府和荷兰政府的征收行为违反了其本国的法律，既没有征求富通集团股东的意见，甚至也没有取得富通集团董事会的正式授权，从头到尾都是荷兰和比利时政府一手包办，只在交易谈完之后才拿着现成的文件，胁迫富通的董事会来签字。显然，富通重组事件已经超出了纯粹商业交易的范围。

**巨额亏损换来的警示**

作为欧洲前 15 大金融机构之一，富通集团确实是中国平安学习的榜样，这家公司以银行和保险业务为主，在业内被称为“银保双头鹰”，而其投资管理公司在与前荷银资产管理业务合并后拥有 2 450 亿欧元的管理资产。这些让一直寻求打造保险、银行和资产管理三大核心业务的中国平安羡慕不已。

中国平安的主要收入来源仍以保险为主，银行业务虽然有利润贡献，但占整体利润的比重有限，资产管理对平安来说更是全新的开始。因此，投资富通集团及富通投资管理公司，既可以获得投资收益，也能够获得技术，能加速实现平安的金融集团之梦。

当时，马明哲对这两次投资的评价说，与富通集团的合作是一次非常难得、稳健的投资机会，此次交易对中国保险行业具有“里程碑式”的重大意义，它将帮助平安保险推动保险资金运用的创新，“资产管理市场在全球特别是中国具有巨大的发展空间，这项业务将迅速成为中国平安新的利润增长点”。

在入股富通集团之后，平安还与富通集团达成了以 20 亿欧元成立合资资产管理公司的协议。对此，平安集团表示：投资富通将让平安近距离学习富通银行、保险、资产管理三驾马车的业务框架。然而，随着富通集团的倒塌，中国平安被迫放弃了成立合资资产管理公司的初衷，双方希望拓展国际市场的计划也永无可能。

中国平安的海外出击彻底遭遇了一次滑铁卢，这也引起了人们对于国有企业国际化的担忧。因为，平安的“富通困局”不仅是平安自己的困局，也不仅是其流通股大股东汇丰保险、香港上海汇丰们的困局，更是国有资产的困局。

由于中国平安、中铝力拓巨亏等事件,国资委已经连续发出预警,要求中国企业在海外投资并购、高风险投资、主业经营之外的发展战略项目投资等方面克制投资冲动。

专家表示,事实上,中国平安与富通的恩怨情仇是一次成本巨大的提醒:在金融危机还没有消退的情况下,中国企业如何更加理性地制定自己的海外扩张战略?在全球化市场正在被匆忙地、凌乱地重新定义的新时代,中国企业应该学会选择,而不是盲目出击。因此,中国平安收购富通案也为国有资产管理部门带来了新课题。

(资料来源:中国新时代,作者:陈益锋。)

# 第五章

# 直接投资业务

## 第一节　直接投资业务的范围

直接投资业务是指证券公司利用自身的专业优势，寻找并发现优质投资项目或公司，以自有或募集资金形成独立资产投资于优质项目或公司，通过投资管理和提供增值服务，对所投资企业进行培育和辅导，使之相对成熟，然后从投资企业中退出，从而获得投资收益的投资方式。在此过程中，证券公司既可以提供中介服务并获取报酬，也可以以自有资金参与投资。直接投资与风险投资（Venture Capital，VC）和私募股权投资（Private Equity，PE）既有类似之处，又有所区别。

### 一、风险投资与私募股权投资

风险投资是把资本投向蕴藏着失败风险的高新技术及其产品的研究开发领域，旨在促使高新技术成果尽快商品化、产业化，以取得高资本收益的一种投资过程。风险投资过程5个阶段的种子期、初创期、成长期、扩张期和成熟期，无不涉及较高的风险。

私募股权投资是指通过私募形式对私有企业即非上市企业进行的权益性投资，在交易实施过程中附带考虑了将来的退出机制，即通过上市、并购或管理层回购等方式，出售持股获利。

这两个概念通常统一为风险投资的通用表述。二者的区别，可以从以下几个方面进行考虑：

第一，投资阶段。一般认为，PE的投资对象主要为拟上市公司，而VC的投资阶段相对较早，但是并不排除中后期的投资，投资期限至少3~5年以上。

第二，投资规模。PE由于投资对象的特点，单个项目投资规模一般较大；VC则视项目需求和投资机构而定。

第三，投资理念。VC强调高风险高收益，既可进行长期股权投资并协助管理，也可进行短期投资后寻找机会将股权出售；而PE一般是协助投资对象完成上市，然后套现退出。

### 二、中国券商的直接投资与风险投资、私募股权投资的区别及联系

在当今的中国资本市场上，很多传统的VC机构现在也介入PE业务，而许多传统

上被认为专做PE业务的机构也参与VC项目。也就是说,PE与VC只是概念上的一个区分,在实际业务中,二者的界限越来越模糊。

实际上,由于目前监管部门将国内证券公司直接投资业务的范围限定为Pre-IPO,即是对拟上市公司的投资,并初步设定了"投资期限不超过3年"等相关规则,券商并不会参与针对初创期和成长期企业进行投资的VC业务,而是更多地与PE行业在成熟期项目资源上进行竞争。券商直接投资与PE类似,都是投资于非公开发行公司的股权,投资收益通过日后出售股权或企业上市兑现。

相对于PE来说,券商直接投资既有优势又有劣势:

优势在于方便发现项目资源,并对企业发展过程中的资本运作需求提供一站式服务。券商可以利用自身的调研优势,对项目进行评估和推进。随着企业投资和融资周期的交替出现,券商其他相关业务的用武之地会逐渐增多,同时可以避免对企业进行尽职调查等环节的重复工作,降低了成本,提高了利润。除此之外,券商还可以深层次地挖掘客户价值,进而带动融资业务和并购业务。

劣势在于拟议的试点方案中,证券公司还只能以自有资金投资,而券商的自有资金往往并不能够稳定地支持Pre-IPO项目所需要的大量资金。

# 第二节　直接投资业务的作用

## 一、对实体经济的作用

增强自主创新能力是国家发展的关键所在,需要从各个方面进行扶持和培育。证券公司开展直接投资业务,会从资金、管理、商业开发等方面为科技企业的成长提供支持,为企业的自主创新、健康发展创造良好环境,这会在金融领域对我国企业增强自主创新能力发挥重要作用。

首先,证券公司开展直接投资业务,有利于促进高科技成果产业化,为未上市企业尤其是新兴高科技企业直接提供资本支持和上市前的培育、辅导,推动高新技术产业发展,从而促进经济增长方式的转变,促进产业升级和结构调整,推动区域经济的平衡、协调发展。

其次,证券公司开展直接投资业务,有利于启动社会投资,扩大内需。证券公司开展直接投资业务,可以集聚社会闲散资金,有利于引导社会资金直接投资于产业项目,促使储蓄向投资顺利转化,提高社会资金的配置效率和运作效率。

再次,证券公司开展直接投资业务,有利于推动投融资体制改革。以特定方式集聚社会资金的证券公司作为投资资金来源市场化和投资资金运用市场化的投资主体,有助于培育新型市场化的机构投资者,促进投融资体制的市场化改革。

最后,证券公司开展直接投资业务,有助于增强企业财务制度的透明度,规范企业运作,从而在一定程度上缓解目前企业普遍存在的外部监督和约束软化的问题。

## 二、对资本市场的作用

证券公司开展直接投资业务对资本市场具有以下作用：

第一，证券公司开展直接投资业务，有利于增加直接融资比重，促进直接融资和间接融资的合理、均衡发展，有助于分流居民储蓄，形成竞争有序、多元、统一、开放的资本市场体系。

第二，证券公司开展直接投资业务，能够扩大资本市场的外延，引导更多科技企业进入资本市场。

第三，证券公司开展直接投资业务，能够改善资本市场的质量，提升主板之外各市场的活跃程度，增强各层次市场间的有机联系。

第四，证券公司开展直接投资业务，还能够提高资本市场配置资源的效率，提高社会资金的运作效率，为实现产业资本和金融资本的结合提供一条有效的途径。

## 三、对中小企业的作用

伴随着改革开放和经济转轨快速成长起来的我国高科技型中小企业以技术创新带动体制创新，已经成为推动我国高新技术产业快速发展的决定性力量。由于体制制约，目前高科技型中小企业在成长初期缺乏可靠的、系统性的直接融资手段。据国家科学技术部估计，未来 5 年我国直接投资市场的资金需求总额高达 2 000 亿元。

近期，在发改委等部委的推动下，以产业投资基金为代表的直接投资业务在我国逐渐发展起来，但由于其一直未能与资本市场形成良性互动，特别是缺少高水准、专业化的中介服务机构参与，直接投资业务发展并不顺利。

## 四、对证券公司自身的作用

直接投资业务对证券公司自身的作用体现在以下几个方面：

第一，证券公司开展直接投资业务，完善了市场退出机制，拓宽了收入来源。从国外的情况看，直接投资业务是券商一项重要的收入来源。以高盛为例，2006 年直接投资业务净收入高达 28.2 亿美元（包括投资工商银行获益 9.37 亿美元、三井住友获益 5.27 亿美元），对公司净收益的贡献达 15.4%；不考虑这两项投资，直接投资仍高达 33 亿美元，在自营投资中的比重仍高达 77%。而我国这项业务才处于刚起步阶段。2009 年创业板的推出为券商直投业务提供了一条较好的退出渠道，有利于直投业务收益水平的提高。扩大直接投资业务试点范围后，将有更多的券商可以从直接投资业务中获取收益。

第二，证券公司开展直接投资业务，有利于投资银行传统业务的延伸和服务功能的健全。就目前中国资本市场而言，券商是服务最全面的中介机构。无论是一级市场还是二级市场、场外交易还是场内交易，投资还是融资，都是券商的服务范围。这使得券商最有可能为企业在每一个不同发展阶段都提供完善的证券市场中介服务。证券公司通过开展直接投资业务，还为委托其理财的大客户提供了投资的良机，有助于提高证券公司服务的质量，丰富证券公司的中介服务功能。

第三，证券公司开展直接投资业务，可以最大限度地利用既有的投资银行业务优势,完善投资银行业务的产业链条,进而提升投资银行业务的利润率,有利于公司业绩增长和赢利模式的转型,从而为公司的自营投资提供更加多元化和更为广阔的投资领域,分散投资风险。

第四,证券公司开展直接投资业务,有利于改变券商赢利结构单一的模式,促进证券行业赢利模式的转型,拓展创新空间,增强证券行业的竞争力。目前,我国券商的赢利主要来源于经纪业务和自营业务,带有明显的“靠天吃饭”的性质。直接投资业务的逐渐开展,有利于改变券商的这种单一的赢利模式和业绩受资本市场影响波动性较大的被动局面,对证券公司的进一步发展具有一定的现实意义。

第五,证券公司开展直接投资业务,有利于业务创新和衍生市场的发展。随着直接投资业务的广泛开展,券商在创新业务上受到的严格管制将逐步放松,融资融券、金融期货、备兑权证等创新业务和衍生产品会陆续推出,创新业务将从提升传统业务市场份额、提升传统业务规模、改善传统业务赢利模式等多个方面推动证券公司业绩的提升。

第六,证券公司开展直接投资业务,有利于增强对中小企业的资金支持,有利于发展风险资本市场和场外交易市场,有利于促进高科技成果产业化,有利于促进经济增长方式的转变。由于体制的制约,目前高科技型中小企业在成长初期缺乏可靠的、系统性的直接融资手段。直接投资业务为未上市企业尤其是新兴高科技型企业直接提供资本支持和上市前的培育、辅导,推动高新技术产业发展,不仅能顺利解决中小企业融资问题,促使更多的优质公司在国内上市,减少优质企业资源向海外流失,还能使资本市场与高科技企业形成市场化的联动发展机制,从而促进经济增长方式的转变,促进产业升级和结构调整,促进区域经济的平衡协调发展。

第七,证券公司开展直接投资业务,有利于启动社会投资,扩大内需,能够改善资本市场的质量,提升主板之外各市场的活跃程度,增强各层次市场间的有机联系。证券公司开展直接投资业务,可以集聚社会闲散资金,有利于引导社会资金直接投资于产业项目,促使储蓄向投资的顺利转化,提高社会资金的配置效率和运作效率。

第八,证券公司开展直接投资业务,有利于促进投融资体制改革,有利于增加直接融资比重,促进直接融资和间接融资的合理、均衡发展,有助于分流居民储蓄,形成竞争有序、多元、统一、开放的资本市场体系,还能够提高资本市场配置资源的效率,提高社会资金的运作效率,为实现产融结合提供一条有效的途径。以特定方式集聚起社会资金的证券公司作为投资资金来源市场化和投资资金运用市场化的投资主体,有助于培育新型市场化的机构投资者,促进投融资体制的市场化改革。

## 五、证券公司开展直接投资业务的必要性

证券公司开展直接投资业务的必要性体现在以下几个方面:

第一,未来5年我国直接投资业务的市场需求巨大。我国高科技型中小企业伴随着改革开放和经济转轨快速成长。这些企业以技术创新带动体制创新,已经成为推动我国高新技术产业快速发展的决定性力量。

由于体制制约,目前高科技型中小企业在成长初期缺乏可靠的、系统性的直接融资手段。据国家科学技术部估计,未来5年我国直接投资市场的资金需求总额将高达

2 000 亿元。

近年来,在国家发改委等部委的推动下,以产业投资基金为代表的直接投资业务在我国逐渐发展起来。但由于其一直未能与资本市场形成良性互动,特别是缺少高水准、专业化的中介服务机构参与,直接投资业务发展并不顺利。

第二,直接投资使资本市场与高科技企业形成市场化联动机制,是实现自主创新国策的重要措施。通过科技进步和自主创新推动国民经济持续稳定发展,是党和国家的既定方针。要实现这一目标,资本市场各参与主体必须通过制度创新和业务创新,推动直接投资业务的发展,加大对创业企业、基础设施建设等领域的扶植力度,建立高科技企业、风险投资和资本市场互相联动的市场化发现及筛选机制。必须尽快通过直接投资业务,使资本市场与高科技企业形成市场化联动机制,这既是对证券公司、基金公司、交易所等参与主体的挑战,也是资本市场进一步发展壮大的重要契机。

第三,证券公司开展直接投资业务,可以促使更多的优质公司在国内上市,减少优质企业资源向海外流失。近几年,由于法规不健全、体制不畅通,大量优质企业(尤其是中小创新企业)到海外上市,百度、盛大等公司就是其中的典型代表。国内资本市场长期失去这些最活跃、最有潜质的上市公司,既不利于自主创新国策的贯彻实施,也是造成资本市场长期游离于国民经济边缘的重要原因之一。

证券公司作为资本市场的中介机构和资本运作的重要纽带,通过直接投资业务尽早介入有发展潜力的非上市及拟上市公司,使我国创新型企业的成长路径尽早与由代办股份转让系统、三板市场、中小板市场(创业板市场)、主板市场组成的多层次资本市场相连接,是促使更多优质企业留在国内的有效措施。

第四,直接投资业务是证券公司发展壮大的重要机遇。随着证券业对外开放步伐的日益加快,一大批国际一流投资银行纷纷进入我国证券业。在这样的条件下,我国证券业在不久的将来很可能提前进入寡头竞争的时代,那些仅在低端市场进行恶性竞争的证券公司将难以生存。

作为高端业务领域之一,直接投资业务有助于证券公司全面提升自身的管理水平和核心竞争力,有助于证券公司和证券业整体的发展壮大。

## 六、证券公司开展直接投资业务的可行性

证券公司开展直接投资业务的可行性体现在以下几个方面:

第一,证券公司曾经开展过直接投资业务,并取得了一定经验。在我国证券业的发展过程中,证券公司曾经涉足直接投资业务,其中的典型代表是中金公司。中金公司于1995 年设立直接投资部,负责对非上市公司的直接投资业务,先后投资了新浪网(美国上市)、鹰牌陶瓷(新加坡上市)、南孚电池(由美国吉列公司收购)等项目,取得了丰厚的投资回报。

但由于当时证券行业整体素质不高,证券公司治理水平较低,风险控制能力较差,造成部分券商利用自有或客户资金过度参与房地产炒作,以及"押宝"深圳创业板市场很快成立,盲目投资中小型非上市企业,使证券公司整体性风险不断累积和加剧。同时,证券公司开展直接投资业务也与当时《证券法》规定的证券公司的经营范围不相符。因此,为避免行业风险的累积和证券公司违规违法经营,中国证监会于

2001 年 4 月发文停止证券公司参与直接投资业务。该措施在当时的条件下无疑是正确的,对制止证券公司违规进行实业投资起到了应有的作用。

第二,《证券法》的修订为证券公司重新开展直接投资业务扫清了障碍。新的《证券法》在明确规定证券公司业务范围的同时,没有禁止券商开展其他合法业务,为券商推出直接投资业务预留了空间。《证券法》的修订与实施以及中国证监会相关法规的修改,都为证券公司重新开展直接投资业务扫清了法律障碍,打开了方便之门。

第三,清理整顿后,创新试点类证券公司的公司治理水平、风险控制机制得到了很大改进。中国证监会自 2004 年起开始对证券公司实行分类监管,根据不同证券公司的风险承受程度和控制能力,实施不同的监管方法,给予不同的发展空间。目前,已有 15 家证券公司获得创新试点资格。创新类证券公司通过加强内部管理,不断提高公司治理水平,公司内部风险控制机制也有了很大改善。

据统计,2005 年底,证券公司净资本排名前 10 名中有 9 名属于创新试点类,创新试点类公司的整体业绩远好于其他券商。权证及创设权证、集合理财、ETF 等创新业务和产品不但给创新试点类券商带来了新的利润增长点,也在一定程度上提升了它们的市场形象。目前,创新试点类证券公司已成为券商队伍中最有活力、最具发展前景的一部分。

第四,创新试点类证券公司重新开展直接投资业务风险可控。证券公司开展直接投资业务面临的主要风险包括投资风险、内部利益冲突和流动性风险。对此,可以从以下几个方面有效化解:首先,中国证监会可以在投资对象、自有资金的参与比例等方面加以限制,将投资风险控制在证券公司可承受的范围内;其次,为防止券商内部不同部门在业务上产生利益冲突,严格要求实行防火墙制度,确保直接投资与其他部门业务之间的隔离,同时,通过完善包括深交所中小板在内的多层次资本市场退出机制,降低直接投资业务中的流动性风险;最后,将允许从事直接投资业务的范围限定为创新试点类证券公司(待条件成熟时再逐步扩大到规范类),有利于进一步控制可能出现的风险。

与前几年相比,目前我国证券业的法律法规体系更加完备合理,经过治理整顿,创新试点类证券公司在内部治理、决策机制及风险控制等方面也有了很大进步。中关村代办股份转让系统、三板、中小企业板等多层次资本市场的建立,使直接投资真正实现市场化运作成为可能,大幅降低了直接投资业务中的系统性风险。

随着中国证监会监管经验的积累、监管体系的不断完善和风险防范处置能力的增强,对金融创新的引导和监管能力有了很大提高。在试点过程中,一旦发现证券公司违规经营或出现风险防范隐患,中国证监会有能力及时予以纠正。

综合以上因素,创新试点类证券公司重新开展直接投资业务的风险有限,中国证监会完全有能力预防和控制。

## 七、证券公司开展直接投资业务的组织形式和资金来源

### (一)组织形式

参照国外经验,创新试点类证券公司开展直接投资业务试点的组织形式可以有事业部型及子公司型两种。

1.事业部型。由证券公司设立专门的直接投资业务部,负责该项业务的开展。为避免与公司内其他部门(研究部、投行部、并购部、固定收益部等)在业务上产生利益冲突,该部门应当在人员、财务、信息交换等方面与卖方业务部门隔离。

2.子公司型。由证券公司发起设立投资管理公司(全资、控股或参股),证券公司通过专项理财计划募集资金用于直接投资业务。投资管理公司与证券公司间是股权控制关系,业务相对独立,因此更有利于完善风险控制机制,并可通过引入其他战略合伙人提高投资管理公司的信誉和业务能力。

投资管理公司的内控机制及决策机制参照证券投资基金管理公司及国外风险投资公司的机制建立,其独立开展直接投资业务,不受证券公司影响。

### (二)资金来源

证券公司用于直接投资的资金来源主要有两个,即自有资金和募集资金。鉴于目前国内券商资本实力较弱,风险管理体制仍待进一步加强,应当严格限制证券公司用于直接投资的资本金金额和比例,并从公司净资本中直接扣除。

在开始阶段,直接投资业务所需资金的募集方向应以国有大中型企业、国内金融企业、海外投资机构为主,并逐步放宽保险资金、养老基金及民间私人资本进入的限制。试点阶段不应当单纯追求资金规模的大小,应当将资金规模控制在一定的范围之内。

# 第三节　直接投资业务的程序

券商的直投业务将主要锁定在 Pre-IPO 项目上,退出渠道则以海内外市场上市为主。Pre-IPO 的操作流程大体可以概括为准备、实施、完成三个阶段。

## 一、准备阶段

在 Pre-IPO 业务实施之前应做好以下两个方面的准备工作:

第一,达成初步意向。券商直接投资部门与准备做 Pre-IPO 的准上市企业达成初步投资意向。

第二,选聘相关中介。Pre-IPO 须聘请律师、会计师、估值师以及投资银行保荐承销机构(一般与直接投资部门为同一家券商)等中介来帮助境内公司完成整个私募工作,并由中介机构准备相关资料,包括商业计划书、公司的财务预测和募集资金用途说明等材料。

## 二、实施阶段

实施阶段是整个 Pre-IPO 工作的核心阶段,主要包括以下工作:

第一,直投部门进行尽职调查。与投资人达成投资意向后,投资人需要对境内公司从成立变更、公司治理、董事高管、经营业务、资产状况、财务会计、对外投资、员工聘用、保险状况、所属行业、涉讼情况、债权债务及环境保护等各个方面展开全面的尽职调查,以了解公司真实情况。

第二,展开商业磋商。在尽职调查的同时,投融资双方可以就相关商业条款和投资条款展开谈判,主要包括重组模式、公司估值、投资比例、投资人优先保护条款、公司治理和管理权归属等重大问题,其中公司估值占有极其重要的地位,涉及直接投资业务的定价问题。

第三,起草投资协议。由融资顾问主持并由律师、会计师、保荐承销机构等配合,进入投资协议起草、商议和定稿程序。

第四,投入资金配发新股。券商直接投资部门将投资资金汇入企业在银行开户的账户,企业则配发相应比例的新股给投资人,至此,整个 Pre-IPO 投资完成。

### 三、完成阶段

#### (一)多渠道达到海内外上市目的

Pre-IPO 业务成功的标志是直接投资资金在企业于海内外上市之后可以安全退出并增值。因此,在此过程中,配合保荐、承销机构(一般与直投机构为同一家券商)完成 IPO、推进这一过程便成为直接投资部门的主要任务。IPO 辅导立项、审核、过发审会等过程在此不再赘述。

#### (二)上市后直投资金的退出途径

目前国内的退出途径主要有沪、深两地的主板市场和深圳的中小板市场及创业板市场。创业板的推出极大地扩展了 Pre-IPO 业务的退出途径,因为一般来讲,Pre-IPO 大多投资于创新型、高成长性企业走向成熟的阶段,这一特点正好与创业板市场的特征相吻合。

此外,美国纳斯达克市场是全球闻名的创业板市场之一,也是 Pre-IPO 业务退出的绝佳途径。当然,在海外上市的过程中,需要注意一些问题,尤其是境外投资外汇登记:依照 2005 年 11 月 1 日国家外汇管理局公布的《关于境内居民通过境外特殊目的公司融资及返程投资外汇管理有关问题的通知》(简称 75 号文)之规定,境内公司拟在海外上市前,须持相关材料向所在地外汇分局、外汇管理部门申请办理境外投资外汇登记手续。

直接投资资金通过二级资本市场或股权转让等方式安全退出并增值之后,Pre-IPO 直接投资业务便全部完成。

## 第四节 国际市场上证券公司从事直接投资业务的实践

在国外成熟市场上,直接投资业务一直是证券公司的主要业务领域和重要利润来源。国外市场上最活跃的直接投资基金大多由大型证券公司下属的直接投资部门进行专业化管理。例如,美国高盛公司专门设置了商人银行部,利用自有资金和募集资金投资于全球范围内的企业资产和房地产资产。在高盛的商人银行部门内,直接投资部负责产业投资和风险投资业务,房地产直接投资部则负责房地产业的投资业务。2004 年初,高盛下属直接投资部门管理的资产总额超过 170 亿美元;2005 年,高盛的直接投资业务净收入高达 22.3 亿美元,占公司全部收入的9.0%。美国另一大投资银行摩根士丹利也通过下属直接投资部负责对经营性企业做长期的投资业务,管理着大约 100 亿美元的资金。2004 年,摩根士丹利直接投资业务总利润约为 2.48 亿美元,占资产管理业务税前利润的 30%,占公司税前总利润的 3.64%。

## 一、国际市场上从事直接投资业务的主要机构类型

在组织形式上,国外从事直接投资业务的机构大致有三种:一是私人资本,二是企业附属的直接投资公司,三是由专业机构管理的直接投资基金。

### (一)私人资本

由于私人资本具有决策简便、制约较少、敢于冒险、勇于创新的特点,在直接投资发展初期,私人资本占有极其重要的地位。随着直接投资的发展,非组织化的私人资本受规模、连续性、稳定性等限制,难以适应直接投资"组合投资、分散风险"特征对大规模资金的需求。

### (二)企业附属的直接投资公司

控股公司和大型工商企业等也利用自有资本设立附属的直接投资公司,这使直接投资的发展进入了第二阶段。企业附属的直接投资公司一般在投资中具有一定的目的性和选择性,且投资决策缺乏独立性,投资往往集中于一些与企业发展有关的特定行业领域,难以适应直接投资进一步发展的需要。目前,国际上设立直接投资公司的企业主要以信息产业的跨国公司居多,包括 Intel、Dell、IBM、Oracle、Cisco、Microsoft、Motorola 以及 Creative 等。

### (三)专业机构管理的直接投资基金

20 世纪 40 年代以来,为了克服上述两种形式直接投资资本的局限性,由大型投资银行等专业机构管理的直接投资资本——直接投资基金开始出现,这标志着直接投资业务的发展进入了新阶段。直接投资基金按照"集合出资、专家管理、收益共享、风险共担"的原则运作,在资金规模、投资方向、投资组合以及连续性、稳定性和制度保障等方面取得了极大的突破,同时也在投资回报、风险承受和投资决策等方面受到了一些约束。但从成本和收益的比较来看,直接投资基金具有其他两种形式的直接投资资本难以比拟的优越性。

从世界范围看,在直接投资市场最为活跃的直接投资基金大多由国际著名证券公司下属的直接投资部门进行专业化管理,包括高盛、美林、J.P.摩根、巴林等。券商进行直接投资的目的是通过在资本市场上的成功撤出获得丰厚的回报。从企业的成长历程看,券商进行直接投资,实际上是将其传统的上市、并购业务在纵向上向前进行了延伸,并将其传统的资产管理业务在横向上进行了拓展。

## 二、证券公司开展直接投资业务的优势

与其他类型的直接投资机构相比,证券公司开展直接投资业务的优势主要体现在以下几个方面:

第一,专业优势。借助内部研究及投资银行团队提供的一系列专业意见,券商在投资分析及执行投资方案方面具有多方面的竞争优势。

第二,融资优势。大型券商在资本市场上具有广阔的融资渠道,可以创造性地实现有吸引力的投资结构,能够确保顺利进行复杂的金融交易。

第三,退出优势。借助 IPO 和兼并收购等方面的经验,券商在投资退出方面具有更大的灵活性。

从国际经验看,券商开展直接投资业务,不仅可以充分发挥其在资本市场中的媒介作用,还可以进一步拓宽券商业务范围,提升券商的竞争实力。

首先,传统的投资银行业务向前延伸。如果投资银行发现了仍处于种子期、启动期或者是成长期的企业,但这些企业尚不具备上市条件,其发展又需要资金,投资银行就会帮助这些企业寻找投资者,一方面可以解决企业的资金问题,另一方面也有助于其规范运作,使企业尽快提升到成熟阶段,进入上市候选企业行列,为投资银行日后的运作奠定基础。

其次,传统的资产管理业务横向拓展。券商传统的资产管理业务主要为客户提供在二级市场上的投资服务,通过对有上市潜力企业的投资,客户可获得更为广泛的投资渠道。

### 三、国外证券公司开展直接投资业务的主要模式

国外证券公司开展直接投资业务的主要模式是通过下属的专业投资管理机构发起设立数家直接投资基金,通过基金契约,由下属的直接投资部或资产管理部对直接投资基金进行管理,履行管理人职责,商业银行为直接投资基金托管人。其中,客户资金所占比例较少的直接投资基金一般由券商下设的直接投资部进行管理,如高盛、摩根士丹利等就是采取这种模式;如果客户资金所占比例较大,则通常通过资产管理部进行管理。

## 课外阅读网站

1.http://www.csrc.gov.cn/,中国证券监督管理委员会。

2.http:// www.cs.ecitic.com/,中信证券股份有限公司。

3.http:// www.cicc.com/,中国国际金融有限公司。

## 思考题

1.什么是直接投资业务?

2.证券公司开展直接投资业务有哪些优势?

3.试对我国证券公司开展直接投资业务的必要性和可行性进行探讨。

## 延伸阅读

### 高盛的私人股权投资

全球主要的投资银行都有专门从事 PE 的下属部门或机构。如高盛旗下的商人银行部和私人股权集团,摩根士丹利旗下的资本合伙基金、风险合伙基金和新兴市场基金,美林旗下的美林全球私人股权集团等;另外,一些知名的金融机构如凯雷、AIG、

ING、汇丰等也设立了专门的PE部门。下面我们主要介绍高盛的PE部门(见图5-1)。

高盛公司有两个部门从事私人股权投资:①高盛商人银行部(Merchant Banking Division);②高盛私人股权集团(Goldman Sachs Private Equity Group, PEG)。

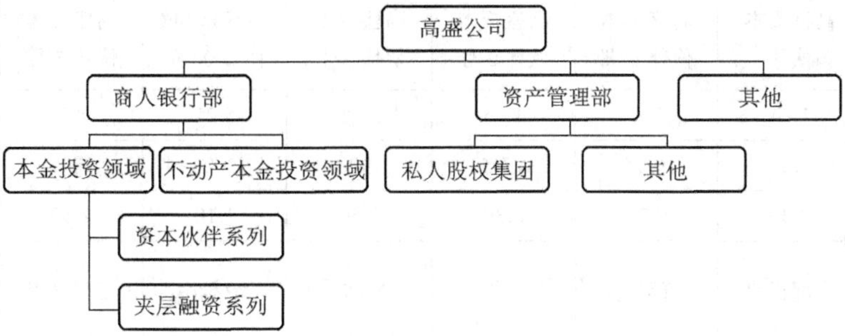


**图5-1　高盛的PE部门**

商人银行部的资本有高盛自有资本、高盛员工的资本以及外部筹资,主要投资于世界范围内的企业和不动产资产。

商人银行部内分两块:本金投资领域(Principal Investment Area, PIA),在世界范围内寻找企业投资机会;不动产本金投资领域(Real Estate Principal Investment Area, REPIA),投资不动产。

本金投资领域的投资情况:1983年,高盛开始有选择地对来自自身银行和经纪业务的客户进行长期股权投资。许多早期的投资都获得了成功。1986年,高盛开始建立投资合伙制度,允许客户参与高盛的基金。

1991年,高盛创立了本金投资领域(PIA),管理全球范围的私人企业股权和夹层投资活动。

高盛本金投资领域有两个类型的基金(如表5-1所示)。

**表5-1　高超本金投资领域两个类型的基金**

| | 高盛资本伙伴系列(Capital Partaers) | 高盛夹层融资伙伴系列(Mezzanine Partners) |
|---|---|---|
| 投资理念 | ◈专注于欧、美、亚洲的投资机会;<br>◈投资回收期较长;<br>◈通过派驻人员的方式参与投资目标的战略和管理,实现高回报;<br>◈主要投资工具有杠杆收购、重组、基金收购和扩张等 | ◈专注于欧美的夹层投资机会;<br>◈投资回收期长短不限;<br>◈主要投资工具是股票挂钩证券,如股票权证等,同时也考虑杠杆收购等其他投融资方式 |
| 投资方式/对象 | ◈杠杆收购MBO<br>◈扩张/成长投资<br>◈Build-Ups<br>◈资本结构重组<br>◈私人公司<br>◈重组和特殊情形<br>◈创新技术类公司 | ◈杠杆收购MBO<br>◈扩张/成长投资<br>◈退市交易<br>◈资本结构重组<br>◈私人公司<br>◈重组<br>◈特殊情形 |

高盛资本伙伴系列和高盛夹层融资伙伴系列基金概况分别如表 5-2 和表5-3 所示。

表 5-2　高盛资本伙伴体制系列基金概况　　单位:亿美元

| | 高盛资本伙伴 | 高盛资本伙伴亚洲 | 高盛资本伙伴 2 号 | 高盛资本伙伴 3 号 | 高盛资本伙伴 2000 年 | 高盛资本伙伴 5 号 | 合计 |
|---|---|---|---|---|---|---|---|
| 基金总规模 | 1.04 | 300 | 1.75 | 2.78 | 5.25 | 8.5 | 19.62 |
| 成立年份 | 1992 | 1994 | 1995 | 1998 | 2000 | 2005 | |
| 高盛投资额 | 0.30 | 0.75 | 0.30 | 0.50 | 1.10 | 2.50 | 5.45 |
| 基金已投资比例 | 全部投完 | 全部投完 | 全部投完 | 90% | 92% | 正在投资 | |
| 基金中投资项目数量(个) | 49 | 17 | 54 | 73 | 57 | 5 | 255 |
| 投资地域 | 全球 | 亚洲 | 全球 | 全球 | 全球 | 全球 | |
| 基金中单个项目的平均投资规模 | 0.02 | 0.015 | 0.05 | 0.033 | 0.085 | 0.74 | 0.044 |

表 5-3　高盛夹层融资伙伴系列基金概况　　单位:亿美元

| | 高盛夹层伙伴 1 号 | 高盛夹层伙伴 2 号 | 高盛夹层伙伴 3 号 | 合计 |
|---|---|---|---|---|
| 基金规模 | 1.2 | 1.3 | 2.7 | 5.2 |
| 成立年份 | 1996 | 2000 | 2003 | |
| 基金已投资比例 | 全部投完 | 全部投完 | 53% | |
| 基金中投资项目的数量(个) | 17 | 21 | 18 | 56 |
| 投资地域(个) | 13(北美)<br>4(欧洲) | 9(北美)<br>12(欧洲) | 9(北美)<br>9(欧洲) | 51(北美)<br>25(欧洲) |
| 基金中单个投资项目的平均投资规模 | 0.025~0.183 | 0.026~0.102 | 0.035~0.130 | 0.065 |

高盛本金投资领域的专家遍及纽约、伦敦、洛杉矶、香港和东京等全球主要金融中心。

不动产(房地产)本金投资领域:高盛商人银行部的 REPIA 在全世界房地产领域寻找高增长的投资机会,如酒店、停车和仓储公司等。REPIA 旗下主要启动(Vehicle)基金为 Whitehall2001,规模约为 25 亿美元,管理的不动产价值在 400 亿美元左右。另外,高盛还通过高息贷款和贷款收购等方式参与不动产投资。

高盛私人股权集团(Goldman Sachs Private Equity Group, PEG)现管理超过 130 亿

美元的私人股权资本。PEG 现由 70 多名专家组成，是私人股权基金的主要投资者，是直接投资者的主要合作投资伙伴。PEG 致力于在全球发掘最优秀的私人股权基金经理。PEG 的主要策略是参与杠杆收购、扩张融资、自然资源、风险资本和困境证券的私人股权投资。

（资料来源：摘自中信证券研究报告：《投资银行走入私人股权时代》，2006 年 8 月。）

# 第六章

# 基金管理和券商集合理财

## 第一节　证券投资基金概述

### 一、证券投资基金的内涵与特点

#### （一）证券投资基金的内涵

证券投资基金（简称"基金"）是一种利益共享、风险共担的集合投资方式，即通过发行基金单位，集中投资者的资金，由基金托管人托管，由基金管理人管理和运用资金，从事以有价证券为主的金融工具投资，以获得投资收益和资本增值。

证券投资基金在不同国家或地区的称谓有所不同，在美国称为"共同基金"，在英国和我国香港地区称为"单位信托基金"，在日本和我国台湾地区称为"证券投资信托基金"。

证券投资基金起源于19世纪60年代，迄今为止，它大致经历了产生、发展和成熟三个阶段。

1868—1920年是证券投资基金的产生阶段。19世纪60年代，随着第一次产业革命的成功，英国成为全球最富裕的国家，其工业总产值占世界工业总产值的1/3以上，国际贸易额占世界总贸易额的25%。当时英国国内资金充裕，利率较低。与此同时，美国、德国、法国等国家正开始进行工业革命，需要大量的资金支持。在这种背景下，英国政府为了提高国内投资者的收益，出面组织了由专业人士管理运作的以投资美国、欧洲及殖民地国家证券为主要对象的"外国和殖民地政府信托投资"基金。它标志着证券投资基金开始起步。

1921年至20世纪70年代是证券投资基金的发展阶段。如果说第一次产业革命属于轻工业革命的话，第二次产业革命则是重工业革命。在这场革命中，钢铁、汽车、电力、石化等工业迅速兴起。经过19世纪70年代到20世纪初的30多年历程，美国经济跳跃式发展，超过了英国，国民生产总值位居世界第一位。尤其是在第一次世界大战后，美国的经济更是空前繁荣。在此背景下，1921年4月，美国设立了第一家证券投资基金组织——美国国际证券信托基金，这标志着证券投资基金"英国时代"的结束和"美国时代"的开始。之后，1924年3月21日，"马萨诸塞投资信托基金"设立，这意味着美国式证券投资基金的真正起步。1940年美国仅有证券投资基金68只，资产总值达4.48亿美元；到了 1979 年,证券投资基金数量已经发展到 524 只,资产总值达 945.11 亿美元。

20 世纪 80 年代以后是证券投资基金趋于成熟的阶段。成熟在这里包括三层含义:一是证券投资基金在整个金融市场中占有重要的地位;二是证券投资基金成为一种国际化现象;三是证券投资基金在金融创新中得到了快速发展,有力地促进了金融运行机制的创新。

2000 年,全球开放式证券投资基金的总资产达到 12.152 万亿美元,比 1995 年的 5.386 2万亿美元增长了 125.62%,基金总数为 53 450 只,比 1995 年 34 992 只增长了 52.75%。显然,证券投资基金已经成为发达国家金融运行和国际金融市场中一支举足轻重的力量。

1991 年 10 月,在中国证券市场刚刚起步时,“武汉证券投资基金”与“深圳南山风险投资基金”分别由中国人民银行武汉分行和深圳南山区政府批准成立,成为第一批基金。但是,当时我国的投资基金仍处于起步阶段。1997 年 10 月,《证券投资基金管理暂行办法》出台,标志着中国证券投资基金业进入了规范发展的阶段。1998 年 3 月,金泰、开元证券投资基金的设立,标志着规范的证券投资基金开始成为中国基金业的主导方向。2001 年华安创新投资基金作为一只开放式基金问世,成为中国基金业发展的又一个阶段性标志。开放式基金规模日益壮大,截至 2020 年底,其总体规模已占沪深两市总流通市值的 0.45%,成为资本市场上重要的机构投资者。

### (二)证券投资基金的特点

与其他投资品种(股票、债券等)相比,证券投资基金具有鲜明的特点:

1.专家理财。基金资产由专业的基金管理公司负责管理。基金管理公司配备了大量的投资专家,他们不仅掌握了广博的投资分析和投资组合理论知识,而且在投资领域也积累了相当丰富的经验,相对于一般投资者而言,基金往往会有更高的研究水平。

2.组合投资,分散风险。投资学上有一句谚语:“不要把你的鸡蛋放在同一个篮子里。”然而,中小投资者由于资金量小且研究实力较弱,通常无力做到这一点。如果投资者把所有资金都投资于一家公司的股票,一旦这家公司破产,投资者便可能失尽其所有;而证券投资基金通过汇集众多中小投资者的小额资金,形成雄厚的资金实力,可以同时把投资者的资金分散投资于各种股票,可以使某些股票跌价造成的损失用其他股票涨价的赢利来弥补,分散了投资风险。

3.是一种间接的证券投资方式。投资者是通过购买基金而间接投资于证券市场的。与直接购买股票成为股东或者是购买债权成为债权人相比,投资者与上市公司没有任何直接关系,不参与公司决策和管理,只享有基金利润的分配权。

4.具有投资小、费用低的优点。在我国,每份基金单位面值为人民币 1 元。证券投资基金最低投资额一般较低,投资者可以根据自己的财力,多买或少买基金单位,从而解决了中小投资者“钱不多、入市难”的问题。基金的费用通常较低,基金管理公司就提供基金管理服务而向基金收取的管理费一般为基金资产净值的 1%~2.5%,与此同时,投资者购买基金需缴纳的费用通常为认购总额的 0.25%,低于购买股票的费用。

5.流动性强,基金的买卖程序非常简便。对于开放式基金而言,由于开放式基金每天都会进行公开报价,因此,投资者既可以向基金管理公司直接购买或赎回基金,也可以通过证券公司等代理销售机构购买或赎回。对于封闭式基金而言,目前我国封闭式基金都在证券交易所上市交易，买卖程序与股票相似。

## 二、基金的种类

证券投资基金形态各异，种类繁多，可以按照多种标准进行分类。

### （一）封闭式基金和开放式基金

根据基金单位是否可增加或赎回，投资基金可分为封闭式基金（Closed-End Fund）和开放式基金（Open-End Fund）。封闭式基金的持有人在基金存续期内，可以在规定的场所转让其所持基金份额，但不得请求基金管理人赎回；开放式基金持有人可以依据基金份额的资产净值，在规定的时间和场所申购或者赎回基金份额。

封闭式基金的发起人在设立基金时，限定了基金单位的发行总额，一旦筹集到这个总额，基金即宣告成立，并进行“封闭”，在一定时期内不再接受新的投资。

基金单位的流通采取在证券交易所上市的办法，投资者日后买卖基金单位，都必须通过证券经纪商在二级市场上进行竞价交易。

封闭式基金的期限是指基金的存续期，即基金从成立起到终止之间的时间。基金期限届满即为基金终止，管理人应组织清算小组对基金资产进行清产核资，并将清产核资后的基金净资产按照投资者的出资比例进行公正合理的分配。如果基金在运行过程中，因某些特殊的情况使得基金的运作无法进行，可以在报经主管部门批准后提前终止。

开放式基金的基金发起人在设立基金时，基金单位的总数是不固定的，可视投资者的需求追加发行。投资者可根据市场状况和各自的投资决策，要求发行机构按当期净资产值扣除手续费后赎回基金份额；或者再买入基金份额，增持基金份额。为了满足投资者中途抽回资金实现变现的要求，开放式基金一般在基金资产中保持一定比例的现金。这虽然会影响基金的赢利水平，但作为开放式基金来说却是必需的。

封闭式基金和开放式基金主要有以下区别：

1.期限不同。封闭式基金有固定的存续期限，通常在 5 年以上，一般为 10 年和 15 年，经持有人大会通过并经主管机关同意，可以适当延长期限；而开放式基金则没有固定期限，投资者可随时向基金管理人赎回基金单位。

2.发行规模限制不同。封闭式基金在招募说明书中列明其基金规模，在存续期限内未经法定程序认可，不能再增加发行；开放式基金则没有规模限制，投资者可随时提出认购或赎回申请，从而基金规模也就随之而增加或减少。

3.基金单位的交易方式不同。封闭式基金的基金单位在存续期限内不能赎回，持有人只能寻求在证券交易场所出售给第三者；开放式基金的投资者则可以在首次发行结束一段时间(一般为 3 个月)后，随时向基金管理人或中介机构提出购买或赎回申请，买卖方式灵活，除极少数开放式基金在交易所名义上市外，通常不上市交易。

4.基金单位交易价格的计算标准不同。封闭式基金与开放式基金的基金单位，除了首次发行价都是按面值加一定百分比的销售费用计算外，以后的交易计价方式明显不同。封闭式基金的买卖价格受市场供求关系的影响，常出现溢价或折价现象，并不必然反映基金的净资产值，而开放式基金的交易价格则取决于基金每单位净资产值的大小，其申购价一般是基金单位净资产值加一定的申购费，赎回价是基金单位净资产值减一定的赎回费,均不直接受市场供求的影响。

5.基金买卖费用的缴纳方式不同。投资者在买卖封闭式基金时与买卖股票一样,也要在价格之外付出一定比例的证券交易税和手续费;而开放式基金的投资者所需缴纳的相关费用(如首次认购费、赎回费)则包含于基金价格之中。一般而言,买卖封闭式基金的费用要高于开放式基金。

6.基金的投资策略不同。由于封闭式基金不能随时被赎回,其募集得到的资金可全部用于投资,因此,基金管理公司可以制定长期的投资策略,力求取得长期经营绩效;而开放式基金则必须保留一部分现金,以便投资者随时赎回,而不能全部用于长期投资,它一般投资于变现能力强的资产。

### (二)契约型基金和公司型基金

根据组织形态的不同,投资基金可分为契约型基金和公司型基金。

契约型基金也称信托型基金,是指把投资者、管理人、托管人三者作为基金的当事人,通过签订基金契约的形式发行受益凭证而设立的一种基金。契约型基金基于契约原理组织起来,并通过基金契约来规范三方当事人的行为:基金管理人依据法律、法规和基金契约负责基金的管理;基金托管人负责基金资产的保管,执行管理人的有关指令,办理基金名下的资金往来;投资者通过购买基金单位,享有基金投资收益。英国、日本和我国香港、台湾地区的基金多是契约型基金。

公司型基金是具有共同投资目标的投资者依据公司法组成以营利为目的、投资于特定对象的股份制投资公司。这种基金通过发行股份的方式筹集资金,是具有法人资格的经济实体。基金持有人既是基金投资者又是公司股东,其按照公司章程的规定享受权利、履行义务。公司型基金成立后,通常委托特定的基金管理公司运用基金资产进行投资并管理基金资产,基金资产的保管则委托另一个金融机构,该机构的主要职责是保管基金资产并执行基金管理人指令,二者权责分明。基金资产独立于基金管理人和托管人的资产之外,即使受托的金融保管机构破产,受托保管的基金资产也不在清算之列。美国的基金多为公司型基金。

契约型基金与公司型基金的主要区别有以下几点:

1.法律依据不同。公司型基金组建的依据是公司法,而契约型基金的组建依照基金契约,信托法是其设立的法律依据。

2.基金财产的法人资格不同。公司型基金具有法人资格,而契约型基金没有法人资格。

3.发行的凭证不同。公司型基金发行的是股票,契约型基金发行的是受益凭证(基金单位)。

4.投资者的地位不同。公司型基金的投资者作为公司的股东,有权对公司的重大决策发表自己的意见,可以参加股东大会,行使股东权利。契约型基金的投资者购买受益凭证后即成为契约关系的当事人,即受益人,对资金的运用没有发言权。

5.基金资产运用依据不同。公司型基金依据公司章程规定运用基金资产,而契约型基金依据契约来运用基金资产。

6.融资渠道不同。公司型基金具有法人资格,在一定情况下可以向银行借款,而契约型基金一般不能向银行借款。

7.基金运营方式不同。公司型基金像一般的股份公司一样,除非依据公司法规定到了破产、清算阶段,否则公司一般都具有永久性;契约型基金则依据基金契约建立、运作,契约期满,基金运营相应终止。

(三)其他类别

除了上面两种主要的分类方式以外,还有以下几种分类。

1.根据投资对象的不同,投资基金可分为股票基金(Equity Fund)、债券基金(Bond Fund)、货币市场基金(Money Market Fund)、期权基金(Option Fund)、指数基金(Index Fund)和认股权证基金(Warrant Fund)等。股票基金是指以股票为投资对象的投资基金,债券基金是指以债券为投资对象的投资基金,货币市场基金是指以国库券、大额银行可转让存单、商业票据、公司债券等货币市场短期有价证券为投资对象的投资基金,期货基金是指以各种期货品种为主要投资对象的投资基金,期权基金是指以能分配股利的股票期权为投资对象的投资基金,指数基金是指以某种证券市场的价格指数为投资对象的投资基金,认股权证基金是指以认股权证为投资对象的投资基金。

2.根据投资风险与收益的不同,投资基金可分为成长型投资基金、收入型投资基金和平衡型投资基金。成长型投资基金是指把追求资金的长期成长作为其投资目的的投资基金,收入型投资基金是指以能为投资者带来高水平的当期收入为目的的投资基金,平衡型投资基金是指以支付当期收入和追求资金的长期成长为目的的投资基金。

3.根据资金来源和运用地域的不同,投资基金可以分为国际基金(Global Fund)、离岸基金(Off-Shore Fund)、国内基金(Domestic Fund)、国家基金(Country Fund)等。国际基金是指资金来源于国内,并投资于国外市场的投资基金;离岸基金也称海外基金,是指资金来源于国外,并投资于国外市场的投资基金;国内基金是指资金来源于国内,并投资于国内市场的投资基金;国家基金是指资金来源于国外,并投资于国内的投资基金。

4.根据投资货币种类的不同,投资基金可分为美元基金、日元基金和欧元基金等。美元基金是指投资于美元市场的投资基金,日元基金是指投资于日元市场的投资基金,欧元基金是指投资于欧元市场的投资基金。

5.雨伞基金(Umbrella fund)和基金中基金(Fund of Fund,FOF)。雨伞基金通常是在一个母基金之下再设立若干个基金,基金的各个子基金独立进行投资决策,其最大的特点是在基金内部可以为投资者提供多种投资选择。由于市场处于不断的变化之中,投资者的需求也在不断变化,如果投资者在不同的基金之间进行重新选择,就需要支付很多销售费用。而雨伞基金的投资者可以随时根据自己的需求转换基金类型,不需要支付转换费,能够在低成本的情况下为投资者提供较大的选择余地。基金中基金是一种以其他基金证券为投资对象的投资基金,其特点是具有双重保护功能,不利之处是加大了投资者的投资成本。

两类基金的不同之处在于:雨伞基金不是基金,基金中基金是一种基金;另外,基金中基金是否转换基金类型由基金经理决定,而雨伞基金则完全由投资者决定。

6.对冲基金(Hedge Fund)。对冲基金的操作宗旨在于利用期货、期权等金融衍生产品以及相关联的不同股票进行实买空卖、风险对冲的操作,它在一定程度上可规避和化解证券投资风险。经过几十年的演变,对冲基金已失去了其初始的风险对冲的内涵,而成为一种新的投资模式的代名词,即基于最新的投资理论和极其复杂的金融市场操作技巧,充分利用各种金融衍生产品的杠杆效用,承担高风险、追求高收益的投资模式。

7.创业投资基金(Venture Fund)。创业投资基金是一种以私募方式募集资金,以公司等组织形式设立,投资于未上市的新兴中小型企业的一种承担高风险、谋求高回报的基金。

8.指数基金。指数基金就是指按照某种指数构成的标准购买该指数包含的证券市场中的全部或者一部分证券的基金,其目的在于达到与该指数同样的收益水平。

例如,上证综合指数基金的目标在于获取和上海证券交易所综合指数一样的收益,它按照上证综合指数的构成和权重购买纳入指数的股票,相应地,上证综合指数基金的表现会像上证综合指数一样波动。

指数基金最突出的特点就是费用低廉和延迟纳税,这两方面都会对基金的收益产生很大影响。而且,这种优点将在一个较长的时期里表现得更为突出。此外,简化的投资组合还会使基金管理人不用频繁地接触经纪人,也不用选择股票或者确定市场买卖时机。

具体来说,指数基金的特点主要表现在以下几个方面:

第一,费用低廉。这是指数基金最突出的优势。费用主要包括管理费用、交易成本和销售费用三个方面。管理费用是指基金经理人进行投资管理所产生的成本,交易成本是指在买卖证券时发生的经纪人佣金等交易费用。由于指数基金采取持有策略,不用经常换股,这些费用远远低于其他类型的基金,这个差异有时达到1%~3%。虽然从绝对额看这是一个很小的数字,但是由于复利效应的存在,在一个较长的时期里累积的结果将对基金收益产生巨大影响。

第二,分散和防范风险。一方面,由于指数基金广泛地分散投资,任何单个股票的波动都不会对指数基金的整体表现构成影响,从而分散了风险。另一方面,由于指数基金所钉住的指数一般都具有较长的历史可以追踪,因此,在一定程度上,指数基金的风险是可以预测的。

第三,延迟纳税。由于指数基金采取了一种购买并持有的策略,所持有的股票换手率很低,只有当一个股票从指数中剔除,或者投资者要求赎回投资时,指数基金才会出售持有的股票,实现部分资本利得。这样,每年所缴纳的资本利得税(在美国等发达国家中,资本利得属于所得纳税的范围)很少,再加上复利效应,延迟纳税会给投资者带来很多好处,尤其在累积多年以后,这种效应就会愈加突出。

第四,监控较少。由于运作指数基金不用进行主动的投资决策,所以基金管理人基本上不需要对基金的表现进行监控。指数基金管理人的主要任务是监控对应指数的变化,以保证指数基金的组合构成与之相适应。

## 三、基金的当事人

在基金的运作中涉及多个当事人,具体包括基金持有人(基金投资者)、基金管理人、基金托管人以及基金销售机构、过户代理商、会计师、律师等中介服务机构,其中主要当事人为前三者。

### (一)基金持有人

基金持有人是指持有基金份额或基金单位的自然人和法人,也就是基金的投资者——他们是基金的实际所有者。无论哪种基金,只要投资者买入该种基金单位,就成为该基金的持有人。一般来说,基金持有人所拥有的权利包括分享基金权益、参与基金剩余财产的分配、赎回或者转让其持有的基金份额、出席基金持有人大会并对审议事项行使表决、查询或者获取公开的基金业务和财产状况资料以及基金合同或者基金章程规定的其他权利。基金持有人在享有上述权利的同时,还须履行基金合同或者基金章程规定的义务。基金持有人权益通过基金持有人大会的表决权来行使——基金持有人大会是基金中的最高权力机构。需要决定下列事项之一的,应当及时召开基金持有人大会:提前终止基金,封闭式基金扩募、续期或者转为开放式基金,提高基金管理人或者基金托管人的费用标准,修改基金合同或者基金章程,基金合同或者章程规定的其他事项。

### (二)基金管理人

基金管理人是负责基金的具体投资操作和日常管理的机构。基金管理人由基金管理公司或者法律、行政法规规定可以从事基金管理业务并取得基金管理资格的其他机构(简称基金管理机构)担任。基金管理机构通常由投资银行、信托投资公司发起设立,具有独立法人地位。

基金管理人的主要业务是发起设立基金和管理基金。由于基金的持有人通常是人数众多的中小投资者,为了保护这些投资者的利益,必须对基金管理人的资格作出严格规定,以便使基金管理人能够更好地担负起管理基金的责任。

对基金管理人所需具备的条件,各个国家和地区有不同的规定。但一般来说,基金管理人须符合以下条件:符合公司法的有关规定,实收资本不低于规定的数额,有合格的基金管理人才,有完善的内部控制制度,法律、行政法规和相关监管机构规定的其他条件。

基金管理人的主要职责包括:负责基金发售、申购与赎回;运用基金资产进行投资;及时、足额地向基金持有人分配基金收益;负责编制基金财务会计报告;计算基金份额净值;办理应当由基金管理人负责的与基金有关的信息披露事项;负责基金份额的注册登记;代表基金处理与第三人的法律纠纷;召集基金持有人大会;确保应当向基金投资者提供的各项文件或者资料在规定的时间内发出,保证投资者能够按照基金合同或者基金章程规定的时间和方式查阅、复制与基金有关的公开资料;保存基金业务活动的记录、账册、报表和其他相关业务资料;代表基金行使基金所投资公司股东大会的表决权。

契约型基金的管理人除应当履行上述职责外,还应当履行以下职责:拟订基金合同修改方案,为基金聘请注册会计师和律师,根据基金合同制定基金收益的具体分配方案。

### (三)基金托管人

为了充分保障基金投资者的权益,防止基金资产被挪作他用,各国的证券投资信托法规都规定由某一托管机构,即基金托管人来对基金管理机构的投资操作进行监督并保管基金资产。如美国1940年《投资公司法》规定,投资公司(即基金公司)应将基金的证券、资产及现金存放于托管公司,托管公司应为基金设立独立账户,分别管理,定期检查。

基金托管人是依据基金运行中"管理与保管分开"的原则来对基金管理人进行监

督和保管基金资产的机构,是基金持有人权益的代表,通常由有实力的商业银行或信托投资公司担任。基金托管人与基金管理人签订托管协议,在托管协议规定的范围内履行自己的职责并收取一定的报酬。基金托管人在基金的运行中起着不可或缺的作用。

基金托管人的作用决定了它对托管的基金承担着重要的法律及行政责任,因此,有必要对托管人的资格作出明确规定。概括地说,基金托管人应该是完全独立于基金管理机构、具有一定的经济实力、实收资本达到相当规模、具有行业信誉的金融机构。

具体来说,申请基金托管资格应当具备下列条件:净资产和资本充足率符合有关规定,有独立的基金托管部门,有合格的基金托管业务人员,有安全保管基金资产的条件,有安全高效的清算、交割系统,有符合要求的营业场所、安全防范设施和与基金业务有关的其他设施,法律、行政法规规定的其他条件。

基金托管人的主要职责一般包括:安全保管基金资产,执行基金管理人的划款及清算指令,监督基金管理人的投资运作,复核、审查基金管理人计算的基金资产净值及基金价格。

(四)其他当事人

除以上三个主要当事人外,基金在设立、运行过程中还涉及许多其他服务机构,包括基金销售机构、过户代理商、会计师和律师等。

1.基金销售机构。随着基金市场规模的不断扩大,基金行业内部的专业化分工也不断深化。除基金管理人直接销售外,基金的销售也可由承销商批发或通过中介机构代理完成,这些独立的销售机构为基金管理人提供销售服务,并收取一定的销售佣金和服务费。

2.过户代理商。过户代理商负责投资者账户的管理和服务,负责基金单位的登记、过户以及红利发放等服务内容。

3.会计师和律师。作为专业、独立的市场中介,会计师和律师为基金提供专业、独立的会计、法律服务,为基金管理人提供内部控制审计报告。

## 第二节 基金的运作

基金的运作具体包括基金的设立、基金的发行与交易、基金投资管理、信息披露。

### 一、基金的设立

基金由基金发起人设立。基金发起人是指发起设立基金的机构,发起人在基金设立过程中的行为被称为发起人行为。发起人是完成筹办基金法定程序的执行者和代表者,发起人行为构成基金的设立行为。如果基金设立成功,因发起人行为而产生的权利和义务转由基金持有人承担;如果基金未设立成功,发起人行为所引起的权利和义务则由发起人自己承担。一般来说,基金发起人由基金管理人担任。

设立基金应当具备下列条件:有明确的组织形式和运作方式,有合法的投资方向和明确的投资策略,有合格的基金管理人和基金托管人,法律、行政法规和监管机构规定的其他条件。

申请设立基金,一般要完成以下工作:

1.基金发起人准备各种法律文件,包括申请报告、基金合同或者基金章程、招募说明书等。

2.基金发起人准备好各种文件后,上报到监管机构。监管机构对这些文件进行审核,如果符合有关标准,则批准基金发起人公开发行基金。

3.基金发起人在收到监管机构的批准后,于发行前公布招募说明书,并公告具体的发行方案。

## 二、基金的发行与交易

基金的发行也叫基金的募集,它是指基金发起人在其设立或扩募基金的申请获得监管机构批准之后,向投资者推销基金单位、募集资金的行为。

常见的基金发行方式有四种:①直接销售发行,基金不通过任何专门的销售部门,而是直接销售给投资者;②包销方式,基金由经纪人按基金的资产净值买入,然后再以公开销售价格转卖给投资人;③销售集团方式,由包销人牵头组成几个销售集团,基金由各销售集团的经纪人代销;④中介公司方式,在基金销售过程中,由一公司在基金销售集团和投资人之间充当中间销售人,以使基金能以分期付款的方式销售出去。

基金的交易是在基金成立之后进行的买卖活动。封闭式基金一般是在证券交易所挂牌上市交易;开放式基金一般不到证券交易所挂牌上市交易,而是通过指定的销售网点进行申购或赎回。

## 三、基金投资管理

基金投资管理的核心问题是投资目标和投资政策,投资目标是指基金所追求的收益类型,投资政策是基金实现投资目标的手段。不同类型的基金有不同的投资目标和投资政策,投资目标和投资政策通常在基金招募说明书中列明。

(一)投资目标。一般来说,任何基金的主要投资目标都是下列 3 个目标之一:①当期收入。这一目标强调稳定的股息、利息支付,如债券基金、股票收入基金、货币市场基金等。②资本利得。这一目标侧重于通过基金所持有股票的增值而增加基金的总资产,如积极成长型基金、成长型基金等。③当期收入和资本利得。该目标是上述两个目标的综合,如成长收入基金、平衡基金等。

不同的基金有着不同的投资目标。基金投资目标一般都在基金招募说明书中予以阐述,投资目标一旦确定,如果未得到投资者同意,就不能轻易改变。

(二)投资策略。投资政策是指为了实现基金投资目标,基金所选择的投资资产类型和所采取的投资策略。每个基金都需要在招募说明书中陈述它的投资政策,以使现有的和潜在的投资者了解基金的投资资产类型和投资策略。

具体来说,投资政策涉及这样一些内容:

1. 投资资产类别和组合。不同的基金由于投资目标的不同,其投资资产类别和组合也不同。这方面的具体内容有:①投资组合中应该包括哪些类型的资产;②确定每一适宜类型资产的投资比重;③确定每一类资产投资的变动范围和幅度;④确定投资组合应该购买哪一种特定证券。

2. 投资政策。投资策略是投资政策的重要内容,它是基金实现投资目标的重要手段。基金投资策略主要有两种,即积极投资策略和消极投资策略。积极投资策略试图通过对股票进行挑选,选择一些价值被低估的公司股票,或者有良好增长前景的股票构成投资组合;消极投资策略是指按照证券指数的组成,复制指数证券组成投资组合,或者在证券数量多的情况下,采用抽样方法选择有代表性的证券构成投资组合,模拟证券指数回报率。

3. 投资限制。在投资基金的运作中,投资限制包括两方面内容:①由法律规定的保护基金投资者的限制;②由基金经理提供的选择限制。其中一些限制在投资基金的招募说明书中会进行说明。

### 四、信息披露

信息披露是法律规定的保护投资者利益的重要手段。由于涉及众多投资者的利益,而且在基金运作中,投资者和基金管理人之间存在委托代理关系,因而信息不对称问题也就表现得非常明显。投资者和基金管理人之间的信息不对称可能会导致基金管理人利用信息优势损害投资人利益,这个问题如果不加以有效解决,必然会对基金业产生不利影响。因此,为了保护投资者利益,充分的信息披露是非常重要的。从各国基金业运作的实际情况来看,信息披露大致包括以下内容:

(一)定期报告。基金的定期报告包括年度报告、中期报告、投资组合公告、基金资产净值公告和公开说明书。年度报告和中期报告主要涉及基金在一个会计年度或半个会计年度内的投资、运作业绩;投资组合报告涉及基金投资于不同行业的股票分类比例以及基金投资按市值计算的持仓情况;基金资产净值公告主要公告截止日基金的净值和单位净值;公开说明书仅针对开放式基金而言,内容与基金招募说明书相似,同时要对基金成立以来的运作业绩进行说明,一般每6个月发布一次。

(二)不定期报告。不定期报告包括临时报告和澄清报告与说明两类。基金及其管理人或委托人发生有可能影响基金运作的重大事件时,有关当事人应当公告临时报告书;基金运作过程中出现可能会对基金价格产生误导性影响或引起较大波动的消息时,有关当事人应及时向投资者作出澄清与说明,并对外公告。

## 第三节　基金的评估与投资

### 一、评估基金表现的方法

评估投资基金表现的方法主要有以下两种:

第一,资产净值。由于基金总是或多或少地投资于股票,所以,基金资产净值就随着证券市场的波动而变动。一个好的基金,通常在牛市时其资产净值的涨幅会高于市场的平均涨幅;而在熊市时,资产净值的跌幅会小于市场的平均跌幅。

因此,投资者若想判断一个基金的大致表现,可以观察一定时期内该基金资产净值的变化情况,并将之与市场以及其他同类基金的变动幅度加以对比,从而大致确定基金表现的好坏。

第二,投资报酬率。投资报酬率的计算公式为:

投资报酬率=100%×(期末净资产价值-期初净资产价值)÷期初净资产价值

投资报酬率越高,说明基金资产的运营效率越高,基金的表现就越好,基金投资人的收益就越高。

如果投资者投资于基金所得的利息和股息放在基金里进行再投资,这时计算投资报酬率就得把这两项加进去,投资报酬率的计算就会变成:

投资报酬率=100%×(期末净资产价值-期初净资产价值+利息+股息)÷期初净资产价值

## 二、如何分析基金的投资组合

基金的投资组合存在一个效率的问题。其含义是:基金资产是否有效地分散投资于不同的资产等级中,是否有效地分散于不同行业的公司股票上,并能产生预期的收入。

了解基金投资组合的办法是分析基金的季报或年报,其中就有基金的投资项目、投资股票的种类、股份的权重。合理的分散投资应该是投资于某一种股票的资金不超过总资产的一定比例,所有股票分散于一定数量以内的行业之间。

基金的费用应该是基金的各方当事人为基金提供服务而从基金获取的合理收益。而对基金投资人来说,基金所能够提供的风险收益水平给投资者带来的满意程度才是最重要的因素。所以,衡量基金的费用时,一方面要看基金是否很好地实现了自己的投资目标;另一方面,也要把基金和其他同类基金的收益、费用和风险水平进行比较。

## 三、如何选择合适的基金投资时机

投资的成功与否,部分地取决于投资时机的选择,投资时机的选择在一定程度上可以减少投资成本,降低投资风险。

一种被证明有效的选择投资时机的方法被称作“固定金额平均投资法”(也称作定时定量投资法),它的做法是:每隔一段固定时间,就以固定金额的资产投资于某一个基金。采用这种方法,投资者可以在一定程度上忽略市场价格的起伏。在市场价格较低时,相同的金额可以购买到较多的基金单位;市场价格较高时,买进的基金单位就会较少。但是,长期的投资成本会得到平均,从而在一定时期内分散了以较高成本认购基金的风险。

## 四、如何对基金投资组合进行调整

首先,根据基金表现调整投资组合。投资人须每隔一段时间就考察一下自己所投资基金的资产净值变化情况,从而基本掌握基金资产净值的走势,确定是否选对了与个人投资目标相吻合的基金或是表现好的基金,这会有利于及时调整自己的基金组合。

其次,根据基金管理人的变动情况调整投资组合。根据国外经验,基金管理人内部的变动有时会影响到基金的表现,特别是在基金表现较好时更换基金的管理人员将对基金产生不利影响。其他研究结果还表明,更换基金管理人员而使基金表现得到改善的情况并不多见。

再次,根据基金资产配置的变动情况调整投资组合。基金资产配置指的就是基金的投资组合,即基金投资于不同的有价证券及留存现金的不同比例。基金投资人必须注意基金资产配置的调整,并相应地调整个人的投资组合。

最后,根据基金投资目标的改变调整投资组合。如果基金的投资目标改变了,投资人有必要重新衡量该基金是否符合个人的投资目标,从而决定是否调整个人投资组合。

# 第四节　券商集合理财

## 一、券商集合理财的内涵与特点

### (一)券商集合理财的内涵

券商集合理财是指以券商为发起人和管理人,并按照集合理财计划进行投资的理财产品。

在我国,1996 年,券商理财就以银证合作的委托理财产品的形式出现,到了 2003 年,券商理财更是风行一时,如招商证券"招商集合受托理财计划"、国信证券"金理财"等。但随后,由于发生了一系列严重的事件,中国证监会在 2003 年 4 月 29 日紧急"叫停"了券商理财计划。

2003 年底,中国证监会发布了《证券公司客户资产管理业务试行办法》,该办法 2004 年 2 月 1 日正式实施,券商集合理财计划这时才又重新出现。2005 年 2 月,光大证券的阳光集合理财集合计划成为第一个获准发行的券商集合理财产品。

### (二)券商集合理财的特点

与基金相比,券商集合理财的主要特点是:

1.门槛高。券商集合理财是针对具有一定投资实力的客户所设计。现在,限定型券商集合理财的投资门槛为 5 万元,而非限定型的投资门槛为 10 万元。实际数据显示,个人客户的平均认购金额约为 20 万元。

2.投资范围广。券商集合理财广泛地投资于股票、债券、基金等多种具有流动性的金融产品。

3.流动性较低。券商集合理财有一段封闭期,通常在 3 个月以上,封闭期结束以后可以自由赎回(但大多数产品是周期性开放的)。

4.费用低。申购和赎回的手续费为 0.1%~0.5%, 而开放式基金则高达 2%。个别收取管理费 0.5%~1.5%,视投资目标而定。

5.存续期限固定。存续期在 3 个月到 10 年之间。

6.承诺预期收益率。券商一般会承诺预期收益率,约为 3%。

7.自有资金参与和隐性保底条款。券商有时会用自己的自有资金参与集合理财的成立,并且提供隐性的保底条款——把受托产品的收益权分为优先和次级收益权,当面临亏损时,首先用券商自有资金部分弥补损失,直到全部用完,才会影响到投资者的本金。

8.提前转开条款。券商预先设定某一最高投资收益,到期前当产品净值达到了该水平时,投资者可以提前赎回。这大大增加了券商集合理财的流动性。

9.多重销售渠道。我国现在的立法并没有对券商集合理财的销售渠道作太多限制,留下了很大的操作空间。券商可以通过自己的营业网点和银行的网络来销售产品。

10.独立第三方托管制度。券商集合性受托资产由第三人托管、监督。强制性的第三方托管制度有效地防止了混同现象,降低了违约风险。2005 年,中国证监会颁布《关于证券公司集合资产管理有关问题的通知》,进一步强化了独立第三方托管制度,把托管机构限定为具有证券投资基金托管资格的商业银行。

## 二、券商集合理财的种类

券商集合理财可按多种标准进行分类:

第一,限定性和非限定性。中国证监会把券商集合理财产品分为两种:限定性和非限定性。限定性是指券商投资于权益类证券的比例不得超过 20%,投资对象主要为固定收益产品,如现金、货币基金、债券等;非限定性集合理财投资于权益类和股票收益类证券的比例不受限制,而且还能投资于基金。

第二,货币型、债券型、配置型、股票型和基金中基金。按投资对象和目标的分类,参考基金的分类方法,券商集合理财可以分为货币型、债券型、配置型、股票型以及基金中基金(FOF)。尤为值得一提的是基金中基金,按照我国现行的规定,国内基金是不能投资于基金的,而券商集合理财的投资范围却不受此限制,可以投资于各种各样的基金。

第三,固定收费和累进收费。按照收费方式划分,券商集合理财又可以分为两类,一类是固定收费模式,即根据产品资产净值的某一固定比例收取年费;另一类是累进收费模式,即按收益率累计计提业绩报酬。

## 三、券商集合理财的本质及其监管

### (一)券商集合理财的本质

券商集合理财具有自有资金参与和隐性保底的特点,本质上是一种私募基金。私募基金的最大的特点之一就是发起人和管理人必须以自有资金参与投资(国际上一般是 3%~5%),并且如果发生亏损,管理人的股份将首先被用来弥补投资者的损失。各国立法和监管当局都充分注重私募基金合同双方当事人的意愿,未对其多加限制,但对其的“公开化”则进行了一系列限制。比如,美国对私募基金的活动进行了三方面的限制:①投资人数,100 人以内。②投资者资格。个人投资者、家族企业必须拥有 500 万美元以上财产,且个人投资者和家庭投资者最近两年的年均收入分别要高于 20 万和 30 万美元;机构投资者的财产不少于2 500万美元,净资产至少在 100 万美元以上。③发行方法和广告宣传。私募发行禁止以下且不限于以下形式的广告:报纸、杂志以及类似媒体,通过电视、广播、计算机进行任何形式的广告,以及通过研讨会或其他会议形式进行的广告宣传,并对投资者人数、投资者资格、发行方法和广告宣传、保本收益等进行了统一的规范。

### (二)相关法律法规

2003 年券商集合理财计划曾风行一时。在这一阶段,几乎所有的券商都承诺保底收益,并且由托管银行进行担保。但随后因为一系列严重的事件,中国证监会在2003年4月29日紧急“叫停”了券商理财计划。2003年底,证监会发布了《证券公司客户资产管理业务试行办法》,该办法2004年2月1日正式实施,券商集合理财计划这时才重新出现。根据新规定,只有通过创新试点资格评审的证券公司才能推出券商集合理财计划。

2012年,中国证监会正式发布修订后的《证券公司客户资产管理业务管理办法》《证券公司定向资产管理业务实施细则》《证券公司集合资产管理业务实施细则》。细则规范了券商集合资产管理业务,分别从运作方式、业务资格、实施原则、风险控制、信息发布和行业监管等各方面进行了规范。在运作资产管理业务时,要在公司内部建立起防火墙、风险管理及内控机制,防止利益输送,并通过托管机构、证监会、交易所、证券业协会等机构进行监督指导。券商集合资产管理业务的开展需要经过中国证监会批准,且在得到中国证监会和相关部门的批准之后,设立的集合资产管理计划才能投资于境外金融产品。

## 课外阅读网站

1.http://www.fund.com.cn/,中国基金网。

2.http://finance.sina.com.cn/money/, 新浪理财网。

## 思考题

1.简述证券投资基金的分类。
2.简述封闭式基金和开放式基金。
3.列举出契约型基金各方当事人,并阐述他们之间的关系。
4.评估基金有哪几种方法?
5.简述券商集合理财的特点。
6.简述限定性和非限定性券商集合理财的区别。
7.试述券商集合理财与开放式基金的相同点和不同点。

## 延伸阅读

### 券商集合理财产品借政策东风突围

2021年前三季度,A股市场呈现震荡走势,结构性行情显著。从券商集合理财前三季度业绩看,权益类产品平均收益率为4.19%,近七成取得正收益;此外,债券类产品前三季度平均收益率为4.2%。

统计显示,剔除分级产品,纳入统计的460只权益类券商集合理财产品前三季度平均收益率为4.19%,其中,有307只产品取得正收益,占比达66.7%,较上一年比例有所降低。与此同时，此类产品首尾业绩相差也较大，最高收益率超过100%，最差的则亏损超过30%。

具体来看，有87只今年以来收益率超过10%，其中3只年内回报率已超过100%，分别为信达奥特维1号、2号和方正鑫科2号，收益率分别为159.66%、118.63%和104.21%。从管理人来看，业绩排名前20的产品中，国君资管最多，达到6只，招商资管次之，有4只上榜，财通证券紧随其后，有3只产品跻身榜单。

中信证券预计，政策协调效果显现后，预计市场对经济的悲观预期会明显好转，四季度经济边际上好于三季度，这是年末A股行情的基石，国内宏观流动性会继续保持合理充裕，季初机构调仓效应驱动资金向低位价值转移，基本面预期和相对估值均处低位的板块配置价值更高。

从债券型产品前三季度表现来看，和权益类产品可谓平分秋色。据数据统计，截至2021年9月30日，纳入统计的999只债券类券商集合理财产品前三季度平均收益率为4.2%，超过九成的产品获得正收益。

具体来看，16只产品收益率超过10%，其中3只更是获得超30%的收益率。分别为国元元赢3号普通级、创金稳定收益1期和长江超越理财可转债，今年前三季度业绩分别为30.38%、26.16%和24.93%。此外，三只债券型券商集合理财产品上半年净值损失较大，亏损幅度最大的超过50%，为太平洋红珊瑚富华1号，前三季度收益率为-59.06%。

时间拉长到三年来看，有5只产品收益率超过50%，其中长江超越理财可转债、华泰掘金中低评级债1号和信达睿丰3号收益率排名前三，分别为58.95%、58.09%和53.99%。

财通资管固收公募投资部总经理李杰近期在接受记者采访时表示，对于接下来的债券市场，其持乐观态度。在他看来，一方面，中国经济转型背景下实体融资需求走弱；另一方面，全球在疫情中的复苏形势偏弱，货币政策正常化的力度比较慢，货币政策还维持中性的状态，流动性比较宽松。这无论对于债市还是股市的估值都有支撑，但在经济增速下台阶和经济转型背景下，也要持续提防信用债风险。

（东方财富网 . finance.eastmoney.com. 2021年10月11日）

# 第七章

# 金融衍生品业务

## 第一节 权证的创设

### 一、权证的概念和基本要素

#### （一）权证的概念

权证本质上是一种权利凭证，它是指投资者于支付权利金购得权证后，有权于某一特定期间或到期日，按约定的价格（行使价），认购或沽出一定数量的标的资产，作为标的资产的可以是个股，也可以是一揽子股票、指数、黄金、商品或其他衍生产品。权证持有人在支付权利金后获得的是一种权利，行使与否由权证持有人自主决定；而权证的发行人在权证持有人按规定提出履约要求之时，负有提供履约的义务而不得拒绝。

#### （二）权证的基本要素

权证的基本要素是指权证发行、交易以及行使各环节中所涉及的一些规则。一项标准的权证合约品种主要包括以下要素：

1.标的资产（Underlying Instruments）。标的资产一般是指权证发行所依附的个股、指数或其他金融资产。指数标的是指以指数为标的的权证品种，如2005年新加坡交易所推出的上证50ETF权证；个股权证是指以单只股票为标的的权证品种，如长江电力和邯钢权证。随着金融市场的发展，标的资产的种类也逐渐趋于广泛化，理论上，任何金融资产都可能成为权证的标的资产。

2.权利金（Premium）。权利金是为取得权证所支付的价款，也就是为获得某项权利而付出的成本或代价。但在某些情况下，上市公司为增加其所发行的优先股或债券的吸引力，往往附赠权证，权证的持有人为获得权证无须另行支付权利金。

3.认股期限（Exercise Time）。这是指权证有效期，即权证到期日以前的一段时间。在有效期内，权证持有人可以随时认购（沽）股份，超过有效期，权证就自动失效。权证有效期的长短因不同国家、不同地区以及不同市场而差异很大，目前市场上以1~3年期的权证为主。

4.行权价格（Exercise Price）。行权价格又称权证的履约价格，即事先约定的权证持有人认购（沽）股票的价格。该价格一般以权证发行时的标的股票市场价格为基础，上浮或下调一定的比率。

5.到期日(Expiry Date)。这是指权证有效的最后日期。通常,美式权证的持有人在到期日前,可以随时提出履约要求,以买进或卖出标的资产;而欧式权证的持有人只能于到期日当天才可行使权证。

6.兑换比率(Share Ratio)。兑换比率又称认购比率,指每单位权证可以认购(沽)多少数量或多少金额的标的股份。如认购比率为0.1,则表示每10张权证可以认购1股标的股票。

7.权证发行人(Warrants Issuer)。权证的发行主体一般分为两类,一类为发行标的资产的上市公司本身;另一类为标的资产发行人以外的第三人,通常为资信卓越的证券公司、投资银行等金融机构。

8.权证价格(Warrants Price)。权证价格即权证在一级市场上发行或在二级市场上交易时的单位价格。权证价格由内在价值和时间价值两部分构成。内在价值(Intrinsic Value)是指权证立即履约的价值,是标的证券价格与行权价格之差。若有履约价值,也就是说标的证券价格高于事先约定的行权价格,则内在价值为正;若无履约价值,即标的证券价格低于或等于事先约定的行权价格,则内在价值为零。时间价值(Time Value)则是权证价格与内在价值之差。时间价值主要与权证到期日长短及标的证券价格的波动幅度有关。价格波动幅度越大,到期日越远,则权证被执行的机会越大,权证的价格也就越高。

## 二、权证的分类

权证与期权类似,按照不同的分类标准,权证可以分为不同的类型。

### (一)认购权证和认沽权证

按照权利的内容划分,权证可以分为认购权证和认沽权证两种。认购权证是一种买权,该权证持有人有权于约定期间或者到期日按约定价格向权证的发行人买进一定数量的标的资产。认沽权证是一种卖权,该权证持有人有权于约定期间或者特定到期日以约定价格向权证发行人出售一定数量的标的资产。认购权证本质上是一种看涨期权(Call Option),而认沽权证则是看跌期权(Put Option)。

### (二)美式权证、欧式权证和百慕大式权证

按照行权期间的不同,权证可以分为美式权证、欧式权证和百慕大式权证。美式权证持有人在到期日前可以随时提出履约要求以买进或出售约定数量的标的资产;欧式权证持有人只能于到期日当天才可以提出买进或者出售标的资产的履约要求;百慕大式权证介于美式权证和欧式权证之间,权证持有人在到期日之前的一段时间内,可以随时提出买进或者出售标的资产的履约要求。

无论是美式权证、欧式权证还是百慕大式权证,权证持有人都可以在二级市场上转让权证。不过,一旦权证超过存续期,权证就变为废纸一张,毫无价值,权证持有人即丧失要求履约的权利。

### (三)股本权证和备兑权证

按照权证发行人的不同划分,权证可以分为股本权证和备兑权证。

股本权证是由上市公司自己发行的,一般以融资为目的,它授予持有人一项权利,在到期日前特定日期(也可以有其他附加条款)以行权价购买公司发行的新股(或者是

库藏的股票)。股本权证期限可能比较长,有的长达数年。在权证持有人到期行权时,如果由上市公司发行新股支付,则会造成股本的扩张,从而摊薄每股股权价值。另外,有些股本权证不能上市交易或者自由转让。

备兑权证是由上市公司之外的第三者发行的,目的在于提供一种投资工具,同时发行人也获取一定的发行利润。与股本权证不同,备兑权证的行权不会造成股本的扩张。备兑权证是国际权证市场上的主流形式,如香港市场99%的权证都是由券商等金融机构发行的备兑权证。

(四)其他分类方式

按照标的资产的不同,权证可以分为个股型权证、组合型权证和指数型权证三种。个股型权证是以单一股票为标的资产的权证,组合型权证则是以一揽子股票为标的资产的权证,指数型权证的标的资产为股价指数。

按照结算方式的不同,权证可以分为实物结算和现金结算两种。实物结算即证券给付方式结算,即实券交割。现金结算型的权证在履约时,由权证发行人根据权证持有人提出的履约要求的单日的标的证券收盘价与行权价之间的差额,以现金方式向权证持有人结算差价。实物结算相对比较麻烦,而现金结算简单快捷。国际市场一般采取现金结算方式,我国目前的权证都是采用实物结算方式。

按标的资产价格和行权价的关系划分,权证可以分为价外权证、价内权证和平价权证三种。对于认购权证而言,如果标的资产价格高于权证行权价,则称为价内权证;如果标的资产价格低于行权价,则称为价外权证;如果标的资产价格等于行权价,则称为平价权证。对于认沽权证而言,如果标的资产价格高于行权价,则称为价外权证;如果标的资产价格低于行权价,则称为价内权证;如果标的资产价格等于行权价,则称为平价权证。

## 三、权证与其他金融工具的比较

权证具有交易双方权利和义务不对称的特点,即权证持有人只有权利,没有义务,权证持有人承担有限风险,却拥有无限获利的潜在可能,而权证发行人仅拥有有限的获利潜在可能,却承担无限的潜在风险。也就是说,对于权证持有人来说,在权证履约期间,如果权证标的股票的市价高于约定的权证执行价格,则权证持有人会行使认购股票的权利,以赚取股票价格差异收益;如果权证标的股票的市价低于约定的权证行权价格,权证持有人无利可图,则会放弃认购股票的权利,损失仅为权利金。对于权证发行人来说,当权证持有人提出履约时,权证发行人必须无条件地向权证持有人兑付标的股票;如果持有人不会行权,发行人就要承担因标的股票价格波动而带来的融资损失,因此,权证发行人的风险无限。权证虽然是在原生证券基础上产生的一种衍生金融产品,但它不仅与股票存在不同,与期权和期货等衍生工具也存在一定差异。

(一)权证与股票

股票(Stock)是证券投资的基本工具之一,是股份公司发给出资并承担经营风险的人的股份资本所有权书面凭证。对于股份公司来说,发行股票是一种最基本的筹资手段;对于股东来说,股东可以凭股票取得分红收入以及在股票二级市场获得差价收益。权证与股票相同,其目的也是为了使发行人筹措到所需资金,为投资者提供能够获取投

资差价收益的产品。权证是一种衍生产品,如果没有股票,就没有权证。但两者也存在不同之处,主要是:

1.性质不同。股票是确认股东地位和股东权利的凭证,而权证则是购买股票的权利凭证。

2.发行主体不同。股票发行人为股份公司,投资者认购的是发行人自身的股份;而权证发行人并不完全是股份公司,如备兑权证,其发行人为证券公司、投资银行等第三方,权证持有人认购的不是投资银行自身的股份,而是权证发行人用于抵押的股票。

3.持有人身份不同。股票持有人为公司股东,可以行使股东权利,参与股份公司的经营决策;而多数权证持有人在其未行权之前并不是股份公司股东,因此,不享有股东权利。

4.风险控制不同。股票投资者必须按股票发行价格全额支付价款才能获得相应的股票,当股价下跌,持股人的股票价值减少时,投资者要承担股价下跌导致的全部损失,理论上损失无限;而权证持有人支付的权利金远低于标的股票价格,当履约价格高于标的股票市价时,权证持有人可以选择不行使认购股份的权利,损失仅限于其权利金。

5.期限不同。股票是无限期的,只要股份公司未清算,股票就是股东身份的有效证明凭证,股东只能通过转让实现退出,而不能要求收回投资或退股;而权证是有期限的,超过有效期,权证便作废,没有任何价值。

(二)权证与期货

期货(Futures)是相对现货而言的,是在特定的交易所买卖未来某一特定时期交收特定规格、等级现货商品的标准化合约。权证与期货的主要差别可以用表 7-1 来说明。

**表 7-1　权证与期货的区别**

| 不同点 | 权证 | 期货 |
|---|---|---|
| 权利主体 | 买方 | 买卖双方 |
| 义务主体 | 发行者 | 买卖双方 |
| 行权价格 | 由发行者确定 | 由市场供求确定 |
| 到期期限 | 多为 1 年以上 | 多为 1 年以内 |
| 权利金 | 买方支付 | 无 |
| 保证金 | 无 | 买卖双方均须缴纳 |
| 发行量 | 依发行者所发行的数量 | 无限 |
| 每日结算 | 无 | 买卖双方均须进行每日结算 |

(三)权证与期权

期权(Options)是一种选择权,期权的买方向卖方支付一定数额的期权费后,就获得了在一定时间内以一定的价格出售或购买一定数量的标的物的权利。权证和期权之间并不存在本质性的区别,例如,买入期权、认购权证在本质上具有一致性。不过,从全球现有的权证和期权在交易所交易中所采取的具体形式看,它们之间大致在以下方面存在着区别:

1.目的。期权多是为了激励管理层和员工的目的而设立;而权证主要是为公司筹集更多资金、配合债券发行或是作为投资组合中的风险对冲而存在,培养的是潜在的投资者。

2.标准化。权证通常是非标准化的,发行人通常可以自行设定发行量、行权价、发行日和有效期等,而交易所交易的期权绝大多数是高度标准化合约。

3.卖空。权证的交易通常不允许卖空,即使允许卖空,也必须建立在先借入权证实物的基础上;如果没有新发行和到期,则流通中的权证数量是固定的。而期权在交易中,投资者可以自由地卖空,并且可以自由选择开平仓,期权的净持仓数量随着投资者的开平仓行为不断变化。

4.第三方结算。权证的结算是在发行人和持有人之间进行的,而期权的结算是由独立于买卖双方的专业结算机构进行的。因此,期权交易的信用风险要低于权证交易的信用风险。

## 四、权证的定价

### (一)影响权证价格的因素

权证标的证券的价格变动是公认的权证价格的最主要的影响因素,而权证的自身特征也会影响其价格,此外,还要加上市场因素。下面分三部分来说明权证价格的影响因素。

1.有关标的证券的影响因素:

(1)标的证券的现价。对投资者来说,要衡量一份权证的价格,首先要考虑的就是标的证券的价格,在既定的行权价格下,对认购权证来说,标的证券的价格与权证价格正相关,标的证券的价格越高,相应的认购权证的价值就越大;而认沽权证的价格与标的证券的价格负相关,标的证券的价格越高,相应的认沽权证的价值就越小。

(2)标的证券的波动率。证券的波动率越大,对于看涨者,证券的预期价格越高,持有认购权证赢利的可能性就越大;对于看跌者,证券的预期价格越低,持有认沽权证赢利的可能性就越大。也就是说,标的证券的波动率越大,权证买方赢利的可能性就越大,愿意支付的权证价格也越高。另外,高波动率使权证的卖方承受了更大的风险,卖方也需要更高的权证价格作为风险补偿。所以,标的证券的波动率的大小和权证价格正相关。

(3)分红的影响。分红与权证价格呈负相关关系。分红是证券持有者的收益,权证持有者只是有权利在未来可能成为该证券的持有者,在分红时不能获得该收益,所以,分红可以看作是权证的持有成本,权证投资者需要较低的权证价格来弥补该持有成本;另外,公司的分红及分红比例会影响公司证券以后的市场表现,增加证券价格在市场上的不确定性,增加投资者的风险,这同样需要对投资者进行价格补偿,降低权证的价格。

2.有关权证定价的影响因素:

(1)行权价格。行权价格是权证合约中规定的持有人到期买入或卖出标的证券的价格。对认购权证来说,行权价格越高,权证投资人的收益就越少,所以,行权价格与认购权证价格负相关;对认沽权证来说,行权价格越高,权证投资人的收益就越大,所以,行权价格与认购权证价格呈正相关关系。

(2)行权比例。行权比例是一份权证所能买入或卖出标的证券的数量。行权比例越高,一份权证行权时买入或卖出标的证券的数量就越大,相应的收益也越高,一份权证的价格也就越高，所以，行权比例与权证价格正相关。

(3)权证的有效期限。当权证的有效期增加时，权证的价值也会增加。考虑其他条件相同但只有到期日不同的两个权证，有效期长的权证，其执行的机会包含了有效期短的那个权证的所有执行机会，而期限越长，发生不可预测的未来事件的机会就越大，从而导致股票价格增长的范围也越大，权证的期望收益当然也就越大，从而权证的价值越大，这与波动性增加的效果是相似的。

(4)行权带来的稀释效应。稀释效应对权证价格的影响主要表现在股本权证上，而不会影响备兑权证的价格。股本权证的一个很重要的特征是，当股本权证执行时，必须要发行新股，这样就会增加流通股的数量，影响到每股的财务数据，从而影响股票的价格。当股票的价格 a 大于权证行权价格 b 时，如果权证持有者行权，现行股票价格为 a 的市场中就会又有一部分价格为 b 的股票进入流通市场，这样的结果显然会对股票的价格产生负面影响。当权证执行后，会带来股票价格的下降，减少投资者收益，这就会降低权证的价值。

3.市场因素——无风险利率。无风险利率对权证的影响不是那么直接。利率上升时，股票价格的预期增长率也倾向于增加，然而，权证的持有者收到的未来现金流的价值将减小。前者将增加权证的价值，后者则倾向于减少权证的价值。可以证明，对权证来说，前者的影响将起主导作用，即无风险利率增加，权证的价值总是随之增加。需要特别注意的是，这种结果是建立在其他变量不变的基础之上的，尤其是当利率上升(下降)时，股票价格也将下降(上升)，若考虑利率变化和随之而来的股价变化的净变化，则有可能得出与上面相反的结论。

总之，关于影响权证价格的因素，我们可以概括为表 7-2。但我们必须指出，权证的市场价格往往还要受权证的市场供求、投机氛围、发行人业绩等因素的影响，特别是市场的供求状况是影响权证市场价格的重要因素。

**表 7-2　影响权证价格的因素**

| 影响因素 | 认购权证价格 | 认沽权证价格 |
|---|---|---|
| 正股市价越高 | 越高 | 越低 |
| 正股波幅越大 | 越高 | 越高 |
| 分红比例越高 | 越低 | 越高 |
| 权证行权价格越高 | 越低 | 越高 |
| 行权比例越高 | 越高 | 越高 |
| 权证有效期越长 | 越高 | 越高 |
| 到期日趋近 | 越低 | 越低 |
| 利率水平越高 | 越高 | 越低 |

### (二)权证定价模型

1.Black-Scholes(简称 B-S)模型。基本假设：

(1)标的资产价格变化遵循几何布朗运动：

$$\frac{dS_t}{S_t}=u\mathrm{d}t+\sigma \mathrm{d}W_t$$

式中：$u$ 为期望回报率（Expected Return Rate）；$\sigma$ 为波动率（Volatility）；$dW_t$ 为标准布朗运动[$E(dW_t)=0, Var(dW_t)=dt$]。

（2）无风险利率 $r$ 是常数且对所有到期日都相同；

（3）标的资产在整个期权存续期内股票不分红不支付股息；

（4）不支付交易费（Transaction Cost）和税收（Tax）；

（5）不存在套利机会；

（6）证券交易是连续的；

（7）期权是欧式的，只能在到期时履约。

在上述假设条件下，可以推出欧式权证价格的计算公式为：

$$P_W = P_S N(d_1) - P_X e^{-rT} N(d_2)$$

式中：$d_1 = \dfrac{\ln\left(\dfrac{P_S}{P_X}\right) + \left(r + \dfrac{1}{2}\sigma^2\right)T}{\sigma\sqrt{T}}$，$d_2 = d_1 - \sigma\sqrt{T}$；$P_W$ 为权证的理论价格；$P_X$ 为行权价格；$P_S$ 为标的证券现价；$T$ 为权证到期日距离现在的时间跨度，以年为单位；$r$ 为无风险利率；$\sigma$ 为标的证券波动率，即以复利计算的股票年收益率的标准差；$N(\cdot)$ 为正态分布概率分布函数。

2.二项式模型。由于 B-S 模型是在权证为欧式权证的假设条件下推导出的，理论上并不适用于美式权证的估值，于是 Cox、Ross 和 Rubinstein（1979）又提出了二项式模型①。

二项式模型的基本假设是：

（1）基础资产（标的资产）的价格遵从离散随机模型。这里所假定的离散随机过程具有以下特征：

第一，基础资产的价格只在 $\delta t, 2\delta t, 3\delta t, \cdots, M\delta t$ 等时点上变化，$M\delta t = T$ 是权证产品的到期日；

第二，如果资产价格在 $m\delta t$ 时为 $S^m$，则在 $(m+1)\delta t$ 时，资产价格只能有两种可能，要么 $\xi S^m > S^m$，要么 $\zeta S^m < S^m$，这相当于假定，在每一个时间段，收益率 $\delta S/S$ 只有两个取值，$(\xi-1)>0$ 和 $(\zeta-1)<0$，并且这一收益率在每一时间段都是相同的；

第三，价格从 $S$ 上升到 $\xi S^m$ 的概率 $\rho$ 是已知的，下降的概率为 $(1-\rho)$。

在这些假定下，如果在 $t$ 时基础资产的价格为 $S$，剩下的时间 $(T-t)$ 被分成 $M$ 等分，$\delta t = (T-t)/M$，资产价格只在 $m\delta t$ 时点上变化，$m=1,2,\cdots,M$，则每一步的资产价格就可以方便地求出来，并可画成树状。在第一步，资产价格为 $S$；在第二步，资产价格为 $\xi S^m$ 和 $\zeta S^m$；在第三步，资产价格为 $\xi^2 S^m$，$\zeta^2 S^m$ 和 $\xi\zeta S^m$。依此类推，直到期满。由于先上升后下降和先下降后上升将得到同一个结果，在第 $m$ 步时，只有 $m+1$ 个资产价格，如图 7-1 所示。

（2）风险中性假设，即投资者的风险偏好与所投资产品的定价无关。只有当投资可以进行完全保值而不存在风险时，这个假设才会成立。这时，当然可以认为投资者是

① Cox.J.，S.Ross，and M.Rubinstein（1979），Option Pricing：A Simplified Approach，Journal of Financial Zconomics，Vol 7：229-263.

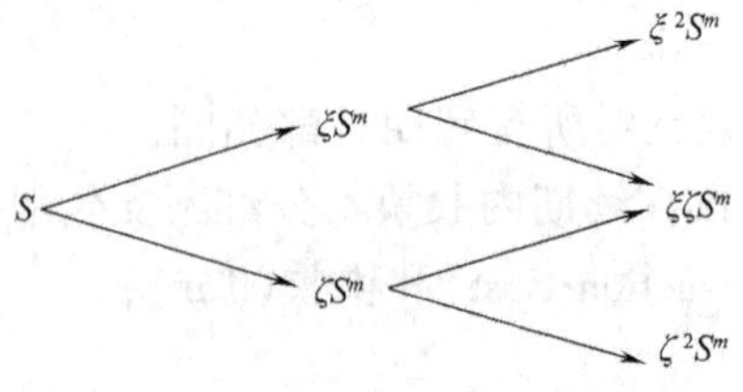


图 7-1

风险中性的，从投资组合中得到的收益为无风险收益率。在风险中性世界，衍生产品在第 $m$ 步的价值是第 $m+1$ 步的无风险贴现的预期值。

在以上两个假设下，使用二项式方法，可以得出每一步的资产价格及其概率，权证的定价问题就解决了。

相应的权证计算公式为：

$$f=e^{-rT}[p\sim f_u+(1-p)f_d]$$

式中：$f$ 为权证的价格；$p$ 为指股价上升的概率（$p=\dfrac{e^{rT}-d}{u-d}$，$u=e^{\sigma\sqrt{t}}$，$d=e^{-\sigma\sqrt{t}}$）；$t$ 为一个细分时间段的长度；$\sigma$ 为正股的历史波动率；$r$ 为无风险利率。

3.蒙特卡罗模拟。蒙特卡罗模拟（Monte Carlo）并不是一种公式型的定价模型，它是通过模拟数学期望得到金融衍生产品的价格。利用蒙特卡罗模拟对权证进行定价可以简单陈述为：①模拟标的资产状态变量的样本路径，每一个状态变量的路径在每一模拟运转期必须抽样。②根据权证产品的性质，估计出每一条样本路径上的折现预期收益。③如果无风险利率 $r$ 是状态变量的函数，$r$ 的均值必须在每个模拟期中计算。在下一个模拟运转开始之前，预期收益必须以 $r$ 的均值折现。④对所模拟出的样本路径上的预期收益进行平均，得到该权证的估计值。鉴于模拟的目的，应注意到所有状态变量的扩散过程必须是风险中性过程。

欧式权证到期日 $T$ 时刻的收益为 $TP$，该权证在 0 时刻时的价格为：

$$P=E\ (e^{-rT}\sim P_T)$$

式中：$E$ 为风险中性测度下的期望；$r$ 为无风险利率。

假设股票的随机过程为：

$$\frac{dS}{S}=u\,dt+\sigma\,dw$$

为了进行模拟，将权证的有效期分为 $N$ 个 $\Delta t$ 小时段，则随机变量 $S$ 变化的离散形式为：

$$\Delta S=u\,dt+\sigma S\xi\sqrt{\Delta t}$$

式中：$\Delta S$ 为 $\Delta t$ 时间内 $S$ 的变化；$\xi$ 为从标准正态分布中抽取的一个随机样本。

为了进行一次模拟运算，从标准正态分布中抽取 $N$ 个独立的随机样本。通过计算，我们能算出在 $\Delta t, 2\Delta t, 3\Delta t, 4\Delta t, \cdots, T$ 时刻的 $\Delta S$ 的值。这样就提供了一条 $S$ 的模拟路径，并计算出权证在这一样本路径上的终期收益。假设共进行了 $M$ 次的模拟，可得到权证的 $M$ 个样本路径的终期收益，记为 $TP_1, TP_2, \cdots, TP_M$，则权证的蒙特卡罗模拟结果为：

$$P = e^{-rT} \frac{1}{M} \sum_{i=1}^{M} P_{iT}$$

上述三种方法均用到了风险中性定价或无套利定价原理，都能对常规的权证定价，其中B-S模型用的是解析方法，估值要精确一些，而另外两种方法的适用范围更广一些。

## 五、我国权证市场概况

### （一）我国权证市场的交易规则

1.交易量和交易时间。权证的买卖与股票相似，投资者只要通过券商提供的诸如电脑终端、网上交易平台、电话委托等申报渠道输入账户、权证代码、价格、数量和买卖方向等信息，就可以买卖权证。所需账户就是股票账户，已有股票账户的投资者不用开设新的账户。

权证买卖单笔申报数量不超过100万份，申报价格最小变动单位为0.001元人民币。权证买入申报数量为100份的整数倍，即投资者每次申报买入的最少数量应为100份，或100份的整数倍。权证卖出申报数量没有限制。对于投资者持有的不到100份的权证，如99份权证，也可以申报卖出。

权证交易时间和股票的交易时间相同，即每个交易日集合竞价时间(9:15~9:25)和连续竞价时间(9:30~11:30,13:00~15:00)。与股票交易当日买进当日不得卖出不同，权证实行T+0交易，即当日买进的权证，当日就可以卖出。

2.涨跌幅限制。权证交易实行价格涨跌幅限制，但与股票涨跌幅采取的10%的比例限制不同，权证涨跌幅是以涨跌幅的价格而不是百分比来限制的。具体按下列公式计算：

权证涨幅价格=权证前1日收盘价格+(标的证券当日涨幅价格-标的证券前1日收盘价)×125%×行权比例

权证跌幅价格=权证前1日收盘价格-(标的证券前1日收盘价-标的证券当日跌幅价格)×125%×行权比例

当计算结果小于或等于零时，权证的跌幅价格为零。

举例如下：某日权证的收盘价是2元，标的股票的收盘价是10元。第二天，标的股票涨停至11元，如果权证也涨停，按上面的公式计算，权证的涨停价格为2+(11-10)×125%=3.25(元)，此时权证的涨幅百分比为(3.25-2)/2×100%=62.5%。

3.交易费用。权证的交易佣金、费用等，参照在交易所上市交易的基金标准执行。具体为权证交易的佣金不超过交易金额的0.3%，行权时向登记公司按股票过户面值缴纳0.05%的股票过户费，不收取行权佣金。

4.权证的简称和代码：

(1)深市权证简称命名规则。一般情况下，深市权证简称应为“XYBbKs”，其中：XY为标的证券的两个汉字简称；Bb为两个拼音字母的发行人编码；K为权证类别，其中C为认购权证，P为认沽权证；s为同一发行人对同一标的证券发行权证的发行批次，取值为[0,9]，[A,Z]，[a,z]。例如，攀枝花钢铁有限责任公司对新钢钒发行的认沽权证的代码为038001，简称为“钢钒PGP1”。

(2)沪市权证简称命名规则。沪市权证简称一般采用8个字位(4个汉字)，第1至第4个字位用汉字、拼音或数字表示标的证券，第5个至第6个字位用两个大写字母表示发行人，第7个字位用一个字母B或P表示认购或认沽，第8个字位用一个数字或字母表示以标的证券发行的第几只权证，当超过9只时用A到Z表示第10只至第35只。例如："宝钢JTB1"中，"宝钢"表示该权证的标的证券为宝钢股份，"JT"表示该权证的发行人是宝钢集团，"B"表示该权证是认购权证，"1"表示该权证是以宝钢股份为标的证券的第一只权证。

（二）我国权证市场现状

早在1992年，为了解决国有股股东的资金到位问题，部分上市公司曾经发行过权证。1992年11月5日，宝安集团认股权证在深交所开始交易，开创了中国权证的先河。后来由于政策的原因和市场环境的变化，权证并没有在中国证券得以发展。

2005年，权证交易又重新出现在中国的证券市场上，并且引起了市场的强烈关注。2005年7月8日，深、沪证券交易所分别推出了经中国证监会核准通过的《权证管理暂行办法》，标志着权证这一金融衍生产品在我国的推出进入了实质性阶段；8月12日，宝钢股份临时股东大会通过引入权证进行股权分置改革的方案；8月22日，宝钢权证在上海证券交易所挂牌上市，宝钢股份也因此成为我国第一家引入权证为对价方式的上市公司。根据上证所的统计，2007年沪深权证市场成交已经超过万亿元，在世界权证市场排名在前三位。我国权证市场繁荣的背后，也隐含了一系列亟待解决的问题。权证市场出现了极度的投机，权证价格暴涨暴跌，严重偏离其理论价格，与其内在价值极不相符，即使临近到期日，处于价外状态的权证也仍然有很高的价格，溢价率极高，换手率达到月均22次之巨。

具体来说，权证市场存在以下问题：

1.不存在卖空机制，无法通过套利操作使权证价格回归。当权证价格高估，偏离价值时，市场可以通过卖空行为来使权证回归合理价值。而沪深市场由于权证不允许卖空，故当其价格高估时，投资者无法通过套利操作使权证价格回归合理价位，因此，如果市场没有建立做市商及卖空制度，那么权证价格偏离完美市场假设下的理论价值将不可避免。

2.缺乏做市商制度，因为做市商制度可以起到做市、造市、监市三大作用。做市指的是当市场过度投机时，做市商通过在市场上与其他投资者的相反操作，努力维持股价，抑制市场泡沫。造市指的是当市场过于沉寂时，做市商通过在市场上人为地买进卖出股票，活跃人气，带动其他投资者实现价值发现。监市指的是做市商可以行使权利，获得交易对象的信息以监控市场的异动，这样做可以保持政府和市场的合理关系，抵消行政行为的强烈影响。

3.投资者整体素质不高，对权证缺乏深入了解。权证作为一种新的交易品种，很多投资者对其充满热情但缺乏了解，把它当作一种"单纯"的类似于股票的品种。不少投资者对此缺少自己的判断，成为市场投机资金的盲目追逐者，在扩大了市场齐涨共跌幅度的同时，也增加了自己的投资风险。

4.盲目投资，风险意识薄弱，市场信息不对称。

5.相关法规不健全，信息披露不及时。当然，这也与我国权证历史比较短，经验尚不丰富有关。

### (三)我国权证市场发展的思路

1.在市场的宏观层面上,建立市场规范化的制度基础,从制度层面上消除长期以来存在着的损害流通股股东利益的制度根源,切实做到保护流通股股东的利益。在市场的微观层面上,通过稳定市场和价格预期,完善市场的结构和功能,实现对投资者特别是公众投资者合法权益的保护。

2.在权证制度建设的过程中,应妥善解决好与之配套的法律体系的构建,在理解和处理相关法律问题时保持适度的灵活性,对具体的不合时宜的规则进行适时调整、补充与更新,引进相关机制,完善国内权证产品开发中的相关法制框架及制度设计,降低制度变化可能增加的博弈风险。

3.借鉴成熟市场的经验与思路,进行一系列权证发行、上市、交易、信息披露等制度的规范与创新,逐步完善权证管理、交易和结算等相关制度,尽快建立券商评级制度,如积极引入做市商制度,界定发行人资格,细化权证发行、担保等制度条款等。我国香港地区对权证市场的管理就是通过为发行人设定较高的门槛包括历史经验、信誉评级、净资产、流通市值等要求来实现的。

4.加强权证交易中的风险防范与控制,强化信息披露原则。有效的风险评估与防范体系的研究必须与权证的发展使用同时进行。在充分发挥权证这一衍生产品适度的投机活动对于提高市场流动性与定价效率、增强产品吸引力的作用的同时,坚决抑制过度投机,维护权证的合理价格与流动性,为权证产品的质量提供良好的保障。加强对权证市场风险的监管,建立一套具有可操作性的、有效的风险控制体系,来防范包括权证发行人的履约风险、标的资产价格的异动风险和权证价格的被操纵风险等在内的风险,这是权证市场最终得以健康发展的保证。

5.丰富权证产品和功能设计,提高权证市场参与各方尤其是发行人的素质,加快我国金融市场的国际化进程,提高我国金融市场的整体成熟度。

6.加强投资者教育。投资者是权证市场发展的根本力量所在,作为重要的参与主体,投资者构成了权证市场赖以生存和发展的核心和基础。加强中小投资者的教育,保护他们的利益,已成为我国权证市场刻不容缓的任务。

# 第二节 股指期货业务

## 一、股指期货概述

### (一)股指期货的概念与特点

金融期货品种分为外汇、利率与指数期货三类。股指期货是指数类期货中最重要的一类品种,也是金融期货中历史最短但是发展最快的金融产品。

股指期货即股票价格指数期货,是以某一股票指数作为基础产品的金融期货产品,其经济意义是买卖双方约定在将来某个日期按照事先确定的价格交易某一股票指数的成分股票而达成的契约,实际上是投资者将整个股票市场价格指数的预期风险转移至期货市场的过程,是对股票价格趋势持不同判断的投资者之间进行的交易。由于股指期货的基础产品——股票指数并不是实物交易,到期交割时不采取实物交割,而是全部采取现金交割的方式,因而股指期货交易通常具有以下特征:①提供较方便的卖空交易条件;②交易成本相对较低;③杠杆比率较高;④市场的流动性明显高于现货市场;等等。

股指期货还有以下几个特点:

第一,股指期货的标的物为相应的股票指数;

第二,股指期货报价单位以指数点计,合约的价值以一定的合约乘数与股票指数报价的乘积来表示,合约乘数是指每个指数点对应的金额;

第三,股指期货的交割采用现金交割,即不是通过交割股票,而是通过结算差价用现金来结清头寸。

### (二)股指期货的功能

股指期货具有价格发现、套期保值、资产配置等功能,是资本市场重要的风险管理工具。

1.价格发现。所谓价格发现,是指利用期货市场公开竞价交易等交易制度,形成一个反映市场供求关系的市场价格。具体地说,股指期货的市场价格能够反映股票市场未来的走势,它同现货市场上的股票指数一起,共同对国家的宏观经济和上市公司的经营状况作出预期。

股票现货市场的价格会影响期货的价格,同样,期货的价格也会影响现货的价格,期货的到期价格必定和现货价格最终趋于一致,否则就会有套利的机会,而套利的结果最终也会使二者趋于一致。当现货市场的价格出现缺乏理性的波动时,如果期货市场能够形成一种较合理的价格水平,会有助于现货市场的价格向合理价格回归。这正是股指期货的价格发现功能的真正缘由。期货市场由于具有保证金低和交易成本低的特点,流动性很好。只要有任何信息影响大家对市场的预期,短时间内就会在期货市场上反映出来,并且会快速传递到现货市场,从而使现货市场的价格趋向合理。因此,期货的引入将增加现货市场的信息量。

曾有人建立过一个模型,其中包含着知情和不知情的交易者。现货价格只揭示知情者拥有的信息,因为现货价格也是随机波动的。在这种情况下,期货市场可能会传递一些更多的知情者的信息给不知情者,其结果是期货市场的引入增加了现货市场的信息量。也有人论证在没有指数期货市场的情况下,由于股票沽空很困难,如果投资者没有股票,他们所拥有的与股票有关的坏消息就很难被传递出来。但是,有了股指期货市场后,这些投资者所拥有的利空消息就能够通过持有指数期货空头头寸而很快反映在期货市场和现货市场中。

由此可见,股票指数期货的价格发现功能非常重要。在现实经济生活中,生产经营者必须根据市场提供的价格信号做经营决策,市场上真实、准确的价格信息将直接影响他们经营决策的正确性。如果生产经营者不能及时得到价格信息,那么生产经营者的决策就容易产生失误。同理,在股票市场上,股指期货价格就像是一种信号,能够引导投资者在市场中进行更合理的投资活动,进而提高资源配置的效率。

股指期货价格除了真实程度较高之外,还具有如下特征:

第一,期货价格具有对未来供求关系及其变化趋势进行预测的功能,即期货价格具有比现货价格更强的预测性。

第二,期货价格具有连续性,它是连续不断地反映供求关系及其变化趋势的一种价格。期货价格之所以具有这种连续性,是因为期货交易不是一种现货交易,而是一种买卖期货合约的交易。股票现货的交易一旦达成一个价格,只要买进现货的一方不再卖出该股票,新的股票交易就不会再产生,因此,就不会有一个连续不断的价格。而期货交易则不然,它主要是买卖期货合约的交易,实物交割的比例极小,也就是说,期货市场上买卖双方的意图大都不在于实物交割,而是利用期货合约做套期保值或投机交易,因而多以对冲的方式了结头寸。同时,期货合约是标准化的,转手极为便利,因此,期货合约在期货市场上是频繁买卖的,这样就能产生期货价格的连续性。

第三,期货价格具有公开性。按照期货交易所价格报告制度的规定,所有在期货交易市场上达成的交易及其价格,都必须向会员及场内经纪人报告并公布于众。这使得期货价格不仅能为所有的会员及场内经纪人公平使用,还能为其他非会员的期货交易者使用,而且也能为其他与期货交易无关的生产经营者使用。

综上所述,期货价格不仅具有很高的真实性,能够比较准确地反映并预测真实的供给与需求情况及其变动规律,而且还具备连续性和公开性的特征。在期货交易发达的国家,期货市场上形成的期货价格往往被视为一种权威性的价格,成为在期货交易所外进行交易的一个依据,期货交易在各国市场体系中的地位也越来越重要。随着期货交易和期货市场的不断发展,期货市场的价格发现功能会越来越突出,期货价格也就能够在更大的范围内综合和反映更多的影响供需的因素,从而进一步提高期货价格的真实性。

当然,股指期货的价格发现功能要有其实现的具体条件,主要是:

第一,股指期货的标的物是股票指数,而且股票指数的成分股要具有相当强度的广泛性,这样才能从根本上抑制少数机构大户利用手中的资金和筹码控制股票现货市场从而影响股指期货价格现象的发生,从而保证期货价格的公平性和合理性。

第二,股指期货要采用现金进行差额的清算交割,从理论上说,这样才不会产生"市场挤压"的现象。所谓"市场挤压"现象,是指期货交易一方在现货市场上抢购用于交割的实物,扭曲了市场需求,导致现货价格上涨,从而使期货市场的期货价格大幅度上扬,从中牟取暴利。进行现金差额清算能够保证期货价格形成上的相对独立性,使股指期货的价格在更大程度上取决于市场参与者对未来经济形势的评价和预期。

第三,实行严格的保证金制度、价格及仓位限制制度、结算制度等,保证交易行为在正常有序的市场条件下进行,确保正当的市场价格形成机制,使期货价格成为市场信号的真实反映。

当然,由于投机交易的存在以及人们心理因素的影响,期货价格的真实程度也会受到一定的削弱,使得期货价格有时不仅不能反映真实的供求关系及其变动规律,反而会扭曲价格信息,并波及现货市场或者更大范围的经济领域。不过,各国的交易所一般都有一些有效的防范措施,以保障期货市场能够正常运行,如"每日最高合约数量限制""每日最高价格波动幅度限制"以及关于各种不正当交易行为的规定等,它们都是为了防止期货价格出现不正常的波动而设置的。期货交易和期货市场也是至今能寻找到的最能够形成权威性真实价格的方式和场所,期货市场的价格发现功能对于经济社会的贡献不可估量。对于期货市场来说,投入的是信息,产出的是价格。同时,这种价格反过来又调节供求关系,促进社会经济正常、有序发展。而且,期货市场的价格发现功能弥补了现货市场的不足,即解决了大量非集中的交易和一对一价格谈判所带来的信息不对称、市场的非透明和商业欺诈等问题,使现货市场的功能更加完善。

2.套期保值。股指期货能满足市场参与者对股市风险对冲工具的强烈需求,促进一级市场和二级市场的健康发展。具体表现在:

(1)虽然严格说来,个股的价格风险只能通过相应的股票期货进行风险对冲,但当股票市场出现系统风险时,个股或股票组合投资就可以通过股票指数期货合约进行套期保值。

(2)股票承销商在包销股票时,为规避股市总体下跌的风险,可以通过预先卖出相应数量的股指期货合约来对冲风险、锁定利润。

(3)上市公司股东、证券自营商、投资基金及其他投资者持有股票时,可以通过卖出股指期货合约对冲股市整体下跌的系统风险,在继续享有相应股东权益的同时维持所持股票资产的原有价值,减轻集中性抛售对股票市场造成的恐慌性影响,促进股票二级市场的规范与发展。

3.资产配置。股指期货还具有资产配置的功能,具体表现在:

(1)引进做空机制。做空机制使得投资者的投资策略从等待股票价格上升而受益的单一模式转换为双向投资模式,使投资者的资金在行情下跌中也能有所作为。

(2)便于培养和发展机构投资者,帮助他们加强风险管理。

(3)增加市场流动性,提高资金使用效率,完善资本市场的功能等。

### (三)股指期货发展概况

1982 年 2 月 24 日,美国堪萨斯市期货交易所推出世界上第一份股票指数期货合约,当时被称作价值线综合平均指数(Value Line Composite Average Future)。目前,世界上股票指数期货交易主要集中于金融时报股票指数(Financial Times Industrial Ordinary Share Index)、日经指数(NIKKEI 225 INDEX)、恒生指数(Hang Sheng Index)等。实际交易时,股票指数期货合约的价值是用相应的指数的点数乘以事先规定的单位金额来计算的,如标准普尔指数(S&P 500)规定每个点代表 500 美元。股票指数合约交易一般以 3,6,9,12 月为循环月份,通常以最后交易日的收盘指数为准进行结算。交易的双方都不进行实际的股票买卖,交易的是股票指数期货合约,并以现金结算。

1982 年美国堪萨斯期货交易所推出价值线综合平均指数期货合约之后不久,美国的其他交易所也相继推出其各自的股指期货合约。1982 年 4 月,芝加哥商业交易所推出标准普尔 500 种股票价格指数期货合约;同年 5 月,纽约期货交易所开办纽约证券交易所综合指数期货交易;1984 年 7 月,芝加哥期货交易所开办了主要市场指数期货交易。

美国股指期货交易的产生和发展,大大促进了美国国内期货市场及其交易规模的迅速发展。其他国家和地区竞相效仿,纷纷开办各具特色的股指期货合约交易,从而形成了世界性的股指期货交易的热潮。

1983 年 2 月,悉尼期货交易所(Sydney Futures Exchange,SFE)以澳大利亚证券交易所普通股票价格指数(ASE)为基础,开办股票指数期货交易。

1984年1月,多伦多期货交易所(Toronto Futures Exchange,TFE)开办多伦多证券交易所300种股票价格指数(TSE300)期货交易。

1984年5月,伦敦国际金融期货交易所开办金融时报100种股票价格指数(FTSE100)期货交易。

1986年5月,香港期货交易所开办恒生指数期货交易。

1986年9月,新加坡国际货币交易所开办日经225种股票价格指数期货交易;1998年9~11月,又分别推出以摩根士丹利新加坡自由指数(MSCI Singapore Free Index)为准的新加坡股票指数期货合约、以道·琼斯马来西亚指数为准的马来西亚股票指数期货合约及以道·琼斯泰国股票指数为准的泰国股票指数期货合约。

1988年9月,东京证券交易所和大阪证券交易所分别开办东证股价指数(TOPIX)期货交易和日经225种股票价格指数期货交易。

除了以上列举的这些国家和地区之外,在欧洲、北美和亚太三地区中,还有许多其他国家和地区也分别于20世纪80年代末和90年代初开设了其各自的股指期货交易。目前,世界上股票指数期货交易最为活跃的当属美国、日本和新加坡等几个国家。

由于股指期货具有强大的避险功能、市场稳定和活跃功能,股指期货交易在世界各地都得到了快速发展。截至1999年底,全球共推出140多种股指期货合约(世界主要股指期货见表7-3)。

**表7-3 各国和地区股价指数名称及交易日期**

| 国家和地区 | 股价指数期货名称 | 开始交易日期 | 国家和地区 | 股价指数期货名称 | 开始交易日期 |
|---|---|---|---|---|---|
| 美国 | ValueLine | 1982年2月24日 | 德国 | DAX | 1990年11月23日 |
| 美国 | S&P500 | 1982年4月21日 | 智利 | IPSA | 1900年12月 |
| 澳大利亚 | All Ordinaries | 1983年2月16日 | 西班牙 | IBEX 35 | 1992年1月14日 |
| 英国 | FT-SE100 | 1984年5月3日 | 奥地利 | ATX | 1992年8月7日 |
| 加拿大 | TSE 300 | 1984年1月16日 | 挪威 | OBX | 1992年9月4日 |
| 巴西 | BOVESPA | 1986年2月14日 | 比利时 | BEL 20 | 1993年10月29日 |
| 中国香港 | 恒生 | 1956年5月6日 | 意大利 | MIB 30 | 1994年11月28日 |
| 日本(SIMEX) | Nikkei 225 | 1986年9月3日 | 匈牙利 | BSI | 1995年3月31日 |
| (大阪) | SOE 50 | 1987年6月9日 | 以色列 | Maof 25 | 1995年12月15日 |
| (大阪) | Nikkei 225 | 1988年9月3日 | 马来西亚 | KLCI | 1996年3月3日 |
| (东京) | Topix | 1988年9月3日 | 韩国 | KOSPI 2000 | 1996年7月20日 |
| 新西兰 | Barelav Share | 1987年1月 | 葡萄牙 | P 5-20 | 1997年3月 |
| 瑞典 | OMX | 1987年4月3日 | 俄罗斯 | RTS | 1997年9月5日 |
| 芬兰 | FOX | 1988年5月2日 | 委内瑞拉 | IBC | 1998年1月16日 |
| 荷兰 | AEX | 1988年10月24日 | 波兰 | WIG20 | 1998年7月21日 |

续表

| 国家和地区 | 股价指数期货名称 | 开始交易日期 | 国家和地区 | 股价指数期货名称 | 开始交易日期 |
|---|---|---|---|---|---|
| 法国 | CAC40 | 1988 年 11 月 9 日 | 中国台湾 | 台湾加权指数 | 1999 年 7 月 21 日 |
| 丹麦 | KFX | 1989 年 12 月 7 日 |  | 电子金融股价指数 | 1999 年 8 月 27 日 |
| 南非 | ALL Share | 1900 年 4 月 30 日 | 希腊 | FTSE/ASE-20 |  |
| 瑞士 | SMI | 1990 年 11 月 9 日 |  |  |  |

股指期货的发展主要经历了大致四个阶段：

1.初始萌芽阶段(1982 年以前)。20 世纪 70 年代，受石油危机的影响，西方各国的经济出现了剧烈的波动，通货膨胀横行，各行各业在经济危机的旋涡中苦苦挣扎，所有公司的股票都在惨跌，世界各地的股票交易所无一幸免地遭遇了自 1929—1933 大危机以来最为严重的冲击，股市一片萧条。美国纽约道·琼斯指数下跌了 1 700 点，跌幅甚至超过了 1929—1933 年危机的 1 倍。这次严重股灾暴露出了证券市场的一些弊端，如对于投机活动没有有效的限制；当人们预测整个股市即将滑坡时，除抛售股票之外别无选择。股指期货作为一种能够有效规避系统风险、实现资产保值的金融工具得以适时而生。

2.蓬勃发展阶段(1982—1988 年)。由于具有交易成本低、抗风险性强等优点，股指期货一经推出，即受到广大投资者的热烈欢迎。股指期货交易在全球各大交易所如雨后春笋般蓬勃发展起来。

3.停滞不前阶段(1988—1990 年)。1987 年 10 月 19 日，美国华尔街股市单日暴跌近 23%，从而引发使全球股市遭受重挫的金融风暴，此即著名的“黑色星期一”。即便事情已过去 20 多年，但对当时恐慌性抛压的成因，人们至今众说纷纭。股指期货曾一度被认为是这次股灾的“元凶”之一，股指期货的发展也因而在这次股灾之后陷入了停滞期。为了防范股票市场价格的大幅下跌，各证券交易所和期货交易所都采取了多项限制措施。如纽约证券交易所规定道琼斯 30 种工业指数涨跌 50 点以上时，即限制进行程式交易(Program Trading)。期货交易所制定出股指期货合约涨跌停盘限制，借此来冷却市场发生异常时出现的恐慌或者过热情绪。这些措施在 1989 年 10 月纽约证券交易所的价格“小幅崩盘”时发挥了异常重要的作用。股指期货自此再无不良记录，这也奠定了 20 世纪 90 年代股指期货更加繁荣的基础。

4.稳步发展阶段(1990 年至今)。进入 20 世纪 90 年代之后，有关股指期货应用的争议逐渐消失，投资者的投资行为更为理性，发达国家和部分发展中国家也相继推出股指期货。随着金融市场全球化程度的提高，股指期货的运用更为普遍。从国际市场的发展潮流看，股指期货在完善资本市场功能与体系方面的作用已得到广泛的认同。

综观股指期货的发展历史，总结各国的实践经验，我们可以看到，股指期货的推出和平稳运行并不是没有条件的。即使是西方发达国家成熟的证券市场，对股指期货的推出也相当谨慎。一个国家或地区在设立股指期货之前，从经验看，至少应满足以下几个要素:①完善的法规体系;②健全的监管体制;③证券市场已具有一定的规模;④市场波动较大,系统风险较高,投资者避险的要求较为强烈;⑤市场较为活跃,投资者拥有较成熟的投资理念。

（四）当前国际股指期货市场发展的新特征

1.市场规模不断扩大。随着资本市场的发展与监管的放松,股指期货得到飞速发展。根据美国期货业协会(FIA)的统计,全球交易所股指期货交易量已从1992年的6万亿美元逐年增加至1998年的20.8万亿美元,股指期货已经成为全球金融衍生品市场中最具活力的组成部分。

2.品种不断创新、市场竞争日益激烈。目前,许多国家已经形成了较为完善的股票指数衍生产品体系,与此同时,地区之间的市场竞争日益激烈。比较典型的是,新加坡交易所(SGX)上市了泰国、马来西亚、我国香港和台湾地区、日本的股票指数期货合约。此外,创新品种层出不穷,如CME为满足中小投资者的需求,在1997年推出E-Mini S&P500股指期货等。

3.交易所的组织形式正在发生变化。随着金融自由化和国际化趋势的发展,一方面,各国交易所为了在全球范围内争夺市场份额,出于商业利益,结成了区域性或全球性的市场联盟,如芝加哥期货交易所CBOT、香港期货交易所HKFE与欧洲期货交易所EUREX结成市场联盟;另一方面,交易所之间通过合并来降低成本,以提高竞争力,更好地适应投资者机构化的需要。其中,一种方式是期货交易所之间的合并或兼并,另外一种方式则是金融衍生品市场和基础产品市场的合并,并出现了把会员制改造成公司制,实现交易所上市的趋势。例如,香港联合交易所与期货交易所合并后,成立了香港交易和结算所有限公司并挂牌上市,以提高市场竞争力。

4.交易场所合理分布。据FIA1999年统计,全球145个股指期货当中,128个在各地的期货交易所上市,而其余17个则在证券交易所上市;在期货交易所上市的股指期货合约成交量占全球股指期货成交量的85%以上。在发达国家,绝大部分的股指期货交易是在期交所进行。

5.股指期货成为发展中国家开设金融衍生产品的首选。近年来,为增强本国资本市场对国内外投资者的吸引力,许多新兴市场国家与地区纷纷开设股指期货。在亚洲,马来西亚、韩国等均已推出股指期货;在欧洲,俄罗斯、波兰等国家也先后推出了股指期货交易;在南美,巴西、智利等国的股指期货交易已取得很大成功。

6.全球电子化交易网络正在形成。自20世纪90年代以来,随着信息技术的飞速发展和投资全球化的推进,股指期货交易的全球化势不可当。这突出表现在新的电子交易系统的广泛运用和24小时在线交易的开通,如欧洲交易所(EUREX)的交易系统等。这些系统都允许交易者从一个终端进行多个市场的期货交易,从而促进了股指期货全球电子化交易网络的形成。

## 二、股指期货的定价机制

根据“一价定律”,期货价格最终要收敛于现货价格,这是期货定价的理论基础。随着期货合约交割月份的逼近,期货的价格将收敛于标的资产的现货价格;当到达交割期限时,期货的价格等于或非常接近于现货的价格。为了说明原因,首先假定在交割期间,期货的价格明显高于现货的价格。这就存在一个明显的套利机会:①卖空期货合约;②买入资产;③进行交割。这必定会赢利,赢利额等于期货价格高于现货价格的那部分。一旦投资者发现这一套利机会,期货的价格就会下降。其次,假定在交割期间,期货的价者明显低于现货的价格。这时,计划获得该标的资产的公司将会发现,购买期货合约然后静等空头方交割资产对公司更为有利。一旦公司进行如此操作,期货的价格就会上升。股指期货合约是以现金结算的,按最后交易日结束时的价格进行盯市,并将所有头寸了结。最后交易日的结算价格是标的资产现价的收盘价,这就保证了期货价格收敛于现货价格。行情正常时,期货的价格随着到期期限的临近而增加;行情逆转时,期货的价格随着到期期限的临近而减少;有的商品的期货价格属于混合型,有时随到期期限的临近而增加,有时随到期期限的临近而减少。

基于期货定价的理论基础,下面我们着重介绍三类股指期货定价模型。

### (一)合理基差定价模型

1.期货的合理价格。在理解股指期货合约的定价时,我们必须了解一个最根本的概念——合理价值(Fair Value)。所有期货合约与现货价格之间都存在一种理论性的关系,而这种理论性的期货价格便是期货合约的合理价值。以黄金为例,最容易理解期货市场的定价机制。黄金本身不会孳息,假定储存与保险成本为零,持有黄金的成本仅是融通成本。

设 $S$ 为黄金的现货价格,$r$ 为 1 年期融资利率,$t$ 为持有期限(月), $C$ 为持有黄金的成本,则:

$$C=S\cdot r\cdot t/12 \tag{7-1}$$

所以,$t$ 个月黄金期货的交易价格 $F$(合理价值)应该是:

$$F=S+C \tag{7-2}$$

2.股指期货的合理基差。股指期货定价原理与黄金的范例基本相同,因为指数中包含的成分股会分派股息,如果以融通的资金买进成分股,其股息收益可以降低持有成本;但因为股息率通常都小于融资成本,所以持有成本为正值,期货价格应该高于现货价格。可以通过一个简单的公式来计算合理的基差或溢价:

$$F=I\cdot\frac{(i-y)}{100}\cdot\frac{d}{365} \tag{7-3}$$

式中:$F$ 为合理溢价或基差;$I$ 为指数价格;$d$ 为融通资金的天数;$i$ 为第 $d$ 天的年利率;$y$ 为指数包含成分股的股息率(以年利率计)。

公式(7-3)的精确性受到以下 3 个主要因素的影响:

(1)结算是否正常。以伦敦为例,国际证券交易所(International Stock Exchange, ISE)的计算期间一般为 2 周(在圣诞节或其他节日为3 周)。所以,购买股票的资金融通所涵盖的期间是由当时 ISE 计算期间的结算日起算,至期货合约到期之计算期间的结算日为止。

(2)股息流量不均。股息的分派在全年之内的分配并不均匀,在 ISE 上市的股票,大部分的股息分配是集中在第 1 季度与第 3 季度。根据历史经验来调整股息率并不困难,但其中仍涉及相当程度的主观判断,只能根据往年的股息进行初步的估算。

(3)股息发放时间的确定性。假定我们知道某家公司将于 6 月底分派股息,但确实的分派时间必须到 5 月才能知道。所以,当我们在 4 月初计算 6 月期货合约的合理价值时，仍有不确定的成分，因为股息有可能发生在两三个计算期间内。

了解了上述种种限制以后，可以将合理溢价的计算公式修正如下：

$$F=I\times\left[\left(\frac{i}{100}\times\frac{d}{365}\right)-\left(\frac{y}{100}\times\frac{p}{P}\right)\right] \tag{7-4}$$

式中：$p$ 为由目前至合约到期日之间预期发放的股息；$P$ 为预期股指期货成分股全年度所发放的总股息。

通常而言，期货在合约期间内的合理溢价会随着合约结算期间的减少而如阶梯般地下降，溢价在合约的起始点最大，而在最后一个结算期间为零；理论基差（合理溢价）的每次下降幅度，取决于利率的变动与股息的调整。

3. 由近期月份展延到远期月份合约的合理价值。大多数期货合约所涵盖的期间都在 3 个月以内。投资者的时间架构若长于目前期货合约的到期日，必须将目前的头寸平仓，并在较远月份的合约中建立头寸，这样才能维持所需要的市场风险。这种由近月份合约展延到远月份合约的程序，可能使投资者或基金经理人承受相当大的定价风险，但同时也能够提供价格优势与交易机会。

设 $F_n$ 为近月份合约的合理价值，$F_l$ 为远月份合约的合理价值，$F_s$ 为远、近月份合约的合理溢价差值，则：

$$F_s=F_l-F_n \tag{7-5}$$

如果远、近月份合约之间的实际价差等于合理溢价的差值，多头或空头头寸由近月份展延到远月份合约时便不会产生损失（不考虑佣金）。然而，我们知道，特定月份的期货合约的实际价格通常不会等于理论价格（合理价值），所以，两个合约月份之间的实际价差也会受到市场力量的影响，而不等于其理论的价差。如果两个合约月份的价差小于理论的价差，远月份合约的价格将相对低廉，这有利于希望在期货市场维持多头头寸的投资者，他们可以将近月份合约的多头头寸平仓，同时在远月份合约中建立多头头寸。

### （二）现金—持有定价模型

考虑以下在交割日期之前实施的策略：①买入 1 个能复制股票指数的股票组合（其组合比例与股指结构相同，总价值等于股指的面值）；②通过抵押借款为买入证券融资；③卖出 1 份股指期货；④持有股票组合直到最后交易日，并将所收到的全部股息用于投资；⑤在期货合约交易结束时立即卖出股票组合；⑥对期货合约进行现金结算；⑦用卖出股票和期货结算所得款项偿还借款。由于这一策略要求用现金购入股票组合并持有一段时间，故称之为现金—持有策略。如果所买卖股票的种类和数额选择得当，则与期货合约一起形成一个无风险组合，并且可以用来确定期货合约的公正价格，其公式为：

$$FP=I_0(1+rt)-\sum_{i=1}^{N}DIV_i(1+rt_{i,D}) \tag{7-6}$$

式中：$FP$ 为股指期货的公正价格；$I_0$ 为实施现金—持有时的指数；$r$ 为借款利率（以小数表示）；$t$ 为现金—持有策略实施的期间（占 1年的多少部分）；$N$ 为股票指数中股票只数；$DIV_i$ 为现金—持有策略实施期中第 $i$ 只股票所付的股息；$t_{i,D}$为自第 $i$ 只股票支付股息至交割日之间的期间（占 1 年的多少部分）。

式（7-6）考虑了在实行现金—持有策略期间不同股票不同时支付股息的情况。如果股指中包含的成分股数量相对较少，则必须使用这一公式，因为股息的流入不是一个平稳的流量过程。

对于范围非常广、成分股股息在1年中分布较均匀的指数而言，有时可以将分别支付的股息近似看成一种持续支付的股息收益，而将期货的公正价格的公式简化为：

$$FP=I_0[1+t(r-d)] \tag{7-7}$$

式中，$d$ 为股息年收益率。

### （三）连续复利定价模型

1.连续复利。在金融衍生产品定价中，连续复利已被广泛应用。假设 $I_p$ 为初始投资额，$r$ 为年利率，$n$ 为投资年限，$I_u$ 为投资终值。

如果利率按每年计1次复利计算，则有：

$$I_u=I_p(1+r)^n \tag{7-8}$$

如果每年计 $m$ 次利息，则终值为：

$$I_u=I_p\left(1+\frac{r}{m}\right)^{mn} \tag{7-9}$$

公式(7-9)描述了进一步提高复利频率所带来的效果。当 $m$ 趋于无穷大时，就称为连续复利（Continuous Compounding）。在连续复利的情况下，初始投资额 $I_p$ 以年利率 $r$ 投资 $n$ 年后，投资终值 $I_u$ 为：

$$I_u=I_p e^{rn} \tag{7-10}$$

2.支付未知红利的指数。大部分指数可以看成支付红利的证券。这里的证券，就是计算指数的股票组合，组合中的证券所支付的红利就是该组合的持有人收到的红利。根据合理的近似，可以认为红利是连续支付的。则在正常市况条件下，该组合指数的期货价格为：

$$F=Se^{(r-q)(T-t)} \tag{7-11}$$

式中，$F$ 为期货价格；$S$ 为指数现货价格；$r$ 为以连续复利计算的无风险利率；$q$ 为红利收益率；$T$ 为期货合约到期的时刻（年）；$t$ 为现在的时刻（年）。

3.支付已知红利的指数。如果分析者对于计算红利收益率不感兴趣，可以估计指数中股票组合将要收到的红利金额总数及其时间分布。这时，股票指数可看成是提供已知收入的证券，其价格为：

$$F=(S-I)e^{r(T-t)}$$

式中，$I$ 为指数合约有效期间所得收益的现值。

这个方法对日本、法国、德国的指数很有效，因为这些国家的证券分派股息的时间相对集中。

## 三、中国股指期货市场的发展

### （一）股指期货发展现状

在我国，早在1993年3月10日，海南证券交易报价中心就在全国首次推出股指期货交易，交易品种包括深圳综合指数和深圳综合A股指数各4个到期月份的期货合约。由于当时股票现货市场自身的局限及相应监管体系不健全，违规操作屡见不鲜。1993年9月9日，中国证监会通知，券商未经批准不得开办指数期货交易业务。海南的股指期货也在当年10月暂停。

2002年,上海期货交易所完成了股指期货方案设计、规则制定和技术准备,并向中国证监会上报了申请,但一直未获批准。

2004年10月18日,美国芝加哥期权交易所(CBOE)推出中国指数期货,这是第一个针对中国证券市场的股指期货。2006年9月5日,新加坡国际金融交易所又推出了针对中国市场的新华富时A50股指期货。

2006年9月8日,中国金融期货交易所经中国证监会批准成立,并于2006年10月30日开始推出沪深300股指期货仿真交易。2007年2月7日,国务院常务会议审议并原则通过了《期货交易管理条例》,并定于4月15日开始施行;4月22日,中国证监会发布实施了《期货公司金融期货结算业务试行办法》《证券公司为期货公司提供中间介绍业务试行办法》《期货公司风险监管指标管理试行办法》3个金融期货法规。5月2日,中国金融期货交易所就股指期货合约及交易规则等公开征求意见。

2010年2月20日,中国证监会相关负责人宣布,证监会已于2月12日批准中金所《沪深300股指期货合约》《中国金融期货交易所交易规则》《中国金融期货交易所违规违约处理办法》3个细则,至此,股指期货市场的主要制度已全部发布。中金所于2月下旬发布通知:于2010年2月22日9时起正式受理投资者开户申请。2010年4月16日,沪深300股指期货合约正式上市交易,首批上市合约为2010年5月、6月、9月和12月合约。这意味着业内期盼多年、备受社会各界关注的"股指期货"终于拉开大幕。

(二)股指期货推出的意义

1.有利于完善我国证券市场的功能体系,推动资本市场健康发展。当今世界是一个经济全球化的世界,金融市场也不例外。目前,发达国家和许多新兴国家的股票市场都已经推出股指期货,形成了完整的证券衍生产品体系。在证券市场即将对外逐渐开放的大背景下,如果依然固守在传统的单一股票交易方式中,中国证券市场在功能和体系上都不会是一个完善的市场,难以与国际市场接轨。目前,我国证券市场只有单一的主板市场和创业板市场,即只有交易所交易市场,缺乏非上市股票的柜台交易市场和机构投资者需要的第三、第四级市场,不能最大限度地满足不同层次资金需求者和供给者的需求。不完善的市场机制难以使筹集资金、配置资源等证券市场功能得到充分发挥。在发展和完善各层次基础资产市场的同时,包括股指期货、股票期权、股指期权和认股权证、可转换债券、存托凭证等工具在内的衍生品市场的发展对促进市场深化和市场功能的发挥具有十分重要的作用。

此外,中国如果不推出自己的股指期货,自然就会有其他国家来推出。从这个意义上来说,推出股指期货有利于我国维护自身金融产品的定价权,对于中国的经济主权与经济安全具有重要的战略意义。

2.有利于规避股票市场系统风险,保护广大投资者利益。根据现代证券投资组合理论,股票市场上的风险可分为系统风险与非系统风险两部分。对投资者而言,非系统风险可以通过股票投资组合策略来降低和回避。但是,当系统风险发生时,各种股票的价格会朝着同一方向变动,单凭在股票市场上的组合投资,显然无法规避价格整体变动导致的风险。而股指期货的推出使得投资者规避其所面临的系统风险成为可能。在股票投资者无法把握未来股票市场走势的情况下,可以通过出售或购买股指期货合约来达到套期保值的目的。股指期货套期保值的原则是:股票投资者若要避免或减少股指下跌造成的损失,应在期货市场上卖出股指期货,即做空头,假使股指如预期那样下跌,空头所获得利润可用于弥补股票投资者持有的股票资产因股市下跌而引起的损失;如果投资者想在将来购买某种股票,那么应该在期货市场买入股指期货,即做多头,若股票指数上涨,则多头所获利润可用于抵补将来购买股票需要多付出的资金。

股指期货最重要的功能就是为资金创造避险工具以及投机和套利。股指期货的风险规避是通过套期保值来实现的,投资者可以通过在股票市场和股指期货市场两个市场反向操作达到规避股票市场风险的目的。中国股市的一个特点就是系统风险较大,这种风险又无法通过分散投资来化解。同时,中国证券市场又是一个单向的做多市场,要想实现资本的增值,就必须在市场上买入股票,因此,形成了牛市赚钱、熊市亏损的“看天吃饭”的局面。股指期货的推出为市场提供了对冲风险的途径,丰富了股票市场的投资工具,使得基金等投资机构能够进行套期保值。

3.有利于丰富投资工具与避险工具,创造性地培育机构投资者。我国的股票市场是一个单边做多市场,投资者只有通过先行买入股票,然后才能等待股票价格上涨获取收益,投资收益的多少取决于所持有股票的价格的上涨幅度。一旦股票价格不涨反跌,投资者要么割肉离场要么被套,其市场参与的积极性大大减弱。而股指期货引进了做空机制,为广大投资者提供了便利的投资与避险工具。股指期货使人们规避股票现货市场的风险成为可能,无论是牛市还是熊市,都可以吸引投资者和投机者。他们利用股指期货双向交易的机制灵活进行操作,使股市不会因为熊市而长期沉寂。同时,股指期货本身也是一种强有力的金融衍生工具,投资者可以像传统商品期货那样,通过同一标的现货市场与期货市场的价格差异进行套利交易,或者通过期货特有的杠杆效应进行投机交易,赚取投机收益。因此,开展股指期货交易既增加了新的交易品种,又开辟了新的投资渠道,满足了不同层次投资者的需求。

为了推动我国证券市场稳定发展,促进理性投资理念的形成,大力发展机构投资者是必由之路。机构投资者为了保证数量庞大资金的安全性和收益性,必然需要足够丰富的金融投资品种,以便实行组合投资策略。长期以来,我国的金融投资品种只有股票、债券和商品期货等几种,金融衍生品市场一片空白,严重制约了机构投资者进一步发展壮大。开展股指期货交易,一方面可以增加交易品种,为机构投资者提供新的投资渠道;另一方面也可以提供有效的风险管理工具,使得机构投资者无论是熊市还是牛市都能找到获利机会。特别是对于我国近几年大力发展的开放式基金而言,在没有股指期货的情况下,一旦市场出现下跌,基金的兑付压力就会显著增大,在日益增大的兑付压力下,基金管理人必然要将部分资产变现,从而引起基金重仓股的股价快速下跌,如此恶性循环的结果甚至会使基金被迫面临清算的窘境。可见,要创造性地培育机构投资者,促进股市发展,推出股指期货势在必行。

4.有利于稳定市场,缓和股票指数的波动幅度。沪深两市股票价格波动的特点是大起大落,指数暴涨暴跌的情形在宏观经济环境运行良好的情况下仍然频频发生。这种状况与经济基本面没有太大的关系,而与市场资金的集中进入与退出有很大的关联。例如,1999年的“5·19”行情以及2002年和2006年的暴涨,都是资金集中进入股市的结果,经济基本面实际上没有太大的变化。究其原因,是因为只有在股票指数上涨时买入股票才能够获利，因此，资金都要等到牛市确立时才集中进入股市。反映在股票市场上，具体表现是，市场由熊市转入平衡市时是小幅度波动，大量资金还没有反应过来；而市场由平衡市转入牛市时则在短时间大幅上涨，表明资金大量涌入。这反映在市场上就是股票指数的大起大落。推出股指期货以后，无论看多看空，只要对市场运行方向判断正确即可获利，这势必使得资金进出的时间分布均衡化。当股票指数高涨、偏离投资价值时，会有部分投资者卖空期指，从而抑制股指进一步上涨；同理，当股指下跌，会有投资者买入期指，从而抑制股指的进一步下跌。这样，就降低了市场非理性的涨跌波动所带来的风险。

5.有利于增强股市与经济运行的关联程度，发挥股市作为经济“晴雨表”的功能。从中国股市前十几年的运行情况来看，股市并没有发挥经济“晴雨表”的功能。例如，2002 年下半年到 2005 年底的近 4 年间，中国宏观经济运行良好，但股市却持续下跌，完全背离了宏观经济的走势。如前所述，这是资金集中退出股市的结果，股市的涨跌完全要看资金是否集中进出。而股指期货推出以后，无论是机构投资者还是个人投资者，都将更加重视宏观经济和公司基本面因素，并且依照经济运行和股市运行的规律来指导股指期货的投资。

另外，股指期货具有价格发现的功能，通过众多交易者在公开、高效的期货市场中竞价，有利于形成更能反映股票真实价值的股票价格。期货市场之所以具有价格发现功能，一方面在于股指期货交易的参与者众多，价格形成当中包含了来自各方对价格预期的信息；另一方面在于股指期货具有交易成本低、杠杆倍数高、指令执行速度快等优点，投资者更倾向于在收到市场新信息后，优先在期市调整头寸，这就使得股指期货价格对信息的反应更快。这将促使股市的走势与宏观经济运行的关系更加紧密，对于发挥股市的经济“晴雨表”作用大有帮助。

6.有利于完善我国金融市场体系，提高宏观调控能力。在成熟的市场经济国家，金融期货是整个金融市场中不可或缺的重要组成部分，其在完善资本市场功能与体系中的独特作用已得到广泛的认同。虽然我国资本市场、货币市场及外汇市场已经初步形成，并已有一定程度的发展，但金融衍生品市场的发展非常缓慢，这与我国目前经济的快速发展以及由此伴生的对金融衍生品的强烈需求极不适应。缺乏外汇期货、利率期货、股指期货等金融期货市场的金融体系算不上是完善的现代金融体系。但在目前的条件下，开展外汇期货和利率期货的时机还不成熟。鉴于开设股指期货的条件已经初步具备，自当由股指期货迈出我国金融期货的第一步。

建立完善的金融宏观调控机制也需推出股指期货交易。进行金融宏观调控，必须具备足够多且强有力的市场调控手段和工具，实践证明，股指期货就是一种行之有效的风险防范和风险监控机制。在 1998 年的东南亚金融危机中，香港股票和外汇市场受到了以索罗斯为首的美国对冲基金的强烈冲击，股指期货交易当时扮演了重要的角色。香港政府动用巨资干预金融市场，其手段就是充分利用股票市场和股指期货价格的联动规律，组合运用股票交易和股指期货交易措施，这是香港政府市场干预策略取得成功的重要原因。如果没有股指期货市场，香港政府的市场干预成本将大大提高，效率也会相应降低。

7.有利于提升我国证券市场的国际竞争力。加入世界贸易组织后，我国的金融市场也开始按照入世的承诺逐步全面开放。我国的金融市场与国际金融市场日益接轨，国内金融机构开始更广泛地深入参与国际竞争，同时，国外金融机构也开始大量涌入国内开展业务，争夺国内市场份额。国内金融机构没有金融衍生工具的投资经历，缺乏金融衍生工具的运作经验，难以与国外金融机构相竞争。股指期货的推出，使得金融机构可以通过业务创新增强自身实力，同时又锻炼了投资者队伍，这无疑会增强我国金融机构在国际金融市场上的竞争力，同时也改善了金融投资环境，能够更好地为国内外投资者服务。

（三）股指期货推出后会面临的新问题

1.股脂期货对现货市场的影响具有较大不确定性。1987 年 10 月，美国经历了史上最大的股灾，道琼斯工业指数 1 日下泻了 22.6%，随后发布的布莱迪报告认为，股指期货就是造成这次股灾的重要原因。股指期货市场与现货市场息息相关，具体来说主要有以下几个方面：

(1)股指期货将会对现货市场的有效性产生影响。从长期来看，股指期货的价格和现货市场的价格是趋于一致的，但是，股指期货的价格变动一般会先于现货市场的变动，这就是所谓的价格发现功能。之所以会出现这样的价格发现功能，是因为股指期货具有较低的交易成本，又有不同期限的合约，因此其价格里集中了更多的信息，也就是说，期货市场比现货市场更有效，这种信息又通过跨市场套利这种交易行为传递到现货市场，从而提高了现货市场的有效性。

(2)股指期货的推出将对股票市场的波动性产生影响。波动性的影响分为长期和短期。在短期，股指期货可能会增加股票市场的波动性，主要体现在两个方面：第一，由于股指期货推出之前，市场不存在做空机制，因此很可能把股票指数推高从而产生泡沫，股指期货的推出使市场有了做空机制，这种做多和做空的双向机制会抑制泡沫，从而使股票现货市场大幅跳水，表现为提高现货市场的波动率。第二，到期日效应。在股指期货临近到期日时，空方为了有所收益，会在现货市场抛售股票打压指数，从而在到期日或临近交割前几小时，使股票现货市场产生异常的波动。

(3)股指期货的推出将对股票市场的成交量产生影响。短期而言，在股指期货推出的初期，由于期货市场的低交易成本和保证金制度，人们往往更愿意从事股指期货交易，但是，从长期来看，由于股指期货为从事股票现货交易提供了规避风险的手段，投资者投资股市的需求也会增加，所以股指期货的推出在长期可以增加股票市场的交易量。因此，股指期货的推出对现货市场的正面和负面效应都存在。

2.不利于股指期货的制度性因素仍然存在。这主要表现在以下几点：

(1)上市公司的质量问题。上市公司的质量的好坏直接关系到证券市场能否健康发展，虽然经过证监会几年严格的监管，我国上市公司的质量得到了很大的提高，但是与发达国家的上市公司相比，上市公司在质量上仍有相当大的差距。比如：某些上市公司一味地“圈钱”，不考虑股东的利益；上市公司财务造假，烘托自己的业绩，误导投资者，从而给投资者带来巨大的经济损失。

(2)风险控制措施还不完善。股指期货交易作为金融衍生产品，具有高风险、高收益的特点。各种风险控制措施还没有建立起来，如保证金、仓位限制、大客户头寸报告、涨跌停板、结算风险基金、熔断机制等以保障期货市场的理性运行的措施，以及引入先进的实时风险分析系统，以便全面而准确地评估清算会员的财务风险及流动性状况的措施。同时，在建立有效的信用评价体系，减少道德风险和信用风险的发生，打击市场操纵行为，在股票现货与股指期货之间建立统一的监控制度和风险管理机制，实施联动监控，最大限度地降低系统风险发生的可能性，以保证股指期货交易的健康有序性方面，我们做得还不到位。

3.宏观经济环境的影响。2007 年下半年开始的次贷危机迅速从美国席卷到全世界，投资者纷纷调低经济的预期，受此悲观形势的影响，世界各大证券交易所的股票指数纷纷“跳水”，市盈率也出现了下降。

受国际股票市场的影响，中国股市也大幅下挫，上证指数从最高的6 300点一路下泻到 3 000 多点。这除了受国外股票市场的影响之外，与中国政府相继出台的一系列政策也不无关系。近些年来，由于对外贸易中资本项目和经常项目双顺差，我国的外汇储备逐年增加，尤其是对美国的贸易顺差已经占到我国 GDP 总量的 10%以上；人民币对美元升值的预期不断增加，这就造成国际上的热钱源源不断地流入我国，当然主要是流入房地产市场和证券市场。次贷危机爆发后，美联储为刺激经济，不断下调联邦基准利率。一方面中国国内加息，另一方面美国又不断地降息，结果是美元持续贬值，人民币升值速度加快，而中国又实行结售汇制的外贸管理体制，这样就造成中国国内基础货币投放量不断增加，给中国造成了很大的通胀压力。股指期货的推出对于中国资本市场最大的意义在于引入了做空机制，这将对中国股市产生重大的影响，但同样也提高了政策决策的复杂性与难度。换言之，管理层对于资本市场的政策将通过衍生品市场得到放大，使得政策的效应更加难以确定。因此，只要中国资本市场没有根本摆脱“政策市”的影响，同时又没有完善有效的监督制衡机制，中国证券市场恐难摆脱大起大落的状况。

4.投资者结构的问题。在我国的 A 股市场中，中小散户的投资占到整个流通市值的 70%，机构投资者仅占 30%，而在美国则正好与此相反。作为金融衍生品的股指期货，它的交易需要高超的技巧和丰富的经验，而这是普通散户根本做不到的。因此，能否提高机构投资者在我国证券市场的投资比重，关系到股指期货市场的健康发展。到目前为止，我们还没达到这个标准，因此，我们要把引入股指期货的风险充分考虑在内。

（四）中国股指期货介绍

我国推出的股指期货是沪深 300 指数期货。下面详细介绍其交易品种、风险控制制度以及投资者入市的要求和程序。

1.交易品种。沪深 300 股指期货合约的基本条款主要包括合约标的、合约乘数、报价单位、最小变动价位、合约月份、交易时间、每日价格最大波动限制、最低交易保证金、最后交易日、交割日期和交割方式等。

（1）合约标的。沪深 300 股指期货合约以中证指数公司编制发布的沪深 300 指数作为标的指数。沪深 300 指数成分股票有 300 只。该指数借鉴了国际市场成熟的编制理念，采用调整股本加权、分级靠档、样本调整缓冲区等先进技术编制而成。首个股指期货合约以沪深 300 指数为标的物，主要是基于以下考虑：

第一，市场检验表明，自 2005 年 4 月 8 日该指数发布以来，沪深 300 指数一直具有较强的市场代表性和较高的可投资性。

第二,沪深300指数市场覆盖率高,主要成分股权重比较分散,能有效防止市场可能出现的指数操纵行为。据统计,截至2009年12月31日,沪深300指数的总市值覆盖率和流通市值覆盖率约为72%;前10成分股累计权重约为25%,前20成分股累计权重约为37%。高市场覆盖率与成分股权重分散的特点决定了该指数有比较好的抗操纵性。

第三,沪深300指数成分股行业分布相对均衡,抗行业周期性波动较强,以此为标的的指数期货有较好的套期保值效果,可以满足投资者的风险管理需求。

(2)合约规格。沪深300股指期货合约乘数为每点300元,也就是说,期货价格每变动1点,合约价值变动300元,1手沪深300股指期货合约的价值等于该合约的报价乘以300元,最小变动价位为0.2点。合约到期月份为当月、下月及随后两个季月,季月是指3月、6月、9月和12月。交易时间为9:15~11:30和13:00~15:15,最后交易日当月合约交易时间为9:15~11:30和13:00~15:00。每日价格最大波动限制为上一个交易日结算价的±10%,季月合约上市首日涨跌停板幅度为挂牌基准价的±20%。上市首日成交的,于下一交易日恢复到合约规定的涨跌停板幅度;上市首日无成交的,下一交易日继续执行前一交易日的涨跌停板幅度。交易保证金不低于合约价值的12%。最后交易日是合约到期月份的第三个周五,遇国家法定假日顺延,交割日期同最后交易日。交割采用现金交割的方式。

2.风险控制制度。沪深300股指期货采取了有针对性的严控措施和风险防范制度安排,确保市场安全稳妥运行。

一是保证金制度。保证金是交易所有效控制市场风险的重要手段。通过调整股指期货合约保证金水平,可以大大降低股指期货交易的杠杆率,减小市场风险,将股指期货交易量控制在一个合理水平。例如,如果沪深300股指期货合约的面值约为100万元,保证金比例为15%,那么一手合约的交易保证金需要15万元。

二是涨跌停板制度。对股指期货合约每日交易价格的波动设置涨跌幅限制是有效控制市场风险的手段之一。在设计股指期货合约涨跌停板幅度时,充分考虑了相应证券现货市场价格限制,将股指期货合约的每日价格涨跌停板幅度规定为上一交易日结算价格的正负10%,与目前现货指数日内波动最大幅度相当,从而保证股指期货与相关现货指数理性联动,有效发挥价格发现等市场功能。同时,考虑季月合约上市首日和当月合约到期日的波动可能性较大,将季月合约上市首日和当月合约到期日的涨跌停板分别定为挂牌基准价和上一交易日结算价的±20%。

三是持仓限额制度。股指期货实行严格的持仓限额制度,即交易所对其会员和客户可以持有的某一期货合约单边持仓量设置一定的额度限制,防止会员或者客户的持仓量过大或者持仓过度集中,从而防范股指期货交易出现交易风险或者价格操纵风险,保证股指期货交易的平稳运行。

四是大户持仓报告制度。大户持仓报告制度是股指期货重要风险控制措施之一。交易所根据市场风险情况设定并公布大户报告标准,要求达到报告标准的会员或者客户报告其交易情况、实际控制人等信息,交易所据此及时、全面了解客户交易情况,进一步分析挖掘关联账户及账户实际控制人等信息,分析评估市场风险,实施有效的风险控制管理。

五是强行平仓制度。强行平仓制度是及时化解市场风险的有效风险控制措施之一。当会员出现资金结算风险、市场出现违规违约行为或者其他紧急情况时，交易所将对会员或者客户相应的风险持仓、违规持仓等进行强行平仓，及时防范和化解风险，阻止违规违约行为产生进一步后果，保障市场恢复到平稳有效运行状态之中。以做多一手沪深 300 股指期货为例，假设合约面值为 100 万元，保证金为 15 万元。如果市场价格下跌 6%，投资者亏损额为 6 万元，当日结算后投资者需要往资金账户中补 6 万元，若投资者不能补足交易保证金账户的亏损，则该头寸将会被强行平仓以止损。

六是强制减仓制度。强制减仓制度是指当某一期货合约价格出现单边极端行情时，根据规则对亏损达到一定程度的持仓与赢利持仓进行平仓处理，及时化解市场极端行情下的风险防范措施。2008 年我国商品期货市场受金融危机影响价格出现连续跌停，各商品交易所综合运用了强制减仓等风险控制措施，迅速化解了因国际金融危机传导到国内的系统性风险。

七是结算担保金制度。结算担保金制度是期货市场良性运作的重要保障之一。引进结算会员联合担保机制，可以增加交易所应对风险的财务资源，建立化解风险的缓冲区，为进一步提高市场整体抗风险能力提供有力保障。

八是风险警示制度。股指期货交易实行风险警示制度以警示和化解风险。交易所在必要时可以采取要求会员和客户报告情况、谈话提醒、书面警示、发布风险警示公告等措施，对违规行为及时进行威慑，制止违规行为。

此外，在参与模式上，规定股指期货经纪业务由期货公司专营。这一制度安排在期货业务和证券业务之间建立了一道防火墙，可有效隔离期货市场和现货市场的风险传递。在结算模式上，实行分层结算制度，通过提高结算会员的资格标准，使得只有实力雄厚的机构才能成为结算会员，其他不具备结算会员资格的交易会员必须通过结算会员进行结算，从而形成多层次的风险管理体系，提高市场抗风险能力。

3.投资者入市指南：

(1)投资者适当性制度。投资者适当性制度是中国证监会和中国金融期货交易所结合股指期货市场的特点，要求期货公司了解客户、客观全面衡量客户风险偏好和风险承担能力，根据“将适当的产品提供给适当的投资者”的原则建立的一项制度，其目的在于切实保障投资者的合法权益，促进股指期货市场功能的正常发挥，实现市场的平稳运行。

建立股指期货投资者适当性制度，期货公司可以通过有效评估市场参与者对股指期货产品的认知程度、接受程度和风险承受程度，严控风险源头，避免尚未准备好的投资者入市，减少盲目入市带来的意外损失，是保护投资者合法权益的必要举措，是股指期货市场平稳运行和健康发展的重要保障，也是结合我国新兴加转轨的市场特点，大力加强资本市场基础性制度建设的具体体现。

根据中金所的规定，股指期货投资者适当性标准分为自然人投资者标准和法人投资者标准。

自然人投资者适当性标准包括以下几个方面：一是资金门槛要求，申请开户时保证金账户可用资金余额不低于人民币 50 万元；二是具备股指期货基础知识，通过相关测试；三是股指期货仿真交易经历或者商品期货交易经历要求，客户须具备至少 10 个交易日、20笔以上的股指期货仿真交易成交记录或者最近3年内具有至少10笔以上的商品期货成交记录。自然人投资者还应当通过期货公司的综合评估。综合评价指标包括投资者的基本情况、相关投资经历、财务状况和诚信状况等。

法人投资者适当性标准从财务状况、业务人员、内控制度建设等方面提出要求,并结合监管部门对基金管理公司、证券公司等特殊法人投资者的准入政策进行规定。

自然人投资者和法人投资者均不能存在重大不良诚信记录,不存在法律、法规、规章和交易所业务规则禁止或者限制从事股指期货交易的情形。

在执行投资者适当性制度的过程中,投资者应当全面评估自身的经济实力、产品认知能力、风险控制能力、生理及心理承受能力等,审慎决定是否参与股指期货交易。投资者应当如实申报开户材料,不得采取虚假申报等手段规避投资者适当性标准要求。投资者应当遵守“买卖自负”的原则,承担股指期货交易的履约责任,不得以不符合投资者适当性标准为由拒绝承担股指期货交易履约责任。投资者适当性制度对投资者的各项要求以及依据制度进行的评价,既不构成投资建议,也不构成对投资者的获利保证。

(2)股指期货交易业务环节。一个完整的期货交易流程包括开户、交易、结算与交割四个环节。

第一,开户环节。我国期货市场实行统一开户制度和开户实名制。客户开立股指期货账户必须通过统一开户系统,期货保证金监控中心可通过联网公安部全国公民身份信息系统和全国组织机构代码管理中心的相关系统,对客户姓名(名称)和证件号码进行验证。所有客户资料(包括影像资料)都经期货保证金监控中心、按照统一标准进行严格检查,然后逐一存档。每个客户的开户编码与开户系统中的客户名称、内部资金账户、期货结算账户和交易编码等信息一一对应,夯实了市场监测监控基础。

参与股指期货交易的客户需要与期货公司签署《股指期货交易特别风险揭示书》和期货经纪合同,并开立期货账户。客户不能使用证券账户及商品期货交易编码进行股指期货交易。所以,普通客户在进入期货市场交易之前,应首先选择一个具备合法代理资格、信誉好、资金安全、运作规范和收费比较合理,同时获得金融期货经纪业务资格及中金所会员资格的期货公司。

客户在经过对比、判断、选定期货公司之后,即可向该期货公司提出委托申请,开立账户。开立账户实质上是投资者(委托人)与期货公司(代理人)之间建立的一种法律关系。

一般来说,各期货公司会员为客户开设账户的程序及所需的文件不尽相同,但基本程序及方法大致相同。

第二,交易环节。客户按规定足额缴纳开户保证金后,即可开始交易,进行委托下单。所谓下单,是指客户在每笔交易前向期货经纪公司业务人员下达交易指令,说明拟买卖合约的种类、数量、价格等的行为。通常,客户应先熟悉和掌握有关交易指令,然后选择不同的期货合约进行具体交易。

沪深300股指期货交易指令主要有市价指令和限价指令。

市价指令是指不限定价格的、按当时市场上可执行的最优报价成交的指令。市价指令的未成交部分自动撤销。

限价指令是指按限定价格或更优价格成交的指令。限价指令在买进时,必须在其限价或限价以下的价格成交;在卖出时,必须在其限价或限价以上的价格成交。限价指令当日有效,未成交的部分可以撤销。

市价指令只能和限价指令撮合成交,成交价格等于即时最优限价指令的限定价格。交易指令的报价只能在合约价格限制范围内,超过价格限制范围的报价视为无效。交易指令申报经交易所确认后生效。交易指令每次最小下单数量为 1 手,市价指令每次最大下单数量为 50 手,限价指令每次最大下单数量为 100 手。

第三,结算环节。交易所实行会员分级结算制度。交易所对结算会员结算,结算会员对其受托的客户、交易会员结算,交易会员对其受托的客户结算。当日交易结束后,交易所按当日结算价对结算会员结算所有合约的盈亏、交易保证金及手续费、税金等费用,对应收应付的款项实行净额一次划转,相应增加或减少结算准备金。结算会员在交易所结算完成后,按照前款原则对客户、交易会员进行结算;交易会员按照前款原则对客户进行结算。

期货合约以当日结算价作为计算当日盈亏的依据。当日结算价是指某一期货合约最后一小时成交价格按照成交量加权计算的平均价。

第四,交割环节。股指期货合约采用现金交割方式。股指期货合约最后交易日收市后,交易所以交割结算价为基准,划付持仓双方的盈亏,了结所有未平仓合约。沪深 300 股指期货交割结算价确定为最后交易日沪深 300 指数最后 2 小时的算术平均价,交易所有权根据市场情况对股指期货的交割结算价进行调整。

## 课外阅读网站

1.http://www.sse.com.cn/,上海证券交易所。
2.http://www.szse.cn/,深圳证券交易所。
3.http://www.hexun.com/,和讯网。
4.http://www.cffex.com.cn/,中国金融期货交易所。
5.http://www.shfe.com.cn/,上海期货交易所。
6.http://www.dce.com.cn/,大连商品交易所。
7.http://www.czce.com.cn/,郑州商品交易所。
8.http://www.futuresindustry.org,美国期货业协会。

## 思考题

1.什么是权证?它包括哪些种类?
2.权证有哪几类定价模型?
3.我国权证的交易规则是怎样的?
4.什么是股指期货?它有哪些主要功能?
5.股指期货定价中最重要的三类模型是什么?

## 延伸阅读

### 中国股指期货市场发展历程

2010年1月8日,中国证监会新闻发言人表示,国务院已原则同意开展证券公司融资融券业务试点和推出股指期货品种。中国证监会、中国金融期货交易所等部门2月8日正式发布《关于建立股指期货投资者适当性制度的规定(试行)》及配套文件,确定投资者开户资金门槛为50万元,并必须临柜开户,个人信用报告由人民银行征信中心出具。细数中国股指期货市场筹建历史,已有5年历程。以下为中国股指期货市场筹建大事记:

2004年11月,上证所着手开发股指期货。

2005年4月8日,沪深300指数正式发布。根据计算,前一日沪深300指数以984.733点收盘。

2006年7月6日,中国金融期货交易所(筹)业务组召集一些相关机构,举行股指期货合约与规则专场意见会。

2006年9月8日,中国金融期货交易所(CFFEX)在上海挂牌成立。

2006年9月18日,中国金融期货交易所股份有限公司公布了即将推出的《沪深300指数期货暂定合约》,保证金水平为合约价值的8%。

2006年10月23日,中国金融期货交易所发布了"关于《沪深300指数期货合约》《交易细则》《结算细则》《风险控制管理办法》征求意见稿公开征求意见的通知"。

2006年10月25日,中金所发布《中国金融期货交易所仿真交易业务规则》。

2006年10月30日,中金所开始沪深300股指期货的仿真交易活动。

2006年10月31日,A50股指期货合同纠纷案新华富时一审败诉。

2006年11月17日,期指仿真IF0611合约交割,数万手合约未平仓。

2006年11月22日,沪深300指数期货触及熔断点。

2006年12月11日,中金所对仿真交易规则第27条和63条作出修改,增加了限价指令和市价指令每次最大下单限制。

2006年12月19日,金融期货结算会员资格标准初定,注册资本不低于5 000万元。

2007年2月7日,《期货交易管理条例(修订草案)》终于在国务院常务会议上得以审议并原则通过,股指期货上市的法律障碍彻底扫清。

2007年3月5日,十届全国人大五次会议开幕前,中国证监会主席尚福林在被记者问到年内是否推出股指期货时回答:"我们正在积极准备。"

2007年3月7日,金融期货交易所总经理朱玉辰在北京表示,目前关于股指期货的各项准备已基本完成,中金所将适时推出股指期货。

2007年3月16日,《期货交易管理条例》正式公布,条例自2007年4月15日起施行。

2007年3月29日,中国证监会主席尚福林在中国证监会和国务院法制办共同举办的《期货交易管理条例》座谈会上表示,将以平稳推出金融期货为重点,逐步发展股指、利率、外汇等期货交易市场。证监会主席助理姜洋同时透露,与金融期货推出相关的各项规章已经起草完成,将在新《条例》实施后陆续发布实施。

2007年3月30日,中国证监会发布《期货公司管理办法》(修订草案)和《期货交易所管理办法》(修订草案)公开征求意见,并称两办法自2007年4月15日起与《期货交易管理条例》同时实施。

2007年4月6日,中国证监会发布了股指期货的三大配套文件草案,分别为:《期货公司金融期货结算业务管理暂行办法(草案)》、《期货公司风险监管指标管理暂行办法(草案)》和《证券公司为期货公司提供中间介绍业务管理暂行办法(草案)》,并公开征求意见。同时下发的《关于证券投资基金投资股指期货有关问题的通知》也开始征求意见。

2007年4月15日,《期货交易管理条例》正式施行,金融期货终获"准生证",至此,股指期货上市的法律障碍彻底清除。

2007年6月27日,中国金融期货交易所正式发布《中国金融期货交易所交易规则》及其配套实施细则。此举标志着中金所规则体系和风险管理制度已经建立,金融期货的法规体系基本完备。

2007年7月13日,银建期货、久恒期货首获金融期货经纪业务资格,金融期货市场迈出关键一步。

2007年8月13日,股票期现跨市场监管协作制度建立。当日,在中国证监会统一部署和协调下,上海证券交易所、深圳证券交易所、中国金融期货交易所、中国证券登记结算公司和中国期货保证金监控中心公司(下称"五方")在上海签署了股票市场和股指期货市场跨市场监管协作系列协议。此举标志着证券、期货监管系统内关于股票和股指期货市场跨市场监管协作制度的正式建立,这也就是业内俗称的"五方监管"体制。

2007年8月24日,首张金融期货结算业务牌照问世。

2007年12月27日,银河证券首获金融期货IB业务资格。

2009年11月13日,中国金融期货交易所第11批会员获批,会员总量增至111家,其中,全面结算会员15家,交易结算会员61家,交易会员35家。

2010年1月8日,证监会相关部门负责人表示,国务院已原则同意开展证券公司融资融券业务试点和推出股指期货品种,证监会将统筹股指期货上市前的各项工作,这一过程预计需要3个月时间。

2010年1月19日,中金所就《交易规则》及其实施细则修订稿以及《沪深300股指期货合约》向社会公开征求意见,股指期货的基本规则全线亮相。

2010年2月20日,中国金融期货交易所发布沪深300股指期货合约和修订后的交易规则及其实施细则。

2010年2月22日上午9时起,中国金融期货交易所正式受理股指期货交易开户申请,为股指期货上市迈开标志性一步。

# 第八章

# 财务顾问

## 第一节 财务顾问业务概述

随着行业竞争的日趋激烈，投资银行从传统的承销、经纪业务获得的利润越来越薄，于是逐步突破传统业务的束缚，开始向创新型业务领域发展，尤其是开发一种专为企业兼并、收购和重组提供投资顾问或金融顾问和提供全面金融咨询服务的知识产业。目前，财务顾问业务已成为现代投资银行的核心业务之一和主要利润来源之一。

### 一、财务顾问的内涵

#### （一）财务顾问的定义

财务顾问是指通过对客观经济情况的研究分析，为企业兼并、资产重组、公司财务安排、政府的大型项目建设等提供战略导向和决策建议，并收取一定费用的服务。金融市场上提供财务顾问服务的机构有专业性投资咨询与财务顾问类公司、投资银行、商业银行、保险公司、信托投资公司以及其他一些金融机构，而在这些机构中，投资银行是从事该类业务最活跃、最擅长的一员，世界上很多大型跨国公司都主动寻找著名投资银行作为它们的财务顾问。

财务顾问是在资本市场为企业及其他服务对象提供商业信息、商业渠道、商业咨询及其全套解决方案的专业服务机构。财务顾问是成熟资本市场中的重要中介机构，一方面，财务顾问可以协助企业把握资本市场的动向，为企业提供重大的收购、投资、重组的商业机会；另一方面，企业也可以根据其在资本市场中重大事项的需要而主动聘请财务顾问。因此，财务顾问的产生及其发展主要取决于企业在资本市场中的需求，是资本市场的重要组成部分，它与企业的发展存在共生性。

广义的财务顾问是指为上市公司、政府机构、企业集团、金融机构等组织或个人提供发展战略设计、中远期规划、资本市场运作（包括兼并、各种资产重组、投融资等）、项目投资建议和企业重整等专业顾问服务；狭义的财务顾问是指在涉及公司上市过程中的企业改制、重组、融资以及在上市公司的股权收购、资产（债务）重组、发展规划业务中，为相关利益的各方提供专业服务。按照法律法规的要求为上市公司的重大资产变动提供独立财务顾问服务是其中的重要组成部分。目前，业界谈论的财务顾问业务在很大程度上是指狭义的财务顾问业务。

各国对财务顾问服务领域的界定有所不同,但一般包含以下四个方面:①分析研究。投资银行根据客户公司或政府机构的要求,对某种产品、某种证券、某些行业和某些地区进行情况调查和分析研究,为企业或机构提供决策所需要的信息和资料。②参谋建议。投资银行为面临困难的企业或欲进一步拓展的企业提供各种建议,包括重新制定发展战略,进行资产重组、资产剥离、资产证券化等。③买卖代理。投资银行可以以卖方代理、买方代理或中介顾问的角色,在企业兼并重组、公司收购等活动过程中起促进作用。④管理咨询。投资银行可以为企业设计财务管理模式,制定服务管理制度,为企业提供资产管理、风险管理、融资投资等各种管理咨询服务。

关于投资银行财务顾问业务的收费,一般有两种情况:一种是财务顾问业务包含在其他业务之中,如证券承销时设计融资方案、兼并收购中担任财务顾问,其报酬包含在整笔业务的收费中,不单独计算;另一种情况是单独提供某类财务顾问业务,其收费通常由投资银行根据项目投入的精力和人力多少来决定。对于个人客户的咨询服务则由投资银行按小时计算酬金。当然,有时投资银行并不向客户收取咨询费用,其真正目的是与客户建立良好的关系,以便争取到后续业务的委托。

### (二)财务顾问的类型

投资银行的公司财务顾问业务的内容包括很多方面,既可以以顾问这一角色而处于中介地位,也可以在其他业务开展过程中附带提供财务顾问业务。实际上,投资银行的每项业务,无论是传统的业务还是创新的业务,都带有财务顾问的色彩。

1.证券发行、交易财务顾问。证券发行、交易财务顾问是指发行证券的公司在二级市场以现金购买已发行的证券,或者通过发行新证券交换已发行的证券,目的主要是改善公司的财务指标,从而为公司再融资创造条件。证券发行、交易要做到既能改善公司财务指标,又能为原有投资者所接受,关键是确定适当的交换条件,只要条件适当,证券发行、交易无论对于投资者还是对发行公司而言,都是有利的。

投资银行在证券发行、交易财务顾问业务中提供咨询服务的重点就在于确定双方都能接受的条件。一般来说,新证券交换旧证券的条件是以旧证券的到期收益率为基础,参考偿债顺序以及最近的市场价格来确定。其步骤为:①拟定新发行证券的息票利率,利率水准必须接近市场行情,从而能使投资者感兴趣;②计算旧证券的到期收益率;③计算、确定新换发证券的面额,使得新旧证券的到期收益率恰好相等。

投资银行从事的这一类条件确认业务,也被称为提供“公正意见”(Fairness Opinion),因为这一类企业在面对新老股东的情况下,企业经营者单方面提出的条件往往会遭到指责,所以他们往往让投资银行这一类中介机构提供“公正意见”。这一类情况还包括对倒闭企业的资产清算、企业的私有化改组等。

2.企业并购财务顾问。投资银行在其购并业务兴起之后,在相当长的一段时间内,都是充当并购策划和财务顾问的角色。对企业并购的买方而言,财务顾问可以帮助它以最优的方式、用最优的条件收购最合适的目标企业,从而实现自身最优的发展;而对企业并购的卖方而言,财务顾问的积极作用则表现为帮助它以尽可能高的价格将标的企业出售给最合适的买主。对敌意并购中的目标企业及其股东而言,财务顾问提供的反并购业务则可帮助它们以尽可能低的代价取得反收购行动的成功,从而捍卫目标企业及其股东的正当权益。

3.企业合资财务顾问。投资银行在企业合资中充当代理人和财务顾问的角色。作为财务顾问,它可以代表国内外投资者在国内寻找投资者,也可以受国内当事人的委托寻找外国投资者。它的任务不仅是把两者联系在一起,而且要协助商议合资条款和条件。在合资企业建立的过程中,其财务顾问的主要职能体现在:

(1)市场调查与合伙人的寻找。作为财务顾问,一方面,在合资企业组建的前期,首先要做好市场调查,对投资环境进行分析;另一方面,应根据实际情况,尽可能同时与几个可能合作的对象进行接触,分析每个投资者的条件,均衡利弊,选择最佳合作对象,推荐给委托方作为合伙人。

(2)对合资项目可行性研究进行仔细评估,编制项目建议书和初步可行性研究报告。

(3)提供信誉资料,包括客户资信、技术资料,也包括市场信息和法律资料。

(4)作为财务顾问,参与谈判及商议合资的条款和条件,签订合资经营企业协议、合同和章程。

(5)与政府接触,督促政府批准或给予新的合资企业以投资优惠特权,尤其是争取利息负担、税收方面的优惠。

4.企业资产重组财务顾问。企业在经营过程中,虽然会由于宏观经济形势的变化、市场环境的改变、公司过度扩张、经营管理不善而导致企业财务发生困难,面临或有停业危险,但如果企业仍有继续经营的价值并因而力图避免破产,就有必要对企业的资本结构进行重新组合,对企业的资产和负债进行合理整合,对企业的资产和组织进行合理整合。投资银行可以作为企业的财务顾问,通过以下步骤帮助企业进行资产重组:

(1)帮助企业仔细地进行财务分析,找出危机之所在以及化解危机首先应解决的问题。

(2)重新制定企业的发展战略和经营战略,其目标应该比较保守,重在生存中发展而不能企望高增长。

(3)如果可能,协助企业安排股票或长期债券的私募,补充发展所需的资本。

(4)重新分析经营计划,根据客观现状重新排列出主次,剔除一些不太实际的部分,以便集中利用有限的资金和其他资源。

(5)仔细审查企业的业务分支机构,对于企业发展没有影响的或者有副作用的应予撤销。

(6)对于可以出售的分支机构,根据该分公司或子公司的现状确定适当的出售条件,寻找潜在的购买者并代公司与其协商、谈判,并对整个销售过程作出安排。

(7)同债权人分别进行协商,介绍企业当前的困难处境,提出由专家制定的企业债务重组计划,争取债权人的信任,以帮助企业渡过难关。

5.国有企业民营化财务顾问。西方国家仍不同程度地保留了部分国有企业,其中一些企业业绩不良。为了减轻政府的财政负担,提高国有企业的经营水平,增进社会福利,政府有时会考虑向社会出售这部分企业。由于大多数国有企业在设立之初的原因之一就是要避免某些行业被私人集团所控制,因而政府在出售这些企业时,出于股权分散化的考虑,往往会通过证券市场来进行。对于正在进行国有企业改制重组的我国来说,西方国家国有企业民营化的经验具有一定的借鉴意义。

投资银行作为国有企业的财务顾问,在国有企业的出售过程中可以提供以下服务:

(1)由于国有企业出售后经营方式会发生变化,公司的经营状况可能也会发生相应的变化。投资银行应充分考虑这些企业出售后的变化,分析预测私有化企业的经营前景,从而判断出售对投资者的吸引力。

(2)根据国有企业当前的经营状况和前景预测,结合企业未来的获利能力,估算并确定合理的出售价格。

(3)根据企业出售的总价值和证券市场的现状,分析销售成功的可能性并制定出相应的促销办法。

(4)在对不同类型投资者的兴趣以及他们对国有企业可能的态度进行仔细分析的基础上,在公众投资者和少数机构投资者之间作出选择,确定采用私募还是公募的发行方式。

6.企业发展战略和风险管理财务顾问。其提供的服务具体包括:

(1)为企业的经营管理决策、行业信息交流、分配方案设计、企业形象包装、产业政策咨询、公共关系协调等提供良好服务;为企业提供完善的法律顾问咨询,提交有关企业的发展方向、投资建议、资产重组方案,使企业利用资本市场迅速发展;为企业建立信息档案,以保证业务的连续性,定期向企业通报国内外的行业发展趋势、产品市场信息,充分掌握企业的发展动态和业务需求,帮助企业完善信息披露制度,熟悉资本市场运作。

(2)利用自身在宏观经济环境和行业分析方面的研究优势,帮助企业制定长期发展战略和设计具体实现的方式,包括设计企业资本运营方式以及进行内部组织结构改进,并围绕企业并购活动开展有效率的工作。

(3)帮助企业分析资产负债表和现金流量表,分析利润来源,认识各种风险因素,并提供建议,以减少风险、增加收益,改善其财务状况。企业各种资产面临的风险与负债承担的风险可以通过设计一定的资产组合与负债组合而相互抵消。

7.政府部门财务顾问。各级政府在制定该地区的经济发展政策时,由于其专业人才的限制,需要一些经济机构充当地区经济发展的“经济顾问”或“智囊团”,投资银行经常可以在这方面担当重要角色。投资银行通过对一系列地区经济指标资料进搜集、整理和分析,为政府提供宏观经济形势的分析以及预测,这些指标一般包括经济增长率、通货膨胀率、货币发行量、失业率、各大产业增长指标等,在此基础上,投资银行可以为政府提出适合于本地区的宏观经济政策和经济发展战略的建议。另外,投资银行还可以为政府的大型基础设施建设进行项目融资,最常见的是BOT方式。投资银行充当政府财务顾问,不仅可以拓展自己的业务,而且可以更方便地获取当地的宏观经济资料,并可以率先了解宏观经济政策,从而为开展其他业务创造良好条件。

## 二、财务顾问的服务范围

财务顾问的服务范围非常广泛,几乎涵盖了企业财务管理、公司理财和投资学的各个领域。在不同的服务领域,财务顾问发挥着不同的作用,相互之间的差别较大。从广义的角度看,根据财务顾问所服务的目标,可以将财务顾问划分为政府财务顾问、企业

(机构)财务顾问和个人财务顾问。企业(机构)财务顾问又可以根据业务内容划分为财务管理咨询业务财务顾问和投资银行业务财务顾问。投资银行业务往往涉及企业发展的关键问题,容易引起广泛的关注,同时,财务顾问在投资银行业务中的作用非常重要,对相关业务具有很大的影响力,因此,目前在各类文件、资料中提及的财务顾问,一般来讲均特指面向公司上市或者上市公司的企业投资银行业务财务顾问,也就是狭义上的财务顾问。根据工作的性质,投资银行业务中的财务顾问可分为独立财务顾问和一般财务顾问。

## 三、财务顾问的作用

### (一)投资银行业务中一般财务顾问的作用

一般财务顾问是指委托方为完成某些事项或交易所聘用的财务顾问,该财务顾问需参与委托事项的实施并提供专业意见。一般财务顾问的业务范围比较广,具体包括投融资项目顾问、企业重组顾问、企业上市财务顾问等。虽然在不同的业务中财务顾问的作用有所不同,但基本上可以归纳为以下五个方面:

1.为服务对象提供资本市场中重大事项的专业建议。财务顾问凭借专业知识和对资本市场的有效把握,为服务对象推荐和分析资本市场的商业机会,并出具专业意见,帮助服务对象形成决策。如在不同的业务事项中提供投资价值分析报告、目标企业估值报告、尽职调查报告等,作为专业建议的工作报告。

2.设计工作方案。财务顾问应根据需要完成事项和委托方要求,完成整体工作方案的设计,其中包括工作目标、操作步骤、具体工作程序和时间要求、责任分工以及需要注意的主要问题,并应对工作方案进行充分论证,根据工作进展情况及时加以改进和调整,以保证方案的可行性和时效性。在方案设计中,财务顾问应切实估计方案的可行性,最大限度地维护委托方的利益,并严格遵守相关法律法规,避免法律风险。

3.组织协调。委托方需要财务顾问完成的事项往往比较复杂,并且可能需要会计师事务所、律师事务所等不同的机构共同参与。为保证工作进度和工作效率,组织协调工作非常重要。一般来说,由于委托方在人力资源、工作经验和专业知识等方面存在不足,而与其他中介机构相比,财务顾问在组织协调方面具有比较明显的优势,因此,财务顾问往往需要负责整个项目的组织协调,帮助委托方统筹考虑和安排各项工作。

4.完成相关文件。除其他机构需要出具的文件外,委托方为完成相关事项所需的各种文件的起草、准备工作均应由财务顾问负责完成,尤其是涉及关系工作成败的审批文件,更是需要财务顾问认真准备。

5.协助完成工作。财务顾问的根本目标是帮助委托方完成相关工作。因此,财务顾问在上述四个作用之外,还需要完成大量工作,发挥其他作用,以最终实现工作目的。例如,在企业并购交易中,财务顾问往往需要协助企业寻找合适的交易对象;另外,在许多交易中,财务顾问还需要帮助委托方进行融资等财务安排;在企业重组后,还要帮助委托方完成后继的各项整合工作。这些都是财务顾问应发挥的重要作用。

### (二)独立财务顾问的作用

独立财务顾问是指在没有参与相关业务的谈判、设计等环节,并在没有任何利害冲突的前提下,可以对相关事项发表独立意见的财务顾问。独立财务顾问的作用主要包括两个方面：

1.作为独立机构，为相关事项利益各方提供独立意见。独立财务顾问将对需要发表意见的事项进行充分、广泛、合理的调查，在相关方提供的资料和其他可获得材料的基础上，依据有关规定和自身的专业经验，对相关事项进行独立的判断和分析，对利益各方所关注和需要注意的问题站在客观、公正的立场提出独立意见，以揭示和降低各方所承担的风险。在我国资本市场中，已有明确规定要求上市公司等机构在一些重要事项处理过程中，应当聘请独立财务顾问提供独立意见。

2.根据法律法规要求，核查企业(机构)相关工作。为保证和敦促企业(机构)在一些工作中严格遵守规定的程序和要求，规范企业行为，创造良好的市场环境，监管部门也赋予了独立财务顾问一定的核查职能。财务顾问可根据规定对相关事项进行核查，并发表核查意见。

### (三)财务管理咨询业务中财务顾问的作用

在财务管理咨询业务中，财务顾问需要为机构、企事业单位进行财务管理提供综合性的顾问服务，主要作用包括：

1.建立健全财务管理及内部控制制度。如按照国家有关法律法规对企业的财务管理制度和内部控制制度提出建议，协助企业建立健全相应的规章制度，以使企业各项制度比较完善和具有实效。

2.优化财务管理流程。在深入了解企业财务管理实际情况的基础上，对企业的财务管理流程提出改进意见，提高企业财务管理的效率和效果，防止因财务管理流程问题造成企业出现不必要的损失或出现经营问题，导致企业经营风险增加。

3.改善各项财务指标。协助企业(机构)利用相关理论和方法对财务指标进行分析，寻找需要改善的财务指标，并找出导致财务指标不良的主要原因，有针对性地提出改进意见，帮助企业达到满意的财务状况。

4.协助制定财务战略。从战略的高度和角度，结合企业的内外部环境，协助企业制定和实施符合企业发展战略的企业财务战略。这需要财务顾问能够真正判断和把握企业未来发展的步调，所协助制定的财务战略能够真正为企业发展提供相应的财务支持。

## 四、投资银行开展财务顾问业务的动因和意义

### (一)投资银行开展财务顾问的动因

1.外在压力。这种外在压力来源于两个主体：投资银行业务的需求者(客户)和供应者(投资银行的同业竞争者)。

从需求者来看，随着企业专业化经营趋势的加强和资本市场环境的变化，投资银行的客户对投资银行提出了越来越高的要求，尤其是近20年来，企业越来越注重利用资本运营的方式和战略来发展壮大自己，通过兼并重组等形式寻求持续、稳定发展。而企业的资本运营是一项复杂的工作，企业本身不具备这方面的专业化水平，需要有专业的中介机构去完成目标企业的前期调查、财务评估、方案设计、协议执行、条件谈判以及相应配套的融资安排、重组规划等高度专业化的工作。显然，投资银行如果还停留在传统的为企业证券进行承销和经纪的业务上，就远远不能满足企业专业化、多样化服务的需要。而且，投资银行正是有这一能力并成为交易撮合者和协调者的最合适人选。投资

银行作为资本市场上最主要的中介机构,具备强大的金融信息搜集能力和广泛的信息搜集渠道,与其他金融机构相比,它有明显的信息优势,充当企业财务顾问发挥了它的特长,降低了企业间的交易费用,也体现了专业化分工的行业发展趋势。

从供应者来看,资本市场上提供投资银行类业务的各类机构逐渐变多。随着金融自由化和各国金融管制的放松,这一趋势更加明显,投资银行面临着前所未有的挑战。在金融化程度不高或金融管制较严厉的时代,投资银行业可以被视为一个垄断行业,但随着全球混业经营时代的到来,投资银行的这一优势已逐步丧失。随着证券市场从卖方市场到买方市场的转变,投资银行的竞争不仅来自业内,也来自为企业提供同质服务的其他金融机构。这些巨大的变化促使投资银行转变经营理念,变被动等客上门为主动上门服务,并逐步引入市场营销的观念。财务顾问是投资银行进行市场营销的一个有力手段,起着联系投资银行与客户的重要纽带作用。

2.内在动力。市场环境的巨大变化给了投资银行强大的外在压力,但是单凭外在压力,还不足以迫使投资银行进行积极的应变,内部动力是投资银行寻求转变的另一重要条件。财务顾问是一个高度智力密集性的行业,需要投资银行为客户提供各种最新、最全的资料,并在此基础上为企业出谋划策,充当"军师"或"战略设计师",以便最终能很好地满足客户需要。是否具有这方面的人才,已成为投资银行能否成功开办财务顾问类业务的前提条件,而投资银行在与客户打交道的过程中,已经逐渐培养出了这类深谙此道的专业人才,他们不仅具备良好的职业道德及行为准则,而且具备了财务顾问所必需的数量统计分析、经济学、财务分析、企业金融、证券分析、投资组合管理等方面的专业知识与技能,此外,他们还具备了丰富的社交经验和灵活应变的能力。这些人才为投资银行开展财务顾问业务奠定了坚固的基础,同时也正是由于这些投资银行精英们的存在,投资银行才能不断地求变,不断地开拓创新,具备了开展新的业务、不断前进的内在动力。投资银行传统业务利润占所有利润的比重呈逐渐下降的趋势,传统业务的边际利润率越来越低,其拓展的空间也相当有限。投资银行在巩固传统业务的基础上开展创新型业务,目的在于增加利润来源点。财务顾问作为中介类的服务,具有低成本、低风险、高收益的特点,无疑是投资银行较佳的选择。投资银行现代核心业务的演变已经验证了这一点。

### (二)投资银行开展财务顾问业务的意义

从经营方式上看,中介性是投资银行业务的一大特色。从这个意义上讲,财务顾问业务是投资银行业务的精华所在。投资银行开展财务顾问业务具有独特的重要性,主要体现在以下几个方面:

1.投资银行通过在分析、研究、承销、并购等方面提供高质量的顾问咨询服务,发展与客户及社会各界的关系,可以逐步树立起良好的专业形象,打造信誉品牌,间接带来巨大的无形收益(投资银行品牌、实力和声誉),是投资银行从事财务顾问所获取的最大财富。

对中介机构而言,财务顾问业务是一项难度大、投入大的工作,涉及当地的产业结构、产品结构、城市规划、社会保障等诸多方面的问题。公司财务顾问业务对投资银行的直接收入影响不大,但对投资银行的信誉极为重要,因为专业形象是投资银行的宝贵财产之一,它既要协调企业重组各方的关系,又要设计具体方案,而且相对于投入来说,其直接收益可能微乎其微，财务顾问业务尤其是并购重组业务是对中介机构品牌、综合实力的大检验，是中介机构的一项长期投资。一旦策划方案被企业接受，这一业务所带来的间接的无形收益就是巨大的。事实上，由于投资银行能够充分利用与资本市场相关的专业技能，帮助企业进行战略策划、谋求长远发展，财务顾问业务也越来越受到企业的欢迎。成功的重组案例可以大大提高中介机构自身的声誉，为其以后参与重组业务及一级市场业务打下良好的基础。

2.财务顾问业务一般都是中介类业务，无须投资银行投入大量的资金，而其产生的经济效益却十分明显，有时获得的利润也相当可观。有些投资银行承担一项特定的公司财务顾问业务的目的，有时并不是为了收取咨询费，而是通过担任公司财务顾问，与公司各个层次的人员经常接触，详细地获知该公司的业绩动向和经营上的各种问题以及有关项目融资、设备租赁等的情况，一旦企业需要，投资银行就可以迅速介入，提供更多、更全面的服务。公司财务顾问咨询业务的重要事宜要充分公开，或者至少要让金融界知晓，这样才能吸引和稳定新客户。可见，财务顾问是开拓其他业务的重要桥梁。

3.公司财务顾问业务是一种系统性、专业化的高级投资银行业务，开展此项业务能够使个人的综合素质水平得到有效的提升，积累比较丰富的资本运作经验，形成财务顾问业务方面的人力资源，培养和造就技术和素质较高的专业人才。可以说，财务顾问是培养投资银行人才的催化剂。从事财务顾问业务的投资银行人员不但在业务素质上，而且在精神意志以及其他一些个人性格上会得到很好的锤炼。通过从事这些业务，他们的业务能力和个人价值将会得到最为淋漓尽致的体现。所以，开展财务顾问业务是投资银行培养专业人才的重要途径。

## 第二节　企业融资的财务顾问

### 一、企业上市融资的财务顾问

现以香港创业板为例，说明财务顾问在上市融资中的主要作用。香港创业板证券市场 1999 年 11 月 15 日创立，它为内地中小企业与民营企业提供了一个广阔的创业资本市场，目前在香港创业板上市的内地企业已超过 80 家。财务顾问是内地企业到香港创业板融资上市的不可或缺的机构，是企业在创业板上市的设计师和协调人。财务顾问在香港创业板上市融资工作中的主要职能和作用是：

第一，筛选和培育具备香港创业板上市条件的公司。即筛选已经具备条件，符合创业板《上市规则》的公司；培育成长性很好，但目前与香港创业板《上市规则》尚有差距的公司。

第二，进行创业板上市培训与咨询工作。财务顾问通过大量工作选定拟在香港创业板上市的企业后，要对该企业高层管理人员进行在香港创业板上市的培训，其中包括香港创业板证券市场《上市规则》的辅导、企业资产重组和改制等一系列涉及创业板上市基本知识的辅导，同时针对企业所提出的一系列问题提供咨询服务。

第三,为企业进行上市整体策划与方案制订。财务顾问对选定的香港创业板上市企业进行培训辅导与提供咨询后,要与企业共同商讨,为企业在香港创业板上市进行整体策划。财务顾问将根据中国证监会、香港联交所的上市规则和最新政策动态,结合公司实际状况,并与境内外中介机构充分协商,制定出符合公司最大利益的切实可行的资产重组和上市融资方案,包括为企业制定《在香港创业板上市整体策划方案》《在香港创业板上市工作大纲》《在香港创业板上市实施方案》等有关策划方案。

第四,协助企业进行业务定位和业务重组。香港创业板规定,来创业板上市的公司必须有明确的"主营业务"。因此,财务顾问要和企业共同协商拟订在香港创业板上市的"主营业务",这个"主营业务"也就是主导产品和题材。一个企业可能有若干个产品和发展题材,但哪个产品和发展题材最符合香港创业板这个国际创业资本市场的需求,同时适合香港及国际投资者的口味,需要财务顾问具有远见卓识,掌握国际创业投资的投资偏好,帮助企业选定在香港创业板上市的主导产品和发展题材。这个主导产品与发展题材的选定十分重要,它将关系到企业是否能在香港创业板上市及上市后公司的长期稳定增长。

第五,协助企业产权界定、资产重组、改制与构建上市公司架构。目前,国内中小企业与民营企业产权不清和股权结构不合理的现象十分突出。财务顾问要协助企业明晰产权关系,改善股权结构。对于企业规模低于香港创业板要求的,财务顾问还要协助企业进行低成本扩张,通过兼并收购与资产重组扩大企业规模。同时,还要根据上市条件和企业发展方向,协助企业进行改制和资产重组以及进行股份制改造和股份公司设立工作,为在香港创业板上市构建好公司的基本框架。

第六,为企业引进策略投资者或风险投资基金。目前,国内有些中小企业和民营企业主导产品和发展题材都很好,但企业规模不够,生产资金不足。财务顾问可以为其寻找和引进国内和国际的策略投资者或风险投资基金。策略投资者与风险投资基金的引入,不仅可以使企业在业务发展和上市工作中获得急需的外来资金的支持,而且可以提升企业形象,有利于尔后公募发行时吸引更多的机构投资者,保证IPO的成功。一个好的财务顾问,在为企业寻找和引进策略投资者与风险投资基金过程中将会起到重要作用。

第七,参与企业重大事宜谈判,为企业争取资本运作中的最大利益。财务顾问不仅要为企业制订《上市工作大纲》《上市实施方案》《收购兼并、资产重组、改制方案》《引进策略投资者与风险投资基金方案》等,还要作为企业的主要顾问参与企业的重大事宜谈判,如收购兼并、资产重组谈判,引进策略投资者与风险投资基金洽谈等。财务顾问要在谈判与洽谈中为企业提供专业咨询,协助企业决策与具体运作,为企业争取资本运作中的最大利益。

第八,协助企业选定中介机构。境外上市涉及众多境内外中介机构,有保荐人、承销商、中外律师、中外会计师、评估师、公关公司等。上述中介机构不仅数量众多,而且水平不一,良莠不齐,各有其长,也各有其短。因此,对不熟悉资本市场中介机构情况的拟上市企业而言,如何以较低的费用挑选到合适的上市中介机构,就成为一大难题。财务顾问将会以对业内情况的充分了解和把握,以专业的眼光和经验,向企业广泛推荐和介绍境内外中介机构,供企业选择,并将以企业顾问的身份,协助企业选择适合企业上市需要的中介机构并与其进行商业谈判，帮助企业以较低费用选定最佳上市合作中介机构。

第九，负责与有关主管部门的沟通与协调工作。到香港创业板上市须中国证监会和香港联交所的双重审批和监管。境内除中国证监会外，还涉及国家发展和改革委员会、国有资产管理委员会、国家外汇管理局等有关部委的审核或审批。如上述机构中任何一家提出异议或反对意见，企业上市将受阻；如上述机构中任何一家拖延或久议不决，则企业上市进程将被拖延或放缓。财务顾问在香港创业板上市中的作用至关重要，十分关键。它是企业到香港创业板上市融资的设计师和协调人，起着咨询顾问、设计策划、组织协调的作用，推动企业境外上市工作顺利进行，提高效率，加快进度，减低费用。

### 二、私募融资的财务顾问

我国中小企业占全国注册企业总数的95%以上，是绝大多数。这些企业创造的工业总产值、销售收入、实现利润和出口总额在全国总量中所占比例日趋上升，近几年已分别达到了约60%，57%，40%和60%。在经济发达的江苏、浙江地区，这些比例还要更高一些。中小企业在国民经济中的地位和作用日显重要，其发展中遇到的问题也得到越来越多的关注。在所有问题中，“中小企业融资难”已成为制约中小企业发展的首要问题，这既有企业自身的原因，又有社会客观因素的制约。通过对我国中小企业的特征和其主要融资方式的分析，我们认为，中小企业在融资方式上，依靠内部融资和传统的银行贷款已经远远不能满足要求，私募融资正逐渐成为中小企业融资的一个非常重要的选择。

私募融资的过程是一个专业化要求很高的过程，仅依靠中小企业自己的管理人员难以胜任。首先，要积极引进高级私募管理人，建立科学的激励与约束机制，使高级私募管理人的报酬与经营业绩挂钩，完善私募管理人制度，使其行为更加规范，更好地发挥其专长，为企业创造更多的财富，积累更多的资本。其次，要积极引进高级财务顾问。由于私募过程中需要的财务技术往往与企业日常的财务技术有所不同，有经验的财务顾问可以给企业全方位、专业化的帮助，包括财务顾问、税务筹划、投资方的推荐等。经过几年的发展，目前国内已经出现几家具有相当专业水平的财务顾问公司，完全可以出色地完成一般企业的私募业务。

财务顾问为企业提供早期或IPO前期的私募融资服务。针对比较成熟的企业在上市前的融资需求，财务顾问帮助它们引进战略投资者，并完成企业价值评估、交易架构设计等顾问工作。凭借与风险投资和私募股权基金建立的广泛网络基础和在交易管理上的专业优势，财务顾问能以最小的管理成本来帮助企业完成最优的私募交易。

## 第三节 其他财务顾问业务

### 一、企业改制和重组业务

中国经济改革难度最大的是大中型国有企业改革，而产权问题始终是困扰着国有企业改革的瓶颈。在建立社会主义市场经济体制的背景下,随着“公有制”身份的改变,国有企业在与其挂靠单位脱钩或者在与地方政府、主管部门、上级单位签订产权转让协议等过程中出现了众多的不规范甚至不符合法律的地方,严重违背了市场规律和原则。同时,国有企业股权相对集中,企业所有权与决策权、经营权高度统一,缺乏科学的决策机制、风险控制机制和内部管理机制。此外,国内严格的上市融资条件制约了一批高成长性中小企业的发展,尤其是高科技企业。鉴于这些情况,财务顾问在企业重组(改制)时应注意以下几个方面:

第一,全面调查了解企业的基本情况;

第二,按照上市条件的具体规定编制相关的财务报表,准备企业改制的项目资料,制定总体方案;

第三,在财务顾问的主持下,协同相关中介机构,与企业一起组成重组工作小组;

第四,协助企业对重组资产的产权进行界定——对已取消的财产所有权的合法性进行认定及对未取得所有权的资产进行评估;

第五,必要时,建议企业通过交易方式取得相关产权(包括土地所有权、商标等无形资产在内);

第六,协助企业合法重组股权结构,按照企业上市以及企业长期发展的需要对业务结构进行调整。

## 二、企业收购与兼并业务

财务顾问在企业并购中的作用表现在多个方面:①担任并购方的并购顾问,可以帮助并购方以最恰当的方式和最有利的条件收购最合适的目标企业,从而实现并购方自身的最优发展;②对被并购方而言,财务顾问的积极作用表现在帮助它以优惠的价格将股权出售给最合适的买主;③对敌意并购中的目标企业及其股东而言,财务顾问的反并购业务则可帮助它们以尽可能低的代价实现反收购行动的成功,从而保护目标企业及其股东的利益。

财务顾问在企业并购中所承担的工作包括以下几个方面:

第一,作为买方代理策划并购。具体工作包括:①帮助并购方寻找合适的对象;②对目标公司的产业结构、生产成本、赢利、现金开支、同行的竞争能力、经理人员的资历和管理能力进行详细的考察与分析;③提出具体的收购建议;④与双方商议收购条款的拟定;⑤编制相关的并购公告,提出一个完善、操作性强并符合收购方需要和自身条件的收购计划,并在收购方委托的情况下代理完成收购计划。

第二,作为卖方代理实施反兼并措施。具体工作包括:①认定发生敌意收购时,与公司研究出一套防范被收购的策略;②根据收购方提出的收购建议,向公司作出收购建议是否公平合理和应否接纳收购建议的意见。

第三,编制有关的文件和公告,说明公司董事会对收购建议的初步反应和他们对股东的意见。具体工作包括:①参与并购合同的谈判,确定并购条件;②协助买方筹集、获得、使用必要的资金。

## 三、管理层收购

管理层收购(MBO)是指企业经理层利用借贷所融资本或股权交易收购本公司的

行为。MBO 与一般企业收购行为的主要区别，一是企业经营者向企业所有者的角色转换是实施 MBO 的一个重要目的，二是发挥财务顾问的融资作用。在 MBO 实施过程中，往往需要大量融资。这两个特征都体现在 MBO 的操作过程中。在中国，MBO 是作为国有企业产权制度改革，理顺企业产权关系，明确产权主体的一种途径被引进的。

(一) MBO 的主要模式

根据被收购公司不同的资产结构和规模、经营层的收购意愿和原股东的转让意愿，MBO 的操作模式主要有以下 4 种：①经营层收购股东的公司；②经营层收购母公司；③经营层收购母公司下属的子公司；④经营层收购母公司下属的业务部门。

(二) MBO 的主要流程

由于企业的情况千差万别，MBO 的实施方案也要根据个案灵活运用。通常情况下，MBO 操作流程主要有以下 3 个阶段：

1.方案策划设计阶段。此阶段是在对个案进行充分研究的基础上，为实施 MBO 进行的整体策划，主要包括组建收购主体、协调参与各方的工作进度、选择战略投资者、安排收购融资等。方案设计中应注意有效地运用当地的政策法规，这将极大地促进 MBO 的运作成功。同时，针对个案的创新也最能体现中介机构的价值。

2.收购操作阶段。此阶段是 MBO 实施方案确认后的实际收购操作阶段，主要工作环节包括资产评估、价格确定、各方谈判、签约履行。实施的焦点集中在收购价格的谈判和其他附加条款的确定上。在定价过程中，应让股权转让方充分考虑到企业经营层为企业所做的贡献，这样才能使谈判过程更为顺利。

3.后 MBO 阶段。此阶段为 MBO 的后续整合阶段，是 MBO 后企业经营层对企业所做的各种改革，主要包括业务整合、资本运营和管理制度的改革等。通过后 MBO 阶段解决 MBO 过程中形成的债务，同时，这一阶段也是最终完成 MBO 各项初衷的关键阶段。

## 第四节　财务顾问业务的竞争格局

目前，活跃在中国境内的财务顾问机构主要有证券公司、商业银行、财务顾问公司和中介服务机构四类。按活跃程度和影响力从高到低划分，目前中国财务顾问市场的主要力量依次是境外证券公司、合资证券公司、财务顾问公司、商业银行、境内证券公司和中介服务机构。其中，境外证券公司、合资证券公司的市场份额最大，优势明显；财务顾问公司、境外中介服务机构同样具有良好的专业知识，战术灵活；商业银行底蕴深厚，在发展财务顾问业务方面有着巨大的潜力；境内证券公司已逐渐发展壮大；境内中介服务机构则相对处于次要地位。

### 一、证券公司

(一) 境外证券公司

境外证券公司包括高盛、摩根士丹利、瑞银华宝、德意志银行等历史悠久、实力雄厚的国际“超级”投行,其注册资本往往达数百亿美元,高级人才云集,品牌价值巨大,资金实力和综合实力超群。它们参与的项目有:德意志银行担任中国石油的独家财务顾问,帮助中国石油注资140多亿美元的“西气东输”管道项目;摩根大通和摩根士丹利分别担任美国艾默生电器以75亿美元收购华为安圣电气外方和中方的财务顾问(2001年)。摩根大通还担任了华能国际的电力行业重组和收购项目的财务顾问(2002年)。据统计,摩根大通2008年担任财务顾问的中国客户,除中铝外,还有中国第二大铁矿石贸易公司中国中钢集团。此外,摩根大通还参与了中海油服25亿美元收购挪威Awilco Off shore ASA和中国联通以240亿美元收购中国网通集团的交易,后者是2008年与中国相关的最大并购案。国际大行财务顾问业务的赢利模式是利用其雄厚的资金实力、国际化的先进理念、专业化的人才队伍、声誉卓著的品牌承揽国内或跨国(特别是后者)标的额巨大的并购、重组、融资项目,以收取高额顾问费,一般高达数百万美元甚至数千万美元。

### (二)合资证券公司

开中国合资证券公司之先河的是1995年由中国建设银行与摩根士丹利等外资投行合资设立的中国国际金融有限公司(简称“中金公司”)。中金公司除了在大单IPO业务方面有所建树之外,在财务顾问领域也出手不凡:1998年作为财务顾问、1999年作为联席财务顾问,协助中国电信(香港)有限公司分别以29亿美元、64亿美元收购江苏省移动通信和福建、河南、海南三省移动通信的资产;2001年作为联席财务顾问与摩根大通一起担任艾默生并购华为安圣电气项目的财务顾问;2021年作为财务顾问,协助“中国平安”重整“方正证券”。合资证券公司从其境外母公司处带来的先进理念、高素质人才和国际化资源是其开展财务顾问业务的立业之本。

### (三)境内证券公司

一些境内证券公司的投行部门另辟战场,在财务顾问业务中寻觅新的利润增长点。境内证券公司凭借其在中国传统资本市场上代表“官方”的“正规军”身份和与地方政府千丝万缕的联系,也在政府和企业的财务顾问方面跃跃欲试,其主要动机是借任地方政府顾问之机,获取承销方面的良好资源。而在传统的承销业务受“通道”影响而极度萎缩的情况下,证券公司要通过收取财务顾问费来开辟新的利润来源是困难的。这是因为:一方面,地方政府支付的财务顾问费用应该不会太高(一般以课题费的名义支付几万元而已);另一方面,企业层面的并购重组、管理层收购(MBO)等业务往往会遇到一些政策和法律障碍,操作复杂,从而也要求证券公司有高度的灵活性。证券公司大多因其出身国有背景、管理机制欠灵活以及业务范围受限(如MBO中的融资安排)等原因不能如愿以偿。目前,除个别情形以外,券商大多还主要局限于传统承销业务,财务顾问业务作为其投行部门的主导业务之一还为时尚早。

## 二、商业银行

商业银行开展财务顾问业务既可以充分发挥其传统业务所带来的庞大信息网络优势,又可以因财务顾问业务的开展带动其传统业务的发展。但总的来说,受分业经营的法律政策限制和专业人才储备等方面的制约,目前商业银行开展财务顾问业务所取得的成绩与其庞大的规模、丰富的资源相比还不成比例。商业银行开展财务顾问业务的特点是借助其传统存、贷款业务积累下来的优势,偏重于基础设施建设、国债技改等大型融资项目,在财务分析、市场调研、效益预测、风险控制等方面提供服务。这与证券公司、财务顾问公司多从事并购重组业务的侧重点不一样。

### 三、财务顾问公司

财务顾问公司是指挂以“财务顾问公司”“投资(管理)公司”等头衔,专门从事财务顾问业务的机构。境内较为活跃的财务顾问公司有华兴资本、泰和资本、易凯资本、光源资本和高鹄资本等。这类机构多为民营,是财务顾问业中“小、快、灵”的“游击队”。因为没有“体制内”的承销收入,它们反而专注于并购重组、私募融资、管理层收购(MBO)等专业财务顾问服务,几年下来练就了在资本市场上摸爬滚打的好身手。它们所从事的项目不一定很大,但一定具有较强的灵活性和技巧性,体现了投资银行最本质的特点。财务顾问公司的赢利模式是凭借其专业的水准、灵活的经营手法、高质量的服务而收取财务顾问费(或者通过一定的资本运作实现资本收益)。

### 四、中介服务机构

会计师事务所、律师行等中介服务机构中也有从事财务顾问业务者。境外的如普华永道、安永、德勤等,近年来陆续在中国开展了一些境内或跨国并购重组、项目融资顾问业务。境内的会计师事务所和律师事务所也越来越多地尝试开展企业财务顾问业务。

## 第五节 投资银行财务顾问业务发展战略

不同类型的投资银行,其财务顾问业务的发展战略不尽相同,服务的品种、质量、特色也各有千秋。例如,在并购中,有的公司乐于充当敌意收购的咨询顾问,而有的公司一般担任被收购方的防护者。所以,投资银行在拓展其财务顾问业务时,要充分考虑自身资金实力、经营管理水平、信誉度等客观情况,同时,要结合顾客的实际需求,战略性地安排财务顾问业务的开展。不是每家投资银行都能胜任那些大型、难度较高的财务顾问业务,如果不能量力而行,盲目接手这些业务,会因业务开展不成功而损害自身的声誉,从而导致以后拓展财务顾问业务的难度加大。

按照投资银行规模、类型的差别,投资银行开展财务顾问业务有以下两种不同的思路。

### 一、一揽子服务战略

一揽子服务战略一般适用于大型投资银行。这是因为,大型投资银行具备雄厚的资金实力、良好的人力资源、丰富的管理经验、强大的融资能力和较高的信誉品牌,所以,相对于中小型的投资银行,它们开展财务顾问业务有得天独厚的优势,这也是它们可以实施“一揽子服务”战略的原因所在。大型投资银行所承接的业务工作量大,涉及的客户面广,在它们从事承销、经纪、并购、项目融资、风险投资等业务的同时,必然也要这些业务背后起到财务顾问作用。

企业在投资银行的协助下完成证券销售和上市后，诸如项目投资、生产管理、财务运作、资产重组、市场开发、人才培训和海外融资等一系列工作也迫切需要投资银行进行“售后服务”。成功上市只是开始的第一步，随后，企业还将面临上市后的规范化运作，改制后的内部管理、资产管理、信息披露与交流、财务与投资的运作等一系列陌生的课题，而这些正是大型投资银行的专业优势所在。所以，大型投资银行实施财务顾问拓展战略的重点在于启动售后服务项目，为企业提供一揽子服务。

大型投资银行开展售后服务的具体思路是：投资银行内部各部门须就企业的发展及上市工作统一步调。参与其中的部门包括投资银行部、研究所、财务部及上市公司所在地的证券营业部。上市前，各部门要就企业状况及改制意见达成共识，形成项目建议书，进行项目操作，待上市工作完成，还要就售后服务形成项目计划书，统一实施。其主要内容包括：

第一，投资银行部跟踪服务，帮助企业改制，整合结构，建立风险监控机制，以促进上市公司规范化运作。

第二，研究所凭借研究优势，建立上市公司信息系统，为其提供行业研究、市场分析、投资价值分析、板块效益、比价结构、企业发展战略等信息资料和研究报告。

第三，财务部为上市公司建立财务监控系统，并在资金运作和税务上给予相应的指导。

第四，营业部作为投资银行在上市公司所在地的分支机构，应与上市公司进行经常性的沟通，将总部的服务和指导意见实施贯彻，是“售后服务”经营项目的具体操作者，同时，也要将上市公司的信息和要求及时反馈，以使总部各部门作出相应决策。此外，营业部还应将上市公司及其投资价值向二级市场客户推荐，从而获取潜在收益。

第五，协助企业实施资本运营战略，可通过兼并收购、资产重组等资本运营手段实现企业的资源优化配置和外部扩张型的交易战略，帮助上市公司做大做强。

随着资本市场的不断发展，“售后服务”将成为投资银行与上市公司长期合作的项目，成为投资银行争取客户、创立品牌、占领市场的关键。

## 二、渐进式服务战略

“渐进式”服务战略一般适用于中小型投资银行。很显然，中小型投资银行不具备大型投资银行在资金、人才、业务范围、管理经验等方面的优势，所以不存在开展一揽子服务的基础。但是，中小型投资银行也有大投资银行所没有的优势，大型投资银行出于成本的考虑，财务顾问所服务的对象很大一部分是面向大客户，往往可能忽略了一些中小客户，而这些中小客户正是中小型投资银行的机会。因为开展中小型客户的财务顾问业务无须花费自身大量的资金，对人员业务素质要求不如大型客户高。中小型投资银行发挥其比较优势，通过实施渐进式服务战略，在这一领域将会大有作为。结合国内中小型投资银行的现状，渐进式服务战略的实施步骤如下：

第一，寻找服务对象。目前国内企业经营者大多观念转换较慢，缺乏对财务顾问服务的主动需求。投资银行往往难以找到业务，致使工作无法开展。因此，首先必须寻找开展业务的切入点，即明确最初客户群和业务的定位。只有通过广泛地走访上市公司、大企业集团、控股公司,才能了解哪一类企业最需要财务顾问服务,最需要什么样的财务顾问服务,哪一块市场竞争对手较少,尚处在未开发阶段。从分析来看,以下三类客户群符合上述条件:

一是刚刚上市的公司。刚上市的公司往往没有证券部或证券部刚刚成立,董事会、财务人员对资本运营、信息披露和年报编制等事宜缺乏经验,需要相应的辅导和咨询。另外,部分募股资金的改投也需要财务顾问的引导。

二是有实力的民营企业、控股公司。这类企业产权明确,机制灵活,实力雄厚,很有发展前景,苦于管理层倾向于国有大中型企业的上市政策、无法直接通过资本市场来筹集资金,而自身却有通过资本市场做大企业、提高名气、涉足新行业的强烈要求,这就需要专业化的中介机构帮助它们制定切实可行的买壳上市、收购、参股的方案与计划。

三是产品有广阔前景的高科技企业。真正有价值的高科技企业是许多上市公司收购的对象,这就需要财务顾问发掘出这类企业,并与其保持紧密的联系,无论将来其是买壳上市还是被上市公司收购,都会给财务顾问公司带来机会。

第二,建立与客户的长期合作关系。明确了客户目标之后,下一步是如何与其建立长期的合作关系。中小型投资银行由于信誉度、品牌度不及大投资银行,这一阶段的关键是要取得客户的信任,并不以营利为其经营的唯一目标,长期的合作关系要比短暂的利润重要得多。

投资银行可以通过免费提供宏观经济动态、行业及市场研究报告,以及替企业撰写投资价值分析报告等取得企业的初步信任,争取与企业签订常年财务顾问的协议,为企业提供包括财务咨询、管理咨询、市场信息服务、项目融资等在内的广泛服务。财务顾问业务与承销业务不同,做一个承销项目,投资银行所需时间短、利润高,随着股票顺利上市,双方的合作关系也随之结束,业务是“一次性”的;而担任财务顾问虽然花费的时间长,前期投入大、利润低,但却可以与企业建立起长期、友好的合作关系。简言之,承销业务重短期利益,财务顾问业务则重长期利益。

第三,强化与客户的关系,稳步开拓业务。在这一阶段,投资银行一般担任项目顾问,并逐步创造品牌效应。其要在取得初步信任的基础上,争取成为企业的项目顾问,服务于包括资产剥离、股权出售、并购重组、股份制改造、大型项目策划等在内的业务,通过做出几个成功的案例,创出公司的品牌,强化与老客户的合作关系,并进一步拓宽新客户的服务领域。

第四,突出专长,形成特色服务。在站稳脚跟之后,投资银行应寻求公司长期发展的竞争优势。按照美林证券的做法,将公司的咨询专家按产业、产品和地区分组,每组针对一个细分市场进行深入的研究,使这些人才由通才变成某一行业的专家,熟悉该行业的产品、市场、企业和优秀企业家,掌握行业的大量信息,从而可以自始至终地为客户提供优质的服务,不断提高公司的名气和信誉。

## 课外阅读网站

1.http://www.cwgw.com/,财务顾问网。

2.http://www.hnet.net.cn/cwgw/,高新技术企业协会财务顾问网。

3.http://www.cninfo.com.cn/,巨潮财讯网。

## 思考题

1.简述财务顾问业务的分类。
2.投资银行为什么要开展财务顾问业务?
3.财务顾问业务的收费方式有哪些?
4.试述投资银行开展财务顾问业务应采取的战略。

## 延伸阅读

### 国美聘海外财务顾问,出售股份筹集资金

比特网(ChinaByte)2009年2月12日透露,国美电器已经聘用嘉诚亚洲作为引资的财务顾问,为其向凯雷集团和贝恩资本等海外投资者增发新股的可能性提供咨询。嘉诚亚洲有限公司在国美收购永乐时,曾担任永乐方面的财务顾问。2007年,国美收购大中电器时,嘉诚亚洲也参与了这一项目。

2009年1月,国美电器开始考虑以私人配股的方式引入新的投资者并向其出售20%的股权,交易方式为普通股或是可转换债券,借以补充资本金,以偿还债务及促进公司内部现金流动。

黄光裕事件后,一些国有大型银行缩减了对国美的授信计划,这导致了国美的现金流减小。尽管供应商由于利益捆绑的缘故不得不增加对国美的支持力度,但这是情势所逼的权宜之计,供应商更愿意国美通过自筹资金的方式获得新的流动资金,摆脱经营危机。

国美股价如今已暴跌近80%,处于历史上的低位。2008年11月24日停牌时,每股1.12港元并没有体现黄光裕被拘这一重大利空对股价的冲击。至今两个多月过去了,国美电器一直处于停牌阶段,1月20日花旗银行发表报告称,预计国美最快在农历新年后复牌。复牌后,国美被投资者抛售的可能性比较高,此时引入海外投资者的消息,将弱化投资者的抛售动作,降低国美电器沦为“仙股”的风险。

最近两个月来,有好几家来自华尔街和欧洲的投资银行与国美展开了接触,希望成为国美的财务顾问并与嘉诚亚洲一道为国美提供咨询。这些投资者既包括国美现有股东摩根士丹利、华平投资,也包括厚朴投资管理公司以及贝恩资本。厚朴投资是“第一代中国本土投资银行家”方风雷掌管的一家规模为25亿美元的投资机构。

高盛集团也参与国美财务顾问的竞争,并与国美展开谈判,但当其已接近成为国美电器此次股权出售事宜的财务顾问时却最终决定退出。原因之一是双方在费用条款上没有达成一致,原因之二是高盛担心为另一个客户提供的服务会带来潜在的利益冲突。

# 第九章

# 创业投资和私人股权投资

## 第一节　创业投资和私人股权投资的概念和特点

### 一、创业投资和私人股权投资的概念

创业投资的英文名称是“Venture Capital”，国内也有人将其译为“风险资本”“风险投资”，简称 VC；私人股权投资的英文名称是“Private Equity”，简称 PE。由于 VC 和 PE 的组织形式、运作方式基本相同，在第五章我们曾简单对 VC 和 PE 的区别做了介绍。本章中，我们对它们不做详细的区分，统一称为创业投资。

创业投资是由创业投资家出资，协助具有专门技术而无法筹得资金的技术创业家，并承担创业时的高风险的一种权益资本。创业投资家以专业知识主动参与经营，使被投资企业能够健全经营、迅速成长，创业投资家可于被投资企业经营成功后，将所持有的股票卖出收回资金，再投资于另一新创事业，周而复始进行长期投资并参与经营。创业投资家以获取股息、红利及资本利得为目的，其最大的特征在于承担较大的风险以获得巨额资本利得。

创业投资与一般性资本一样，都面临一定的风险。但前者的风险远远大于后者，成功率也低，甚至可能损失殆尽。但是，一旦其中一笔投资成功，就会带来丰厚的收益，足以弥补其他投资项目造成的损失，而且总体收益相当可观，正所谓高风险高收益。美国的苹果(Apple)公司在硅谷的发迹史就是一个典型事例。这家公司最初以几百美元在一间汽车库开张，仅用了 5 年时间就进入美国最大的 500 家工业公司之列。当初投资该公司的创业投资家在 1976 年到 1982 年的 6 年时间内，就使投资收益增加了几百倍。

一项创业方案的产生，开始仅是一个人或几个人产生一个新念头或提出新产品的构想，但这种新构想能否研究下去，能否变成一项有商业价值的新技术、新产品，能否投入商品化生产、打开销路，直到创造出超额利润，投资者与创业者在创业初期并不是很有把握。而且，在方案选择阶段，被投资者淘汰的比例很高，在美国，其选中率约为 1%；只有被选中的项目，投资者才会给予投资支持。

创业投资对于高科技开发和高科技产业建设的重要意义已日益为世界各国所重视，高科技开发和产业建设已成为国民经济发展、掌握政治军事主动权的关键因素，各国的竞争相当激烈。例如，作为创业投资发源地的美国，政府为推动国内创业投资的发

展,采取了一些鼓励和优惠政策,仅从 1979 年到 1982 年,创业投资额就由 25 亿美元增加到 135 亿美元;日本紧随美国之后,创业投资实力增长也很快。欧盟各国近年来也日益重视发展创业投资,纷纷投入巨额资金支持高科技产业发展。

## 二、创业投资的特点

创业投资具有以下几个特点:

第一,创业投资是一种没有担保的投资。创业投资所投资的对象一般为刚刚起步或还没有起步的高技术企业或高技术产品,没有固定资产或资金作为贷款的抵押和担保,因此,创业投资是没有担保的投资。

第二,创业投资是一种无法从传统渠道获得资金的投资。处于创业阶段的技术创新者,此时面对的融资方式选择有以下几种:①内部集资,这种方式很难适用于大多数技术创新企业。②向银行贷款。对于银行机构来说,其发放贷款的主要标准是信誉和偿还能力。在高新技术企业的创业阶段,由于风险大,加上企业尚未建立信誉,很难从银行和其他常规融资机构获得贷款。即使企业建立起来了,企业也没有任何承担风险的能力。这是由于银行从事放贷活动的价值标准是基于其资金来源和负债结构。银行的负债主要来自期限较短、流动性较强的居民和企业储蓄存款,投资高风险行业与储户的利益相悖,而且,这些负债结构构成了货币供应的主体部分,依托这种负债结构来支持长期性投资支出,容易导致支付危机。③发行债券。由于发行债券存在固定的收益率,而高新技术企业在创业阶段受技术和市场等多种不确定因素的影响,其债券很难得到投资者的认同,因而以此种形式筹资几乎不可能成功。④发行股票。股票融资的前提条件是企业过去有经营业绩,财务状况良好,而创业阶段的高新技术企业根本就不符合股票融资的要求,因而这些企业也不能采取股票方式融资。

通过上述分析,可以看出,在高新技术企业创新的关键阶段,创新风险的不确定性和新企业风险承担能力的脆弱,往往导致资金需求的特殊性和供给障碍。显然,原有的资金供给方式根本无法清除这一障碍。创业投资形式的融资就是为解决高新技术创新对资金的需求与现实经济生活中的资金供给缺口之间的矛盾应运而生的。

第三,创业投资是一种高风险与高收益并举的投资。由于创业投资没有抵押和担保,所投资的对象常常是高技术中的种子技术、某种设计思想和尚未起步或刚刚起步的创新小企业,不确定的因素很多。此外,一项新的科技成果转化为一种新产品,中间要经过工艺技术研究、产品试制、中间试验和扩大生产、上市销售等多个环节,每一个环节都有失败的风险。例如,在美国"硅谷",就有很多企业因为管理不善、资本不足或受经济形势的影响等而中途夭折。因此,创业投资具有高风险的特点。同时,依靠创业投资建立起来的高技术企业生产的产品成本低、效益高、性能好、附加值高、市场竞争能力强,一旦成功,其投资利润率远远高于传统产业和产品。

一般来说,发达国家高技术企业成功的比率在 20%~30%。但是,高风险总是和高收益并存的,投资者可拥有创业企业(Venture-backed Companies)50%未上市前的股份,一旦该公司首次公开发行股票(Initial Public Offering,简称 IPO),则可以获取几十倍甚至上百倍的投资收益。因此,对于创业投资家(Venture Capitalist)来说,只要在投资的 10 家公司中有 1 家获得较大成功,便可弥补 9 家的投资损失。美国的创业投资最为成功,创业投资的年收益率高达50%以上,一般的年收益率也可达35%。美国创业投资家瓦尔丁1976年向苹果计算机公司投入20万美元的创业投资,到1982年,仅6年的时间就获得1.34亿美元的超额利润。假设他有2 000万美元的创业投资,即使他的投资成功率仅为1%,也仍然可以获得1.34亿美元的超额利润。这个超额利润是他投入的20万美元创业投资的670倍。正因为有这种巨额利润的引诱,创业投资家才甘愿承担巨大的风险。

第四,创业投资是一种流动性很弱的中长期投资。创业投资是一种长期投资,其投资周期要经历研究开发、产品试制、正式生产、扩大生产到赢利规模进一步扩大、生产销售进一步增加等阶段。直到企业股票上市、股价上升时,投资者才能回收创业投资、获得投资利润。这一过程少则需要3~5年,多则需要7~10年,是一种中长期投资。由于其流动性很弱,常常被称为"呆滞资金"。

第五,创业投资是一种资金与管理结合的投资。创业投资家将创业投资投入某个企业后,并非像其他投资者那样不参与该公司的经营活动,而是自始至终参与公司的管理,提供咨询,参与重大问题决策,甚至在必要的情况下解雇公司总经理,亲自接管公司,直至找到新的总经理。创业投资家之所以参与创业企业董事会,对创业企业的发展进行实地管理和经营,最重要的原因是为了降低投资风险,提高投资成功率。

这就是说,在创业投资运营的机制中,投资者和被投资者的关系是患难与共、风雨同舟的关系。同时,由于投资家通晓金融及市场行情,而创业家往往在技术上较为擅长而对金融及市场方面较为生疏,投资家参与企业的管理对创业企业的发展、壮大都会有很大贡献。

第六,创业投资是一种金融与科技相结合的投资。形成创业投资机制的两大主要要素,一是资金,二是高科技技术,两者缺一不可。创业投资的投资主要集中于高技术产业,高科技产业是当今世界经济发展的火车头,发展很快,当代高、精、尖产品无一不是高科技成果的结晶。创业投资就是为了支持这种创新产业而产生的,当今世界的创业投资几乎就是高科技产业投资的代名词。高科技产业具有知识密集、技术密集和人才密集的特点,与之相应,创业投资行业也是知识密集、技术密集、人才密集的行业。因此,创业投资是一种金融与科技相结合的融资、投资机制。

第七,创业投资是一种主要面向高新技术中小企业的投资。创业投资可以理解为对传统投资机制的一个重要的补充,它是金融业发展到较为成熟的阶段后产生的一种更为高级的投资机制,它所投资的对象是一般投资机构所害怕投资的、所不愿投资的领域。从投资对象讲是高新技术中小企业,它们资金力量单薄,而又无法得到银行贷款,它们需要资金;从投资项目上讲是高技术项目,是新技术,是人类想要探索的未来技术,是一国生产力发展、经济结构升级换代的关键。各国都已充分肯定了高新技术中小企业对国民经济的贡献,创业投资的对象主要是它们。

第八,创业投资是一种积极的投资,而不是一种消极的赌博。创业投资是通过创业企业的成长达到资本增值的。它通过投资的整体效益来衡量投资的效益。从这种意义上说,创业投资是一种积极的投资活动,而不是一种消极的赌博。这是创业投资与股票、期货投机的最大区别。

创业投资这种投资机制的运作从表面上看,似乎有些铤而走险的味道,而实际上却是一种探索与开拓精神的体现。尽管这种探索与开拓是以追求利润为目的的,但仍然不妨碍客观上存在着对国民经济发展的促进作用。

总之,创业投资是投入高成长性企业的一种权益资本。创业投资有三个基本特征:一是投资周期长,一般需要3~7年;二是不仅给企业提供资金,而且参与企业的战略决策和经营管理;三是不追求长期的资本收益,往往是以转让股份的形式一次性退出。

# 第二节 创业投资的组织形式

美国是创业投资的发祥地。20世纪40年代,哈佛大学经济学教授劳瑞尔特(Georges Doriot)在波士顿创办了"美国研究与发展公司",该公司成为世界上最早的创业投资公司,并拉开了现代创业投资发展的序幕。20世纪70年代以来,创业投资日趋活跃,以其全新的运作方式,成为美国高新技术产业和美国经济发展的重要动力。

美国创业投资公司的组织形式主要有有限合伙公司、公开上市的创业投资公司、大公司的创业投资公司三种。

## 一、有限合伙公司

有限合伙公司是创业投资企业的最主要的形式。其资金主要来自机构投资者、大公司和富有个人,以私募形式征集。

有限合伙公司是一种合伙企业,通常由两类合伙人组成,即普通合伙人(General Partner)和有限合伙人(Limited Partner)。高级经理人一般作为普通合伙人。普通合伙人负责管理有限合伙公司的投资,同时也提供少部分的合伙资金;有限合伙人主要是机构投资者,是投资资金的主要提供者。有限合伙公司的合伙资金通常是普通合伙人占1%,有限合伙人占99%。有限合伙人负责提供创业投资所需要的主要资金,但不负责具体经营,承担有限责任。普通合伙人通常是创业投资机构的专业管理人员,统管投资公司的业务,同时也对公司投入一定量的资金。据统计,美国的创业投资公司中,有限合伙人与普通合伙人的投资比例大约为99%和1%,而两者收益分配比例一般为80%和20%。

有限合伙公司有固定的存续期限,通常是10年。如果合伙合同中带有延长合伙期限的条款,通常也只有1年至2年的延长期,最多能延长4年。

在有限合伙公司运营的第3至第5年间,有限合伙公司首先是投资,然后是对投资进行管理,最后是退出并获得投资利润。投资利润可以是现金,也可以是有价证券。有限合伙公司的经理人一般在现存合伙公司的投资已全部完成的情况下,开始筹集新的合伙资金。这样,经理人几乎是每隔3至5年的时间就要筹集新的合伙资金,他们同时管理几笔基金,每个基金都有不同的存续期限;并且,每个有限合伙公司在法律上都是独立的,管理也是分开的。

## 二、公开上市的创业投资公司

少数创业投资公司得以在证券市场上市,通过公开的资本市场向社会投资者募集创业投资基金。这种基金为封闭型,可以上市自由转让。创业投资基金与一般共同基金的重要区别在于,创业投资公司要参与企业的决策管理,并在董事会中占有席位;共同基金则一般不参与企业管理,在公司中的股份持有额一般不得超过5%。

## 三、大公司的创业投资公司

大公司发展到相当规模后,往往以独立实体、分支机构或部门的形式建立创业投资机构。这些机构在大公司的资金支持下寻找具有发展前景的新技术。大公司建立创业投资机构,有助于其建立技术窗口。有的大公司将创业投资机构发展为其下属的子公司;还有些大的金融机构也建立附属的创业投资公司,专门从事区别于日常融资业务的创业投资。

目前,有限合伙公司是创业投资的主导组织形式。从制度安排的角度分析,有限合伙公司的出现降低了创业投资市场的交易费用;从委托代理关系的角度分析,它的出现从机制上较好地解决了约束机制和激励机制相容的问题。

一般而言,局外人(Outsider)在投资一个企业时通常会产生两个问题,即信息不对称问题和激励问题(Incentive Problem)。所谓信息不对称,是指企业的所有者和管理者比局外人更了解企业,他们往往会夸大企业的优势而掩盖潜在的问题。这种事前的信息不对称,会导致逆向选择问题。激励问题产生于企业的经营过程,管理人员有很多机会以局外人的受损为代价,使自己获益。

在创业企业中,外部投资者面临的信息不对称问题和激励问题更为严重。为了解决这两个问题,投资者必须深入地进行投资前的调研和投资后的管理工作。这些工作不可能由大量的投资者去完成,因为工作本身相当繁杂,而投资者又有搭便车(Free-rider)的心理。因此,在创业投资过程中如何从制度安排上去解决上述问题、降低交易成本,就成为创业投资市场健康发展的关键。有限合伙公司的出现有效地解决了这一难题。对这一结论,我们可以从两个方面入手分析。

第一,为解决信息不对称带来的逆向选择问题以及化解搭便车的道德风险,必须将创业投资的投资工作委托给一个单独的中介机构。

由于选择、组建和管理创业企业需要相当专业的知识和经验,很多机构投资者不具备这方面的特长,因此,中介机构的作用非常重要。中介机构的经理人通过参与大量的投资,具备了这方面的能力,而且,经理人的技能是非常专业化的,他们往往专注于特定行业的企业或处于特定发展阶段的企业。这就使得中介机构的参与大大降低了创业投资过程中的交易成本。

此外,中介机构在扶持创业企业的过程中能发挥重要的作用。中介机构的信誉、知识和专业化都有助于创业企业的发展。例如,一个管理良好的企业能够获得承销服务,而中介机构的高度专业化在创业企业的人员招聘、与供应商打交道等方面都会有很大帮助。

引进中介机构之后,原来投资者直接选择与监督企业的功能就分解为中介机构选择、监督企业和投资者选择、监督中介机构两个方面。

第二,创业投资的资金供给者在选择、委托中介机构的过程中,同样存在着信息不对称问题和激励问题,因此,中介机构效率的高低就取决于资金供给者和中介机构如何有效地解决信息不对称和激励问题。

在创业投资市场中,有限合伙公司以其独特的信誉机制解决了上述问题。因为创业投资市场的参与者数量有限,大家经常打交道。如果哪一家有限合伙公司的经理人经营业绩不佳,就失去了大家对他的信任,难以再次筹集资金,充当创业投资的代理人。

正是由于上述两方面的原因,有限合伙公司这一新的组织形式便逐渐取代其他创业投资组织形式(像小企业投资公司、大企业或银行的创业投资公司),成为创业投资市场中的主导组织形式。

# 第三节　创业投资的运作程序

一般来说,创业投资的运作程序包括创立创业投资资金、选择创业投资对象、尽职调查、交易构造、经营和监控以及退出等过程。

## 一、创立创业投资基金

创业投资运作的第一步是资金的筹集,创立有限合伙制的创业投资基金,即创业投资家凭借自己的声誉和能力,从资深投资者那里融资。富有的个人、银行、保险公司以及养老基金等都是创业投资家的融资对象。创业投资基金的生存期限一般是10~12年。

## 二、选择创业投资对象

创业投资公司除了募集资金,很重要的工作就是选择项目和选择投资。一般说来,创业投资公司投资签约的项目只占全部申请项目的0.1%甚至更低,大量的精力用于项目筛选、论证。选择项目的标准主要有两条:一是年增长率要高于15%,二是内部收益率要大于25%。因此,选择高质量的投资对象,对于保证创业投资的成功非常重要。一般来说,创业投资基金收到的商业计划书(Business Plan)比它能够或愿意接受的多得多,因此,创业投资机构要对它们先进行一次迅速而粗略的筛选(Screening),以便选出值得进一步详细考察的投资申请。虽然对创业投资对象的筛选有一定的标准,但这种选择不仅是一门科学,更是一门艺术,它在很大程度上取决于创业投资家们的直觉,以及他们在创业投资方面的经验。这里我们只介绍创业投资对象科学的一面,至于其艺术的一面,则需要在实践中加以培养。

大多数创业投资基金都是将以下四个方面作为其筛选标准的。

### (一)投资规模

考虑到管理每个创业投资对象要花费的时间和成本,创业投资基金一般不愿意把投资分配到大量的小额交易中去,但是,也很少有创业投资基金敢于将所有投资孤注一掷,即使是分散在少数几个项目的情况也很少见。因此,大多数创业投资基金都规定了对风险项目的最高和最低投资额,每个创业投资基金理想的投资规模由其风险资金的规模决定。一般创业投资基金都把对单个投资对象的投资规模限制在资本总额的10%

左右，也就是说，平均每个创业投资基金投资于10个创业企业。对于超出最大值而又值得投资的对象，创业投资基金将会选择与其他创业投资基金一起进行联合投资。

（二）发展阶段

创业投资基金对创业企业的投入，是随着产品开发的进展分批注入资金，主要方式是认购企业发行的股票或公司可转换债券。按照美国创业投资界的概念，创业投资过程分为4至5个阶段。统计资料显示，1996年，美国创业投资总额为100亿美元，其中种子期占1%，导入期占25%，扩展期占17%，成熟期占41%，重整期占16%。种子期、导入期属于早期投资，扩展期、成熟期则属于晚期投资。

1.种子期（Seed Stage）资金。所谓种子期，是指技术的酝酿与发明阶段。这一时期的资金需要量很少，从创意的酝酿到实验室样品，再到粗糙样品，一般由科技创业家自己解决。有许多发明是工程师、发明家在进行其他实验时的“灵机一动”。但这个“灵机一动”在原有的投资渠道下无法变为样品和进一步形成产品，于是，发明人就会寻找新的投资渠道。这个时期的创业投资称为种子资本（Seed Capital）。其来源主要有个人积蓄、家庭财产、朋友借款、自然科学基金，如果还不够，就会寻找专门的创业投资家和创业投资机构。

这一阶段的创业投资主要面临三大风险：一是高新技术的技术风险，二是高新技术产品的市场风险，三是高新技术企业的管理风险。创业投资家在种子期的投资占全部创业投资额的比例很少，一般不超过10%，但却承担着很大的风险。这些风险的产生一是由于不确定性因素多且不易测评，二是因为离收获季节时间较长。因此，这一阶段的创业投资要求有更高的回报。

2.导入期（Start-Up Stage）资金。所谓导入期，是指技术创新和产品试销阶段。在这一阶段，企业需要制造少量产品，经费投入显著增加。一方面，要进一步解决技术问题，尤其是通过中试排除技术风险；另一方面，要进入市场试销，听取市场意见。这个阶段的资金主要来源于原有创业投资机构增加的资本投入。这时期投入的资本称为导入资本（Start-Up Capital）。如果这种渠道无法完全满足需要，还有可能从其他创业投资渠道获得资金。这一阶段的风险主要是技术风险、市场风险和管理风险，尤其是技术风险和市场风险开始凸显。这一阶段所需资金量大，是创业投资的主要投资阶段。对于较大的项目来说，所需资金往往一个创业投资机构难以满足，创业投资机构有时会组成辛迪加（Syndicate），共同向一个项目投资。这样做也可以分散风险。

3.扩展期（Expansion Stage）资金。所谓扩展期，是指技术发展和生产扩大阶段。很显然，这一阶段的资本需求相对于前两个阶段更大。其原因，一方面是为了扩大生产，使企业达到经济规模；另一方面是为了开拓市场，增加营销投入。这一阶段的资金称为扩展资本（Expansion Capital），主要来源于原有创业投资家的增资和新的创业投资的进入。另外，创业企业的产品销售也能回笼相当数量的资金，同时，一些银行和金融机构的稳健资金也会择机而入。这也是创业投资的主要阶段。

此时，创业投资所投资的创业企业面临的主要风险已不是技术风险，因为技术风险在前两个阶段已经基本化解。这一阶段创业企业的主要风险是市场风险和管理风险。由于技术已经成熟，竞争者开始仿效，会夺走一部分市场。加之企业领导多是具有技术背景的人，对市场营销不甚熟悉，易出现在技术先进和市场需要之间取舍不当的问题。

因此,企业规模的扩大会对原有的组织结构提出挑战。如何既保持技术先进又尽享市场成果,就成为摆在创业企业面前的主要课题。

创业投资家为了避免上述投资风险,采取的主要措施分别是:积极评估风险,派员参加董事会,参与重大事件的决策,提供管理咨询,选聘更换管理人员,等等。这一阶段的风险相比前两个阶段而言已大大减少,但利润率也在降低,创业投资家在帮助增加企业价值的同时,也应着手准备退出。

(4)成熟期(Mature Stage)资金。所谓成熟期,是指技术成熟和产品进入大工业生产阶段。这一阶段的资金称为成熟资本(Mature Capital)。尽管该阶段资金需要量很大,但创业投资已很少再增加投资了。这一方面是因为企业产品的销售本身已能产生相当数量的现金流入,另一方面是因为这一阶段的技术成熟、市场稳定,企业已有足够的资信能力去吸引银行借款、发行债券或发行股票。更重要的是,随着各种风险的大幅降低,利润率也已不再是先前那样高得诱人,因而对创业投资基金不再具有足够的吸引力。成熟阶段是创业投资的收获季节,也是创业投资的退出阶段。创业投资家可以拿出丰厚的收益回报给投资者了。创业投资在这一阶段退出,不仅因为这一阶段对创业投资不再具有吸引力,而且因为这一阶段对其他投资者如银行、一般股东具有吸引力。创业投资可以以较好的价格退出,将企业的接力棒交给其他投资者。

由此看来,创业投资的投入有四个阶段:种子期的小投入、导入期的大投入、成长期的大投入以及成熟期的部分投入,它们分别对应着产品成长的四个过程。实际上,这四个阶段之间并无十分明显的界限。创业投资基金选择处于哪个阶段的企业进行投资,与基金的自身经验、资金来源、行业竞争程度及所处的地区有关,并没有一个通用的原则。

#### (三)管理

在评估投资前景时,管理层的素质是一个主要因素,从一定意义上说,它甚至超过了技术与产品。只有在一家公司拥有优秀的管理团队时,创业投资家才会对这家公司感兴趣。优秀管理团队中各成员间的相互合作会极大地推动公司的快速成长和发展。"一流团队"加上"二流产品"将比"二流团队"加上"一流产品"更有可能获得创业投资基金的青睐。

#### (四)市场

任何一项技术或产品都需要以市场为基础,市场是技术和产品成长的保证,也是利润的保证。理想的市场应该是能够迅速成长并且发展潜力巨大的市场。而今,创业投资基金认为如下行业拥有理想的市场:生物技术、通信、计算机等,这些行业也因而受到创业投资基金的青睐。

### 三、尽职调查

通过前面两个程序筛选出来的投资项目将会进入尽职调查(Due Diligence)过程,在这一过程中,创业投资基金对该项目的所有特点和细节要进行详细的考察和分析。这一阶段的主要目的是决定是否投资,如果分析结果是肯定的,在这个过程中,还将考虑以何种方式投资和投资多少等问题。

尽职调查是一项复杂而又费时的工作,创业投资基金的注意力主要集中在以下几个方面:创业家和管理队伍的素质,产品的特点、使用的技术及其弱点,市场潜力。这里应当特别指出的是,尽管尽职调查与投资对象筛选的标准有重复之处,但二者对项目了解的程度完全不同。

一般情况下,创业投资基金会同会计师和律师一起组成调查小组,通过与创业企业家及其主要管理人员的多次交流来收集各种信息。有时,调查小组还将与其他雇员、相关利益者、信用机构和行业协会进行接触。调查小组通过深入取证,仔细分析企业的商业计划和实际及预测的财务报表,并实地考察企业。

表 9-1 是对创业投资基金尽职调查的一些主要内容所做的归纳。

**表 9-1 尽职调查的主要内容**

| |
|---|
| 经营计划书<br>明显的竞争优势和投资利益<br>经营计划书的整体逻辑及其合理程度 |
| 经营机构<br>创业者和经营者的经历和背景<br>创业者的性格特点<br>经营团体的专长和管理能力<br>经营团体的经营理念<br>经营团体对商业计划的掌握程度 |
| 市场营销<br>市场规模<br>市场潜力<br>市场竞争力<br>有效策略规划 |
| 产品和技术<br>技术来源<br>技术人才与研发能力<br>专利与知识产权<br>产品的附加值与独特性<br>生产制造计划可行性与周边产业配套情况 |
| 财务计划和投资报酬<br>创业公司的投资状况<br>创业公司的股东结构<br>创业公司财务计划的合理性<br>资金回收年限、方式与风险 |

## 四、交易构造

交易构造(Deal Structuring)是指创业企业与创业投资基金之间经过协商达成一系列协议,其目的在于协调双方在特定创业投资交易中的不同需求。

这个阶段要解决的问题是:金融工具的选择,交易价格的确定,协议条款的签订。

### (一)金融工具的选择

创业投资基金在交易构造时对金融工具的选择取决于被投资企业的类型、创业投资基金的资金来源、创业投资家的经营哲学等。其中最常用的金融工具有:优先股(Preferred Stock)、可转换债(Convertible Debt)和附认股权债(Debt with Warrants)。

优先股显然是权益的一种,而且,只有当企业有净利润时才支付股利。但是,优先股能在企业破产时给股东以更多的保护,因为优先股的偿还次序先于普通股。那些可转化优先股还具有在任何时候按特定条件转换成普通股的权利。

可转换债是有权在一定时期内转换成预定股数普通股的债券,其优点是当企业经营不景气时,可转换债的价值损失要小于股票,缺点是转换成本一般高于直接购股成本。

附认股权债是由债务和认股权组合而成的。认股权允许债权人分享企业增长带来的好处,因此,在企业前景看好时,债权人有权按一个较低的价格购买普通股。

### (二)交易价格的确定

交易价格的确定是创业投资协商过程中最容易引起争议的一个方面。价格决定了创业投资基金在投资期内的期望收益水平,只有当期望收益水平能够补偿所预见的风险时,创业投资家才会接受这一价格。创业投资家对每个投资阶段所要求的最低收益率水平是不同的,如表 9-2 所示。

**表 9-2　各阶段创业投资最低收益率要求**

| 阶　段 | 最低收益率(%) |
|---|---|
| 创建期 | 50~70 |
| 发展期 | 40~60 |
| 扩张期 | 35~60 |
| 获利期 | 35~50 |

### (三)协议条款的签订

当创业投资基金与创业企业就证券类型与价格达成一致意见之后,就开始讨论投资协议的全部条款。创业投资协议的条款包括以下几方面的主要内容:

1.投资额。

2.作为融资工具使用的证券类型和构成。

3.管理层的申明和保证,即创业企业需要为商业计划中包含的财务报告提供证据。

4.肯定誓约,即创业企业同意在创业投资期内不从事的活动。

## 五、经营和监控

创业投资与传统金融投资的一个重要区别,就在于创业投资基金在进行投资的同时还要参与企业的经营管理。创业投资基金对被投资企业的监督是为了通过预测可能出现的问题和提供及时的决策信息,来使自己的损失最小化和收益最大化。

不同的创业投资基金介入被投资企业的程度各有不同,有的偏好依赖于管理层报告和定期视察,有的则愿意发挥更积极的作用。表 9-3 列出了独立创业投资基金介入管理活动的分布情况。

**表 9-3　创业投资基金介入的管理活动分布**

| 活动类型 | 介入活动的比例(%) |
|---|---|
| 后续融资 | 93.9 |
| 制订规划 | 95.1 |
| 营销 | 63.4 |
| 人事安排 | 73.2 |
| 供应商关系 | 9.8 |
| 日常经营 | 7.3 |

资料来源:俞自由等:《创业投资理论与实践》,上海财经大学出版社 2001 年版,第 80 页。

## 六、退出

创业投资的根本目的和动机,就是为了获得高额投资回报。没有高额投资回报的吸引和诱惑,创业投资市场就无从发展。创业投资的投资及运营过程都要考虑到如何更好地、高效地退出。无论是以何种形式成立的创业投资,其在持有创业企业股权到一定时候,就要考虑退出创业企业,收回投资,然后再进行新一轮的投资计划。

由此可见,退出制度安排的有效性直接影响到创业投资的业绩。这就像一场百米接力比赛,退出就是跑到终点的最后一棒。创业投资区别于其他资本的最重要之处在于它有退出制度安排。只有做好这种制度安排,才有可能吸引更多的投资者进行创业投资。可以说,退出安排是创业投资这种新的制度安排得以成功的保障。

创业投资退出创业企业主要有三种方式:首次公开发行(IPO),出售,回购。当然,如果投资失败,破产与清算也是一种退出方式。

首次公开发行是一种最佳的退出方式,因为它代表了资本市场对该公司业绩的一种确认,而且,企业管理层的独立性也可得以保持不变。但是,企业 IPO 并不等于创业投资就能马上退出,按有关规定,一般要在 IPO 一段时间后才能出售创业投资的股权。

出售是指创业投资基金单方面将其所持有的企业股份出售给其他投资者,这种方式能使创业投资基金迅速获得现金并完全退出,因此,对创业投资基金有一定的吸引力。但是创业者一般不欢迎这种做法,因为这通常意味着企业被他人收购而失去独立性。

当被投资企业进入稳定发展期时,有的创业者希望直接由自己控制企业,于是会要求创业投资基金把股份卖给自己,这就是回购。虽然创业投资基金回购的获利通常不如上市,但因其时间短、费用低、操作简便,所以也是一种经常被选用的退出方式。

如果创业企业经营状况不佳且难以扭转,破产与清算可能就是最好的减少损失的办法。一个创业投资基金投资于糟糕的项目并不可怕,可怕的是知道糟糕后仍执迷不悟,越陷越深。

## 课外阅读网站

1.http://www.cvcri.com/中国风险投资研究院。
2.http://www.nvca.org/,美国风险投资协会。
3.http://www.bvca.co.uk/,英国风险投资私募股权协会。
4.http://www.evca.com/,欧洲风险投资协会。

## 思考题

1.为什么创业投资是适合于中小创业企业的一种投资?
2.有限合伙制为什么会成为创业投资主导的组织形式?
3.试分析创业投资在企业不同发展阶段的作用。
4.试述创业投资退出机制的重要性。

## 延伸阅读

### 蒙牛乳业私募权益融资

2004 年 6 月 10 日,“蒙牛乳业”(2319.HK)在香港挂牌上市,并创造出又一个奇迹:公开发售 3.5 亿股(其中 1 亿股为旧股),公众超额认购达 206 倍,一次性冻结资金 283 亿港元,股票发行价格稳稳地落在了最初设计的询价区间 3.125~3.925 港元的上限,全面摊薄市盈率高达 19 倍,IPO 融资近 14 亿港元。后来居上的“蒙牛乳业”,由此在资本运作方面赶上了同行业第一梯队的所有对手(见表 9-4),“蒙牛”的掌门人牛根生也再一次成为众人瞩目的焦点。

表 9-4 中国乳业四巨头资本运作成绩

| | 蒙牛乳业(2319.HK) | 光明乳业(600597) | 伊利股份(600887) | 三元食品(600429) |
|---|---|---|---|---|
| 上市日期 | 2004.6.10 | 2002.8.28 | 1996.3.12 | 2003.9.15 |
| 上市地点 | 香港 | 上海 | 上海 | 上海 |
| 发行价 | 3.925 港元/股 | 6.5 元/股 | 5.95 元/股 | 2.6 元/股 |
| IPO 融资额 | 13.49 亿港元 | 9.75 亿元 | 1.02 亿元 | 3.9 亿元 |
| IPO 市盈率 | 19 倍 | 20 倍 | 12 倍 | 20 倍 |
| 紧随 IPO 后流通市值 | 40 亿港元 | 9.75 亿元 | 1.02 亿元 | 3.9 亿元 |
| 持股跨国公司 | 摩根士丹利、鼎晖、英联投资 | 达能 | — | — |

众所周知,香港资本市场远比内地成熟,“蒙牛乳业”能在香港以超乎寻常的高市盈率融得如此大笔的现金,有些超乎常理。这其中是否隐藏着特殊的玄机呢?

要解开“蒙牛”奇迹的许多谜团,要从牛根生创办“蒙牛”说起。

**一、原始资本积累之谜:1 398 万元从哪里来**

提起牛根生的创业,有另一个企业不得不提——伊利股份。1998 年,牛根生是“伊利股份”的董事兼主管生产经营的副总裁,却忽然被董事会免去职务,送北京学习。这对一个 41 岁的副总裁,意味着体面的流放和变相的失业。

此时的牛根生,处在流年不利的低谷。在后来的采访中,他甚至喟叹过当年在北京的人才市场四处碰壁的境遇,并坦承选择做乳业是因为自己实在不懂别的行当。1999 年 1 月,牛根生和同样在这次干部调整中失势的几个“伊利”高管成立了蒙牛乳业有限责任公司,它的注册资金是 100 万元。此时的“伊利”,上市已经 3 年,当年销售额高达 11.5 亿元,与仍租用民房办公的“蒙牛”不可同日而语。不过,正是“伊利”的原始股,为“蒙牛”提供了起飞急需的资本。

1999 年 8 月 18 日,新生没几个月的“蒙牛”居然进行了股份制改造——成立内蒙古蒙牛乳业股份有限公司,注册资本猛增到 1 398 万元,折股 1 398 万股,发起人是 10 个自然人。他们是:牛根生、邓九强、侯江斌、孙玉斌、邱连军、杨文俊、孙先红、卢俊、庞开泰、谢秋旭。从那时起,这些人始终是“蒙牛”财富故事中的主人公。其中,邓九强和谢秋旭是牛根生的生意伙伴,前者是提供冰激凌、牛奶工业设备的呼和浩特市轻工机械有限公司的老板(后来投身“蒙牛”做了副董事长),后者是以前给“伊利”后来给“蒙牛”印牛奶、冰激凌包装盒的潮州阳天印务有限公司的董事长,其他人大都是原“伊利”公司的管理与技术人才。

按照牛根生之后的说法,此时的参股者事实上有 40 余人,但碍于当时自然人股东超过 10 个就会影响上市的规定,公司进行了这样的安排。而根据有关政策,当时国家并没有类似规定。如果当时的投资者仅为 10 人,除牛根生投资 180 万元外,其他平均每人要投资 100 万元,是什么样的原因为“蒙牛”引来了这样的巨额个人投资?牛根生回答说:“可能我在‘伊利’就喜欢给下属发钱吧,名声在外!……我一说办公司,大家都觉得把钱交给牛根生放心得很。”

在钦佩牛根生个人感召力的同时,我们也不能不看到硬币的另一面:原始股的投机欲和 1999 年中国资本市场创业板故事的风生水起。正是 1996 年“伊利股份”(600887)的上市,使“伊利”的职工多多少少分享到了手中价值 1 元的原始股扶摇直上到最高 42 元的心跳收益。这个时候,如果有人告诉他们,牛总成立新公司了,以后也要运作上市,你有机会买原始股,他的反应可想而知。事实上,1999 年,国家的职工原始股政策已经叫停,但是,一来远在呼市一角的职工们信息未必灵通;二来创业板当时风靡华夏大地,并被很多人看作“最后一次暴富”的机会。我们不能否认牛根生的个人魅力,也同样不能无视当时证券市场这个大形势。

牛根生和同事们轰轰烈烈的“融资”惊动了当地的执法部门,并被以“非法集资”的名义冻结全部款项,所幸最后化险为夷。

“蒙牛”此次增资中,牛根生名下的出资额最大,入股资金 180 万元,占注册资本的 12.88%。对于这 180 万元出资,采访过“蒙牛”的媒体是这样记录的:“其中有牛根生夫妇卖掉所有的‘伊利’原始股凑出的100万元。”根据“伊利股份”1998年年报,牛根生1998年底持有29 991股“伊利”股份,以1999年1~7月“伊利股份”的二级市场价17~30元的波动范围来看,要套现100万元,需要在最高点全部出手。

**二、低调富豪谢秋旭之谜:财务数据推理显示其实际出资仅为名下股份总额的5.419%**

闯过“非法集资”的关口后,“蒙牛”在实业飞速发展的助推下,在2002年7月之前又进行了两次增资扩股,原来的10位股东增资扩股后的出资额度排序为:谢秋旭、牛根生、邓九强、侯江斌、孙玉斌、邱连军、杨文俊、孙先红、卢俊、庞开泰。此外,还新增了15名自然人股东和5家法人股东(见图9-1),但新股东投资只占注册股本的26.5%。

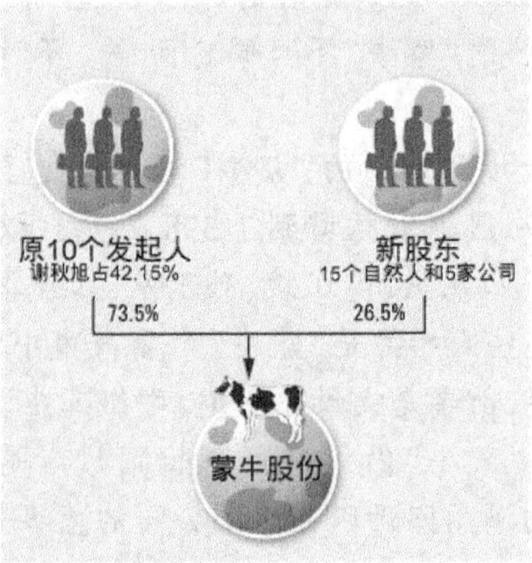


**图9-1 2002年9月前蒙牛股份数次增资后的股权结构图**

显然,在这个增资过程中出手最猛的当属谢秋旭。他最终以42.15%的股份比例成为“蒙牛股份”的第一大股东。此后,由于外资的介入,谢秋旭的持股比例被摊薄,但上市前其仍持股28.5%,这些股权到2002年9月即升值到2.8亿元,2004年7月更超过10亿港元,谢秋旭由此进入了富人的行列。

有趣的是,谢秋旭本人非常低调。虽然被《新财富》列入“500富人榜”后身份频遭曝光,但采访他的媒体这样记录:“谢秋旭长期以来一直是‘蒙牛’的单一最大股东,在‘蒙牛’的股东中,他虽被列为发起人,但自始至终都没有参与经营管理,其实只是股权投资”,并以此作为“蒙牛”建立了完善的、与西方接轨的法人治理结构的论据。

其实,自然人私下信托入股和委托人交易未上市股份公司的股份信托权益,在国外很平常,但在中国内地却是个法律的灰色地带——《公司法》对于股份公司的发起人股份有着世界上最苛刻的规定。而我们如果假定谢秋旭的新增投资有代他人出资的可能,就恰好可以解释为什么增资过程中谢秋旭一路“看好‘蒙牛’”、大手笔增加投入却不参与管理的谜团,也解释了“蒙牛”2004年在香港上市后“谢氏信托”背后有上千名关联人的疑问。事实上,根据“蒙牛”招股书中披露的资料——“谢秋旭持有‘银牛’(详见后文)52 207股股份,当中的49 378股乃以信托方式为约1 000位人士持有”,我们甚至可以准确地计算出,谢秋旭本人实际出资的股份只占其名下股份总额的5.419%。

不过问题是，为什么"蒙牛"要绕行这条风险较大的代出资之路呢？

**三、溢价代出资之谜：误入上市歧途的唯一解药**

仅凭"蒙牛"在诞生之初就急于将公司形式变更为股份制就足以说明，牛根生当初对于资本运作是个十足的门外汉——注册资本 1 398 万元、刚成立的小乳品厂，即使在创业板市场短期内也是不可能上市的。而且，无论公司多小，只要一变成股份公司，发起人的股份 3 年内就既不能出售也不能转让。除非有把握一定能在这 3 年内上市，否则，保持股权结构相对自由开放的有限公司形式，直到上市有眉目再进行股改才是投资者正确的选择。

显然，当时的股东没有一个知道这一点，误打误撞冲着创业板狂奔的结果，是给自己设了个路障：既然上市无门，为了实现后续融资，只剩下不断增加注册资本这条道路。而增加注册资本，又不能使公司的主要股东结构发生改变（否则业绩不能连续计算会导致上市无望）。在增加新股东这条路被自身的上市战略严格限制的情况下，除了不断以代出资的形式追加原股东的投资，别无他途。

所以，由于当时的《公司法》中存在法律障碍，"蒙牛"的真正资本大手术一定要等到股改 3 年——2002 年 7 月以后才能进行，这也恰好解释了，为什么"蒙牛"在实业突飞猛进的 3 年中于资本运作上相对寂静，直到 2002 年 9 月才突然开始密集发力。不过，也许正是断了 3 年内上市的后路，"蒙牛"的领导层才得以全力以赴研究实业。

2002 年，牛根生在创业板上市的迷途中与光大证券打了 3 年的交道后，终于懂得资本运作的个中三昧了，光大证券投行经理卢文兵等人的直接加盟，使其后成立的"金牛""银牛"和一系列资本手术让人刮目相看，不过或许更多的变化来自摩根士丹利登场之后。

2002 年 7 月，蒙牛股份公司成立 3 年后，摩根士丹利、英联、鼎晖三家投资机构给"蒙牛"动起了资本运作的大手术。

**四、外资进入成本之谜："蒙牛"投资故事的中外不同版本**

2002 年 6 月，"蒙牛"与摩根士丹利等三家外资机构签署了投资意向：外资投入 2.16亿元，只占 32%的股份，外资投入前"蒙牛股份"有 4 000 多万股，增资后约6 000万股，外资占不到 1/3，就是 2 000 多万股，折合起来，"蒙牛股份"的外资进入成本为 10.1 元/股。难怪无论是牛根生、主管部门还是谢秋旭们都感觉心理平衡。

这个版本的故事使摩根士丹利看起来像个急着掏钱的傻瓜。你不得不钦佩摩根士丹利编故事的能力，这个故事这么符合中国人的思维习惯，以至于"蒙牛"在接受采访时主动宣传这个版本："本来'摩根'投资'蒙牛'的价格是 8.8 元/股，英联的加入使价格上涨到了 10.1 元/股。"

"蒙牛股份"的外资成本确实可以这么算，但问题的关键是，未来上市的主体根本就不是"蒙牛股份"，而是注册地点在开曼群岛的一家新公司 China Dairy Holdings（中国乳业控股，本文称为开曼公司），"蒙牛股份"只是其境内的一个孙公司，是个车间。一旦开曼公司对"蒙牛股份"的境外控股结构建立起来，拿着对 China Dairy Holdings 的投资计算"蒙牛股份"的股价就变得毫无意义。

这个中国版本的投资故事，实质上巧妙地利用了中外资本市场游戏规则的差别。

它的外资版本是:2002 年 6 月 5 日,开曼公司成立,注册股本 1 000 股,注资 1 美元,每股面值 0.001 美元。7 天后的 14 日,开曼公司又在毛里求斯设立了全资子公司 China Dairy(Mauritius)Ltd.(中国乳业毛里求斯有限公司,本文称为毛里求斯公司)。“蒙牛”的《招股书》对于这段历史是这样描述的:“2002 年 6 月 5 日,开曼群岛公司成立……在 3 家金融机构投资者投资前,‘金牛’和‘银牛’各自拥有开曼群岛公司已发行股本的 50%”。这段话明显出自高手,其中虽没有明说,但让你看上去必然被误导为是“金牛”和“银牛”注册了开曼群岛公司。但有趣的数据是:“金牛”与“银牛”的成立时间比这两家公司还晚 3 个月。如果再看一个细节:开曼公司注册成立的同一天,同样在开曼群岛这个地方,摩根士丹利成立了另一家全资子公司 MS Dairy Holdings(摩根士丹利乳业控股),后来以这家公司作为对“蒙牛”投资的股东主体,我们就可以推理出谁是开曼公司这个孩子的真正“父亲”——摩根士丹利。再看开曼公司的名字:China Dairy Holdings,哪里和“蒙牛”挂得上边儿,倒是和 MS Dairy Holdings 一脉相承。

因此,合乎逻辑的过程应该如图 9-2 所示。

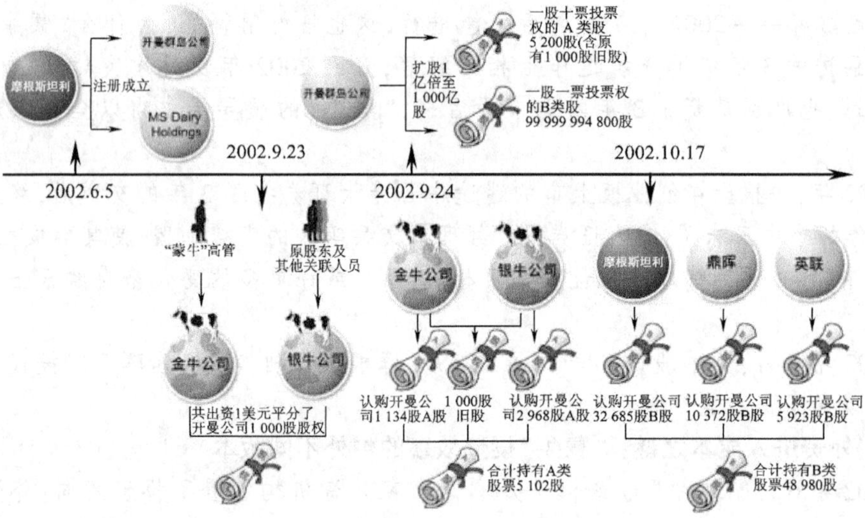


**图 9-2 外资进入蒙牛的过程推演**

2002 年 6 月 5 日,摩根士丹利在开曼注册了两家壳公司:China Dairy Holdings 和 MS Dairy Holdings,第一家作为未来接收自己对“蒙牛”投资资金的账户公司,第二家作为对“蒙牛”进行投资的股东公司。

2002 年 9 月 23 日,“蒙牛”在英属维京群岛(BVI)注册了两家新公司:Jinniu Milk Industry Ltd.(金牛公司)和 Yinniu Milk Industry Ltd.(银牛公司),两家公司注册股本 5 万股,注册资金 5 万美元,每股面值 1 美元。“金牛”的股东是 15 位“蒙牛”的高管。“银牛”的 16 位股东除邓九强外,其他人均为“与蒙牛业务关联公司的管理人员”,其中,谢秋旭一人的名下即有 63.5%的股份。

“金牛”和“银牛”成立后,即以面值购得了全部的 China Dairy Holdings 股权1 000 股,总代价 1 美元,两家各分 50%,“蒙牛”的势力从而得以进入境外上市的主体——China Dairy Holdings。

2002 年 9 月 24 日，China Dairy Holdings 扩大法定股本 1 亿倍，并开始对外发售股份，股份从 1 000 股扩大为 1 000 亿股，分为一股十票投票权的 A 类股 5 200 股和一股一票投票权的 B 类股 99 999 994 800 股，并规定原来的 1 000 股旧股算作 A 类股份，包含于 5 200 股 A 类股份之内。

2002 年 10 月 17 日，“金牛”与“银牛”以 1 美元/股的价格，分别投资 1 134 美元、2 968美元认购了 1 134 股和 2 968 股的 A 类股票，加上以前各自持有的 500 股旧股，“金牛”与“银牛”合计持有 A 类股票 5 102 股。

紧随其后，这三家金融机构分别以 530 美元/股的价格，投资 17 332 705 美元、5 500 000美元、3 141 007 美元，认购了 32 685 股、10 372 股、5 923 股的 B 类股票，合并持有 B 类股票 48 980 股，三家金融机构总计为 China Dairy Holdings 提供了现金 2 597.371 2万美元。China Dairy Holdings 其余的 A 类股票（98 股）和 B 类股票（99 999 994 800 股）则未发行。

这些看似离奇的数字，像钟表上的齿轮，咬合得十分精密，因此很容易让人眼花缭乱。然而，通过财务分析，我们有理由怀疑：这两家公司就是“蒙牛”为主要管理层股东和前期（1999—2001 年）呼市溢价投资者设计的境外上市利益退出机制，而并非单纯的员工股权激励期权机制。这里体现着国际第一大行精湛的“投资迷宫”，让我们把这个迷宫彻底解开，推理这些咬合精密的数字之间的奥妙。

1999—2002 年，牛根生带着“蒙牛”一路狂奔，不到 3 年就过了年销售额 10 亿元的大关，在乳品行业出人头地。而且，“蒙牛”没有任何国有资产，主要注册资本都是自然人提供的，产权组织模式“天然与国际接轨”，因此，早已觊觎中国乳业版图的摩根士丹利当然觉得它的投资价值远高于其他 3 家竞争者——那些国有公司盘根错节的产权与人际关系足以让外资望而却步。

摩根士丹利与“蒙牛”早在 2001 年即开始进入实质性的接触阶段，一年中迟迟不能成交的矛盾焦点，自然是投资的溢价比例和所能占有的“蒙牛”股份上限。2002 年，牛根生接触英联投资后，形势发生了逆转，“英联”的加入把投资出价抬高了 20%，最后，“英联”、鼎晖和摩根士丹利约定和平瓜分“蒙牛”的投资权，并结成战略联盟同进同退，以免互相竞争性抬价导致资本方一损俱损。

外资系内部讨价还价的结果是，三家投资者的比例为：摩根士丹利占约 2/3，剩下的 1/3 由鼎晖和英联按照约 2∶1 的比例分配。

外资系与“蒙牛”讨价还价的结果是这样的：2002 年底，“蒙牛股份”的税后利润是 7 786 万元，牛根生担保能够在未来一年至少实现复合增长翻番。因此，投资机构联盟认为，目前以 8 倍市盈率投资“蒙牛股份”是比较稳妥的，因为第二年企业业绩翻番至少会使市盈率降低到 4 倍，那就很划算了。“蒙牛股份”2002 年 7 786 万元税后利润乘以 8 倍市盈率，可以得出当时“蒙牛股份”的总价值应该是 6.5 亿元。不过，牛根生最多肯让出来不超过 1/3 的股权，那这 32%的部分就值 2.16 亿元，外资系与“蒙牛”达成的交易是：2.16 亿元投资占其不超过 1/3 的股权。

这个原则确定下来后，执行起来还有很多法律障碍，那就是，中国的资本市场中发起人股份是不能流通的，外国资本将来如何退出呢？“蒙牛”员工高价购买的大量原始股又如何退出呢？外资系给牛根生设计了一个“投资迷宫”，那就是以红筹股的形式境外上市！可是，蒙牛公司上至老板下到职工都不是富豪，哪里去搞美元呢？摩根士丹利又端出了一个绝妙的解决方案。成本价出资的“蒙牛”员工去注册金牛公司，溢价出资的“蒙牛”关系户去注册银牛公司，然后“金牛”和“银牛”原来那些股东们以在“蒙牛股份”出资的实际比例为比值(1 634∶3 468)，以面值(1美元/股)认购开曼公司的股份。这样一来，他们每人只需要掏几美元就可以最终合计持有开曼公司5 102股股份。而开曼公司只有1 000股股份，不够分，怎么办呢？扩股1亿倍并分类，A股留出5 200股，正好满足5 102股的需求，剩下的全部是B股，由外资系以2.16亿元认购。这2.16亿元就是2 597.371 2万美元的来由。而谢秋旭持有银牛63.5%的股权乘以“蒙牛系”保留的67%公司控制权，正好等于他原来在“蒙牛股份”的股权比例：42%(见图9-1)。

根据开曼公司法，公司的股份可以分成A类和B类，A类一股有十票投票权，B类一股有一票投票权，“金牛”和“银牛”拿了5 102股A类股，有51 020票的投票权，那外资投资机构联盟就最多只能拿48 980股B股，因为48 980∶51 020=49%∶51%。这就是为什么外资系出资的2 597.371 2万美元要以530美元/股的价格购买B类股票48 980股的原因。

为什么开曼公司内部的“蒙牛系”与外资系的投票权要维持在51%∶49%呢？因为，外资系答应牛根生2.16亿元投资所占的“蒙牛”股权不超过1/3。开曼公司算外资企业，根据世界贸易组织开放市场协议，2002年外资只能控股“蒙牛股份”这类企业2/3的股权，这2/3分一小半(49%)给摩根士丹利，正好不超过“蒙牛股份”总股本的1/3。

那么，为什么要设置A类股和B类股呢？笔者根据行业经验认为这体现着资本的凶狠：2002年9月，在开曼公司内部，“蒙牛系”掌握的A类股和外资系掌握的B类股的投票权虽然是51%∶49%(见图9-3)，但股份数量比例却是9.4%∶90.6%。如果“蒙牛”的管理层在一年之内没有完成高速增长的任务，那么A、B股之间的转化很可能不会发生，则开曼公司及其子公司毛里求斯公司账面上剩余的投资现金将要由投资方完全控制，并且投资方将因此占有“蒙牛股份”60.4%(开曼公司内部的90.6%股权，乘以开曼公司对“蒙牛股份”的66.7%股权)的绝对控股权，可以随时更换“蒙牛股份”的管理层！

因此，这些看似眼花缭乱的数字，体现着资本逐利的秘密：在这种苛刻的条件下，“蒙牛”无疑只有搏命狂奔。如果“金牛”和“银牛”的股东们具有这个知识，恐怕不会答应，他们1999—2001年真金白银的几千万元投资，如果经营失败就会被外资摊薄，从而彻底失去对公司的控制权。

幸运的是，到了2003年8月，牛根生就已经提前完成任务了。“蒙牛股份”的财务数据显示：销售收入从2002年底的16.687亿元，增至2003年底的40.715亿元，销售收入增长了144%，税后利润从7 786万元增至2.3亿元，增长了194%。

事实上，《招股说明书》中披露的以下事件也印证了笔者的推测：

9月19日，“金牛”“银牛”分别将所持有的开曼群岛公司1 634股(500股开曼群岛公司最初成立时“金牛”所持股份，加上1 134股管理层于首次增资前认购的股份)、3 468股(同上的500股，加上2 968股)A类股票转换成16 340股、34 680股B类股票，

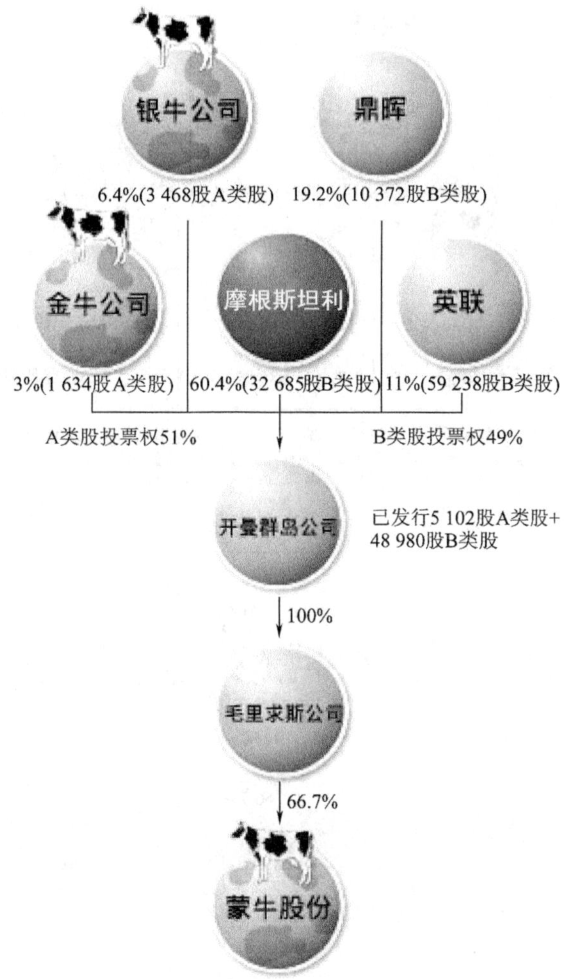


**图 9-3 2002 年 9 月外资联盟增资后的蒙牛股份股权结构**

管理层股东在开曼群岛公司中所占有的股权比例与其投票权终于一致，均为 51%（见图 9-4）。

可以说，2002 年 6 月达成的投资协议，直到一年后的 2003 年 9 月 19 日才真正完成，所幸的是这一跳有惊无险。

### 五、巨额可转债之谜：外资系一石三鸟

2003 年 9 月 19 日后，鉴于开曼公司 5 102 股 A 类股票已经全部转换为 51 020 股 B 类股票，加上原来外资系持有的 48 980 股 B 类股票，开曼公司已发行 B 类股票 100 000股（“金牛”“银牛 ”占 51%，外资系占 49%）。通过这次 A、B 股之间的设置和转换，已经化解了外资系投资后的风险，因而其余的未发行空白 A 类股票（98 股）和 B 类股票（99 999 945 820 股）也都没有了存在的意义，开曼公司的股本需要做新的调整。

2003 年 9 月 30 日，开曼公司重新分类股票类别，将已发行的 A 类、B 类股票赎

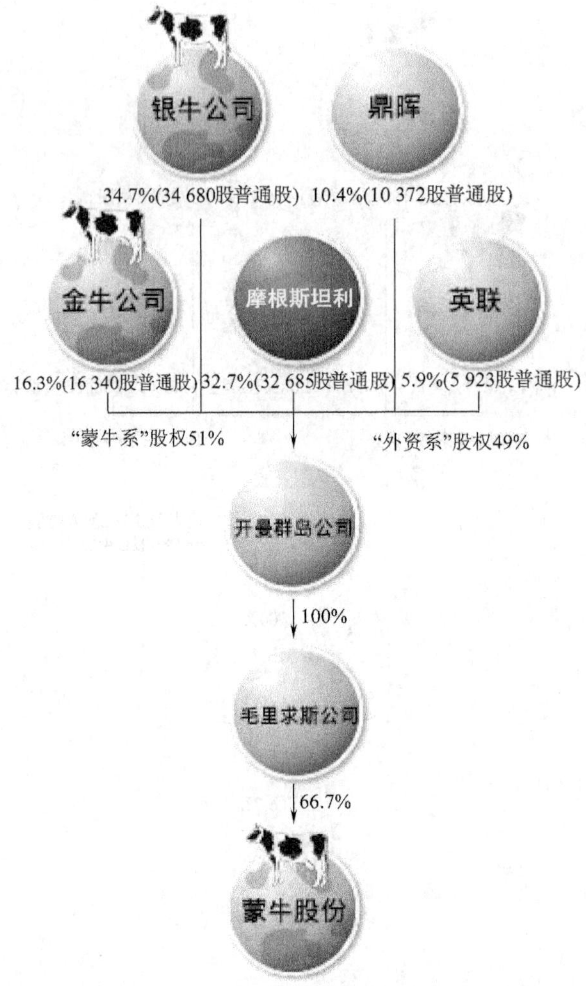


**图 9-4　2003 年 9 月 A、B 股转化后的蒙牛股份股权结构**

回，并新发行 900 亿股普通股，加 100 亿股可换股债券，每股面值均为 0.001 美元。"金牛"、"银牛"、摩根士丹利、鼎晖和英联投资原持有的 B 类股票一起转换成普通股，转换后的普通股持有量为："金牛"16 340 股（16.34%）、"银牛"34 680 股（34.68%）、摩根士丹利 32 685 股（32.69%）、鼎晖 10 372 股（10.37%）、英联投资 5 923股（5.92%）。

但是，"蒙牛乳业"《招股书》披露的此时股权关系变化为蒙牛系：外资系 = 65.9%：34.1%，而不是半个月前的 51%：49%。这种变化是如何产生的呢？这个细节，《招股书》并没有披露，但是根据这个微妙的数字完全可以推算出事情的前因后果：

鉴于牛根生团队取得了 2003 年的辉煌成果，"金牛"和"银牛"在股份转化为普通股的同时，获得以面值认购新的普通股的权利，新认购的股份数量上限是"金牛"和"银牛"的合计持股数量不能超过开曼公司总股本的 66%，即可以新认购 43 636 股（误差不超过±50股),此新认购的部分按照原来"金牛"与"银牛"的持股比例分配为13 975股:29 661股,分别划入"金牛"与"银牛"名下。完成该奖励计划后的股权结构图(见图9-5),恰好可以解释《招股书》未披露的内容。

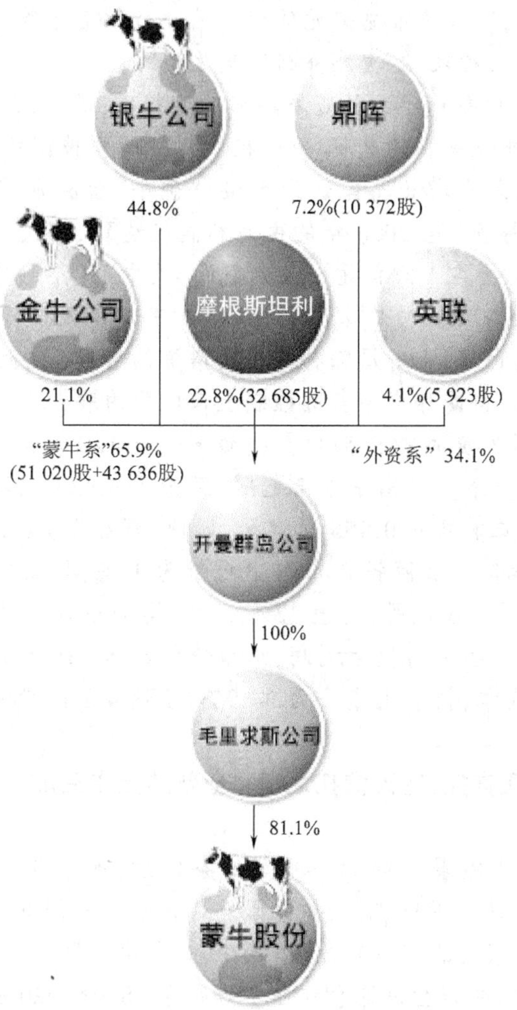


**图9-5　2003年10月管理团队完成任务后的蒙牛股份股权结构**

2003年10月,三家战略投资者鉴于"蒙牛股份"当年的税后利润将超过2.3亿元,前期投资市盈率已经下降到3倍以下(外资以2.16亿元获得了近1/3的股权,因此市值仅约6.5亿元),因此,决定增大持有量,但是,牛根生坚决不放松32%的最高外资投资底线,于是,新的投资只能以认购可转债这个新金融品种实现了。外资系斥资3 523.382 7万美元购买未来转股价0.096美元/股的债权,等于以0.74港元/股的价格预订了3.67亿股上市公司股票(IPO半年后可转30%,一年后可全部转股)。

二次增资品种选择为可转债,可谓一石三鸟,也反映了外资系和"蒙牛"博弈过程中的游刃有余:第一,暂时不摊薄"蒙牛系"实际控制"蒙牛股份"67%股权的现实,让牛根生有面子;第二,不摊薄每股赢利,维持上市前财务数据的可看性;第三,换股价格远低于 IPO 股价,这保证了一旦“蒙牛”业绩出现下滑时全部投资全身而退。

拿到这笔几乎免费的晚餐后,作为对牛根生的妥协,这次可转债的现金没有扣在外资系手里,而是立即把钱给了“蒙牛股份”。工商记录显示:2003 年 10 月 20 日,毛里求斯公司以 3.038 元/股的价格增持了 9 600 万股“蒙牛股份”(该公司对“蒙牛股份”的持股比例上升至 81.1%),以人民币兑美元的汇率为 1∶8.27 计算,这笔款项的资金数量恰好等于二次增资资金,看来,这次外资到位是及时的。

不过,如果“蒙牛”效益达不到外资系期望的增长率,那么,外资系就觉得这第二轮注资有些仓促,于是,外资系故伎重演,一份在《招股书》里披露的“对赌协议”新鲜出炉了:未来 3 年的年赢利复合增长不能达到 50%,“金牛”就必须赔偿 7 830 万股给外资系。这意味着,“蒙牛股份”在 2006 年的税后利润要达到 5.5 亿元以上,税后利润率要保持 4.5%,当年销售额要在 120 亿元以上。假设“蒙牛”达不到增长率,2006 年只能维持 2004 年上市时的赢利水平,那么“金牛”赔偿来的 7 830 万股,以预期发行价格 3.125~3.925 元的均价计算,正好足额补偿二次增资的数额(这也许正是外资系和牛根生解释的理由)。而且,将使外资系实际控制上市公司的股权高达 37%。

实际上,前前后后外资系的全部现金投资只有 6 120.7539 万美元,折合 4.78 亿港元,而且上市时,外资系已经出手了 1 亿股,回笼了 3.925 亿港元现金,这使外资系在蒙牛上市后的投资成本只有 0.855 亿港元,即使“蒙牛”只能维持 2003 年的 2.3 亿元的税后赢利水平,他们的实际投资市盈率也仅为 1 倍,如果其换股权全部行使,他们手中持有的股票多达 5.6 亿股,价值 22 亿港元,即使以 0.05 折销售都是有赚没赔。如果“蒙牛”达到了 5.5 亿元的税后利润,总市值将高达 110 亿港元以上,外资系将用 0.855 亿港元的投资成本,持有上市公司 34.9%、多达 4.8 亿股的股份,更加是赚得盆满钵满。

**六、金、银牛与牛氏信托、谢氏信托之谜:全新的上市后非上市公司股东退出机制与期权激励体系**

在外资系与“蒙牛”签署了如此不平等的条约后,他们开始对牛根生们施以“恩惠”,具体说,一是通过建立退出机制,确保原发起人和溢价股东的投资收益;二是通过建立激励机制,强化牛根生的权力来控制“蒙牛”的管理团队。

2004 年 1 月 15 日,牛根生从谢秋旭手中购得了 18 100 920 股“蒙牛股份”股权,占“蒙牛股份”总股本的 8.2%,有媒体评价,这是牛根生第一次出现在“蒙牛股份”的股东名单中。这显然是不正确的,事实上,牛根生从股份公司改制设立的那一天起,就是“蒙牛股份”的第一大发起人,而这时从谢秋旭手中购买并不上市的“蒙牛股份”的股权,应该有别的目的。

同日,若干“银牛”股东向两名内部人士转让了 3 244 股“银牛”股份。

2004 年 3 月 22 日,“金牛”与“银牛”扩大法定股本,由 5 万股扩至 10 万股,面值 1 美元/股,这样一来,它们各有了 5 万股未发行的新股份。

同日,“金牛”和“银牛”向原股东发行 32 294 股和 32 184 股新股,其中谢秋旭依然以面值认购“银牛”新股份的 63.5%。这样一来,“金牛”和“银牛”的股本结构变化如图 9-6 所示。

“金牛”与“银牛”扩股说明牛根生此时已经认识到问题的严重性:“金牛”和“银

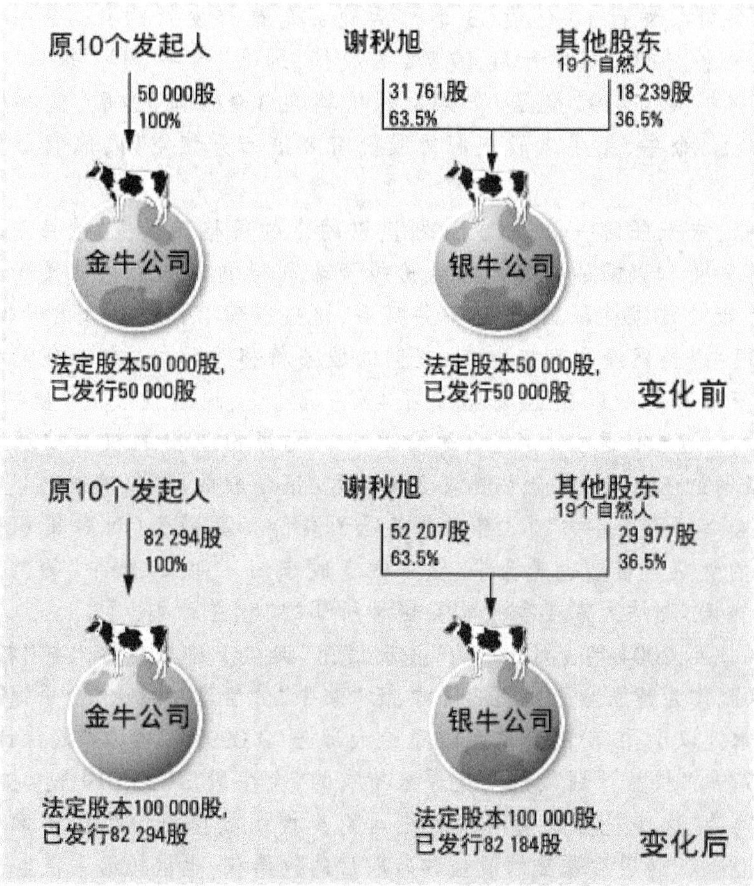


**图 9-6　2004 年 1 月金牛、银牛的股权结构变化**

牛”的全部股份都已经发行出去解决老股东的溢价投资退出问题了,随着开曼公司的上市进程水到渠成,“蒙牛”新骨干的股份和骨干增持的期权奖励将无余地安排,因此,必须加大“金牛”和“银牛”的空白股份数量,并使“金牛”和“银牛”的股份可以和上市公司价格建立对应关系,以便维持流动性。

同日,“金牛”“银牛”分别推出“公司权益计划”,“以酬谢金牛、银牛的管理层人员、非高级管理人员、供应商和其他投资者对蒙牛集团发展作出的贡献”。每份“公司权益计划”价格为 1 美元,受益者将其转换成对应的“金牛”“银牛”股权时,每股转换价格是:“金牛”112 美元,“银牛”238 美元。

这两个精确的数字,同样体现了摩根士丹利作为国际第一大投行的精湛财技。“金牛”“银牛”原股东最初投资成本的比例是 1 634 : 3 468,这个不能变,把“金牛”的换股价格定为 112 美元,银牛的换股价格定为 238 美元,就恰好保持了未来双方前来换股的新投资者投资价格 1 634 : 3 468 的比例。同时,金牛、银牛公司分别各自已发行有 82 294 股和 82 184 股,乘以各自的换股价,使这些已发行的股份的总价值正好是 2.245 亿港元,约合 5 倍于“蒙牛股份”引入外资前的注册股本,这就保证使 2002 年以前投资“蒙牛股份”的老股东们(他们现在成了“金牛”和

"银牛"的股东),即使当时是以5元/股的价格入的股,投资也没有贬值。而且,如果未来上市公司共发行10亿股(3个月后确实是这样发行的),"金牛"和"银牛"将合计持有未来上市公司发行后49.7%的股权,那么"金牛"和"银牛"合计持有上市公司股票将扩大为4.97亿股,如果发行价格在3.925港元/股,这些股份的市值是19.5亿港元,金牛、银牛老股东们的股份有8倍的升值空间,他们必然全力支持上市计划。

这样一来,未来任何一份"权益计划",以约定的价格转换成"金牛"或者"银牛"的股份,都等同于和以前的发起人与溢价投资者同样的成本价格购买了上市公司的股份,只要上市公司维持赢利,渡过禁售期后,这些股份有同样巨大的升值空间,那么"金牛"和"银牛"虽然没有直接上市,它们的股票价格也已经"有价有市"了,如果那些当年的投资者真的是以5元/股投资了"蒙牛股份",通过换股成"金牛""银牛"的股票,也可以实现上市退出。而且,随着以1美元每份售出的权益被获益人转为股份,获益人缴纳的112美元/金牛股或238美元/银牛股的股金,将打入"金牛"和"银牛"的账号,就等于使"金牛"和"银牛"实现了溢价私募融资(可募集600万美元),而这种私募的受益人自然也是金牛、银牛的老股东们。如果"蒙牛"的员工和关系户们懂得这个知识,恐怕大家要争相购买这种所谓的"权益计划"了。

不过,第二天,2004年3月23日,"牛氏信托"诞生。牛根生本人把"权益计划"包圆了,他要以此作为建立激励机制的资源,为"蒙牛"的管理层戴上"金手铐"。

牛根生本人以1元/份的价格买下了绝大部分(9 099份)金牛"权益计划"和全部银牛(17 816份)"权益计划",加上他原来持有的"金牛股份"23 019股(占金牛全部股本的27.97%),把这些股份的投票权和绝对财产控制权信托给牛根生本人,"权益计划"受益人选择权、转股后募集的股金和转股后的投票权,也信托给牛根生。

显然,"牛氏信托"的主要效果在于,通过使牛根生掌握对这些"权益计划"的绝对控制权,强化他的最高管理者地位。

银牛股份的第一大股东谢秋旭持有"银牛" 63.5%的股权,但其中只有5.149%是他自己真正持有的,其余都是他人(大约1 000人)信托给他的股权。这也是"谢氏信托"和"牛氏信托"不太一样的地方,谢把他持有的全部股权(包括他人信托给他的)的投票权,都再次托给牛根生,从而进一步加强了牛根生在"蒙牛"管理层中的绝对领导地位。

2004年3月23日,牛根生以各1美元的象征性代价,从三家外资投资者手中获得8 716股开曼公司普通股,占全部开曼公司股本的6.1%(见图9-7)。为此,牛根生承诺,至少5年内不跳槽到别的竞争对手公司或者新开设同类乳业公司,除非外资系减持上市公司股份到25%以下。这样一来,牛根生即使在"蒙牛"被外资系流放,他也不能再出去创业了。牛根生并承诺,10年内,外资系随时随地可以净资产价格或者2亿元人民币的"蒙牛股份"总作价中较高的一个价格,增资持有"蒙牛股份"的股权。这样,即使牛根生将来有二心,操纵金、银牛对抗外资系,外资系也可以轻松地增持"蒙牛股份"的股权,从而摊薄金、银牛对"蒙牛股份"的控制力,架空牛根生。

随着"蒙牛乳业"的上市,牛根生花1美元买来的这些股权换成了上市公司4 600万股股份,价值1.805 5亿港元,这也是牛根生在整个上市过程中直接获得的唯一一笔财富,还是有禁售期限制的。

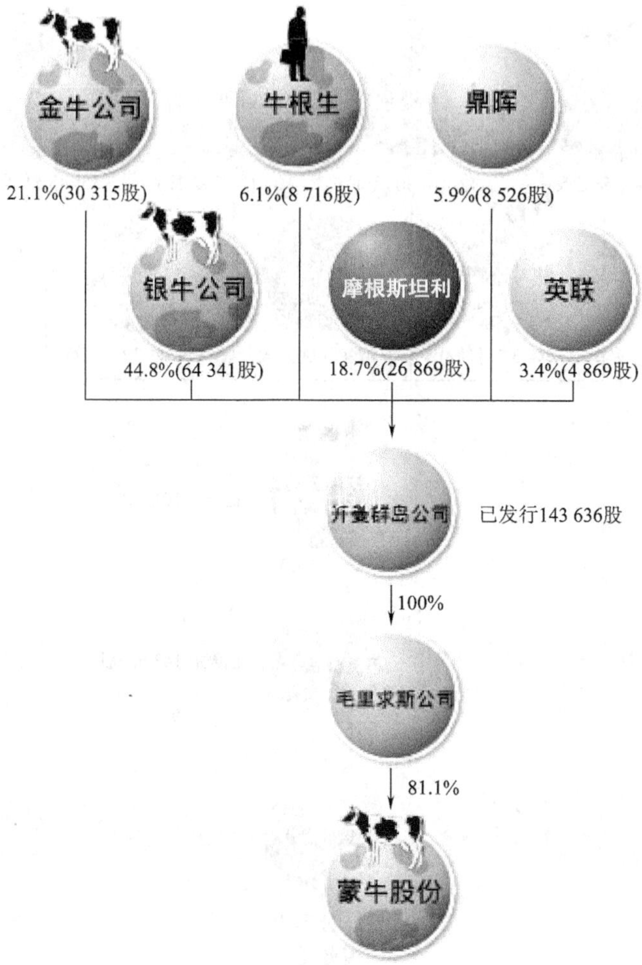


**图 9-7 2004 年 3 月奖励牛根生后的蒙牛股份股权结构**

如此巧妙安排结束之后，可以说资本运作已经大功告成，上市只是等待合适时机了。通过 IPO 配售给公众 3.5 亿股(其中含有外资系的 1 亿股旧股)，开曼上市公司的股份扩大为 10 亿股，蒙牛系和外资系持有的股份数量和比例变化如图 9-8所示。

按照“蒙牛”与外资系在上市前达成的协议，“蒙牛乳业”上市一年后(2005 年 6 月)，外资系握有的巨额可转债可全部行使换股权，“蒙牛”的股权结构将变化如图 9-9 所示。照此计算，“蒙牛”的外资系各股东将获得巨额回报。

而 2004 年 12 月 20 日，几乎是在“蒙牛乳业”第一批可转债(30%)刚刚生效的同时，外资系已行使了部分换股权，并以 6.06 港元/股的高价减持168 238 371 股，套现了 10 亿港元。值得注意的是：外资套现的市盈率超过 30 倍。在香港，这是个高得离谱的价格，是什么力量吸引众多机构投资者以 30 倍的高价接盘“蒙牛”？

巧合的是，摩根士丹利通过减持 1.1 亿股“蒙牛乳业”，套现 6.7 亿多港元；而以目前“伊利股份”大股东金信信托持股比例 14.33%计算，只要以 6 亿多元收购 15%的股

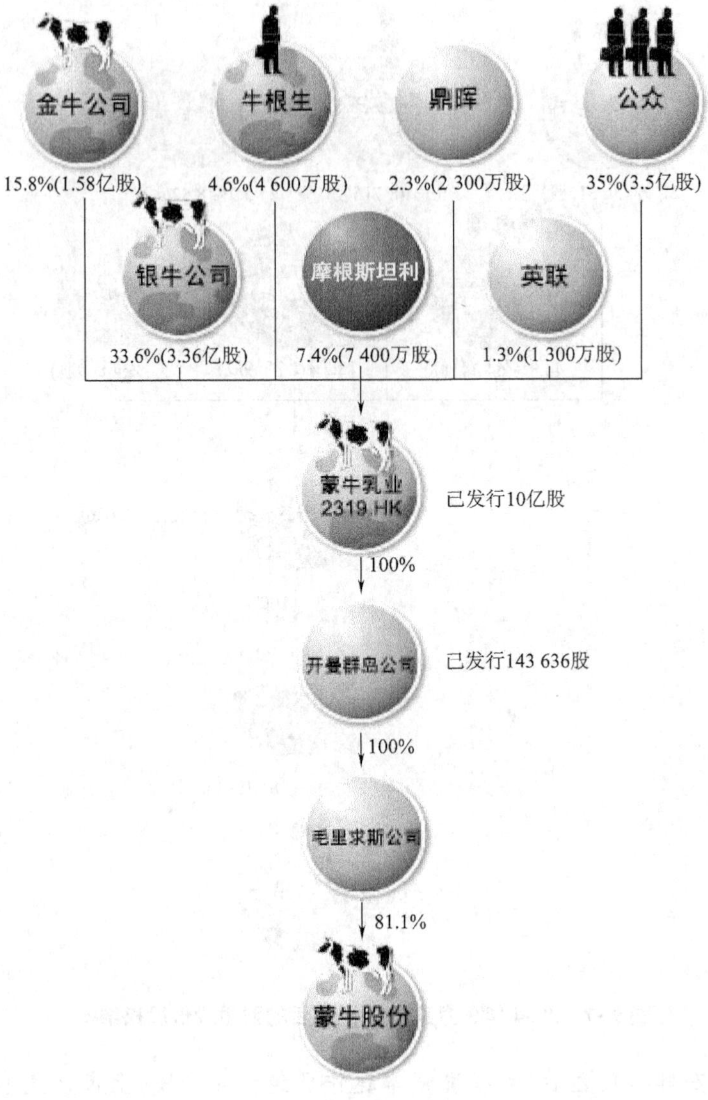


**图 9-8　2004 年 6 月上市后的蒙牛股份股权结构**

份,就可以成为“伊利股份”的大股东。这两个数字是如此接近,不能不让人对“蒙牛”与“伊利”的未来充满想象,也不能不让人对外资在中国乳品行业的垄断布局多一分警惕。

**七、几点说明**

蒙牛股份:注册于呼和浩特市的蒙牛乳业(集团)股份有限公司,设立于 1999 年。

蒙牛乳业:注册于开曼群岛的壳公司 China Mengniu Dairy Holdings,为在香港挂牌的上市公司,股东为蒙牛系公司与外资系公司,为开曼公司的股权映射公司,专为上市挂牌设立,设立于 2004 年。

开曼公司:注册于开曼群岛的壳公司 China Dairty Holdings(中国乳业控股),“蒙牛乳业”的境外资本运作主体,设立于 2002 年。

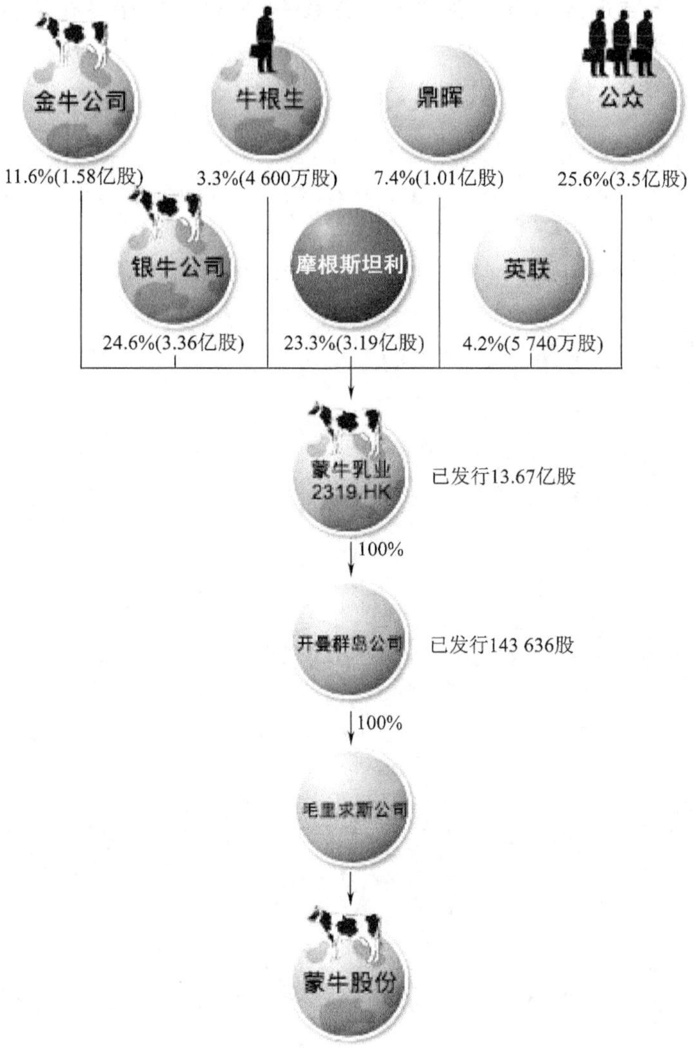


**图 9-9　2005 年 6 月后的蒙牛股份股权结构**

毛里求斯公司:注册于毛里求斯的壳公司 China Dairty (Mauritius) Ltd.(中国乳业毛里求斯有限公司),股东为开曼公司,为"蒙牛股份"的外方绝对控股股东,设立于 2002 年。

摩根士丹利:Morgan Stanley,著名国际投资银行,是"蒙牛"上市的全球联席经办人和副保荐人,通过在开曼设立 MS Diary Holdings(摩根乳业控股)对"蒙牛"投资,文中被列入外资系。

鼎晖:China Diamond Holdings Ltd.,原中国国际金融有限公司(CICC)直接投资部,后独立发展成为一家风险投资基金,通过在开曼设立 CDH China Fund , L.P.对"蒙牛"进行上市前投资,文中被列入外资系。

英联投资:CCP,是英国最大的保险公司商联保险(CGU)和英国联邦投资集团(CDC)共同设立的投资基金,通过在毛里求斯设立 CGU - CDC China Investment

Company, Ltd.对“蒙牛”进行上市前投资,文中被列入外资系。

(资料来源:王吉舟:《摩根精湛财技狩猎蒙牛,牛根生们始终被动搏命》,见《新财富》,2005 年第 1 期。)

# 第十章

# 项目融资

## 第一节 项目融资概述

### 一、项目融资的内涵

#### （一）项目融资的定义

项目融资(Project Financing)是指贷款人向特定的工程项目提供贷款协议融资，对于该项目所产生的现金流量享有偿债请求权，并以该项目的资产作为附属担保的融资类型。

项目融资的信用结构有三项要点：①贷款人债权的实现依赖于拟建工程项目未来可用于偿债的现金流量，即其偿债资金来源并不限于正常的项目税后利润；②项目融资要求以建设项目的资产权利作为项目运营和偿债的安全保证，它不同于以资产价值为抵押的普通担保；③项目融资通常需创造足以防范或分散各种项目风险的多重信用保障结构，包括借款人或主办人提供的有限担保、完工担保人提供的项目完工担保、项目关系人提供的现金流量缺额担保、项目产品用户提供的长期销售协议及政府机构提供的政府担保或承诺等。

理论上，项目融资具有广泛的应用前景。但目前来看，它主要适用于耗资巨大、开发周期较长、有可靠现金收入来源的工程项目，特别是资源开发、重要基础设施建设、交通能源等项目。一般来说，贷款人在选用项目融资结构前，首先须考虑拟投资项目是否具有可靠的收入和稳定的现金流量，其次要考虑以怎样的担保结构或保障结构来确保贷款得到最有效率的清偿，最后还要考虑以此种方式提供融资，通常要求高于普通贷款利息的融资回报。而项目主办人选用项目融资手段，主要是为解决大型开发项目耗资大、周期长、投资风险高的问题，对于资金短缺的发展中国家基础项目开发来说，这不失为一种适宜的融资方式。

#### （二）项目融资的基本特征

尽管项目融资具有结构复杂和类型多样的特点，但与传统的贷款融资相比，项目融资通常具有以下基本特征：

1.项目融资以特定的建设项目为融资对象。尽管项目融资的借款人可以是独立从事项目开发的项目公司（通常如此），也可以是并非单纯从事项目开发的项目主办人，但在通常情况下,贷款人要求对项目资产和负债(包括股东投入的股权资产和贷款人投入的项目贷款资产)独立核算,并限制将项目融资用于其他用途。在项目主办人作为借款人的情况下,贷款人将要求主办人将项目融资仅投向该特定项目或项目公司,并要求将项目资产与主办人其他资产相分离,由此形成主办人资产负债表之外的融资。

这一特征表明,贷款人提供项目融资并非依赖于借款人(包括主办人或项目公司)的信用,而是更主要地依赖于项目投资后将形成的偿债能力和项目资产权利的完整性。在此情况下,贷款人显然不希望项目资产中仍含有复杂的对第三人的负债。

2.贷款人的债权实现主要依赖于拟建项目未来的现金流量以及该现金流量中可以合法用来偿债的净现值。

正是基于这一特征,项目融资的贷款人在决定贷款前必须对项目未来的现金流量作出可靠的预测,并且须通过复杂的合同安排确保该现金流量将主要用于偿债,同时往往要求取得东道国政府关于加速折旧、所得税减免等方面的优惠批准或特许。依项目具体情况,上述因素均可能成为制约项目融资文件生效的前提条件。

3.项目融资通常以项目资产作为附属担保,但根据不同国家法律的许可,又可通过借款人或项目主办人提供有限信用担保。项目融资的资产担保并不以资产变价受偿为目的,贷款人要求此项担保意在获得资产控制权,它仅为项目融资信用保障结构中的一环。项目融资中的有限担保是在项目未来的现金流量不足以确保偿本付息的情况下,由借款人或项目主办人向贷款人提供的补充性的信用担保,它使得贷款人取得了补充性的有限追索权,如果贷款人依项目具体情况不要求提供此种有限担保,则构成所谓"无追索权的项目融资"。由此可见,在项目融资中,项目资产担保和有限担保并不是主要的信用保障手段,它们的作用是与保障项目未来的收益能力联系在一起的。

4.项目融资具有信用保障多样化和复杂化的特点。针对不同融资项目的具体风险状况,贷款人往往会提出不同的信用保障要求,其目的在于分散项目风险,确保项目未来的现金流量可靠地用于偿还贷款。实践中通常采用的手段包括:要求项目主办人或投资者对项目首先进行一定的股权投资,使项目融资仅占项目资产总值的一定比例(通常为60%以上),以分散贷款风险;通过项目完工担保合同(Turn Key)锁定工程工期、工程价格和工程质量,以避免完工风险;通过签署原材料长期供应合同,以锁定项目运营成本,避免项目运营风险;通过签署旨在以稳定价格售卖项目产品的长期销售合同,以确保现金收入总量,避免市场风险。此外,项目融资通常要求取得项目所在国政府的特许和保证,并且通常须设立旨在按约付款和收款的信托受托人(Trustee),以确保项目融资的法律条件和偿债之可靠。

5.与上述特征相联系,项目融资具有融资额大、风险高、周期长、融资成本相对高的特点。由于项目融资以对项目未来的现金流量预测为基础,以旨在提高偿债效率的法律安排为条件,因而此类融资的准备工作成本、贷款利率和未来风险均较传统的贷款融资高。

## 二、项目融资中的现金流量

按照现代会计理论,现金流量(Cash Flow)是对某一企业单位期间内现金流入量和现金流出量的统称,它反映了企业在特定期间内的现金资产变动结构、现金资产变动趋势、实际偿债能力和实际支付能力。

根据多数国家的会计准则,现金流量表是表明企业财务状况的基本会计报表。现金流量整体上可分为企业经营活动的现金流量、投资活动的现金流量和筹资活动的现金流量三类,每一种活动的现金流量又分别揭示了该企业在单位期间内的现金流入量、现金流出量及其相关的结构和原因。应当说,与损益表相比,现金流量表能更真实地反映企业的实际支付能力。损益表所反映的利润仅仅说明了企业可获得净现金流量的来源,而现金流量表所反映的现金流量则说明了企业在特定期间内已经完成的现金收支活动和实际支付能力。

根据我国和多数国家实行的会计准则,现金流量表中的现金仅指企业当期的库存现金、可随时用于支付的存款和现金等价物三类。其中,可随时用于支付的存款仅指届期的非限制性存款,不包括限制性存款。现金等价物又称为“约当现金”,它是指符合以下条件的可变现流动资产:①属于已经届期或短期性(通常不超过 3 个月)的投资;②具有很强的流动性或可变现性的资产;③易于转化为已知金额现金而且其价值变动风险很小的资产。通常认为,上市债券、短期债券、商业票据、短期融资票据等均属于现金等价物,而股票资产和非上市债权则不属于现金等价物。

项目融资中所说的现金流量则是对拟投资项目或项目公司在未来单位期间内预测的现金流入量、现金流出量和净现金流量的总称,这就是说,项目融资中的现金流量既不等同于损益表上的营业利润或税后利润概念,也不完全等同于现金流量表上的现金流量概念。它具有以下三个特点:

其一,项目融资中的现金流量是某种单纯的预测值,现金预算表对它的预测不能简单地依据对企业原有现金流量的结构分析和趋势分析作出,通常须采取现金流量模型技术和敏感性分析方法,并且必然要考虑以现金流量贴现技术(DCF)调整该预测可能的偏差,以确定安全边际的借贷数额。

其二,项目融资中的现金流量分析以预测净现金流量或现金余额为基本目的,它并不同于同期损益表上的利润或预测利润之概念。一方面,损益预测中的某些支出项目会减少预测期内的利润水平,但根据项目融资文件,它们却可能并不会减少预测期内的净现金流量,这通常是指某些不需支付现金的费用支出,如折旧费用、无形资产摊销、递延资产摊销、坏账准备金等;另一方面,损益预测中的某些收入项目会增加预测期内的利润水平,但根据现金流量收付实现制的要求,它们却并不会增加预测期内净现金流量的数额,这通常是指某些依法将取得但尚未实现的现金收入,如预测期内的应收账款、其他应收款、待摊费用、可得退税等。可见,上述差别根源于权责发生制和收付实现制之间的差异。

其三,具体项目融资中的现金流量预测不仅取决于具体的项目经济条件,而且取决于可期待的项目财税政策和项目法律安排。通常条件下,东道国政府所承诺或许可的资产折旧政策、所得税减免政策、其他财税优惠政策和项目主办人所承诺的法律安排,将构成具体项目现金流量预测的基本依据。

在项目融资中,贷款人对于项目现金流量预测和分析的直接目标,在于确定拟建项目在还贷期间的净现金流量或现金余额净值,以此作为确定项目贷款数额的根据。在实践中,项目融资中提及的现金流量往往仅指净现金流量,即仅指预测的现金流入量减去项目建设与运营中必要的现金流出量后的现金余额。依此原理,在项目融资的法律安排和法律文件中,贷款人将追求对于项目现金流量中可偿债部分的最有效利用,将谋求确保有关现金流量偿债请求权和一切相关的权利。

## 三、项目融资的基本类型

项目融资是某一类具有共同属性的融资类型的统称,而具体的项目融资又具有结构复杂多变的特点。可以说,几乎每一个具体的项目融资都是依据特定项目的条件而创造的,并且很难具有完全的可移植性。按照项目融资目前的实践,可以对项目融资依不同的标准加以进一步分类,了解这些分类,有助于我们更深入地认识项目融资的内容与特征。

依据项目融资的借款人身份,可将其分为以主办人或投资人为借款人的项目融资(通常为 Off-Balance Finance)、以项目公司投资人为借款人的项目融资、以项目公司为借款人的项目融资等。依据项目融资的项目资产和营业的管理权,可将其分为合伙管理的项目融资、非公司型合作管理的项目融资、由项目公司管理的项目融资等。依据项目融资的债款偿还方式,可将其分为生产支付型项目融资、黄金贷款项目融资、资产租赁型项目融资、BOT 项目融资等。依据项目融资中的主办人或投资人是否提供一定限度的信用担保,可将其分为无追索权的项目融资和有限追索权的项目融资。下面介绍几种较有特色的项目融资类型。

### (一)非公司型合作项目融资

非公司型合作项目融资又称为契约型合作结构、“非公司型合作结构”(Unincorporated Joint Venture)等。它是指拟建项目的几个投资人通过合作协议共同投资于项目,分别取得项目资产的财产权和营业权,分别向贷款人协议借款并安排偿债的项目融资方式。在非公司型合作结构中,各个投资人可以依协议建立旨在实现统一管理项目资产和营业的管理委员会或项目管理公司,但此种管理机构对于项目资产并不享有所有权,也不与贷款人发生直接的协议债权债务关系。

非公司型合作结构的特征在于:

1.非公司型合作结构并不形成统一的项目资产权利主体和融资主体,拟建项目的股权性投资人通过非公司型合作协议建立某种合作关系,每个投资人分别拥有项目资产和营业中的某一部分,因而这类拟建项目应当具备可分割性。这一点与合伙型项目融资具有类似之处。

2.非公司型合作结构的借款人通常为各个投资人,尽管此项贷款融资可以统一安排,但各投资人在法律上将按照约定的比例分别作为借款人与贷款人发生贷款协议关系,并且通常不发生连带关系。实践中,此项借贷可以形成资产负债表之外的融资。

3.非公司型合作项目的投资人通常以合作协议明确其合作关系,而非合伙关系,以排除相互间的连带责任和无限责任。在东道国法律有障碍的情况下,各出资者可分别设立数家有限责任公司作为项目投资人。

4.在非公司型合作结构中,各投资人既可以建立统一管理项目资产与营业的管理委员会或项目管理公司,也可以委托某一个投资人公司负责项目管理,但该等机构仅具有受托管理或承包管理者的身份,而不具有投资利益。

非公司型合作结构是项目融资实践中被广泛采纳的模式之一，特别适于采矿、能源开发、钢铁、有色金属等领域内的项目开发。但该类开发项目应当在统一开发的基础上具有内在的可分割性。

### （二）项目公司融资

项目公司融资是指拟建项目的主办人及投资人先以股权合资方式建立有限责任的项目公司，然后由该项目公司直接投资于拟建项目并取得项目资产权和营业权，由项目公司向国际贷款人协议借款并负责偿债的项目融资方式。项目公司融资具有结构简单、财务关系清晰的特点，它是目前项目融资实践中最广泛采用的项目融资结构。

项目公司融资结构的基本特征在于：

1.由主办人或投资人以股权投资方式设立的有限责任的项目公司是项目融资的主体，它负责对项目的直接投资和营业管理，并拥有项目资产的财产权，而主办人或投资人则仅拥有对项目公司可转让的股权。

2.在此类结构中，通常由项目公司与国际贷款人签署贷款协议和资产担保协议，由其取得贷款。但在特殊情况下，也可由主办人或投资人向国际贷款人协议借贷，再通过“商业交易”方式并入项目公司的资产负债。

3.在此类结构中，须由项目公司取得为运营项目所需的一切来自政府部门的许可和税收优惠，并由项目公司与项目工程承包人、原材料供应商、产品长期购买人及信托受托人签署有关协议或文件。

4.项目公司的合资协议、公司章程和分配政策文件须符合国际贷款协议的要求，其中最重要的是项目公司的利润分配政策须受到贷款偿债规则的限制。

### （三）生产支付型项目融资

生产支付（Production Payment）型项目融资又称为“产品支付项目融资”，它是指国际贷款人在提供项目贷款后，将根据项目融资文件直接取得一定比例的项目产品或该部分产品的全额销售收入，并以此进行偿本付息的项目融资方式。生产支付型项目融资是项目融资的早期形式，特别适用于稀有资源或矿产开发类型的项目，国际融资实践中流行的“黄金贷款”实际上也属于此类。

生产支付型项目融资的信用保障结构可靠而特别，其基本特征在于：

1.其贷款还本付息并不直接依赖于项目产品未来的全部现金流量，而仅依赖于借款人按约支付的产品之数量及其市场价格。由于贷款人根据融资文件将直接拥有特定矿产资源的部分储量，或者直接拥有一定比例年产量的项目产品，或者直接拥有该部分产品的全额销售收入，因此，项目公司的成本管理、折旧政策乃至税收优惠对贷款人的利益已无直接影响。

2.在此类项目融资中，贷款人仅依据能够可靠取得的支付产品数量安排贷款规模。一方面，贷款人将要求在项目融资文件中明确其每年应受领的产品数量或者全部产量中一定比例的产品（但附有最低数量限制）；另一方面，贷款人安排的融资额将不超过未来购买该支付产品在一定利率条件下的贴现值。

3.在此类项目融资中，贷款人提供贷款的期限将必然短于预计的项目产品的开采年限，以此保障贷款本息偿还的可靠性。

4.在生产支付型项目融资中，国际贷款人通常安排某种代理销售支付产品的中介机构，代其从事贷款资金支付和产品销售活动。

5.由于借款人所支付的产品及其销售收入被作为偿还债款的主要来源，因而此类项目融资通常仅须采取贷款人无追索权的形式。

（四）BOT项目融资

BOT是建设、经营及转让的简称，此类项目融资又称为特许权融资。BOT项目融资是指项目所在国政府机构以特许权协议（Concession Agreement）向开发项目公司提供某种特许权，项目公司以该特许权作为抵押向国际贷款人取得贷款，贷款人按照贷款协议和特许权协议在一定年限内对该项目的可偿债现金流量具有清偿请求权，在年限届满（特许权协议中止）后，政府机构按约定方式将该项目资产和营业收回的国际融资方式。BOT项目融资是发展较晚的一种国际融资方式，它特别适用于公共设施项目和大型基础建设项目。

BOT项目融资的特征在于：

1.项目所在国的政府机构通常作为项目的发起人，但它在项目融资期内并不拥有项目的财产权和营业控制权，而仅通过特许权协议给予附属性贷款或贷款担保对项目提供支持。在项目融资期限届满后，政府机构将按约定成为项目的最终所有者。

2.政府机构签署的特许权是BOT融资的基础，该协议通常须规定以下主要事项：关于批准项目公司从事特定营业并享有专营权的特许；关于同意项目公司可将其营业权和专营权转让和抵押的许可；对于项目公司依特定条件取得相关土地使用权的批准；关于项目公司在贷款偿还期内给予税收财务优惠的许可；关于特许权期满后，政府机构收回或购回项目的事项等。

3.国际贷款人向项目公司提供贷款，不仅要求项目公司以项目资产作为担保，而且通常要求其将特许权协议项下的权益设为抵押；在项目经营阶段，项目营业收入在扣除了必要的成本费用和法定负担后，应首先按贷款协议用于偿债剩余部分，之后方可用于投资者的利润分配。

## 第二节　项目融资的运作方式

### 一、项目融资的参与者

项目融资依其具体类型和具体情况的不同，其结构也有所差异，但就多数项目融资的结构而言，其主要参与者如下。

（一）项目主办人和投资人

项目主办人（Sponsor）是指对于建设项目担当领导、发起和前期组织职责的借款方当事人（不一定为借款人），它通常由项目所在国的政府机构或企业组织担任。项目投资人是指对于拟建设项目（或项目公司）共同进行股权性投资的当事人，它们通常为项目所在国的企业组织和有关的外国企业组织。在许多情况下，项目主办人也同时为项目投资人，但此并非必须。

### （二）项目公司

在多数项目融资中，项目投资人以股权投资方式组成项目公司。项目公司是指直接实施项目投资，并直接拥有项目资产的财产权和项目营业权的公司组织。项目公司的一般特征在于：①它仅为特定项目建设而设立，仅对该项目投资，并仅仅拥有该项目的资产、负债和营业收入；②它通常为有限责任公司；③根据不同融资项目的要求，它可能同时为借款人及拟建项目的经营管理人，但从项目融资的实践来看，组建项目公司的主要目的在于便于控制拟建设项目的资产负债状况、损益状况和现金流量状况，而非令其担任项目的经营管理人。

### （三）贷款人与借款人

项目融资的贷款人通常是对拟建项目提供协议贷款的国际性商业银行或由多家商业银行组成的贷款银团。但由于具体的项目融资方式不同，在某些情况下（如以证券化方式融资的项目中），实际上是由负责组织国际信贷融资的金融中介机构代替贷款人参与项目融资。在项目融资中，负责组织国际贷款或融资的牵头经理人往往极端关心拟投资项目的结构，它不仅负责融资安排，不仅代表贷款银行与项目主办人协商确定项目融资的结构和安排，而且常常负有提供专业咨询和金融管理的职责。但在法律上，参加贷款银团的每家贷款人均与借款人形成独立的债权债务关系；在有关的贷款文件中，甚至要求各贷款人声明其依赖于自己的独立判断参加贷款银团，而不使牵头经理人负担保责任。

项目融资的借款人通常为项目公司，但在某些情况下，也可以是项目主办人或项目投资人。在同一项目融资中，可以有几个借款人，它们可以是具有相同职责的共同借款人，也可以是依不同职责使用融资的其他当事人（如工程承包公司、原材料或设备供应商、产品购买人等）。

### （四）工程承包人

项目融资中的工程承包人是指依据工程承包合同，负责以约定价格、约定期限和约定工程质量全面完成拟建项目工程的建设工程公司。工程承包人通常以竞标方式确定，依其责任，它可分为负责项目管理和工程全面竣工的总承包人（通常由国际性工程承包公司担任）与接受分包的各分包人；依其工作内容，它又可分为工程设计承包人、工程施工承包人、工程安装承包人、工程监理人、工程金融管理人等。项目融资中的工程承包由一系列复杂的合同文件构成，其基本作用在于锁定工程造价、完工期限与工程质量标准，以实现“交钥匙项目”之目标；为限定工程完工风险，其违约控制与索赔条款规定得极为严格。

### （五）项目设备与原材料供应商

项目融资中的供应商是指根据项目设备和原材料供应合同，向拟投资项目定期或长期售卖项目设备、提供能源供应或提供原材料供应的销售商。根据项目融资相关合同的安排，供应商向项目公司或工程承包人售卖项目设备、能源或原材料之价款，可以由贷款方信托受托人以贷款定期支付，由此形成项目公司的信贷购买；也可以由供应商按照出口信贷方式延期收款，由此形成供应商向项目公司提供信贷融资。在项目融资实践中，国际贷款人往往将借款方购买其本国设备或原材料作为承诺贷款的重要条件，这不仅支持了本国企业的产品出口，而且具有分散项目融资风险的作用。

（六）项目产品购买人

项目产品购买人是指根据项目产品购买合同或使用合同，将长期购买项目产品或长期使用项目设施的商业当事人。典型的项目产品合同通常采取“提货即付款”合同及“或提货或付款”合同，其作用在于对项目融资提供信用支持；购买人通常是具有批售能力和资金实力的批发商。在我国的项目融资实践中，往往由项目主办人或者政府机构（如在交通运输或电力项目中）承担项目产品购买人的责任，该项购买具有预定承诺性质，由于项目产品购买是项目融资信用保障结构的一部分，故购买人实际上在项目融资谈判阶段即已介入项目。

（七）信托受托人

项目融资中的受托人是指根据信托文件，负责管理设为担保的项目资产、项目收入和现金流量的独立金融机构。在项目融资中，项目资产担保和现金流量担保是项目融资信用保障结构中最重要的组成部分，这在资产负债表外融资的情况下表现得最为典型。根据信托文件，信托受托人一方面负责对设为担保的项目资产进行直接管理或监督管理，另一方面负责以独立账户托管项目现金流量或其中的受托管理部分，确保其中的可还贷部分首先用于清偿债务，其通常的支出顺序为：生产成本支出，折旧还贷支出，管理费用支出，财务费用或贷款利息支出，税收支出，偿还贷款本金，利润分配。

（八）项目融资保证人与保险人

在项目融资中，贷款人除要求以项目资产和项目现金流量为担保外，有时还要求项目公司或项目主办人提供信用性有限担保，此种就一定信用数额提供有限担保的当事人为项目融资的保证人。项目融资中的保险除工程保险和项目财产保险外，更重要的是对项目所在国可能发生的战争、内乱、国有化、法律变革、外汇汇率变动等事件的保险，后一类保险通常由相关国家的官方或半官方保险机构承保。除此之外，在某些项目融资中，项目所在国政府机构或其代理机构（如项目主办人或项目投资人）对投资项目提供的运营特许、税收优惠特许、外汇汇兑特许和担保性承诺也对项目融资具有重要的信用保障作用。

（九）专业性顾问机构

在项目融资中，通常须有许多专业性中介机构协助项目贷款人（融资顾问）或项目主办人进行工作，其中最重要的是工程咨询顾问、财务税务顾问和法律顾问。项目融资中的工程咨询顾问通常负责协助项目贷款人或主办人进行项目可行性分析和项目风险预测，项目融资中的财务税务顾问除了负责财务审计工作外，还将协助贷款人对拟投资项目进行财务税务分析和现金流量预测，项目融资中的法律顾问除了须对拟投资项目和环境进行法律分析外，主要协助项目贷款人和项目主办人确定项目融资结构，起草有关的法律文件，出具法律意见等。

## 二、项目融资的程序

项目融资结构复杂，制约因素多，其准备工作过程也较长。一般情况下，项目融资工作大致可分为项目融资决策、项目融资结构分析、项目融资准备和项目融资文件签署与执行四个阶段。

### （一）项目融资决策

在项目融资工作开始之前，项目投资人或主办人通常要对拟投资项目进行初步分析，作出投资决策和融资方式决策。一般来说，项目融资适用于投资规模大、周期长、投资收益和现金流量稳定、股权投资人或项目公司信用不足以支持简单贷款的新建投资项目。此外，拟投资项目如采用项目融资方式解决资金问题，通常需要取得所在地政府部门的政策支持和计划管理部门的批准。应当说，认真分析拟投资项目的特点与条件是正确作出项目融资决策的基础。

项目投资人或主办人在决定采用项目融资方式后，通常会初步确定项目投资与项目融资的初步结构或初步方案，并完成项目可行性研究。在这一初步分析与决策过程中，项目投资人或主办人可以聘请专业顾问取得咨询意见和帮助。项目融资通常以项目投资人或主办人聘请和任命未来拟担任融资牵头经理人的融资顾问为正式开端。在国际融资实践中，项目融资的牵头经理人通常由具备较强资金实力，具有良好信誉和融资经验的金融机构担任，而此类金融机构在决定担任融资牵头经理人并组织项目融资之前，往往要求先作为项目融资顾问参与项目。

项目融资顾问在融资决策阶段，需要对拟投资项目进行初步调查和了解，在此基础上协助项目主办人修改并完善项目融资的初步结构和方案。在此过程中，项目主办人和项目融资顾问均可聘请专业性中介机构协助工作。

### （二）项目融资结构分析

在项目融资结构分析阶段，项目融资顾问和项目主办人将聘请包括律师、会计师、工程顾问和行业性专业顾问在内的专业性中介机构进行尽职调查，其中最为重要的是对各种项目风险和项目现金流量进行分析预测。

由于项目融资以项目未来的现金流量作为主要的偿债信用基础，而不同投资项目中制约可偿债现金流量的具体风险又不尽相同，因此，对拟投资项目进行各项风险预测或评价是最终确定项目融资具体结构和细节安排的重要前提。可以说，特定项目融资中投资与贷款之比例、有关当事人关系、担保结构、信用保障结构以及每一项合同文件的安排都是针对具体项目的经济强度和风险因素设计的，其基本目标在于保障贷款偿还，分散融资风险，平衡不同当事人之间的利益关系。

概括地说，项目融资结构分析阶段的工作主要包括：对项目基础状况和基础资料进行调查，提出专业性分析报告和结论性意见，根据项目经济强度和风险因素修改、确定具体的项目融资结构、项目融资方案和项目融资细节安排三部分。在这一工作阶段，有关项目融资的各项工作性结论应当定量化，有关项目融资的结构和方案应当具体化，项目主办人和项目融资顾问应当就项目分析结论和投资项目的条件取得大体一致的认识。从实践来看，在项目融资过程中，项目融资顾问和专业性中介机构往往更注重融资市场的要求和自身的信誉，其工作结论多遵循审慎保守原则；而项目主办人则更注重拟投资项目的融资要求，追求更高的融资效率和融资速度。

### （三）项目融资准备

在项目融资顾问与项目主办人协商确定项目融资具体方案及其细节安排的基础上，应由项目主办人委托牵头经理人组织贷款银团，由牵头经理人和专业性中介机构准备信息备忘录和各种融资法律文件，并应由主办人与牵头经理人就项目融资文件进行协商谈判。这种正式法律文件的协议定稿既是对项目融资方案的实施,也往往最终调整着项目融资方案的内容。

根据国际融资惯例,项目融资顾问在确认项目融资方案后,应当作出其是否担负融资牵头经理人职责的表示,项目主办人则应以书面文件作出委托其担任牵头经理人和授权其组织贷款银团的意思表示,其程序与国际贷款过程无异;牵头经理人在得到授权后,将与专业性中介机构共同准备旨在推销贷款的信息备忘录或事实说明文件,同时将委托专业性中介机构依照已拟定的项目融资方案准备各种项目融资法律文件的草稿,此类法律文件不仅包括贷款协议和担保协议,而且包括政府特许文件、项目公司设立文件、项目公司管理文件、项目工程承包合同、设备与原材料供应合同、产品长期购买合同、信托文件以及大量的工作文件等,它们通过严谨而确定的法律关系形成统一的项目融资结构。在许多项目融资中,保障其基本结构的法律文件往往由几十项甚至上百项合同文件组成。

在项目融资准备阶段,贷款银团的牵头经理人通常在信息备忘录正式定稿前即已开始贷款推销与银团组织工作,仅将文件正式签署留待最后实施阶段进行。与此类似,在项目融资法律文件的准备阶段,牵头经理人将协调项目融资的所有参与者进行相关法律文件的谈判工作,以通过协商使各项法律文件的内容处于定稿或可签署状态。其中,贷款协议内容的确定既对其他法律文件具有指引作用,又以其他法律文件内容的确定为前提。一般情况下,项目融资准备阶段的完成以各项法律文件的定稿或基本定稿为标志,但根据我国《境外进行项目融资管理暂行办法》的规定,上述业已定稿的主要合同之草案,应当报政府主管部门审核,其中某些合同还须取得政府主管部门的批准。

(四)项目融资执行阶段

从广义上说,项目融资的执行阶段是指从各种项目融资法律文件签署到项目贷款清偿完毕的整个期间,此过程中的工作主要包括项目融资法律文件的签署、执行贷款与项目投资计划、牵头经理人监督项目建设与项目管理、项目运营与现金流量管理等几个部分。

项目融资法律文件的签署通常要求将具有相关性的一系列法律文件统一签署。其中,项目公司设立文件和政府机构的特许文件具有基础意义,通常要求先行签署;银团贷款协议和担保文件是项目融资的核心文件,通常最后签署;而构成项目信用保障结构的工程承包合同、工程分包合同、设备与原材料供应合同、产品长期购买合同和信托文件通常含有附条件生效条款。在项目融资文件签署后,项目投资人的贷款银团应当按约履行项目投资和银团贷款,并应尽早使项目工程建设启动。

在项目工程建设阶段,项目主办人通常负有统一协调、管理的职责,但根据项目方案的安排,项目工程建设的管理也可以委托外方投资人或专业性管理公司进行。在此阶段,工程联合承包人、设备与原材料供应人应全面履行合同义务,并受到严格的责任约束;牵头经理银行对于工程建设享有监督权与建议权,这与一般的银团贷款有所不同。在项目工程建设完工后,通常须进行项目试生产,只有在通过试生产,并由牵头经理人确认该项目达到融资文件规定的商业完工标准后,方可通过验收并解除项目主办人或投资人提供的项目完工担保。

在项目运营阶段,对于项目的管理,通常由项目公司或专业性管理公司主要负责,牵头经理人仍然对项目运营有监督权与建议权;而设备与原材料供应商、商品长期购买人、保证人和信托受托人则负有全面履行相关合同之义务。在此阶段,项目融资信用保障机制将全面发生效用,用于偿债的现金流量将得到控制和管理,以保证贷款本息之偿还。

## 三、项目融资的风险预测与风险控制

在项目融资决策阶段,项目主办人或投资人通常要对拟投资项目进行可行性分析,其目的在于对拟建项目得出综合性的技术可行性结论和经济效益分析结论,并以此作为投资决策的依据。但在项目融资贷款人作出提供贷款的决策之前,还必须进行项目风险预测或评价,它与项目投资可行性分析具有不同的目的与作用。概括地说,项目风险预测是以评价项目的近期偿债能力为目的,由专业人员对拟投资项目未来的可偿债现金流量以及限制该现金流量的各种风险因素所进行的定量性分析预测。根据国际融资惯例,专业人员首先须根据具体的资料对拟建项目的净现金流量、投资收益率和影响项目经济强度的各种系统风险进行分析预测。这里提到的项目经济强度,是指项目成立的标本性基础,也即在安排最初投资时如果项目可行性研究中假设条件符合未来的实际情况,项目是否能够生产出足够的现金流量,支付生产经营费用,偿还债务,为投资者提供理想收益;以及在项目运营的最后或者最坏的情况下,项目本身的价值能否作为投资保障。其次,须对具体项目的现金流量进行敏感性分析,以测试项目预计现金流量模型的可靠性。最后,须根据审慎保守原则,以现金流量贴现法预测拟建项目的有效净现金流量和对其具有影响的系统风险的定量化结论。应当说,影响项目经济强度的系统风险因素的内容非常广泛,但其中最为重要的是项目信用风险、商业完工风险、生产及供应风险、市场销售风险、政治法律风险、环境保护风险以及金融风险等。

### (一)信用风险及其控制

这里所说的信用风险,是指相对于贷款本息偿还需求而言,拟建项目未来的有效净现金流量相对不足或不稳定而形成的风险。按照现金流量分析技术,影响项目有效净现金流量的基本信用因素主要包括项目未来的产量水平、经营成本、市场定价政策、项目所在国财政税收制度等。项目融资过程中,对拟建项目的净现金流量及其风险的预测具有基础性意义,如果拟建项目经过预测,其有效净现金流量不足,或者在偿还贷款期间,该项目有效净现金流量不足,那么贷款人将不会作出贷款决策。

在拟建项目具有信用风险而又未达到不可放贷程度的情况下,牵头经理银行通常会根据项目风险预测的定量化结论,建议对项目融资方案和结构进行设计调整,其通常采取的措施主要包括:

1.通过增大项目投资人的股权投资额和减少贷款额的方法分散贷款风险,相对提高项目偿债能力。

2.通过政府特许文件保证项目公司的专营性、优惠的定价政策和优惠的财政税收待遇等,以此改善市场和税负条件,提高项目的有效净现金流量。

3.通过签署有限追索的信用保证协议,要求保证人对净现金流量缺额提供有限担保。

4.通过与项目公司签署财务约定协议或财务约定条款,要求项目运营维持一定的流动资金水平并限定成本费用水平，或者要求第三人以资金信用保证该两项指标不超过标准。

（二）完工风险及其控制

完工风险是指因拟建项目不能按期完成建设、不能按期运营、项目建设成本超支、不能达到设计的技术经济指标（包括产量指标、质量指标、原材料指标、能耗指标等）而形成的风险。完工风险是项目融资的主要风险和典型风险之一，如果拟建项目不能按约及时完工或者不能按商业完工标准投入正式运营，则预测的现金流量仍不能取得和用于偿债。在项目融资过程中，完工风险的内容并不限于建设工程完工，更重要的是所谓“商业完工（Commercial Completion）”。

商业完工的典型标准通常为：在约定时间内达到正式运营完工标准，在约定的时间内达到产量、质量、成本、最低储量等技术完工标准，在约定的时间内达到现金流量完工标准，等等。完工风险在项目融资过程中是普遍存在的，在发展中国家的项目融资中尤其如此。

牵头经理银行根据风险预测结论，通常要求采取以下措施来控制完工风险：

1.通过项目公司与工程建设承包人签署的联合承包合同（通常为“交钥匙工程合同”）来锁定工程完工时间、建设成本或造价、项目建设质量，以保障按期运营。

2.通过与项目主办人或投资人签署的完工担保协议，要求其就项目正式运营、商业完工和运营成本不超过约定标准提供担保。

3.要求在工程联合承包合同和完工担保协议中设定以高额索赔为内容的违约赔偿条款或违约持续支付条款，以使部分完工风险由工程承包人、项目主办人或项目投资人分担。

4.要求与项目投资人签署债权承购保证协议，依此协议，在项目完工标准最终仍不能实现时，项目投资人有义务购买该项目债权（债权人变更），而使之转化为项目公司对投资人的债务。

（三）生产和供应风险及其控制

项目生产和供应风险是指在项目生产运营阶段因技术条件、资源储量、原材料供应和生产经营管理等原因而将对项目现金流量造成不利影响的风险因素。生产和供应风险具有较复杂的构成，它也是同际项目融资中的典型风险之一，此类风险或者会影响项目的正常运营，或者会影响项目运营的正常成本，或者会影响项目运营的有效年限，这些因素均会影响贷款本息偿还的正常进行。

为了控制生产和供应风险，牵头经理银行根据风险预测结论，通常要求采取以下措施来避免此类风险的不利影响：

1.贷款银团原则上仅为经过市场证实的成熟生产技术项目提供贷款，对于任何采用新技术的高风险项目，则要求项目投资人提供强有力的保证或技术风险损失担保。

2.在项目资源储量存在风险的情况下，牵头经理银行可以要求项目投资人增加其股权投资比例并且降低贷款比例，也可以要求项目投资人就现金流量缺额提供有限信用担保或者资产担保，以增强还贷保障。

3.为控制能源与原材料供应风险，牵头经理银行通常要求在项目结构中安排项目公司与原材供应商签署长期供应合同，此类合同可以通过长期性稳定价格条款来限定供应项目的能源和原材料之价格波动，也可以采取“或供货或付款合同（Supply or Pay

Contract)” 方式移转项目所需能源和原材料的价格波动风险。

4.为控制生产经营管理风险,项目融资结构中通常可以安排某些特殊控制机制,如通过“项目管理协议”安排有信誉的国际管理公司直接管理项目运营,在项目公司中安排有经验的经营管理人员负责管理,由多国投资人共同投资于项目公司并采用经营激励机制等。

### (四)市场销售风险及其控制

市场销售风险主要是指可能影响项目最终产品未来销售收入的市场销量风险和市场价格风险。对于某些市场需求稳定且供不应求的项目产品而言,其市场销售风险可能仅限于市场价格风险,如黄金、白银、石油产品等,但在大多数项目融资中,项目产品销售将不同程度地具有市场销量和市场价格双重风险。这里所说的市场价格风险,主要是指因市场金融因素和市场整体供求因素而引起的产品市场价格变动之系统风险,它不同于发展中国家中通常具有的价格管制风险。

为了控制市场销售风险,大多数项目融资结构中安排有如下法律措施以分散风险:

1.安排由项目公司与项目产品购买人签署产品长期销售合同,此类合同以限定长期购货量、长期稳定价格和分散市场销售风险为主要内容,其典型形式为“提货即付款合同(Take and Pay Contract)”和“或提货或付款合同(Take or Pay contract)” ,在某些情况下,项目产品长期购买人实际上由项目主办人或投资人担任。

2.安排由项目主办人或投资人对产品长期购买人不能履约提供担保,依此担保,如果长期购买人不能提货付款,项目主办人或投资人负有按约购买和付款之义务,此项措施在不存在稳定的第三购买人的情况下(例如项目产品为公路设施)通常须使用。

3.安排由信托受托人在长期购买关系中负有收款责任和将可偿债现金流量用于偿债的责任。

### (五)政治风险及其控制

项目融资中的政治风险是指因项目所在国政治变动、国有化征用、法律制度变更、外汇制度变更或者政府机构给予的特许政策因客观因素而变更等原因形成的项目风险。政治风险本质上是一种非系统风险,并且在风险分析预测的假定前提中通常被视为不可预见的情况,但由于政治风险将会涉及拟建项目的工程建设、项目运营、产品销售、现金流量分配等各个环节,并对贷款本息偿还产生不利影响,因此,在项目融资结构中特别是在涉及东道国基础设施或安全的重大项目建设中通常安排有控制政治风险的保障机制。

为控制政治风险,牵头经理银行通常要求采取以下措施:

1.要求政府机构或其所属的国有公司作为项目投资人,对项目公司进行一定比例的股权投资。

2.要求项目所在国政府机构或其所属公司对贷款本息偿还提供信用性担保。

3.要求对项目政治风险安排海外投资保险机构提供保险。等等。

综上所述,项目融资的结构具有复杂性和多变性,对于不同建设项目的具体风险预测可能须安排不尽相同的信用保障结构和法律措施。项目融资的贷款偿还依赖于拟建项目未来的有效净现金流量,因而其信用保障结构和措施并不是传统意义上的担保,其信用保障作用和风险分散作用是简单的担保所不可取代的。

# 第三节 项目融资的法律文件

项目融资本质上是项目融资结构与传统融资手段的结合，因而不同项目融资结构中所使用的具体融资方式也不相同。但在通常情况下，项目融资采用国际银团贷款方式筹集资金，这一方式易于满足投资项目资金需求规模大、周期长的要求。在某些情况下，项目融资也可采用国际债券融资，特别是商业票据工具进行融资。为了叙述简便和统一，本节仅以银团贷款为典型方式，对项目融资中使用的主要法律文件做一简要介绍。

## 一、项目融资中的贷款协议

### （一）项目融资贷款协议的特点

项目融资中使用的贷款协议与普通的银团贷款协议无实质性区别，但由于项目融资贷款规模和贷款期间的原因，其贷款协议往往更趋于严密和复杂。在条款使用上，项目融资中的贷款协议具有以下特点：

1.贷款协议中通常设有分期提款条款，使借款人在按约有效使用贷款的条件下可按期提取项目贷款，以控制项目贷款风险。

2.贷款协议在约定事项中须规定资金用途条款，并要求借款人保证将贷款用于约定的项目。

3.贷款协议在约定事项中须规定现金流量专项使用条款，并要求借款人保证将分配的现金流量用于规定用途。

4.贷款协议约定事项中通常须规定或援引商业完工标准、试运营阶段的双方义务、完工验收的效果和违反商业完工标准的后果等内容。

5.贷款协议在约定事项和违约事件中通常对项目运营阶段的现金流量状况和债务清偿比率加以约束。

6.贷款协议在约定事项中通常限制或禁止项目公司在项目融资之外另行借款或进行项目之外的长期投资。

7.贷款协议须与信托文件、联合承包合同、设备材料供应合同和长期购买合同相衔接，同时须约定可转让的信托账户，使得信托受托人可将约定的贷款部分支付于工程承包人和设备材料供应商，并将长期购买人支付形成的有效净现金流量用于偿还贷款本息。

### （二）项目融资贷款协议生效的条件

项目融资中的贷款协议通常以项目公司借款人取得主体合法文件、营业合法文件和其他必要的信用保障文件为先决条件，这就是说，项目公司的有关法律文件应先于贷款协议而生效。在通常情况下，项目融资贷款协议将以项目公司取得以下有效文件为生效的先决条件：

1.项目投资人签署的合资合同或股东协议；

2.项目公司的组织章程和细则；

3.项目所在国政府机构批准项目公司成立的文件；

4.项目所在国工商管理机构核发于项目公司的营业执照；

5.项目所在国政府机构批准或许可项目公司从事特定营业的文件或许可证；

6.项目所在国政府机构核发于项目公司为从事其营业所需的土地使用权文件；

7.项目公司已取得为签署和履行贷款协议所须得到的公司授权文件和政府批准文件；

8.由项目所在国政府签署的特许权协议或类似文件；

9.由联合承包人签署的工程承包合同；

10.由项目主办人或投资人签署的完工担保文件；

11.由设备材料供应商签署的长期供应合同；

12.由产品长期购买人签署的长期购买合同；

13.由项目公司签署的信托文件；

14.由保证人签署的担保合同或承诺文件；

15.由保险人承保的各种保险文件；等等。

由此可见，项目融资中贷款协议的生效是以一系列信用保障文件为基础的。实践中，往往又将后者称为贷款协议的支持文件。

## 二、项目融资中的担保文件

项目融资中所使用的直接担保文件主要为项目资产担保协议、保证人提供的有限信用保证协议和由项目主办人或政府机构出具的“安慰信(Letter of Comfort)”，它们在法律上往往被作为项目贷款协议的附件。但由于项目融资的贷款偿还主要依赖于项目现金流量，而不是依赖于借款人本身的信用和担保财产的价值(它们均不足以作为偿债保障)，这就使得项目融资中的担保须用于某些特殊的目的。

### (一)项目融资资产担保协议的特点

项目融资中的项目资产担保协议在形式上与一般的资产抵押和按揭文件无异，但在内容上则具有以下特点：

1.该担保协议要求项目公司以全部项目资产(包括未来建成的项目资产)作为担保，实现项目资产的“总担保化”，这在缺乏按揭制度的国家中通常要作出详细的合同约定。

2.该担保协议通常要求在贷款人的债权得不到按约清偿时，使之可得到对项目资产的物权性权利(包括将其委托第三人经营的权利)，而不是仅依其取得“强制性债权”。按照英美法学者的认识，项目资产作为担保品的价值是极小的(例如，没有预计油气流量的输油管线)，它根本不足以作为贷款偿还的保障，因此“项目的贷款人将更重视项目运营方已证实的能力而不是资产的价值，因为是运营方的能力而不是项目资产的价值决定了贷款是否能按时偿还”。

3.该担保协议须禁止项目公司将项目资产再行提供任何第三人设为担保，以保障项目贷款人享有优于其他债权人或追索权人的物权性权利，并在贷款协议被违反时，使贷款人可以合法地成为项目资产的指定接收人。

4.该担保协议须规定项目公司有责任办理和取得项目资产权利的一切法定手续,并有责任在项目资产建成后办理所在国法律要求的一切登记手续。

5.该担保协议通常指定由特定的代理机构或信托受托人负责对设为担保的项目资产进行监督和保护,并且须规定其担保权享有人为可以变动的银团贷款人。

(二)项目融资信用保证协议的特点

项目融资中的信用保证协议在形式上与一般的保证文件亦无不同,但在保证协议的内容和目的上也具有自己的特点:

1.此类保证为仅具有附属担保意义的有限信用担保,它实际上是项目贷款信用保障机制的某种补充,因而确定有限担保额通常须首先明确有效净现金流量与应偿还贷款额之间的信用差额。

2.此类保证通常以担保某种具体的信用保障措施为直接目的,并且将在该信用保障措施发生违约时(而非在借款人不能偿债时)实现该保证之债,其作用具有复杂性,实践中经常使用的信用保证有现金流量缺额保证、建设或运营成本超支保证、其他特定的项目风险保证等。除上述担保形式外,在项目融资中还经常使用意向性担保。其典型形式为"安慰信(Letter of Comfort)",它是由项目主办人或政府机构向贷款人出具的旨在提供特定信用性保证的意向表示,其内容往往不限于承诺信用之债,还可能是追加投资承诺或者债务主体变更承诺。

由上可见,在项目融资中,财产担保和信用担保均仅具有补充手段和附属手段之意义,它们所起的作用与传统意义上的抵押与保证并不完全相同。事实上,在项目融资结构中,保障贷款偿还的主要手段并不是直接担保,而是被称为"间接担保"的信用保障手段。其中最主要的法律文件就是项目完工担保协议、现金流量缺额担保协议、设备与材料长期供应合同、项目产品长期购买合同、信托文件等,此外,由项目所在国政府机构签署的特许文件和项目工程承包人签署的一系列保函,也具有项目贷款信用保障作用。

### 三、政府特许文件

在项目融资中,项目所在国政府对项目的政策支持具有至关重要的意义。在某些项目(如BOT)中,此种支持是融资成功所必不可少的。

根据各国的实践,项目融资中的政府特许文件是指项目所在国政府机构向项目公司签署的对于拟建项目提供政策支持的法律文件的总称。此类文件可以采取国内行政文件方式,也可以采取特许权协议方式,这取决于项目所在国政府的接受程度和特许文件内容的要求。根据国际经济法理论的认识,特许权协议如由项目所在国政府与外国法人签署,则具有国际经济法渊源的意义,它本质上既不同于国际协议,也不同于国内私法协议。通常情况下,项目所在国政府不希望接受特许文件(包括行政文件)对其自身的约束,尤其不愿意接受合同性约束,因而项目投资人和国际贷款人通常首先要谋求项目所在国法律对拟建项目已经提供的支持,并仅将某些对于项目融资至关重要而又属于政府机构可依法批准的政策事项纳入特许文件的内容。我国目前关于境外项目融资的法规并未对此类文件加以确认,但在实践中已有使用。

概括地说,项目融资中的政府特许文件或支持文件通常包括以下主要内容:

第一,项目所在国政府机构批准或许可项目公司从事特许营业、资源开发或授予其专营权的表示或承诺。在多数情况下,贷款人将要求政府机构的此项特许或承诺中包含在偿债期间不再批准或许可第三方在同等地区内从事同等内容的竞争性营业的内容,以此来保障所预测的项目现金流量。

第二,在实行计划价格管制的国家中,政府特许文件中通常须包含许可项目公司根据市场需求或者在优惠政策许可的范围内自由确定产品价格的内容,此亦为保障预测的项目现金流量所必需。

第三,政府机构批准给予项目公司税收财政优惠的承诺。其中较为常见的包括一定年限的所得税减免、土地税费的优惠、地方附加税费的减免、允许项目资产加速折旧等,此类优惠政策在项目信用风险较大的情况下往往为必需,以提高项目的有效净现金流量。

第四,政府机构许可项目公司对其专营权或特许权可通过合同方式进行转让,以及对于该特许权届满后将对其依法续展的承诺。

第五,政府机构对于项目公司和项目融资其他有关待遇的承诺。

第六,政府机构关于不修改特许权协议内容和排除立法变动影响的承诺,即所谓"稳定性条款"。

第七,法律适用与司法管辖条款。

第八,除上述内容之外,政府特许文件通常还包含批准项目公司依法设立、许可项目公司进行核定之营业、批准拟建项目的投资计划、批准项目公司拟进行的项目融资、核准项目公司还贷资金的兑汇等内容。在多数国家中,此类批准或许可内容可以通过批准文件、营业执照、许可证件等法定文件来实现。

政府特许文件在项目融资中具有基础性作用,在采取 BOT 或类似方式的项目融资中,其作用尤其重要。从国际融资的实践来看,BOT 类型的项目融资中,政府特许文件的核心内容往往采取特许权协议形式,其内容中不仅包含有政府机构对于项目公司特许权的承诺、对于项目公司定价权的许可、对于项目公司税收财政优惠的批准,而且还包含项目投资人将项目资产按一定期限交还于政府机构的对等承诺,其内容较为复杂。

## 四、项目完工担保协议

项目完工担保协议是指完工担保人(通常由项目主办人或投资人担任)向国际贷款人就拟建项目可以按照约定的工期、约定的成本和约定的商业完工标准实现完工和正式运营提供完全信用保证的协议。依此保证,在拟建项目不能按约定的工期和成本实现商业完工标准时,完工担保人将负有支付赔偿金、追加项目股权投资和提前偿还项目贷款的责任。

### (一)项目完工担保协议的特点

项目完工担保协议不同于传统的信用保证协议,它是项目融资信用保障机制中重要的一环。其基本特点在于:

1.项目完工担保是对拟建项目将按照约定的工期和成本实现商业完工提供保证,而非对借款人按期还贷提供保证。也就是说,引起完工担保人保证责任的事实仅为协议所限定的项目拖期、成本超支、不能按商业完工标准正式运营(包括不符合标准及项目停建)等违约事件,它是一种特定事实保证。

2.违反项目完工担保所引起的责任具有复杂的构成。根据违约后果的不同,完工担保人将按约负有支付违约赔偿、追加对项目公司的股权投资、增加对项目公司提供从属性贷款支持直至提前独立偿还国际贷款(如在项目停建的情况下)等责任,这显然也不同于一般的信用保证。

3.项目完工担保可以是一种全额信用保证,在违反项目完工担保的情况下,国际贷款人可以对已经投入的全部贷款损失具有完全追索权。这就是说,只有在建设项目实现了商业完工标准而正式运营后,国际贷款人才对贷款担保人具有有限追索权,才发生项目贷款的有限担保责任或无担保责任问题。

4.项目完工担保不仅须采取信用保证协议形式,而且通常要求完工担保人向指定的银行机构存入担保存款,提供以国际贷款人为受益人的备用信用证或者保函;在发生违反项目完工担保的事件时,国际贷款人可按约要求以该信用额补足超支或填补损失。

5.项目完工担保人通常由项目主办人或项目投资人担任(也可以由项目工程总承包人担任),但此项完工担保与项目工程担保有着密切的联系。因而在通常情况下,完工担保人在项目工程发包时亦要求设计承包人、建设工程承包人、设备安装调试承包人和项目运营管理人提供相应的完工担保,以分散其完工担保风险。

### (二)项目完工担保协议的内容

项目完工担保协议的主要内容通常包括:

1.完工担保人,该条款不仅须明确全体完工担保人的主体特征,而且须明确各担保人的连带责任或个别责任性质。

2.先决条件,该条款通常须明确对完工担保协议具有支持和基础意义的法律文件,特别是有效签发的备用信用证或完工担保存款文件。

3.完工期限条款,该条款须明确建设项目为实现商业完工所需的工程完工期限、试运营期限、验收程序和正式运营期限等。

4.完工成本条款,该条款须明确建设项目按期实现商业完工标准时所需的成本限额,包括建设工程期间成本、设备安装期间成本、试运营期间成本等。

5.商业完工标准,该条款须对商业完工加以定义性规定,主要须明确项目运营的具体生产技术指标(包括单位生产量的能耗、原材料消耗、劳动力消耗等),项目产品的质量指标,项目产品的单位产出量指标,项目在开始试运营后的一定期间内稳定生产的指标等。

6.试运营与验收条款,该条款须详细列举试运营程序与管理、试运营期间、试运营争议解决、验收机构、验收程序、验收文件等。

7.完工担保范围与数额,该条款须明确完工担保人承担的担保责任范围、在不同时期的担保责任限额、是否为完全追索权担保等。

8.违反完工担保的义务,该条款须明确完工担保人在发生项目拖期、成本超支或不符合商业完工标准等事件时所应承担的基本义务,并应明确规定完工担保人负担追加投资、支付赔偿金、增加成本超支贷款、提前偿还贷款等责任的具体程序。

9.违约事件,该条款须对不同程度的违反担保事件加以定义性规定,并须对违约事件的其他救济手段(特别是贷款人提前解约权)加以规定。在许多情况下,贷款人还要求明确累加救济手段。

10.担保存款条款,该条款须明确完工担保人担保存款的数额、指定银行、担保存款提取条件、备用信用证的签发和交付等事项。

在项目主办人或投资人提供完工担保的情况下,该完工担保人通常要求工程承包人及与之关联的工程金融保险机构对商业完工中的可分割内容提供部分性担保,如工程设计完工担保、工程建设完工担保、设备安装完工担保等,此种担保通常被纳入工程承包合同内容,并且通常表现为违反完工的索赔条款和押金条款。这一做法可以有效地分散商业完工担保风险,故为项目融资实践所广泛接受。商业完工担保人在要求工程承包人提供部分性担保时,往往按照合同的约定,也要求部分性担保人缴纳投标押金、履约保证金、预付款保证金等,以确保承包合同的履行。当然,项目完工担保人不可能以此来完全免除其信用担保责任。

## 五、原材料与能源长期供应协议

原材料与能源长期供应协议是根据项目融资结构的要求,由项目公司与原材料供应商和能源供应商签署的旨在稳定项目生产运营成本、分散原材料供应与能源供应价格变动风险的长期供应协议,其典型形式是项目融资中普遍采用的“或供货或付款协议(Supply or Pay Contract)”。

### (一)原材料与能源长期供应协议的特点

原材料与能源长期供应协议具有以下特点:

1.它是一种长期供应协议,供货方依照协议所承担的持续性供应义务和责任至少不应短于项目贷款的还款期间,这与一般的供货协议有所不同。

2.该供应协议以保障项目运营所需原材料或能源的稳定供应为主旨,协议中须含有旨在稳定原材料和能源供应量和供应价格(通常包括最高限价)的条款。

3.该供应协议令供应方负担市场价格波动风险,即在其所供应的原材料或能源的市场价格发生波动时,供应方仍须严格按照约定的供应量和供应价格履行供货义务,否则须向项目公司补偿支付其另行购买原材料或能源所需的价格差额。

4.该供应协议通常亦为第三人设定义务,根据项目融资结构的要求,对于原材料供应商或能源供应商的价款支付,通常由信托受托人代为履行,以保障项目贷款的正常使用。

应当说明的是,在项目融资中,原材料与能源长期供应协议的使用受到市场条件的限制,在原材料与能源供不应求的情况下,签署此类协议具有一定的难度。在项目融资确需此项安排时,项目主办人或投资人应在项目融资准备阶段及早与供应商协商达成协议意向,在原材料与能源供应价格上可以采取适当的稳定高价政策或者采取最高限价条件下的价格波动条款,以此增强长期供应协议对供应商的吸引力。当然,拟建项目的实际现金流量或经济强度是决定这一信用保障手段得以奏效的基础。

### (二)原材料与能源长期供应协议的内容

原材料与能源长期供应协议的实质性内容通常包括:

1.有效期限条款,该条款须明确供应商承担长期供应责任的有效期限,该期限通常不短于项目融资的贷款偿还期。

2.供应数量条款,该条款须规定供应商在项目生产运营的每一周期所应当定期供应的原材料或能源之数量，这是保障项目稳定持续运营的基础。

3.供货质量条款，该条款须明确供应商按约提供的原材料或能源的质量标准、质检办法和违约救济。

4.交货方式与时间，该条款须明确供应商义务，令产品购买人承担绝对付款义务，即买方无论提货与否，均须按约向指定当事人支付购货价款。

5.不可抗力条款，该条款主要规定可引起协议终止履行的特殊事件及其处理，但项目贷款银行通常拒绝采用内容广泛的不可抗力，以尽可能排除购买方免除基本义务的情况。

6.价款支付，该条款通常要求购买方定期将购货价款或其中的指定部分支付于信托受托人，以确保贷款的偿还。

7.合同权益转让，该条款须明确该销售协议中的合同权利可以进行抵押、提保或转让，明确该项合同权利的抵押或转让无须再得到购买方的另行同意，明确贷款银行对于该项抵押、担保或转让具有优先权，明确项目公司在向任何第三人抵押、担保或转让前，须征得贷款银行同意等内容。

实践中，原材料与能源长期供应协议的购买方往往即为项目投资人或主办人自身，其主要作用是为项目产品购买担保，然后再由其将项目产品批售于其他商业当事人。

## 六、提货即付款协议

提货即付款协议（Take and Pay Contract）是由项目公司与项目产品购买人签署的使买方在提货取得项目产品条件下即应负担付款义务的项目产品长期销售协议。它也是项目融资中被广泛采用的协议形式。

提货即付款协议在本质上与“或供货或付款协议”具有共同的作用，但又具有其自身的特点：

第一，该产品销售协议具有长期性，这与或供货或付款协议相同。

第二，该产品销售协议令购买人承担有条件的付款义务，即只要在项目公司可以按约履行供货义务的条件下，购买人即应受领所供应的货物并应按约付款，这不同于或供货或付款协议。

第三，由于提货即付款协议对融资项目所提供的信用保障作用弱于或供货或付款协议，贷款银行要求在采用此类协议的同时，附加使用现金流量缺额担保协议。

第四，该产品销售协议也以稳定项目产品的销售量和销售价格为主旨，但此项保障以项目公司可以按要求定期生产出一定量的项目产品并使之处于可交付状态为条件，因而在采用此类协议的同时，往往还需配合使用有关项目经营管理和风险控制的其他信用保障手段。

提货即付款协议的条款内容与“原材料与能源长期供应协议”大体相同，仅对于销售价格和购买人基本义务的规定有所不同。在通常情况下，提货即付款协议的价格条款也须明确项目产品的销售单价、定价公式和价格调整方法，但其中不含有令购买人无条件定期支付保底价款的内容，购买人支付约定价款以项目公司可以按约供货为前提。此类协议的基本义务条款也仅令购买人负担在得到约定供货条件下的提货付款义务。

依此条款,购买人仅分担项目产品的市场价格变动风险,而不负担其他含义的项目风险,这与传统意义上的长期销售合同已十分类似。

## 七、现金流量缺额担保协议

现金流量缺额担保协议是指担保人(通常由项目主办人或投资人担任)向国际贷款人就建设项目的正常运营将可产生还贷所需的净现金流量,以及就项目正常运营的生产经营成本不超过预定标准所提供的持续性有限信用(缺额)保证。

依此项保证,在建设项目正式运营后,如果由其产生的可还贷净现金流量不足以清偿项目贷款或者项目运营的成本费用超过了贷款协议所允许的限额时,担保人有责任以连带清偿贷款、追加项目股权投资和向项目公司提供额外贷款的方式补充该现金流量缺额或成本费用超支额。现金流量缺额担保又称为资金缺额担保,是项目融资中被普遍采用的一种重要的信用保障手段,它与项目完工担保具有类似的特点与作用,但其效力持续于贷款偿还的整个期间。

### (一)现金流量缺额担保的基本特征

现金流量缺额担保的基本特征在于:

1.其担保人通常由项目主办人或项目投资人担任,该担保协议之签署一般作为贷款协议生效的先决条件。

2.该项担保是一种持续性担保,其有效期持续于项目运营的整个期间,其担保责任额可依还贷期间的进行而递减,这不同于完工担保。

3.该项担保是一种有限责任担保,担保人仅对现金流量缺额承担信用责任,该缺额可以是因项目运营现金流量不足而形成的还贷缺额,也可以是因项目运营成本超支而形成的还贷缺额,这也不同于完工担保。

4.其担保责任形式具有复杂的构成,担保人对于现金流量缺额或资金缺额应按照协议负担有限清偿责任、追加项目股权投资责任或者向项目公司额外提供无担保贷款等,这也不同于一般的信用保证。

5.现金流量缺额担保不仅要求以信用协议方式做成,而且要求担保人向指定银行机构存入约定信用额的担保资金(留置基金),或者由担保人提供以贷款银行为受益人的等额备用信用证,这与完工担保相同。

### (二)现金流量缺额担保协议的内容

现金流量缺额担保协议的主要内容通常包括:

1.担保人条款,该条款须明确担保人的名称和主体特征,在有多个担保人的情况下,还须明确各担保人的责任形式和性质。

2.项目现金流量指标,该条款须明确项目在正式运营阶段每一周期的现金流量总额、可用于还贷的净现金流量额和最低现金流量额标准。

3.项目运营成本与费用指标,该条款须明确项目在正式运营阶段的最高成本费用限额及其构成,在正常运营情况下,项目运营成本通常应包括生产经营成本、维修与大修费用、更新改造投资费用、营业税费、管理费用、财务费用等。

4.担保信用额,该条款应当根据可能产生的现金流量缺额或资金缺额确定担保人负担的备用担保额及其计算方法,这通常是按项目现金流量总额的一定比例计算。

5.违约事件及违反担保的责任，该条款须对造成现金流量缺额的各种情况加以定义，并应当明确不同违约事件的后果，这主要为担保设定清偿贷款、追加项目股权投资、向项目公司提供贷款、允许权利人动用担保留置金等责任。

6.担保金条款，该条款须明确担保人存入担保金的方式、存款银行、信用证安排、担保金执行条件和程序等内容。

## 课外阅读网站

http://www.botchina.com/，博拓投资有限公司网站。

## 思考题

1.与传统融资方式相比，项目融资有哪些特点？

2.项目融资的运作方式有哪些？

3.简述项目融资风险及其控制。

4.试分析担保在项目融资中的作用。

## 延伸阅读

### 广东省沙角火力发电厂项目融资案例

**一、项目背景**

广东省沙角火力发电厂1984年签署合资协议，1986年完成融资安排并动工兴建，1988年投入使用。总装机容量70万千瓦，总投资为42亿港币。被认为是中国最早的一个有限追索的项目融资案例，也是事实上在中国第一次使用BOT融资概念兴建的基础设施项目。

**二、项目融资结构**

投资结构：采用中外合作经营方式兴建。合资中方为深圳特区电力开发公司（A方），合资外方是一家在我国香港地区注册专门为该项目成立的公司——合和电力（中国）有限公司（B方）。合作期10年。合作期间，B方负责安排提供项目全部的外汇资金，组织项目建设，并且负责经营电厂10年（合作期）。作为回报，B方获得在扣除项目经营成本、煤炭成本和支付给A方的管理费后100%的项目收益。合作期满时，B方将深圳沙角B电厂的资产所有权和控制权无偿转让给A方，退出该项目。

融资模式：深圳沙角B电厂的资金结构包括股本资金、从属性贷款和项目贷款3种形式：

1.股本资金：

| | |
|---|---|
| 股本资金/股东从属性贷款（3.0亿元港币） | 3 850万美元 |
| 人民币延期贷款（5 334万元人民币） | 1 670万美元 |

2.债务资金：

| | |
|---|---|
| A方的人民币贷款(从属性项目贷款)(2.95亿人民币) | 9 240万美元 |
| 固定利率日元出口信贷(4.96兆亿日元) | 26 140万美元 |
| 3.项目贷款(——日本进出口银行)： | |
| 欧洲日元贷款(105.61亿日元) | 5 560万美元 |
| 欧洲贷款(5.86亿元港币) | 7 500万美元 |
| 资金总计 | 53 960万美元 |

根据合作协议安排，在深圳沙角B电厂项目中，除以上人民币资金之外的全部外汇资金安排由B方负责，项目合资B方——合和电力(中国)有限公司利用项目合资A方提供的信用保证，为项目安排了一个有限追索的项目融资结构。

**三、融资模式中的信用保证结构**

1. A方的电力购买协议。这是一个具有"提货与付款"性质的协议，规定A方在项目生产期间按照实现规定的价格从项目中购买一个确定的最低数量的发电量，从而排除了项目的主要市场风险。

2. A方的煤炭供应协议。这是一个具有"供货或付款"性质的合同，规定A方负责按照一个固定的价格提供项目发电所需要的全部煤炭，这个安排实际上排除了项目的能源价格及供应风险以及大部分的生产成本超支风险。

3. 广东省国际信托投资公司为A方的电力购买协议和煤炭供应协议所提供的担保。

4. 广东省政府为上述三项安排出具的支持信。虽然支持信并不具备法律的约束力，但可作为一种意向性担保，在项目融资安排中具有相当的分量。

5. 设备供应及工程承包财团所提供的"交钥匙"工程建设合约，以及为其提供担保的银行所安排的履约担保，构成了项目的完工担保，排除了项目融资贷款银团对项目完工风险的顾虑。

6. 中国人民保险公司安排的项目保险。项目保险是电站项目融资中不可缺少的一个组成部分，这种保险通常包括对出现资产损害、机械设备故障以及相应发生的损失的保险，在有些情况下也包括对项目不能按期投产情况的保险。

**四、融资结构简评**

1. 作为BOT模式中的建设、经营一方(在我国现阶段有较大一部分为国外投资者)必须是一个有电力工业背景，具有一定资金力量，并且能够被银行金融界接受的公司。

2. 项目必须要有一个具有法律保障的电力购买合约作为支持，这个协议需要具有"提货与付款"或者"无论提货与否均需付款"的性质，按照严格事先规定的价格从项目购买一个最低量的发电量，以保证项目可以创造出足够的现金流量来满足项目贷款银行的需要。

3. 项目必须有一个长期的燃料供应协议，从项目贷款银行的角度，如果燃料是进口的，通常会要求有关当局对外汇支付作出相应安排；如果燃料是由项目所在地政府部门或商业机构负责供应或安排的，则通常会要求政府对燃料供应作出具有"供货或付款”性质的承诺。

4. 根据提供电力购买协议和燃料供应协议的机构的财务状况和背景，有时项目贷款银行会要求更高一级机构采取某种形式的财务担保或者意向性担保。

5. 与项目有关的基础设施的安排，包括土地、与土地相连接的公路、燃料传输及贮存系统、水资源供应、电网系统的联结等一系列与项目开发密切相关的问题的处理及其责任，必须要在项目文件中作出明确的规定。

6. 与项目有关的政府批准，包括有关外汇资金、外汇利润汇出、汇率风险等问题，必须在动工前得到批准和作出相应的安排，否则很难吸引银行加入到项目融资的贷款银团行列。有时，在BOT融资期间贷款银团还可能要求对项目现金流量和账户资金实行直接控制。

## 广深珠高速公路证券化项目融资案例

广深珠（广州—深圳—珠海）高速公路的建设是香港和合控股有限公司与广东省交通厅合作的产物。为筹集广州—深圳—珠海高速公路的建设资金，项目的发展商香港和合控股有限公司通过注册于开曼群岛的三角洲公路有限公司在英属维尔京群岛设立广深高速公路控股有限公司，并以特许经营的公路收费权作支持，由其在国际资本市场发行6亿美元的债券，募集资金用于广州—深圳—珠海高速公路东段工程的建设。和合公司持有广深珠高速公路50%的股权，并最终持有广深珠高速公路东段30年的特许经营权直至2027年。在特许经营权结束时，所有资产无条件地移交给广东省政府。

从性质上看，广州—深圳—珠海高速公路的资产证券化项目融资属于离岸（跨国）资产证券化（Cross-border Securitization）融资模式。离岸资产证券化是指跨境的资产证券化运行模式，一般认为，国内融资方通过在国外的SPV在国际市场上以资产证券化的方式向国外投资者融资的方式即为离岸资产证券化。有学者指出，“基础设施收费模式”+“离岸模式”可以作为中国开展资产证券化的突破模式之一。

### 一、离岸资产证券化项目融资的优势分析

1.从证券化产品角度看，离岸资产证券化项目融资具有以下优势：①基础设施收费的证券化符合资产证券化项目融资产品的要求，项目未来的现金流比较稳定可靠、容易计算，满足以未来可预见到的现金流为支撑发行证券的要求以及“资产重组”原理。②在这个交易机构中，原始权益人将项目的收益权转让给境外的SPV，实现了证券化的关键一步——破产隔离。③以债券分层的方式实现内部信用增级，通过担保的方式实现外部信用增级。信用增级技术降低了国际资本市场的筹资成本。

2.与其他类型的项目融资方式相比，离岸资产证券化融资具有较强的优势：①它可以有效地克服借用国外贷款和吸收国外直接投资等传统引进外资所带来的外债压力与产业安全问题。②由于有信用增级的措施，当在资本市场大规模筹集增加时，成本可以降低。③离岸资产证券化融资对已建成的和在建项目均适用，不受项目的局限，在离岸资产证券化融资的这个过程中主权国政府始终保有项目的所有权。

3.从交易机构的地域分布看，离岸资产证券化项目融资也具有其固有优势：①离岸资产证券化融资可以满足支撑债券发行国的法律要求，规避我国有关制度方面的不确

定性,保证资产证券化项目融资的顺利完成。②在境外发行证券时面对的市场容量大,机构投资者相对较多。

4.从融资角度看:①离岸资产证券化融资与其他形式的项目融资相比具有很大的优势,它可以有效地克服借用国外贷款和吸收国外直接投资等传统引进外资所带来的外债压力与产业安全问题;②由于有信用增级的措施,当在资本市场大规模筹集资金时,融资成本可以降低。

5.其他。离岸资产证券化融资对已建成基础设施项目和在建项目均可适用,不受项目的局限;在离岸资产证券化融资的整个过程中,主权国政府始终保有项目的所有权。

**二、离岸资产证券化的不足**

1.外汇管制和汇率波动。离岸资产证券化最大的障碍是外汇管理制度,因为通过"离岸资产证券化模式"筹集的是外汇,还本付息也得是外汇,但资产的现金流是人民币,而目前中国尚未实行资本项目的自由兑换,如何把现金流从人民币换成外汇成了一个大障碍。

同时,以离岸资产证券化方式进行项目融资,必然涉及向在境外设立的SPV转移作为证券担保的资产,而这些资产往往是已建成项目的收益权或者应收账款。由于我国目前现行有关规定(如中国人民银行《境内机构借用国际商业贷款管理办法》)将类似资产证券化的交易列入外债管理的范围,因此,离岸资产证券化项目融资的融资规模须纳入国家的指导性计划,融资条件须经国家外汇管理局审批或审核。

此外,汇率的变化也使外汇现金流的稳定性受到影响。

2.由于资产证券化的主要程序都在海外进行操作,投资者也是海外的,因此,对国内的证券化发展很难起到较大的促进和试验作用。

(资料来源:梅明华、李金泽著:《项目融资法律风险防范》,中信出版社,2004年版。)

# 第十一章

# 投资咨询

投资咨询业务是在投资银行财务顾问业务基础上发展起来的一项重要业务。它主要是资本市场投资者提供相关的分析报告和投资建议,以供投资者在投资决策时加以选择和利用。投资银行的投资咨询业务一般由研发部门先期进行相关研究,然后再以若干种产品形式进行发布。

## 第一节　投资银行的研发业务

投资银行的研发部门虽然名称有所不同,有的叫研究与发展中心,有的叫研究部或研究所,但这些部门设置的主要目的是为其他业务部门提供一个基础研究和资源整合平台,并向公众宣传展示投资银行的专业化形象。

研发部门往往是投资银行的成本中心而非利润中心,其准确定位是服务性而非营利性。研发部门提供的信息和技术支持是其他各部门高效运行的重要基础,具备雄厚研究力量和自主开发能力的投资银行通常表现出更加卓越的核心竞争力。现代投资银行都比较重视发挥研发部门的支持功能,在行业研究和创新产品开发等方面的投入在不断加大。

有的投资银行,其研发部门与投资咨询部门、财务顾问部门是相互独立运行的;也有的投资银行,这些部门在组织结构上是紧密联系、合为一体的。但是无论机构设置情况如何,它们的业务内容和业务对象事实上存在很大的差别。

研发部门主要是为投资银行内部其他业务部门提供内部资料、信息处理和产品开发等内部研究力量支持;有时为了扩大影响力,进行品牌塑造和形象宣传,也会不定期向社会公众展示部分可以公开的研究成果。但从根本上说,研发部门是为其他业务部门服务的,本身没有独立营利要求。

投资咨询部门主要面向特定或不特定的投资者提供投资建议,其中又以面向特定投资者提供专项投资咨询比较常见。如果是面向特定客户提供具体投资指导,那么就具备了独立创造利润的投资中介性质。所以,投资咨询基本上是一种纯粹的中介服务。

财务顾问业务则主要面向特定的政府和企业提供融资建议,它可以独立创造利润,也可以附属于发行、并购等业务合并收费,但独立收费是发展趋势。从本质上看,财务顾问业务完全是一种纯粹的中介服务。

从目前国内外投资银行的研发业务的开展状况来看,投资银行研发业务主要包括研究与信息管理业务和产品开发业务。

## 一、研究与信息管理业务

### （一）研究业务

投资银行研发部一般都是各部门中人才层次最高的，他们代表着整个投资银行的形象，其研究成果是一笔巨大的无形资产。从宏观到微观，从货币市场到资本市场，从上市公司到非上市公司，国际大型投资银行一般都可以采取动态跟踪的方式予以有点有面的研究，并以深刻的分析、独到的见解、准确的预测见长，形成在国内外有广泛影响的研究成果，供其他业务部门使用或用于品牌宣传，这就是研发部的基本任务。具体来说，研发部门的研究内容包括：

1.宏观经济研究。这主要是指针对与证券市场密切相关的宏观经济及其政策、经济发展战略规划及国际经济形势进行时效性很强的分析，向本公司其他部门和社会公众定期或不定期提供宏观经济政策走向预测，包括货币政策预测、财政政策预测、证券市场政策预测等，如公开发布《宏观经济评述》等报告。目前，许多国际性投资银行发表的国际经济研究报告和国别经济研究报告都具有较大的权威性，像美国的摩根大通、高盛公司、花旗集团发布的研究报告，欧洲的瑞士银行、巴克莱资本、德意志银行等发布的研究报告，受到世界各国政府、金融界和研究部门的普遍关注。

2.行业研究。这主要是指进行与国民经济景气密切相关的行业发展动态研究，向本公司其他部门和社会公众不定期免费推出最具发展前景的行业预测，如公开的《行业研究报告》，为行业内重构、公司资产重组以及股票投资提供专家性建议。

3.公司研究。这主要是指进行公司企业（包括上市公司与非上市公司）的分析研究，向本公司其他部门和社会公众不定期免费提供主要上市公司的投资价值分析结论，如公开的《上市公司研究报告》《新股投资价值及定价预测报告》《上市公司调研报告》《潜力股投资价值分析报告》等，这些报告在内容和格式上都与投资咨询业务中面向特定收费客户提供的产品有所不同。

4.发展战略研究。这主要是指对本公司发展战略、国内外资本市场与投资银行业发展动态、政策法规变化等方面进行专题研究。

5.基金研究。这主要是指对基金市场进行专题研究，提供《投资基金绩效评级和投资价值分析报告》。

6.其他专题研究。

### （二）信息管理业务

信息管理业务的主要任务是：①从事信息的收集、整理和加工，开发电子研究产品，包括自创数据库、上市公司信息查询系统、风险预警系统等，为公司各部门、客户以及大学和社会研究机构等提供技术支持和信息服务；②对外资料交流，统筹全部研究产品的编辑、发行，包括系列研究产品的编辑、研究专著的出版以及其他产品的包装、对外发行及其推广应用；③建立综合信息管理系统，其中一个重要方面是建立先进的电子信息网络。

## 二、产品开发业务

投资银行产品开发部门主要从事金融创新研究，包括衍生工具与金融新产品的开发，投资组合的研究与运作策略，国际股市、汇市、债市的各种套利机制和风险对冲工具的研究，交易制度的研究等。它们主要以数理分析为工具，以量化资本市场各参数为目标，以严谨的逻辑思维追寻买卖行为中的规律。产品开发部门主要开发以下产品：①创新金融工具，如资产证券化产品、复合期权产品等；②定价模型产品，如IPO发行定价模型产品、创业投资目标企业估价模型产品、并购目标企业估价模型产品等；③独立编制指数产品，如目前中信证券研究咨询部编制的“中信指数”，国泰君安证券研究所推出的“国泰君安指数”等一系列产品，它们对于在我国资本市场开展金融创新业务具有极高的参考价值；④投资组合套利产品，如平衡投资策略组合产品、保本避险基金产品、伞型基金组合产品等；⑤其他产品，如在我国目前尚没有做空机制的情况下，围绕将来可能被允许做空操作的对象而进行的新产品开发设计，就是特定环境下必须开展的准备工作。

这些产品一旦经投资银行其他实际业务部门论证并采纳，进入具体操作层面，就会给投资银行带来巨大长期经济效益，尽管这种效益在一开始并不能看见，更谈不上量化。

# 第二节　证券投资咨询业务

## 一、证券投资咨询业务

证券投资咨询主要是指股评。股评是伴随着证券市场投资者队伍的扩大而产生的一项业务。股评并不是投资咨询的全部内容，但它已经成为投资咨询的重要组成部分。我们这里所讲的股评，包括无偿向公众提供的股评和有偿向特定客户提供的股评。

股评主要是证券市场趋势研究、政策效应分析及其预测，对二级市场运行机理进行有点有面的分析，把握板块互动和热点问题，对证券市场运行状况作前瞻性研判（大势研判），向特定或不特定的投资者提供证券市场走势预测。

### （一）证券投资咨询产品的特点

证券投资咨询产品的证券产品特性要求其比一般信息产品拥有更强的实时性，其区别于其他产品的固有特征表现在以下几点：

1.证券投资咨询产品是咨询人员按用户的需要，对投资信息进行收集、整理、研究和加工，然后附着在一定的载体上形成的，不经过加工的原始信息通常不能称作投资咨询产品。

2.证券投资咨询产品的价值不是取决于原始信息本身的价值，而是取决于咨询人员的加工水平和付出的劳动代价，以及咨询产品使用人员对咨询产品的理解程度和实施条件。这种价值虽然往往是间接的，受市场供求影响，但一旦被开发应用，就会产生较大的经济效益和社会效益。

3.证券投资咨询产品的商品周期和寿命非常短，对准确性的要求较高。咨询产品一旦提供出去就无法收回，同时还会随着时间的推移而很快受到检验并丧失使用价值。

4.证券投资咨询产品投入少、产出高。证券信息作为咨询产品的原料,可以多次加工和重复开发。同一组证券信息,可以根据不同的需要组合成不同的产品;即使同一则证券信息,也可根据加工程度的不同,形成二次加工产品、三次加工产品。咨询研究人员的水平和开发技能对此起着十分重要的作用。

5.证券投资咨询产品根据用户不同而呈现多样性。有的咨询产品只限于特定用户使用,不具有普遍性;有的咨询产品用户是一个群体;还有的咨询产品可以在更大的范围内适用。跨越了适用范围,证券投资咨询产品就失去了意义和价值。

### (二)关于股评业务的公正评价

1.我们不能简单地把股评业务理解为投资咨询业务中最低级的形式,因为股评的内容中本来就可以包括宏观经济分析、公司并购重组分析、公司财务报表解读等高端知识领域,本来就可以涉及资本市场与投资银行的一切专业范畴,问题只是股评人士是否充分地运用了这些分析工具、是否全面研究了这些专业领域。

2.我们也不能把股评人士笼统地看作价格走势的复述者或广播员,因为一部分优秀的股评人士其实本身就是非常合格的证券分析师和投资顾问,他们具有丰富的知识和广阔的视野,因长期活跃于证券一级市场和二级市场之间而被称为"市场人士"。他们不仅对市场的价格走势十分熟悉,而且对许多上市公司的资本运作过程都有很深的理解;在某种程度上,他们比那些仅仅在一级市场从事过发行、并购的专家或者仅仅在二级市场从事过资产管理的操盘手具有更加全面的业务知识,对于整个资本市场的价值链和市场本身的规律可能也会有更加深刻的理解。对股评人士的尊重就是对证券分析师和投资咨询行业的尊重,因为他们有着同样的工作目标。

3.当然,在不规范的证券市场中,确实有一部分股评人士哗众取宠、不学无术,他们连最基本的投资银行业务都不熟悉,却对证券市场妄加评论,对股价走势夸夸其谈,甚至宣称自己能够随时预测股价涨跌、成功率达到100%等,这完全是欺骗性的言论,它夸大并扭曲了股评的基本功能。这样的人可能根本没有真正从事过投资银行业,或者仅仅是一个入市较早的普通股民,或者干脆就是一个将股票投资当成贩卖消息、赌博投机工具的骗子,他们不配当股评人士,更不配当证券分析师,不能由于这些人的存在而否定整个证券投资咨询业。

4.不能一概而论地否定以技术分析方法为主的股评。发达证券市场的投资理念与新兴证券市场的投资理念有所不同,新兴证券市场的股评界更多地注重技术分析手段,这有其客观合理性。因为新兴证券市场在信用体系、信息披露、财务制度、市场发育程度等方面都存在一定的缺陷,基本分析、组合分析等方法的有效性值得讨论。

5.投资咨询并不只包括股评一种形式,股评是一种表达方式,它完全可以与其他的投资咨询方式结合使用、互为补充。即使是最简单的描述性股评,它也可能有助于普及基本金融证券知识,引导投资者关心国家大事,有一定的积极意义。

### (三)证券投资咨询(股评)所运用的分析手段

1.根据经济学、金融学、财务管理学及投资学的基本原理,对决定证券投资价值及价格的基本要素,如宏观经济指标、经济政策走势、行业发展状况、产品市场状况、公司营销状况、财务状况进行客观公正的分析。

2.从证券市场的交易状况和投资者的行为、心理等因素来分析证券价格未来变化趋势,运用各种技术指标和其他技术分析方法预测证券价格走势,帮助和启发投资者寻找和发现市场的投资机会。

3.运用现代金融理论,如资本资产定价模型、投资组合理论、资产套利模型等评估市场的系统性风险,分析整体市场的风险—收益特征,建议投资者在大势向好的时候买进,在大势向淡的时候卖出,从而增加投资收益,减少投资风险。

4.运用现代行为金融理论,向投资者揭示证券市场的无序性,告诫投资者在没有形成主流趋势的市场中要尊重市场,而不要企图完全认清和控制市场,以便更好地保护自己。

### (四)证券投资咨询的内容

证券投资咨询包括但不限于以下内容:①当天最新市场表现概述,即描述大盘行情的开盘价、最高价、最低价、收盘价、成交量等;②大盘整体走势分析(包括宏观政策面、基本面等);③板块热点与行业综合分析(包括行业调研结果分析);④具体个股技术分析;⑤上市公司最新披露的财务报表、重大事项公告、赢利预测等信息分析;⑥投资组合建议;⑦风险提示;⑧投资理念、投资方法和技巧介绍。

### (五)股评的传播途径

面向公众的股评,其主要的传播途径是公开的电视、广播、互联网、报纸杂志、证券公司举办的现场报告会和巡回报告会以及移动新媒体等。面向特定客户的股评主要采取会员制,信息传播途径相对单一和保密,只有交费的会员才可享受服务;投资银行往往是通过每日传真、电子邮件、热线电话、专家坐堂、在线咨询等方式为重点会员客户提供有偿咨询。

### (六)我国证券投资咨询业的发展

证券投资咨询业务在我国产生和发展是 1992 年以后的事情。我国证券分析师一般从事比较初级的股评业务,最早为描述性的,如讲讲当天的最高价、收盘价、成交量,描述当天行情走势等;之后的股评在描述中增加了分析,当时主要以技术分析方法为主,这样的股评在证券咨询领域占据主导地位。自 1996 年以来,证券咨询业发生了分化,一方面,相当一部分证券分析人员开始进入一级市场,辅导企业股份制改制,探索从事财务顾问工作;另一方面,股评的内容进一步发生变化,证券分析人员开始注重对宏观经济形势与上市公司业绩的分析。与此相伴随的是 1996 年到 1997 年券商研究机构获得了较大的发展,纷纷设立了专门研究宏观经济以及行业上市公司的部门,券商研究机构在投资咨询领域占据了明显的优势。

在这一阶段,投资咨询业不规范现象比较严重,社会形象不佳。由于市场化程度低和竞争不规范,我国证券投资咨询业存在着众所周知的“黑幕”“庄托”等行为,一些分析人员与市场庄家勾结,发表虚假信息和不实评论,误导投资者为庄家买单,受到了投资者的严厉谴责和唾弃。很多投资者表示,“咨询”的专业水平低一点还可以改进,但是如果职业道德水平低下那就无药可救了。投资银行要做好投资咨询业务,就必须树立良好的形象,因为投资咨询是一项中介服务,信誉是最重要的筹码。

1998 年之后,《证券、期货投资咨询管理暂行办法》的出台,把对证券分析师的管理纳入了法制的轨道,对证券分析师开始进行资格管理和业务监督。《证券法》又专门对证券投资咨询机构和证券投资咨询人员(证券分析师)作出了规定,进一步规范了市场，也改变了证券咨询业务发展的市场格局。

2003年初成立的中国证券业协会证券分析师专业委员会促进了证券投资咨询业务的独立发展。这一组织的成立，使得原来民间自发成立的相关自律组织自动升格。该委员会倡议：

1.证券分析师应当珍视"证券分析师"称号，不得有任何有损于证券分析师职业形象的行为。

2.证券分析师应当对投资人和委托单位一视同仁，遵守公正公平原则。但允许证券分析师依据投资人或委托单位财务状况、投资经验和投资目的的不同，提出适合不同投资人或委托单位特点的特定投资组合建议。

3.证券分析师应当在投资分析、预测或建议的表述中将客观事实与主观判断严格区分开来，并对重要事实予以明示。

4.证券分析师应当将投资分析、预测或建议中所使用和依据的原始信息资料进行适当保存以备查证，保存期应自投资分析、预测或建议作出之日起不少于两年。

5.证券分析师应当对在执业过程中所获得的未公开重要信息履行保密义务，不得泄露、传递、暗示他人或据以建议投资人或委托单位买卖证券。

6.证券分析师不得在进行投资预测等含有不确定因素的工作时，向投资人或委托单位作出保证。

7.证券分析师应当相互尊重、团结协作，共同维护和增进本行业的职业道德和职业信誉。

2006年1月，证监会颁布实施了《会员制证券投资咨询业务管理暂行规定》，咨询公司会员制业务受到清理整顿。

2010年10月12日，中国证监会同时颁布的《证券投资顾问业务暂行规定》和《发布证券研究报告暂行规定》明确了证券投资顾问业务和发布证券研究报告业务为证券投资咨询业务的两种基本形式，这两项业务基本涉及证券业的其他各项业务，起到了决策参考和技术支撑功能，成为各项业务开展的基础。

2019年，中国证券业协会发布《证券投资咨询机构执业行为规范(试行)》，进一步加强对证券投资咨询机构的自律管理，促进证券投资咨询机构规范发展。证券投资咨询的专业性和"含金量"将有望稳步提高，严格监管及市场选择的双重压力，使得"黑嘴"等低质劣质咨询人员失去生存空间，投资咨询公司的优胜劣汰将加速，竞争力低下的投资咨询公司面临生存压力。从长远来看，投资咨询服务和客户利益将有效统一起来，为证券市场投资理念向价值理性回归迈进一步，也为投资咨询公司的专业化发展拓宽了道路，真正能够挖掘市场价值、为客户提供优质咨询服务的公司将得以胜出，行业集中度有望提升。

2020年4月17日，中国证监会发布了《证券基金投资咨询业务管理办法(征求意见稿)》。多年来，证券投资咨询业务虽然取得了一定发展，但是问题也不少，也没有形成可持续的商业模式。在这个背景下，证券基金投资咨询业务管理办法诞生。有很强的前瞻性和引导性，符合业务发展的趋势，但对现有业务冲击也不小，可谓用心良苦。证券基金投资咨询业务管理办法将改变市场生态、引导投资理念和价值导向、促进机构投资者成长、重塑行业格局、加速行业转型和分化。

截至2019年底，我国证券投资咨询公司共84家，近年一直保持稳定。2019年证券投资咨询机构的注册证券从业人员8 729人，较上年增加975人，增幅达12.57%，从业人员继续扩张，其中，注册证券投资咨询业务（分析师）178人，较上年增加19人，近年持续在增加；注册证券投资咨询业务（投资顾问）2 209人，较上年增加59人；注册一般证券业务6 342人，较上年增加897人，是证券投资咨询从业人员扩张的主要动力。

## 二、专项投资咨询业务

专项投资咨询通常是就证券投资领域的某一具体环节或问题向特定投资者提供的服务，而且这种服务一般是有偿服务。

### （一）提供投资价值分析报告

在现代资本市场中，股东价值的重要性日益受到关注。企业界、投资界和分析师们都更加明确地认识到，所有公司尤其是上市公司，都应该尽其所能地为公司的股东创造尽可能多的价值。为了实现股东财富最大化的目标，就需要对公司股票的价值进行动态的评价、分析和监控。

证券价值分析一般采用一定的价值评估模型。通过收集公司及相关企业的财务数据、交易数据，再加上一定的实地调研获取的一手信息，投资银行就可以为客户撰写《股票投资价值分析报告》和《债券投资价值分析报告》了。

以《股票投资价值分析报告》为例，它主要包括但不限于以下内容：

1.股份公司的设立、股票发行、募集资金使用情况、近年来重大变更事项等历史信息及其对股票投资价值的影响。

2.当前公司所在行业竞争状况、经营环境与经营管理情况（特别是主营业务发展状况和产品竞争能力）、财务状况（包括资产负债情况、成本管理等）等方面存在哪些有利因素和哪些不利因素，它们对股票投资价值将产生怎样的影响。

3.以未来公司预测现金流为基础，根据证券（股票）估价模型对公司价值进行评估并得出结论。

4.列举各种不确定因素对评估结论可能产生的影响，特别是要强调说明严重改变该股票投资价值的市场风险、信用（违约）风险等。

5.判断目前该股票市场价格相对于其价值而言偏高或偏低并给出投资建议。一般可作出四种不同类型的推荐：大量购买、购买、持有和出售。

投资银行一般会提供一份详细的投资价值分析报告，这将有助于投资者作出科学的投资决策。

### （二）投资理财咨询

1.投资项目筛选与评估，内容包括：

（1）投资银行利用投资信息网络，为客户提供特定地区的投资环境及投资机会调查评估报告，并提供相关的行业政策、法律法规的咨询意见。

（2）投资银行为投资者寻找可供选择的投资项目，包括为跨国公司、境内外创业投资公司、基金管理公司等在国内筛选合适的投资项目，担任其国内投资事务顾问，结成跨国战略投资联盟。

（3）投资银行对已有的投资项目进行评估，通过未来收益净现值分析、行业分析、竞争分析、风险分析等判断是否值得投资。

(4)投资银行作出投资建议。

2.合作投资,具体包括:

(1)对于某些经营管理能力有欠缺的投资者,投资银行为其寻找合适的合作伙伴,帮助其引见、谈判,直至签署合作协议。

(2)对于从事证券投资但在资金、技术等方面实力不足的投资者,投资银行可与其签订《合作投资协议》,开设共同账户,互相监督投资。这种方式与委托理财有很大不同,它并不是投资者对于投资银行的一种全权委托,而是投资银行与客户合作或合伙投资的新形式,它很容易引起法律纠纷。

3.投资风险管理顾问。投资银行可以根据客户的不同需求与风险承受能力,运用风险管理方法,对投资风险进行有效监控及评估,并为企业设计合理的风险防范架构。

# 第三节 我国证券投资咨询行业发展环境和趋势分析

## 一、证券投资咨询业的发展环境

### (一)行业挑战

1.外资证券投资咨询机构进入的冲击。随着我国资本市场对外开放不断深化,外资“能来、想来”的资本市场环境正在逐步建立,外资机构也加速在中国的布局。据央行公布的数据显示,截至2019年底,境外机构和个人持有境内股票2.1万亿元,持仓市值较2018年底大幅增长82.6%。面对不景气的市场,我国证券投资咨询机构将腹背受敌。

2.培育新的赢利模式和利润增长点的挑战。很显然,传统的赢利模式缺乏持续生存和发展的空间,甚至会把证券投资咨询机构推向绝地。所以,培育新的赢利模式和利润增长点,是我国证券投资咨询业面临的新的挑战。

3.服务的替代影响难以摆脱。一是证券交易所、证券公司以及报刊、网站、电视、广播、移动新媒体等各种媒体提供了大量原创或复制的免费咨询和资讯产品,甚至把投资咨询机构的收费产品也进行了复制和传播。二是各大券商为了争夺承销费用,对资产重组、并购等财务顾问业务基本上采取了免费模式,这将大部分咨询公司以收费为特征的财务顾问业务挡在了门外。所以,如何摆脱免费服务的替代影响、开辟收费业务,将具有一定的现实性和迫切性。

4.诚信建设和规范经营仍需加强。诚信和规范乃市场生存与发展之根基。自美国证券交易商协会公布关于加强监管证券分析师的制度以来,各国证券监管部门或自律组织也纷纷出台相关规范证券投资咨询业务的规定,这表明,规范证券投资咨询业已成为各国证券市场规范建设的重要问题之一。目前我国证券投资咨询业仍存在以下突出问题：一是从业人员素质、服务质量和服务模式问题直接影响着证券投资咨询业的公信力和社会形象；二是不具备资格机构的非法经营，以及具备资格机构的超范围经营和违规操作，给证券投资咨询业带来了很大的经营风险和负面影响。所以，继续加强诚信建设和规范经营，对我国证券投资咨询业仍然十分重要。

5.强化主营业务的任务非常艰巨。一方面，我国证券市场还是一个新兴和转轨市场，受政策影响比较大，同时，我国证券市场缺乏成熟的投资理念，投机气氛比较浓厚，这使市场对证券投资咨询业务的需求并不强烈，证券投资咨询业务也尚不具备良好的发展土壤和广阔的市场；另一方面，由于证券投资咨询机构的经营规模和资金实力比较有限，使其在提高信息的数量和质量方面投入不足，同时，上市公司造假、信息披露不规范以及市场操纵行为的猖獗，使得证券分析师很难根据规范的研究方法提供有价值或符合市场需求的研究报告。所以，作为主营业务之一的投资咨询业务陷入了两难境地，强化主业、拓展市场空间仍是证券投资咨询业的一项长期而艰巨的任务。

（二）发展机遇

未来证券业将继续向充分进行市场化竞争的方向转变，其投资理念和投资行为也会继续发生变化，这就给证券投资咨询业带来了较大的发展机遇。

1.证券市场的周期性复苏预期将促进证券咨询业新的发展。近年尤其是疫情暴发以来，我国经济由"高速增长"转向"高质量发展"，全球股市呈现触地回春后的周期复苏迹象，投资者信心也得以逐步恢复，这无疑给证券咨询市场创造了良好的宏观环境。

2.放松管制和市场创新使业务不断向多元化发展。资本市场的监管方式由"正向清单"向"负向清单"的过渡和管制的放松，是今后证券市场发展的趋势。这是政策和制度设计上的创新，将会大大推动市场创新的发展。它必然使证券咨询业务走向多元化，业务模式也更加灵活和趋于市场化。

3.有利于证券咨询业发展的市场环境逐步具备。在成熟的欧美资本市场，分析师通过描述、预测社会经济、产业、公司发展的过去和未来，帮助资本更有效率地流动，进而对宏观经济和产业经济产生深远影响。在新兴的我国资本市场，如今投资者也越来越重视对产业和公司基本面的分析，关注行业纵深的专家型分析师正受到更多的尊重，市场环境正逐步向有利于证券咨询业发展的方向前进。这主要体现在：①机构投资者队伍不断壮大，特别是基金的超常规扩容，保险资金和社保资金的加入，为证券研究和咨询提供了广阔的市场基础；②政策对市场的影响将相对弱化，市场的系统性风险降低，证券研究和咨询的价值可以逐步凸现；③市场的规范度不断提高，这为证券分析师提供了研究基础，其研究产品的重要性和指导性也随之提高；④价值投资和理性投资开始日益发挥主导作用，这为擅长理性分析和价值发现的证券咨询机构提供了新的机遇。

4.对金融产品的专业咨询服务将成为证券咨询业产品创新与竞争的新焦点。从美国资本市场中介的发展历程看，资本市场规模的不断扩大和内在结构的动态变化，为证券咨询服务机构的发展壮大提供了深厚的土壤。未来证券行业金融服务产品化的趋势将越来越明显，伴随着投资者结构调整的深化，中小投资者将更多地以金融产品的形式接受专业服务，金融产品的日益多元化和复杂化将催生更多的咨询服务需求。

5.证券咨询机构的结构性调整。证券业正在转变为一个充分市场化竞争的行业，在日益市场化的环境和市场的结构性调整中，势必会加快形成各咨询机构之间的差异，而差异就意味着机遇。证券咨询公司能否贴近市场和客户，勇于创新，不断提高自身的专业能力、管理水平和营销能力，将是证券咨询业发展的关键。

6.证券投资基金法的出台修订和修正为证券投资咨询业带来历史性机遇。首先，为证券投资咨询公司开展基金管理、设立、入股创造了法律环境。其次，为证券投资咨询机构壮大自身实力奠定了良好的法律基础。与国外证券咨询机构相比，我国证券投资咨询公司在发展中明显存在资本金水准较低和不足的问题，对证券投资咨询公司发起基金管理公司相关规定的明确，可以大大提高其资本金水平，从而充分地发挥证券咨询机构的专业研究与咨询优势。最后，为证券投资咨询公司拓宽业务领域、发挥专家理财提供了良好的法律平台，一些信誉好、经营业绩佳的证券投资咨询公司将大有作为。

## 二、我国证券投资咨询业的发展方向

### （一）壮大证券研究和投资咨询业务

要壮大证券研究和投资咨询业务，必须调整传统的策略，采取有效的措施，形成专业化、个性化、系列化和多元化的产品结构：①收缩战线，加强专业化分工，注重协同作战，形成完整的“生产流水线”，生产高质量和附加值高的产品。②面向市场，提供针对性、实用性强和特色化的研究产品，尤其要紧贴市场创新和金融创新的脉搏，形成自己具有竞争力的个性化产品和服务。③通过运用先进的现代分析方法和手段，推出成熟的系列化、多元化的产品，这样不仅可以提升产品的层次，持久地留住存量客户，而且能够吸引新的客户，拓展公司的收入来源。④根据自身情况，淡出或减少同质化、市场价值低的研究和咨询业务。

### （二）制定合理的收费和定价策略

制定合理的收费和定价策略主要包括：

1.重视财务顾问业务收费中的业绩奖励或提成。长期以来，我国财务顾问业务的收费大多局限在对一般基本费用的收取上，这从客观上降低了对服务对象业务的参与程度和服务质量，忽略了从项目收入中收取业绩奖励或提成。在发达国家，收取业绩奖励或提成是通行的做法。高质量的财务顾问是咨询公司与企业双赢的一项业务，不但可以为接受服务的企业带来资产增值和业绩增长，而且也可使咨询公司通过业绩奖励或提成取得丰厚的收入。

2.形成合理的产品定价机制，真正确立产品和服务的价值。目前众多咨询机构往往把咨询产品和服务作为受托理财、收益分成等违规业务以及提高市场声誉的附属部分，远未形成独立的、科学的定价机制。这不但容易诱发违规行为，无助于创造增值服务，而且难以形成稳定的收益模式，最终导致咨询业务无法实现循环投资、滚动发展，不利于证券咨询业的良性循环和长远发展。国外成功的经验是根据产品的综合生产成本（包括人工、营业费用等成本项目）、规模数量、收益预期和适用对象等因素，采取不同的定价方式，形成不同层次的咨询产品价格体系。比较有代表性的做法是同花顺财经（www.0033.com），其在设计制造资讯产品时，对客户进行了明确的划分，对产品进行了细化，且充分考虑了投资者的个性化需要与费用支出。

3.限制免费服务,使投资者意识到只有与证券咨询机构形成一种严格的契约关系,才能得到稳定、优质和个性化的服务。以网站资讯收费为例,按照国外的收费原则,一方面,那种能够提供更多、更有价值的信息服务或增值服务的网站资讯才可能从投资者那里收取更高的资讯费用;另一方面,那种建立契约关系、按质付费的投资者也才能得到有保障的资讯服务。我国证券咨询业可以借鉴国外现在比较流行的收费做法,即在继续提供免费内容和服务的同时,对一些精华部分进行收费,这样既可以挽留住原有的客户,又可以提高总体收入,一举两得。《纽约时报》数字版就转变了赢利模式,2017 年纯数字订阅收入较上年劲增 46%,达 3.4 亿美元。美国的大型门户网站例如 AOL、微软 MSN、雅虎以及 Lycos 等当年也都在原来的内容和服务基础上增加了收费服务,以此来抵消业务收入下滑带来的影响。

4.采取灵活多样的收费方式。如国外盛行的会员制、年费制,把认为有价值的信息"加上锁"或放在俱乐部里,非会员无法享受。另外,也可采用电子杂志收费、手机短信收费、语音信箱收费等形式。

(三)加大营销力度

在过去几年中,由于投资者队伍不断扩大,咨询服务市场发展较快,在一定程度上造成了证券咨询机构"重生产、轻营销"的"一条腿走路"后果。所以,加大营销力度应是今后各证券咨询机构努力的方向:一是要在证券市场搭建畅通而广泛的营销网络,让研究产品更加及时、广泛地到达广大投资者手中;二是要在"使用指南"和"售后服务"上下工夫,密切跟踪,及时提醒,让客户得到正确、适时、系统化和安全有保障的服务。

## 课外阅读网站

1.http://www.stockstar.com/,证券之星网站。

2.http://www.jrj.com.cn/,金融界网站。

## 思考题

1.简述投资银行研发业务的内容和特点。

2.简述证券投资咨询产品的特点。

3.如何评价我国的证券分析师?

4.如何看待我国证券咨询业务面临的市场环境和发展机遇?

## 延伸阅读

### 咨询业七大问题及中国股评家的羊群行为

**一、咨询业暴露七大问题**

"咨询主体层次多、利益复杂,在这样的背景下,中国咨询业诸多方面问题亟待改善。”深圳证券交易所研究所相关负责人表示。

深圳证券交易所研究所推出的研究报告显示，前咨询业暴露出7大问题。

问题1：规范性不足。近年来，网上证券信息传播（如BBS、博客、留言板等）方兴未艾。与传统纸质媒体相比，这种开放性、扁平化、互动性强的媒介平台信息容量更大，表现方式更为生动、信息交流更为充分。但正是在这种“顺手就来”的信息，为行业规范带来很大难度。

调查显示，证券投资咨询违法违规行为较为普遍，主要表现在：一些不具备从业资格的主体违反市场准入规定，从事非法证券咨询活动；为招揽客户发布虚假投资咨询广告，蒙骗不明真相的投资者；违反适合性义务，发表咨询意见依据不足，不调查客户具体情况即推荐与其风险承受力不匹配的投资产品；为配合或直接从事市场操纵，散布有利于“坐庄”的证券投资咨询信息，引诱其他投资者买进或卖出；以证券投资咨询为名，向利益相关者提供上市公司内幕信息，与利益相关者从事内幕交易或直接谋取不当利益。

问题2：主体规模与身份尴尬。“我们咨询公司最大的感受就是，信息来源渠道少，身份也很尴尬。尤其是在上市公司调研方面，公司规模小、经费少，一般都很少出差，即便出差去了公司，也不被公司认可。”武汉一家颇具名气的证券投资咨询公司人士向记者倾诉。

据了解，证券投资咨询机构普遍规模较小，业务面较窄，层次较低，治理不完善，内控不严，高端人才缺乏，赢利与抗风险能力不强。

问题3：同质化严重。当前，证券投资咨询业务面窄，同质化严重，多集中于投资咨询和财经资讯。服务方式和手段单一，以个性化差别服务取胜的竞争格局还没有形成。

一位咨询公司研究人士建议：“我们更希望管理层能够对我们分级管理，可以模仿对券商的管理形式。”他进一步解释，目前同质化竞争太激烈，咨询类公司自身发展也很盲目，不知道自己的公司达到什么样的层次和规模，可以实现运作哪些业务。

问题4：内容质量不高。这一现象业内人士体会颇深。证券投资咨询针对性较差，质量不高，独立性不强，公正性不足；其所传递的信息或原始、重复的居多，或来源不明、闪烁其词，或模棱两可、左右逢源，或夸大其词，有的甚至含有虚假成分。

问题5：立场问题。证券咨询的观点正面性居多，中立和负面性的观点相对较少，很少有专门的看空分析。

问题6：效果偏差。证券投资咨询有效性差、准确性低，部分含有欺诈性成分，较多个人投资者都有过盲从、上当受骗而承受风险的经历；众多夸张不实的评论信息造势性强、渲染性高，加剧了市场波动，影响了市场稳定性。

问题7：中小投资者依赖、盲从。多位业界人士反映，拥有信息和专业优势的机构投资者常常制造证券投资信息噪音，操纵证券投资咨询信息，影响和左右中小个人投资者的投资决策，而中小个人投资者对相关证券投资咨询信息存在较大程度的依赖和盲从。

## 二、中国股评家的“羊群行为”

一组相关调查访问显示，参照股评进行投资赚赔差不多的人占到65.7%，赚钱者和赔钱者的比例则分别为16.7%和17.6%，基本上没有什么差别，而很大部分的投资者都曾有过听从劣质股评而蒙受亏损的经历。

上海交通大学管理学院宋军曾对中国股评家的羊群行为进行过研究,他得出的结论是:股评家有明显的羊群行为;当历史收益率增加、市场乐观情绪高涨、股评家预测的一致程度增加、股评家的能力降低、股评家的初始声誉增大时,股评家参与羊群行为的动机增加。当舆论被事后的收益率证明为错误时,羊群行为反而增加,因此,股评家的羊群行为很可能是一种非理性行为。

新市场形势下,不仅咨询业的问题增多、困难增多,违法违规行为也以各种新方式浮出水面。

一是媒体违规现象频繁。据了解,一些媒体聘用无执业资格人员发表股评,出售电视节目时段播出股评节目,对证券信息把关不严,使相关节目成为咨询机构的营销工具,或者被利用来散布市场传闻或未经证实的信息,扰乱市场秩序。

二是为招揽客户做虚假广告,以免费咨询、免费荐股、明示或暗示投资收益等方式引诱客户的手段时有发生。夸大或选择性宣传荐股业绩,利用培训班或股民学校、股票分析软件等产品推介和销售机会从事违规咨询,蒙骗不明真相的投资者。

三是违反市场准入规定。部分不具备从业资格的主体,或租用、借用、受让从业资格证书,或盗用境内外基金券商的名义,或依托在证券营业部设立的"咨询工作室"、"理财工作室"、"研发中心"等从事非法咨询活动,或者直接从事非法咨询活动。

四是违反适合性义务。如运用现有真实信息(包括上市公司提供的信息)进行不合常理的预测,或捏造事实进行虚假预测,或以市场传闻、主观臆测作为提供投资建议的依据,不调查客户(如家庭主妇、退休人员等)的具体情况即推荐与其风险承受力不匹配的投资产品。

五是内幕交易、操纵市场。据了解,运用上市公司不公平信息披露直接进行内幕交易,或提供给第三人进行内幕交易。通过虚假预测影响股价,在不同时段为不同级别的会员提供研究报告,事先推荐利益相关者购买后再撰写研究报告,为主力打压吸筹、拉高出货服务,或者不公平地优先考虑一些客户利益而损害另一些客户或者公众投资者的利益。掌握巨额私募基金的投资顾问利用聚集的资金"坐庄",在获取巨额非法利益的同时,以荐股"业绩"为诱饵招揽会员。

## 证券分析师行为及其市场影响

### 一、分析师的利益相关行为及其影响

证券分析师群体主要分为"买方"分析师(Buy-Side Analyst)与"卖方"分析师(Sell-Side Analyst)两大类。共同基金、养老基金及保险公司等投资机构通过投资证券获得资金增值回报,该机构的分析师为本机构的投资组合提供分析报告,因而称其为"买方"分析师。而投资银行(经纪公司)通过股票承销(IPO 等)业务和经纪业务的佣金获得收入,其分析师往往向投资者免费提供分析报告,通过吸引投资者购买其承销的股票或通过其所属的公司进行证券交易来提高公司的收入,因此该类分析师被称为"卖方"分析师。

"买方"分析师与"卖方"分析师代表不同群体的利益,其激励机制亦不同。"买方"分析师通过协助提高本机构投资组合的收益率,降低投资组合的风险,从而获得奖励。"卖方"分析师通过协助本公司提高股票承销的销售额以及股票经纪业务的

成交额来获得奖励。简单地讲,“买方”分析师的激励来自提高买入股票的质量,“卖方”分析师的激励来自提高股票交易的数量。相比之下,“买方”分析师更有动力去分析挖掘公司股票的基本价值,向投资组合推荐价格低估的股票,剔除价格高估的股票;而“卖方”分析师受到本公司争取投资银行业务的压力,较易出现偏向公司客户的误导性分析报告。

因此,“买方”分析师更倾向于保持分析报告的客观性和有效性。尽管在投资银行业内要求投资银行应在其内部投行业务、经纪业务与研究部门之间设置杜绝信息交往的“中国墙”(Chinese Wall),以此来保证分析师研究工作的独立性与公正性,然而在现实运作中,“卖方”分析师难以回避公司业务开展的干扰与影响,甚至会因此面临一定的职业风险。一方面,如果“卖方”分析师建议卖出某家公司的股票,有可能导致该公司中断与分析师所在投资银行的业务往来,使其遭受在企业融资或兼并等投行业务上的损失;另一方面,分析师有可能被拒绝出席该公司面向金融界的信息发布会,失去宝贵的信息渠道,更有甚者,该公司可能会以中断大额投行业务为条件,胁迫投资银行解雇该分析师。在本公司利益和个人利益的双重压力下,“卖方”分析师更易产生偏袒客户公司的倾向,从而损害一般投资者的利益。

2001年下半年,美国安然公司的财务欺诈案最终真相大白,该公司股票价格暴跌致使投资者蒙受巨额损失。然而,在2001年上半年度,大部分“卖方”分析师仍然给予安然股票“强力买进”的推荐;与此形成鲜明对比的是,同期“买方”分析师却不断对安然公司的财务状况和高企的股价提出质疑,做空安然股票的数量不断上升,最终市场证明“买方”分析师的论断是客观正确的。在本文提及的美国证券交易委员会对美国10家投资银行的和解案中,该10家投资银行的“卖方”分析师存在着同样的问题。

Michaely和Womack(1999)实证研究了1990—1991年分析师对IPO股票的买入推荐情况。他们在研究中将分析师分为服务于投资银行(承销商)的分析师及与投资银行无关的分析师。在针对投资银行分析师的研究中,将该分析师作出“买入”推荐的股票分成两组:一组是由分析师所在投资银行承销的股票;另一组是其他股票。结果表明,后一组股票的表现要好于前一组股票。同时,研究发现投资银行分析师在该行承销的IPO股票上市前的一周内,对该股票推荐买入的频率要高出与该行无关的分析师近50%。此外,研究还发现,市场投资者对于不同分析师的买入推荐的反应是不同的。投资银行分析师推荐买入的股票的超额回报是2.8%,低于由与投资银行无关的分析师推荐买入的股票4.4%的超额回报。但同时,Michaely和Womack指出,尽管投资者对投资银行分析师的推荐有所“提防”,但对投资银行的明星分析师,投资者倾向于采取信任的态度。

由此,我们可以推断,具有较高影响力的分析师的“道德风险”将对投资者利益造成更大的损害。这也是美国证券交易委员会对和解案中所罗门美邦的证券分析师Jack B.Grubman和美林的证券分析师Henry Blodget作出严厉处罚的原因之一。

**二、分析师情绪性行为及其影响**

在标准金融学的假设中,金融市场中的“代理人”是理性的。然而从现实角度来看,证券分析师并不是具有完全理性的个体。行为金融的研究表明,投资者和专业人员均不同程度地受到系统性决策偏差及情绪的影响。

总体上,证券分析师的预测呈现过度乐观的倾向。De Bondt 和 Thaler (1990)的研究认为,专业分析师同样存在一般投资者所具有的过度反应现象,分析师基于信息对股票每股赢利(EPS)作出的过度调整行为已明显不能认为其是理性的。Hansen 和 Sarin (1998)研究了 1980—1991 年证券再发行(Seasoned Equlty Offering)中分析师的赢利预测行为,结果表明,在此期间分析师的预测普遍倾向于过度乐观,其预测平均高出 2%。特别对于高 PE 的股票(一般是成长型公司),分析师平均有 17%的过度预测。

在此情况下,分析师的偏差将通过不同的途径对上市公司管理层和市场投资者产生影响,从而在某种程度上导致市场价格机制的扭曲,最终投资者的利益由此而受损。

1.对上市公司管理层行为的影响。尽管前面指出公司管理层有可能通过与投资银行的业务关系对投资银行的分析师施加压力,但在更广的范围内,上市公司管理层受到来自证券分析(特别是"买方"分析师)的业绩预期压力。

在一个以公司或股东财富最大化为财务目标的市场中,其表现形式往往是股票价格最大化。股票价格是衡量公司管理层作为代理人业绩的重要指标,也是公司从资本市场继续融资的条件之一。美国证券市场上的股票价格对证券分析师的赢利预测及公司的赢利宣告有较高的敏感度,证券市场以迅速上涨的股价来对高于预期的赢利发布作出反应;而低于赢利预期的公司将不得不承受股价短期的大幅下跌,公司管理层时刻感受到来自证券市场的压力。

如果证券分析师能够客观和理性地评估公司的赢利状况,其分析将促使公司股票价格合理地反映公司的内在价值,而不会对公司的财务决策及资源配置产生较大的影响,此时分析师类似于外部观察者。然而,分析师对公司赢利预测的普遍乐观倾向,将使预测的赢利高于现阶段公司正常经营所能产生的赢利。而且,赢利预测的时间周期往往是以季度划分,短时间内来自证券市场的紧迫"要求"不可避免地影响公司管理层的决策行为,公司管理层在此"要求"下面临不同的抉择。

首先,公司管理层可以理性地选择不受来自证券分析师的赢利预期的影响,执行公司既定的经营战略和投资计划。其结果是公司股价下跌,管理层迅速招致来自公司股东的诘难,同时对管理层的薪酬(年薪及股票期权等)造成直接影响。而从长期来看,公司的稳定健康经营不受影响,市场将对公司股价最终作出正确评价。

其次,管理层的另一个"理性"选择是满足来自市场分析师的赢利预期,改变公司既有的经营战略和资源配置方案,投资于高风险的项目或低回报甚至负回报但可以迅速增加短期现金流的项目,甚至采取"合理"或违规的财务会计手段来虚增公司赢利,同时使个人私利最大化。近来美国证券市场频繁爆出的上市公司财务会计丑闻可以说与此不无关系。Fuller 和 Jensen(2001)认为,分析师对公司赢利"不切实际"的乐观预测对公司管理层造成的压力,将使其采取危险的战略和投资行为,严重影响公司的健康经营状况。

由此可见,在所有权与经营权分离的情况下,证券分析师对公司赢利的过高估计比较容易触发公司管理层的机会主义倾向,使其容易采取短期利益最大化行为,导致代理人问题;同时,市场的资源配置功能被扭曲,降低了证券市场的有效性。当公司的股价高于内在价值时,公司管理层更倾向于进行增发股票融资,内部人倾向于将手中持有的股票套现,最终损害市场投资者的利益,降低投资者的市场信息。

2.对市场投资者行为的影响。证券分析师的分析报告是市场投资者的重要信息来源,分析师被普遍认为掌握着较高质量的“私有信息”。因此,分析师的言论通过影响投资者的决策行为,最终对整体市场走势产生影响。

证券分析师与市场投资者之间的行为影响可以是正向的,也可以是反向的。特别在市场整体处于上升趋势,投资者存在普遍看好后市的预期心理情况下,分析师保持客观理性的心态尤为重要。行为金融的一系列研究表明,市场投资者普遍存在过度反应、自信乐观等情绪倾向,对已形成的信念不易作出调整或调整较慢。因而在一个上升性的市场上,证券分析师应努力保持冷静、客观和理性的立场,否则分析师的乐观倾向更易导致在市场中价格正反馈机制的形成与扩散,从而在事实上起到推升市场整体价格、形成股市泡沫的作用。而证券分析师对市场和公司的理性评价,有助于在一定程度上减弱市场的“非理性繁荣”。Miller(2002)指出,无论是商业媒介还是监管系统,其均将美国股市20世纪的互联网泡沫的产生部分归因于分析师,在当时的市场气氛下,分析师为与互联网相关的公司证券设置了过高的价值和价格目标,从而造成了互联网泡沫的堆积。

此外,证券分析师与市场投资者普遍洋溢的乐观情绪,甚至将影响公司管理层对本公司经营状况的客观评价。本来,公司管理层作为内部人,相比之下对本公司的内在价值有较为客观的理解。然而,Schultz 和 Zirman (2001)对20世纪末美国股市互联网公司股票IPO的研究认为,在整个市场对互联网股票充满乐观、极力追捧、市场泡沫成分明显时,公司管理层却并不认为公司的股价高出其内在价值,公司内部人不愿卖出所持有的股票。由此可见,尽管投资者和公司管理层能够对证券分析师施加或产生直接、间接的影响,但这种影响并不是主要的。相反,证券分析师却因为其在市场中所处的特殊地位、自身的声誉及其所处机构(投资银行或基金等)的声誉或实力,对公司管理层或市场投资者产生较大影响,并通过公司管理层或市场投资者的行为及其相互作用,进而影响市场整体的有效性。因此,保持证券分析师研究的独立性、真实公正性和有效性,是有利于促进证券市场运作效率和长期规范化健康发展的重要环节。

# 第十二章

# 资产证券化

## 第一节 资产证券化概述

### 一、资产证券化的定义和内涵

所谓资产证券化,是指企业通过资本市场发行有金融资产(如银行的信贷资产、企业的贸易或服务应收账款等)支撑的债券或商业票据,将缺乏流动性的金融资产变现,达到融资、资产与负债结构相匹配的目的。

资产证券化的内涵,就是将原始权益人(卖方)不流通的存量资产或可预见的未来收入,构造和转变成为资本市场可销售和流通的金融产品的过程。具体来说,就是将缺乏流动性、但能够产生可预见的稳定现金流的资产(如银行的信贷资产,企业的交易或服务应收款等)通过一定的结构安排,对资产中风险与收益要素进行分离与重组,进而转换为在金融市场上可以出售和流通的证券的过程,其实质是融资者将被证券化的资产的未来现金流收益权转让给投资者。

资产证券化(Asset Securitization)可以说是 1934 年美国全国住房管理条例的产物。20 世纪 30 年代经济大危机后,美国政府为解决低收入者的住房问题,在全国住房管理条例的基础上成立了联邦住房贷款银行(FHLB)、联邦住房管理局(FHA)、联邦国民抵押协会(FNMA)3 家机构,专为住房抵押提供资金或担保,这些机构为构建抵押二级市场提供了条件,也为抵押证券市场的发展奠定了基础。然而,这些机构的建立并没有让二级市场立即活跃起来。进入 60 年代后,为应付储贷机构所面临的生存危机,人们开始引进新的技术和金融品种,积极推动抵押证券市场的发展。70 年代后,美国抵押二级市场得到蓬勃发展,在金融市场中占有非常重要的地位。目前这种证券化技术已扩大到诸如汽车贷款、信用卡应收款、船舶贷款、房屋贷款、租赁贷款、专利收入、消费品分期付款及其他具有稳定的收益的领域。美国资产证券化的成功吸引了世界其他国家对这一技术的追求,欧洲、亚洲等地区纷纷开展证券化业务,现已有了长足的发展。英国、日本和我国香港等地的实践表明,资产证券化这一技术经改造可以纳入各国的制度环境。随着交流的日渐频繁,各国交易技术和制度差异呈现出逐步缩小的趋势。与美国一样,亚洲资产证券化的实践也是从房地产抵押贷款开始的。20 世纪 90 年代后,日本、印度尼西亚、韩国、马来西亚以及中国香港等国家和地区资产证券化快速发展,品种也越来越多，形式更加多样化，已发展到如大宗国际贸易产品的应收款、公路通行费收入、电器应收款、房屋出租收入、基本建设项目收入等的证券化。

亚洲金融危机后，各国呆坏账贷款额剧增，给金融系统造成了巨大的压力。商业银行渴望为其不良资产寻找出路，各国政府也积极采取措施改善银行资产状况，同时，金融危机也削弱了企业的融资能力，加剧了银行资产的恶性循环。资产证券化作为一种低成本的融资手段，受到了受不良银行资产困扰的亚洲各国政府的重视。此外，国际投资银行的积极参与也推动了亚洲资产证券化的发展，东南亚金融危机更是加快了这一步伐。仅1996年进行的公开资产证券化交易就超过了38亿美元，其中，我国香港地区占52.34%。据国际权威评级机构穆迪公司估计，亚洲是资产证券化极具潜力的市场；日本是亚洲资产证券化发展最快的地区之一，高达76兆亿日元不良资产的银行机构极希望借此改善其资产质量，1997年SANWA银行发行了3亿美元的呆滞贷款支持欧洲日元债券。资产证券化作为国际潮流，在世界金融领域发挥着越来越重要的作用。为适应不同投资者的需要，结构形式也日趋多样化。事实上，我国资产证券化试点之路颇为漫长。2005年，央行和银监会联合发布《信贷资产证券化试点管理办法》，随后建设银行和国家开发银行获准进行信贷资产证券化首批试点，在央行和银监会主导下，基本确立了以信贷资产为融资基础、由信托公司组建信托型SPV、在银行间债券市场发行资产支持证券并进行流通的证券化框架。我国资产证券化经过多年试点，已经积累了大量的经验；而我国贷款转让市场交易规模在2008年已达到8 000亿元左右，2009年以来随着银行新增贷款规模大幅增长，贷款转让业务加速发展。

## 二、资产证券化的分类

国际市场上的资产证券化产品基本上可以分为房屋抵押贷款证券（Mortgage-Backed Securities，MBS）和资产支持证券（Asset Backed Securities，ABS）两大类。其区别在于前者的基础资产是住房抵押贷款，而后者的基础资产则是除住房抵押贷款以外的其他资产。ABS又可以分为狭义的ABS和CDO两类，前者包括以信用卡贷款、学生贷款、汽车贷款、设备租赁、消费贷款、房屋资产抵押贷款（Home Equity Loan）等为标的资产的证券化产品，后者是近年内迅速发展的以银行贷款等为标的资产证券化产品。

### （一）住房抵押贷款证券化

住房抵押贷款证券化（Mortgage-Backed Securities，MBS）是资产证券化发展史上最早出现的证券化类型。20世纪60年代后期开始的储贷危机迫使政府和金融机构寻找新的住房融资机制，转向证券化融资方式。20世纪70年代以来，金融自由化的发展和政府对金融管制的放松，客观上为抵押贷款证券化的创新和发展提供了较为宽松的环境。大量非存款金融机构（如抵押银行、养老基金、保险公司、共同基金等）的崛起以及金融创新和电子信息技术的发展，为美国住房金融日趋证券化、市场化和全球化提供了新的发展机遇。因此，抵押贷款证券化是以市场经济体制为基础的美国构建住房融资体制的一种自然选择。

住房抵押贷款证券是指以住房抵押贷款这种信贷资产为基础，以借款人对贷款进行偿付所产生的现金流为支撑，通过金融市场发行证券（大多是固定收益债券）来进行融资的过程。一方面，MBS可以把银行等金融机构持有的流动性较低的长期住房抵押贷款转化为流动性较高的证券,这极大地改善了这些机构的资产流动性。而且,如果MBS选择的是表外融资形式,就不会增加这些机构的负债率,并且还可以释放资本金。因此,这种证券化产品很受金融机构的青睐。另一方面,由于MBS的基础资产是违约率较低的抵押贷款,其现金流量比较稳定且易于预测,市场投资者也很喜欢这种投资工具。

在美国,MBS市场自20世纪70年代起稳步发展。从20世纪90年代到21世纪初,由于美国经济的发展和利率的不断下调,MBS市场得到迅猛发展,在资产证券化市场上占主导地位。从1990年到2002年底,MBS发行量的年平均增长率达到43.7%,已成为仅次于联邦债市的第二大市场,截至2017年末,美国证券化产品余额达到9.9万亿美元,其中由三大机构(房利美、房地美、吉利美)担保的MBS产品余额达到6.92万亿美元,占到全部证券化产品的70%(数据来源SIFMA)。美国市场上的住房抵押证券可以分为两种,见图12-1。

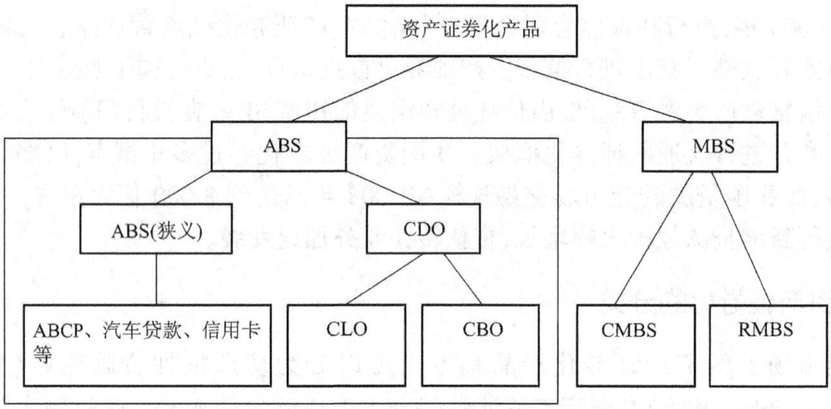


**图12-1 资产证券化的分类**

注:ABS:资产支持证券;MBS:房地产抵押贷款支持证券;CMBS:商业地产抵押贷款支持证券;RMBS:住宅地产抵押贷款支持证券;CDO:抵押债务权益;CLO:抵押贷款权益;CBO:抵押债券权益。

1. 转手证券。转手证券(Pass-Through)或参与凭证(Participation Certification)是房地产抵押贷款支持证券的一种,其发行者或证券服务者每月将借贷方的定期还本付息现金流传递给投资者。由于绝大部分的传递证券由Ginnie Mae,Fannie Mae或Freddie Mac发行或担保,传递证券的信用等级一般都是AAA级,被认为是投资风险较小的证券。

2. 附属担保品抵押债券。附属担保品抵押债券(Collateralized Mortgage Obligation,CMO)的产生源于投资者者对各种投资期限和现金流稳定性的要求。传统转手证券(Pass-Through或PC)的期限一般随房屋抵押贷款而定,大致在10至12年;现金流也呈现房屋抵押贷款还本付息的特性:本金随时间由小变大,利息由大变小。20世纪80年代推出的CMO是以发行的转手证券或房屋抵押贷款为标的资产,在此基础上发行了一系列不同期限、不同层次(tranche)且依次偿还的债券。因此,与传统转手证券相比,

CMO 具有投资期限灵活、收入稳定的特点。由于 CMO 用以作标的资产的转手证券或房屋抵押贷款通常是由机构(Ginnie Mae、Fannie Mae 或 Freddie Mac)发行或担保的,因此,CMO 具有较高的信用等级,最高可获得 AAA 信用等级。

(二)资产支撑证券化

资产支撑证券化(Asset-Backed Securitization,ABS)是以非住房抵押贷款资产为支撑的证券化融资方式,它实际上是 MBS 技术在其他资产上的推广和应用。由于证券化融资的基本条件之一是基础资产能够产生可预期的、稳定的现金流,而除了住房抵押贷款外,还有很多资产也具有这种特征,因此,它们也都可以被证券化。随着证券化技术的不断发展和证券化市场的不断扩大,ABS 的种类也日趋繁多,具体可以细分为以下品种:①汽车消费贷款、学生贷款证券化;②商用、农用、医用房产抵押贷款证券化;③信用卡应收款证券化;④贸易应收款证券化;⑤设备租赁费证券化;⑥基础设施收费证券化;⑦门票收入证券化;⑧俱乐部会费收入证券化;⑨保费收入证券化;⑩中小企业贷款支撑证券化;⑪知识产权证券化;等等。而且,随着资产证券化技术的不断发展,证券化资产的范围也在不断扩展。

## 三、资产证券化的特点

资产证券化已在美国、英国及日本存在多年,且在美国发展的成效相当卓著。其主要特点如下:

第一,利用金融资产证券化,可以提高金融机构资本充足率。金融资产透过证券化后再出售,可以降低其风险性资产,增加资产流动性,从而使资本充足率提高,以符合国际清算银行(BIS)规定的自有资产与风险性资产比率不得低于 8%的国际标准。

第二,增加资产流动性,改善银行资产与负债结构失衡。随着金融业的发展,银行的长期借款(如住房贷款)期间均达 15 年以上,而用来融通的存款期间最长仅在 3 年左右,这使得资产与负债的期间结构失衡,扩大了银行潜在的流动风险。因此,将金融资产证券化使中长期资产短期化或流动化,可以有效地减少这种风险。

第三,利用金融资产证券化来降低银行固定利率资产的利率风险。从美国的情况看,固定利率房贷是银行重要的放款方式,因此,银行容易遭受因利率变动而产生的利率风险,将固定利率房贷证券化,可以把风险有效地移转给投资大众。

第四,银行可利用金融资产证券化来降低筹资成本。一般而言,银行在大众心目中的信用较一般企业好,且国际上的信用评级公司所要求的评级费用日趋降低,保证或承销费用也日益降低,因此,银行利用金融资产证券化来筹措资金,其发行成本比一般银行间借款要低。

第五,银行利用金融资产证券化,可以使贷款人的资金成本下降。银行利用此工具,使得筹资成本下降,再加上银行间的竞争,可使贷款者享受到成本下降的利益,从而减轻贷款人的利息负担。

第六,金融资产证券化的产品收益良好且稳定。在美国此种投资品(例如 GNMA 政府债券)通过相关政府机构保证,流动性很高且收益率稳定,颇受基金投资者青睐;甚至还有相类似商品(CMO 债券)的翻新与包装,能有效满足不同风险偏好者的需求。

# 第二节　资产证券化的运作

从本质上讲,资产证券化是以可预期的现金流为支持而发行证券进行融资的过程。在这一过程中,现金流剥离、风险隔离和信用增级构成了资产证券化操作的核心。

由于资产证券化是以资产所产生的现金流为支持的,因此,可预期的现金流是进行证券化的先决条件。通过资产的重新组合,将资产收益重新分割和重组,将符合资产证券化现金流要求的资产从原始权益人的全部资产中“剥离”出来,就可以形成资产证券化的基础资产。该基础资产的范围可以不限于一家企业的资产,而且可以将许多不同地域、不同企业的资产组合为一个证券化资产池。

风险隔离机制是资产证券化交易所特有的技术,它使标的资产的原始所有人或资产证券化发起人的资产风险、破产风险等与证券化交易隔离开来,标的资产的风险不会“传递”给资产支持证券的持有者。资产的转让通过“真实销售”的方式实现,即资产的卖方对已出售资产在证券化过程中没有追索权,这就在卖方与证券发行人和投资者之间构筑了一道风险“隔离墙”。证券化产品的风险与资产原始所有者的风险无关,而只与证券化资产的现金流本身相关。

风险隔离从两方面提高了资产运营的效率:第一,风险隔离机制把标的资产原始所有人不愿或不能承担的风险转移到愿意而且能够承担的人那里去;第二,证券的投资者能够只承担他们所愿意承担的风险,而不必是资产原始所有人面临的所有风险。

信用增级从信用的角度来考察现金流,即如何通过各种信用增级方式来保证和提高整个证券资产的信用级别,以吸引更多的投资者并降低发行成本。

## 一、资产证券化的基本运作流程

概括地说,一次完整的证券化融资的基本流程是:发起人将证券化资产出售给一家特殊目的机构(Special Purpose Vehicle,SPV);或者由 SPV 主动购买可证券化的资产,然后将这些资产汇集成资产池(Assets Pool),再以该资产池所产生的现金流为支撑,在金融市场上发行有价证券融资,最后用资产池产生的现金流来清偿所发行的有价证券。

图 12-2 揭示了资产证券化融资的基本流程。

具体地说,完成一次资产证券化交易通常需要以下几个步骤。

### (一)确定证券化资产并组建资产池

资产证券化的发起人(即资产的原始权益人)在分析自身融资需求的基础上,通过发起程序确定用来进行证券化的资产。尽管证券化以资产所产生的现金流为基础,但并不是所有能产生现金流的资产都可以证券化。总结多年来资产证券化融资的经验可以发现,具有下列特征的资产比较容易实现证券化:①资产可以产生稳定的、可预测的现金流收入;②原始权益人持有该资产已有一段时间,且信用表现记录良好;③资产具有标准化的合约文件,即资产具有很高的同质性;④资产抵押物易于变现,且变现价值较高;⑤债务人的地域和人口统计分布广泛;⑥资产的历史记录良好,即违约率和损失

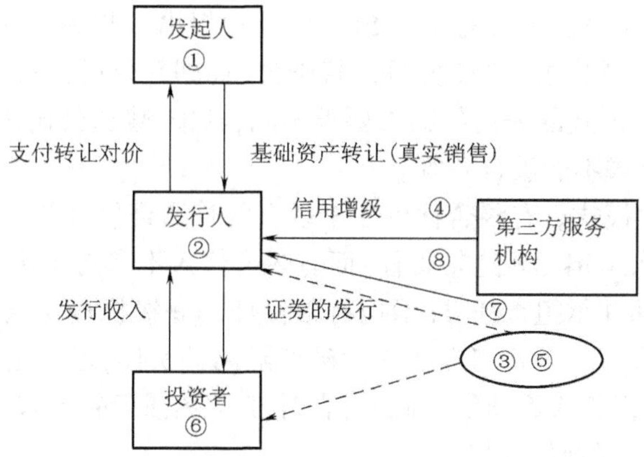


注:实线为发行阶段功能,虚线为发行后功能。

**图 12-2 资产证券化融资的基本流程**

率较低;⑦资产的相关数据容易获得。

一般来说,那些现金流不稳定、同质性低、信用质量较差且很难获得相关统计数据的资产不宜被直接证券化。

### (二)设立特殊目的机构

特殊目的机构(特别目的载体,SPV)是专门为资产证券化设立的一个特殊实体,它是资产证券化运作的关键性主体。组建 SPV 的目的,是为了最大限度地降低发行人的破产风险对证券化的影响,即实现被证券化资产与原始权益人(发起人)其他资产之间的"风险隔离"。SPV 被称为没有破产风险的实体,对这一点,可以从两个方面来理解:一是指 SPV 本身的不易破产性;二是指将证券化资产从原始权益人那里真实出售给 SPV,从而实现了破产隔离。为了达到"破产隔离"的目的,在组建 SPV 时应该遵循以下要求:①债务限制;②设立独立董事;③保持分立性;④满足禁止性要求。

SPV 设立的形式共有三种,即信托模式、公司模式和有限合伙模式。

1.信托模式。通常由原始权益人(发起人)设立,同时与信托机构(受托人)达成一个协议。通过该协议,发起人将需要证券化的信贷资产转移给受托人从而获得信托证书,而该发起人通过承销将信托证书出售给投资者。信托证书表明证书的持有人即受益人对信托财产享有不可分割的权益,并且可以自由转让该证书。

从信托的角度来看,发起人是委托人,SPV 是受托人,而投资者(信托证书持有人)是受益人。由于信托财产所具有的所有权与受益权分离的特点,发起人将信贷资产委托给 SPV 以后,信贷资产的所有权就属于信托受托人,而且信贷资产与发起人和 SPV 的自由资产是独立的,从而达到了资产证券化风险隔离的目的。另外,按照有关国家的法律规定,信托可以免税,这就避免了双重纳税,减小了资产证券化的成本。

由此说来,信托模式的 SPV 又称作特殊目的信托(SPT),它是比较适合信贷资产证券化的 SPV 的一种形式。

2.公司模式。公司模式的 SPV 又称作特殊目的公司(SPT),是按照公司法的规定成立的一家公司。作为一家公司,首先,SPV 必须满足公司法的相关规定;其次,在资产证券化过程中,评级机构会对作为 SPV 的公司提出一些额外的要求。例如,在美国,公司的模式包括普通公司(即 C 公司)、特殊公司(即 S 公司)、有限责任公司(即 LLC),评级机构对于不同形式的公司的额外要求不同,其中,普通公司要求设立至少 1 名独立董事,要求 SPV 公式不能被合并等。

3.有限合伙模式。有限合伙由 1 个以上的普通合伙人与 1 个以上的优先合伙人组成。普通合伙人承担无限连带责任,而有限合伙人不参与合伙事务的经营管理,只根据出资额分享利润并承担责任,即承担有限责任。评级机构也会对有限合伙提出额外的要求,例如,至少有 1 个普通合伙人为破产隔离的实体,通常是 SPV 公司。有限合伙不是法人,就可以避免双重征税。此外,有时 SPV 由投资银行设立,投资银行设立的 SPV 一般被称为"孤儿附属公司"。

至于具体如何组建 SPV,则要考虑一个具体国家或地区的法律制度和现实需要。从已有的证券化实践来看,为了规避法律制度的制约,有很多 SPV 都是在有"避税天堂"之称的百慕大群岛、开曼群岛等地方注册的。

与一般实体不同,SPV 基本上是一个"空壳公司",它只从事单一业务,从许多不同的发起人那里购买财产,组合这些应收权益,并以此为担保发行证券。但它并不参与实际的业务操作,具体工作委托他人进行:资产一般委托给发起人进行管理;将权益委托给受托管理机构,然后发行资产支持债券,受托管理机构代表投资者拥有证券的全部权益,收取债券本息并分配给投资者;证券的发行和承销委托给投资银行;信用增级工作委托担保机构;信用评级委托信用评级机构。在法律上,它完全独立于资产原始持有人,不受发起人破产与否的影响。SPV 购买有两种形式,或者是整批买进一个特定的资产组合,或者是买进资产组合中一项不可分割的权利。

虽然 SPV"形同虚设",但是却起到了实质性的作用,它在资产证券化过程中处于核心地位。具体表现为:首先,SPV 是资产证券化过程中的中介机构;其次,SPV 是资产证券化过程能够顺利进行的保证。

### (三)资产的真实出售

证券化资产从原始权益人(如住房抵押贷款的发放银行)向 SPV 的转移,是证券化运作流程中非常重要的一个环节。这个环节会涉及众多法律、税收和会计处理问题。其中的一个关键问题是:一般都要求这种转移在性质上是"真实出售"(Truesale),其目的是为了实现证券化资产与原始权益人之间的破产隔离,即原始权益人的其他债权人在其破产时对已证券化资产没有追索权。

以真实出售的方式转移证券化资产要求做到以下两个方面:一方面,证券化资产必须完全转移到 SPV 手中,这既保证了原始权益人的债权人对已转移的证券化资产没有追索权,也保证了 SPV 的债权人(即投资者)对原始权益人的其他资产没有追索权;另一方面,由于资产控制权已经从原始权益人转移到了 SPV,因此,应将这些资产从原始权益人的资产负债表上剔除,使资产证券化成为一种表外融资方式。也就是说,真实出售意味着 SPV 将证券化资产从发起人处买断,已出售的资产不再属于发起人,在会计处理上允许原始权益人将证券化的资产从资产负债表上剔除并确认收益或损失。这样,证券化资产和由其产生的现金流就不受发起人经营状况的影响,从而达到破产隔离的保护作用。破产隔离要求发起人破产清算时,证券化资产将不作为清算资产,所产生的现金流仍按证券化交易契约规定支付给投资者,实现保护投资者利益的目的。

(四)信用增级

顾名思义,信用增级就是增加信用级别,这里的信用级别是指发行人所发行的资产支持证券的信用级别。信用增级是对各种用于提供信用保护的技术的全称,信用增级的程度、方法和数量反映了资产池在交易期内预期损失的大小。

为吸引投资者并降低融资成本,必须对资产证券化产品进行信用增级,以提高所发行证券的信用级别。信用增级可以提高所发行证券的信用级别,使证券在信用质量、偿付的时间性与确定性等方面能更好地满足投资者的需要,同时满足发行人在会计、监管和融资目标方面的需求。信用增级(Credit Enhancement)可以分为内部信用增级和外部信用增级两类,具体手段有很多种,如内部信用增级的方式有划分优先/次级结构(Senior/Subordinate Structure)、建立利差账户(Spreadaccount)、开立信用证、进行超额抵押等,外部信用增级则主要通过金融担保来实现。

本质上,信用增级就是通过保险、担保等形式将资产支持证券的本息不能按照合约进行偿付的可能性降低到一定程度,从而缩小发起人与投资者需求之间的差异。经过信用增级的证券化项目的资信级别甚至高于国家主权级,这与公司债券等传统融资工具受国家主权级限制的特性相比,具有明显的优势。

(五)信用评级

资产证券的评级由专门评级机构并应资产证券发起人或承销人的请求进行。评级考虑因素不包括由利率变动等因素导致的市场风险,或基础资产提前支付所引起的风险,而主要考虑资产的信用风险。

信用评级机构只对资产组合未来产生现金流量的能力进行评估,给出资产证券的级别。由于出售的资产项目都经过了一定的信用增级,因此,资产证券的信用级别通常会高于资产发起人的信用级别。

在资产证券化交易中,信用评级机构通常要进行两次评级:初评与发行评级。初评的目的是确定为了达到所需要的信用级别必须进行的信用增级水平。在按评级机构的要求进行完信用增级之后,评级机构将进行正式的发行评级,并向投资者公布最终的评级结果。信用评级机构通过审查各种合同和文件的合法性及有效性,给出评级结果。信用等级越高,表明证券的风险越低,从而使得发行证券筹集资金的成本也就越低。

(六)发售证券

信用评级完成并公布结果后,SPV 将经过信用评级的证券交给证券承销商去承销,承销可以采取公开发售或私募的方式来进行。由于这些证券一般具有高收益、低风险的特征,所以主要由机构投资者(如保险公司、投资基金和银行机构等)来购买。这也从一个角度说明,一个健全发达的资产证券化市场必须要有一个成熟的、达到相当规模的机构投资者队伍。

(七)向发起人支付资产购买价款

SPV 从证券承销商那里获得发行现金收入,然后按事先约定的价格向发起人支付购买证券化资产的价款,此时要优先向其聘请的各专业机构支付相关费用。

### （八）管理资产池

SPV要聘请专门的服务商来对资产池进行管理。服务商的作用主要包括：①收取债务人每月偿还的本息；②将收集的现金存入SPV在受托人处设立的特定账户；③对债务人履行债权债务协议的情况进行监督；④管理相关的税务和保险事宜；⑤在债务人违约的情况下实施有关补救措施。

一般地，发起人会担任服务商，这种安排有很重要的实践意义。因为发起人已经比较熟悉基础资产的情况，并与每个债务人建立了联系。而且，发起人一般都有管理基础资产的专门技术和充足人力。当然，服务商也可以是独立于发起人的第三方。这时，发起人必须把与基础资产相关的全部文件移交给新服务商，以便新服务商掌握资产池的全部资料。

### （九）清偿证券

按照证券发行时的说明书的约定，在证券偿付日，SPV将委托受托人按时、足额地向投资者偿付本息。利息通常是定期支付的，而本金的偿还日期及顺序就要因基础资产和所发行证券的偿还安排的不同而异了。当证券全部被偿付完毕后，如果资产池产生的现金流还有剩余，这些剩余的现金流将被返还给交易发起人——资产证券化交易的全部过程也随之而宣告结束。

由上可见，整个资产证券化的运作流程都是围绕着SPV这个核心来展开的。SPV进行证券化运作的目标是：在风险最小化、利润最大化的约束下，使基础资产所产生的现金流与投资者的需求最恰当地匹配。

## 二、资产证券化风险

### （一）资产证券化风险与一般债券风险的比较

作为固定收入证券的一种，资产支撑证券与一般债券的风险具有相似之处。资产支撑证券也具有违约风险、利率风险、流动性风险、购买力风险和再投资风险。

1.违约风险是指借款人无法按时支付债券利息和偿还本金的风险。国债由于有政府担保，所以基本上无违约风险，除中央政府以外的地方政府和公司发行的债券则或多或少都有违约风险。资产支撑证券的违约风险大于国债，但小于公司债券和地方政府债券，其风险由资产支撑证券发行者特设信托机构引起。资产支撑证券由于资产与原始权益人剥离，并通过担保机构担保来提高信用等级，一部分支付能力风险被转嫁到其他机构（如保险公司），违约风险较小。例如，美国联邦住宅发展局为抵押违约提供了保险，发行的债券相当于AAA级债券。

2.利率风险是指由于利率变动而使投资者遭受损失的风险。由于固定收益证券价格会随利率波动，所有固定收益证券都有利率风险。资产证券化中的利率风险从银行系统向投资者进行了转移，投资者比金融机构更易接受潜在利率波动的影响。

3.流动性风险是指无法在短期内以合理价格卖掉资产的风险。成熟的资产支撑证券二级市场是降低流动性风险的有力保证。

4.购买力风险是指由于通货膨胀而使货币购买力下降的风险。一般来说，预期报酬率上升的资产，其购买力风险会低于报酬率固定的资产。在这一点上，资产证券化风险与一般债券发行风险基本类似。

5.再投资风险是指证券到期时面临较低的再投资利率的风险。资产证券化再投资风险与一般债券基本类似。

（二）资产证券化的特有风险

作为一种特殊的固定收益证券，资产证券化又具有其特有的风险：

1.提前偿付风险。提前偿付风险是指与提前偿付有关的风险。拥有资产支撑证券的投资者不知道未来的现金流量的确切数目，因为提前偿付会在很大程度上影响资产支撑证券的现金流量。资产支撑证券的品种很多，但提前偿付的特征都相似，故在此仅以住宅抵押传递证券为例进行阐述。

影响提前偿付的主要因素有四个：当前的抵押利率、基础抵押品组合的特征、季节因素和宏观经济因素。当前抵押利率以三种方式影响提前偿付：①当前的抵押利率与住宅所有者签订的合同利率的差额会激发再融资的动力，但再融资所节约的利息支付必须比对抵押进行再融资的费用高才经济合理，通过对以往资料的分析，当前抵押利率下降到合同利率200个基点以下时，提前偿付率会提高。②抵押利率变动的路线也会影响提前偿付行为。③抵押利率水平会提高住宅周转率，即较低的利率水平增加了买房的承受能力。

基础抵押品组合的以下特征会影响提前偿付：①合同利率；②贷款的担保情况；③季节因素；④贷款种类。季节性因素是一级住宅市场本身的季节性引起的。宏观经济因素会通过住房周转率来影响提前偿付行为。二者的联系是：经济的增长导致个人收入的增长以及劳动力迁徙机会的增加，这又导致家庭移动性的增加，结果就导致了住房周转率的提高。对于疲软的经济，相反的推论成立。

提前偿付风险可以分为两类：

第一，当抵押利率下降时，将产生以下影响：购买抵押担保债券的投资者可以进行再融资，也就等效于拥有含有期权的债券，当抵押利率下降幅度大时，价格上涨的程度不如不含期权的债券上涨的程度高。由于提前偿付，转递证券（Past-Through Secunties）的价格上涨潜力已被缩短。投资者必须以较低的现金流量进行再投资，这就是前面提及的再投资风险。以上不利影响被称为紧缩风险。

第二，当抵押利率升高时，转递证券的利率与任何一种债券的利率将提高，但由于抵押利率提高时，提前偿付率会下降，这就增加了以息票利率进行投资的金额，住宅所有者不愿意对他们的抵押进行再融资或部分提前偿付，而投资者希望提前偿付加速，以便能够以较高的市场利率对提前偿付额进行再融资，导致抵押转递证券的价格下降更多。以上结果被称为展期风险。

随着资产证券化的发展，资产证券化的交易结构不断改进。例如，担保抵押债务（CMO）的创立并不能消除提前偿付风险，它只是将这种风险的各种不同形式分配给不同类别的债券投资者。一些投资者关注展期风险，而另一些投资者关注紧缩风险。CMO创立了不同档或类别。不同档的平均寿命有的比担保资产的平均寿命长，有的短，可吸引对平均寿命与担保资产的平均寿命偏好不同的投资者。有些档对本金优先偿还，可有效地防范展期风险。同样，有些档获取了对紧缩风险的防范手段。有些CMO中包括一类被称为稳定的抵押减少条件债券（Stabilized Mortgage Reduction Term Bonds，SRATB）的债券，它的P系列CMO中的一类债券被称为按计划摊销类别债券

(Planned Amortization Class Bonds,PACB)。它们的共同特点是:如果提前偿付是在规定的范围内,那么现金流量模式是确定的;PAC 债券现金流量较大的确定性是以非 PAC 类别债券为代价得到的,可同时防范紧缩风险和展期风险。

2.失效及等级下降风险。失效是由法律意见书指明并通常由陈述书、保证书及赔偿书支持的一种法律风险。如果一张资产支撑证券被宣布失效,那么发行人就不再对证券持有人有进行支付的义务;类似地,如果一份重要的交易文件被宣布无效,那么交易机制就停止运作,而且发行人也不必拥有对它发行的证券进行清偿所必需的资金。资产证券化特别容易受到等级下降的损害,因为资产证券化交易与构成交易的基础包含许多复杂多样的因素,如果这些因素中的任一因素恶化,整个发行的等级就会下降。显然,交易越复杂,该资产证券化中等级下降的潜在因素就越多。

3.金融管理风险。资产证券化是金融法律发展的高峰,它代表了践约、技术和结构技巧的完美组合,如果任一因素出现故障,整个交易可能会面临风险。投资者承受的金融管理风险来自四个方面:①交易管理风险;②设备故障风险;③结构机制风险;④依赖专家的风险 。

4.财产、意外事故风险。涉及资产证券化的实物抵押品常常面临传统的财产、意外事故风险:①保险险种提供者的基本质量标准没有统一的规定;②保险险种对抵押品的某些风险不适用;③保险险种对一些类型的抵押品风险的适用性非常有限;④抵押品的所有权被证明不充分时面临无追偿权的风险。所有权保险通常仅限于房地产,而个人财产证券化通常依赖于卖方出具的陈述书,证明抵押担保财产的所有权的转让,但是,陈述书也有可能失效。在许多情况下,唯一有效的赔偿是要求卖方购回,即使卖方不是投资机构也不例外。

5.法律的不明确性及条款的变化。虽然法律原本是为了消除交易的外部风险因素,但由于有关资产证券化的法律还没有达到相当完善的地步,尤其是在国内,还处于没有起步的阶段,其本身却往往成为整个交易过程的风险因素。另外,随着法律的发展,还存在新旧立法可能发生冲突的风险。

### (三)资产证券化风险的控制

资产证券化涉及发起人、债务人、SPV、保证人或信用增级机构、受托管理人、投资者等多个当事人,从而将传统的贷款功能分散给几个有限责任的承受者,这就使资产证券化中的风险呈现连续性和复杂性,也使证券化风险的控制十分棘手。一旦一个环节发生问题,就有可能影响整个金融体系的稳定性。防范和控制资产证券化的风险主要有以下三种途径。

1.资产重组。资产重组是资产的所有者或支配者为实现发行证券的目标,根据资产重组原理,运用一定的方式和手段,对资产的风险和收益结构进行重新配置和组合的行为。资产重组是资产证券化风险控制的第一道防线。利用资产重组来防范和控制风险一般遵循以下原则:①最佳化原则;②均衡原则;③成本最低原则;④优化配置原则。

通过资产重组,SPV 可以根据资产的历史数据,利用各种模型来推算资产组合中资产的违约率,然后根据违约率来对风险进行定价,从而使风险更容易被测算,以利于控制风险。

2.风险隔离机制。风险隔离机制是指在构造资产证券化的交易结构时,证券化结构应能保证发起人的破产不会影响证券化融资交易的正常运营,不会影响对资产担保证券持有人的按时偿付,以达到保护投资者的目的。

3.信用增级。信用增级作为资产证券化的一个重要环节,在资产证券化风险的防范和控制中起着重要的作用。简单地说,信用增级是用于确保发行人按时支付投资收益的各种有效手段和金融工具的总称,它可以使投资者不能获得偿付的可能性达到最小。

风险是无法避免的,只能通过对风险的认识和评估来加以控制。虽然通过资产重组、风险隔离机制和信用增级可以分散和控制一部分风险,然而并不能排除所有风险,尤其是随着市场环境的变化,还可能出现新的风险,因此,对资产证券化风险的管理是一个不断深化的过程。

### (四)资产证券化的监管

1992年9月,巴塞尔委员会的一个工作小组就资产证券化出具了《资产转让与证券化》的分析报告。报告分为简介、资产证券化的机制、资产证券化的动机、资产证券化的影响和监管问题五部分。

委员会提出要将资产证券化纳入监管的范围,这是基于资产证券化日趋活跃,带来了一系列令人担忧的问题。主要的担忧是:如果不是彻底出售,那么信用风险仍会留在银行中。报告简要分析了资产证券化使银行面临的风险,主要包括:①出售方银行因非真实销售,会面临资产质量不佳而遭受部分或全部损失的风险。②即使银行有效转移了资产,但当资产出现问题时,它仍然可能面临着重新购回证券的道义压力。③银行面临操作风险。

对资产证券化监管的建议,委员会指出,各国监管者需要认真确定某一证券化安排中的风险是否已部分或全部有效地转给了投资者或信用强化者,并要确保安排是审慎的。主要应关注以下几个问题:①真实销售;②证券化安排的管理;③第三方银行的信用增强或流动性支持。

该文件只是简单地提出了对资产证券化监管的几个要点,并未提出具体的处理办法。但是,它对资产证券化的关注,为关于资产证券化的两份工作文件和巴塞尔新资本协议奠定了一定的基础。

## 三、资产证券化与美国次级抵押贷款市场的危机

2007年爆发的美国次贷市场危机不仅使美国经济受到极大冲击,也对全球经济的稳定产生了不利的影响。从表面上看,这次危机是由抵押贷款利率上升和房价下跌引起的,但危机发生的根本原因则是证券化的过程加剧了信息不对称,导致各种激励机制的扭曲和“流动性幻觉”的出现。

次级抵押贷款是向缺乏良好信用记录和财务状况的高风险借款人提供的抵押贷款。这些借款人具有财富少、信用得分低、收入不稳定等风险特征,违约的可能性很大,因此,要比优质借款人支付更高的首付款或更高的利率。次债抵押贷款引入了许多不同的价格档次和产品类型,使抵押贷款市场更接近于以风险为定价基础的价格配给。最终,1980年美国实施的《存款机构非管制化和货币控制法案》取消了利率限制,1982年颁布的《选择性抵押交易公平法案》允许抵押贷款人发放利率和最终付款数目都可

调整的贷款,1986年颁布的《税收改革法案》更是大大增加了借款人对抵押贷款的需求。这个法案禁止消费贷款的利息从应税收入中扣除,但允许第一套住宅和第二套住宅的利息从应税收入中扣除,这使得房屋抵押贷款比其他消费贷款更有吸引力。同时,随着银行管制的逐步消失与信息技术推动下金融创新的加速,美国银行业的竞争也日益激烈,开始进入混业经营时代。一些优质金融公司开始收购主要的次债机构,以实现所谓的"功能化增长"。

资产证券化无疑是过去20多年最大的金融创新。美国抵押贷款证券化开始于20世纪70年代,今天美国住房抵押贷款中的70%都已经通过证券化卖给了二级市场。次级抵押贷款证券化的过程是:潜在的购房者通过经纪人或直接向次债贷款人申请贷款,贷款标准一旦被借款人接受,次级贷款人提供购房款项,然后把所有房屋作为抵押的贷款卖给银行和金融机构,销售收入被次级贷款人用来提供新的抵押贷款。购买次级贷款的机构可以有几种选择:一种是CMO(担保抵押证券),一种是CDO(担保债务证券)。一旦证券池子组合好了,金融机构就可以通过风险分析来决定如何最好地把这个池子分成若干部分,然后由信用评级机构对每个部分进行评级。随后,经过信用评级的证券被推向市场,满足不同投资者的需求。

通过证券化,抵押贷款的风险不再集中在贷款发放部门,而是分散到了愿意通过承担风险获得更高收益的投资者手中,这就大大增加了贷款人的贷款意愿,由此导致资本市场资金的增加。在证券化市场的推动下,市场上逐渐出现了独立的抵押金融公司。竞争加剧了兼并和收购,导致次级贷款市场的集中度上升。

美国次级贷款证券化过程中出现的问题,首先是证券化导致贷款标准的恶化。贷款发起人的收益与贷款数量紧密联系,这样的激励机制虽然增加了贷款数量,但却不能保证贷款质量成为贷款人的首要目标。在美国资产证券化的初期,贷款购买人有权利把那些"早违约贷款"退回给发起人,并通过某些合约条款对贷款过程实施影响,但由于发起人自由资本很少,在违约率大幅上升时并不能承担回购的义务,加上贷款购买人能够通过证券化把风险转移给华尔街的投资者,对贷款过程也就缺乏监督激励。尤其是在低利率的环境下,出于对债券的强烈需求,一些贷款人明显放松了贷款标准。其次,证券化加剧了信息不对称,抵押贷款提供链条上的各种专业服务的提供者也出现了严重的代理问题。美国的住房贷款有相当大的比例是通过代理机构发放的,发放贷款越多,收入越多,而这些代理机构并不是为了贷款人最大利益而行动。再次,证券化使不同层次的信贷市场更加紧密地相互依存,但同时也"分割了"信用和流动性。既然信贷被更多的投资者分担,单个投资者便会误以为整个金融体系更加强劲有力,这反过来又为进一步冒险提供了激励。而当市场环境开始逆转时,首先遭受损失的投资者也更容易从一个市场转到另一个市场,通过动态对冲来防止未来的损失,从而加剧了市场的价格波动。最后,证券化可能导致"流动性幻觉",一旦幻觉破灭,就有可能引发系统性金融风险。

美国的次贷危机并不意味着资产证券化本身存在某种内在的致命缺陷,更不能就此认为中国应当放弃资产证券化的尝试。我们应该吸取美国次贷危机的教训,在资产证券化过程中加强制度建设和风险防范。首先,要建立有效的信息披露制度,使资产支持证券的投资者对基础资产的风险和收益有充分的认识,这一方面可以减少贷款出售方对投资者的误导，另一方面也可以缓解信息不对称可能产生的“市场稀薄”问题。其次，中央银行应强化对银行贷款质量的监管。再次，在提高信用评级机构公信力的同时，从制度上规范其行为。最后，建立有效的金融体系监管制度。

## 四、中国发展资产证券化环境和对策分析

### （一）中国资产证券化发展环境分析

中国资产证券化的实践先于理论的探索。早期的资产证券化实践可以追溯到1992年三亚市丹洲小区将800公顷土地作为发行标的物，以地产销售和存款利息收入作为投资者收益来源而发行的2亿元地产投资券。在此以后，资产证券化的离岸产品虽然取得了很大的成功，但中国资本市场上没有出现实质意义上的资产证券化操作。我国真正意义上的资产证券化交易实践是从2005年正式开始的，其标志是2005年8月中国联通CDMA网络租赁费收益计划的发行以及2005年12月中国建设银行股份有限公司发行的建元2005-1住房抵押贷款证券化以及国家开发银行发行的国开元2005-1信贷资产证券化。自2005年资产证券化在我国试点以来，虽中途曾因全球金融危机等原因被叫停，但近几年来，我国资产证券化业务发展迅速。2019年，我国资产证券化市场规模仍保持快速增长，共发行资产证券化产品1 440单，发行总规模为2.33万亿元，同比分别增加51.58%和15.58%。其中，企业资产支持证券共发行1 101单，发行规模合计1.10万亿元，同比分别增长44.84%和14.60%；信贷资产支持证券共发行180单，发行规模合计9 433.36亿元，同比分别增长15.38%和1.18%；资产支持票据共发行249单，发行规模合计2 893.77亿元，同比分别增长159.38%和129.44%（数据来源：wind）。

1.发展的有利条件：

（1）离岸资产证券化产品的成功经验。中国的离岸资产证券化项目如珠海高速公路、中国远洋运输总公司和中集集团应收款等为国内的证券化实践提供了成功经验，揭示了资产证券化成功运作的共同要点：①标的资产的质量良好，具有可预测的稳定现金流；②法律运作框架至关重要，设在海外的SPV既可以避免国内法律制度的障碍，又可以利用国外成熟市场已建立的相关法律体系；③规范的信用增级操作，保证资产证券化产品获得必需的信用等级；④充分利用有经验的中介服务机构，构建合理的产品结构，提供有效的发行和维护服务；⑤广泛的销售网络，保证资产证券化产品可以成功地为投资者所接受；⑥活跃的海外二级市场，为资产证券化产品的成功发行创造了条件，同时也降低了产品流动性溢价，提高了产品的竞争力。

（2）信托计划的作用。信托计划是资产证券化实践中SPV的主要形式。中国的信托行业从2001开始进入了一个新的发展阶段。近年来，信托的创新主要在以下几个方面：①克服发行限制，推动信托权益凭证。信托公司在向有关部门争取信托产品公募的同时，力图通过发行创新，突破发行数量上的障碍。信托权益凭证是一种突破形式。2001年的《信托法》对收益权做了重要的法律规定：收益人的信托收益权可以转让和继承，收益人的收益权期限可以与信托合同一致，信托文件可以对共同收益人的收益权的分配比例作出规定。信托公司依据《信托法》发行的信托收益凭证突破了发行信用合同200份的限制，而且收益权凭证可以转让，为发展信托收益权的交易市场打下基础。

②增加产品种类。信托公司近年来在单一资金信托、集合资金信托、不动产信托、动产信托、公益信托等领域不断开拓新产品。值得关注的是,一些集合资金信托形式的产品创新已经具有资产证券化的主要特征。资产租赁信托、汽车按揭信托、住房按揭信托、外汇资金信托、证券投资信托等产品的开发和推广正在成为信托公司业务发展的战略重点。

(3)资产证券化实践已形成发展重点。国内(在岸)资产证券化产品和项目尽管不能称为从严格或标准意义上的资产证券化实践,但已经形成了资产证券化发展的一些特点和趋势。首先,资产证券化实践的主要领域在房地产、不良资产的处理和基础设施行业。其次,与房地产行业发展密切相关的房地产抵押贷款证券化成为国内外专业机构的发展战略重点,政策和技术准备工作正在进行中。最后,资产证券化的操作特征逐步强化,如有的信托公司将公寓房产和未来房产经营收益权利所产生的现金流作为标的资产,并开始使用利差余额等信用增级手段,提高信托计划产品的信用。

2.发展中有待解决的问题。资产证券化实践在过去 10 年多中所遇到的问题和困难,可以归纳为法律制度和实施环境两方面的障碍。

(1)法律制度的障碍。我国目前在资产证券化实践中的法律制度限制主要表现在资产转让过程中优先权益的确定和真实销售的鉴定,以及在资产证券化产品的定义、税收、会计、产品交易、信息披露等方面的法律政策不够完善。

(2)实施环境方面的障碍。资产证券化的实施环境在这里是指资产证券化运作所必需的、除了法律制度以外的实施条件。从我国资产证券化实践至今的历程看,主要的实施环境障碍在以下几个方面:

第一,标的资产的数量和质量问题。海外资产证券化的标的资产非常广泛,包括房地产抵押贷款、银行信贷、信用卡贷款、学生贷款、汽车贷款、设备租赁、消费贷款、房屋资产贷款等资产,而我国目前资产证券化实践中有可能被证券化的资产不仅种类相对有限,而且尚不成规模。个人消费贷款、学生贷款、租赁、证券组合等虽有一定规模,但现金流的稳定性和剥离性都较低,限制了这些资产的证券化运作。目前,在我国比较有可能被证券化或正在进行证券化尝试的资产主要有房地产抵押贷款、基础设施收费、出口应收款、不良资产和银行信贷。尽管资产管理公司对不良资产的处置和银行信贷的 CDO 尝试已经向证券化操作迈进了一大步,但不良资产和银行信贷资产的现金流稳定性和信用能力离资产证券化的要求还有很大的距离。相对而言,房地产抵押贷款、基础设施收费、出口应收款的资产性质比较符合证券化操作对标的资产的要求,但是,这些资产对全面开展资产证券化的要求而言,在种类和数量上都非常有限。

第二,资产转让登记问题。资产的优先权益登记是中国资产证券化实践中遇到的一个实际问题。由于缺乏一个中央优先权益登记系统,无法确认和监管被转让资产上已有的优先权益。受让方没有客观的途径确知该资产以前是否曾经被转让给第三方,在以后转让中的受让人也无法知道第一次转让的情况。这样,以"真实出售"为基础的资产转让无法对资产的抵押权有客观的和法律意义上的确认,这已成为资产证券化实践中的一个重要难题。

第三,证券化产品的金融服务问题。金融服务机构的障碍主要是中介服务机构的专业性服务不够,尤其是信用评级专业服务的缺乏。资产证券化产品属于信用敏感的固定收益产品，产品的信用评级是产品的重要特征之一，而且，信用评级机构对产品的信用评级报告是资产证券化产品信息披露的重要组成部分。由于资产本身历史记录的原因和资产信用评级标准的缺乏，信用评级服务目前不能满足资产证券化发展的要求。

第四，二级市场和流动性问题。2001 年以后信托业的发展和创新是资产证券化实践的催化剂，也是资产证券化实践突破现有法律制度限制的重要途径。目前，信托产品发展面临的一个重要限制是信托产品发行后的流动性问题。由于缺乏有效的二级市场，绝大多数的投资者只能在认购后一直持有信托产品到产品的到期日，这就严重限制了信托产品的发展。流动性不足已经成为制约我国资产证券化业务发展的重要因素。

### （二）推进我国资产证券化发展的建议

1.完善法律制度。为推进我国资产证券化的进程，需要通过资产证券化专项立法的途径，修订有关法规，完善资产证券化发展的法律制度环境。

（1）确立以公告或登记方法通知债务人的法律的有效性，以便利证券化中成千上万债权转让的操作。可采用类似于资产管理公司处理不良资产中的公告通知办法来取代目前的通知要求。

（2）在公司法中明确对公司类 SPV 的规定。我国《信托法》对信托 SPV 的实施提供了法律依据，公司法也需要根据证券化操作的实际要求，对公司性质（类型）、资本金标准、董事会结构进行规定。更重要的是，要赋予公司性质的 SPV 证券的发行资格。

（3）制定相关的会计准则，规范资产销售的会计处理，对“真实销售”作出明确的界定，保证资产证券化中资产转让和风险隔离的实施。

（4）明确资产证券化产品的“证券”性质。在证券法专项立法中，《证券法》第 2 条的规定“经国务院依法认定的其他证券”，应取得国务院的认可，即将资产证券化产品（资产担保证券）界定为我国立法规范的证券类型。

（5）完善有关证券私募的规定。由于资产证券化产品的发行可以采取公募和私募的形式，因此，在确定资产证券化产品的“证券”性质的同时，应该在证券法中完善有关证券私募的规定，明确私募发行的条件和信息披露的要求。

（6）完善有关税收制度。资产证券化过程中，发起人在资产转让过程中由于折价销售资产而减少收益，应该明确发起人是否可以将资产转让中的损失从应税收入中予以扣除。

2.建立中央优先权益登记系统。各国资产证券化的经验显示，建立中央优先权益登记系统是保证优先权益登记和监管的一个重要实施手段。在没有中央优先权益登记系统的情况下，标的资产（如应收款）在转让过程中，受让方没有客观的途径确知该资产以前是否曾经被转让给第三方。同样，除非转让人披露，以后转让中的受让人也无法知道第一次转让的情况。因此，有效的中央优先权益登记系统应该具有两大基本功能：①确认被转让资产上已有的优先权益；②实施有关法律，监管资产上的优先权益。

在我国现有的法律制度下，债权转让时必须通知债务人。《合同法》第 80 条和第 87 条对债务人已经采取了通知主义，取代了《民法通则》第 91 条的同意主义，为资产证券化创造了转让的条件。但是，在优先权益的登记方面，目前还没有相应的实施机制。资产证券化过程涉及众多债务人，逐一通知债务人在实践中既不经济也不可行。正在广泛讨论和准备中的住房抵押贷款证券化，同样面临着优先权益（债权）的登记问题。

如果银行将住房抵押贷款转让给 SPV,担保贷款的住房抵押权自然也随同转移,但是按规定,SPV 必须逐个地去办理抵押权的变更登记,这是开展住房抵押贷款证券化中的关键难点之一。因此,建立中央优先权益登记系统是中国推进资产证券化实践的一个重要实施步骤。

3.建立交易服务平台。尽管我国资产证券化实践还处于初步发展阶段,而且资产证券化产品交易市场是产品发行后的二级市场,但是,中国证券市场在很多领域都经历了先组织市场、再在发展中规范市场的发展过程。这种发展模式有别于市场自身形成和发展的模式,它要求市场组织者参与交易产品的形成过程,对产品的标准化和可交易性提出相关的要求,使交易市场的组织成为资产证券化过程的一个重要组成部分。

4.选择适合提供交易服务的证券化产品。具体建议是:

(1)MBS 是交易所提供交易服务的首选。资产证券化在欧美国家具有创新多、产品多样、发展迅速等特点。但是,结合资产证券化在我国的发展现状、相关的法律制度以及资产特性等因素,从为资产证券化产品提供交易服务的角度看,MBS 是考虑提供交易服务的首选。

在我国,作为支持 MBS 发展的"基础"行业,房地产业正随着国民经济的发展和人民生活的改善而逐步成为经济发展的主导产业。近年来,房地产贷款在金融机构新增资产中的比重呈上升的趋势。在房地产业高速发展的同时,房地产新增贷款在我国商业银行新增贷款规模中的比重将快速上升,这无疑会对银行产生很大的压力。缓解银行压力并保证房地产业发展的重要途径之一是将房地产抵押贷款证券化。

(2)CDO 产品是值得关注的产品。CDO 产品在中国的发展还处于起步阶段。我国商业银行表外业务近年来迅速发展,并且越来越多地参照巴塞尔委员会倡导的做法,用资本充足率办法对表外业务实施监管。因此,贷款证券化正在逐渐成为商业银行业务发展的重点。中国农业银行在 2003 年 5 月成功地推出了私募形式的合成 CDO。

(3)关注信托收益权凭证市场的发展。在资产证券化依然面临法律制度方面的障碍、标准化的 MBS 和 CDO 产品尚需一定的时间才能得以全面开发的情况下,目前信托公司推出的信托收益权凭证可以成为建立资产证券化产品交易服务体系的出发点。主要原因有二:①为收益权凭证提供直接、有效的交易服务,可以增加信托产品的流动性,降低发行成本,提高投资价值。②信托收益权凭证具有固定收益证券的基本特征,如到期日、收益率、信用等级等;建立信托收益权凭证的交易服务模式,既可以为日后资产证券化产品的全面展开提供技术准备,又可以在实践中积累交易服务和监管的经验。

## 第三节　投资银行在资产证券化业务中的作用

### 一、优化各种资产

缺乏流动性的资产种类很多,但它们并非都能证券化。为保证证券化的成功实现,投资银行必须对发起人拟出售的资产进行详细的分析、评价，选择出适合的资产，并进行优化组合。评判用于证券化的资产标准是看它们是否具有以下几个特征：

首先，被剥离的资产未来能产生可靠的、可预测的现金流，并且这种资产权益相对独立，可以同其他资产所形成的现金流相分离。

其次，资产的现金流收入在资产存续期内能够分期实现，且资产存续期在 1 年以上，资产获取偿付的拖欠率和违约率维持在一个较低的水平。

再次，资产的债务人有广泛的地域和人口分布，能使意外事件发生的概率降低，能保证资产的现金流收入。

最后，证券化的资产有较高的变现价值。

## 二、创立证券化载体

如果资产证券化业务主要由投资银行来实施，通常情况下，投资银行会创建 SPV（特殊目的载体），以 SPV 为载体来收购资产并构建资产池，再以该资产池的未来现金流收入为担保发行证券。

SPV 是为了最大限度地降低信贷资产证券化发起人的破产风险对证券化的影响而建立的一个空壳公司，具体采用何种形式，取决于资产的特性与风险、相关的法律法规、税收以及资金筹措者的目的。SPV 购买的资产是一种“真实出售”，在法律上不再与发起人的信用相联系，它是一种有限或无追索权的交易活动。因此，在资产证券化发起人破产时，被证券化的资产不作为清算资产，这样就可以有效地保护投资者的利益。而且，SPV 本身是一个没有破产风险的实体，因而特殊目的载体就是一个破产隔离机制。

## 三、重新包装现金流

在有些情况下，SPV 会重新包装来自基础资产的现金流，包装者通常是一家投资银行。投资银行将 SPV 购买来的资产划分为不同期限，分次发行债券。例如，一个快速还本档、一个中期还本档以及一个长期还本档，每个档反映了预期基础抵押贷款的还本模式。当贷款被借款人归还时，本金首先流入第一档，直到第一档全部还本结束时为止，然后第二档被还本，以后依此类推。

将现金流包装成具有不同期限、不同提前偿还风险特征的档次，满足了不同投资者的需要。例如，一个储蓄机构可以购买一个短期档债券，而一个长期投资者如养老基金则可以购买一个更长期的档，因而现金流量再包装便创造了价值增值。

## 四、承销证券

在资产证券化的过程中，融资者可以选择由投资银行承销，公开发售，也可以采用私募放式发行。但不论采取哪种形式，投资银行都可以自始至终参与其中，也可以参与其中的某些环节。

发行证券是资产证券化的关键环节。SPV 以发行证券所募集的资金购买证券化资产，基础资产的原始持有人因此而获得高流动性的货币资金。

SPV 发行的证券一般由投资银行来承销。投资银行承销工作的质量直接关系到资产证券化的进程以及证券化活动的成功与否。由于证券承销是投资银行的传统业务，在正常情况下，投资银行均能圆满完成承销任务。

### 五、资金管理

投资银行可以作为委托管理人，即当被证券化资产的债务人向 SPV 支付本金和利息时，SPV 将其存入信托账户，由投资银行(委托管理人)负责支付给投资者，如果存入资金不必立即支付给投资者，投资银行则要负责对其进行再投资。投资银行作为委托管理人，还应判断 SPV 提交的各种报告是否充分地披露相关信息，并将符合要求的报告转交给投资者。最后，当 SPV 因各种原因不能履行其义务时，投资银行应能够承担 SPV 的全部义务。从这个意义上说，投资银行是证券化交易中 SPV 和投资者、信用担保人和投资者联系的桥梁。

### 六、充当咨询顾问

投资银行在证券发行过程中，会帮助发行人一起策划组织证券化交易，对基础资产的现金流进行分析和评估，选择出适合的资产，进行优化组合，确定收益和风险，同时也要保证整个资产证券化的过程符合相关法律法规等方面的要求。

### 七、为证券提供信用增级

投资银行在承销资产担保证券时，为了增加证券的吸引力，往往要对资产担保证券提供信用担保，以增加其信用级别。

## 课外阅读网站

1.http://www.chamc.com.cn/，中国华融资产管理股份有限公司网站。

## 思考题

1.简述资产证券化的具体步骤。
2.解释资产证券化的原理。
3.试分析资产证券化与美国次级抵押贷款危机的关系。
4.列举资产证券化的主要风险。
5.我国发展资产证券化应该着重从哪几个方面入手？

## 延伸阅读

### 建行再发个人住房抵押贷款支持

2007 年 12 月 14 日，中国建设银行成功发行“建元 2007-1 个人住房抵押贷款支持证券”,这是建设银行继2005年成功发行首单个人住房抵押贷款证券化产品之后在金融创新领域的继续探索和深入实践。

中国建设银行承担本次证券化发起机构、贷款服务机构和安排人等多重角色,中诚信托投资有限责任公司为本次证券化的受托机构和发行人,联合资信评级有限责任公司为交易出具了评级报告。为了高质量完成本单交易,建设银行还聘请了中国国际金融有限公司、金杜律师事务所和毕马威会计师事务所等具有国际水准的团队参与该证券化项目,为证券的发行提供相关中介服务。为本单交易提供资金保管服务的是中国工商银行,中央国债登记结算公司作为证券登记托管和支付代理机构。

“建元2007-1个人住房抵押贷款支持证券”发行总额为41.6亿元人民币,分为优先级和次级两类。优先级证券采用浮动利率,基准利率为一年期定期存款利率,利差根据簿记建档结果确定,基准利率每半年调整一次,每月付本息一次。次级证券本金和收益的支付都在优先级证券的本息支付之后。优先级证券又分为A、B、C三个档次,分别获得联合资信的“AAA”“A”“BBB”评级,A档的利息和本金支付优先级最高,其次是B档证券,然后是C档。

经严格筛选进入本期资产池的12 000余笔个人住房抵押贷款均为建设银行的优质资产,来自建设银行深圳和福建分行。截至2007年6月底,建设银行的个人住房抵押贷款不良率仅为1.33%,是建设银行各种贷款中最低的,而深圳、福建两家分行在个人住房贷款规模、管理规范程度方面在建设银行内部均位于前列,相应的个人住房抵押贷款不良率仅为0.2%和0.25%。

资产证券化是将缺乏流动性但其未来现金流可预测的资产集合、建池,以资产池内资产所产生的现金流作为偿付基础,主要通过资产真实销售、风险隔离和信用增级等技术手段,在资本市场上发行资产支持证券的结构融资过程。对于商业银行而言,资产证券化能够将期限较长的银行贷款转化为信托受益证券,再通过证券销售获取资金,从而提高资金的流动性和利用率。在资产证券化中,银行将证券化资产服务以外的收益转让给投资人,在让社会公众有机会投资银行资产的同时,将相关的信用风险、利率风险、提前还款风险分散转移给资本市场上不同风险偏好的投资者,实现了资金和风险在金融市场中的重新分配。

建设银行是国内率先开展住房抵押贷款证券化试点的银行,第一单个人住房抵押贷款支持证券的成功发行和有效管理为以后相关产品的研发树立了标杆。“建元2005-1个人住房抵押贷款支持证券”项目于2006年1月荣获亚洲《财经》杂志“最佳本地证券化发行奖”和“最佳本地证券化安排人奖”。2007年1月,《国际金融评论亚洲版》评价“建元2005-1个人住房抵押贷款支持证券”为“中国资产证券化的典范”,而建设银行也荣获该杂志2006年度“中国年度最佳债券交易”奖。

在第一单试点项目的实践基础上,建设银行本次项目以个人住房抵押贷款证券化业务常规化、日常化为目标,主要方案的设计均由建设银行自身投行业务专家承担。在遵循国际标准的同时,本次证券化更多地融入国内个人住房贷款业务的管理规范和实践特征,并对内部操作流程进行了进一步梳理和完善,为今后发行个人住房抵押贷款证券化系列产品奠定了基础。

资产证券化业务有利于商业银行优化资产负债结构,实现业务多元化,是对目前商业银行经营思路、管理方式的有益改进。建设银行是国内第一家开展个人住房抵押贷款证券化的商业银行,逐步建立了个人住房抵押贷款证券化产品品牌。

(资料来源:新浪财经,http://www.sina.com.cn,2007 年 12 月 14 日。)

# 第十三章

# 券商的上市和重组

## 第一节　直接上市

### 一、证券公司直接上市的含义

证券公司直接上市的途径是通过首次公开发行股票。首次公开发行股票(Initial Public Offerings,IPO),是指一家私人企业第一次将它的股份向公众出售。通常上市公司的股份是根据向证监会出具的招股书或发行说明中约定的条款,通过经纪商或做市商进行销售。一般来说,一旦首次公开上市完成后,这家公司就可以申请到证券交易所或报价系统挂牌交易。

IPO 可以给上市公司带来很大收益:一是可以使公司获得较充足的资金来源,二是可以增加公司的知名度,三是有利于公司吸引人才。但是,IPO 方式也有自身的缺点:一是上市门槛高,二是历时较长,三是费用较高,四是风险较大。公司能否顺利上市,还与市场的行情密切相关。

按照中国证监会《首次公开发行股票并上市管理办法》的有关规定,券商 IPO 上市面临的核心指标就是利润要求:最近 3 个会计年度净利润均为正数且累计超过 3 000 万元,净利润以扣除非经常性损益前后较低者为计算依据。《首次公开发行股票并上市管理办法》还对发行人的规范运行、独立运营、财务情况、筹集资金用途等作了严格的规定。整体来看,IPO 上市对企业的管理、经营、赢利情况要求很高,通常都会有一个漫长的审核过程。一般来说,考虑 IPO 上市的企业应在业内居于领先地位,发展前景良好,并有一只有效的管理团队。

### 二、证券公司直接上市对经济的促进作用

首先,证券公司 IPO 上市有助于市场主导的上市证券公司实现优胜劣汰,有利于上市证券公司的发展壮大。上市证券公司整体质量的改善和提高仅仅依靠存量调整是远远不够的,还需要增量调整,需要新的优质证券公司的加入,增加更多的新生力量。这样才能为我国证券市场添加更多的活力。只有建立竞争机制,我国的证券市场才能进一步完善,才能对我国的经济建设起更大的作用。

其次,证券公司 IPO 上市可以为投资者带来新的投资机会和投资选择。新的投资

机会和更多的投资选择余地可以使投资者根据自己的投资偏好更好地安置自己的资产，优化投资组合。

最后，证券公司 IPO 上市会遏制市场投机，提高市场运作效率。随着证券市场投资品种的增加，投机者的投机成本将大大提高，兴风作浪的难度也会日益加大。这就有利于遏制坐庄等投机行为，增加市场投资的理性。

## 三、证券公司直接上市的监管难题

一是证券公司 IPO 的法律，法规要求。证券公司 IPO 上市，首先需满足中国证监会 2006 年颁布的《上市公司证券发行管理办法》以及《首次公开发行股票并上市管理办法》。同时，证券公司 IPO 上市还需根据《公开发行证券的公司信息披露内容与格式准则第 10 号——上市公司公开发行证券申请文件》及《公开发行证券的公司信息披露内容与格式准则第 11 号——上市公司公开发行证券募集说明书》等文件的要求，报送、披露与证券公司上市有关的详尽信息。

二是证券公司 IPO 上市的主要障碍。证券公司通过 IPO 方式上市的主要障碍在于连续 3 年赢利的规定。由于前几年我国证券市场处于深度调整期，大部分证券公司都处于亏损状况，短时期内要满足上市 IPO 条件，可能存在一些困难。

三是现行法规下证券公司满足 IPO 条件的可行途径。根据有关规定，拟上市证券公司可依据新会计准则，对涉及的会计政策变更事项进行追溯调整，重新编制最近 3 年的会计报表，作为申请发行的申报报表。同时，参照银行、保险等相关金融行业的上市情况，在操作上允许证券公司根据财务重组后的实际情况，在会计审计法规规定的范围内，对会计政策变更及确认的以前年度的重大会计差错予以追溯调整。针对“最近一期期末不存在未弥补亏损”的上市条件，可考虑用本年利润、以前年度留存的盈余公积进行弥补；在公司由有限责任公司改制为股份有限公司的过程中，通过股权认定（以抵减未弥补亏损后的净资产出资）来解决亏损弥补问题；另外，还可以通过缩股来消化未弥补亏损。

由于证券市场具有行业固有的周期性和波动性特征，特定年度出现全行业亏损是市场发展的客观现实。因此，判断证券公司持续赢利能力的标准，不宜采用与一般企业相同的若干年度连续赢利的标准，而应借鉴成熟市场的做法，即适度降低对证券公司连续赢利年限的要求，或以特定时间段（如 3~5 年）的累计净利润额作为判断证券公司持续赢利能力的标准。而且，新《证券法》也改变了原来发行新股所要求的连续 3 年赢利要求，仅要求具有持续赢利条件。

四是证券公司 IPO 上市需给予的政策优惠。为支持证券公司通过 IPO 上市进一步完善法人治理，增强风险防范能力，监管层需对有上市意向的证券公司进行指导，鼓励符合条件的证券公司通过 IPO 直接上市，具体可采取的措施有：①支持拟上市证券公司执行新会计准则，允许公司对会计政策变更及资产管理业务和账外经营损失确认方面的重大会计差错进行追溯调整；②要求公司尽快通过合理途径解决未弥补亏损问题；③要求公司聘请会计师事务所对追溯调整后会计报表的公允性进行审计，并由会计师事务所对追溯调整前后会计报表的差异情况作出说明；④要求公司综合考虑采取执行新会计准则、改制、缩股、剥离不良资产等方式夯实资产，提高可持续发展能力。

五是证券公司 IPO 上市的监管要求。为促进证券公司通过 IPO 上市,规范公司治理,提高内部控制水平,合法合规经营,监管层在证券公司 IPO 上市过程中,应注意对公司内部控制制度、股权结构、募集资金投向、信息披露、业务规范运作和赢利预测等方面实施符合行业特殊性的完备的监管。

### 四、证券公司直接上市的监管对策

针对证券公司上市带来的监管难题,可能采取的对策如下:

一是进一步加强信息披露监管。要求证券公司对借壳、IPO 过程中涉及的重要信息进行详尽披露,包括证券公司的行业特殊风险、证券公司的内部控制情况等重要信息。

二是进一步完善联防机制,发挥协同监管的作用:①加强中国证监会与各证监局在监管上的协调配合,及时沟通证券公司上市有关政策要求、辖区证券公司上市动态;②加强证监会、交易所、证监局之间的互动,及时把证券公司经纪、资产管理、自营等业务的风险状况反馈到各监管单位。

三是进一步加强上市证券公司内幕交易监管:①研究制定证券公司董事、监事和高级管理人员买卖股票的相关规定;②强化信息披露功能,对股价或成交量异动的公司加强联合监管。

四是进一步提高监管效率:①加强监管人员有关证券公司组织结构、业务知识的培训,尤其是对创新产品的风险状况、监管重点进行深入讲解,为有效监管做好准备;②改变监管手段,从重市场准入、现场检查过渡到实时、动态监管,充分利用网络的优势,建立网络化的监管体系。

## 第二节 间接上市

### 一、证券公司间接上市的含义

证券公司间接上市主要是指通过借壳上市。借壳上市是通过收购或置换的方式剥离目标上市公司原有资产,将证券公司的资产置入,从而间接实现的上市。目前,借壳上市模式是证券公司实际采用较多的模式。从目前市场上已公布的证券公司借壳上市的方案来看,借壳上市可以进一步分为三种模式(见表 13-1)。

模式一:借上市公司股改之际,把上市公司原有的资产、业务等全部剥离给其大股东,同时以此为代价,回购大股东所持上市公司股权,之后,上市公司再向证券公司的股东定向增发新股,以新股支付合并对价方式吸收合并证券公司,使证券公司的业务和资产全部进入上市公司。

模式二:这也是借上市公司股改之机重组上市,不同的是,此模式是将上市公司原有的资产、业务等全部剥离给证券公司的大股东,证券公司的大股东以其持有的证券公司的股份与上市公司进行资产置换,之后再由上市公司定向增发新股吸收合并证券公司。

模式三：该模式相对简单，借壳上市发生在上市公司完成股改后，上市公司将全部资产及负债剥离给大股东，然后以新增股份吸收合并证券公司。

**表 13-1　中国证券公司各种上市公司模式**

| 借壳模式 | 借壳对象 | 借壳券商 | 核心要点 | 方案公布时间 |
| --- | --- | --- | --- | --- |
| 模式一 | 延边公路（000736.SZ） | 广发证券 | 股改+资产剥离给大股东+回购大股东股权+吸收合并 | 2006 年 9 月 |
| | 锦州六陆（000836.SZ） | 东北证券 | | 2006 年 12 月 |
| | S 石炼化（000783.SZ） | 长江证券 | | 2007 年 1 月 |
| 模式二 | S 城建股（600109.SH） | 国金证券 | 股改+资产剥离给大股东+券商股权换 | 2006 年 10 月 |
| | S 前锋（600733.SH） | 首创证券 | 上市公司资产+吸收合并 | 2007 年 1 月 |
| 模式三 | 都市股份（600837.SH） | 海通证券 | 资产剥离给大股东+吸收合并 | 2006 年 12 月 |

与 IPO 方式相比，借壳上市具有很多优势：①上市手续简单，条件灵活。②实现上市时间短。③公司重组收益较大。壳公司经过资产置换，其股市价值可能迅速增长，使得证券公司获得巨大重组收益。④可通过增发、配股等方式获得再融资资格。

借壳上市也存在一定的缺点：①借壳成本很难把握。在借壳的过程中，很难做到消息的保密，而一旦发生消息泄露，借壳目标二级市场的价格就会扶摇直上，这无疑将加大买壳成本。②难以避免当地政府的干预。上市公司的壳资源在过去都是通过额度制拿过来的，一般来说，上市公司都是当地的龙头企业，地方政府自然不会轻易放弃这个壳资源。③壳公司的财务重组风险。证券公司在买壳过程中稍有不慎，就可能陷入壳公司复杂的债权债务关系当中，其财务重组的风险可谓巨大，以证券公司目前的资产水平来说，还很难抵御这种风险。④监管层对于券商借壳上市的态度不明朗。由于证券公司本身就是资本市场的参与者，在借壳过程中会产生道德风险和技术风险，监管层对其防范的难度很大，借壳过程中的内幕交易也给监管层带来巨大的压力。

## 二、证券公司借壳上市的监管要点

借壳上市的缺点在于买壳成本较大，容易引发内幕交易和二级市场投机等问题。因此，从监管的角度看，需关注以下问题。

### （一）证券公司借壳上市的法律法规要求

与一般公司借壳上市类似，证券公司借壳上市，首先必须满足中国证监会 2006 年新修订的《上市公司收购管理办法》。同时，证券公司借壳上市过程中会涉及重大资产重组或置换，因此，必须严格按照证监会 2001 年颁布的《关于上市公司重大购买、出售、置换资产若干问题的通知》的规定处置相关问题。此外，在后续的再融资计划中，上市证券公司还需满足证监会 2006 年新颁布的《上市公司证券发行管理办法》（后文简称

《办法》)规定的相关条件。2014 年、2016 年,证监会先后对《办法》进行修订,从认定标准、监管配套、中介机构责任三方面对借壳上市提出了十分严格的监管要求。

(二)证券公司借壳上市存在的问题

首先,由于借壳上市并不需要经过 IPO 阶段保荐人的审慎核查、详细的信息披露以及机构投资者挑剔的要求,借壳上市的证券公司质量难以保证。其次,证券公司借壳上市往往采取壳公司吸收合并证券公司的方式,但由于壳公司与证券公司在法律上是不同的法人,证券公司借壳上市涉及壳公司如何承继证券公司证券业务许可、证券公司股东资格申请及审批等问题。最后,借壳上市无论采取换股收购或资产置换,均涉及对壳公司资产、证券公司资产的估值,及两者之间相关交易的定价问题。在借壳过程中,可能存在利用关联交易牟取不正当利益,损害中小投资者的问题。证券公司借壳上市还可能导致二级市场对借壳对象股票的恶意炒作,引起股价的过度波动。

(三)证券公司借壳上市的监管要求

为防止有关方面通过借壳上市进行炒作,侵犯投资者合法权益,并保证上市公司质量,监管机构应对证券公司借壳上市进行必要规范,提出严格的监管要求。

1.对拟借壳上市证券公司的监管要求。借壳上市的证券公司应具备以下条件:①健全的法人治理结构和内部控制机制;②建立有效的合规检查和风险监控制度;③各项业务活动合法合规,规范经营;④已经制定切实可行的客户交易结算资金第三方存管方案和落实计划;⑤自营、资产管理等各项新业务制度正在严格落实之中;⑥已经按照综合治理的有关要求完成整改,并通过核查验收。

为避免一些赢利能力差、管理水平低、经营风险高的证券公司通过昂贵的借壳成本实现上市,应只允许优质证券公司通过借壳方式上市。同时,借壳上市的证券公司必须按照上市公司信息披露有关要求充分披露信息,确保披露信息真实、准确、完整。借壳上市的证券公司的净资本等各项风险控制指标必须符合《证券公司风险控制指标管理办法》的有关规定。证券公司应当对借壳上市后的潜在风险进行评估,确保不留后患。

2.对借壳上市运作的要求:①壳公司必须不存在重大法律风险和其他潜在风险,以免证券公司承担不必要的风险,影响其上市后的健康发展;②壳公司的股价必须未出现异常波动;③借壳上市过程中的交易价格应当公允;④上市方案具有可行性,有关操作安排不违背现有法律法规;⑤借壳上市涉及的有关各方应当履行必要的书面承诺。

# 第三节　我国证券公司的重组

## 一、重组的基本理论分析

重组(Restructuring)是并购前后或并购过程中包括业务重组、资产重组、债务重组、股权重组、人员重组和管理制度在内的整合。狭义的企业重组是指企业的资产重组,指对重组企业一定范围内的资产进行分拆、整合或优化组合的活动,一般有资产剥离与分立两种形式。企业的资产重组不是简单的资产叠加,而是资源的重新配置,以发挥资源间的互补性和规模效益，提高资本运营的效率。

### （一）公司重组的内涵

公司重组包括封闭式和开放式两种形式。封闭式是指企业产权边界不变，仅仅是企业资产在企业内部进行重新组织；开放式是指一个企业同外部其他企业之间发生了资产交易，使得企业的产权边界发生了变化。开放式资产重组主要包括并购与资产剥离两种形式。

### （二）公司重组的动机

企业进行资产重组的目的在于通过改变企业资源配置，提高资源使用效率，增加企业价值。具体来讲，首先，通过管理能力层次不同的企业的重组合并，可以带来效率的提高。其次，公司重组可以实现人力成本、设备成本、管理费用等的最小化，实现投融资的战略整合，达到经营协同效应和财务协同效应。再次，公司重组可以实现多样化经营，保持组织结构和商誉资本以及在财务和税收方面的优势。最后，公司重组还可以实现企业的战略调整。

### （三）公司重组的模式

当企业与另一企业进行资产重组时，会有一定的资产在两企业之间进行转移。那么，与被转移资产相对应的股权便也在两企业之间发生着变动。在实际工作中，上市公司的资产重组按资产转移、股权变动的实质内容划分，主要有股权转让、资产置换、收购兼并、并壳让壳和股份回购五种形式。此五种方式可以单独使用，也可以根据上市公司的具体情况综合运用。实践中，上市公司资产重组还有国有股配售、投资参股、债权换股权、外资收购上市公司经营性资产等形式。

### （四）我国证券公司重组的类型

近年来，我国证券公司重组的主要类型有：

1.问题类证券公司被托管。对濒临破产或处于金融危机边缘的证券公司进行托管和重组，是我国处置问题类证券公司的一大特色。

但是，托管问题类投资银行进行扩张也有其弊端：一是问题类投资银行资产质量极低，即使央行用巨资再贷款填补窟窿后，资产的质量仍然不高，人力资本等有价值的资源一般早已经流失；二是托管问题类投资银行牵涉到许多经营现实问题，托管时期很长，一般在一年以上，费时也费力；三是由于企业文化和经营机制的差异，目前对于问题类投资银行的托管短期类很难体现重组的优势。

2.政府推动下高风险证券公司的重组。自 2006 年 6 月汇金公司注资银河证券以来，在央行资金和地方政府的推动下，对危机类证券公司的注资使证券公司的重组提升到新的高度。央行通过汇金公司和建银投资，对南方证券、银河证券、国泰君安证券和华夏证券进行投资，把证券业纳入了国家金融改革的阵营；同样，地方政府也不甘示弱，浙江省、重庆市和湖南省的地方政府也通过股权转让和注资等方式，推动处于危机中但实力尚可的证券公司进行重组。

3.优质证券公司的重组和扩张。在证券市场低迷之际，个别优质的证券公司却大力进行并购，整合企业资源。典型的是中信证券对金通证券和华夏证券的并购。而在此之前，广发证券也开展了自主性的并购活动。

4.引进外资进行重组。境外金融资本已经打开进入国内证券公司的突破口。2004

年末，高盛与境内资本共同建立了高盛高华证券，目前正在运作中；2005 年 10 月，瑞银集团入主北京证券，再次成功抢滩内地资本市场；另外，摩根大通、瑞士信贷第一波士顿、瑞银集团等外资金融机构也明确发出了进入中国投资银行业的信号。可以预见，在未来的几年中，一批新的合资投资银行将占据高端客户市场的多数份额。

## 二、我国证券公司重组的实践

大体来看，我国证券业经历了四次重组浪潮。第一次是 1995—2001 年，混业经营乱象丛生，称为“分业经营”并购潮；第二次是 2004—2006 年，证券市场风险暴露，称为“综合治理”并购潮；第三次是 2008—2010 年，综合治理历史遗留，称为“一参一控”并购潮；第四次是 2012—2014 年，政策主导扶优限劣，称为“市场化”并购潮。

### （一）第一次重组浪潮（1995—2001 年）

从 1993 年开始到 1996 年初，我国证券市场处于熊市，部分原实力较雄厚的证券公司出现严重违规和亏损。

自 1996 年初开始，我国证券市场步入了牛市。由于市场的过分投机和风险加剧，政府迅速实施宏观调控，对银行和证券业实行分业管理。

1999 年 7 月 1 日开始实施的《证券法》，除了从法律上规定了金融业分业经营的模式外，还将证券公司划分为综合类和经纪类，并规定二者注册资本最低限额分别为 5 亿元、2 000 万元。

2001 年 12 月，我国加入世界贸易组织，并承诺 5 年的过渡期结束后，我国金融业将全面对外开放。

在上述几方面因素的共同作用下，我国证券业经历了第一次重组浪潮：银行、信托投资公司下属证券营业部纷纷与原机构脱钩，组建为独立的证券公司；部分发生严重违规和亏损、难以持续经营的公司被其他公司兼并；部分中小证券公司通过合并跻身综合类证券公司行列；部分证券公司未雨绸缪，主动进行市场化并购，以应对加入世界贸易组织带来的挑战。经过本轮重组浪潮，我国证券业格局基本形成，一些大型证券公司迅速崛起，成为行业龙头。

### （二）第二次重组浪潮（2004—2006 年）

2004 年证监会启动了为期 3 年的证券公司综合治理工作，证券行业第二次并购重组浪潮正式启动。从 2001 年开始，我国证券市场持续下跌、交投清淡，直接打击了还处于初步发展阶段的证券行业。2001 年，28% 的证券公司亏损；2004 年，全行业亏损 103.64亿元。在这过程中，我国证券业长期以来不规范运作的问题彻底暴露，比如公司治理结构薄弱、挪用客户资产、违规高息融资、财报失真等。为此，监管部门于 2004 年 8 月开始综合治理，行业开启第二次整合。

优质同业托管券商在综合治理中并购问题券商的经营资产，为后期发展取得先发制人的优势地位。在综合治理期间，是券商倒闭或整合的高峰，至少有 26 家券商被优质同业或国家政策性投资公司托管或整合。例如，广发证券先后托管武汉证券、河北证券、第一证券、珠海国投、长财证券等，营业部家数增加了 55 家，一方面填补了公司在多个省区营业网点的空白，省际覆盖率达 87%，另一方面增加了客户 59 万户，客户资产增加 107 亿元。另一些“大而不能倒”的问题券商，则通过国家政策性投资公司（中央汇金、建银投资等)以行政注资的方式提供救助。如南方证券在2004年被行政接管,由深圳市政府负责清算,最终被建银投资收购,成为目前的中投证券;2005年中信证券和建银投资共同出资成立中信建投证券,受让曾为我国三大证券公司之一的华夏证券(因挪用客户保证金、违规委托理财造成巨额亏损,资不抵债因而破产重组)的全部资产及业务;中央汇金注资国泰君安和银河证券等。

综合治理后,整个证券行业朝着规范化运作的方向前进,业绩明显好转。从2006年起,我国证券行业整体赢利能力显著提升,行业规模迅速壮大,自身实力不断增强,行业发展出现了质的飞跃。2006年,我国证券公司累计实现营收600亿元,净利润255亿元,赢利公司95家,扭转了连续4年整体亏损的局面,各项财务指标超历史最好水平。

#### (三)第三次重组浪潮(2008—2010年)

在证券公司综合治理实施过程中,为解决部分证券公司长期经营不善造成的较大风险,以汇金公司、建银投资和中信集团为代表的金控平台对这些公司进行了全面的资产重组/注入,造成了同一股东参股或者控股多家证券公司的情况。此种股权结构可能导致同业竞争或者关联交易,监管于2008年8月规定一家机构或者受同一实际控制人控制的多家机构参股证券公司的数量不得超过两家,其中控股证券公司的数量不得超过一家(即"一参一控"),再一次吹响了行业整合的号角,主要围绕汇金系、建银系、中信系、广发系、明天系等金融控股平台展开,共涉及20家左右的证券公司。

#### (四)第四次重组浪潮(2012年至今)

复苏后的证券行业开始谋划更大的发展空间,券商做大做强的渴望也变得日益强烈,在管理层"扶优限劣",促进证券公司向规模化、集团化方向发展的理念的推动下,一股旨在壮大自身综合实力的整合浪潮席卷了整个证券行业。境内方面,方正证券并购民族证券以求区位互补,国泰君安收购上海证券实现IPO,申银万国与宏源证券并购重组整合区位以及业务资源。跨境方面,中信证券于2012年收购法国里昂证券,2014年国金证券收购香港券商粤海证券,2015年光大证券收购香港最大证券经纪商新鸿基金集团有限公司70%的股份,纷纷布局海外。另外,互联网企业、银行及其他实体企业也开启跨界收购,如东方财富2014年收购宝华世纪证券,涉足香港证券业务领域,2015年9月收购西藏同信证券,成为首家获得境内证券业务牌照的互联网公司。

### 三、我国证券公司重组存在的问题

我国证券公司重组存在以下问题:

第一,证券公司重组目标定位不准。一些证券公司的重组,单纯是以扩大资本规模为主要目的。有些证券公司原本就先天不足,却为做大而做大,在盲目扩大地盘的同时,原有的技术力量、质量管理、风险管理体系被稀释,薄弱环节暴露。

第二,证券公司重组与完善公司治理相脱节。证券公司重组没能从完善证券公司的法人治理结构入手,增资扩股没能解决证券公司的"内部人控制"问题。许多证券公司采取了增资扩股式的重组,但增资扩股后,其负面作用大于正面作用,不仅很多券商的原有问题没有得到解决,还暴露出了更多的新问题。

第三,证券公司重组的资本扩张与监管的缺失。从学界对证券违规行为分析论证的结论来看,我国证券公司目前存在的风险分为两类:资金风险与业务风险。证券公司的重组均会增加这两类风险。从实践来看,我国大多数证券公司的重组只注意了资本规模的扩张和营业网点的扩张,没能使重组后的证券公司的风险防范能力有所提高。因此,在证券公司重组的资本扩张过程中,必须加大监管的力度。

第四,证券公司重组相关配套法律滞后。我国对证券公司监管的法律规定最早出现在 20 世纪 80 年代中后期的地方证券法规中,90 年代初才出现了全国统一的管理规定。但我国真正开始重视对证券公司的风险监管始于 1997 年东南亚金融危机之后。1998 年底,全国人大常委会通过了《中华人民共和国证券法》(以下简称《证券法》),《证券法》在对证券公司进行分类规定的基础上,对证券公司的市场准入、业务范围、经营行为等方面做了初步规定。2005 年 10 月,全国人大通过了新修改的《证券法》,以完善金融市场功能为目标,加强了证券公司作为市场主体准入和退出的管理,同时,还设立了证券投资者保护基金,规定了客户交易结算资金管理新制度,以强化对证券公司财务风险的监管。

可以看出,我国对证券公司风险的法律监管经过了一个从不完善到逐步成熟的过程;在重组证券公司时,很多问题是我国资本市场发展历史中没有遇到的。目前,证券公司的重组采取的多为证券行业主管部门以政策为导向的处理机制,且证券公司的退出多为被动退出。在证券公司破产的问题上,《证券法》没有对此作出任何规定,存在着立法上的重大不足。

## 四、我国证券公司重组的对策和建议

对我国证券公司重组有如下对策和建议:

第一,提高证券公司的综合竞争力。无论是从行业整体或是从单个证券公司现状来看,我国证券公司资本规模都比较小。资本金不足,也会引发证券公司的承销风险。因此,不断通过兼并重组来扩大证券公司的资本规模是必要的。从行业整体来看,证券公司的重组应着眼于提高券商行业的集中度,提高券商整体的竞争力;对于单个券商来说,应通过重组和资本规模的不断扩大来拓展新的业务范围。

第二,完善证券公司治理结构。在我国证券公司重组的过程中,应进一步放开民营资本进入证券市场,让有实力的民营资本参与证券公司的并购重组,放宽证券公司股东持股资格的限制,鼓励外资参与证券公司的重组,促进证券公司的股权多元化、公众化、国际化,推进证券公司产权制度的改革。

第三,证券公司重组要与风险防范能力的提高并举。证券公司重组应注重公司的资本规模与风险管理能力相匹配,具体可以从以下几点入手,加强内部风险防范与控制:①构建证券公司风险管理体系。②建立健全证券公司内部控制和操作流程,建立和落实各项内控制度。③优化资产负债管理,降低流动性风险,建立良性的财富积累机制。④加快实施和推进客户交易结算资金第三方存管制度的建立,完善证券公司信息披露制度。⑤严格市场准入,加强对证券公司及其股东和高管人员的持续监管。

第四,完善证券公司重组的相关法律体系。尽快制定和出台针对证券公司的破产立法,建立健全证券公司的市场化退市机制,明确证券监管机构和法院在证券公司破产程序中的分工和权限,从而促进证券公司的重组。建立证券公司的市场化退市机制,还应加强相应的配套措施建设,完善投资者保护机制,以配合市场化退出机制的实施。

## 课外阅读网站

1.http://www.cs.com.cn/,中证网。
2.http://www.szse.cn/,深圳证券交易所。
3.http://www.sse.com.cn/,上海证券交易所。
4.http://www.sac.net.cn/,中国证券业协会。
5.http://www.goldmansachs. come/worldwide/greater-China/,美国投资银行——高盛公司网站。

## 思考题

1.简述证券公司直接上市的途径。
2.简述证券公司间接上市的方法。
3.进行证券公司直接上市和间接上市的利弊分析。
4.了解我国证券公司重组现状和趋势。

## 延伸阅读

### 高盛通往IPO的原因分析

1994年,高盛的赢利面临严峻的考验,高盛的首席执行官考塞赫帕尔森决定将合伙人团结起来。但是当合伙人对是否签订新的合伙协议书犹豫不决时,他们开始引诱,后来是最后的通牒——“上船或是滚开”。从这次经历来看,合伙制投资银行可以经受一年不好的经营业绩,但是如果连续两年经营业绩糟糕的话,则情况大为不同。如果财务状况仍不见好转,则什么都将无法挽回合伙人,他们将带着他们的资本离开,这是对合伙制投资银行的一个致命打击。

1994年的事件是一次测试,它使管理者认识到合伙制投资银行的缺点。不管采取什么样的所有权形式,高盛需要一个更加安全的资本结构。作为世界上最成功的投资银行,高盛可以轻易地通过发售债券或私募的方式募集资金。由于高盛拥有最好的信用评级和最高的信用回报,因而不会存在寻找资本的难题。但是,这种资本结构的稳定性则是一个完全不同的问题。另外,普通合伙人早就知道他们的责任是无限的,在1994年的危机中终于痛苦地感受到无限连带责任意味着什么。由于担心再度发生类似的情况,高盛合伙人需要考虑将资本结构变得更为持久,个人风险变得更小。

但是在讨论公开上市时,高盛遇到了两个问题,其一,合伙人资本的定价问题。由于高盛172名合伙人中有92名任期短于3年,他们可能从自身财富的角度考虑而反对公开上市。由于他们在高盛拥有的资本很少,不会在高盛上市后的资本中占很大的比例,高盛以1倍或2倍价格出售对于仅仅持有一小部分资本的合伙人来说意义不大。其二,高盛雇员的激励问题。成为高盛合伙人是它的职业雇员的主要动力,许多人开始考虑高盛上市后什么将取代它的位置。一种可能是职工持股计划。但是,每个人都意识到,高盛合伙人的威望是任何数量的股票购买权所无法取代的。合伙人能从所有权上获得巨大的精神上的回报。他们以能和公司联系在一起,并拥有公司的所有权而感到骄傲,而这在上市公司中是无法获得的。

但是,公开上市前,高盛已经悄悄地改变了。最大的一个变化是废除了合伙人的头衔。所有的合伙人和不是合伙人的副总裁都有了一个新的主管头衔,不是合伙人的主管们拥有了与合伙人相同的权利——相同的工资和办公室,参加合伙人会议,而他们在高盛没有所有权。主管头衔使得高盛在90年代末的雇员争夺战中更具竞争力,由于每个商业银行和欧洲的银行都想在投资银行业中占有更大的市场份额,它们通过保证巨额奖金、认股权证和主管头衔来吸引高盛的高层副总裁。高盛新的主管头衔可以提供给那些不是合伙人但是贡献需要更高肯定的人,它可以鼓励人们留在高盛而不需要将它们系因为合伙人从而减少现有合伙人在经济上的价值。作为对他们的报酬,被雇用的主管们可以获得P股(Participation Shares),它的价值和高盛的总利润联系在一起,而不是个人或部门的经营业绩,有助于所有主管们了解高盛总体的经营情况。

促使高盛走向公开上市的另外一个因素是投资银行的并购。从1995年到1997年,摩根士丹利并购了零售商丁·维特,银行家信托购买了亚历特斯·布朗。很多人预测这些合并的规模和经营的深度将使高盛处于不利的地位,迫使它也寻找合伙对象。这是投资银行业中一次深层次的变革。公司的管理者需要从竞争的角度出发重新定位自己的战略。但是对于高盛来说,最大的威胁不是来自这些并购,而是来自美林收购大墨丘利神资产管理公司,不管高盛想不想收购这家资产管理公司,它可能根本都没机会。作为一个合伙制投资银行,由于没有股票,像美林那样支付给英国基金管理人50亿美元的资金是极度困难的。在1998年初,高盛曾想收购拉迪埃——一家巴西的投资银行,但是这项交易失败了。

高盛已经非常清楚地分析到合伙制投资银行和公司制投资银行的优缺点。保持合伙制投资银行的损失是:雇员们没有被所有权固定或激励;资本在私有制形式下不能保持稳定;没有最低限度的保护;当前公开出售股票的市场状况强劲;保持合伙关系是不合时宜的,是不怎么有效的所有权形式。公开上市的损失是:合伙人关系可以让公司雇用和保持行业内最优秀的人士;公司文化是建立在合伙制基础上的,它使高盛和其他投资银行有所不同;高盛作为上市公司可能将不是一个很好的工作地方。

高盛合伙人争论的重点主要体现在四个方面——股本,风险,战略和收购。希望保持合伙制的合伙人强调,合伙人关系使高盛不同于其他公司,它是一个很有效的形式;团队精神——公司文化最有价值的方面——是合伙人关系的直接产物,公司不需要作出改变,否则将会毁掉高盛。

主张公司公开上市的合伙人认为,合伙关系不再是最佳留住雇员的方式,高盛不再由190名所有者经营,而是取决于保持高水平经营的1 000名领导者,公司需要留住这些人,如果能够出售给他们一些股份的话,则能更有效地留住他们。反对意见是,高盛在多数的商业学校都能选择雇员,从其他公司吸收优秀的人才也没有困难,来到高盛是为了合伙人的资格而不是认股权证。

最后达成的妥协是:有限合伙人被支付相当于账面价值25%到55%的溢价,多少取决于他们是选择现金还是股票。1996 年 8 月,有限合伙人作出了他们的选择,多数人选择了更高价值的股票。

1998 年的春天,当高盛决定公开上市时,金融市场环境好得使大家都不敢相信这是真的。1998 年 8 月,高盛向美国证券交易委员会提交了注册申请。1998 年 8 月开始的股票市场的下跌使高盛公开上市搁浅了,但是合伙人已经接受了公开上市的想法,已经没有了退路。1999 年高盛在恰当的时机成功公开上市。

(资料来源:(美)里莎·埃迪里奇著:《高盛文化》,王智洁等译,华夏出版社,2001 年版。)

# 第十四章

# 投资银行的组织结构与公司治理

纵观投资银行的发展史，我们不难看出，在现代投资银行业中，投资银行的组织形式主要有合伙制、混合公司制和现代公司制三种类型，其中尤以现代公司制最为普遍。尽管企业内部组织结构的设计千差万别，但没有一家投资银行的模式可称为典型的组织结构。这是因为，一家投资银行采取何种组织结构，不仅与其组建方式及经营思想有关，而且与其经营思想相适应。下面我们就来具体研究投资银行的三种企业制度形态：合伙制，混合公司制和现代公司制。

## 第一节　投资银行的组织结构

投资银行过去大多是家族式的团体机构，如今，在所有大的投资银行中，只有极少数还保持着合伙制，大部分或被混合公司收购，或转为公众公司。

### 一、投资银行组织结构理论

组织结构是人们为了达到共同目的而使全体参加者通力协作的一种有效形式。由于它规定了各组成人员的职务及其相互关系，所以，组织结构以职务与职务之间的分工和联系为主要内容。根据现代管理科学关于组织结构的原理，针对不同企业的经营规模和特点，应采取不同的内部组织结构，投资银行也不例外。

关于组织结构原理和原则的理论，说法很多，它们的目的都在于如何使设计、建立的管理体制和组织机构在实现基本目标中起重要作用。

#### （一）管理组织结构最基本的原理

1.统一指挥原理。根据这个原理，每个职务都应有人负责，每个人都应知道向谁负责；有哪些人要对他负责；在指挥和命令上，严格地实行“一元化”，即每个人只接受一个上级的命令和指挥，并对他负责。上下级之间的上报下达，都要按层次，不得越级。这就形成了一个“指挥链”。

2.以工作为中心的原理。组织设置是以工作为中心还是以人为中心，这是简单而易于回答的问题。但在实行时往往会颠倒过来。所有经典的组织者包括管理上的“职能主义者”，都主张应先有工作，先有工作的分工专业化，然后再为了完成各种工作任务分别安排适当的人员，合理地分配任务。就是要“因事而择人”，绝不“因人而设事”。

3.管理幅度原理。管理幅度的要点在于一个管理人员要能领导得好，他所领导的

人数要有一定的限度。究竟以多少为宜,应视不同的人和不同的环境条件而异。在确定管理幅度时,可以考虑下列因素:

(1)组织机构中的层次。一般地讲,职务越高的领导人员对他汇报的人数越少。例如,投资银行的总经理所直接领导的人数要比基层部门的一名经理人员或项目经理所领导的人数要少得多,以免忙于繁杂事务。

(2)处理问题的难易程度。这实际上也与管理中的层次高低有关。因为最困难、最复杂的决策性和方向性问题往往由上层领导来承担,所以,直接领导的人数不宜多;反之,处理日常事务则多属基层主管的事,基层领导就可能要多领导一些人。

(3)管理人员的才能高低。能力较强的领导人员能在不降低组织效率的前提下,比相同层次、相同工作的领导阶层的其他经理人员能领导更多的人员而不感到紧张。同样的道理,一组高度熟练和胜任的工作人员所需要的指挥、监督者就可少一点。像这种情况,管理的幅度可适当拓宽。

(4)领导人是否愿意授权。有的管理人员对把权力交给下级很不放心,因而对每个下属的每种活动都要核对检查一下,这样的领导人自然就不可能领导过多的人员。其实,通过训练安排,把一部分权力适当地交给下属去处理,就可拓宽管理幅度。

4.管理层次原理。管理幅度原理应用到组织上的设计,就必然会要建立许多层次。但是完成同样数量的工作,管理的幅度越小,所需的管理层次就会越多。一般来说,在企业最高领导人员和基层的职员之间,如果组织层次过多,从上报与下达相互沟通的观点来看是不利的。各种情报经过许多层次辗转到达接收情报人员的耳目中,也往往七折八扣地使传闻失真,产生误差,或者过时。因此,组织中的层次应越少越好。但是,如果把管理幅度中管辖人数和管理层次中的管理级数都作出硬性规定,又将使组织设计受到束缚,影响效率。一般来讲,应该在通盘考虑决定管理幅度的因素后,在实际运用中再根据具体情况确定管理层次。

5.专业化原理。在实现总目标的过程中,依据专业化原理,必然需要划分许多活动和职能。为使管理工作有成效并取得协调,除了将这些活动和职能进行划分以外,还要归类。对于同一性质的活动或职能,应分部、分区建立组织,指派相应的领导人员去建立组织,并负责执行,以收到分工专业化之效。专业化划分可按职能、工艺流程、地区、生产设备、产品、客户等划分。

6.权责对等原理。一个经理人员必须通过他所率领的隶属人员去完成某项工作。因此,他必须拥有包括指挥、命令等在内的各种必须具备的权力。与此同时,领导人也可以将他的一部分权力授给他的下属,即“授权”。责任不像权力那样,它是不能授给别人的。责任来自隶属人员的本分范围以内。一方面是上级要下级担负的那些责任,另一方面是为完成工作而接受的某些责任,即使一个人的下属负有他那一部分责任,该领导人自己也并不能卸除对该工作的最后责任。下属分担一部分责任实际上不能减免领导人的最后责任。

在实际工作中,要求以具体数量说明权力大小然后确定责任多大是困难的。但是,在任何工作中,权力和责任必须大致相等。换句话说,如果要求一个经理履行某些责任,那就必须要授给他相应的权力,使他能符合其履行责任的需要。

7.才职相称原理。每一种工作,不论是管理工作还是体力劳动,都可以分析并对所需要的知识和技能情况加以区分。同样,也可以通过考查每个职员的学历与经历、进行测验及面谈等,了解他的知识、经验、才能和兴趣,再进行评审比较。职务设计和职员评审都可以采用科学的方法,使每一个职员能够做到他现有或可能有的才能与其职务上的要求相适应。

当遇到缺乏某种业务需要的职员而一时又找不到合适的人来代替他的工作时,也可以考虑对工作重新修改、设计、安排,直到可以找到适当的人员来担当为止,这就是说,职务本身不得已时也是可以调整的。理想的组织结构设计要提供修改和调整的可能,应强调组织必须具有灵活性。总而言之。必须保证才职相称,人尽其才,才得其用,用得其所。

### (二)组织结构设计的内容

1.职能的分析和职位的设计。首先要明确保证整个经营活动的有序进行,明确组织应该具备哪些职能,然后根据职能设计职位。

2.部门设计。根据一定的标志与原则划分部门,从而形成合理的部门结构。

3.管理层次与管理幅度设计。在对影响管理层次和幅度的各种因素分析的基础上,划分出不同的管理层次并确定适当的幅度,以保证整个组织结构安排得精干与高效。

4.经营决策系统的设计。这包括领导体制的设计、高层组织权力机构的设计、高层决策机制的设计以及各种咨询性、顾问性组织的设计。

5.横向联系的设计、控制系统的设计、组织行为规范的设计、组织变革与发展规划的设计。

### (三)组织结构设计的策略

1.功能性组织结构。这是指将同一部门或单位中从事相同或相似工作的人集中在一起而构成的组织结构。它主要是从功能的角度来设计组织。在功能性组织中,一个部门的员工从事相同或类似的工作,将自身的专业能力与组织结为一体,具有专业分工细、组织效率高、强调专业技能和工作程序等特点,其成员均为某一方面的专家,因而对功能性部门的管理也应该由功能方面的专家负责,否则就难以有效行使指挥权。

2.目标导向组织结构。这是指将为实现同一目标的各方面成员集中在一起而构成的组织结构。目标导向组织的注意力集中在特定的产品或服务上,特定的产品或服务就是组织的目标。在目标导向组织里,需要有不同专业技能的专家来管理,而对其管理,则可由通才或专业管理人员来负责。这种目标导向组织有利于培养高级管理人员,其组织设计的重点在于强调工作的成果、工作的目标,而非工作的处理程序和处理方式。这种组织结构看似不太正规和严格,但却颇具适应力和创造性。

3.矩阵型组织结构。这是一种包含前两种组织策略的混合型组织结构。此种结构将生产、销售、技术、财务等部门置于功能性单位,集合了各方面的专家,部门经理对具体部门负责,承担协调、整合有关部门的责任。矩阵型组织中的功能部门主管与目标导向部门主管之间容易产生冲突,应尽可能让两方面的权力保持平衡。

## 二、投资银行的组织形态

### (一)合伙制

合伙制是指两个或两个以上的合伙人(自然人或法人)拥有公司并分享公司利益

的组织,至少有一个主合伙人主管合伙公司的日常经营业务并承担责任。所谓合伙,是指两个或两个以上的自然人或法人为共同经营的事业而实行的组合。他们共同拥有公司并分享公司利润,合伙人即为公司主人或股东。在英、美两国,合伙制公司显著的法律特征是:有两个或两个以上当事人;合伙组织无法人资格;合伙人全体或至少有一人对合伙债务负无限连带的责任,前者为普通合伙,后者为有限合伙;所有合伙公司至少有一个主合伙人主管企业的日常业务经营,并承担责任。然而,许多合伙公司也有有限合伙人,即其承担的义务仅限于财务方面,并不参与组织的日常经营管理,其对合伙组织的债务责任仅以其出资额为限,负有限责任。

合伙制的公司有以下特点:①合伙人在共同分享企业经营成果的同时,对亏损承担连带的无限责任;②可以由所有合伙人共同参与经营,也可以由部分合伙人经营,其他合伙人仅出资并自负盈亏;③可以由有限合伙人参与,并承担有限责任;④企业规模可以灵活决定,合伙人可多可少。

合伙制也有缺点:①决策效率随规模的扩大递减。如果合伙人之间的关系不密切,合伙人公司的每项决策都要征得所有合伙人的同意,导致决策效率低下,在合伙人规模庞大时更是如此。②人员流动困难。合伙人间的关系在建立企业时确立,每当合伙人变动时,都必须重新确立合伙人关系。③风险承担不均。合伙人对企业债务负连带无限责任,而不是以出资额为限,如果合伙人存在道德风险,对企业没有控制权的合伙人就将面临重大的风险。

由于合伙制实际上是以信用为基础的联合企业,企业中虽然也有共同的出资,但人的因素影响很大。每个合伙人都要对债务负无限连带责任,债权人可以向任何一个合伙人要求偿还全部债务,如果公司资产不足以抵偿债务,合伙人有责任以自己的私有财产来抵偿,这样,合伙人之间的人身关系因经济关系而变得十分密切,彼此之间有相当的了解和信任。一般来说,合伙制企业的合伙人要么有较强的经济实力,要么具有相当的声望和地位。合伙人死亡,如果契约没有特别规定,则合伙企业必须解散,继承人不能自动取得合伙人的地位。

现代合伙制投资银行的组织结构可以有多种选择,如直线职能制、事业部制等。决策机构是合伙人组成的管理委员会、执行委员会以及其他机构。

在投资银行发展历史上,早期的投资银行大多由金匠家族或从事贸易融资的个体商人演化而来。当上一代经营者去世时,他们会把自己经营的商号和财产传给后代,如果存在多个继承人,而这些继承人又都不愿将这些财产分开,而愿意共同经营,原有的商号便由独资性质转变为多个继承人按股份共有的财产。这些人共同经营、共同分担利益和风险,从而形成了家族企业。因此,早期的投资银行也采取了家族合伙制的组织形态。在这一阶段,投资银行的业务狭窄,规模较小,重要成员多为家族成员。

在18和19世纪,投资银行的业务和规模不断扩大,许多大型的投资银行开始在贸易中心和金融中心设立分支机构,采取纯粹的家族制合伙企业已经不符合投资银行发展的需要。在此阶段,合伙制的投资银行开始聘任家族以外的成员,合伙人的范围不断扩大,家族外的一些人士和机构开始被吸收为合伙人,但关键岗位仍由家族成员把持。20世纪上半期,与大部分生产性企业转向现代公司制不同,大多数投资银行仍旧采取合伙制的方式。他们拥有的专业技巧、特殊经验和学识以及相关的优良传统,都是公司制投资银行的董事们所不具备的。家族合伙制投资银行把家族成员的利益和投资银行的命运紧密地结合在一起,增强了投资银行的凝聚力,提高了投资银行的信誉。

第二次世界大战以后,证券市场得到快速发展,合伙制投资银行的发展受到严峻的挑战,主要存在以下制约因素:

1.资金来源狭窄。合伙制投资银行的参与人数较少,规模不易扩大,尽管一些合伙人很富有,但他们的资本实力难以和社会资本存量相比。合伙制的一个致命缺点是,一旦合伙人因为某种原因退出企业,常常使投资银行受到重大的削弱。因此,合伙制投资银行难以与公司制的投资银行相抗衡。

2.缺乏决策的科学性和资本积累机制。由于缺乏有效的监督制约机制和民主决策机制,家族合伙制投资银行难以保证决策的科学性。家族合伙制投资银行往往把利润按比例进行分配,合伙人为维持奢侈的生活甚至会从投资银行抽走资金。这使得家族制投资银行的资本规模增长缓慢,甚至发生萎缩现象。资本积累问题成为家族制投资银行发展的瓶颈。

3.领导人员容易平庸化。家族合伙制投资银行对领导的要求非常严格,他的个人能力和经验都应该能够应付巨大的压力和挑战。但是,为了保持家族或合伙人的绝对控制地位,合伙制投资银行陷入了无法持续补充精英管理者的困境。家族的后代不一定善于经营,有可能十分平庸,固守传统并缺乏创新能力,这往往导致合伙制投资银行陷入僵化的局面。

第二次世界大战以后,许多合伙制的投资银行意识到合伙制的缺陷,开始进行投资银行组织形态的革命,转向现代公司制形态。高盛公司是从合伙制转化为上市公司最晚的一家特大型美国投资银行。1992 年底,高盛公司拥有 162 个合伙人和 60 个左右有限合伙人,高盛公司利用一个 114 人的管理委员会管理着拥有 6 000 名员工的特大型投资银行。1998 年高盛公司合伙人会议决议将高盛公司改组为股份有限公司并上市,但由于当年第三季度美国股市大跌,高盛的上市推迟到了 1999 年,从而最终结束了合伙制投资银行的历史。

### (二)混合公司制

混合公司是指由各不同部门的在职能上没有什么联系的资本或企业合并而成的规模很大的企业,其本质上是现代公司,但又具备自己的特点:规模庞大,同时涉足多个没有直接联系的业务领域。比较普遍的混合公司是投资银行被收购或联合兼并而成的。

投资银行是一个动态竞争性和适应性合二为一的行业,同时也是一个循环周期性很强的行业。在经济增长时期,市场对投资银行的服务和产品需求增加,使该行业过度膨胀;而当经济衰退时,市场对投资银行的服务和产品需求下降,行业则迅速紧缩合并。大公司为实行多样化经营进行企业并购,在此过程中掀起了混合兼并浪潮,也就是大公司生产和经营日益多样化。在这一过程中,大公司可能兼并包括投资银行在内的许多公司,从而成为混合公司。最近几十年来,这种现象较为普遍,许多投资银行或金融机构被出售或收购,表明投资银行业开始出现分化。被收购的投资银行成为别的企业的全资附属子公司或者一个业务部门,或通过分解、整合而融合到收购企业中去。1987 年美国经济滑坡后,投资银行业合并之风开始盛行,1 300 多家(占总数的 20%)小型投资银行倒闭或被合并,并且几乎所有大的投资银行都经历了重组、合并,其结果是投资银行变得更加集中,经营也更加专业化。

在并购过程中,许多投资银行是被其他投资银行或金融机构收购或出售,其主要动机是扩大母公司的业务规模。普美公司(Priemerice)在1987年收购美邦公司(Smith Barney)和哈里斯·阿汗公司(Harris Uplam)后,又于1993年从美国捷运公司手中买入了希尔逊经纪公司。在此基础上,普美公司组建了美邦·希尔逊公司(Smith Barney Shearson),从而成为美国第二大经纪公司,拥有11 000个经纪人,分支机构达495家,仅次于最大的经纪公司——美林公司。1995年,欧洲最大的商人银行巴林银行倒闭,随之被荷兰国际集团收购;美林公司出资8.4亿美元收购英国最大的独立经纪公司——兆富公司,从而成为世界上最大的股票证券经纪公司。而1997年2月5日公布的摩根士丹利、迪恩·怀特两大公司合并的事件,更是该年度国际金融服务领域最具有冲击力的事件之一。

还有一些非金融机构收购了投资银行和经纪公司,如通用电气公司(GE)接管了基德·皮博耶公司。这些收购活动的目的是增强母公司的获利能力及业务的多样性,而不是为了辅助或补充其原有业务的开展。

一般来说,非金融混合公司对投资银行的收购并非都获得了成功。斯耶公司买下了迪思·怀特公司是为了实现其金融超级市场计划,其中包括保险、房地产、经纪代理业务等,然而此计划并非像其所设想的那样成功。因此,1992年斯耶公司把自己持有的20%的迪恩·怀特公司股权向公众出售,并改名为迪恩·怀特·迪斯科公司。

金融或非金融机构兼并、收购或出售投资银行的行为表明了投资银行业的重大变化,即由过去紧密的合伙体变为被收购接管的目标。其结果是,投资银行业有了行业外的压力,利润变得更重要,因为一旦赢利状况不好,即有被其他公司收购的可能。同样,开支比以往控制得更严格,因此,投资银行变得更现代化,许多私人合伙企业从此销声匿迹。

### (三)现代公司制投资银行

投资银行转化为现代公司制是现代投资银行和传统投资银行的本质区别之一。从19世纪50年代开始,欧美各国的公司立法不断发展,历经一个世纪而日臻完备,这使现代公司的形态在法律上得到明确的体现。公司法的制定使各国公司的成立普遍采取注册制,简化了国家对公司设立的限制;确立了公司的法人地位,使融资变得更加容易;为经理革命创造了条件,使公司的经营权和所有权的分离成为可能,提高了公司的运作效率;明确了公司和股东之间的权利和义务,为双方提供了必须遵循的游戏规则。因此,投资银行从合伙制转化为公司制成为发展的必然趋势。

进入20世纪以来,越来越多的投资银行转化为现代公司制,并在与传统合伙制投资银行的竞争中取得了巨大的优势。到了20世纪末期,世界一流的国际投资银行基本上都采取现代公司制的方式,特别是在美国和日本,其主要的专业投资银行都已转化为上市公司,直接从证券市场上筹集发展所需资金。1986年摩根士丹利由合伙制转换成股份制,并将20%的股权公开上市,以股票的形式转让给一般的投资者,合伙人、公司经理和公司员工拥有80%的股权。

1.现代公司制投资银行。投资银行业发展至今,其最大的变化之一就是转换为公众持股的现代公司组织形态。作为现代股份公司,其管理者则主要对其所有者即股东负有责任。

所谓公众持股公司，即以普通股方式向社会公众出售其公司股权的公司，公司股东享有公司利润的分红，或保留将红利作为再投资的权利。除此之外，公司再通过对外举债（银行借款、发行债券等）或发行优先股及普通股配股等方式筹措资金。

公众持股现代公司由董事会负责公司的经营决策，日常管理由公司董事长、总经理及主管人员组成的班子负责。一般而言，公司董事长、总经理及一些高层管理人员均为公司董事，同时也聘请一些社会名流等外来人士担任公司董事。

与传统的合伙制相比，投资银行的现代公司制组织形态具有更加强大的功能和优越性，主要表现在：

（1）管理更加科学化。现代公司制投资银行的管理更加科学化和规范化，与一般独资投资银行组织相比，有着明显的优势：①从决策方面看，股份制投资银行组织的产权组织机构确立了分权与民主化的决策机制，也就是说，决策本身往往体现着分权与民主化的决策制度，即一方面，决策本身往往体现着多数人（股东）的利益；另一方面，决策者由于受各方面利益的制约，必须对决策内容进行较为恰当的成本收益比较。这均有利于提高决策的科学化程度，从而降低成本、分散风险和提高效率。②从信息方面看，股份制投资银行组织同一般独资投资银行组织一样，都属科层组织，进而都存在着信息失灵或不对称以及信息收集、传递和处理的成本问题，但二者也存在着差别。一般来说，科层组织作为一个金字塔体系，其体系越大，层次越多，信息传递失真会越严重，信息成本也越高。股份制投资银行组织一般是区域性或跨国性投资银行组织，其系统层次相对较少，不按行政区域设置分支机构，因而具有较小的信息空间和较短的传递渠道，从而降低了人们收集、处理有关信息的成本，增强了决策的时效性和准确性。③现代公司制可以使投资银行实现管理活动的专业化和利益制衡的规范化。管理活动的专业化导致管理的职业化、知识化和经理人员地位的独立化；利益制衡的规范化是指投资银行内部各利益主体的互相制约和内部激励机制的建立和规范化，它促进了投资银行效率的提高和效益的改善。另外，从竞争方面看，股份制投资银行组织由其产权结构和行为目标所决定，有强烈的竞争意识和创新精神，有助于降低成本和提高效率，而创新过程本身则直接包含着降低成本和提高效率的含义。

（2）具有更强大的融资功能。现代投资银行随着业务的不断扩张和创新，规模较大，对资金具有庞大的需求。投资银行实行公司制，能够迅速打通资金瓶颈。特别是当投资银行成为上市公司时，就与股票市场紧密联系在一起，使其融资能力得到充分发挥，实现迅速发展的可能性。现代公司特别是上市公司，较其他企业组织形态更容易吸引广大社会资金。这主要有以下几方面的原因：①股东以其出资额为限对企业债务承担有限责任；②股权具有高度的流动性，现代公司的股东尤其是上市公司的股东可以随意在证券市场上出售股票；③现代公司的经营和财务状况始终处于社会监督之下，有助于保护广大弱势群体——中小股东的利益。在股份公司内部有一套完整的累积机制，包括提取公积金、转增股本、职工内部持股计划和债转股等。

（3）容易建立有效的激励机制。现代公司组织形态可以建立一套更规范的治理结构，处理好委托—代理的信息不对称和激励不相容的问题。现代公司制企业可以建立长期股权激励制度，使股东和经理层的目标一致，从而实现股东利益的最大化，招揽高素质的管理人才。同时,现代公司制企业能够有效地建立职工持股计划(Employee Stock Ownership Plan,ESOP)这一制度安排,从而调动广大员工的积极性。投资银行的主要资源在于人力资本,高素质的专业人才是其进行竞争的关键因素。因此,通过建立长期激励机制来稳定、提升企业管理人员和员工素质,是投资银行进行不断创新、保持活力的有效途径。

(4)具有法人功能。公司法人制度赋予公司独立的法人地位。公司法人制度的确立是以法人财产权为核心和重要标志的。法人财产权是企业法人对投资及其增值在内的全部企业财产享有的权利,表明了法人全体的权利,而不再表现为个人的利益。公司法人将包括有形资产和无形资产在内的全部企业资产视为一个不可分割的整体来行使权利。公司法人不仅拥有对这些财产的占有权、使用权和收益权,同时还有处置权,构成了完整的权利体系。公司法人对财产权利的行使具有永续性。公司通过其组织结构和法人代表来行使法人财产权,可以用法人财产权来对抗和排除包括股东在内的其他个人和机构对投资银行经营活动的非法干预。

2.金融控股公司制。金融控股公司制是在现代金融混业经营的趋势下,以控股公司形式组建的金融控股集团,是金融业实现全能化的一种组织制度。金融控股公司制本质上属于现代公司制的范畴。20 世纪 80 年代后,发达国家进入了“滞胀”时期,资金供需矛盾发生了逆转,银行受到证券公司、投资银行的挑战,出现了打破专业化的要求,金融业由分业开始走向混业。1986 年,英国完成金融“大爆炸(Big Bang)”改革;1998 年,日本实施“金融体系改革一揽子方案”;1989 年,美国推出《金融服务法案》。其共同点就是取消分业经营禁令,实施混业经营策略。这就使得投资银行再次面临组织结构的创新。

在这种背景下,金融控股公司应运而生。1998 年 6 月,瑞士银行和瑞士联合银行合并,两家银行的投资银行分部也随之整合,并与华尔街的一家投资银行重组,成立了华宝德威,其规模在欧洲排名第一,在亚太和拉美名列三甲。1999 年 4 月,大和集团公司成立,子公司包括大和证券公司、大和 SB 资本市场公司、大和投资金融公司、大和国际信托银行、大和资产管理公司等。其中,大和 SB 资本市场公司在东京证券交易所占有 10%以上的市场份额。金融控股集团公司是国际投资银行的基本运作模式,如美林集团的母公司是美林公司,其主要子公司包括美林国际、美林政府证券、美林证券经纪公司、美林资本服务公司、美林资产管理公司等。为了应对来自国外全能化的投资银行的竞争,必须通过组建金融控股公司的形式沟通金融领域各行业之间的业务联系,增强综合竞争实力。从发展趋势看,金融控股公司将成为现代投资银行组织结构的典型特征。

## 三、投资银行的内部结构设置

在现代公司制组织形式下,各家投资银行仍然可以有多种组织结构设计,既可以是直线职能参谋式,也可以是更先进一些的事业部制、超事业部制。现代投资银行往往采取“组合式”组织结构设计。

### (一)投资银行内部结构设置的原则

和其他企业一样,投资银行在组织设计上有一定的原则,其目的在于提高管理的效率、部门之间的协调和信息的流动畅通等。投资银行在设计内部组织结构时,应遵循统一指挥原则、以工作为中心原则、有效管理幅度原则、合理管理层次原则以及权责对等原则等,这些是与其他企业在组织设计中的一般的共性原则要求相同的。同时,投资银行作为现代金融体系中资本市场的中介,在组织结构设置方面还有独特的要求,这些要求是符合现代投资银行发展的特点和需要的。

1.信息流动的畅通性原则。信息在投资银行的经营中发挥着重要的作用,无论在内部还是在外部,都有大量的信息流,投资银行的效率在很大程度上取决于信息流动的畅通性。投资银行的信息流动可分为横向信息流动和垂直信息流动。横向信息流动是同一层次的信息流动,是不同部门之间的信息交流;垂直的信息流动是指决策层和职能部门、功能部门内部不同层次的信息流动。如果垂直信息流动发生障碍,将导致决策层在信息不完全、关键信息缺乏,甚至得到错误信息的情况下进行决策,造成决策的迟缓,对市场变化反应迟钝,并有可能出现决策失误,最终导致投资银行在激烈的竞争中失利,同时还会导致职能部门和功能部门无法与决策机构保持一致,发生混乱和各自为政的现象。在投资银行的部门设置中,管理层过多将造成垂直信息流动的困难,而当功能部门和职能部门都成为次级利益中心、利益集团而缺乏统一管辖时,又会造成横向信息交流的障碍。

2.广泛授权的原则。随着金融全球化的不断发展,特别是以东亚金融危机为代表的金融动荡和金融危机的不断发生,金融市场的波动日趋剧烈。规避风险促进了金融创新的不断发展和业务领域的不断膨胀。金融技术和金融工具的不断改进,使投资银行的发展环境充满了不确定性。因此,在投资银行的经营决策过程中,不能实行集权化的决策制度,因为没有一个领导者有充分的时间和精力充分了解和掌握所有的业务领域和技术手段,如果把高层的注意力放在日常的经营管理上,不但妨碍决策层高瞻远瞩地进行战略思考和规划,制约业务部门的开拓进取,而且还会由于信息变化的速度快和信息流动的相对缓慢,导致决策的滞后和经营的失败。所以,传统投资银行广泛采用的集权式组织结构已经不适合现代投资银行的发展环境,必须改变组织结构的集权化特点。现代投资银行应根据战略发展和业务经营的需要,进行广泛授权,并在授权和有效控制之间达到一种平衡。不过,这里的广泛授权并不是说放任自流和各自为政,任何以僵化的眼光来看待授权问题的观念都是错误和有害的。

3.专业化原则。投资银行是专业性很强的行业,不仅需要专业的操作技能,而且需要大量的相关知识。随着投资银行的发展,其专业性不断加强。因此,在设置部门结构时,必须按照专业化原理,对经营活动进行分析和归类。对于同一性质的活动或职能,应分部门、分地区建立组织,形成以专业化为基础的组织结构。面对企业、政府和个人的不同需要和问题,投资银行必须提供各种不同的服务和产品,因此,在业务上必须进行专业化分工,而内部部门的设置必须符合专业化的要求,体现投资银行的专业精神和专业能力。

4.建立有效的岗位制约机制。投资银行从事的是高风险的金融行业,因此,必须在不断追求价值最大化的同时,尽可能降低风险。建立有效的岗位制约机制对投资银行来说非常关键。现代委托—代理理论研究了在信息不对称或信息不完全情况下的企业内部人控制问题和内部治理机制缺陷问题。公司内部治理结构如果残缺不全,就难以防止内部人控制问题的发生,不仅会造成投资银行运作成本的上升,而且会在投资银行组织目标和投资银行家个人目标存在分歧的情况下,导致组织的崩溃。在投资银行发展史上,曾经发生过多起因缺乏有效的制约机制导致整个投资银行毁于一旦的事例,巴林银行的倒闭是这类事例的典型代表。

(二)投资银行的内部结构层次

投资银行的内部组织存在着明显的层次关系,一般可分为决策层、职能层和业务部门等几个层次。图 14-1 描述了一个比较典型的现代投资银行的内部结构层次关系。

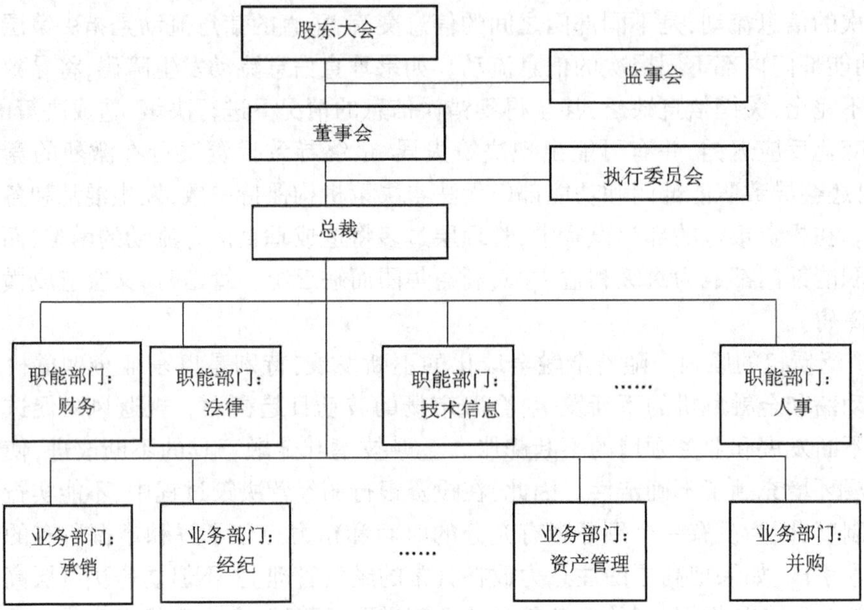


**图 14-1 投资银行内部结构层次**

1.决策层。投资银行的决策层包括股东大会、董事会、执行委员会和总裁等几个层级。股东大会是现代公司制投资银行的最高权力机构。董事会是股东大会的常设机构,负责投资银行的经营管理和战略决策,是投资银行的最高决策机构。其中,董事由股东代表组成,非股东作为独立董事和外部董事越来越成为流行的做法。监事会是与董事会平行的监察部门,它独立地行使监察权,并向股东大会报告。

在许多大型的投资银行中,董事会和总裁可能会附设一些专门委员会,如薪酬委员会、审计委员会、执行委员会和战略委员会等。其中,执行委员会是最重要的委员会,一般由少数经验丰富、能力较强的董事和总裁组成,它每月要召开几次会议,对投资银行经营过程中的问题进行研讨,向董事会提出必要的建议。

总裁由董事会任命,是投资银行最主要的管理执行者。总裁主要负责日常业务管理和内部管理制度的制定,包括:任免各个层次的工作人员,对日常经营活动进行决策、管理和控制,奖惩工作人员,定期向董事会及下设的执行委员会提交经营状况和财务状况的报告,制定年度预算和长期规划等。

2.职能层。职能层是投资银行必须具备的内部控制和核算中心,兼有服务和监督的职能。保证投资银行内部按照规定的经营目标和工作程序进行运作是职能部门的主要作用。职能层通过对各部门人员和业务活动进行组织、协调和制约,控制在经营过程中存在的潜在的非系统风险。

内部控制包括内部管理控制和内部会计控制两个方面,其主要任务是确定各个职能部门的职责权限,实行分级管理、岗位责任考核和岗位制衡,完善内部管理制度和财务制度。

职能层进行内部控制的主要内容包括:①制定各项业务的控制程序。通过设计操作流程、作业手册,使各项业务程序标准化和规范化,协调各部门之间的配合。②确定各部门、各类人员、各个岗位的责任和职权。通过授权控制和批准授权来确定投资银行内部的职责和权限。③进行内部控制的审核。一般包括:核实各种会计凭证、会计报表、实物资产和账面资产的一致性;不定期对投资银行的各个部门和分支机构进行审计检查,以确定投资银行的各项业务和会计事项的处理都已经符合法律和内部制度的规定。

### (三)国外投资银行的业务部门设置

尽管投资银行的组织形式种类众多,但总体看来,它的内部组织结构不像典型的大企业那样有明显的界限。一般而言,现实的投资银行的主要业务部门包括资本市场部、消费者市场部和研究部等几个部门。

1.资本市场部。资本市场部从事传统的投资银行业务和公司金融业务。以下面各职能领域是大投资银行资本市场部下属的独立部门。

(1)公司财务部门。公司财务部门通常是资本市场部下属的最大的业务部门,它包括有价证券承销、并购、商人银行与货币市场业务,多半还有风险资本业务,有时还有证券研究业务。公司财务部门下属的各小组专门从事各种特定的工作。

(2)证券承销部门。证券承销是指在一级市场上销售各类证券。负责证券承销的各正式小组承销以下各类债券:投资级的公司债券、高收益债券,可转化的其他抵押债券,国际债券,优先股和普通股股票(上市证券和柜台交易证券)。此外,货币市场的一些业务也包括在内,如商业票据和中期国库券的交易。证券承销部门的各下属机构专门从事各种特定的工作。

(3)并购部门。并购部门的业务包括并购的所有正常的和非正常的活动,如发现、促进、评估、定价、融资、接管、防御、杠杆收购、改组和调整资本结构等。并购部门通常是投资银行中的最引人注目和最活跃的部门。实际上,并购已具有如此重要的影响,它提供了公司收益的很大一部分,以至于在某些投资银行中,这一业务部门日益倾向于从公司金融业务中独立出来。并购部门的各下属机构专门从事不同行业的并购业务。

(4)商人银行部门。商人银行部门承诺用公司资本从事于产权的投资与参与。所属业务类别包括桥梁贷款(在兼并与永久性融资间的资金筹措起桥梁作用)、融资担保、分割担保(假定有一最低售价)、杠杆收购以及企业结构重整后的再资本化。

(5)杠杆收购部门。投资银行对杠杆收购采取四种方法:①为客户所主持的对特定公司的杠杆收购融资;②为第三方的一般性杠杆收购基金筹措资金;③组织和管理投资银行为自己杠杆收购某一特定公司;④建立和管理投资银行自己的一般性杠杆收购基金。

(6)私募证券部门。私募证券是通过发行不公开上市证券从私人投资者那里融资的一种方法。例如,有限合伙公司、准有限合伙公司、项目融资及产品融资等都是私募方式。"直接投资"是私募的另一名称。

(7)货币市场工具部门。这是一个与货币市场工具的筹资和交易过程相关联的部门,也是资本市场的一部分。在这个市场上交易的工具包括美国的中短期国库券、储蓄存单、商业票据、中期债券和合成债券(例如,本息分别计算的国库券、单付利息的证券和单位本金的证券)。

(8)优先股部门。由于在所谓的货币市场优先(即实行减价与采取反复销售的形式)的条件下,红利率可以定期改变(例如每 49 天变一次),由此所带来的高成交量使得优先股已成为一个特殊领域。

(9)高收益债券部门。高收益债券已发展成为现代公司财务中的一个巨大和重要的组成部分。几家大投资银行都已设立了高收益债券部门。通俗出版物称其为"垃圾债券"的高收益债券,其范畴包括大量的花样翻新的各种金融工具,它们几乎填满了传统债务和传统产权之间这一不断发展的领域。

(10)风险管理部门。风险管理部门将专门技能和各种套期交易工具(如期货、期权和掉期交易)结合在一起,为企业财务管理开发了一整套套期交易战略(套期是通过在不同的市场条件下购进与初级证券呈反向变动的金融票据这种办法,来减轻利率、汇率和股票价格剧烈波动所带来的风险)。风险管理部门也可称之为金融战略部门,它可以包括货币商品战略部门,以及使资产—负债达到均衡的战略部门。通常,风险管理是由冠以它的产品名称(如期货和套期交易、金融期货、期权交易和指数等)的部门来负责的。

(11)掉期交易部门。安排和组织掉期交易是该部门的一种特殊技能。它的基本业务是利率和汇率。掉期交易的目的是套期交易、轧平资产与负债,以及改善不同企业间的相对成本、效率。

(12)交易与套利部门。交易与套利部门是绝大多数投资银行的一个重要部门(一个重要的利益中心),它的基本职能是从事机构投资者和投资银行自身的大宗证券交易。

(13)机构的资产管理部门。它是机构投资者的货币管理部门,是一个正在发展中的部门。

(14)创新证券部门。许多投资银行设立了一个"新产品部门",专门致力于新金融产品的开发(如各种组合证券和工具)。

(15)资产担保融资部门。以公司资产担保进行融资,已成为投资银行的主要活动,这主要是由于杠杆收购对资产担保融资的需求增大(资产担保融资通常受一种特定方式的限制——借款限度为应收票据的 80%,库存的 50%,厂房、设备的 25%)。

(16)不动产融资部门。许多投资银行都设立了不动产融资部门,来处理日渐增多的大型、复杂的交易。这一交易部门通常包括多种资产和特定金融工具的设计发行。

(17)证券化部门。这个部门负责将消费者小额债务累积成为大宗公开上市的证券。它的业务范围包括居民不动产证券、商业用不动产证券及非抵押债券的证券化(应收票据的证券化),其结构包括以抵押作保的证券和各种不同的有担保的抵押证券。

(18)项目融资部门。项目融资部门为企业(如为能源与天然资源方面的企业)的项目安排融资,因为这些企业的现金流量比较可靠,可以用来偿还债务。

(19)产品融资部门。这是投资银行业的新业务领域,它为公司(通常是高科技公司)的开发提供资产负债表以外的融资,以开发新产品和使新技术商业化。

(20)销售/回租部门。销售/回租部门提供为公司不同目的所需的可供选择的融资结构(如财务报表的重整与杠杆收购)。

(21)风险资本部门。来自第三者基金或者投资银行自身基金的风险资本的筹集和管理是这一部门的主要工作,它是一个相对较新的领域。

(22)公众/市政融资部门。公众融资反映了公司金融业务的各种不同职能:承销业务(一级市场),交易(二级市场)和研究业务。

(23)行业部门。有些资本市场部设有专门小组关注那些投资银行在有实力的和需要成为有实力的行业领域的情况。建立在资本市场部(或公司财务部门)内的专门小组通常为有特殊需求的行业提供服务,如金融机构小组、传媒组、能源组。

(24)私有化部门。一些国际投资银行设立服务于各国(如英国、法国、以色列)政府的国有企业私有化政策的专门咨询机构,它们还安排这些国有企业在私有化时的证券承销业务。

(25)公司重组部门。处境困难或者破产公司的金融重组,已成为投资银行业务发展的新领域,特别是在经济状况恶劣的时候。在某些条件下,用新发行的股票来为丧失清偿能力的公司实行掉期交易,便能够防止发生破产并使公司财务恢复活力。

(26)第三世界债务—产权掉期交易部门。由于第三世界国家不能如期偿还其庞大债务,为投资银行家提供了产权—债务掉期交易的新机会。考虑到有关国家债务问题的不同性质,这些交易是多方面的,所涉及的不止两方。

2.消费者市场部。消费者市场部包括各种证券的分配和销售,涉及从新金融产品的创设到分支系统的经营管理这一全过程。这里,除了其他领域之外,还包括:①为消费散户提供金融产品与基金;②为机构、各种(如从事不动产、研究和开发等)有限合伙经营公司提供金融产品与基金;③新的金融产品与基金的开发和创设。

消费者市场部与主流投资银行业在分配证券的方式上有密切关系,对提高承销业务的信心很重要。特别是对金融机构支持最少的那些证券(如高风险的首次公开发行的债券,即公共风险资本)更是如此。

3.研究部。研究部由三种可能的方式构成:

(1)不受资本市场部和消费者市场部的约束,但却为双方的需要服务。

(2)在消费者市场部之内,或者在资本市场部之内。有些公司认为,研究工作的结构自主有助于保证其成果的公正;而有些公司则是把研究工作设在资本市场部内,或者设在消费者市场部内(通常是前者)。

(3)有些公司主张在资本市场部和消费者市场部之上保持独立的研究能力,认为直接责任制是实现有重点和可靠服务的最有效的管理手段。

4.其他。投资银行还有一些其他方面的业务,但不属于正常工作范围。从投资银行的发展前景来看,这些都是辅助性业务。例如,商品(如金、银、咖啡、原油、各种金属、各种食品)交易、保险、抵押银行、租赁、商业贷款发放、代理业务(即后勤作业,如为中小型企业买卖证券、办理证券发售手续、证券结算和证券处理)和信息管理产品方面的业务。

(四)我国投资银行的部门设置

建立我国的投资银行,必须立足于我国现实的经济状况和制度,并着眼于未来的发展需要。简单来说,我国投资银行的组织体制可包括以下几个部分:

1.董事会。由股东代表组成,对投资银行的经营和财务状况负最终责任。一般每月或者每季度召开董事会,讨论、研究投资银行的经济战略和经营策略,同时检查和审查由管理部门提供的财务报告。总经理由董事会任命,其他主要的管理人员的任命和就职也往往要通过董事会作出决定。

2.执行委员会。执行委员会是由少数富有经验的、有能力和有威信的董事,加上总经理(有时还有其他高级管理人员)组成的。执行委员会一般每个月都要开几次碰头会,检查经营情况,讨论决定投资银行内部工作人员的报酬方案,批准新的经营业务,处理临时发生的紧急情况,向董事会提出必要的建议。

3.总经理。总经理是投资银行中最重要的管理人员,一般由董事会任命,负责日常业务管理和政策制定。其主要职责有:①任免各层次的工作人员(有些重要的管理人员的任免要与董事会协商),奖励或惩罚工作人员;②对日常的业务经营活动进行管理和控制;③定期向执行委员会和董事会提出经营和财务报告;④考虑制定年度预算和长期规划;⑤执行董事会作出的决议;⑥与监督管理部门、其他投资银行、专业银行和其他金融机构打交道。

4.业务部门。业务部门是投资银行的活动中心,同时也是投资银行的利润中心。一个业务齐全的投资银行,其业务部门一般包括:公司理财部(主要负责证券的包销业务、市场调查和投资咨询、项目融资、风险投资等),经纪业务部(主要负责股票市场的二级市场交易的代理业务、保证金贷款、证券管理等),货币市场部(主要负责债券交易、货币市场上的商业票据和本票交易),其他业务部(或称综合业务部,负责租赁、分期付款购买、放款等各种非主流业务)。

5.管理部门。管理部门是投资银行开展证券业务或其他业务必不可少的内部控制与核算中心,包括:会计部(主要负责账务管理和内部核算),出纳部(或出纳员,根据会计和业务部门的经营活动负责收付款项或证券),客户记录部(负责对业务活动进行统计和计划),人事部(负责人员管理和内部审计),法律顾问处(负责投资银行的有关法律事务并参与有关文件的起草)。

6.计划部门和内部审计部门。在总经理系统(或管理委员会系统)之外,往往还并列着直接隶属于董事会(或执行委员会)的计划部门和内部审计部门,它们代表股东的利益,对投资银行的长期发展进行规划,对行政系统(即总经理系统或管理委员会系统)进行监督、检查。

(五)投资银行的分支机构

随着投资银行国际化的发展,许多国际性的投资银行都设立了不少分支机构,以扩展业务网络。投资银行分支机构实际上是投资银行部门划分的延续,是投资银行业务扩展和网络建设的需要。投资银行分支机构的组织形式包括:

1.分行。分行是投资银行总部在某一地区或国家组织机构的延伸,并由总部提供财力保障。分行所在国家或地区从事一切国内和国际银行业务,在财务上进行独立核算,但最终的资产和负债还是合并到总行的资产负债表上。分行可以在所在国从事一切国内和国际投资银行业务。分行作为银行总部的一部分,受原所在地的管制,同时又受所在地区的管制。

2.代理行。大型的投资银行可以通过委托其他地区和国家的投资银行或商业银行代理本行的业务,彼此之间保持互利的代理关系。从本质上说,代理行不是投资银行的派出机构,而是某一地区或国家的银行,负责为投资银行代办各种业务。代理行通常不向对方派驻人员,而是表现为双方人员的互访。代理行的经营成本较低,一般不易受所在地区管制的影响,但投资银行不能将代理行纳入自己的控制之下。

3.办事处。为了在某一地区方便地开展业务活动,搞好与当地各方面的关系,投资银行通常也采取办事处的方式。办事处一般规模较小,是最低层次的分支机构,通常由一个经理和两三个助理组成。投资银行办事处的主要业务是为投资银行总部提供信息、调研市场、管理客户等,同时监督银行总部和代理行的关系。

4.附属行。附属行是指根据所在国(或地区)法律,在一个国家或地区设立的具有独立实体的股份银行,其股份可全部或绝大部分由外国银行拥有,可以从事一般银行和投资银行业务。附属行通常被认为是所在国家或地区的当地银行,可以比分行更方便地开展业务,但是由于股份问题,双方可能因利益目标的差异产生矛盾和纠纷。

5.埃奇法公司和协定公司(Edge Act and Agreement Cooperations)。这两种形式是美国投资银行分支机构特有的形式,是根据美国联邦储备法成立的附属行。它们的业务不仅包括通常的国际银行业务,而且包括国际投资业务,如以长期贷款和购买股权两种形式对外国商业、工业以及金融业提供融资,主要收入来源于利息、股息、资本收益等。以上两种形式的区别在于:前者受联邦法律的限制,而后者则受制于各州的地方法律。

## 第二节 投资银行的公司治理

从20世纪90年代开始,全球掀起了公司治理的浪潮。这一浪潮最开始出现在英国,有几个治理准则都是用专家的名字来命名的;此外,还成立了非政府组织的专家委员会,由伦敦证券交易所和英国工业协会等机构组成。最早提出的是3个治理准则,分别对董事会运作、独立性、高管薪酬进行了规定,为公司治理奠定了较好的基础。

2008年开始的金融海啸席卷全球,理论界和实务界多从房地产泡沫破灭、美联储的低利率政策、金融创新过度、杠杆率过高等方面来解释这场危机的来由。而从公司治理层面分析,次贷危机爆发的更深层次的原因,正是一直被各国推崇的美国式公司的治理机制尤其是作为本次危机始作俑者的华尔街投资银行公司治理结构的缺陷。因此,在次贷危机之后,公司治理的重要性更为人们所重视。

### 一、美国投资银行公司治理的缺陷

投资银行的公司治理主要涉及以下几个方面:①投资银行的董事会结构;②投资银

行的监督约束机制;③投资银行治理结构。

下面结合美国投资银行的实例探讨相关内容。美国投资银行以其完善有效的内部管理机制、锐意进取的开拓精神、推陈出新的创新意识而在全球资本市场中独占鳌头。但是,次贷危机深刻揭露了投资银行在公司治理上存在的漏洞,由委托—代理问题产生的道德风险弊端及其所带来公司文化缺位,正是次贷危机爆发的深层次原因。股权结构的不合理、约束激励机制的不合理、风险管理的漏洞以及公司文化的缺位,使投资银行追逐短期利益,大举进行冒进式创新,通过杠杆放大风险,最终在危机爆发后把广大投资者和投行自身一同葬送于危机之中。

(一)股权结构不合理

股权结构是公司治理的基础,它决定着公司控制权的分配和公司所有者之间的协调机制。公司股权结构是否合理,直接关系着公司治理的效果。美国投资银行的股权结构极为分散,股权集中度较低,外部股权流动性极强。据统计,在华尔街五大投资银行中,第一大股东持股比重超过5%的只有1家,其中,高盛的第一大股东持股比重仅为1.72%。此外,投资者参与公司治理的成本远远大于获取的收益。但内部人持股则截然相反,研究发现,五大投行的平均内部持股比重为24.9%,其中以高盛内部持股比重为最高,达78%。投资银行的内部持股大多是由实施长期激励策略或员工持股计划而产生的,这部分股权的流动通常受到一定的限制。

股权过分分散和股权集中度较低,直接导致股东对公司控制力和决策权的下降;而公司内部人员持股上升,则削弱了传统的委托—代理所产生的制衡作用,导致内部人损害其他股东利益的道德风险。以雷曼兄弟为例,公司内部人员持有公司1/3左右的股票,为了追求短期收益,管理层和员工疯狂地进行投机套利活动,较少考虑甚至不惜牺牲其他股东的利益。

(二)董事会结构不合理

作为公司股东大会的常设机构,美国投资银行的董事会和其他行业公司的董事会一样,负责公司的日常决策。同时,由于美国投资银行内部不设监事会,其董事会还兼有审计监督的职能。一般来说,美国投资银行的董事会具有以下特征:

1.董事长普遍兼任CEO。美国投资银行摩根士丹利、高盛、嘉信的董事长和CEO都是由一人担任,其中嘉信的董事长1986—1998年一直兼任CEO,直到1998年后董事长才改兼副CEO,而其CEO的职位暂时空缺。在美国投资银行中,董事长兼任CEO的比重很高。同时,多数董事长在董事会中具有绝对的权威和核心作用,副董事长辅助董事长工作。

2.内部董事虽然所占比例极小,但在董事会中都身居要职。美国十大投资银行中的内部董事虽然所占比重很小,但这些内部董事在公司内一般都占据了最重要的位置。如摩根士丹利的两个内部董事,一个是董事长兼CEO,另一个是首席营运总裁COO;美林证券的3个内部董事分别是董事长兼CEO、副董事长兼私人客户部总监、副董事长兼法律总监;帝杰的3个内部董事分别是董事长、CEO、财务总监。

内部董事身居要职,一方面有利于董事会所进行的公司重大经营决策活动,另一方面也说明了美国投资银行董事会与公司经理层之间的界限趋于模糊,它有利于减少董事会和经理层之间的摩擦,但不利于董事会对经理层行使有效的监督和制衡。

## 二、美国投资银行对经理层的激励约束机制

美国投资银行董事会下设各委员会，以协助其进行经营决策并行使监督职能。美国投资银行的董事会大多设有以下3个委员会：①审计委员会，负责督察公司的内部审计程序、财务控制及存在的问题，并和外部审计机构的监督审计相结合，保证公司的运作和财务报告等满足有关法律法规的要求。②薪酬委员会，制定公司高级管理人员的薪酬水平和分配方案。③提名委员会，对内部董事和高级管理人员进行系统的评价。

这些委员会是参谋机构，一方面，主要为董事会提供管理咨询意见、协助董事会行使决策与监督；另一方面，也对公司内部管理的改善起着很重要的作用。

美国上市公司(包括投资银行)不设立监事会，投资银行对经理层的激励约束机制一般通过以下四个方面来实现：

第一，在董事会下设立审计委员会或其他类似的调查稽核委员会，部分地代行审计监督职能。

第二，信息披露制度。美国的证券立法对包括投资银行在内的上市公司信息披露做了较详细的规定。公司必须披露的重大信息包括：①公司的经营成果及财务状况；②公司的发展战略和计划；③公司股权结构及其变化；④董事和主要执行官员的资历、信誉和报酬；⑤一些可预见的重要风险因素；⑥与雇员及其他利益相关者有关的重大事件。

健全的信息披露制度本身就是对经理层的一种制衡约束手段，也是对公司进行市场监督的基础，是股东正确行使表决权的关键。

第三，外部市场监督与制约。投资银行经理层的管理策略、经营行为及最终的经营成果，都要接受市场的评判。投资者会根据自己的评判采用不同的投票方式；公司业绩和股价的不良表现可能会引发公司被收购兼并的危险，公司的经理层也有被取而代之的职业风险。这是对经理层滥用权力、实行内部人控制得很好的外部市场制约。

第四，薪酬制度。薪酬制度始终是激励约束机制的核心，是投资银行最主要、最直接和最有效的激励手段。我们首先考察投资银行的薪酬水平。2020年摩根大通首席执行官杰米·戴蒙的薪酬3 150万美元，包括150万美元的基本年薪和3 000万美元基于业绩的可变激励薪酬。其中500万美元的可变激励薪酬将以现金形式支付，其余2 500万美元将以业绩股的形式支付。

另外，从薪酬考核指标来看，公司EPS、收入增长幅度、资产管理规模增长幅度、净收入增长、股东权益回报、费用控制、与同行业公司指标的比较等被列为考核指标，由薪酬委员会裁定。这种和收益挂钩而和风险无关的薪酬制度刺激了投资银行管理层忽视公司的长期利益而刻意追求短期效益，为股票期权进行各种短期套利行为。

## 三、美国投资银行治理结构的突出特点

美国投资银行治理结构建立在非常发达的市场经济机制基础之上，总体而言，体现

了较强的生命力,代表了现今社会比较先进的一些模式,OECD(经济合作与发展组织)的《公司治理原则草案》在相当大程度上参考了美国公司的治理结构。

美国投资银行的一大特色是,董事长是否兼任 CEO 在一定程度上与公司业绩相关。这种融合一方面表现为董事长和总裁在公司运营中的核心作用,特别是董事长也是公司经营班子的成员(兼任 CEO),能够保证董事会和经理层的高度一致;另一方面表现为内部董事在董事会身居要职,而他们一般也属于公司经营班子成员。

美国投资银行治理结构的另一个特点就是,随着公司独立董事的增多、信息披露的完善、外部监督的加强,它们逐步成为监督公司经营管理的主要力量,而不是像欧亚地区的公司那样,通过设置监事会来执行监督。

## 课外阅读网站

1.https://www.goldmansachs.com/worldwide/greater-china/index.html,高盛公司网站。

2.https://www.citics.com/newsite/channel/account/202002/360/pz/pc/index.html,中信证券股份有限公司。

3.http://www.cicc.com/,中国国际金融有限公司。

4.http://www.sac.net.cn/,中国证券业协会。

## 思考题

1.试述投资银行组织结构的一般原理。

2.现代投资银行的组织形式有哪几种?其各自的特点如何?

3.什么是合伙制投资银行?合伙制的组织形式有什么优点和缺点?

4.什么是混合公司制投资银行?混合公司制投资银行是如何产生的?

5.何谓现代公司制投资银行?现代公司制投资银行有哪些优点?

6.联系实际分析投资银行的内部结构层次关系。

7.如何建立我国投资银行的组织体系?

8.试分析目前投资银行的治理结构。

9.讨论关于投资银行的治理结构的创新和发展。

## 延伸阅读

### 华尔街孤狼:贝尔斯登哀歌

**一、贝尔斯登哀歌**

拥有85年历史的"华尔街孤狼"是如何一步步成为自己所引发的次贷危机的最惨烈牺牲品的?2008年3月13日,到下午7点半的时候,艾伦·施瓦茨已经绝望。从全球各地涌到贝尔斯登提前抽走资金的要求不断增加,击垮了他残存的抵抗意志。两个月前才接替詹姆斯·凯恩出任CEO的施瓦茨不得不拨通了美联储的电话,承认贝尔斯登“需要被拯救”,否则就要申请破产——前一天早上,他在CNBC接受访问时还表示公司的流动性状况良好,并不存在危机。对迫在眼前的灾难反应迟钝似乎是这家公司高层的通病。

就在贝尔斯登陷于灭顶之灾的这个周末,仍任董事长的凯恩离开纽约总部,去了底特律参加一场桥牌联赛。2007年7月,当贝尔斯登旗下的两只对冲基金面临清盘时,直接负责的前联席总裁兼证券业务主管斯佩克特同样在参加桥牌比赛。

热衷于桥牌这种高度讲究预估风险的游戏,并没有让其高管正确评估公司所面临的不确定性。正是以其两只基金的倒闭为起点,一场席卷华尔街的金融灾难宣告开始。具有讽刺意味的是,贝尔斯登对此的反应并不算强烈:当花旗、美林先后更换CEO,詹姆斯·凯恩还是在各界诘难声中将CEO之职坚持到了2008年。甚至,凯恩曾频繁吹嘘,自己只在一种情况下出售公司:当出价达到其账面价值4倍的时候。

到3月初,贝尔斯登所拥有的一切还令他深感踏实:大约170亿美元的本金,而即将发布的第一季度财报,更能让贝尔斯登在市场厮杀中获得被尊敬的资本。

但超乎所有人预料的是,压死骆驼的最后一根稻草是来自做空者的流言。那些试图通过散布负面传闻,以加速股价下滑速度的做空者,不停传播着贝尔斯登面临流动性危机的说法。对于这家主要从事经纪业务,管理的客户资金超过2 000亿美元的华尔街第五大投行,让它持续运转下去的是信用。就像商业银行进行存贷款业务的前提是假设所有客户不会同时“挤兑”一样,经纪公司赌的也是顾客不会同时抽取资金。但不绝于耳的负面传闻让外界担心,一旦贝尔斯登申请破产,自己的资金将被冻结。3月4日,欧洲银行停止和贝尔斯登进行业务往来,美国银行工作人员也在13号接到指令,不许再和贝尔斯登交易。在巨大的不确定下,其用户纷纷撤回资金,或者干脆撤销账户。美国时间3月13日、14日两天时间里,贝尔斯登被提取的现金高达170亿美元。几乎是字面上的“一夜之间”,拥有85年历史的贝尔斯登面临破产清算的下场。随后的故事属于美联储、华盛顿和摩根大通:它们只用了一个周末就决定了贝尔斯登的未来。虽然最初2.4亿美元的售价在股东们的顽强抵抗下被大幅提升至大约20亿美元,但相比一年前贝尔斯登的200亿美元市值,一切都显得如梦幻泡影。“到现在为止,到底是什么彻底击垮了贝尔斯登还不清楚。去年夏天两只对冲基金的崩溃似乎使该公司伤了一些元气,但显而易见,该公司管理层对待问题时表现出的轻佻态度也要负上一定责任。”华尔街历史学家查尔斯·盖斯特对《环球企业家》说。而沃富好证券公司创始人基斯·沃富好对本刊指出:“贝尔斯登很可能与此前遭遇巨额损失的凯雷进行了保证金交易,受其所累。”据公司内部员工称,在这段最困难的日子里,人们还能看到贝尔斯登的前董事长、现在仍是董事的艾伦·格林伯格。80岁的他照常来公司上班,不过,见过他的人都看出,他已经被现实惊呆了。恐怕连这个老人也无法理解,是什么让这家被形容为“华尔街孤狼”“华尔街的斯巴达”,又被它的员工评价为具有草根精神和游击队习气的老牌投行上演了最后的崩溃?

大拯救如此仓促,如此迅速,并且将借贷对象扩展到所有美国财政部主要交易商(美国时间3月16日宣布,17日施行),表明关于金融系统崩溃的恐惧已经排山倒海。

美联储决定出手的逻辑是,金融衍生品交易高达数万亿美元,贝尔斯登在其中扮演着核心角色,制止多米诺效应就必须扶住贝尔斯登这张牌。转折点关键在于,至3月14日早晨7时30分,贝尔斯登必须返还它数十亿美元的回购借款,如果公司不能如期还款的话,债权人就可以出售贝尔斯登已承诺给他们的抵押资产。而其中的意义则可能超过了贝尔斯登本身:如果其他的投资者质疑回购市场贷款的安全性,他们就可以从其他投资银行和公司那里扣押资金。有着4.5万亿美元资金的回购市场并非像次级债一样是个新生事物,它是一个具有数十年历史,对资本顺利运作至关重要的成熟市场。贝尔斯登所面临的风险是前所未见的,这也就意味着,它可能引致前所未见的市场恐慌。由此,3月15日星期五,美联储向贝尔斯登提供一笔为期28天的、300亿美元的保证资金。自1929年以来,这是它第一次向个别的金融机构提供援助。不过由于贝尔斯登不是可以和美联储直接交易的一级交易商,最终是通过摩根大通银行来完成对贝尔斯登的拯救。直到此时,美国财政部长亨利·鲍尔森都认为,这能让市场得到安抚。但市场的反应与其预期截然相反:投资者们对一家重要投行的潜在风险极为不安,股市急跌。这迫使美联储打开了其他机构收购贝尔斯登的机会之门,即使次贷风波过后,选择并不多。相对而言,摩根大通是处境最好的银行,它虽然也有37亿美元的减计,但和规模类似的竞争对手花旗、瑞银上百亿的损失相比,数额要小得多。周五下午,摩根大通的团队展开了尽职调查,其投资银行联合负责人史蒂夫·布莱克结束了他在加勒比海的休假而提早返回,并与他在伦敦的同事比尔·温特斯共同充当起这场交易的先锋。

但第二天,鲍尔森是被无数银行、金融机构的电话吵醒的。所有人都在表示,发生在贝尔斯登身上的挤兑可能蔓延。这让他近乎悲哀地发现,贝尔斯登不仅必须被卖掉,而且,必须在周末卖掉。这一变化甚至令贝尔斯登极为惊诧。一名内部人士说:"我以为他们会给我们28天的时间,结果,它们只给了24个小时。"就这样,周六早8点,摩根大通的高管们被召集起到公司总部,开始了对贝尔斯登的终极拯救。没有人能坦然对待一个突如其来的大机会,也可能是巨大的陷阱。即使见惯大场面的摩根大通CEO戴蒙,也对所有人喊话说:"所有人深呼吸"。毫无疑问,没有人能在2天时间里彻底掌握贝尔斯登的真实状况。为此,周日清晨,戴蒙、史蒂夫·布莱克和比尔·温特斯等人的议论变成了忧虑的汇集:在贝尔斯登的资产负债表背后,是否还隐藏了更多的问题?市场混乱是否会导致更多的问题?摩根大通是否真的愿意在没有了解全部情况时就冒这个险?而他们所能达成的唯一结论,就是不应该单独购买贝尔斯登,它需要帮助,或者挑选出他们看重的业务。这是一个鲍尔森无法接受的提议。

最终,政策制定者的意志说服了摩根大通,采取换股的方式,以3月14日收盘价为基准,每一股贝尔斯登的股票交换0.054 73股摩根大通的股票。当日摩根大通股票报收36.54美元,也就是说摩根大通将以每股2美元,总价2.4亿美元的超低价格收购贝尔斯登。有人应当对此表示庆幸。在摩根大通宣布收购贝尔斯登后,3月19日,中信证券发布公告,鉴于和贝尔斯登战略合作的基础和前提已不存在,终止原先相互投资和合作的计划。公告还特别强调,由于之前并未签署正式协议,更未支付价款,因而不存在投资风险和损失。曾任贝尔斯登亚洲副总裁,现珍爱网总裁李松向《环球企业家》分析,当初和中信草签协议,贝尔斯登内部应该已经感到情况不妙,现金流可能出现问题,唯一的解决办法是注入新的资金,而选择交叉持股,又说明贝尔斯登认为现金流问题只是暂时的。协议要两国管理层审批,但后来形势急转直下,还来不及执行,估计谁也没有料到。巴黎国民证券有限公司大中华区股票研究负责人 Erwin Sanft 称:“很明显,首先,中信证券对贝尔斯登的投资本身就不是一个好主意。现在他们退出来了,这对中信是好事。”中信感觉庆幸,但贝尔斯登的股东还处在愤怒之中,不管怎样,它们要为自己争回更多权益,不幸在高价增持贝尔斯登股票的亿万富翁乔·刘易斯已经向美国证券交易委员会提交文件表达对收购计划的不满,他称将采取“任何必要的行动”来保护投资的价值。刘易斯共持有贝尔斯登 1 200 万股,他的潜在同盟者包括贝尔斯登 30% 心怀不满的员工。在贝尔斯登股东强烈抗议下,摩根大通最终让步,3 月 24 日,将收购价从每股 2 美元提高到了 10 美元,但这也几乎消除了收购计划翻盘的最后一丝可能。鉴于摩根大通本身强大的投行业务,它很可能不再继续保留贝尔斯登的品牌,后者作为华尔街已经为数不多的独立投行,很快就会谢幕。3 月 20 日,戴蒙亲往贝尔斯登的办公室,发表了 45 分钟的演说。很难想象这种情形,一个入侵者恳请一群束手待俘的落难者接纳自己,同时表示自己将在收购完成后展开裁员。

**二、“华尔街孤狼”**

现在经营着中国白领征婚网站公司的李松还记得十几年前刚刚加入贝尔斯登时的情景,当时还是董事长的格林伯格发给每个新员工一把橡皮筋,并告诉他们这是今后在贝尔斯登任职期内他们所能领到的全部数量。这个略显夸张的表示是典型的贝尔斯登风格。华尔街原本就是由两类人组成,一种老摩根的孑遗,那些 WASP(盎格鲁—萨克森白人新教徒),高贵但平均主义;另一种就是贝尔斯登这样的犹太裔,他们节俭到吝啬,但又处处张扬着个人主义。贝尔斯登起薪较低,但对那些业绩优异、表现出狼性的优秀员工公司从不惜重奖。接任格林伯格的凯恩正是这种风格的缩影,他来自纽约布鲁克林区,在这块好勇斗狠的地方没有坚强的意志很难生存,他公开宣称他只雇用 PHD,不是指高高在上的博士,而是贫穷(Poor)、饥饿(Hungry)和一心赚大钱(Desire for Money)的人。贝尔斯登喜欢聪明、肯吃苦的员工,至于他们是哪个学校毕业的,并不重要。这种街头风格保证了贝尔斯登作为以经纪业务为主的投行的成功,作为一家斗志旺盛的公司,它赤手空拳从事客户交易的日常业务方式令同行张口结舌。贝尔斯登代表了华尔街的混乱而充满活力的过去,那时经纪业务更多的是靠胆量而不是电子数据表格。以经纪业务为主的贝尔斯登是华尔街的内勤,从事各家银行间的交易和结算,虽然这样的业务远不如高利润的自营业务诱人,但赢利稳定,甚至在经济萧条和金融危机时也是如此。很长一段时间里,贝尔斯登满足于此,节制、俭朴,贝尔斯登被称作“华尔街的斯巴达”。同时,它我行我素,并不在意同行的看法。10 年前,当长期资本公司濒临破产,财政部长鲁宾将华尔街主要金融机构的头头脑脑请进办公室,要求他们提供援助时,其他人都表示同意,只有贝尔斯登董事长凯恩缓缓摇了摇头,说“NO”(这也许是此次贝尔斯登陷入危机后,除了摩根大通外其他公司并不施以援手的原因之一)。但就像觊觎邻国的财富最终毁灭了罗马的质朴,对高盛那种高风险高利润自营业务的妒忌之心,也使贝尔斯登偏离了稳健的正途,走向了自我毁灭的道路。而且它采取的方式更加极端,一方面由于在华尔街投行中贝尔斯登的规模很小,另一方面是其发扬一贯大胆的风格,选择了高杠杆交易——大部分是别人的钱,自有资金只占很少一部分。这意味着赌赢了会有高额的利润,而一旦稍有差错,就要遭受灭顶之灾。

在华尔街众多投行中，贝尔斯登市值只有也不算大的雷曼兄弟的1/3，但是凭借着激进做派和集中下注，贝尔斯登却跻身一流投行之列。“在贝尔斯登前60年的历史中，它并不是华尔街上的一流投行。”华尔街历史学家查尔斯·盖斯特对《环球企业家》说，“在过去的10年里，贝尔斯登开始在抵押相关产品打包方面越发积极，而正是这块业务导致了它最后的垮台。”抵押相关产品打包即CDO，这项业务是将债券、贷款和其他资产再次打包成新债券，由于其结构复杂，市场很难准确定价，因此往往会有高额利润，但同样意味着高风险。这种具有很大不确定性的金融衍生品正是引发目前这场金融灾难的关键词，贝尔斯登是它的发明者。来自佛蒙特州南保林顿小镇的拉尔夫·奇奥斐(Ralph Cioffi)将贝尔斯登这种金融魔术发挥到了极致，和作为国家桥牌队冠军成员的董事长凯恩一样，奇奥斐也有自己擅长的体育运动，曾是大学橄榄球队队员。他在毕业7年后于1985年加入贝尔斯登。奇奥斐人很安静，不善言谈，但却是贝尔斯登新业务的急先锋，是今天广泛应用的数款复杂金融衍生产品的缔造者。

贝尔斯登倒闭的两只基金在他的掌管下曾经连续40个月风光无限，奇奥斐和助手们难敌诱惑，仅自投的资金就超过了3 500万美元。而一些投资者为了和炙手可热的奇奥斐攀上点关系，不得不求助于在贝尔斯登工作的朋友从中牵线搭桥。2006年，奇奥斐的同事纷纷猜测，奇奥斐会拿到八位数的年终奖，这意味着跻身于华尔街收入最高的雇员行列。

奇奥斐和他的团队发明了一种众多CDO中最激进的产品，命名为“Klios”。这种产品设计主要为了吸引货币市场基金。Klios提供一种回购条款，免除了货币市场的经理们对购房者是否偿还贷款的担忧。通过这种产品，奇奥斐在2004至2005年间共集资100亿美元。在次级债危机爆发前夕，他还在一次与对冲基金经理的电话会议上大赞这种产品的好处，称其不受市场波动的影响。这种奇妙产品很快就在金融机构中传开，包括巴克莱银行、美国银行、法国兴业银行等金融巨头都争先恐后加入进来。从2004年到2007年，华尔街借助这种CDO共集资约1 000亿美元，创造了一种全新的为高风险次级贷款融资的方式，并激发了无数仿效者，比如结构性投资工具(SIV)的诞生。然而市场变化无常，次级信贷危机的爆发让贝尔斯登两只基金倒闭，奇奥斐一手炮制的生钱机器成了罪魁祸首。令人惊讶的是，在贝尔斯登越来越多地从事高风险业务的同时，却不曾对其内部任行莽撞的企业文化稍做改变，用严谨的风格来对冲高风险交易的不确定性。接下来的故事就要在完成收购的摩根大通展开，李松认为，脱胎于商业银行，摩根大通更强调团队合作，分配上也更平均，和贝尔斯登狼性、赌性十足、重赏重奖的做派完全是两个风格。投资银行最重要的资产是人，来自两个机构的人员磨合并不容易。而超越收购本身，华尔街顶级投行的挽歌则为其他机构鸣响了警钟，过去10年它已经偏离正确的道路太远，在取消分业经营、无限制的从事高风险交易以及在薪酬方面的挥霍无度都到了必须改正的时候了。

究竟是什么酿成了贝尔斯登的危机？最激烈的批评来自英国《金融时报》的专栏作家约翰·加普。他在《贝尔斯登是怎样垮台的?》一文中指出：“贝尔斯登的领导层不仅过时、自满，而且还都是内部培养而成。大家已经习惯于讲同样的笑话，出门参加同样的桥牌联赛，并轻蔑地对待华尔街的其他成员。一旦形势严峻，这个领导层任由自己的机构走向灭亡。”

约翰·加普的说法违背了真实,抓住了芝麻漏掉了西瓜。贝尔斯登的坍塌不是偶然性事件。如果我们从整体视角来透视这场危机,则不难看出,贝尔斯登所陷身的次贷危机,正是对建立在贪婪基础上的美国金融体系的惩罚。美国金融体系的成功,塑造了美国的世界霸主地位。成功带来了财富和权力,使华尔街的翘楚们感觉无所不能。富人的钱赚足了,又开始打量那些穷人。明知他们还不起贷款也向他们放贷。对这些不属于"优质债"的"次级债",银行当然不愿意持有,故此又将贷款打包、证券化,转手卖出去。这样一系列金融工具和衍生品应运而生,"无本金贷款"(Interest Only)、债务抵押债券(CDO)、信用违约交换(CDS)等名目繁多的金融创新,把真实的住房需求已经篡改得面目全非了。

贝尔斯登以债券起家,也败于债券。作为原来的全美第五大投行,贝尔斯登积累了丰富的人才、资金、经验、模式、创新工具等,可以熟练掌握各种大势和本质。可是,痴迷于扭曲人性和需求的数字,结果使它偏离了一刻接一刻的真实。贝尔斯登的危机,进一步佐证了那个"成功的陷阱"的严酷。

(资料来源:《环球企业家》,2008 年 04 月 07 日,转引自 http://www.sina.com.cn。)

# 第十五章

# 投资银行内部管理

投资银行作为金融机构,无论从监管当局的要求还是从自身的需要来看,都应加强内部管理,从各个环节保证机构运行规范有效。

## 第一节　投资银行的内部控制

按照中国证券监督管理委员会2003年颁布的《证券公司内部控制指引》,证券公司内部控制包括内部控制机制和内部控制制度两个方面。内部控制机制是指公司的内部组织结构及其相互之间的运行制约关系;内部控制制度是指公司为防范金融风险,保护资产的安全与完整,促进各项经营活动的有效实施而制定的各种业务操作程序、管理方法与控制措施的总称。

健全内部控制机制和完善内部控制制度是规范证券公司经营行为、有效防范金融风险的主要措施,也是衡量证券公司经营管理水平高低的重要标志。

### 一、内部控制的目标和原则

#### (一)目标

证券公司内部控制的总体目标是要建立一个决策科学、运营规范、管理高效和持续、稳定、健康发展的证券经营实体。具体来说,必须达到以下目标:①严格遵守国家有关法律法规和行业监管规章,自觉形成守法经营、规范运作的经营思想和经营风格;②健全符合现代企业制度要求的法人治理结构,形成科学合理的决策机制、执行机制和监督机制;③建立行之有效的风险控制系统,确保各项经营管理活动的健康运行与公司财产的安全完整;④不断提高经营管理的效率和效益,努力实现公司价值的最大化,圆满实现公司的经营目标和发展战略。

#### (二)原则

1.证券公司完善内部控制制度必须遵循以下原则:

(1)健全性原则。内部控制制度必须覆盖公司的各项业务、各个部门和各级人员,并渗透到决策、执行、监督、反馈等各个经营环节。

(2)独立性原则。公司必须在精简的基础上设立能充分满足公司经营运作需要的机构、部门和岗位,各机构、部门和岗位职能上保持相对独立性。

(3)相互制约原则。内部部门和岗位的设置必须权责分明、相互牵制,并通过切实可行的相互制衡措施来消除内部控制中的盲点。

(4)防火墙原则。公司投资银行、自营、经纪、资产管理、研究咨询等相关部门应当在物理上和制度上适当隔离;对因业务需要知悉内幕信息的人员,应制定严格的批准程序和监督处罚措施。

(5)成本效益原则。公司应当充分发挥各机构、各部门及广大职员的工作积极性,尽量降低经营运作成本,保证以合理的控制成本达到最佳的内部控制效果。

2.证券公司制定内部控制制度必须遵循以下原则:

(1)全面性原则。内部控制制度必须涵盖公司经营管理的各个环节,并普遍适用于公司每一位职员,不得留有制度上的空白或漏洞。

(2)审慎性原则。公司内部控制的核心是风险控制,内部控制制度的制定要以审慎经营、防范和化解风险为出发点。

(3)有效性原则。内部控制制度必须符合国家有关法律法规的规定,公司全体职员必须竭力维护内部控制制度的有效执行,任何职员不得拥有超越制度约束的权力。

(4)适时性原则。内部控制制度的制定应当具有前瞻性,并且必须随着公司经营战略、经营方针、经营理念等内部环境的变化和国家法律法规、政策制度等外部环境的改变及时进行相应的修改或完善。

## 二、内部控制的基本要求

证券公司必须按核定的业务经营范围和自身的经营管理特点,建立架构清晰、控制有效的内部控制机制,制定全面系统、切实可行的内部控制制度。基本要求是:

第一,证券公司必须依据自身经营特点,设立顺序递进、权责统一、严密有效的三道监控防线:

首先,建立一线岗位双人、双职、双责为基础的第一道监控防线。设置直接与客户、电脑、资金、有价证券、重要空白凭证、业务用章等接触的岗位,实行双人负责的制度。属于单人单岗处理的业务,必须有相应的后续监督机制。

其次,建立相关部门、相关岗位之间相互监督制衡的第二道监控防线。公司必须在相关部门和相关岗位之间建立重要业务处理凭据顺畅传递的渠道,各部门和岗位分别在自己的授权范围内承担各自职责。

最后,建立以内部稽核部门对各岗位、各部门、各机构、各项业务全面实施监督反馈的第三道监控防线。内部稽核部门独立于其他部门和业务活动,并对内部控制制度的执行情况实行严格的检查和反馈。

第二,证券公司必须建立科学的授权批准制度和岗位分离制度。各业务部门和分支机构必须在适当授权的基础上实行恰当的责任分离制度,直接的操作部门或经办人员和直接的管理部门或控制人员必须相互独立、相互牵制。

第三,证券公司必须建立完善的岗位责任制度和规范的岗位管理措施。在明确不同岗位工作任务的基础上,赋予各岗位相应的责任和职权,建立相互配合、相互制约、相互促进的工作关系。通过制定规范的岗位责任制度、严格的操作程序和合理的工作标准,大力推行各岗位、各部门、各机构的目标管理。

第四,证券公司必须在保证资产安全性的前提下追求利润的最大化,严格控制公司的财务风险。公司必须真实、全面地记载每一笔业务,充分发挥会计的核算和监督职能,健全会计、统计、业务等各种信息资料及时、准确报送制度,确保各种信息资料的真实与完整。

第五,证券公司必须建立严密有效的风险管理系统,包括主要业务的风险评估和监测办法、分支机构和重要部门的风险考核指标体系以及管理人员的道德风险防范系统等。通过严密的风险管理,及时发现内部控制的弱点,以便堵塞漏洞、消除隐患。

第六,证券公司必须制定切实有效的应急应变措施,设定具体的应急应变步骤。尤其是证券营业部等重要部门遇到断电、失火、水灾、抢劫等非常情况时,应急应变措施要及时到位,并按预定功能发挥作用,以确保公司的正常经营不会受到不必要的影响。

## 三、内部控制的主要内容

证券公司内部控制的主要内容包括环境控制、业务控制、资金管理控制、会计系统控制、电子信息系统控制、内部稽核控制等。

### (一)环境控制

1.科学的证券公司治理结构包括民主、透明的决策程序和管理议事规则,高效、严谨的业务执行系统,以及健全、有效的内部监督和反馈系统。公司必须严格按照现代企业制度的要求,健全符合公司发展需要的组织结构和运行机制,充分发挥独立董事和监事会的监督职能,坚决避免内部人控制现象的发生。

2.证券公司管理层必须牢固树立内控优先的思想,自觉形成风险管理观念;同时,制定有效的信息资料流转通报制度,保证全体员工及时了解重要的法律法规和管理层的经营思想。公司全体职工必须忠于职守,勤勉尽责,严格遵守国家法律法规和公司各项规章制度。

3.证券公司必须建立科学的聘用、培训、轮岗、考评、晋升、淘汰等人事管理制度,严格制定单位业绩和个人工作表现挂钩的薪酬制度,确保公司职员具备和保持正直、诚实、公正、廉洁的品质与应有的专业胜任能力。对重要岗位(如证券营业部负责人、财务主管和电脑主管等)必须在回避的基础上实行委派制和定期轮换制。

4.证券公司要建立完备的授权控制,其主要内容包括:

(1)股东(大)会、董事会、监事会必须充分履行各自的职权,健全公司逐级授权制度,确保公司各项规章制度的贯彻执行;

(2)公司实行法人负责制,公司各业务部门、各级分支机构在其规定的业务、财务、人事等授权范围内行使相应的经营管理职能;

(3)各项经济业务和管理程序必须遵从管理层制定的操作规程,经办人员的每一项工作必须是其业务授权范围内进行的;

(4)公司授权要适当,对已获授权的部门和人员应建立有效的评价和反馈机制,对已不适用的授权应及时修改或取消授权。

### (二)业务控制

证券公司必须自觉遵守国家有关法律法规,严格制定各项业务(包括经纪业务、自营业务、发行承销业务、资产管理业务、金融创新业务等)的管理规章、操作流程和岗位手册,并针对各个风险点设置必要的控制程序。

1.经纪业务控制管理：

(1)对证券营业部的整体布局、规模发展和技术更新等进行统一规划，对新设营业部的选址、投入与产出进行严密的可行性论证。

(2)统一制定证券营业部的标准化服务规程，不断提高证券营业部的 BR 业务质量和避免差错事故的发生。

(3)制定统一的股东账户和资金账户管理制度，妥善保管客户的开户资料，严格客户资金的存取程序和授权审批制度。

(4)严格遵守保密原则，如实记录证券交易情况，并妥善保存委托记录。无书面委托记录的，应当事先明确双方的权利与义务，坚决防止新的电子交易方式的各种风险。

(5)实行证券交易法人集中清算制度，严格资金的及时清算和股份的交割登记，及时有效地防止结算风险和法律纠纷。

(6)对客户托管的国债及其他上市流通的有价证券实行定期盘点制度，并按有关规定进行表外登记，不得将代保管的证券进行抵押、回购或卖空等。

2.自营业务控制管理：

(1)充分发挥集体智慧的决策能力，坚决避免由一个部门或主管全权决定证券投资策略或投资品种。

(2)建立恰当的责任分离制度。自营交易管理部门、操作部门、资金结算部门与会计核算部门相互分离、相互监督。

(3)严格控制自营业务的股东账户和专用席位。自营股东账户应由自营部门以外的部门统一管理，不得假借他人名义或席位从事自营业务。

(4)自营业务必须使用自有资金和依法筹集的资金，自营交易的资金必须履行严格的资金调度审批手续。

(5)严格自营业务的风险评估和控制制度，直接操作人员的业务活动必须严格限制在规定的风险权限额度之内，为防范和化解市场风险，管理层必须及时采取恰当的止损措施。

(6)公司全体职工必须严格执行公司各项保密制度，不得利用职位便利为自己及他人买卖证券或提供咨询意见。

3.发行承销业务控制管理：

(1)建立严格的项目风险评估体系和项目责任管理制度，根据各项发行承销业务和证券品种的不同特点制定各自不同的操作流程、作业标准和风险防范措施。

(2)建立科学的发行人质量评价体系，在认真核查发行人文件的真实性、准确性和完整性的基础上，确保推荐优质企业发行上市。

(3)强化发行承销业务的风险责任制，尽量降低投资银行业务风险。在实施风险权限管理的基础上，明确各当事人在事前、事中、事后各自不同的风险控制责任。

(4)建立严密的内核工作规则与程序，不断提高发行申报材料的编制质量，确保证券发行文件不存在严重误导、重大遗漏、虚假和欺诈。

4.资产管理业务控制管理：

(1)资产管理业务由证券公司统一受理，并指定专业部门和人员统一管理。资产管理业务和自营、经纪、承销等其他业务以及资产管理业务各操作岗位之间应建立严格的“防火墙”制度。

(2)每一笔资产管理业务都要按业务授权进行审核批准,受托资金的投资策略、投资品种等要严格按授权和合同规定办理。

(3)受托资金专户独立核算,不得与自有资金混同使用,也不得将不同客户的委托资金混同使用。

(4)随时评估和监控每笔受托资金的管理效益,有效避免各项受托资金的重大损失,坚决防止资产管理业务的不道德行为。

5.金融创新业务控制管理。证券公司应在审慎经营和合法规范的基础上力求金融创新。在充分论证的前提下周密考虑金融创新品种或业务的法律性质、操作程序、经济后果等,严格控制金融新品种、新业务的法律风险和运行风险。

(三)资金管理控制

1.坚持资金营运安全性、流动性和效益性相统一的经营原则,强化资金的集中统一管理制度,各分支机构不得自行从事资金的拆借、抵押、担保等融资活动。

2.严格资金业务的授权批准制度,强化重大资金投向的集体决策制度。凡对外开办的每一笔资金业务都要按业务授权进行审核批准,对特别授权的资金业务要经过特别批准。

3.健全资金业务的风险评估和监测制度,严格控制资金流动性风险。日常头寸调度外的每笔资金业务在使用前需进行严格的风险收益评估,各项资金比例严格控制在公司可承受风险范围之内。

4.建立科学的资金管理绩效评价制度,严格考核各责任单位资金循环的成本与效益,坚决奖勤罚懒和奖罚分明。

(四)会计系统控制

1.证券公司必须依据会计法、会计准则、财务通则、会计基础工作规范、证券公司会计制度和财务制度等制定公司会计制度、财务制度、会计工作操作流程和会计岗位工作手册,并针对各个风险控制点建立严密的会计控制系统。

2.建立公司内各级机构会计部门的垂直领导和主管会计委派制度,在岗位分工的基础上明确各会计岗位职责,严禁需要相互监督的岗位由一人独自操作全过程。

3.坚持正确的会计核算,建立严格的成本控制和业绩考核制度,强化会计事前、事中和事后监督,加强对重大表外项目(如担保、抵押、未决诉讼、赔偿责任等)的风险管理。

4.严格制定财务收支审批制度和费用报销管理办法,自觉遵守国家财税制度和财经纪律,坚决避免重大财务支出由一个部门、一个主管、一支笔全权决定。

5.建立完善的会计档案保管和财务交接制度。财会部门必须妥善保管密押、业务用章、空白支票等重要凭据和会计档案,严格会计资料的调阅手续,防止会计数据的毁损、散失和泄密。

6.强化财产登记保管和实物资产盘点制度。对自营证券、代保管证券、固定资产等重要资产必须进行定期或不定期盘点,及时处理盘盈盘亏并分析总结原因。

(五)电子信息系统控制

1.根据国家法律法规的要求,遵循安全性、实用性、可操作性原则,严格制定电子信息系统的管理规章、操作流程、岗位手册和风险控制制度。

2.对电子信息系统的项目立项、设计、开发、测试、运行和维护整个过程实施明确的责任管理,严格划分软件设计、业务操作和技术维护等方面的职责。

3.强化电子信息系统的相互牵制制度,系统设计、软件开发等技术人员与实际业务操作人员必须相互独立,计算机系统的日常维护和管理人员必须独立于会计、交易等部门,禁止同一人同时掌管操作系统口令和数据库管理系统口令。

4.严格制定电子信息系统的安全和保密标准,保证电子信息数据的安全、真实和完整,并能及时、准确地传递到会计等各职能部门。

5.严格计算机交易数据的授权修改程序,建立电子信息数据的即时保存和备份制度,并坚持电子信息数据的定期查验制度。

6.电子信息管理部门应指定专人负责计算机病毒防范工作,定期进行病毒检测。

(六)内部稽核控制

1.内部稽核(审计)部门独立于公司各业务部门和各分支机构以外,就内部控制制度的执行情况独立地履行检查、评价、报告、建议职能,并对董事会负责。

2.强化内部稽核检查制度,通过定期或不定期检查内部控制制度的执行情况,确保公司各项经营管理活动的有效运行。

3.全面推行稽核工作的责任管理制度,明确内部稽核部门各岗位的具体职责,严格内部稽核的组织纪律。

4.严格内部稽核人员的专业任职条件,充分发挥内部稽核部门和人员的权威性,不断提高内部稽核工作的质量和效率。

5.健全内部稽核处罚制度,任何部门和人员不得拒绝、阻挠、破坏内部稽核工作,对打击、报复、陷害稽核工作人员的行为必须制定严厉的处罚制度。

6.严格稽核人员奖惩制度,对滥用职权、徇私舞弊、玩忽职守的,应追究有关部门和人员的责任;对在稽核工作中表现突出的,应予以适当的表彰与奖励。

最后必须指出,有了规章制度不等于就能防范风险,执行制度比编制条文更重要,再好的制度若不严格执行,就等于一纸空文。纵观各类案例,每一个均与明知故犯的冒险心理、利益驱动的投机心理、不易暴露的侥幸心理和人看人样的从众心理有关。巴林银行、山一证券、百富勤的内部控制面面俱到,然而也难逃灭顶之灾。由此可见,执行制度比编制条文更为重要,证券公司(投资银行)应把更多的精力放在执行制度的检查监督上。

## 第二节 投资银行的财务管理

投资银行(证券公司)的财务管理,是指投资银行通过为企业取得和运用资金,制定内部财务会计政策,建立一套会计系统记录和报告财务信息,以追求投资银行价值最大化的全过程。对于投资银行(证券公司)来说,与其他金融机构一样,财务管理主要包括资本金管理、资产负债管理、流动资金管理等方面。

## 一、资本金管理

投资银行资本由两部分组成:主要资本和次级资本。主要资本由普通股、优先股、盈余未分配利润、意外损失准备金与其他资本准备金构成;次级资本由可偿还优先股、附属债券和信用等构成。投资银行的资金安全是投资银行资本的首要职能。

投资银行的资本应保持在一个恰当的水平上。资本过高会使财务杠杆比率下降,增加筹资成本,从而降低每股收益率;资本过低会增加资金来源的需求,增加经营风险。资本充足率检验是衡量资本相对于资产负债风险预计程度十分充足的方法。巴塞尔协议Ⅲ仍然认定,银行的资本充足率低于8%,则该银行即为资本不足。

一般而言,若银行的短期债务比重较大,则投资银行应持有较大数量的资本,反之,若长期债务比重较大,则应有资本量可相对减少。

为了保证投资银行资本适度,投资银行家必须根据当局的资本指导计划,并且考虑雨季的资本增长量,制定相应的资本计划。资本计划的制订一般包括以下两个步骤:

第一,估算资本需求量。资本需求量取决于每年预算的利润和资本增长的目标、股息政策、相对于期望的杠杆作用的资本结构。投资银行家通常把上述因素综合起来,对资本需求进行总体预测。

第二,确定筹资计划和股息政策。投资银行既然在其年度利润计划中制定出了合理的增长目标,则任何内部资金来源少于预测资本需求的缺额必须用外部资金来源改变股息支付率的办法补足。如果没有一个恰当的筹资计划,在资产迅速增长时,每单位资产所分摊的资本比例降低会加大无力偿付风险的可能性,引起金融市场对该银行的重新评价,从而影响银行股票的市值。股息政策的变动也会引发各种对银行未来收益的有利或不利的预测,从而影响银行的股票价格。在制定股息政策时,投资银行应把股息定在一个可承受的水平上。目前,大部分投资银行都制定一个目标股息支付百分率,它需要考虑的因素有:①避免每股股息在将来减少;②考虑过去的和预测的收益率模式;③流动性需要和投资银行股票市价等其他一些因素。

## 二、资产负债管理

由于金融产品的本质特征在于风险收益关系,因而投资银行经营管理的基本目标是:在控制风险的前提下获取高收益。国际投资银行的资产负债规模与结构是上述目标的直接反映。

资产负债管理的一般策略是:

第一,设立财政管理委员会,统一负责公司资产负债经营的全面管理。财政管理委员会负责制定资金筹集与运用的方针政策,对公司资金筹措、资产业务及其流动性进行管理。财政管理委员会对公司资本、资产负债规模及其在不同产品业务中的配置提出计划、建议。

第二,通过扩张或收缩资本规模,维持一个适当的总资本结构。投资银行的股东权益报酬率和它的总资本结构密切相关。为了尽可能地提高股东权益报酬率,需要确定一个最优的总资本结构。一方面,投资银行必须努力使总资本足够大,以满足其预期的长期资本需要(包括现金资本、证券资本、市场和信贷风险储备);另一方面,若股权资本已超过其业务需要,也可以通过普通股回购缩减总资本。

第三,实行资产负债管理的匹配原则。投资银行的营运资金一般通过以下渠道筹措:①资本,包括股东权益和长期借债;②中期票据;③内部筹集;④回购协议;⑤商业票据;⑥无担保债券借入、证券借入、买卖协议;⑦地方政府投资;⑧业主票据;⑨储蓄;⑩承诺和未承诺的信用。投资银行对其长短期借债以及担保、无担保融资渠道经常加以评估,力求使其全球范围内的负债期限同其预期资产持有时间保持一致,使变现和再筹资风险最小化。一般来说,投资银行将长期借贷视为核心库存及非流动资产的一种稳定的融资渠道,固定资产用固定利率的长期借债融通,库存和所有的流动资产用短期资金、浮息长期借债或掉期到浮息的固定利率长期债券以及股东权益的组合来融通,投资银行在子公司中的股权投资用股东权益融通。此外,投资银行还使用各种衍生品(如利率、货币掉期)协助进行资产负债管理,降低借债成本。

第四,与商业银行、金融机构、其他同业者保持借贷关系以扩充融资实力。

第五,统一外汇管理。随着投资银行的资产负债不断趋于全球化,来自国外的货币收入不断增加,加强外汇管理便成了公司财务政策的重要组成部分。

## 三、流动资金管理

### (一)证券公司资金管理的原则

1.安全性。这是指资金的筹集、运用调度等,坚持政策安全、结算安全和投放安全。

2.流动性。这是指及时、充分满足客户或公司对资金的需求,合理调度资金,用活闲置资金。

3.效益性。这是指高效、规范运作资金,降低资金成本,提高使用效益,从而为公司谋求最大的经济效益。

### (二)证券公司资金的计划管理

为加强风险防范,证券公司应对资金实施计划管理,根据业务发展规划及其实际开展情况,统筹安排资金,以求降低资金成本,控制资金使用风险,实现经济效益的最大化。

1.资金计划部门结合公司发展规划及业务需求,编制年度资金计划,核定和监控公司所属部门及分支机构留存账户的最高限额。

2.资金计划部门负责公司的资金统一存放、调度,内部资金调拨,以资金不离开公司账户范围为准,用款先申请,审核后使用。

3.资金清算实行法人统一结算制度,以利于公司对清算资金的集中管理和及时监控,并且有效地防止营业部挪用客户资金。

### (三)证券公司流动性管理

证券公司的第一道风险防线就是流动性管理。虽然证券市场的波动性较大,证券公司的财务杠杆比率往往可以较高一些,但仍须像其他行业一样拥有较强的流动性的资产结构,这样一旦遇到了支付危机,它应该能迅速地把资产变现来偿还到期借款。需要注意的是:

1.流动性安全阀不是在危机时自动运转的,要它启动时就能有效运转,需要时刻对它进行谨慎的管理。流动性管理应认真估算在危机出现时各种资产能够变现的速度,保守地根据即将到期的债务结构调整其资产结构。

2.像我国这样的新兴证券市场,券商资产流动性比率普遍不高(一般在90%以下,少数只有60%左右),更应注重提高资产质量,并配合资产负债比例控制,只有这样,才能达到降低或控制风险的目的。

3.证券公司面临的更为普遍的风险来源于周期性的市场波动和相对较高的固定及半固定成本。像其他行业一样,为使公司赢利最大化,证券公司总是在行情较好时扩大经营规模,当行情下跌时赢利水平就会下降。并且,证券公司通常使用较少的股本支持庞大的头寸,虽说从经营上讲维持较高的财务杠杆比率并非不可以,但风险仍然客观存在,因为利润幅度有限,较小的自有资本不允许有大的失误出现,否则流动性财务风险就会不可避免地产生,支付危机就可能无法应对。

# 第三节　投资银行的人力资源管理

## 一、人才的基本素质要求

作为从事银行业务的人员,必须具备最基本的道德素质和业务素质。如果这两个基本要求都达不到,从事任何一项行业的工作都会有困难,更谈不上成为一名杰出的投资银行家。

### (一)职业道德素质

1.诚实。投资银行是以信任为基础的行业。客户为投资银行提供的服务支付巨额的佣金,投资银行应诚实地对待客户。

2.守信。投资银行的业务很多牵涉到客户的内部机密,投资银行从业人员应严守信用,绝不能靠泄露客户机密来牟利。

3.守法。为了规范金融证券业,各国金融监管部门及行业自律组织自身都针对投资银行业务制定了许多法律规章制度。

4.公正。投资银行虽然有很多业务是针对特定的少数客户的,但仍有一些业务是针对广大投资者的,投资银行应做到公正地对待各个利益主体,不能以客户业务量的大小而区别对待。

### (二)业务素质

1.能深入地了解有关法律、法规和其他规则,并能充分利用这些制度来更好地开展业务,保护公司的利益。

2.善于搜集、捕捉各种信息,并具有相当的综合分析及处理能力。

3.具备杰出的判断能力。投资银行业务既是一门科学,又是一门艺术,判断能力同技术分析能力具有同等重要的意义。

4.具有合理的知识结构。一个合格的投资银行家必须具备经济、金融、财务、管理、贸易、法律、政治、电脑、统计、语言、社会学等许多方面的知识。

最后必须指出,证券从业人员的品德比才智更为重要。证券从业人员的智商相差不大，基本的要求都在一定域值范围内。为了增强个人自律力度和有效规避瞬间风险，选人特别应将品德素质列为首位，因为体能不良可比为“残品”，智力较差可视为“次品”，而品德上有问题则是个“危险品”，它对与金钱和虚拟货币打交道的证券业危险性特别大。因此，在证券业不宜片面强调三高（高学历、高智商、高标准）而忽视品德上的高素质。

## 二、人力资源管理与培训

### （一）人才的聘用

人才的聘用是投资银行人事管理的核心内容。人才的聘用是指人事管理部门按各职位的任务要求组织进行招聘，并将其招聘的职员分配到具体职位上，给予他们具体职权，为实现投资银行整体组织目标发挥作用。在人才的聘用中，应遵循以下基本原则：因事择人，优胜劣汰，竞争上岗，适当引导，稳定队伍，优化组合。

### （二）人才的管理

1.可以通过日常观察职员在工作职位上的表现，结合与职员谈话，判断职员是否具备某方面特长，是否人尽其才、正确使用。

2.可以按照实践的需要制定出关于人才的标准，用量化的标准对照职员情况，看是否达标。

3.可以将识别对象放在一个模拟的真实环境中，利用各种评估技术，现场测试被考察对象的工作能力、组织能力和应变能力。

4.可以定期组织人才考评，对人才的品德、学识、智能、成绩以及健康状况进行考察、评价、反馈、改进，这是人才管理的关键环节。

### （三）职员的培训

正因为投资银行的成功经营在很大程度上依赖于高素质的人才队伍，所以投资银行应该通过系统全面和富有成效的培训来培养优秀的证券专业人才。

投资银行职员的培训是其人力资源管理的重要组成部分。它是指通过各种教育、启发和引导的方法促使职员在知识、技能、品行等方面有所改进和提高，保证职员能够按照预期的标准完成所承担或将要承担的业务。

职员的培训应从企业的战略规划着眼，以提高效益为最终目的，针对企业的需要和员工的需要来设计培训计划。具体来说，培训工作主要有以下几种：

1.新手培训。向新员工介绍投资银行的基本规章制度，帮助新员工了解他们所处的工作环境和工作内容，传达投资银行统一的企业价值观。

2.业务培训。对员工的业务知识和技能进行培训，采取各种方式（如培训班、研讨会、出国学习考察）来提高员工的理论素质和业务水平。

3.管理培训。投资银行的高层管理人员有很多都是从业务部门提拔上来的，他们大多虽然具有高超的业务技能，但实际管理经验相对缺乏，针对这一点可以采取MBA式的管理培训。

4.职业生涯规划。员工不仅追求高待遇，也非常重视事业上的成功。因此，投资银行也应该密切关注员工的职业发展，按照公司规划和员工自身的发展方向，给予业绩突出者以相应的提升机会。

## 三、有效的员工激励制度

投资银行都很重视设计一套人才激励机制来吸引人才。下面以美国投资银行为例,介绍投资银行的人才激励机制。一般来说,美国投资银行的激励机制具有以下特点。

### (一)对高级管理人员实行重点倾斜

美国对投资银行的高层管理人员实行重点激励,给予他们极为丰富的待遇。高层管理人员的奖金数额远远超出工资总额,股票期权等其他激励性收入在现金总收入中占有很高比重。

### (二)激励工具多元化

美国投资银行(如美林证券)在设计激励机制时采用了流动性、收益性、风险性和期限互不相同的多元化金融工具,并通过这些不同金融工具的组合运用以求达到最佳激励效果。具体工具一般有以下几类:

1.薪酬激励。在众多的激励方式中,薪酬激励始终被作为最传统同时也是最重要的激励方式,且总是被最优先使用,其基本组成部分是工资和奖金。

2.福利激励。福利主要是投资银行在工资、奖金之外为员工提供的货币和服务。它可分为强制性福利和自愿性福利。强制性福利是投资银行根据国家或当地政府的相关规定必须向员工提供的各种福利,自愿性福利是银行根据自身的情况为员工办理的福利。

3.股权激励。20 世纪 80 年代以来,以美国为代表的西方发达国家逐步将以金融工具组合为核心的期权激励机制运用到投资银行中来。其中主要包括以下形式:

(1)员工持股计划(ESOP)。员工可以通过股票认购计划持有公司的普通股。加入持股计划的公司员工,自与其所服务的投资银行和中介的信托公司签约起,每月向信托公司交付储存一定数额的储存金,认购一定数量的股票。这种购股储存金往往通过设立独立的信托基金,从工资中扣除划付,再加上投资银行发放的持股奖励补助金,一并转给信托公司,由信托公司代为从二级市场购买本公司的股票或累积到一定的金额时认购本公司新发行的股票。

员工参与持股计划,可以使员工有公司主人翁的归属感和责任感,可以使员工在股东会上表达自己的意见。同时,它也是具有激励和福利双重机制的养老金,使员工退休后的财富与公司股票业绩联系起来,从而为公司员工提供长期激励机制。

(2)认股权证。为鼓励员工长期持有,认股权证一般规定认购期从发行后两三年甚至更长时间开始,认购期限比一般的股本认股证也要长得多。认股证有利于引导员工行为的长期化,是一种中长期的预期激励工具。

### (三)激励层次多样化

例如,美林证券根据员工不同职级、不同服务年限、不同工作的特点,采取了多种不同的奖励计划,使员工从进入公司到离退休,从年轻新手到资深专家都能享受不同的阶段性激励。

### (四)激励目标长期化

美国投资银行普遍采用即期激励和远期激励相结合,注重引导高层管理人员行为长期化的激励机制。如美林证券在保证员工基本薪酬不低于本行业平均水平的前提下,利用不同期限的金融工具组合,设计出以中长期为目标的激励方案。美国投资银行采用的这种激励机制,使公司成长性和高层管理人员、普通员工的个人利益紧密联系在一起,并形成相互促进的良性循环,保证投资银行长期持续稳定发展。

## 课外阅读网站

1. https://www.goldmansachs.com/worldwide/greater-china/index.html,美国投资银行——高盛公司网站。

2. https://www.goldmansachs.com/worldwide/greater-china/index.html,中信证券股份公司网站。

3.http://www.sac.net.cn/,中国证券业协会。

4.http://www.csrc.gov.cn/pub/newsite,中国证券监督管理委员会。

## 思考题

1.如何规范投资银行的内部控制?

2.投资银行的财务管理包括哪些方面?

3.投资银行的员工激励手段有哪些?

## 延伸阅读

### 百富勤破产分析

#### 一、过程

杜辉廉和梁伯韬 1988 年创办百富勤时,获得多位华人大亨资助,其中包括李嘉诚、胡应湘等,初期主要业务为商人银行和证券买卖。

百富勤是 1989 年 9 月从李嘉诚手上购入广生行的。当时,百富勤成立只有1 年,股本只有 3 亿港元,而广生行市值逾 14 亿港元,有 70 多年历史。

20 世纪 80 年代末香港踏入过渡期后期,从此开始,中国国内省、市、部门在港的“窗口”企业的业务性质发生了重大变化,由过去的贸易和引入外资角色,转为在港积极寻找投资机会,上市集资,实行以小控大。而梁伯韬就利用这些新的业务机会,将百富勤和香港股市带向新的一页。

1989 年港股大幅波动,百富勤借机扩展,除收购广生行之外,1990 年 2 月从香植球手上收购泰盛国际,改名为百富勤投资。

当邓小平 1992 年“南方讲话”之后,上海发展神速,急需资金,梁伯韬协助安排上海在港“窗口”单位——上海实业上市,实行透过集资—发股注资大规模将资金引入上海,并带动了香港的红筹热,梁伯韬个人因此得到“红筹之父”的美誉。

百富勤安排多家国企A股上市，为国企筹集大批资金。1996年5月，百富勤为北京控股安排上市，获得1 200多倍超额认购，更成为百富勤最风光的日子。

1994年公司定息债券部门成立后，定息债券及票据营业额发展速度惊人，1995年约674亿港元，1996年则增至1 430多亿港元。尽管这些债券是协助有关公司发行的，没有赎回责任，但按一般惯例，发行债券的投资银行往往要做自己发行债券及票据的"庄家"，以保证债券及票据可随时成交。证券商一般不把这类债券作为长期持有资产，而是通过买卖账户入账。1996年集团的此类资产达73.1亿港元，1997年更是大幅增加。由于坐庄的资金大多来自银行借款，不可能把全部债券及票据都通过对冲交易保值，只能部分地做对冲保值，存在一定的潜在风险。

百富勤1996年上半年曾赚得11.3亿港元营业赢利，到11月中宣布首10个月业绩时，营业赢利已下降至不足9亿港元，反映出其间由7月至10月四个月内有逾2.3亿港元的营业亏损，其中包括为东南亚债券业务所付出的6 500万港元准备金。

1997年下半年东南亚金融危机后，百富勤的情况发生了很大变化。据称该集团在印尼的借贷和投资将近6亿美元，由于印尼盾的持续下跌，这些投资和贷款发生了重大损失，尤其是定息债券(这些债券以有关国家货币计值，到期由发行公司以美元购回，百富勤负责推销给其他机构投资者)损失惊人，账面损失高达10亿美元，约合77.5亿港元，加上其他部门的亏损，总损失达100多亿港元，出现严重的支付困难。

但百富勤两位创办人梁伯韬和杜辉廉不气馁，积极寻找新的投资人和新项目，挽救百富勤，并在1997年11月16日宣布与瑞士苏黎世集团达成入股协议。可是人算不如天算。同年11月前后，金融风暴蔓延到中国香港地区和台湾地区，进而刮到韩国和日本，亚洲经济面临崩溃，苏黎世及时收手，宣布取消入股百富勤，把百富勤推向绝路。1998年1月，百富勤被强制清盘。

百富勤宣告破产不久，法国国家巴黎银行随即入主百富勤，梁伯韬和员工都进入了新公司。法国国家巴黎银行看中的正是原百富勤的投资银行业务，果然后来的BNP百富勤不负众望，在香港创业板市场又一次大显身手。

**二、原因**

导致百富勤倒闭的诱因是亚洲金融风暴，主要的原因是公司在报告及会计程序、风险管理和内部审计上的基础系统性均不足，反映了百富勤过于重视招揽生意，而忽略提供所需监管系统的公司文化。

堪称发达成功的港资综合性投资银行唯有百富勤，真正能够与来自华尔街的专家们一决雌雄的港资投资银行也唯有百富勤。在这些炫目的成绩之下，百富勤在治理结构方面的缺陷被深深地遮掩了。

企业治理结构中对于经理阶层的制约和激励，是保证整个企业平稳运行的两个既互相制约、又互相依赖的方面。缺乏基本制衡的经理阶层必然会导致其采取损害投资者的行动，对于投资银行这样相对来说要求机制比较灵活的企业而言，投资者往往屈从于经理阶层给予更大自主权的要求，这可能会有利于一个阶段内的业务发展，但却肯定是长远发展的隐患。

百富勤先后在欧美和亚洲多个国家开设分行，杜梁二人之分工则按区域划分。杜辉廉主要负责欧美及东南亚，而梁伯韬主管大中华区。杜辉廉在主管的业务领域内独断专行,被称为“国王”。如果一个企业内有一个“国王”,那么,基本的制衡机制从何谈起?在这样的治理结构下,这些超然于制衡之外的经理人员才可能不顾基本的风险管理原则,摈弃内部可能的制衡机制和监控机制进行孤注一掷的冒险;这种冒险在特定的时候可能还会给企业带来巨额利润,但是,在巨额利润之后则是阴险地冷笑着的魔鬼,是负面影响不断扩大的治理结构方面的隐患。

百富勤作为一家东方文化环境中成长起来的投资银行,在相当程度上带有“家长式”的色彩,对于主要决策人员缺乏基本的制约。反观中国内地的许多证券公司,主要的总经理何尝不是这样的“家长式国王”,基本的制衡机制都无从谈起,投资银行内部独立的风险控制体系远远没有有效运行。

小型投资银行在风险防范和控制水平相对滞后的情况下还可以取得一定的发展,但随着公司规模的扩大,风险防范和控制的重要性就会日益凸显出来。百富勤在不到10年的时间里一跃成为香港投资银行界的佼佼者,但随着其规模的扩张,风险防范和控制能力却没有能够相应地得到提高。

业绩的增长促使主管经理要求更大的经营自主权,以扩大业务范围和规模。经理权利的扩大对公司治理结构的损害被快速增长的业绩所掩盖,由此导致抗风险能力的下降,留下了致命的隐患。

# 第十六章

# 投资银行的风险防范

投资银行的风险是指投资银行在经营管理和自身发展过程中,由于某些事件的发生对公司预期收益产生不利影响的可能性,不利影响程度越大,其风险就越大。投资银行的风险因素多,关系复杂,要有力地控制投资银行的风险,必须首先理清投资银行的各种风险关系。投资银行的风险是分层次、相互影响的风险系统。

## 第一节 风险概述

### 一、投资银行风险的种类

从总体上来看,投资银行的风险主要有以下几种。

#### (一)流动性风险

流动性风险(Liquidity Risk)通常可以在产品、市场和机构三个层面来进行讨论。对投资银行而言,流动性风险又称变现能力风险,是指投资银行流动比率过低,财务结构缺乏流动性,因金融产品不能变现和头寸紧张,使投资银行无力偿还债务形成的风险。自2008年金融危机之后,美国金融监管当局储蓄机构监理署(Office of Thrift Supervision,OTS,2010)在2010年发布的《流动性风险管理与投资证券》中,对于“流动性”同时给出了三种定义,即“流动性,是利用资产融资以清偿到期债务的能力;是持有的现金和能够无显著损耗地迅速转化为现金的其他资产总量;是以合理或可接受的成本满足负债偿还或承诺兑现所需资金的能力”。OTS最后指出,无论哪种定义,其本质都是“在需要钱的时候有钱”。

#### (二)资本风险

资本风险(Capital Risk)是指资本充足性风险。资本是每个从事经营活动的实体存在的基础,资本的缺乏会影响投资银行的正常运营,资本充足不仅有利于公司筹集扩展业务所需要的资金,提高在同行中的竞争实力,还可抵御其经营中的风险。由于资本风险对于投资银行的重要性,世界各国证券监管当局非常重视投资银行资本充足性管理。

#### (三)经营风险

投资银行的经营风险包括以下几个方面:

1.证券承销风险。证券承销风险是指投资银行在承销股票、债务、金融衍生工具等经营活动中,由于不能在规定时间内按事先约定的条件完成承销发行任务而造成损失的可能性。进一步,证券承销风险又包括发行方式风险、市场判断风险和违法违规操作风险。

2.证券经纪风险。证券经纪风险是指投资银行在接受客户委托,代理交易股票、债券、金融衍生工具时所面临的风险,主要包括规模不经济的风险、信用风险和操作风险。

3.证券自营风险。证券自营风险是指投资银行在进行证券自营投资活动中面临的风险,包括投资产品本身内含风险、证券市场价格异常波动的风险、投资决策不当风险等。由于投资银行在证券市场中相对一般投资者而言,在投资技巧、投资经验、信息渠道、研究水平和资金实力等诸多方面具有优势,因此其规避和抵御风险的能力较强。但是,由于规模较大,一旦风险形成,损失将会比较大。

4.基金管理风险。投资银行在基金管理中所面临的主要风险是市场风险和公司内部的非系统风险。虽然基金实行投资组合,投资基金比投资相应单一种类的有价证券风险低、收益高,但是投资基金毕竟也是投资有价证券,因此,投资有价证券的风险同样也会体现在基金投资上。

5.兼并收购风险。兼并收购在投行中越来越普遍,而且投行对于企业购并活动的参与正朝着全方位、深层次的方向发展。具体地说,投行在并购业务时可能面临以下几种风险:融资风险和债务风险,营运风险,信息风险,操作风险和法律风险。

6.资产证券化风险。资产证券化风险的来源主要是证券化资产本身的质量和预期效应以及投资者和资本市场对它的认同程度,具体包括资本风险、收益风险、市场风险、价格风险和汇率风险。

7.风险投资业务的风险。投行进行风险投资业务的高风险主要来自投资企业或项目的市场风险和企业或项目负责人的信用风险。

### (四)投资银行面临的主要风险

投资银行面临的主要风险包括以下几点:

1.市场风险。市场风险(Market Risk)是指一个或多个市场的价格、利率、汇率、波动率、相关性或其他市场因素水平的变化,导致投资银行某一头寸或组合发生损失或不能获得预期收益的可能性。例如,投资银行在证券或证券衍生产品市场担任做市商或维持该市场有关产品的一定头寸,要面对证券价格风险;投资银行在外汇和外汇期权市场担任做市商或维持一定外汇头寸,要面对外汇风险;投资银行使用利率敏感性工具进行交易,要面对利率水平和波动率变化所带来的利率风险。

美国奥兰治县的破产突出说明了市场风险的危害。该县以约 75 亿美元的基金从事高杠杆率的金融交易,大量投资于“结构性债券”和“逆浮动利率产品”等衍生证券。由于利率上升,奥兰治县所持有的衍生证券的收益和这些证券的市场价值随之下降,从而导致奥兰治县的投资组合出现了 17 亿美元的亏损。巨额亏损导致奥兰治县无法赎回发行在外的市政债券,该县财政基金不得不申请破产保护。这一事件发生后,美国金融界大受震动,为防止连锁债务危机,美联储被迫增加短期资金储备。事发后,美国股市、美元汇价均有较大跌幅。

2.信用风险。信用风险(Credit Risk)是指合同的一方不履行义务的可能性,包括贷款、掉期、期权及在结算过程中的交易对手违约带来损失的风险。投资银行签订贷款协议、场外交易合同和授权时,将面临信用风险。通过风险管理控制以及要求交易对手保持足够的抵押品、支付保证金和在合同中规定净额结算条款等程序,可以最大限度地降低信用风险。

20 世纪 90 年代是金融危机多发的年代,继欧洲货币危机和墨西哥金融危机之后,1997 年发生的亚洲金融危机更是让大量公司陷于信用风险。例如,由于亚洲金融风暴,J.P 摩根将其约 6 亿美元的贷款划为不良贷款,从而导致该银行 1997 年第四季度的每股赢利只有 1.33 美元,比上年的 2.04 美元降低 35%,也低于当时市场预期的 1.57 美元。

金融危机也并不是导致银行信用风险的决定因素。2019 年 5 月 24 日,中国人民银行、中国银行保险监督管理委员会联合发布公告,鉴于包商银行股份有限公司出现严重信用风险,为保护存款人和其他客户合法权益,依照《中华人民共和国中国人民银行法》《中华人民共和国银行业监督管理法》《中华人民共和国商业银行法》的有关规定,中国银行保险监督管理委员会决定自 2019 年 5 月 24 日起对包商银行实行接管,接管期限一年。

3.法律风险。法律风险(Legal Risk)来自交易一方不能对另一方履行合约的可能性。发生法律风险,可能是因为合约根本无从执行,或是合约一方超越法定权限作为。法律风险包括合约潜在的非法性以及对手无权签订合同的可能性。

奥兰治县因为炒作衍生品破产,接着奥兰治县对美林公司提出控告。在控告中,奥兰治县指出,美林公司应该知道合约违反了加利福尼亚州宪法的好几项条款。据此,奥兰治县认为,该县签订的衍生工具合约在法律上是无效的,美林公司应该赔偿其越权行为所带给奥兰治县的损失。该案例表明,在今天的全球化环境下,大型投资银行由于它们的业务范围广、业务性质庞杂,经常面临着大量的诉讼,或是作为原告一方,或是作为被告一方。

4.政策风险。政策风险(Policy Risk)主要包括反向性政府风险和突发性政策风险。前者是由于政策的导向与资本市场内在发展方向不一致而产生的风险,后者是由于管理层政策口径发生突然变化而对资本市场造成的风险。

5.社会风险。社会风险(Social Risk)是指由于社会因素而引起的资本运营风险。社会因素主要有文化、宗教、道德、心理因素、就业与失业等。因此,投资银行进行资本运营尤其是涉及跨国公司经营时,不能忽略对异域文化风俗、风土人情的了解,要在实际调查的基础上对异域社会因素进行协调与整合,避免冲突。

6.体系风险。体系风险(System Risk)主要包括:①因单个公司倒闭、单个市场或结算系统混乱而在整个金融市场产生多米诺骨牌效应,导致金融机构相继倒闭的情形;②引发整个市场周转困难的投资者“信心危机”。体系风险包括单个公司或市场的崩溃触发连片或整个市场崩溃的风险。

7.操作风险。操作风险(Operational Risk)是指因交易或管理系统操作不当而引致损失的风险,包括公司内部风险管理失控所产生的风险。公司内部风险管理失控表现包括超过风险限额而未察觉、越权交易、交易或后台部门的欺诈(包括账簿和交易记录不完整,缺乏基本的内部会计控制)、职员的不熟练以及不稳定、易遭非法侵入的电脑系统等。2013 年 8 月 16 日 11 点 05 分上证指数出现大盘大幅拉升,一分钟内涨幅超

5%，最高涨幅5.62%，指数最高报2 198.85点，盘中逼近2 200点。11点44分上交所称系统运行正常。下午2点，光大证券公告称策略投资部门自营业务在使用其独立的套利系统时出现问题。此次事件也被称为“光大证券乌龙指事件”。

1995年2月巴林银行的倒闭，说明了防范操作风险的重要性。英国银行监管委员会认为，巴林银行倒闭的原因是新加坡巴林期货公司的一名职员尼克·里森越权交易，而巴林管理层对里森隐瞒的衍生工具交易毫无察觉。里森作为交易员，同时兼任不受监督的期货交易、结算负责人的双重角色，巴林银行未能对该交易员的业务进行独立监督，以及未将前台和后台的职能分离等，正是这些操作风险导致了巨大的损失并最终毁灭了巴林银行。

巴林银行倒闭不久，日本大和银行又暴出类似丑闻。1995年，大和银行才发现有一名债券交易员因为能够接触到公司会计账簿而隐瞒了约1亿美元的债券市场亏损。与尼克·里森一样，大和的这名交易员也同时负责交易和会计。这两家银行都错在违背了风险管理中要将交易职能和支持性职能分开的基本准则。

保持完整的账簿和交易记录及内部控制是有效防范操作风险的关键，这方面，美国投资银行所罗门公司就做得比较出色。1993年，公司内部的财务部门和外部聘请的独立审计师安达信公司均发现，在核账时，公司的实际总分类账存在一些差异。为加强内部控制，所罗门公司于1993年中期展开一轮详细调查，以确保总分类账准确无误，并建立相应的核对程序。这次详细的检查发现了大量无凭据的余额，这些余额需列入税前费用，从而对1994年所罗门公司的3.03亿美元赢利进行冲抵。事件发生后，所罗门公司改进了核对和控制程序。1996年1月，由于实行严格的风险管理，所罗门公司发现了期权头寸错位而带来的交易损失。当时交易员运用了不正确的波动值欲以掩盖，而公司的内部控制架构包括风险管理部门的常规现场抽查对此作出了反应，发现了这些差异并将损失降低到了1 500万美元。

## 二、投资银行不同业务的风险及其防范

### （一）承销业务的风险管理

证券承销业务分为代销、余额包销和全额包销三种方式。在代销情况下，发行结束后未售出的证券退还给发行人，投资银行不承担发行风险。在后两种情况下，由于投资银行有义务购进未售出的证券，因此要承担一定的风险。对此，投资银行一般通过联合多家机构组成承销团，每家分别承销总发行额中的一部分来分散发行风险。另外，在包销的情况下，市场条件变化给投资银行带来了相应的销售风险。对新购进债券，投资银行面临的风险主要是利率上升，这将导致最终发行给公众的债券价格下跌；对新发行股票，投资银行会降低它们的报价以抵御因价格不确定性可能带来的经济损失，但这会导致在承销竞争投标中其竞争地位下降。

为了规避承销风险，一般采取以下措施：

1.运用金融期货工具。投资银行采用某种风险控制工具如利率或股票指数期货，以降低在承销过程中的价格风险，即通过在债券或股票实际发行前卖出相应期货的方式为其购入的证券套期保值。在债券承销中，也可以采用类似方法对承销债券作相应的套期保值。但是，由于在西方证券市场中，债券期货大多是国库券品种，所以，当投资

银行为公司承销债券时，就必须使用一种交叉保值技术，即采用国库券期货对其他短期金融工具进行套期保值。

2.运用期权工具。由于采用公开竞价方式报价，投资银行报出一个价格但并不能肯定其是否能承担证券销售工作，金融期货只能使投资银行降低价格风险，却没有考虑到承销过程中竞价的结果。这时，投资银行购买一份看跌期权就可以满足在此情况下的风险管理需要。而如果承销资格在公开竞价后没有争取到，那么投资银行就是不执行看跌期权合同，其损失也仅限于购买这项看跌期权的价格。如果争取到承销资格，这项看跌期权就可以防范价格风险，因为一旦承销证券价格下跌，看跌期权合同允许投资银行以较高价格卖出该证券。而如果该证券价格上升，投资银行可不执行该期权合同，虽然付出了一笔期权费，但在承销市场上却能获得收益。

（二）做市商业务的风险管理

做市商在一定程度上承担了维护二级市场价格稳定和增加二级市场流动性的义务。投资银行为某种证券制造市场，通过买卖报价为该证券创造了流动性，做市商在一定程度上也辅助了一级市场业务的顺利开展。做市商如果不变成投资性质的交易商，只想获取买卖价差利润，就会希望其做市的证券头寸维持稳定，而不出现一段时间内头寸净增加或净减少的现象。但是，投资者买卖证券的决定通常不能相互配合，比如想买时却找不到卖方，想卖时却找不到买方，为此，做市商就必须起到牵线搭桥的作用，先卖出再买进。这样，在某一时点或时段上，做市商的头寸就会发生变化，要为这些净增加或净减少的头寸承担价格风险。一般来说，非系统风险可以根据做市商所做股票的贝塔系数来确定应该进行风险抵冲的头寸金额，然后再买卖相应数量的股指期货或期权予以对冲；可以依靠多种证券形成的投资组合使各个证券的非系统风险互相抵消。某做市商被迫隔夜持有大量敞口头寸，通过出售一指数期货合同，就可以为其持有的敞口头寸非预期的价格下跌予以保值。一旦价格真的下跌，可以通过期货市场的收益抵补现货头寸的损失。有时做市商卖空某一证券，在该证券被买进之前，可以通过买入指数期货合约来预防证券价格上涨。

（三）证券经纪业务的风险管理

证券经纪业务是指投资银行为投资者提供证券买卖服务的业务，从表面上看，投资银行似乎不承担投资者买卖证券所产生的亏损，但当投资者违约或产生较大亏损时，同样也会给投资银行带来一定的风险。所以，防范证券经纪业务风险也是投资银行风险防范中一项非常重要的举措，主要包括以下内容：

1.财务要求。对注册资本、资产负债率有一定的标准，保证具有足够流动性；同时从营业收入中提取一定比例，建立违约损失准备，以用于弥补代理证券交易违约发生的损失。

2.业务限制。首先，证券自营业务与证券经纪业务应严格分开，以避免业务之间相互影响，避免客户与证券商之间利益冲突和内幕交易；其次，应将投资者账户的证券与自有证券分开保管，将投资者资金账户的资金专项存入央行指定的银行，不得挪作证券经纪商的其他业务，严禁将风险转嫁到投资者身上。

（四）其他风险及防范

1.信用风险的控制。对于信用风险的监管和控制，投资银行可以从以下几个方面入手：

(1)尽量采用交易所内的标准衍生合约,以便利用交易所—清算所这一具有高度安全性的体系。相对场外交易市场,交易所内有严格的标准化交易的信用风险管理制度。交易所通过严格的逐日盯市制度,基本上消灭了违约风险;清算所提高了进入交易所的交易者的资信级别,而合约的标准化又保证了合约换手的流动性,使保证金制度和强迫平仓制度得以实现,从而将信用风险的损失降到了最低限度。

(2)在场外交易中,慎选交易对手。投资银行应考虑交易方是否有足够的财力在市况逆势时仍能履约和承担风险。为此,投资银行必须先分析交易标的的风险程度,然后由管理层和专家根据对手资信决定合作与否。若合作,还需确定交易方的信用额度。一般而言,信用等级为 AA 级或 AAA 级的交易对手可以免于资信检查。若在资信检查后认为交易方资信不足,投资银行可要求对方提供有价证券之类的担保品作为抵押,或出具资信较好的第三方承诺的担保。

(3)在场外交易中,对交易对手实行动态资信检查。即考察对方在合作有效期间的未来收益能力和流动资本的发展变化趋势,确保对方有能力在未来履行清偿义务。在动态资信检查显示对手资信恶化的情况下,投资银行必须力争得到抵押,否则,投资银行宜尽快将该合约出售,将风险转嫁到第三方。

此外,投资银行还可以应用分散化原则和邀请同业共同参与某一期限长、金额大的合约。投资银行根据不同的标准广泛地选择交易对手而不局限于选择银行同业,应用分散化原则可以有效地降低非系统风险,从而控制可能产生的损失。

2.市场风险的控制。鉴于衍生品的高风险和不少投资银行折戟沉沙的经验教训,越来越多的人开始正视市场风险。面对市场风险,投资银行根据自身财务状况和经验预先设定风险上限,采取先进和精确的度量模式,由专家每天按市场情况进行风险分析,对可能出现的情况进行模拟分析。当计算得出的投资组合的总体风险值超过上限时,投资银行应采取措施,由操作人员和专家对投资策略进行修正。

例如,控制期权交易风险,目前较为流行的积极管理方法是 $\delta$ 中性套期保值法。该方法以期权定价公式为基础。$\delta$ 是给定金融标的物的价格变化对期权费变化的比率,它反映了金融标的物的价格变化而引起的期权的赢利或亏损,也就是期权费对于该金融标的物价格变化的敏感性。期权的 $\delta$ 值在 0 与 1 之间。$\delta$ 为 1 或近于 1 表示期权处于较有利的情况,期权费随金融标的物价格增加而同比例地增加。当市场价格等于执行价格时,$\delta$ 等于 0.5;当期权处于极不利的情况下时,$\delta$ 值为 0 或近于 0。由此可见,用 $\delta$ 值乘以期权合约金额即能显示市场敞口风险的大小。如投资银行出售一笔 $\delta$ 为 0.8 的 1 000 万美元的看涨期权,银行承担的敞口风险为 800 万美元(1 000×0.8)。为避免敞口风险,投资银行在即期市场买入 800 万美元,这就是 $\delta$ 中性套期保值法的基本原理。当然,$\delta$ 值来源于对金融衍生产品未来波动幅度的估计,存在一定的偏差,因此 $\delta$ 中性保值亦不能完全对敞口风险进行抵补。

3.操作风险的控制。巴林事件引起了投资银行对操作风险的重视。1995 年,美国的六大投资银行——高盛、第一波士顿、雷曼兄弟、美林、摩根士丹利和所罗门兄弟同美国证券与交易委员会和商品期货交易委员会协作,制定了新的自觉监控措施。其中控制操作风险的主要措施有:①规定交易员不得在清算部门兼职,公司出席代表不得经手客户业务，严格区分客户资金和投资银行自有资金。②对交易员定出交易限额和持仓止损额，以控制个人的最大业务风险。③当投资出现亏损并跌破止损位时，即作出相应行动斩仓。④对日常操作可能出现的失误，投资银行也建立了防范系统，如在操作系统上安放后备或保险措施。这些措施能够在交易员偶然操作失误或系统出现故障时，及时发现并予以更正。

4.其他风险的控制。其他风险如流通性风险，多见于交易所中成交量较小的金融品种和场外交易的金融品种，投资银行为避免该风险，应选择一些成交量大的标准合约进行交易。此外，为规避法律风险，投资银行应确保缔约的另一方获得充分授权缔约的资格，并且有关合约条款在法律上绝对可以执行，因此，投资银行应聘请专业法律人员对缔约方资格、条文可执行性、确实性及合法性进行查证。

# 第二节　风险管控体制

## 一、风险控制的架构

### （一）风险控制的架构

投资银行建立风险管理和控制系统的最终目标是尽量降低公司资源突然耗尽的风险，充分保护公司的资产和资本。根据各项投资银行业务规模和复杂性的不同，有效的风险管理与控制的具体内容也不一样。但是，具有效率的风险管理和控制系统一般要建立体系完善的风险管控架构，具备全面的风险管控战略，包括建立内部控制机构、实现战略目标的政策和程序、风险计量和控制的方法、对执行情况的监控和报告，以及对战略、政策和程序有效性的不断评估。

1.明确风险管控的责权机构。投资银行的决策机构（如董事会或相应机构）对公司所有者负责，对了解公司面临的风险、保证高级管理层采取必要措施监督和控制这些风险、确保风险管控系统的有效运作负有最终责任。相应地，高级管理层负责公司日常业务的监控，实施适当的风险管理和控制政策，监控公司面临的风险。决策机构和高级管理层有责任提高公司员工的职业道德水准。规模庞大、业务复杂的投资银行宜设立内部的风险管控机构，风险管控机构由决策机构和高级管理人员牵头，并建立相关的分支部门，这是建立管控架构的开端。

2.确立风险管控战略。公司整体业务战略和风险管控政策应由决策机构或风险管控的核心机构审批。制定风险管理及控制战略的第一步，是根据风险对资本比例情况，对公司业务活动及其带来的风险进行分析。在上述分析的基础上，规定每一种主要业务或产品的风险数量限额，批准业务的具体范围，并应保障有充足的资本加以支持。此后，应对业务和风险不断进行常规监察，并根据业务和市场的变化对战略进行定期重新评估。

3.实施风险管控政策和程序。在识别风险和确定抵御风险的总体战略后，后续工作是制定用于日常和长期业务操作的详细而具体的指标。为此，风险管控的政策和程序中应该包括风险管控过程中的权力和遵守风险政策的责任、有效的内部会计控制、内部和外部审计等。投资银行有必要建立集中、自主的风险管控部门，在此情况下，特别需要重视的是给风险管控部门配备适当的专业人员，并让风险管控部门独立于产生风险的部门。

4.采用风险计量和控制的办法。从定量角度对风险进行测量和从定性角度加强监管，是投资银行风险管控必不可少的两个方面。定量检测是采用数学模型对风险进行科学的量测。但是，数学风险模型不能精确地量化重大金融事件，为此，还需要加强风险的监管，减少和杜绝重大金融事件发生的可能性。如果没有有效的实施程序和对员工的操守教育，再好的制度也是一纸空文。近年来发生巨额亏损的金融机构，经常发现事故源头是内部以文件形式存在的控制制度没有得到有效执行。

5.检验和评估风险管控制度的执行。检验是风险管控系统的关键因素之一。投资银行如果不能建立一套完整的检验程序，内部失控的风险就会不断增加。投资银行需要确认决策机构和管理层制定的风险管控制度是按照设计的要求运作的，并能适应新产品和技术的发展。检验程序应包括独立于交易柜台及业务部门内部审计和独立会计师的外部审计。外部审计至少应该包括对内部会计控制系统的检查，把它作为投资银行年度检验程序的一部分。监管当局应该强制要求投资银行执行外部审计。

### （二）风险管理的组织机构

国外投资银行的风险管理结构一般由审计委员会、风险监视委员会、风险政策小组、最高决策执行委员会、公司风险管理委员会等组成，现将这些委员会或部门的职能分别介绍如下。

1.审计委员会。审计委员会一般全部由外部董事组成，由其授权风险监视委员会制定公司风险管理政策。审计委员会是投资银行高层次的风险管理机构。

2.风险监视委员会。风险监视委员会一般由高级业务人员及风险控制经理组成，并由公司风险管理委员会的负责人兼任该委员会的负责人。该委员会负责监视公司的风险并确保各业务部门严格执行识别、度量和监控与其业务相关的风险。该委员会还要协助公司最高决策执行委员会决定公司对各项业务风险的容忍度，并不定期地及时向公司最高决策执行委员会和审计委员会报告重要的风险管理事项。

3.风险政策小组。风险政策小组是风险监视委员会的一个工作小组，一般由风险控制经理组成并由公司风险管理委员会的负责人兼任负责人。该小组审查和检讨各种与风险相关的事项并向风险监视委员会汇报。

4.最高决策执行委员会。公司最高决策执行委员会为公司各项业务制定风险容忍度，并批准公司重大风险管理决定，包括由风险监视委员会提交的有关重要风险政策的改变。公司最高决策执行委员会特别关注风险集中度和流动性问题。

5.公司风险管理委员会。公司风险管理委员会是一个专门负责公司风险管理流程的部门。该委员会的负责人一般直接向财务总监报告，并兼任风险监视委员会和风险政策小组的负责人，同时一般也是公司最高决策执行委员会的成员。公司风险管理委员会管理公司的市场风险和信用风险。市场风险是指公司交易投资由于利率、汇率、权益证券价格和商品价格、信用差(Creditspnads)等波动而引起的价值变化。信用风险是指由于信用违约造成的可能损失。公司风险管理委员会还要掌握公司各种投资组合资产的风险概况,并要开发出有关系统和风险工具来执行所有风险管理的功能。

公司风险管理委员会一般由市场风险组、信用风险组、投资组合风险组和风险基础结构组四个小组组成。市场风险组负责确定和识别公司各种业务需要承受的市场风险,并下设相对独立的定量小组专门负责建立、验证和运行各种用来度量、模拟各种业务的数学模型,同时负责确立监视和控制公司各种风险模型的风险集中度和承受度。信用风险组负责评估公司现有和潜在的个人和机构客户的信用度,并在公司风险监视和度量模型可承受风险的范围内决定公司信用风险的承受程度。该组需要审查和监视公司特定交易、投资组合以及其他信用风险的集中程度,并负责审查信用风险的控制流程,同时与公司业务部门一起管理和设法减轻公司的信用风险。该组通常拥有一个特别的专家小组,专门负责公司资产确认和管理在早期可能出现的信用问题。投资组合风险组具有广泛的职责,包括通过公司范围内重点事件的分析使公司的市场风险、信用风险和运作风险有机地结合起来统筹考虑,进行不同国家风险和等级的评估等。该组一般设有一个流程风险小组,集中执行公司范围内风险流程管理的政策。风险基础结构组向公司风险管理委员会提供分析、技术和政策上的支持,以确保风险管理委员会更好地监视公司范围内的市场、信用和投资组合风险。

除了以上有关风险管理组织外,还有各种管制委员会制定政策、审查和检讨各项业务,以确保新业务和现有业务的创新同样不超出公司的风险容忍度。这些委员会一般包括新产品审查和检讨委员会、信用政策委员会、储备委员会、特别交易审查检讨委员会等。

虽然投资银行风险管理部门需要保持高度的独立,但也离不开同其他部门的沟通和协调,这些部门主要有前台、后台、控制者、法律部门和高级管理层。同时,风险管理部门还需要经常与上级监管者、会计师事务所、审计师事务所、律师事务所、信用评级机构以及投资者保持及时联系和有效沟通。

我国投资银行的业务特点决定了市场风险是每一家投资银行面临的主要风险,市场风险管理部作为风险管理委员会下属的一个执行部门,全面负责整个投资银行的市场风险管理和控制,并直接向执行总裁报告工作。由于市场风险主要来自证券投资和证券承销,因此有关部门如证券投资部、客户资产管理部、证券承销部、债券部等相关业务部门都应该置于市场风险管理部门的监督之下。

## 二、风险控制的技术

风险控制的方法有多种,但证券投资组合理论(马科维茨组合理论)和 VAR 方法是两种非常重要的方法。本节主要阐述这两种方法的原理和应用。

### (一)证券投资组合理论(马科维茨组合理论)

"不要把所有的鸡蛋放在一个篮子里",这句古老的格言里蕴含着风险管理的基本思想,即通过建立证券组合,分散风险,获取安全稳定的收益。1952 年哈里·马科维茨发表了《证券组合选择》一文,标志着现代证券组合理论应运而生。马科维茨为衡量证券的收益和风险设置了基本方法,奠定了证券投资学的基础。马科维茨的学生威廉·夏普为了解决马科维茨模型在实际运用中运算的复杂困难,提出了马科维茨模型的简化方法——单指数模型。后来,投资银行专家又在此基础上提出了更为准确的多指数模型，为证券组合投资及风险管理提供了理论基础。鉴于马科维茨与威廉·夏普为证券投资风险管理所作的重要贡献，他们于1990年一起获得了诺贝尔经济学奖。

1.单个证券的收益。证券投资收益就是投资者放弃当前消费进行投资活动而获得的报酬，它由两部分组成，一部分是持有证券的经常性收入，如股票的股息与红利；另一部分是证券价格波动而带来的资本利得。

证券的预期收益率是指在未来可能实现的收益率，需要引入"概率"。预期收益率等于每一种情况依概率发生的条件下收益率的加权平均值。用公式表示为：

$$E(r) = \sum_{i=1}^{n} h_i r_i$$

式中：$E(r)$为预期收益率；$h_i$为第$i$种情况发生的概率；$r_i$为第$i$种情况发生时证券的收益率；$n$为可能发生的$n$种情况。

2.证券组合的收益。证券组合的收益率等于各种证券在组合中所占的比重与其收益率乘积之和，即各种证券收益率的加权平均值。用公式表示为：

$$r_p = \sum_{j=1}^{m} X_j r_j$$

式中：$r_p$为证券组合的收益率；$X_j$为第$j$种证券在组合中所占的比重；$r_j$为第$j$种证券的收益率；$m$为组合中有$m$种证券。

组合建立之后，该证券组合的预期收益率为：

$$E(r_p) = \sum_{i=1}^{n} h_i r_{pi}$$

式中：$E(r_p)$为组合的预期收益率；$r_{pi}$为第$i$种情况下组合的收益率，等于第$i$种情况下组合中各种证券收益率的加权平均值，即$\sum_{j=1}^{m} X_j r_{ij}$。

所以：

$$E(r_p) = \sum_{i=1}^{n} h_i (\sum_{j=1}^{m} X_j r_{ij}) - \sum_{i=1}^{n} \sum_{j=1}^{m} h_i X_j r_{ij} - \sum_{j=1}^{m} X_j (\sum_{i=1}^{n} h_i r_{ij})$$

而$\sum_{i=1}^{n} h_i r_{ij}$又是第$j$种证券的预期收益率$E(r_i)$，因此，$E(r_p) = \sum_{j=1}^{m} X_j r_j$。也就是说，组合的预期收益率等于组合中各种证券预期收益率的加权平均值。

3.单个证券的风险。在证券投资中，所谓风险，是指未来收益的不确定性，即实际收益对预期收益的偏离程度。通常采用标准差来估量风险，标准差一般用符号$\sigma$代表，它表示某一变量在其期望值（平均值）两边的离散程度。标准差的平方称为方差，可以作为描述风险大小的变量。即：

$$\sigma^2 = \frac{\sum (r - \bar{r})}{n}$$

如果考察证券的预期方差值，可得：

$$\sigma^2(r) = \sum_{i=1}^{n} h_i [r_i - E(r)]^2$$

式中：$\sigma^2(r)$为方差的预期值；$h_i$为发生第$i$种情况的概率；$r_i$为发生第$i$种情况时的收益率；$E(r)$为证券的预期收益率；$n$为共有$n$种情况。

4.证券组合的风险。按照以上推论，组合风险可以用组合的方差来表示，即：

$$\sigma^2(r_p) = \sum_{i=1}^{n} h_i [r_{pi} - E(r_p)]^2$$

为了便于理解,假设有一组合包括 A 和 B 两种证券,那么:

$$E(r_p) = \sum_{j=1}^{m} X_j E(r_j) = X_A \cdot E(r_A) + X_B \cdot E(r_B)$$

式中:$X_A$ 和 $X_B$ 分别表示 A,B 两种证券在组合中所占的比重;$E(r_A)$ 和 $E(r_B)$ 则分别是 A,B 两种证券的预期收益率。

同样,当发生第 $i$ 种情况时,组合的收益率为 $r_{pi} = X_A r_{Ai} + X_B r_{Bi}$。这样,便可以得出:

$$\begin{aligned}\sigma^2(r_p) &= \sum_{i=1}^{n} h_i [r_{pi} - E(r_p)]^2 \\ &= \sum_{i=1}^{n} h_i [X_A r_{Ai} + X_B r_{Bi} - X_A E(r_A) - X_B E(r_B)]^2 \\ &= X_A^2 \sum_{i=1}^{n} h_i [r_{Ai} - E(r_A)]^2 + X_B^2 \sum_{i=1}^{n} h_i [r_{Bi} - E(r_B)]^2 + \\ &\quad 2X_A X_B \sum_{i=1}^{n} h_i [r_{Ai} - E(r_B)][r_{Bi} - E(r_B)]\end{aligned}$$

式中:$\sum_{i=1}^{n} h_i [r_{Ai} - E(r_A)]^2$ 和 $\sum_{i=1}^{n} h_i [r_{Bi} - E(r_B)]^2$ 分别等于 $\sigma^2(r_A)$ 和 $\sigma^2(r_B)$;而 $\sum_{i=1}^{n} h_i [r_{Ai} - E(r_A)][r_{Bi} - E(r_B)]$ 则是 A,B 两种证券的协方差,它表示这两种股票之间收益率变动的相关程度,用 $\mathrm{cov}(r_A, r_B)$ 表示。因此:

$$\sigma^2(r_p) = X_A^2 \sigma^2(r_A) + X_B^2 \sigma^2(r_B) + 2X_A X_B \mathrm{cov}(r_A, r_B)$$

同样,如果假设该组合中包括 A,B,C 三种证券,那么按照组合风险公式计算出来的组合方差是:

$$\begin{aligned}\sigma^2(r_p) = &X_A^2 \sigma^2(r_A) + X_B^2 \sigma^2(r_B) + X_C^2 \sigma^2(r_C) + 2X_A X_B \mathrm{cov}(r_A, r_B) + \\ &2X_A X_C \mathrm{cov}(r_A, r_C) + 2X_B X_C \mathrm{cov}(r_B, r_C)\end{aligned}$$

可以看到,组合的风险并不仅仅是组合中各证券风险的平均值,还与各证券之间的相互关系有关。除了用协方差表示两种证券之间的相关程度之外,通常还用相关系数来表示,一般用符号 $\rho$ 来代表。它实际上是协方差与两种证券标准差的比值,即:

$$\rho = \frac{\mathrm{cov}(r_A, r_B)}{\sigma(r_A)\sigma(r_B)}$$

$\rho$ 的值在区间[-1,+1)上,当 $\rho = +1$ 时,表示 A,B 两种证券完全正相关,风险完全一致;当 $\rho = -1$ 时,则说明两种证券完全负相关,风险正好此消彼长;当 $\rho = 0$ 时,表明 A,B 之间没有任何相关关系,即两种证券的价格涨跌互不影响。

依此可以同样推出证券组合中股票数量大于两种的情况,其风险公式可以表示为:

$$\sigma^2(r_p) = \sum_{i=1}^{n} \sum_{j=1}^{m} X_i X_j \mathrm{cov}(r_i, r_j)$$

5.有效的资产组合。马科维茨用于计算证券组合预期收益和风险的方法,是现代证券投资理论的基础。他认为,投资者都比较理性,即在任何既定的预期收益下,宁愿选择风险最小的证券组合;而在任何给定的风险水平下,则会选择预期收益最大的证券组合。基于此,马科维茨发展了关于有效集合的理论。假定在市场上可以建立起包含不同证券或不同比重的证券组合,那么,在这些组合中,必然会有预期收益率相同的许多组合,它们的风险水平必然有高有低,但其中必然有一种组合是在该预期收益率下风险最小的组合,我们称之为最小方差组合。同样,在其他预期收益率下,也有风险最小的证券组合。而所有这些最小方差组合在一起,便构成了最小方差集合。有效集合又被称作有效边界,是投资者进行理性投资时可能采纳的所有证券组合之集合。

6.证券组合理论的运用。马科维茨理论是进行证券及其他投资活动的一个强有力的工具。该理论的实际运用可以采用三个步骤进行:①证券分析,即利用每种证券的历史收益和价格变动资料,估测出每种证券的预期收益和风险,并且估测每两只证券之间价格变动的相关程度,即协方差的大小。②组合分析,即考察所有可能取得的组合的风险和收益状况,从中选出一批有效组合,作为证券组合投资的候选对象。这一步骤牵涉大量的复杂计算,因而一般需要计算机才能胜任。③在上述候选组合中,根据预先确立的投资目标选择出最优的组合。

马科维茨理论是对组合收益和风险的确切估计,因此准确率很高,但是,其困难在于计算量实在太大,计算过程过于复杂。目前,该理论最直接运用于两个领域:一是资产配置,即将资产投资于包括证券在内的不同投资工具上;二是跨国的投资活动。

### (二)风险控制的有效方法——VAR 方法

VAR 风险管理技术是近年来在国外兴起的一种金融风险评估和计量模型,目前已被全球各主要银行、非银行金融机构、公司(包括证券公司、保险公司、基金管理公司、信托公司等)和金融监管机构广泛采用。

1.VAR 的定义、计算和模型检验。VAR 即 Value At Risk,中文译为“风险价值”,是在正常的市场条件和给定的置信度内,用于评估和计量任何一种金融资产或证券投资组合在既定时期内所面临的市场风险大小和可能遭受的潜在最大价值损失的技术。

VAR 风险管理技术是对市场风险的总括性评估,它考虑了金融资产对某种风险来源(如利率、汇率、商品价格、股票价格等基础性金融变量)的敞口和市场逆向变化的可能性。VAR 模型加入了大量的可能影响公司交易组合公允价值的因素,如证券和商品价格、利率、外汇汇率、有关的波动率以及这些变量之间的相关值。

VAR 模型一般考虑线性和非线性价格暴露头寸、利率风险及隐含的线性波动率风险暴露头寸。借助该模型对历史数据进行模拟运算,可求出在不同的置信度下的 VAR 值。

对历史数据的模拟运算,需要建立一个假设交易组合值每日变化的分布,该假设是以每日观察到的市场重要指标或其他对组合有影响的市场因素(“市场风险因素”)的变化率为基础的。据此算出的公司某日 VAR 值与当日公司组合可能的损失值相对应。对于置信度为 99%,时间基准为一天的 VAR 值,可以理解为该值被超过的概率为 1%或在 100 个交易日内可能发生一次。例如,某投资银行 2020 年某日 99%VAR 值平均为 3 500万美元,这表明该投资银行可以以 99%的概率作出保证,其该日投资组合在未来 24 小时内的平均损失不会超过 3 500 万美元。通过将这一 VAR 值与该投资银行 2020 年的年利润和资本额相对照,则该证券公司的风险状况即可一目了然。

假定某投资银行在 2020 年 1 月 1 日买入本年度 6 月份的国债期货合同,按当日收盘价计算,该合同价值为 110 000 美元,要求计算出平均一日内置信度为 99% 的 VAR 值。

VAR 通常是根据金融资产的收益率而非价格来计算的,收益率=(期末价值-期初价值)/期初价值。假定收益率 $X$ 是一个呈正态分布的随机变量,且我们已估算出 $X$ 的均值和方差分别为 0.002 4%和0.605 074%,那么根据正态分布规律(查正态分布表),收益率 $X$ 有 99%的概率应落在均值的 2.33 个标准差内,即区间(-2.33,2.33)。

由于 2.33×0.605 074% = 1.41%,这表明收益率有 99%的可能性将落到-1.41%和 1.41%的范围之内,即收益率高于-1.41%的概率为 99%。这时在 99%的置信度内的一日 VAR 值为 1.41%× \$110 000= \$1 551。它说明每日有 99%的可能性以保证其损失不会高于 1 551 美元。这里,VAR 值计算的关键在于估算出收益率在未来一定时期内的均值和方差,它是通过收益率的历史数据对未来数据进行模拟得出的。

为了确保风险评估计量模型的质量和准确性,需经常对模型进行检验。"返回检验"(Backtesting)就是一个评价公司的风险计量模型,是 VAR 模型一种常用的计量检验方法。它的核心是将实际交易的结果与根据模型生成的风险值进行比较,以确认和检验 VAR 风险计量方法的可信度。巴塞尔银行监管委员会在《关于使用"返回检验"法检验计算市场风险资本要求的内部模型法的监管构架》文件中,也专门对这一检验方法的使用做了详细说明。目前,这一方法已被许多使用 VAR 模型的机构用于模型检验。

2.VAR 模型的应用。目前,VAR 计量模型及在此基础上形成的管理模式和方法正不断地被越来越多的金融监管当局、商业银行、投资银行和机构投资者所普遍认同和广泛接受。

自从 1993 年 G30 发表《衍生产品的实践和规则》的研究风险评估报告并竭力推荐各国银行使用 VAR 风险管理技术后,巴塞尔委员会也在其《关于市场风险资本要求的内部模型法》(1995)、《关于使用"返回检验"法检验计算市场风险资本要求的内部模型法的监管构架》文件中向其成员国银行大力倡导这一方法,并且规定依据 VAR 风险计量模型计算出的风险来确定银行的资本金,同时对这个计量方法的使用和模型的检验提出了可行的建议,并作出了明确的规定。

许多国家的金融监管当局利用 VAR 技术对银行和证券公司的风险进行监控,以 VAR 值作为衡量金融中介机构风险的统一标准与管理机构资本充足水平的一个准绳和依据。与此同时,很多银行也采用 VAR 风险计量模型来计量各种业务和投资组合的市场风险,将其资本水平与所承担的市场风险相挂钩,以提高银行的资本充足率,增强其资本实力和抵御风险的能力,促进银行高效、稳健运营。

VAR 方法也是投资银行进行投资决策和风险管理的有效技术工具。投资银行利用 VAR 方法进行营运资金的管理,制定投资策略,通过对所持有的资产的风险值的评估和计量,及时调整投资组合,以分散和规避风险,提高资产运营质量和运作效率。以摩根士丹利公司为例,该公司利用各种各样的风险规避方法来管理它的头寸,包括风险暴露头寸分散化,对有关证券和金融工具头寸的买卖以及种类繁多的金融衍生产品(包括互换、期货、期权和远期交易)的运用。公司在全球范围内按交易部门和产品单位来管理与整个公司交易活动有关的市场风险。

摩根士丹利公司按如下方式管理和检测其市场风险:①建立一个交易组合,使其足以将市场风险因素分散;②整个公司和每一个交易部门均有交易指南和限额,并按交易区域分配到该区域交易部门和交易柜台；③交易部门风险经理、柜台风险经理和市场风险部门都检测市场风险相对于限额的大小，并将主要的市场和头寸变化报告给高级管理人员。市场风险部门使用 VAR 与其他定量和定性测量分析工具，根据市场风险规律，独立地检查公司的交易组合。公司使用利率敏感性、波动率和时间滞后测量等工具来估测市场风险，评估头寸对市场形势变化的敏感性。交易部门风险经理、柜台风险经理和市场风险部门定期使用敏感性模拟系统，检测某一市场因素变化对现存的产品组合值的影响。公司高级管理人员使用 VAR 技术工具，以协助其管理人员测度与其交易头寸相关的市场风险暴露头寸。

随着交易组合的分散化以及模型技术和系统能力的改善，VAR 模型也在不断地改善。在 1997 会计年度，摩根士丹利 VAR 模型涉及的头寸和风险范围逐步扩展，风险测量技术也更加精确。最显著的改善是将特别命名的风险指数加入其中，以反映全球资本市场、投资银行和高收益债券的风险。到 1997 年 11 月 30 日，大约 4~20 个市场风险因素基准数据系列被加入该 VAR 模型里，涵盖了利率、证券价格、外汇汇率、商品价格和有关的波动率。另外，该模型还包含了约 7 500 只证券和 60 个类别公司及高收益债券的市场风险因素。

此外，VAR 方法是机构投资者进行投资决策的有力分析工具。机构投资者应用 VAR 方法，在投资过程中对投资对象进行风险测量，将计算出的风险大小与自身对风险的承受能力加以比较，以此来决定投资额和投资策略，以减少投资的盲目性，尽可能减轻因投资决策失误所带来的损失。目前，VAR 方法除了被金融机构广泛运用外，也开始被一些非金融机构采用，如西门子公司和 IBM 公司等。

## 课外阅读网站

1.http://finance.sina.com.cn/，新浪财经频道。

2.https://business.sohu.com/，搜狐财经频道。

## 思考题

1.分析投资银行面临风险类型。

2.国外投资银行进行风险管理的组织有哪些？

3.在承销业务中，投资银行面临什么风险？可以采取哪些防范措施？

4.在交易业务中，投资银行面临什么风险？可以采取什么防范措施？

5.试分析单个证券的收益和证券组合的收益。

6.试分析单个证券的风险和证券组合的风险。

7.举例说明如何运用证券投资组合理论来防范风险。

8.什么是 VAR 方法？如何运用 VAR 方法来规避风险？

9.讨论 VAR 方法的应用前景。

## 延伸阅读

### 美国投资银行的风险管理

美国的投资银行对于风险管理都有极为深刻的认识。它们认为,风险内生于企业所从事的业务和活动中,企业能够在多大程度上准确、有效地辨别、评估、追踪、管理其业务涉及的不同类型的风险,对于自身的生存状态和赢利能力具有极为关键的作用,并且,它们都将风险管理列为企业主要的经营目标之一。这不但是其自身经验教训的积累和总结,也是对同业公司兴衰历史的反应。这里主要探讨美国两家著名投资银行的风险管理。

**一、美林公司的风险管理**

美林公司风险管理部门的设置由董事会下辖风险控制委员会和储备委员会构成,这两个委员会由风险管理部、公司信贷部和控制部门高级管理人员组成,协调全球风险管理部、公司信贷部和包括财务、审计、经营以及法律和协调部门在内的其他部门的工作,在风险管理过程中发挥重要的监督作用。

风险控制委员会和风险管理部门对美林公司所有的机构交易活动进行总的风险监督。风险控制委员会独立于美林的交易部门,定期向公司董事会下属的审计和财务委员会汇报风险管理的状况。

储备委员会检测和资产、负债有关的价值和风险,它主要负责监控那些可能导致现有资产价值损失或带来新的负债的事件,确定在当前形势下使公司资产和负债保持平衡的储备水平。储备委员会通常由主要的财务官员任委员会主席,考察和批准整个公司的储备水平和储备方法的变化。储备委员会每个月举行一次会议,判断当时的市场状况,并对某些问题采取行动。美林公司在决定储备水平时会向管理层咨询三个方面的观点:①风险和头寸暴露的识别;②风险管理的原则;③时效、集中度和流动性。这里提到的集中度风险是指投资银行业务对单一收入、产品和市场的依赖风险。美林公司定期检测集中度风险,并通过实施分散化的经营和计划来减少此风险。近几年,美林公司已将其全球收入来源分散化,从而减少公司收入对单一金融产品、客户群或市场的依赖。

大型投资银行均以积极的态度对各类风险进行管理,其中尤以美林证券的观点最为突出。近几年来,以数学模型对风险进行计量成为风险管理的切入点,“风险计量”几乎替代了“风险管理”的地位。但美林公司认为,金融产品的风险不在于其本身,而在于如何对金融产品进行管理。基于这样一种认识,美林公司提出:管理风险比辨别和计量风险更有意义,同时在总结历史经验教训的基础上规定了风险管理的8条基本原则:

原则①:任何风险管理过程中最重要的工具都是经验、判断以及持续的沟通。

原则②:警惕性、纪律性必须在全公司范围内持续地加以强调。

原则③:对于涉及资金的业务,管理层必须制定简洁、明了的规定,明确什么可以做、什么不能做。

原则④:风险管理政策及程序必须清晰、有效传达并确保得到充分理解。

原则⑤:管理人员必须考虑各种可能发生的情况,即使其可能性极小;必须探究潜在的问题,寻找弱点,并帮助发现可能的损失。

原则⑥:对于风险暴露和相关变量的报告必须准确、及时。

原则⑦:风险管理过程必须具有弹性,允许根据不断变化的环境进行改变,也包括根据美林自身目标的演进而改进。

原则⑧:风险管理的根本目标就是使公司不可承受的损失发生的可能性降低到最低程度。

这种损失经常产生于不可预期的事件,又往往无法为基于统计学的风险管理方法所预测。美林证券的风险管理体系所体现的基本原则就是全员参与、全过程展开与及时、充分的沟通。风险管理的主题回归到人员的积极管理,而非任何资产风险的被动计量。

**二、摩根士丹利的风险管理**

摩根士丹利强调公司高级管理人员在风险管理中的重要作用。公司设立风险管理委员会作为风险管理的核心机构,风险管理委员会由公司大部分高级管理人员组成,负责制定整个公司风险管理的策略及考察与这些策略相关的公司业绩。

风险管理委员会下设几个专门的风险管理委员会次级分会,以帮助风险管理委员会实施对公司风险活动的检测和考察。此外,这些风险管理委员会的次级分会还考察与公司的市场和信用风险状况、总的销售策略、消费贷款定价、储备充足度和合法实施能力以及经营和系统风险有关的总体框架、层次和检测规程。

公司的会计主任、司库、法律、协调和政府事务部门及市场风险部门,都独立于公司业务部门,协助高级管理人员和风险管理委员会(包括下属分会)对公司风险状况进行检测和控制。另外,公司的内部审计部门也向高级管理人员汇报,并通过业务运营领域的考察对公司的经营和控制环境进行评估。公司经营在每一个管理和业务领域,聘用具有适当经验的专家,从而有效地实施公司的风险管理检测系统和操作规程。

摩根士丹利在风险管理方面持有积极管理的观点,认为风险管理是一个涉及多方面独立监控的过程,需要对具体金融产品、金融市场进行持续的沟通、了解和判断。由于全球金融服务市场的错综复杂和不断变化,公司的风险管理政策和过程需要不断地根据环境变化和公司观念的变化进行修正。

# 第十七章

# 投资银行行业监管

一个企业除了内部管理之外,还离不开外部的监管。投资银行业务涉及面较广,主要活动领域是高风险的资本市场,对其进行严格的外部监管非常重要。

对于投资银行的监管应该包括事前监管(市场准入)、事中监管(业务与人员管理)和事后监管(违法违规责任追究处理)。强有力的外部监管,能够促进投资银行严格自律,改善经营管理。

## 第一节　投资银行行业监管概述

### 一、监管目标

投资银行监管的目标是投资银行监管理论与实践的重要连接点,设定和明确投资银行业监管的目标,有利于确保投资银行监管工作的针对性和效率。总体而言,建立一个高效率的资本市场,充分发挥市场机制配置资金的作用,促进资本形成的经济增长,是各国对投资银行实施监管的根本目标。现代投行监管共同的具体目标包括以下几个方面。

#### (一)保护投资者的合法权益

投资者是投资银行业的服务对象,投资者的信任和信心是金融市场与投资银行生存和发展的前提。对投资者决策具有重要意义的信息进行充分披露,是保护投资者利益的最重要的方法。在一个有效的市场中,有关信息的发布是及时和广泛的,并且反映在价格的形成过程中。监管活动应当有助于提高市场效率,并确保市场最高的透明度。透明度可以定义为交易信息能够及时地被公众获知的程度。各国一般通过建立会计和审计准则,并利用法律法规建立规范化的信息披露制度,提高市场的透明度,以便于投资者进行价值评估,从而能够保护好自己的利益。

此外,资本市场的投资者特别容易被中介机构或其他人的违法行为侵害,但个人投资者采取行动的能力是有限的;对投资银行的监管往往通过制定市场进入审查制度来达到保护投资者的目的,只有正式注册或得到授权的人士才可以提供投资银行服务。

为保护投资者,投资者受到非法侵害时应当可以寻求一个中立的机构来解决或运用其他补救和补偿手段。此外,证券交易与欺诈的复杂性也要求严格有力的执法行为。因此,当有违法事件发生时,必须严格执行有关证券法律,以保护投资者利益。有效的监管和执法有赖于国内国际各方面监管机构之间的密切合作。

（二）确保投资银行的健康发展

确保投资银行的健康发展，不仅是宏观产业政策制定部门的职责，也是我国投资银行监管工作的主要目标之一。监管并非压制，相反，对投资银行的监管能为其提供一个公平的竞争环境。市场公平与保护投资者特别是与禁止不当交易紧密相关。市场结构不应导致一些市场操纵或其他不公平的交易行为。监管活动应当确保投资者公平地利用市场设施、市场信息，同时也应当促进公平的指令处理和可靠的价格形成过程。而竞争是促使投资银行不断提高服务质量和服务效率的基本前提。投资银行也只有在严格的监管之下，在保证安全与稳定的基础上进行公平竞争，才能防止和打破垄断，健康、有序地发展。监管机构对于交易所、交易系统的经营者及交易制度的审查，有助于确保市场的健康发展。

（三）降低系统风险

投资银行作为金融体系中的重要组成部分，在其自身的经营活动中面临着诸多风险，若因经营不善导致破产倒闭，基于“多米诺”骨牌效应，将对整个金融体系造成极大的破坏，影响经济、社会的稳定。因此，投资银行监管机构应在投资银行的资格确定、业务范围、风险控制、资产流动性和资本充足性等方面进行严格监管，灵活运用各种监管形式，有效防范金融风险，维护社会经济稳定。

承担风险对一个活跃的市场来说必不可少，监管活动不应也不必要去遏制合理的风险承担。相反，监管当局应当促进和加强对风险的有效管理。资本充足和其他谨慎性要求应足以保证合理的风险承担，能消化一部分损失并检查出过度的风险。

## 二、监管原则

（一）“三公”原则

“三公”原则是投资银行业监管最基本的原则，是实现有效监管的根本保障。

1.公开原则。这主要是要求投资银行信息透明化、公开化、完全化，禁止利用内幕信息从事市场活动。按照这一原则，投资银行业务中与市场参与者利益相关的信息，包括各种发行信息、交易信息，必须依法及时向社会公开。

2.公平原则。要求各家投资银行机构之间以及投资银行与其他合法的市场主体之间一律平等，它们进出市场的自由不应受到限制，其投资机会不应存在差别，其税负地位、享受服务、利益分配、获取信息等方面亦应完全平等。

3.公正原则。要求证券监管部门对一切被监管的投资银行以及相关联的社会公众给予公正待遇。如果政府及其证券监管部门在立法、审批、处理投资银行违规行为和纠纷仲裁等活动中显失公正，那么作为监管者，它们就没有公信力可言，各投资银行和社会公众就会拒绝接受其管理。

（二）保护投资者利益原则

投资银行的业务绝不能损害投资者利益，否则将受到处罚。大量的普通投资者用自己的收入来购买证券、为市场的繁荣源源不断地输送资金，是证券业赖以生存的中流砥柱，是投资银行从业人员的衣食父母。监管者只有把投资者的利益放在第一位，切实维护弱势群体的权益不受侵犯，才能增强社会各界对投资银行业的信心，有力地促使人们接受投资银行的服务。

（三）诚实守信、依法管理原则

依法管理并非否定经济调控方式和行政管理方式在一定客观条件下存在的必要性，而只是强调必须依法治理投资银行，绝不能无法可依、执法不严或以人治代替法治。监管部门要加强投资银行法制建设，在法律框架内对投资银行实施管理。

（四）政府监管与自律管理相结合原则

投资银行及其从业人员必须加强自我约束、自我管理和自我纠错，这是管理好投资银行的基础。在英国等西方国家，自律管理具有悠久的传统，且至今仍在发挥重大作用，是整个投资银行业监管框架中不可或缺的组成部分。在我国，以证券交易所、证券业协会为主要力量的自律管理体制已经成为政府对投资银行业集中统一监管的必要和有益补充，其作用日趋重要。

（五）协调性原则

投资银行业监管的协调性原则强调的是同一监管主体的不同职能部门之间以及上下级机构之间职责要明确合理，相互协调；不同监管主体之间的职责范围要合理划分，执法时要加强协调等。多重监管体制不应该导致监管对象的过重负担。

（六）透明度原则

资本市场监管的核心是信息披露制度，它也是保证资本市场的“三公”原则得以实施的具体体现。投资银行监管的透明度原则是指作为监管主体的政府监管部门在重大的监管政策和监管规则出台或变动前应征求市场主体的意见，避免“暗箱操作”。在监管过程中体现透明度原则，是现代市场经济的本质要求，有助于克服监管部门与被监管部门之间的信息不对称，增强被监管者配合监管的主动性，提高监管效率。

（七）效率性原则

投资银行业监管的效率原则强调的是在对投资银行业进行监管时要注重建立有效的监管机制，使得监管成本最小化与效益最大化。同时，通过监管，规范竞争，防止垄断，提高投资银行业体系的整体效率。

## 三、监管手段

（一）法律手段

法律手段是投资银行监管最主要、最常用的手段，其优点在于约束力强，同时又不失灵活性，容易为投资银行和社会公众所接受。形成一个以公司法、证券法为核心、行政法规与部门规章相补充、其他相关法律相配套的投资银行法律体系，是运用法律手段进行投资银行监管的基础和前提。

（二）经济手段

经济手段是一种间接调控手段，虽然相对比较灵活，但调节过程可能比较慢，往往存在时滞效应。常见的有两类：一类是金融手段；另一类是税收政策手段，比如通过调整所得税、佣金的比率或结构，影响投资银行经营成本。

（三）行政手段

行政手段比较直接，但缺乏灵活性，运用不当可能违背市场规律，遭到市场无情的惩罚。常见的做法有：实行证券中介服务机构市场准入制，或者在非常时刻政府通过其宣传机构向投资银行发出“道义劝告”等。必须承认，行政调控存在于任何一个国家的投资银行监管史中，只不过是在投资银行发育初期(法制不健全、投资银行管理机制尚未理顺)或突发性事件较频繁时使用得多一些，而在投资银行业进入成熟稳定的发展阶段之后使用得少一些罢了。全盘否定行政干预存在的合理性和积极作用，不符合历史事实。

## 四、监管内容

(《证券公司管理办法》已于2009年4月10日废止，以下更新内容以2008年6月1日颁布施行的《证券公司监督管理条例》为准)

各国对于投资银行的监管内容不尽相同。以我国为例，对于证券公司的监管框架，主要包括证券公司市场准入、经营风险防范与退出、从业人员监管等机制，而这些机制在2008年《证券公司监督管理条例》颁布后有了新的调整，在2014年7月29日国务院第54次常务会议《国务院关于修改部分行政法规的决定》修订之后又有了新的变化。

### (一)证券公司市场准入制度

《证券公司监督管理条例》降低了证券机构市场准入门槛，除规定证券公司设立的基本条件外，对证券公司的增资扩股、设立和变更事项不再要求特别的条件(延续了《证券公司管理办法》的内容)。对证券公司股东或股权的变更，如证券公司变更名称、公司的住所以及证券营业部和证券服务部的同城迁址等，均采用备案制，不再进行审批。

### (二)证券公司经营风险防范制度

1.《证券公司监督管理条例》规定证券公司应当按照审慎经营的原则，建立健全风险管理与内部控制制度，防范和控制风险，并对证券公司从事经纪业务、自营业务、资产管理业务、融资融券等业务做出了明确的风险控制与管理的规定。

2.《证券公司监督管理条例》规定证券公司应当及时报送年度报告，月度报告。当发生影响或者可能影响证券公司经营管理、财务状况、风险控制指标或者客户资产安全的重大事件的，证券公司应当立即向国务院证券监督管理机构报送临时报告，说明事件的起因、目前的状态、可能产生的后果和拟采取的相应措施。该条例要求证券公司应当依法向社会公开披露其基本情况、参股及控股情况、负债及或有负债情况、经营管理状况、财务收支状况、高级管理人员薪酬和其他有关信息。

### (三)对证券从业人员的监管制度

1.强化对证券从业人员资格管理，实行年检制度。

2.强化对高管人员的监管。证券公司不得聘任、选任未取得任职资格的人员担任证券公司的董事、监事、高级管理人员、境内分支机构负责人；已经聘任、选任的，有关聘任、选任的决议、决定无效。当证券公司出现经营管理混乱、违法违规等情形时，国务院证券监督管理机构可以对其高级管理人员、境内分支机构负责人予以谴责，责令证券公司更换高级管理人员或者限制其权利。

### (四)完善证券公司治理结构

1.证券公司可以设独立董事，独立董事不得在本证券公司担任除董事、董事会专门委员会成员以外的职务，不得与本证券公司存在可能妨碍其作出独立、客观判断的关系。

2.证券公司经营证券经纪业务、证券资产管理业务、融资融券业务和证券承销与保荐业务中两种以上业务的,其董事会应当设薪酬与提名委员会、审计委员会和风险控制委员会,行使公司章程规定的职权。薪酬与提名委员会、审计委员会的负责人由独立董事担任。

3.证券公司设董事会秘书,负责股东会和董事会会议的筹备、文件的保管以及股东资料的管理,按照规定和要求,依法提供有关资料,办理信息报送或者信息披露事项。董事会秘书为证券公司高级管理人员。

4.证券公司设立董事会执行委员会、管理委员会等行使证券公司经营管理职权的机构,应当在公司章程中明确其名称、组成、职责和议事规则,该机构的成员为证券公司高级管理人员。

5.证券公司设合规负责人,对证券公司经营管理行为的合法合规性进行审查、监督或者检查。合规负责人为证券公司高级管理人员,由董事会决定聘任,并应当经国务院证券监督管理机构认可。条例规定,合规负责人不得在证券公司兼任负责经营管理的职务;合规负责人发现违法违规行为,应当向公司章程规定的机构、国务院证券监督管理机构或者有关自律组织报告。该条例还规定,证券公司解聘合规负责人,应当有正当理由,并自解聘之日起 3 个工作日内将解聘的事实和理由书面报告国务院证券监督管理机构。

## 第二节 投资银行的监管模式

### 一、政府主导型监管

政府主导型监管即国家集中统一监管模式。在这种模式下,政府通过其下属的部门,或者另外设立专门的全国性证券业监管机构对投资银行实行集中统一监管,而各种自律性组织(如证券交易所、投资银行行业协会等)只起协助作用。

政府主导型监管体系的优点是监管者地位超脱,确保了投资银行监管的权威性和有效性。具体体现在:①专门的法律使得投资银行及其业务活动有法可依,也便于监管部门进行法制化监管;②监管机构具有相对超然、独立的地位,能够较为公平、公正、客观地发挥监管作用,有利于保护投资者利益。其缺点是容易引发市场和投资银行的抵触情绪,且对意外事件的反应滞后。具体体现在:①监管机构毕竟脱离市场的具体运作,难以及时跟上市场的快速发展和变化,往往使得监管滞后并流于僵化,从而降低监管效率;②在这样的集中监管模式下,各部门协调困难,监管的成本通常比较高;③各种自律性组织在监管机构的监督、指导下活动,拥有的自主权较少,不利于这些自律性组织充分发挥自身的监管能力。

政府主导型监管模式以美国和日本为代表。

在美国,证券市场的专门管理机构是根据 1934 年的《证券交易法》创立的证券交易委员会(Securities Exchange Committee,SEC),它是美国投行等证券经营机构和证券经营活动的最高监管机构,在美国主要地区建有分支机构。证券交易委员会直接隶属于国会,由总统任命、参议院批准的5名委员组成,对全美的证券发行、证券交易、券商和投资公司实施全面监管。证券交易委员会在监管上注重公开原则,对证券市场和投资银行的监管主要以法律手段为主。例如,对投资银行证券交易的监管,主要依据1934年的《证券交易法》中的反垄断条款,反欺骗、假冒条款和反内部沟通条款进行,对违法者的处罚主要采取刑事处罚。值得注意的是,美国已开始重视行政手段的运用。1990年11月,美国国会通过了证券市场改革方案,该方案于1991年3月由布什总统签署生效,改革方案的目的是以行政手段创造一个较公平的投资环境,增强中小投资者的信心。

在日本20世纪末的金融大改革之前,日本实行以大藏省证券局、证券交易审议会、证券交易监视委员会、日本银行等机构为主体的证券管理体制,同时辅以证券业协会、公司债券承兑协会、证券投资信托协会以及证券情报中心等团体的自律管理体制。其中,大藏省证券局是对投资银行进行监管的核心机构。1997年6月16日,日本国会颁布《金融监管厅设置法》,定于1998年7月设置金融监督厅。根据该法,大藏省金融检查部对银行、保险公司、证券公司的金融检查职能,以及大藏省银行局、证券局中对个别金融机构的监督职能都移交给监督厅,金融监督厅在2003年前更名为金融厅。原大藏省的银行局和证券局合并成立“金融局”,专事法案起草等企划、立案工作。

在我国,对投资银行监管的总体方向是借鉴美国的集中统一监管制度,朝着集中统一监管的方向发展。证券业的最高监管机构是1992年10月成立的国务院证券委员会(简称证券委),由国务院14个部委领导组成,着重于对证券业实施方针、政策、规章、监督等宏观管理。与证券委同时成立的中国证券监督管理委员会(简称中国证监会)是证券委的监管执行机构。中国证监会根据证券委的授权制定有关管理规则,对证券经营机构进行监管。随着证券市场不断走向规范化,中国证监会的管辖体系基本得以确立,国务院证券委员会和中国证监会两个机构合并,地方证券监管机构和证券交易所开始由地方政府移交中国证监会垂直领导和管理。1998年底颁布的《证券法》正式以法律形式确认中国证监会作为国务院证券监督管理机构和对证券市场和证券公司的监管权力。

2005年4月,经国务院批准,中国证监会发布了《关于上市公司股权分置改革试点有关问题的通知》,启动股权分置改革试点工作。股权分置改革后A股进入全流通时代,大小股东利益趋于一致。2006年1月,修订后的《证券法》《公司法》正式施行。2007年7月,中国证监会下发了《证券公司分类监管工作指引(试行)》,这是对证券公司风险监管的新举措。2016年起,央行、证监会、银保监会针对大量资金在金融体系内空转的现象,颁布一系列政策,引导资金脱虚向实,共同推进资管行业供给侧改革。

具体地说,在我国,政府监管机构主要是中国证监会及其派出机构。

### (一)中国证券监督管理委员会

中国证券监督管理委员会简称中国证监会,成立于1992年10月,目前下设发行监管部、市场监管部、机构监管部、基金监管部、上市公司监管部等14个职能部门和上海、深圳两个监管专员办事处。中国证监会经国务院授权,依法对全国证券期货业进行集中统一管理。

中国证监会是国务院直属行政事业单位，从机构关系上讲，它并不隶属于中国人民银行或其他各部委。证监会独立行使对证券期货市场的全面日常监管权力，但必要时也可以就某些政策问题同中国人民银行、财政部、国家外汇管理局等有关部门协商，或直接报请国务院批示。

中国证监会行使对投资银行监管的主要职能部门是机构监管部，相关部门还有发行监管部、市场监管部等。

(二)中国证券监督管理委员会派出机构

证券监管办公室(简称证管办)是中国证监会设在各地的派出机构。2004 年 3 月，根据国务院决定，各地证管办一律改为监管局，监管地位得到提升。其主要职责是贯彻执行有关政策法规，依法处理辖区内违法违规案件，调解证券期货纠纷和争议，审查辖区内投资银行业务活动(比如证券营业部或服务部的筹备设立申请)等。2015 年 5 月 1 日，中国证监会公布了一批取消的行政审批项目等事项，其中包括取消 8 项行政审批项目和 1 项职业资格许可和认定事项，保留 4 项工商登记前置审批事项。

## 二、自律型监管

自律型监管模式是指政府较少对证券业进行集中统一的干预，对投资银行的监管主要依靠证券交易所、证券商协会等组织实施自律管理。运用该模式的典型代表是英国，该国的“证券投资委员会”(SIB)享有很高的监管权力，但它并不隶属于政府或立法机关。SIB 的管理是通过制定投资银行自律管理规则并由不同的自律组织来具体执行的。

自律型监管体系的优点是容易调动投资银行的积极性，有利于发挥市场自身约束机制的作用，因为作为证券中介服务机构的投资银行及其从业人员加强自我约束、自我管理和自我纠错，是管好投资银行业的基础。并且，监管框架的灵活性也有助于提高对投资银行突发事件的快速反应能力。其缺点则是没有国家立法权作为后盾，监管手段偏软，且政策不易协调统一。

在我国，自律型监管机构主要是证券交易所和证券业协会。

(一)证券交易所

新中国的上海证券交易所于 1990 年 12 月 19 日正式成立，深圳证券交易所于 1991 年 1 月 3 日正式成立。两个交易所都实行会员制，会员主要由证券商组成，最高权力机构是会员大会，决策和执行机构是理事会，一般下设上市部、交易部、监察部、会员部和投资者关系部等职能部门。目前大多数国家的证券交易所均实行会员制。但是也有个别交易所(如瑞士日内瓦证券交易所、美国纽约证券交易所)实行的是公司制。

2013 年 1 月 16 日，“全国中小企业股份转让系统”在北京市金融街金阳大厦举行了揭牌仪式。全国中小企业股份转让系统主要服务于那些规模较小、家数众多的中小企业。“新三板”市场特指中关村科技园区非上市股份有限公司进入代办股份系统进行转让试点，因为挂牌企业均为高科技企业而不同于原转让系统内的退市企业及原 STAQ、NET 系统挂牌公司，故形象地称为“新三板”。

2021 年 11 月 15 日，北京证券交易所正式开市。北京证券交易所是经国务院批准设立的中国第一家公司制证券交易所，受中国证监会监督管理，主要面向“专精特新”

创新型中小企业。

证券交易所处于证券业监管的前沿，担负着一线监管的重要责任，具有政府监管部门不可替代的作用。从国际范围来看，最近几年来，随着各国投资银行业监管结构体系的不断完善，证监会与证券交易所在证券监管方面的职责分工越来越明确。当然，在达到这样一种默契状态之前，二者经历了相当长时间的摸索和较量的过程。20 世纪 90 年代初期，香港证监会和香港联合交易所之间由于矛盾突出，就发生了著名的“会所之争”，当时业界对于像证监会这样的独立监督机构比较反感和抵触，认为证监会的权力过于宽泛，而出于复杂的历史传统，联交所在市场一线监管权力方面又不愿意作出太多的放弃和让步，因此两家机构争吵不断。为解决彼此在功能上的重叠，1991 年 10 月，香港联交所与香港证监会达成了协议，双方协商同意证监会下放部分权力，仅负责规划香港资本市场的长期发展策略，而由联交所负责对市场日常运作进行管理。1991 年 2 月，双方签署了《谅解备忘录》，一场纷争才得以结束。而后的十多年间，香港证监会与联交所的关系日趋融洽，目前更已成为合作的典范。上海和深圳交易所在成立之初给自身功能定位时，也都借鉴了这样一段历史经验。

投资银行应当成为证券交易所的会员。证券交易所有义务切实做好对会员的监督管理工作。首先，要按规定的程序严格办理会员资格的审核或注销，加强会员席位费的征收管理，对会员转让其席位作出限制（只能在会员之间转让、转让后至少保留 1 个席位）。其次，建立定期报告检查制度：要求会员每半年（6 月 30 日和 12 月 31 日过后 20 天内）报告一次其自营业务情况，每月还要现场抽查 5 家以上会员，重点监控财务状况恶化和经营风险较大的会员，每一会计年度结束后 3 个月内还应对所有会员实施年检。最后，会员证券公司一旦被发现有违法违规行为，交易所应酌情对其实施警告、限制业务、罚款、暂停业务、取消会籍（市场禁入）等处罚。

#### （二）证券业协会

中国证券业协会成立于 1991 年 8 月 28 日，是中国证券业的自律性组织，是依法注册的非营利性会员制社会团体法人，现有会员单位 141 家。按照《中华人民共和国证券法》的规定，凡依法设立的综合类证券公司、经纪类证券公司都应当加入协会；经证监会认可的基金管理公司、证券投资咨询服务机构，只要拥护协会章程并有加入协会的意愿，均可申请加入协会，成为团体会员。

证券业协会的最高权力机构是会员大会。理事会是会员大会的执行机构，在闭会期间负责开展日常工作，对会员大会负责。

中国证券业协会的主要职能是在国家对证券发行、交易活动实行集中统一监督管理的前提下，实行投资银行业的自律性管理，发挥政府与会员证券公司之间的桥梁和纽带作用，维护会员的合法权益，促进投资银行业的健康稳定发展。

### 三、综合型监管

综合型监管又称“中间型”监管，这是介于政府主导型和自律型之间的一种投资银行监管模式，它既强调集中统一的立法管理，又注重自律约束。典型代表是德国，该国实施混业经营、混业管理，证券业监管通过“全能银行”——中央银行监督局来实施，但并未建立起一个统一的证券法，有关投资银行监管方面的规定散见于诸多法律文件中，其中许多规定采用投资银行自我管理而非强制执行的原则,不具有法律效力。

### 四、不同监管模式的选择与结合

在任何一个国家的投资银行监管实践中,以集中统一为核心思想的政府主导型监管体制必然需要行业自律的有效辅助,而以传统的自我管理为重心的自律型监管体制同样离不开政府监管的最终支持。至于综合型监管模式,也无非是政府监督和自律管理的又一种结合方式而已。不同监管模式的优劣比较,虽然在理论上总能得出详尽的说明,但在实践中却始终面临两难的选择,唯一的出路在于扬长避短、互相结合。一个生动的例子就是,英国证券业一贯保守的自律自治管理体制在 1986 年金融业“大地震”发生之后也开始动摇,因为政府当局已经意识到应施以必要的立法管制,否则市场的动荡有时会变得不可调和。

妥善处理集中立法管理与行业自律自治两者之间的关系,对于一国投资银行监管体系的设计具有重要意义。首先,应该强调政府的集中统一管理,将政府监管置于整个投资银行管理体系中的首要地位,以确保“三公”原则不受侵犯,这是美国之所以能够建成世界上最严格也是最有效的投资银行监管体系的成功秘诀之一。从 20 世纪 90 年代末开始,金融危机和经济衰退的阴影在东南亚、美洲国家乃至世界各国不断蔓延,国际游资对资本市场的冲击防不胜防,于是加强投资银行管制的呼声越来越高,因为政府管理不仅仅是维持国内金融秩序的需要,更是应付国际金融风暴的武器。其次,自律管理具有不可替代的历史基础和现实作用,其地位应该是“政府监管之下的投资银行自律管理”。最后,政府监管主体和自律管理主体之间要合理分工、相互配合,既要克服政府失灵,又要防止市场失灵。

总之,一个富有效率的投资银行监管体制应该始终是政府监管和自律管理的有机结合,在银行、证券、保险混业经营和经济全球化的大趋势下,这两种手段更显得缺一不可。

不同的监管模式下的监管结构可能会有较大不同。我国证券业监管采取的是政府监管与自律管理相结合的模式,以证券交易所、证券业协会为主要力量的自律管理体制已经成为政府集中统一监管的必要和有益补充,其作用日趋重要。

在一个复杂、完备的投资银行业监管机构系统中,自律管理机构与政府监管机构应该能够各司其职、互为补充、互相促进、相得益彰。这就要求制度的设计者要充分考虑本国的历史背景和客观条件,理顺中央和地方的各种利益关系,在兼顾各机构权力分配的基础上也要适当集中,在同类机构之间横向制约的同时也要承认不同性质机构之间的垂直管理,在相信自律组织作用的前提下也要维护政府管理层的权威地位。基于这样的考虑,我国经过反复探索,建立起了一个完整的证券业监管(包括自律)机构框架,如图 17-1 所示。

## 第三节　投资银行业务监管

### 一、市场准入监管

市场准入监管是保证整个投资银行业平稳发展的预防性措施。一般而言,为保障

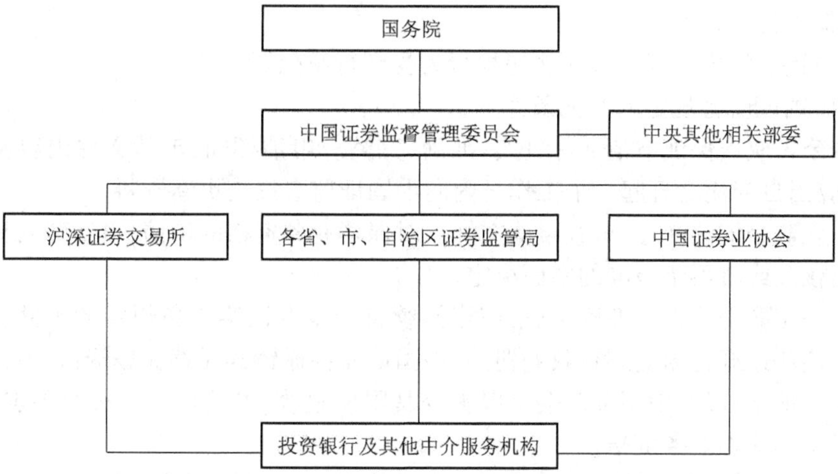


**图 17-1 我国现行的投资银行业监管机构关系框架**

金融体系的安全,各个国家都对投资银行设立了最低的资格要求,要求投资银行的设立需经监管机构审批。总体而言,投资银行市场准入监管制度可以分成两种,即形式审查制和实质审查制。

### (一)形式审查制

形式审查制主要表现为以美国为代表的注册制。在形式审查条件下,投资银行只要符合有关资格规定,在相应的金融监管部门注册并提供全面、真实、可靠的资料,便可以经营投资银行业务。监管部门的权力仅限于保证投资银行所提供的资料无任何虚假的事实。

### (二)实质审查制

实质审查制主要表现为以日本为代表的特许制。在实质审查条件下,对投资银行的设立往往会规定各种具体要求,如是否有足够的、来源可靠的资本金和比较完备、良好的硬件设施,管理人员是否具有良好的信誉、素质和证券业务水平,业务人员是否接受过良好的教育且具有经营证券业务的相关知识和经验等。投资银行在设立之前必须向有关监管机构提出申请,审批权主要掌握在监管机构手中,监管机构主要从证券业发展目标、市场竞争状况、该投资银行的实际情况等方面进行考察,以决定是否同意其设立。

## 二、发行承销业务监管

2020 年 6 月 1 日,中国证券监督管理委员会 2020 年第 5 次委务会议审议通过《证券发行上市保荐业务管理办法》,自公布之日起施行。

该办法规定,证券公司申请保荐业务资格,应当具备下列条件:

(1)注册资本不低于人民币 1 亿元,净资本不低于人民币 5 000 万元;

(2)具有完善的公司治理和内部控制制度,风险控制指标符合相关规定;

(3)保荐业务部门具有健全的业务规程、内部风险评估和控制系统,内部机构设置合理,具备相应的研究能力、销售能力等后台支持;

(4)具有良好的保荐业务团队且专业结构合理,从业人员不少于 35 人,其中最近 3

年从事保荐相关业务的人员不少于20人；

(5)保荐代表人不少于4人；

(6)最近3年内未因重大违法违规行为受到行政处罚；

(7)中国证监会规定的其他条件。

证券公司应当保证申请文件真实、准确、完整。申请期间，申请文件内容发生重大变化的，应当自变化之日起2个工作日内向中国证监会提交更新资料。

中国证监会依法受理、审查申请文件。对保荐业务资格的申请，自受理之日起3个月内作出核准或者不予核准的书面决定。

证券公司取得保荐业务资格后，应当持续符合本办法第十条规定的条件。保荐机构因重大违法违规行为受到行政处罚的，中国证监会撤销其保荐业务资格；不再具备第十条规定其他条件的，中国证监会可以责令其限期整改，逾期仍然不符合要求的，中国证监会撤销其保荐业务资格。

保荐机构出现下列情况的，应当在5个工作日内向其住所地的中国证监会派出机构报告：

(1)保荐业务负责人、内核负责人、保荐业务部门负责人发生变化；

(2)保荐业务部门机构设置发生重大变化；

(3)保荐业务执业情况发生重大不利变化；

(4)中国证监会要求的其他事项。

保荐机构应当在每一会计年度结束之日起4个月内向其住所地的中国证监会派出机构报送年度执业报告。年度执业报告应当包括以下内容：

(1)保荐机构、保荐代表人年度执业情况的说明；

(2)保荐机构对保荐代表人尽职调查工作日志检查情况的说明；

(3)保荐机构对保荐代表人的年度考核、评定情况；

(4)保荐机构、保荐代表人其他重大事项的说明；

(5)保荐机构对年度执业报告真实性、准确性、完整性承担责任的承诺函，并应由其法定代表人签字；

(6)中国证监会要求的其他事项。

## 三、证券交易业务监管

### (一)市场准入与资格审查

符合经纪类证券公司资格的券商，可以从事证券经纪业务；符合综合类证券公司资格的券商，可以从事包括证券经纪业务、自营业务在内的所有证券交易业务。关于经纪类证券公司和综合类证券公司的资格条件，在证券公司分类管理的有关法律法规中已经有明确规定。因此，在券商已经按照《公司法》《证券法》《证券公司管理办法》的分类标准合法设立的基础上(这时它要么是一家经纪类证券公司，要么是一家综合类证券公司)，其证券交易业务的资格审查主要就是指对券商是否具备自营业务资格的审查。

证券公司从事证券自营业务，应当取得证监会认定的证券自营业务资格，并领取证监会颁发的《经营证券自营业务资格证书》。未取得证券自营业务资格的证券经营机构不得从事证券自营业务。

证券公司申请从事证券自营业务,应当同时具备下列条件:

1.具有不低于人民币 2 000 万元的净资产和不低于人民币 1 000 万元的净资本。其中:

净资本=净资产-(固定资产净值+长期投资)×30%-无形及递延资产-提取的损失准备金-证监会认定的其他长期性或高风险资产

2.需有 2/3 以上的高级管理人员和主要业务人员获得证监会颁发的《证券业从业人员资格证书》。

3.证券公司在近 1 年内没有严重违法违规行为,或在近 2 年内未受到取消证券自营业务资格的处罚。

4.证券公司成立并且已正式开业超过半年。

5.设有证券自营业务专用的电脑申报终端和其他必要的设施。

（二）日常监管

1.经纪业务:

(1)证券公司的自有资金账户和客户保证金账户要分开设立,证券公司应每天对经纪业务与自有资金分别作出统计。

(2)证券公司对应对所属证券营业部的客户资金集中管理,根据经验数据确定证券营业部应上缴总公司的客户资金,并建立高效的内部资金汇划渠道,对大额提款采取预约制度,防止出现头寸不足现象,避免以自有资金垫付客户资金。

(3)证券公司在业务中应尽量采取银证转账等方式,减少现金的使用,在与客户的资金往来上要坚持"支票进、支票出,现金进、现金出,存折进、存折出"的原则。

2.自营业务:

(1)证券公司从事证券自营业务,应当以公司名义建立证券自营账户,如果同时经营证券自营与代理业务,应当将经营两类业务的资金、账户和人员分开管理,并将公司证券自营资金设立专门账户单独管理核算。

(2)证券公司从事证券自营业务,应将买进或卖出的证券逐笔交由证券交易所指定的登记清算机构办理交割,不得以当日卖出或买进的同种证券抵充。

(3)上市公司或其关联公司持有证券公司 10%以上的股份时,该证券公司不得自营买卖该上市公司的股票。

(4)证券公司从事证券自营业务,应当建立和完善内部监控机制,认真贯彻执行国家有关政策和法规,始终保持遵规守法意识,防范和制止公司内部各种内幕交易、操纵市场、欺诈客户行为的发生。

(5)证券公司从事证券自营业务,负债总额与净资产之比不得超过 8:1,流动性资产占净资产或证券营运资金的比例不得低于 50%。证券自营业务账户上持有的权益类证券按成本价计算的总金额,不得超过其净资产或证券营运资金的 80%。持有同一种非国债类证券按成本价计算的总金额不得超过净资产或证券营运资金的 20%。买入任一上市公司股票按当日收盘价计算的总市值不得超过该上市公司流通股总市值的 20%。

(6)证券公司证券经营机构从事证券自营业务,应当保持风险意识,贯彻稳健经营方针,防范各种风险因素,制定证券自营风险控制和每日风险自查制度,在内部设立专门机构和人员对风险状况进行检查。当自营业务出现赢利时,应按月就其赢利提取5%的自营买卖损失准备金,直至累计总额达到其净资本或净营运资金的5%为止。自营买卖损失准备金除用于弥补证券自营买卖损失之外,只能用于形成非股票类高流动性资产,不得用作其他用途。

## 四、收购兼并业务监管

收购人可以通过协议收购、要约收购或者证券交易所的集中竞价交易方式进行上市公司收购,获得对一个上市公司的实际控制权。要约收购涉及投资银行的有如下规定:

第一,经中国证监会和证券交易所同意,上市公司股东通过公开征集方式出让其所持有的上市公司股份的,应当委托证券公司代为办理,具体程序应当按照证券交易所的相关业务规则执行。

第二,受收购人聘请作为财务顾问的证券公司,应对收购人的实际履约能力作出评判,财务顾问的专业意见应予以公开公告。

第三,受被收购公司董事会聘请作为独立财务顾问的证券公司,应分析被收购公司的财务状况,就收购要约条件是否公平合理、收购可能对公司产生的影响等事宜提出专业意见,并予以公告。

第四,被收购公司董事会应当在收购人发出收购要约后10日内,将被收购公司董事会报告书与独立财务顾问的专业意见一并报送中国证监会,同时抄报上市公司所在地的中国证监会派出机构,抄送证券交易所,并予以公告。

第五,收购人应委托证券公司向证券登记结算机构申请办理预受要约股票的临时保管。证券登记结算机构临时保管的预受要约股票,在要约收购期间不再进行任何形式的转让。收购要约期满后3个工作日内,接受委托的证券公司应当向证券登记结算机构申请办理股份转让结算和过户登记手续,解除对超过预定收购比例的股票的临时保管。

第六,证券公司因开展正常的股票承销业务导致其持有一个上市公司已发行股份超过30%,但无实际控制该公司的行为或者意图,并且提出在合理期限内向非关联方转让超出部分的解决方案的,可以向中国证监会报送要约豁免申请文件。

第七,为上市公司收购提供财务顾问意见等文件的证券公司和专业人员,其出具、提供的文件中有虚假记载、误导性陈述或者重大遗漏的,应当主动改正;未能改正的,证券交易所依据业务规则进行处理;拒不改正的,中国证监会责令改正。在整改期间,中国证监会不受理其出具的文件。构成证券违法行为的,依法追究法律责任。

## 五、基金管理业务监管

### (一)基金设立监管

申请设立基金,应当具备下列条件:

1.主要发起人为按照国家有关规定设立的证券公司、信托投资公司、基金管理公司;

2.每个发起人的实收资本不少于3亿元,主要发起人有3年以上从事证券投资经验、连续赢利的记录，但是基金管理公司除外；

3.发起人、基金托管人、基金管理人有健全的组织机构和管理制度，财务状况良好，经营行为规范；

4.基金托管人、基金管理人有符合要求的营业场所、安全防范设施和与业务有关的其他设施；

5.申请设立开放式基金，还必须在人才和技术设施上能够保证每周至少一次向投资者公布基金资产净值和申购、赎回价格。

基金发起人应当于基金募集前3天在中国证监会指定的报刊上刊载招募说明书。

（二）基金管理公司监管

设立基金管理公司，应当具备下列条件：

1.主要发起人可以是按照国家有关规定设立的证券公司、信托投资公司，或者其他信誉良好、守法经营（即符合"好人举手制度"）的上市公司和企业，但是，证券公司必须作为主发起人；

2.主要发起人的经营状况良好，最近3年连续赢利；

3.每个发起人实收资本不少于3亿元；

4.拟设立的基金管理公司的最低实收资本为1 000万元；

5.有明确可行的基金管理计划；

6.有合格的基金管理人才。

（三）基金投资监管

基金的投资组合应当符合下列规定：

1.一个基金投资于股票、债券的比例，不得低于该基金资产总值的80%；

2.一个基金持有一家上市公司的股票，不得超过该基金资产净值的10%；

3.同一基金管理人管理的全部基金持有一家公司发行的证券，不得超过该证券的10%；

4.一个基金投资于国家债券的比例，不得低于该基金资产净值的20%。

2003年12月，中国证监会发布了《证券公司客户资产管理业务试行办法》，对证券公司为单一客户办理定向资产管理业务、为多个客户办理集合资产管理业务（集合资产管理计划）以及为客户办理特定目的的专项资产管理业务进行了统一规定，事实上规范了证券公司从事私募基金管理的行为。按照该规定，证券公司从事客户资产管理业务，应当向中国证监会申请客户资产管理业务资格。未取得客户资产管理业务资格的证券公司，不得从事客户资产管理业务。

## 六、财务顾问业务监管

（一）对从事普通财务顾问业务的机构的管理

从事普通财务顾问业务的机构，应具备下列条件：

1.有10名以上取得中国证监会授予的证券从业资格证书的专业人员，其中包括2名以上高级管理人员或相当职务者；

2.有独立从事财务顾问业务的部门；

3.有固定的业务场所和与业务相适应的通信及其他信息传递设施；

4.有健全的内部管理制度；

5.有规范的财务顾问业务管理制度，以及与机构内其他涉及投资、经纪及对外咨询的部门设置隔离墙制度；

6.申请前3年或自成立以来没有与证券市场相关的违法违规经营记录。

（二）对从事独立财务顾问业务的机构的管理

从事独立财务顾问业务的机构，应当具备下列条件：

1.有10名以上证券投资咨询从业资格的专职人员，有5名以上取得证券承销资格从业资格的专职人员，分别有2名以上具有律师、注册会计师资格的专职人员；

2.高级管理人员中至少有2名取得证券投资咨询或证券承销资格从业资格；

3.有人民币1 000万元以上的注册资本；

4.有健全的法人治理结构、完善的内部管理体制和规范的独立财务顾问业务管理制度；

5.有3年以上从事普通财务顾问业务的经历，无不良记录。

## 七、证券投资咨询业务监管

第一，遵守法律、法规、规章和中国证监会的有关规定，遵循客观、公正和诚实信用的原则。证券公司及其投资咨询人员，应当以行业公认的谨慎、诚实和勤勉尽责的态度，为投资人或者客户提供证券、期货投资咨询服务。

第二，证券公司及其投资咨询人员，应当完整、客观、准确地运用有关信息、资料向投资人或者客户提供投资分析、预测和建议，不得断章取义地引用或者篡改有关信息、资料；引用有关信息、资料时，应当注明出处和著作权人。

第三，证券公司及其投资咨询人员，不得以虚假信息、市场传言或者内幕信息为依据向投资人或者客户提供投资分析、预测或建议；预测证券市场、证券品种的走势或者就投资证券的可行性进行建议时，需有充分的理由和依据，不得主观臆断；证券投资分析报告、投资分析文章等形式的咨询服务产品不得有建议投资者在具体证券品种上进行具体价位买卖等方面的内容。证券公司咨询机构及其执业人员不得参加媒体等机构举办的荐股"擂台赛"、模拟证券投资大赛或类似的栏目或节目。

第四，证券公司投资咨询人员在报刊、电台、电视台或者其他传播媒体上发表投资咨询文章、报告或者意见时，必须注明所在证券机构的名称和个人真实姓名，并对投资风险作充分说明。证券投资咨询执业人员向公众提供证券投资分析报告、投资分析文章等形式的咨询服务时，须先行取得所在机构的同意或认可。

第五，证券公司投资咨询机构及其投资咨询人员，不得从事下列活动：①代理投资人从事证券买卖；②向投资人承诺证券投资收益；③与投资人约定分享投资收益或者分担投资损失；④为自己买卖股票及具有股票性质、功能的证券；⑤利用咨询服务与他人合谋操纵市场或者进行内幕交易。

第六，证券公司投资咨询机构就同一问题向不同客户提供的投资分析、预测或者建议应当一致。具有自营业务的证券公司在从事超出本机构范围的证券投资咨询业务时，就同一问题向社会公众和其自营部门提供的咨询意见应当一致，不得为了使自营业务获利而误导社会公众。

第七，证券公司投资咨询机构及其执业人员在与自身有利害冲突的情况下应进行执业回避：①经中国证监会核准的公开发行证券的企业的承销商或上市推荐人及其所属的证券投资咨询机构和证券投资咨询执业人员（包括自有关证券公开发行之日起18个月内调离的证券投资咨询执业人员），不得在公众传播媒体上刊登或发布其为客户撰写的投资价值分析报告，也不得以假借其他机构和个人名义等方式变相从事前述业务；②证券公司的自营、受托投资管理、财务顾问和投资银行等业务部门的专业人员在离开原岗位后的6个月内不得从事面向社会公众开展的证券投资咨询业务；③证券公司投资咨询机构或其执业人员在知悉本机构、本人以及财产上的利害关系人与有关证券有利害关系时，不得就该证券的走势或投资的可行性提出评价或建议。

第八，证券公司投资咨询机构或其执业人员在预测证券品种的走势或对投资证券的可行性提出建议时应当按以下要求进行相应的信息披露：①证券公司投资咨询机构或其执业人员在预测证券品种的走势或对投资证券的可行性提出建议时，应明确表示在自己所知情的范围内本机构、本人以及财产上的利害关系人与所评价或推荐的证券是否有利害关系。②证券公司投资咨询机构需在每逢单月的前3个工作日内，将本机构及其执业人员前2个月所推荐的证券在推荐时和推荐后1个月所涉及的下列各项情况，向注册地的中国证监会派出机构提供书面备案材料：证券投资咨询机构前5名股东或实际控制证券投资咨询机构的机构及个人、前5名股东所绝对控股和相对控股的企业持有相关证券的情况；证券投资咨询机构在所知悉的范围内其“理财工作室”客户和其他主要客户持有相关证券的情况；证券投资咨询执业人员在财产上有利害关系的企业或自然人持有相关证券的情况；证券投资咨询机构或其执业人员是否与持有相关证券流通部分的前5名股东有财产上的利害关系；证券投资咨询执业人员所在的机构，在过去18个月内从事涉及其推荐证券所属企业的财务顾问、投资银行业务等可能产生利益冲突的业务的情况；证券投资咨询机构及其同一执业人员是否就同一证券在同一时间，向不同类型的客户做方向不一致的投资分析、预测或建议；证券投资咨询机构及其执业人员在从事面向社会公众开展的证券投资咨询业务活动时是否向所依托的媒体支付任何形式的费用或其他利益。

第九，证券公司应当建立起研究咨询业务与自营、受托投资管理、财务顾问和投资银行等业务之间的“防火墙”和相应的管理制度，从事面向社会公众开展的证券投资咨询业务的人员必须专职在研究咨询部门工作，并由所在机构将其名单向中国证监会和机构注册地的中国证监会派出机构备案。

### 八、其他业务监管

由于创业投资、项目融资、资产证券化、金融衍生品等业务的参与主体比较广泛，除投资银行外，还有其他许多金融机构（如商业银行）和非金融机构对业务的完成发挥重要作用，目前国内投资银行真正在开展这几项业务的也比较少，而且业务的内容和范围已经在一定程度上超出了证券监管部门一家的职能所限，所以，对于这些业务，中国证监会还没有进行集中专项监管。有的业务如金融衍生品交易，主要受到中国人民银行对金融机构分类管理规定的制约，在这里就不再一一详述了。

# 第四节　投资银行从业人员管理制度

## 一、从业人员资格管理与考试

投资银行从业人员，是指证券公司中从事自营、经纪、承销、投资咨询、受托投资管理等业务的专业人员，包括相关业务部门的管理人员。投资银行从业人员应当按照有关规定，通过考试取得从业资格和执业证书。我国自2003年2月1日起实施新的《证券业从业人员资格管理办法》，1995年发布的《证券业从业人员资格管理暂行规定》则同时废止。按照新办法，由中国证券业协会负责组织从业人员从业资格考试、执业证书发放以及执业注册登记等工作。2018年6月27日《证券期货经营机构及其工作人员廉洁从业规定》开始施行，加强对证券期货经营机构及其工作人员廉洁从业的监督管理。具体规定如下。

### （一）从业考试、从业资格和执业证书

1.参加资格考试的人员，应当年满18周岁，具有高中以上文化程度和完全民事行为能力。

2.资格考试由中国证券业协会（以下简称"协会"）统一组织。参加考试的人员考试合格的，取得从业资格。

3.从业资格不实行专业分类考试。资格考试内容包括一门基础性科目和一门专业性科目。根据证券市场发展的需要，协会可在资格考试之外另行组织各项专业的水平考试，但不作为法定考试内容，由从业人员自行选择，供机构用人时参考。

4.取得从业资格的人员，符合下列条件的，可以通过机构申请执业证书：①已被机构聘用；②最近3年未受过刑事处罚；③不属于因违法行为或因违纪行为被开除的证券交易所、证券登记结算机构、证券公司的从业人员和被开除的国家机关工作人员；④未被中国证监会认定为证券市场禁入者，或者已过禁入期的；⑤品行端正，具有良好的职业道德。

申请执业证券投资咨询以及证券资信评估业务的，申请人还应同时符合《证券法》相关规定："专业的证券投资咨询机构、资信评估机构的业务人员，必须具备证券专业知识和从事证券业务2年以上经验。"

申请人符合上述规定条件的，协会应当自收到申请之日起30日内，向中国证监会备案，颁发执业证书；不符合本办法规定条件的，不予颁发执业证书，并应当自收到申请之日起30日内书面通知申请人或者机构，并书面说明理由。

5.执业证书不实行分类。取得执业证书的人员，经机构委派，可以代表聘用机构对外开展本机构经营的证券业务。

### （二）日常监督管理

1.取得执业证书的人员，连续3年不在机构从业的，由协会注销其执业证书；重新执业的，应当参加协会组织的执业培训，并重新申请执业证书。

2.从业人员取得执业证书后，辞职或者不为原聘用机构所聘用的，或者其他原因与原聘用机构解除劳动合同的，原聘用机构应当在上述情形发生后 10 日内向协会报告，由协会变更该人员执业注册登记。

取得执业证书的从业人员变更聘用机构的，新聘用机构应当在上述情形发生后 10 日内向协会报告，由协会变更该人员执业注册登记。

3.机构不得聘用未取得执业证书的人员对外开展证券业务。

4.从业人员在执业过程中违反有关证券法律、行政法规以及中国证监会有关规定，受到聘用机构处分的，该机构应当在处分后十日内向协会报告。

5.协会和证券公司都应当分别定期组织取得执业证书的人员进行后续职业培训，提高从业人员的职业道德和专业素质。

6.协会依据本办法及中国证监会有关规定制定的从业资格考试办法、考试大纲、执业证书管理办法以及执业行为准则等，应当报中国证监会核准。协会应当建立从业人员资格管理数据库，进行资格公示和执业注册登记管理。

7.取得从业资格的人员提供虚假材料，申请执业证书的，不予颁发执业证书；已颁发执业证书的，由协会注销其执业证书。机构办理执业证书申请过程中，弄虚作假、徇私舞弊、故意刁难有关当事人的，或者不按规定履行报告义务的，由协会责令改正；拒不改正的，由协会对机构及其直接责任人员给予纪律处分；情节严重的，由中国证监会单处或者并处警告、3 万元以下罚款。

8.机构聘用未取得执业证书的人员对外开展证券业务的，由协会责令改正；拒不改正的，给予纪律处分；情节严重的，由中国证监会单处或者并处警告、3 万元以下罚款。

9.从业人员拒绝协会调查或者检查的，或者所聘用机构拒绝配合调查的，由协会责令改正；拒不改正的，给予纪律处分；情节严重的，由中国证监会给予从业人员暂停执业 3 个月至 12 个月，或者吊销其执业证书的处罚；对机构单处或者并处警告、3 万元以下罚款。

10.被中国证监会依法吊销执业证书或者因违反本办法被协会注销执业证书的人员，协会可在 3 年内不受理其执业证书申请。

## 二、高级管理人员任职资格管理

证券经营机构高级管理人员专指证券经营机构的董事长、副董事长、总经理和副总经理。中国证监会 1998 年颁布了《证券经营机构高级管理人员任职资格管理暂行办法》，2000 年又发出了关于《证券经营机构高级管理人员任职资格管理暂行办法》的补充通知。2012 年 10 月 19 日，《证券公司董事、监事和高级管理人员任职资格监管办法》开始实施，目的在于规范证券公司董事、监事、高级管理人员和分支机构负责人任职资格监管，提高董事、监事、高级管理人员和分支机构负责人的专业素质，保障证券公司依法合规经营。具体管理办法如下。

### （一）任职资格

1.基本条件。证券经营机构高级管理人员任职须具备以下条件，经中国证监会认定的特殊情况除外：

（1）具有中华人民共和国国籍。

(2)按照中国证监会的有关规定,取得两种《证券业从业人员资格证书》,并从事证券工作3年以上。未取得《证券业从业人员资格证书》的,应具有硕士研究生以上学历,从事证券工作5年或金融工作8年以上;或具有大学本科学历,从事证券工作6年或金融工作10年以上;其他学历人员,须从事证券工作10年,或金融工作15年,或经济工作20年以上。

(3)身体状况良好。

(4)具有良好的职业道德。

(5)具有履行高级管理人员职责所必备的经济、金融、证券知识和组织协调能力。

2.禁入条款。有下列情形之一的,不得担任证券公司高级管理人员:

(1)《公司法》《证券法》《证券经营机构高级管理人员任职资格管理暂行办法》所列不适宜担任证券公司高级管理人员行为的。

(2)近3年受过其他金融监管部门及其他主管部门处罚,不适宜担任证券公司高级管理人员的。

(3)因个人管理能力造成公司经营严重亏损或业务活动出现重大问题的。

(4)近5年内受过有关党纪政纪处分的。

(5)有欺诈或不诚实行为的。

(6)因涉嫌重大投诉或违法违规行为处于调查之中且没有定论的。

(7)近3年受过中国证券业协会纪律处分的。

(8)有赌博、吸毒、嫖娼等违反社会公德行为,造成不良影响的。

(9)利用职务便利为自己直接或间接牟取不正当利益的。

(10)个人负有数额较大的债务且到期未清偿的。

3.任职资格申请与审查。证券公司拟聘任高级管理人员时,应事先报中国证监会进行任职资格审查。证券公司拟聘任的高级管理人员申请任职资格,要由两名具备任职资格的证券公司高级管理人员推荐。推荐人应如实陈述被推荐人情况,并对被推荐人的业务水准、职业道德及遵规守法情况出具意见。推荐意见中有虚假陈述的,将记入推荐人的档案。未经中国证监会进行任职资格审查或审查不合格的人员,证券公司不得为其办理任职手续。

### (二)后续管理

1.证券公司高级管理人员不得在各级党政机关任职,不得兼任其他企事业单位的高级管理人员。证券公司高级管理人员不得从事除本职工作以外的其他任何以营利为目的的经营活动。

2.证券公司高级管理人员应当于每年3月底前,将上年度述职报告和公司董事会评价意见报中国证监会备案。中国证监会对证券公司的年检包括对证券公司高级管理人员任职资格的考核。中国证监会对举报或反映证券公司高级管理人员违法违规的情况可以进行调查,并可根据调查结果对其任职资格重新进行审查。

3.证券公司董事长或总经理拟离任时,所在机构董事会或股东大会应当委托具有从事证券相关业务资格的会计师事务所根据有关法律法规对其进行离任审计,并将审计结果报告中国证监会。中国证监会负责建立证券经营机构高级管理人员任职档案。

# 第五节　投资银行行业监管的法律法规体系

投资银行行业监管的法律法规体系可以从四个大的方面来理解：一是综合性法律法规，它主要从整体上规范证券公司的管理；二是投资银行业务相关法律法规，涉及若干个专业业务方面；三是从业人员管理法律法规；四是投资银行违法违规行为法律法规。

## 一、综合性法律法规

《公司法》和《证券法》是证券公司管理总的指导方针，其他管理性法律法规、业务法律法规、违法违规行为法律法规都是依据《公司法》和《证券法》确定的大原则来具体制定的，并不得与《公司法》和《证券法》相抵触。我国《证券法》第6章专门对证券公司分类管理提出了总体要求。

于2002年3月1日起施行的《证券公司管理办法》是根据《公司法》和《证券法》制定的，专门针对我国投资银行行业监管的一部全面性、整体性规范法规，它从证券公司的设立、变更和终止，证券从业人员管理，内部控制与风险管理，日常监管等方面对证券公司监管提出了明确要求。这个办法的内容和精神在证券公司业务法律法规、从业人员管理法律法规和证券公司违法违规行为法律法规中已经分别得到了具体的体现。

我国于2008年6月1日颁布施行《证券公司监督管理条例》，以加强对证券公司的监督管理，规范证券公司的行为，防范证券公司的风险，保护客户的合法权益和社会公共利益，促进证券业健康发展。

此外还有《中外合资投资银行类机构管理暂行办法》《证券公司进入银行间同业市场管理规定》《证券公司股票质押贷款管理办法》《关于调整证券公司净资本计算规则的通知》《证券营业部设立条件及审核程序》《证券服务部设立条件及审核程序》等，它们也都属于证券公司总体管理性法律法规。

## 二、投资银行业务相关法律法规

### （一）发行承销业务法律法规

对于我国投资银行本身而言，针对性比较强、目标最为直接的发行承销业务法规是《证券经营机构股票承销业务管理办法》。此外，发行承销业务法规还应当包括与证券发行制度相关的一些法律法规，如《公司法》《股票发行与交易管理暂行条例》《中国证监会股票发行核准程序》等。在我国，证券发行制度的基本法律依据是《公司法》和《证券法》。《公司法》规定，发行人向社会公开募集股份或发行债券及可转换公司债券的，必须报请国务院证券管理部门批准；股份有限公司的股份采取股票的形式；同次发行的股票，每股的发行条件和价格应当相同。《公司法》和《证券法》还对公开发行股票、公司债券及可转换公司债券的条件、具体程序及有关文件做了详细规定。2014年3月21日起施行《证券发行与承销管理办法》，以规范证券发行与承销行为，保护投资者合法权益。

另外,根据《国务院关于股份有限公司到境外募集股份及上市的特别规定》和《国务院关于股份有限公司境内上市外资股的规定》,股份有限公司经国务院授权的证券管理部门批准,可以向境外特定的、非特定地募集股份,其股票可以在境外或境内政券交易所上市。境内外资股份采取记名股票形式,以人民币标明面值,以外币认购。到境外上市的公司还应在其公司章程中载明《到境外上市公司章程必备条款》或者《境内企业申请到香港创业板上市审批与监管指引(1999)》所要求的内容。

(二)证券交易业务法律法规

对于我国投资银行本身而言,比较重要的证券交易业务法规包括《证券经营机构证券自营业务管理办法》《客户交易结算资金管理办法》《证券交易所管理办法》《网上证券委托暂行管理办法》《境内及境外证券经营机构从事外资业务资格管理暂行规定》《亏损上市公司暂停上市和终止上市实施办法》《证券登记结算管理办法》等。

我国《公司法》规定,股票或公司债券的转让,必须在依法设立的证券交易场所进行。证券交易场所包括证券交易所和其他证券交易场所。股份有限公司申请其股票在证券交易所上市交易必须符合《公司法》规定的条件,并报国务院或者国务院授权的证券管理部门批准。《证券法》等还就股票交易、保管、清算和过户的具体规则做了详细规定。

(三)其他业务法律法规

1.收购兼并业务法律法规。我国《公司法》中专门有一章内容对上市公司收购作出了总体规范。2002 年 9 月 28 日,中国证监会颁布《上市公司收购管理办法》,自 2002 年 12 月 1 日起施行。《上市公司收购管理办法》是为规范上市公司收购活动,促进证券市场资源的优化配置,保护投资者的合法权益,维护证券市场的正常秩序,根据《公司法》《证券法》及其他法律和相关行政法规制定的。该办法所称的上市公司收购,是指收购人通过在证券交易所的股份转让活动持有一个上市公司的股份达到一定比例,或通过证券交易所股份转让活动以外的其他合法途径控制一个上市公司的股份达到一定程度,导致其获得或者可能获得对该公司的实际控制权的行为。此外,关于外资并购活动也出台了一系列管理办法。

2.基金管理业务法律法规。我国长期酝酿的《投资基金法》已经于 2003 年正式出台,1997 年的《证券投资基金管理暂行办法》不再延用。依据《投资基金法》,证券投资基金和基金管理公司的设立,必须经中国证监会审核批准。基金的设立可以是开放式基金,也可以是封闭式基金。基金的托管人限定为符合一定条件的商业银行。《投资基金法》还规定了基金的募集和交易,基金管理人、基金托管人和基金持有人的权利和义务,基金的投资运作与监督管理,违反这一办法的处罚等。

此外,中国证监会还发布了《外资参股基金管理公司设立规则》《开放式证券投资基金试点办法》《证券投资基金管理公司内部控制指导意见》《关于申请设立证券投资基金有关问题的通知》《证券投资基金销售活动管理暂行规定》《证券投资基金管理暂行办法实施准则第 1 号——证券投资基金契约的内容与格式(试行)》《证券投资基金管理公司管理办法》《证券公司和证券投资基金管理公司境外设立、收购、参股经营机构管理办法》等等。

3.咨询业务法律法规。1997年11月30日国务院批准、1997年12月25日由国务院证券委员会发布的《证券、期货投资咨询管理暂行办法》,是我国第一部规范证券咨询业务的法规。它旨在加强对证券、期货投资咨询活动的管理,保障投资者的合法权益和社会公共利益。该办法规定,从事证券、期货投资咨询业务,必须依照办法的规定取得中国证监会的业务许可。未经中国证监会许可,任何机构和个人均不得从事各种形式的证券、期货投资咨询业务。证券经营机构及其工作人员从事超出本机构范围的证券、期货投资咨询业务,也应当遵守该办法的规定。该办法还规定,从事证券、期货投资咨询业务,必须遵守有关法律、法规、规章和中国证监会的有关规定,遵循客观、公正和诚实信用的原则。

2001年,中国证监会又发出《关于规范面向公众开展的证券投资咨询业务行为若干问题的通知》,对面向公众的证券投资咨询活动作出了更加严格的规定。

4.信息披露制度。信息披露制度是证券市场贯彻公开原则的具体体现。《公开发行股票公司信息披露的内容与格式准则》规定,股份有限公司公开发行股票,将其股票在证券交易场所交易,必须公开披露的信息包括(但不限于):招股说明书,上市公告书,定期报告(包括年度报告和中期报告),临时报告(包括重大事件公告和收购与合并公告)。公司的全体发起人或者董事必须保证公开披露文件内容没有虚假、严重误导性陈述或重大遗漏,并就其保证承担连带责任。投资银行等专业性中介机构及人员必须保证其审查验证的文件内容没有虚假、严重误导性陈述或者重大遗漏,并对此承担相应的法律责任。

依据《公司法》和《证券法》,中国证监会还分别制定了关于招股说明书、公司股份变动报告及律师法律意见书和律师工作报告的一系列内容与格式准则。

## 三、从业人员管理制度

为加强证券业从业人员资格管理,促进证券市场规范发展,保护投资者合法权益,2003年2月1日起我国实施新的《证券业从业人员资格管理办法》,而1995年国务院证券委员会发布的《证券业从业人员资格管理暂行规定》同时废止。在证券机构中从事证券业务的专业人员必须按照该办法规定,取得从业资格和执业证书。

此外,1998年12月21日中国证监会制定了《证券经营机构高级管理人员任职资格管理暂行办法》,该办法所称证券经营机构高级管理人员,专指证券经营机构的董事长、副董事长、总经理和副总经理。2000年,中国证监会又发出了关于《证券经营机构高级管理人员任职资格管理暂行办法》的补充通知,强调中国证监会将加强对证券经营机构高级管理人员任职资格的审查与管理,包括资格的审查与确认、任职期间的考核、资格暂停与撤销以及其他相关事宜。

## 四、违法违规行为法律责任制度

《公司法》和《证券法》对证券违法违规行为的法律责任以及证券主管机构查处的职责做了明确的规定。1993年8月国务院证券委发布的《禁止证券欺诈行为暂行办法》对证券发行、交易及相关活动中的内幕交易欺诈客户、操纵市场、虚假陈述等扰乱证券市场秩序的行为做了详细界定并规定了相应的处罚措施。1997年3月3日中国证监会发布的《证券市场禁入暂行规定》进一步明确,凡从事证券欺诈活动或者有其他严重违反证券法律、法规、规章以及中国证监会发布的有关规定的人员,中国证监会有权认定其为市场禁入者,在一定时期内或者永久性不得担任上市公司高级管理人员或者不得从事证券违法行为,司法机关将追究行为人的刑事责任。上述一系列规定,为保护投资者的合法权益和维护证券市场秩序提供了强有力的法律保障。

## 课外阅读网站

1.http://www.csrc.gov.cn/pub/newsite,中国证券监督管理委员会。
2.http://www.iosco.org/,国际证券委员会组织。
3.http://www.sac.net.cn/,中国证券业协会。
4.http://www.sse.com.cn/,上海证券交易所。
5.http://www.szse.cn/,深圳证券交易所。

## 思考题

1.解释下列基本概念:集中型监管体制;自律型监管体制;证券法。
2.集中型监管体制有何特点?
3.自律型监管体制有何特点?
4.投资银行行业监管的内容包括哪些?在我国主要表现为哪几个方面?
5.投资银行的监管主体分哪几类?
6.中国证监会的主要职责有哪些?
7.中国证券业协会是一个什么性质的机构?它主要负责什么工作?
8.简述我国关于投资银行监管的法律法规体系。
9.简述我国证券从业人员的管理制度。
10.投资银行违法违规行为有哪几类?
11."投资银行的行业监管包括投资银行的自律监管。"你认为这句话对吗?为什么?

## 延伸阅读

### 国际证监会组织(IOSCO)的证券监管目标

国际证监会组织(International Organization of Securities Commissions, IOSCO)在1998年9月提出了一个证券市场国际监管标准。其中指出了证券市场监管的三个核心目标是:保护投资者,确保市场的公平、高效和透明,降低系统风险。

**一、保护投资者**

投资者应当受到保护以免被误导、操纵或被欺诈,包括内幕交易(Insider Trading)、插队交易(Front Running)和滥用客户资金等。对投资者决策具有重要意义的信息进行充分披露是保护投资者最重要的方法。

只有正式注册或得到授权的人士可以为公众提供投资服务,比如市场中介机构或交易所的经营者。对中介机构的监管应该通过制定市场参与者的最低标准来达到保护投资者的目的。

投资者因而能更好地评价潜在的风险和投资收益,从而能够保护好自己的利益。作为信息披露要求的重要组成部分,应当建立会计和审计准则,并且应当采取国际公认的标准。

资本市场的投资者特别容易被中介机构或其他人的违法行为损害,但个人投资者采取行动的能力有限。而且,证券交易所与欺诈阴谋的复杂性也要求严格有力的执法行为。因此,当有违法事件发生时,必须严格执行有关证券法律以保护投资者利益。

投资者受到不良行为侵害时应当可以寻求一个中介机构(如法院或其他争议仲裁机构)来解决或运用其他补救和补偿手段。

有效的监管和执法还有依赖于国内国际各方面监管机构的密切合作。

### 二、确保市场的公平、高效和透明

监管机构对于交易所、交易系统的经营者及交易制度的审批有助于确保市场的公平。对市场的监管应发现、阻止并处罚市场操纵或其他的不公平交易行为。监管活动应当确保投资者公平地利用市场设施、市场和价格信息,同时也应当促进公平的指令处理和可靠的价格形成过程。

在一个有效的市场中,有关信息的发布是及时和广泛的,并且反映在价格形成过程中。监管活动应该提高市场效率。

透明度可以定义为交易信息(包括交易前与交易后的信息)能够及时地被公众获知的程度。交易前的信息是指公司买卖报价的公布,由此投资者可以较为准确地知道他们能否或在什么价位上可以成交。交易后的信息是关于前笔已实现交易的成交价格和数量。监管活动应当确保市场最高的透明度。

### 三、降低系统风险

虽然监管本身不能阻止市场中介机构的破产,但监管活动应致力于减少破产风险(包括设置资本金和内部控制方面的要求)。一旦破产真的发生,监管活动就应力求减低它的影响,特别是应努力隔离这种风险。因此,市场中介机构必须遵守资本充足规定和其他谨慎性要求。如有必要,一家中介机构应当停止经营,但不造成其他客户和同行的损失或其他系统风险。对此,在1997年亚洲金融风暴以前有很大的争论,许多国家的证券监管者认为,系统风险在银行业才存在,证券业不存在系统风险,因此,长期以来许多国家的证券市场监管模式主要是强调保护投资利益和确保市场的公平、高效和透明,认为系统风险的防范不是证券市场监管机构监督的目标。但是现在这种观点已经改变了。1998年金融风暴中,美国长期资本管理公司陷入危机,美联储组织大商业银行和投资银行联合进行救助。这一事件使美国监管当局重新认识到大投资银行的倒闭仍然会引发系统性危机,因此,在监管政策上也进行了调整。

承担风险对一个活跃的市场来说必不可少,监管活动不应不必要地遏止合理的风险承担。相反,监管当局应当促进和加强对风险的有效管理。资本充足和其他谨慎性要求应足以保证合理的风险承担，能消化一部分损失并检查出过度的风险。另外，一个适当监管、运用有效风险管理工具的高效准确的清算、结算过程也是极为重要的。

处理违约行为必须有一个有效的、法律上安全的制度安排，这已经超越了证券法范畴而牵涉到一国司法制度中的破产条款。

发生在其他某个或几个司法管辖区域的事件可能会导致本国市场的不稳定，因此面对市场动荡，各监管机构应当通过加强合作和信息共享来努力谋求本国和全球市场稳定。

上述三个目标是紧密相连的，而且在某些方面还是相互重叠的。如许多有助于确保市场公平、高效和透明的要求也能起到保护投资者、降低系统风险的作用。同样，许多降低系统风险的措施也有利于保护投资者，更进一步，很多做法，如全面的监管和遵守程序、有效的实施等，对于实现上述三个目标都是必需的。

（资料来源：引自屠光绍：《市场监管：构架与前景》一书中国际证监会《证券监管的目标与原则》一节，上海人民出版社 2000 年版。）

相关法律法规，包括①公司债券发行试点办法；②首次公开发行股票并上市管理办法；③首次公开发行股票并在创业板上市管理暂行办法；④上市公司证券发行管理办法；⑤证券发行与承销管理办法；⑥证券发行上市保荐业务管理办法；⑦上市公司收购管理办法；⑧上市公司重大资产重组管理办法；⑨上市公司并购重组财务顾问业务管理办法，可扫一扫下面的二维码查看。

相关法律法规

# 参考文献

[1]查里斯.R 吉斯特.金融体系中的投资银行[M]. 北京:经济科学出版社,1998.

[2]胡海峰.公司并购理论与实务[M].4 版,北京:首都经济贸易大学出版社,2019.

[3]胡海峰.美国创业资本市场与制度研究[M]. 北京:人民出版社,2008.

[4]胡海峰.风险投资学[M].5 版.北京:首都经济贸易大学出版社,2019.

[5]胡海峰,曲和磊.中国不良资产处置与金融资产管理公司发展研究[M]. 北京:中国市场出版社,2009.

[6]黄亚钧,谢联胜.投资银行理论与实务[M]. 北京:高等教育出版社,2000.

[7]金德环.投资银行学[M]. 上海:上海财经大学出版社,2002.

[8]罗伯特·劳伦斯·库恩.投资银行学.李申等译. 北京:北京师范大学出版社,1996.

[9]K 托马斯·利奥.投资银行业务指南[M]. 周刚,姜浩译.北京:经济科学出版社,2000.

[10]李子白.投资银行学[M]. 北京:清华大学出版社,2005.

[11]莫里森等.投资银行:制度、政治和法律[M]. 北京:中信出版社,2011.

[12]任淮秀.投资银行业务与经营[M]. 北京:中国人民大学出版社,2000.

[13]任映国,徐洪才.投资银行学[M]. 北京:经济科学出版社,2002.

[14]乔舒亚·罗森鲍姆,乔舒亚·珀尔.投资银行:估值、杠杆收购、兼并与收购.北京:机械工业出版社,2014.

[15]P S 萨德沙纳姆.兼并与收购[M]. 胡海峰,舒志军,译.北京:中信出版社,1998.

[16]宋国良.投资银行学[M]. 北京:人民出版社,2004.

[17]王德全.投资银行学[M]. 北京:北京邮电大学出版社,2008.

[18]王韬光,胡海峰.企业兼并[M]. 上海:上海人民出版社,1995.

[19]谢建平.现代投资银行[M]. 北京:中国人民大学出版社,2004.

[20]阎敏.投资银行学[M]. 北京:科学出版社, 2005.

[21]于研,金文忠.现代投资银行[M]. 上海:上海财经大学出版社,1995.

[22]郑鸣等.投资银行学教程[M]. 北京:中国金融出版社,2005.

[23]周莉.投资银行学[M]. 北京:高等教育出版社,2021.

# 参考文献


[illegible]